民用核安全设备焊工焊接操作工基本理论知识考试培训教材

主　　　编　李天舒
副 主 编　刘　璐
编写组成员　秦　锦　　孙海鹏　　徐佩兰　　王绍国
　　　　　　彭暐华　　刘　洪　　刘建平　　王克波
　　　　　　石学军　　云国卿　　李　雳　　吴东球
　　　　　　彭姿云　　李艳芹

北京理工大学出版社
BEIJING INSTITUTE OF TECHNOLOGY PRESS

图书在版编目（CIP）数据

民用核安全设备焊工焊接操作工基本理论知识考试培训教材/李天舒主编. —北京：北京理工大学出版社，2012.5

ISBN 978 - 7 - 5640 - 5859 - 3

Ⅰ. ①民… Ⅱ. ①李… Ⅲ. ①核电厂 - 机械设备 - 焊接 - 技术培训' - 教材 Ⅳ. ①TM623.4

中国版本图书馆 CIP 数据核字（2012）第 082178 号

出版发行／北京理工大学出版社

社　　址／北京市海淀区中关村南大街 5 号

邮　　编／100081

电　　话／（010）68914775（办公室）　68944990（批销中心）　68911084（读者服务部）

网　　址／http://www.bitpress.com.cn

经　　销／全国各地新华书店

印　　刷／保定市中画美凯印刷有限公司

开　　本／787 毫米×1092 毫米　1/16

印　　张／25.5

字　　数／591 千字

版　　次／2012 年 5 月第 1 版　　2012 年 5 月第 1 次印刷

总 定 价／100.00 元（全套共 2 册）

责任编辑／陈莉华

责任校对／周瑞红

责任印制／王美丽

图书出现印装质量问题，本社负责调换

前　言

2011 年 3 月 11 日，日本大地震并引发海啸，造成福岛核电厂堆芯熔化事故，导致大量放射性物质释放。日本是地震多发国，是英语"海啸"（Tsunami）一词的故乡，曾遭受核武器的无情打击，历来以做事严谨、讲究科学著称。就是这样一个国家，在国际上无一刻不重视安全的核电领域，居然惹下了塌天大祸，让人对核电安全不得不引起重视。

但是，由于能源布局、地缘政治、气候变化和环境保护的原因，我们选择了核电。在短期内，核能是唯一的有持续使用价值的"新能源"。福岛事故后，人们总幻想采取某些措施，做到安全上万无一失，但这并不可能做到。我们能做到的，就是让核电安全为人们所接受。什么是可以接受的安全呢？就是有限、可以做到、达成共识和可以验证的安全。有限就是从经济角度出发，社会可以接受；可以做到就是目前的技术能力可以实现；达成共识就是所有利益相关方取得一致；可以验证就是对安全水平有客观标准。要做到这些，就应有合理可行的立法体系和执法体系，也就是说，核安全只能走法制化监管的道路。由于社会大环境的影响，中国法制化管理有自己的特点，如何在坚持法制化原则的前提下，适应这种特点，是每个管理者都要考虑的问题。

2007 年年底，国家核安全局发布了《民用核安全设备焊工焊接操作工资格管理规定》。由此，在焊工资质管理领域我们开始了法制化管理的探索。

经过调研发现，在焊工管理领域不仅国内外规范差别极大，就是中国国内原劳动部、原机械部、原电力部、原技术监督局的标准虽内容大同小异，但都是各自为政，可以说山头林立、语境混乱、管理各异、成见颇深。为了解决这个问题，将焊工资质管理中的知识管理作为一个突破口，我们制定了承认差别、规范管理的策略，编制了《民用核安全设备焊工焊接操作工基本理论知识考试培训教材》和《焊工项目考试名词解释》，以此作为所有管理的技术基础。在随后的工作中，我们坚持将其稳步推进，对技术问题不管别人怎么理解，我们有自洽的解释和要求；在加强包容性的前提下尽量站得更高些规范各项工作，拒绝门户之见。

我们完善了核安全设备焊工管理文件，这些管理文件是大家智慧的结晶。考核中心在各申请单位中的地位、硬件条件和管理组织方面都有了实质性的进步，许多考核中心的面貌焕然一新。焊工考试工作走上了法制化良性发展的轨道。现在开始向持证焊工管理方面拓展我们的工作。应该说，从理论到实践，现在是到了该总结的时候了，这本教材就是这种总结工作的一种形式。

回想焊工资质管理的这几年工作，我们遇到过苦闷与彷徨，时有挫折的感觉。这是因为我们同时在做着四项十分艰巨的工作：

一是让依法办事、按程序管理这一理念在中国实际工作中推进。

二是让 HAF603 提出的一套新的焊工考核标准落到实处，使之不仅在管理上可以实施，在技术上也不留漏洞。

三是让核安全文化和核安全要求不是靠宣传，而是通过实际工作传达到每个工作的参与者。

四是我们建立了一种机制，就是动态的立法机制，我们希望今后遇到的所有问题都通过这个机制来解决。

这样一说，大家就可能明白我们遇到困难的程度了，也就会理解我们所经历的一切的意义了。几年来，我们坚持下来，一方面我们在实际工作中取得了明显的进展；另一方面，我们不但没有放弃我们在 2008 年年初确定的理念和原则，而且我们还发展和落实了这些理念和原则。

2008 年 3 月的静之湖会议开启了焊工资质管理工作。会议上，制定了考培分开，管理相对独立，考核中心申请单位依托单位负总责——考管结合、聘用单位承担对焊工的管理责任——焊工管理的透明化的管理原则。同时，为了通过文件规定出统一标准和统一做法，核安全局管理的基本要求尽可能可视化和可检查化。对于文件编写制定了以下原则：

● 有理——有法规依据，在必要时对原法规进行明确的解释；注意不同法规的接口；注意名词和提法的法规出处和统一。

● 有力——要求可操作，可检查。

● 有节——利于管理，便于监督，目的是推进核安全事业发展；基于提高被监管对象的能力，增强行业发展活力。

2009 年 2 月 9 日发出《关于举行民用核安全设备焊工焊接操作工基本理论知识考试的通知》国核安办［2009］37 号文，确定 2009 年年度考试计划，发出《焊工理论考试题库》，启动焊工理论考试。2 月 11 号发出《焊工理论考试程序》，启动了焊工理论考试工作。

在焊工理论考试初期，接连出现焊工报名资料作假、焊工考试作弊等问题，北方站严格监督，对相应的单位提出了整改要求。同时，我们与北方站进行了讨论，由我局发布《关于进一步加强焊工焊接操作工管理的通知》（国核安办［2009］112 号），对聘用单位的焊工管理工作提出明确的管理要求；北方站也发文对聘用单位推荐焊工参加焊工理论考试的具体问题提出明确要求。

总的来讲，焊工理论考试，以最简单的方式验证了各单位的管理水平，在焊工理论考试出现问题的单位，往往就是平时对核安全文化和质量保证工作抓得不深入的单位。

2010 年 2 月 11 日国家核安全局发布了《关于加强民用核安全设备焊工焊接操作工资格管理的通知》（国核安发［2010］28 号）。紧接着，在 2010 年 3 月召开了稻香湖会议。随后，于 2010 年 4 月 12 日上海电气集团在临港举办第一次考试。2010 年 7 月 7 日第一批焊工资格证书发出，我们将焊工考核从国核安发［2010］28 号文的几个程序，变成了实实在在的行动。2010 年 7 月在北京召开了北七家会议，实现焊工资格管理工作的重点从建规立制，向日常管理转移。随后，2011 年 3 月和 2011 年 8 月分别召开了厦门会议和大连会议，总结了工作中的经验，确定一些急需确定的事项，形成了会议纪要。

在实践中，我们摸索出了在目前情况下推进核安全法制化建设的几点规律：

● 有规定的就按规定办，没有规定的，由利益相关方商量出一个解决办法，形成规定的条文发布实施。

● 有规定但规定存在问题的，就先执行规定，然后商量修改规定，形成规定的条文发布实施。

● 由于对规定的条文理解不同而发生的违反条文的事件，要经过调查和协商妥善解决，随后要改写条文或进行解释。

- 明显违反规定条文的，就要坚决制止，情节严重的予以处理。

我们将这个过程称为以立法为基础的动态执法过程。

到目前为止，我们形成了以 HAF603 为中心，以 11 个焊工资质管理工作文件为补充的焊工资质管理法规文件体系。此次出版的教材，就是以这些法规文件为基础，全面介绍民用核安全设备焊工焊接操作工资格管理的主要内容和具体规定。

在焊工资质管理中，我们始终坚持一种理念，就是焊工工作的好坏，一方面跟其自身的素质有关，更重要的是与聘用单位的管理水平有关。这一点，被实践反复地证明。在管理实践中，考核中心普遍反映，目前焊工聘用单位的素质相差很大，对焊工资质管理法规文件体系不理解或理解存在很多偏差。因此，这本教材的对象一方面是焊工焊接操作工，更重要的是各个聘用单位从事焊接和焊工管理的人员。我们希望通过这本教材可以使聘用单位普遍提高各方面的认识，只有这样才能切实将焊工资质管理工作引向深入。

这本教材总结了焊工资质管理方面的经验，特别是凝结了"民用核安全设备焊工焊接操作工资格管理工作会议"参加单位和参加人员的心血。

在中国目前的管理体制下，"民用核安全设备焊工焊接操作工资格管理工作会议"承担了民用核安全设备焊工焊接操作工资格鉴定委员会的所有职责。到目前为止已经举行了四次会议。这些会议以及参加人员的辛勤工作对焊工资质管理法规文件的形成和发展起到了决定性的作用。在此表示由衷的感谢。

编　者

目　录

第一章

核电厂基本知识及其安全

第一节　核裂变与核电厂基本介绍

能源是一个国家发展农业、工业、国防、科学技术和提高人民生活水平的重要物质基础。随着我国国民经济的快速发展，能源供应的短缺和化石燃料的污染问题正在成为制约我国经济、社会和环境可持续发展的一个瓶颈。

目前人类的能源结构还是以化石燃料为主，但化石燃料的储量是有限的，因此开发新能源是人类生存与发展的需要，也是社会经济发展的需要。在这个背景下，核能日渐成为人类使用的重要能源，核电也逐步成为电力工业的重要组成部分。同时，由于核电不造成大气的污染和二氧化碳的排放，在人们越来越重视环境保护、温室效应和气候变化的形势下，在保证安全的前提下，高效发展核电已经成为我国能源建设的一项重要政策。

一、原子核与核能

世界上的一切物质都是由带正电的原子核和绕原子核旋转的带负电的电子构成的。原子核包括质子和中子。质子数决定了该原子属于何种元素；质子数和中子数之和决定了该原子属于何种核素。如一个铀－235原子是由92个质子与143个中子组成的原子核和92个电子构成的；而一个铀－238原子是由92个质子与146个中子组成和92个电子构成的；铀－235和铀－238都属于铀元素，但为不同的核素。

原子核在原子里只占极小的位置，如果把原子看做是我们生活的地球，那么原子核就相当于一个乒乓球的大小。虽然原子核的体积很小，但在一定条件下却能释放出惊人的能量——核能。

核能的获得途径主要有两种，即重核裂变与轻核聚变。

（一）重核裂变

重核裂变是指一个重原子核，分裂成两个或多个中等原子量的原子核，引起链式反应，从而释放出巨大的能量。例如，当用一个中子轰击铀－235的原子核时，它就会分裂成两个质量较小的原子核，同时产生2～3个中子和β、γ等射线，并释放出约200兆电子伏特的能量，见图1－1。如果再有一个新产生的中子去轰击另一个铀－235原子核，便引起新的裂变。以此类推，裂变反应不断地持续下去，从而形成了裂变链式反应，与此同时，核能也连续不断地释放出来。

可作为核燃料使用的可裂变核素有铀－233、铀－235 和钚－239 三种核素。铀－235 是以自然形式存在，它在天然铀中只占 0.712%，天然铀中铀－238 占 99.282%。铀－233 和钚－239 可分别由钍－232 和铀－238 在核反应堆中通过核反应得到。

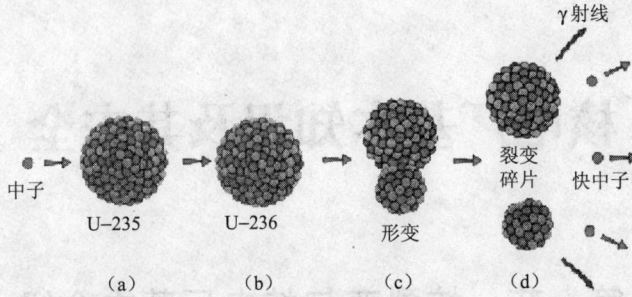

图1-1 重核裂变反应图

核裂变反应有多种形式，产生的物质也各不相同。下式就是一种裂变反应的一个方程式：

$$^{235}_{92}U + ^{1}_{0}n \longrightarrow ^{90}_{38}Sr + ^{136}_{54}Xe + 10^{1}_{0}n$$

目前，在人类和平利用核能中，主要是使用天然铀中的铀－235。大部分反应堆使用的是经过浓缩的铀燃料。少部分反应堆，如高温气冷堆，使用的是不经过浓缩的天然铀燃料。浓缩过程就是将天然铀中铀－235 的比例逐步提高的过程。比如，天然铀中铀－235 的含量只占 0.712%，浓缩后的压水堆核电厂核燃料中铀－235 的含量占 3% ~4%。

（二）轻核聚变

所谓轻核聚变是指在高温下（几千万度以上）重氢核（氘核）与超重氢核（氚核）结合成氦放出大量能量的过程，也称热核反应，见图1－2。氢弹就是利用热核反应瞬间释放出巨大能量的武器。在地球上，热核反应的原料取之不竭，受控热核反应可能是今后人类能源的主要来源。但现在人类还不能进行受控热核聚变反应，目前正在研制的"受控热核聚变反应装置"就是国际上为实现受控热核反应所进行的探索。

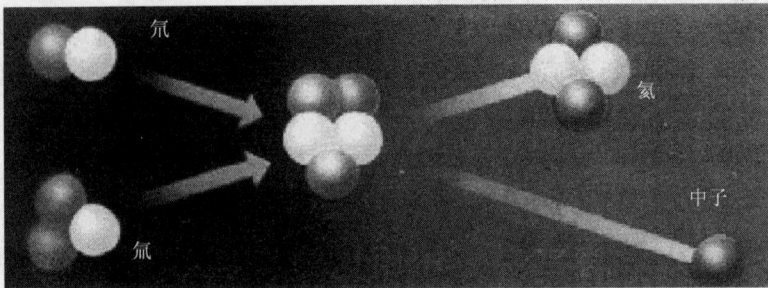

图1-2 轻核聚变反应图

核聚变反应的反应方程式只有下式一种，生成物也是固定的。

$$^{2}_{1}H + ^{3}_{1}H \longrightarrow ^{4}_{2}H + ^{1}_{0}n$$

核聚变要比核裂变释放出更多的能量。例如相同数量的氘和铀－235 分别进行聚变和裂变，前者所释放的能量约为后者的三倍多。人类还未掌握受控热核反应技术，目前被人们所熟悉的核电厂、核反应堆等都是利用核裂变原理产生能量的。

二、核反应堆与核电厂

核反应堆是一个能维持可控制核裂变链式反应，从而实现核能向热能转换的装置。核反应堆是核电厂的心脏，核裂变链式反应在其中进行。核反应堆一般由堆芯、反应性控制机构、堆内支撑结构以及反应堆容器等组成。堆芯是核燃料所在地，又称活性区；反应性控制机构通过控制堆芯内链式裂变反应，实现反应堆的启动、功率调节和停堆；堆内支撑结构起支撑堆芯、定位对中等作用。

核裂变反应过程中所释放出来的巨大能量，在核反应堆中转化为热能。核电厂的其他部分的功能就是将这些热能转变为电能。目前，核电厂采用的办法是使水、气体（如氦气）、重水（它是氢的同位素——氘和氧的化合物，其分子式为 D_2O）或液态金属（如钠）等作为"冷却剂"流过核反应堆时而被加热，被加热后的冷却剂流到蒸汽发生器中，使得蒸汽发生器的水变成高温高压的蒸汽，以推动汽轮机运转，带动发电机进行发电。冷却剂把热量传给水以后，再通过流体输送泵回到核反应堆中去吸热。如此循环往复，就能确保核电厂能够持续不断地进行发电。

三、世界核电发展

1938 年，科学家在一次试验中发现铀 -235 原子核在吸收一个中子以后能分裂，在放出 2 ~ 3 个中子的同时产生一种巨大的能量，这种能量比化学反应所释放的能量大得多，这就是我们今天所说的核裂变能。人们随即开始了核能的应用研究。

1942 年，美国建成世界上第一座核反应堆，实现了链式反应，但还不能从反应堆中取得有用的热量。在第二次世界大战期间，几个大国致力发展核武器，战后各国才开始重视核电的研究。1954 年 6 月，苏联建成世界上第一座核电厂，其功率为 5 000 kW；1956 年 5 月，英国建设的第一座石墨气冷堆核电厂，其发电容量为 5 000 kW。

从那时开始的 50 多年来，核电经历了三代的发展。

第一代核电是自 20 世纪 50 年代至 60 年代初苏联、美国等建造的第一批单机容量在 300 MWe 的原型核电厂，如美国的希平港核电厂和英第安角 1 号核电厂，法国的舒兹（Chooz）核电厂，德国的奥珀利海母（Obrigheim）核电厂，日本的美浜 1 号核电厂等。

第二代核电是指 20 世纪 70 年代前设计到现在运行的大部分商业核电厂。所用的反应堆堆型主要有西方国家设计的压水堆、沸水堆、重水堆、石墨气冷堆和苏联设计的压水堆和石墨水冷堆。美国三里岛核电厂使用的是压水堆，苏联切尔诺贝利核电厂使用的石墨水冷堆，日本福岛第一核电厂使用的是沸水堆。目前我国正在运行的核电厂除了秦山第三核电厂为重水堆，其他均属于第二代压水堆核电厂。

第三代核电主要代表是美国与欧洲分别开发的 AP1000 和 EPR。它们共同的特点是，它们的设计依据分别是美国核电用户要求文件（URD）和欧洲核电用户要求文件（EUR）提出的新一代核电厂的安全和设计技术要求。

预计再过 20 多年将会出现满足安全、经济、可持续发展、极少的废物生成、燃料增殖的风险低、防止核扩散等基本要求的第四代核电。

防核扩散就是通过各种管理和技术手段，防止过多的国家或组织掌握核武器技术。燃料增殖就是经过核反应堆的辐照，反应堆中的铀－238 转化为铀－235，从而实现"燃料越烧越多"的过程。

核电自 20 世纪 50 年代中期问世以来，目前已取得长足的发展。根据国际原子能机构的统计，全世界正在运行的核电机组有 450 余座，分布在 31 个国家或地区，年发电量占世界总量的 16%；另外，正在建造的核电机组 25 座。目前，核电主要分布在北美（美国、加拿大）、东亚（日本、韩国）和欧洲（法国、英国、俄罗斯、德国）等，这 8 个国家的反应堆数量占全世界总和的 74%。反应堆拥有量排名前三位的美国、法国、日本的反应堆总和占全世界的 49.4%。

四、中国核电发展概况

在党中央、国务院的正确领导下，我国核电经过 20 多年的发展，取得了显著成绩。核电设计、建设和运营水平明显提高，核电工业基础已初步形成。

经过起步和小批量两个阶段的建设，目前形成了浙江秦山、广东大亚湾和江苏田湾 3 个核电基地。截至 2007 年年底，我国共有 11 台核电机组投入运行，装机容量达到 885 万千瓦。2007 年年底，我国核电装机容量和核发电总量，分别占我国电力总装机容量和发电量的 1.3% 和 1.9%。

我国第一座核电厂秦山一期核电厂已经安全运行近 20 年，在 2003 年结束的第七个燃料循环中创造了连续安全运行 443 天的国内核电厂最好成绩，2003 年世界核电运营者协会（WANO）九项性能指标中，秦山核电厂有六项指标达到中值水平，其中三项指标达到世界先进水平。

秦山二期国产化核电厂全面建成投产，实现了我国自主建设商用核电厂的重大跨越，比投资为 1 330 美元/千瓦，国产化率为 55%，经受住了初步运行考验，表现出了优良的性能，实现了较好的经济效益和社会效益。秦山三期重水堆核电厂建成投产，实现了核电工程管理与国际接轨，创造了国际同类型核电厂的多项纪录。

广东大亚湾核电厂投运 10 多年来，保持安全稳定运行，部分运行指标达到国际先进水平，取得了较好的经济效益。广东岭澳核电厂也已经全面建成投产并取得良好的运行业绩。此外，我国出口巴基斯坦的恰希玛核电厂于 2000 年 6 月并网发电，2003 年负荷因子达到 85%。

2007 年对于中国核电界毫无疑问是具有里程碑意义的一年。国务院正式批准了发改委提交的《核电中长期发展规划（2005—2020）》，明确了今后核电发展的方向；由国务院和中核集团等 4 家国企共同出资组建的国家核电技术有限公司在京成立，主要从事第三代核电技术的引进和建设；中广核和法国签订了涉及 80 亿欧元的核电大单，法国和美国在中国核电市场上的竞争愈发激烈；江苏田湾核电厂两台百万千瓦级核电机组并网发电；这一年里，辽宁红沿河核电厂开始动工建设；福建福清、秦山扩建、岭澳二期等多个核电项目进入实际操作阶段。如果把 2006 年年底中国牵手西屋电气看做是我国核电发展序幕，那么 2007 年则是真正意义上的大幕拉开，中国核电快速发展的大戏由此上演。

大量建设和国产化将成为今后一段时间内中国核电的主题词。要实现 2020 年的规划目标，此后的 13 年内平均每年还要新建 2 台以上百万千瓦级核电机组，涉及资金约 4 500 亿元；根据国家"十二五"规划，2011 年开工建设首个核电，并力争 2015 年投产首台机组。

到 2015 年我国核电装机容量将达到 4 294 万千瓦，2020 年达到 9 000 万千瓦。

在追求装机容量的同时，国家希望早日实现核电领域的自主，自主设计建造、设备国产化。对于投资者、设备制造商、研究机构等多个行业来说，核电大发展带来的机遇将是千载难逢的。

五、核电厂反应堆堆型

反应堆堆型是核电厂分类的最重要依据。按堆型分类，世界上已投入运行的核电厂有以下几种。

（一）压水堆核电厂

这种核电厂的优点是：反应堆的结构简单，功率密度高；汽轮机不带放射性，无需采取防护措施。

这种核电厂的缺点是：系统复杂，设备多；为得到较高的蒸汽参数，反应堆及一回路设备都要在很高的压力下工作，使其设计、制造困难。

1950 年美国海军把推进动力研究集中在压水型反应堆上，1954 年魟鱼号核潜艇下水。随后，美国压水型反应堆由于陆上核电厂的建设，而得到了迅猛发展。

目前，我国主要使用的都是压水堆核电厂，在世界上使用最多的也是压水堆核电厂。

（二）沸水堆核电厂

这种核电厂的优点是：系统简单（只有一个回路，设备少。无蒸汽发生器、稳压器、主泵及一回路主管道等）；在反应堆压力低的情况下可获得相对高的蒸汽参数。

这种核电厂的缺点是：反应堆结构复杂，功率密度低；汽轮机带有放射性，要采取防护措施。

沸水堆核电厂发展得很快，1960 年美国第一座示范性沸水堆核电厂投入运行以后，目前单机最大功率已达 1 300 MW。日本福岛第一核电厂使用的就是沸水堆。

（三）重水反应堆核电厂

这种核电厂的优点是：用天然铀作燃料，提高了铀资源的利用率，降低了燃料的成本；采用压力管，省去技术复杂、制造困难、价格昂贵的压力壳；能不停堆换料。

这种核电厂的缺点是重水昂贵，发电成本高。

1956 年，加拿大建成了实验性的重水堆核电厂，后来又建造了电功率为 540 MW 和 750 MW 的重水堆核电机组。我国秦山三期使用的就是重水反应堆核电厂。

（四）石墨反应堆核电厂

这种核电厂的优点是：用天然铀作燃料，成本低；获得的蒸汽参数高，且为过热蒸汽。

这种核电厂的缺点是：功率密度小，反应堆体积庞大；燃料装量大，燃耗浅，自耗功大，发电成本高。

苏联自第一座核电厂开始，一直在设计、建造石墨水冷堆核电厂，并在国内建造了一批功率为 1 000 MW 的这种核电机组。切尔诺贝利核电厂就属于此类核电厂。

（五）快中子堆核电厂

这种核电厂的优点是：可使对轻水堆来说是废料的铀–238变成可用的核燃料，实现燃料增殖，大大提高铀资源的利用率。1951年美国实验快堆首次从核反应堆发电点亮4个灯泡。

这种核电厂的缺点是：由于使用金属钠作为冷却剂，钠的腐蚀性强，对设备、管道的材料要求高，目前的技术很难圆满解决相关问题。钠在空气中会燃烧，在水中会爆炸——钠水反应，故危险性大。虽然世界上发达的国家已建成10多座快中子堆核电机组，但均为实验性的原型堆，尚有许多技术问题有待解决。

六、核电厂与常规电厂的区别

（一）能源转换过程

由于压水堆核电厂是目前世界上选用最多的核电厂，所以在此以压水堆电厂为例说明问题。在压水堆核电厂中，压水反应堆是以高压欠热水作为慢化剂和冷却剂，一回路高压高温水通过蒸汽发生器使二回路水生成蒸汽送到汽轮发电机进行发电。图1–3为压水堆核电厂系统原理。

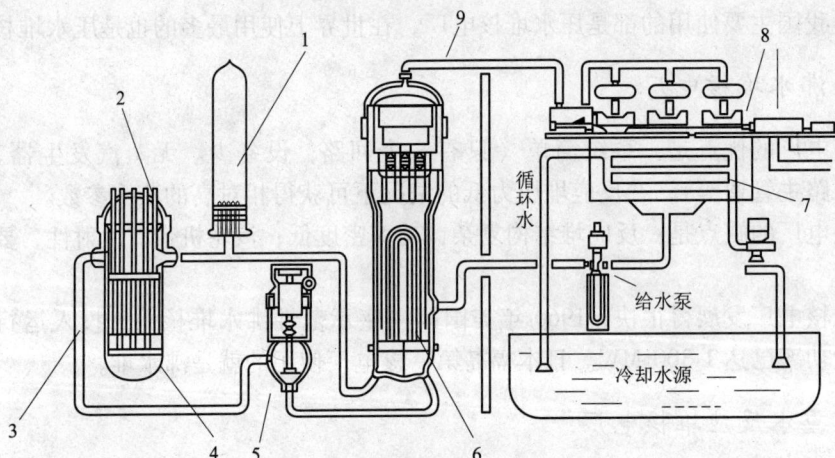

图1–3 压水堆核电厂系统原理
1—稳压器；2—控制棒及驱动机构；3—回路系统；4—反应堆；5—主冷却剂泵；
6—蒸汽发生器；7—凝汽器；8—汽轮发电机；9—二回路系统

每台压水堆机组主要能量转化装置是反应堆—蒸汽发生器—汽轮机—发电机。

压水堆核电厂核燃料为低浓度二氧化铀，铀–235丰度为3%左右。冷却剂流过装有核燃料的反应堆活性区时吸收核裂变产生的热能，然后通过管道进入蒸汽发生器的U形管内，再把热量传递给U形管外的水，使其变为饱和蒸汽。被冷却后的冷却剂再由主泵送回反应堆，完成冷却剂的密闭循环。此回路为一回路（蒸汽产生系统），也可称为冷却剂系统。

二回路的水在蒸汽发生器中被加热变成饱和蒸汽后进入汽轮机膨胀做功，将蒸汽热能变成汽轮机高速旋转的机械能，带动发电机发电。做完功的乏蒸汽被排入冷凝器，由循环水进行冷却，使乏蒸汽凝结成水。然后再由水泵将凝结水打回蒸汽发生器，完成汽轮机工质的密闭循环，此回路称为二回路（电力生产系统）。

6

一、二回路的称呼是根据能量转换的先后次序定的,两个回路必须相互配合工作,谁也不能单独运行。一、二回路的自然分界线是蒸汽发生器的 U 形管传热面,但习惯上将蒸汽发生器作为一个完整的设备划归一回路。

(二) 系统与设备

压水堆核电厂中的反应堆和一回路系统相当于常规火电站的锅炉,都属于蒸汽产生系统。但它与锅炉相比在技术上要复杂得多,设计制造要困难得多,安全方面要重要得多。

核电厂和常规电厂系统的比较见表 1-1。

表 1-1 核电厂和常规电厂系统的比较

项　目	蒸汽产生系统	电力产生系统
常规火电站	锅炉	汽轮机 + 发电机
核电厂	反应堆 + 一回路	汽轮机 + 发电机

常规火电的电力产生系统与核电厂的工作原理是一样的。

(三) 蒸汽参数

压水堆核电厂的蒸汽参数比常规火电站低得多,电站装置热效率也比火电低。但由于核燃料费用比火电低得多,所以核电的发电成本低于火电。

核电厂和常规电厂参数的比较见表 1-2。

表 1-2 核电厂和常规电厂参数的比较

项　目	蒸汽压力 /MPa	蒸汽温度 /℃	再热温度 /℃
火电 1 000 MW	28.0	605	603
核电 1 000 MW	6.63	283	265

(四) 燃料运输方面

核电厂在燃料运输方面优越得多,另外还省去大量的燃料储存场地和灰渣储存场地。

(五) 环境污染方面

由于煤等化石燃料的天然放射性,火电站放射性排放总剂量率约为正常运行情况下核电厂的 3 倍。另外,火电站还会大量排放 CO_2、SO_2、CO 污染大气环境。

第二节 核电厂系统简介

在核电厂中除了一回路系统和二回路系统,以及保证一、二回路和安全系统的正常使用而设置的一些辅助系统外,为防止核电厂发生和限制其可能造成的后果,还设有安全系统。

核电厂通常把厂内的这些系统按厂房划成两部分：核岛系统和常规岛系统。核岛系统主要包括一回路系统、主要辅助系统和安全系统及核测量、控制保护和电气系统；常规岛系统主要包括二回路系统（汽轮机发电机系统）、循环水系统、电气系统工程及厂用电设备。

本节将主要针对第二代压水堆机组的一回路系统、主要安全系统和辅助系统进行介绍，并对 AP1000 核电厂、EPR 核电厂、重水堆核电厂、高温气冷堆核电厂以及快堆核电厂等进行概念性的系统介绍。

一、第二代压水堆核电厂

（一）一回路系统及主要设备

一回路系统又称为反应堆冷却剂系统，一回路内的高温高压含硼水流经反应堆堆芯，吸收堆芯核裂变放出的热能，进入蒸汽发生器，通过蒸汽发生器传热管壁，将热能传给蒸汽发生器二回路侧，再被反应堆冷却剂泵送入反应堆。如此循环往复，构成封闭环路。

现代商用压水堆核电厂反应堆冷却剂系统主要由反应堆、冷却剂泵（以后简称主泵）、蒸汽发生器、稳压器和主管道组成。反应堆冷却剂系统一般有 2～4 条并联在反应堆压力容器上的封闭环路，每一条环路由一台蒸汽发生器、一台或两台反应堆冷却剂泵及相应的主管道组成。

反应堆冷却剂系统示意图见图 1-4。

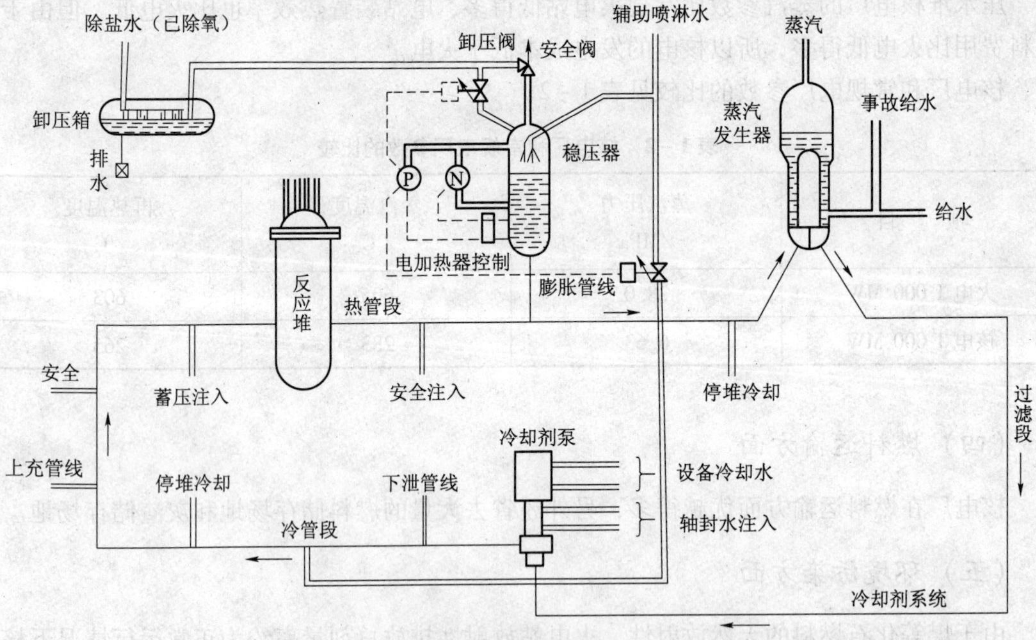

图 1-4 压水堆核电厂反应堆冷却剂系统示意

反应堆主要由反应堆压力容器、堆内构件、堆芯和控制棒驱动机构组成。

（1）反应堆压力容器工作在高压（15.5 MPa 左右）、高温、含硼酸水介质和放射性辐照的环境条件下，不仅用于支撑和包容堆芯和堆内构件，还作为一回路冷却剂的重要压力边界，起着防止裂变产物逸出的作用。

（2）堆内构件主要用于堆芯部件的支撑、对中和导向；引导冷却剂流入流出堆芯；为

8

堆芯内仪表提供支撑和导向；保护反应堆压力容器，延长其寿命。它主要包括上部堆内构件和下部堆内构件两大部分。

（3）堆芯（反应堆活性区）的主要作用是建立和维持可控链式核裂变反应，将燃料核裂变产生的大部分能量转换成热能，并将热能传递给一回路冷却剂。

（4）控制棒驱动机构是核反应堆安全的重要动作部件，通过它的动作，带动控制棒组件在堆芯上下抽插，以实现反应堆的启动、功率调节、剩余反应性补偿和停堆操作。控制棒驱动机构主要包括内部钩爪组件、驱动轴组件、耐压壳组件、磁轭线圈组件和位置指示组件等部件。

主管道将冷却剂从反应堆压力容器传送到蒸汽发生器，然后输送到主泵，再由主泵增压打回反应堆压力容器。每个环路上的主管道段包括热管段（反应堆压力容器到蒸汽发生器部分）、过渡管段（蒸汽发生器至主泵部分）、冷管段（主泵至反应堆压力容器部分）。

主泵作用是为反应堆冷却剂提供驱动压头，保证足够的冷却剂流量通过堆芯，把反应堆产生的热量送至蒸汽发生器。现代压水堆核电厂采用最广泛的是立式、单级轴封泵。

蒸汽发生器是压水堆核电厂一回路和二回路之间的枢纽，它将反应堆产生的热量传递给二回路，将二回路的给水变成蒸汽，推动汽轮机做功。同时，蒸汽发生器又是分割一回路和二回路介质的屏障，占一回路压力边界面积 80% 左右的蒸汽发生器传热管壁厚一般只有 1 mm 左右，是一回路压力边界中最薄弱的部分，在运行中极易发生泄漏。因此，蒸汽发生器的质量和性能对于核电厂的安全性和经济性十分重要。目前我国除田湾核电厂采用卧式蒸汽发生器外，其他电站均采用立式 U 形管自然循环蒸汽发生器。

反应堆冷却剂系统还设有稳压与卸压系统，由稳压器、卸压箱、稳压器波动（膨胀）管线、稳压器喷淋管线、稳压器安全阀、蒸汽排放管线以及汽-气混合物排放管线等部件组成，该系统通过波动管线与主管道连接。稳压与卸压系统的主要功能是建立并维持一回路系统的压力；运行期间补偿一回路冷却剂因温度变化引起的容积变化，限制一回路压力因温度变化引起的波动，避免冷却剂在反应堆内沸腾，并控制一回路升、降压速度。整个压水堆冷却剂系统共用一台稳压器，通过波动管和一个环路的热管段相连。稳压器有气罐式和电加热式两种，现代压水堆核电厂普遍采用电加热式稳压器。

（二）主要的安全系统

核电厂安全系统是为一些可能的事件提供必要的停堆手段、导出余热以及防止放射性物质扩散的功能。主要的安全系统包括余热导出系统、应急堆芯冷却系统、安全壳、安全壳隔离系统、安全壳喷淋系统、安全壳消氢系统、蒸汽发生器辅助（应急）给水系统、重要设备中间冷却水系统、应急电源等。这些安全保护系统均采用独立设备和冗余布置，备有事故电源，安全系统可以抵御地震并在蒸汽-空气及放射性物质的恶劣环境中运行。

1. 余热导出系统

余热导出系统主要功能是把反应堆停堆后的余热热量从反应堆冷却剂系统中传递出去。

余热导出系统主要由余热交换器、余热排出泵以及有关管道、阀门和运行控制所必需的仪器仪表组成。该系统正常运行时，反应堆冷却剂从主管道热段流向余热排出泵，通过余热交换器传热管再返回主管道冷段，热量则通过余热交换器传递到设备冷却水系统中。

2. 应急堆芯冷却系统

应急堆芯冷却系统主要功能是在出现某些事故时，通过注入含中子吸收物质（硼）的冷却剂，冷却堆芯并提供附加停堆能力。应急堆芯冷却系统主要由安注箱、安注泵、离心上充泵、余热排出泵、换料水贮存箱、硼注射箱及有关的阀门、管道组成。

3. 安全壳

安全壳是用于容纳反应堆冷却剂系统和某些安全重要系统的设备，在运行时对冷却剂系统的放射性辐射进行屏蔽，限制泄漏；在一回路或二回路发生泄漏事故时，承受内压并限制泄漏。安全壳还具有抵抗外部事件（飓风、飞射物撞击）保护反应堆的能力。

安全壳底部用钢筋混凝土底板封闭，主体由预应力混凝土穹顶封闭的立式预应力混凝土筒体构成，内侧覆有起密封作用的碳钢衬里，防止放射性物质的泄露。

4. 安全壳隔离系统

安全壳隔离系统为贯穿安全壳的流体系统提供了隔离手段，将事故后可能释放到安全壳中的任何放射性都包容在安全壳内，保证安全壳泄漏率不超过规定的限值。

安全壳隔离系统主要由安全壳隔离阀和相关管道组成。在某些事故情况下，当安全控制系统发出隔离信号时，这些隔离阀快速关闭，防止放射性物质向周围环境释放。另外，在主蒸汽管道发生破裂时，还能及时隔离蒸汽发生器，防止反应堆冷却剂系统过冷或安全壳超压。

5. 安全壳喷淋系统

安全壳喷淋系统的主要功能是防止安全壳超压。某些事故发生后，当安全壳内的压力上升到一定限值，安全壳喷淋泵启动，把含有硼和氢氧化钠的溶液向安全壳内均匀地喷淋，在降低安全壳内温度和压力的同时，溶解安全壳内的放射性碘，减少放射性物质向环境释放的可能性。

安全壳喷淋系统主要由安全壳喷淋泵、喷淋总管道、喷淋添加剂箱、液体喷射器和若干隔离阀及为保证系统运行所需的管道、仪器仪表组成。

6. 安全壳消氢系统

在发生堆芯熔化事故时，反应堆核燃料包壳材料的锆与一回路的水在高温下发生反应，会产生大量的氢气。三哩岛事故中，由于氢气大量聚集在安全壳顶部，最后引起氢爆炸，进一步恶化了事故后果。安全壳消氢系统的设计是基于美国三哩岛事故经验反馈的结果。该系统的主要功能是在发生冷却剂失水事故时，降低安全壳内氢气的含量，防止氢爆。该系统主要由氢复合器、若干风机、过滤器和相关管路组成。

日本福岛核电厂第一次爆炸就是因为氢气未能及时被复合而造成的。

7. 蒸汽发生器辅助（应急）给水系统

在二回路的主给水失去的事故情况下，该系统投入使用，向蒸汽发生器供应足够的给水来排出一回路系统的热能。另外，在某些情况下，如小破口失水事故等，该系统也投入使用。

该系统主要由辅助给水泵、除氧水箱、除盐水贮存箱、调节阀、截止阀和相应的管道组成。该系统投入运行时，辅助给水泵将除氧水箱或除盐水贮存箱中的水打入蒸汽发生器中，保持蒸汽发生器的水位能够淹没传热管，防止事故的进一步扩大。

8. 重要设备中间冷却水系统

重要设备中间冷却水系统的主要功能是向反应堆装置、主泵、反应堆装置的辅助系统、安全系统提供冷却水并导出热量。

9. 应急电源

核电厂每台机组都安装有应急柴油发电机组，正常运行时处于备用状态，一旦发生失电事故，要求该系统在十几秒时间内启动，自动带上负荷，为反应堆安全系统提供驱动力。

日本福岛第一核电厂就是因为海啸引起应急柴油发电机组无法投运而导致灾难性后果的。

（三）核辅助系统

核辅助系统主要包括化学和容积控制系统、反应堆乏燃料水池的冷却和处理系统、三废处理系统、通风空调系统和核测量控制系统等。

1. 化学和容积控制系统

该系统主要作用有：

（1）在所有运行工况下维持反应堆冷却剂系统的物质平衡和水质。

（2）贮存与供应除盐除氧水及氢氧化锂与联氨，调节一回路水化学工况。

（3）贮存并向安全注入系统和反应堆乏燃料水池的冷却和处理系统提供不同浓度值的硼酸溶液，控制反应堆的反应性。

（4）向稳压系统供喷淋水，向主泵密封供水并冲洗轴封。

（5）向稳压器和余热系统泄压阀充水。

（6）净化溶解在一回路冷却剂中的离子态杂质，净化以晶体状态存在于一回路冷却剂中的放射性腐蚀物，保证在燃料元件表面没有沉淀物，降低一回路设备和管道的放射性污染水平。

（7）处理各种工况下从一回路引出的含硼水，供应高、低浓度硼酸溶液，净化硼酸溶液，等等。

（8）化学和容积控制系统还起着安全功能。在事故情况下，化学和容积控制系统可向反应堆冷却剂系统供给含硼酸的冷却剂。

化学和容积控制系统主要有下泄、上充两大子系统。

（1）下泄系统从主回路冷段管道抽出冷却剂，通过下泄控制阀流向再生热交换器，再通过下泄孔板流向下泄热交换器，通过调节阀进入下泄离子交换器（俗称混合床离子交换器）、阳离子交换器、下泄过滤器等进行净化和过滤，最终流到容积控制箱，并在容积控制箱内完成载热剂的除氧。

下泄系统主要由再生热交换器、下泄孔板、下泄热交换器、混合床离子交换器、阳离子交换器、容积控制箱和相关的阀门、管道组成。

（2）上充系统从容积控制箱内取冷却剂，由上充泵打回反应堆冷却剂系统。

上充系统主要由上充泵和相关的阀门、管道组成。

另外，化学和容积控制系统还包括冷却剂补给和化学物质添加系统、一回路冷却剂净化和处理系统等。

冷却剂补给和化学物质添加系统主要由化学水箱、硼水贮存箱、化学试剂补给箱、加药泵、硼酸过滤器、硼注射箱和相关的阀门、管道等部件组成。

2. 反应堆乏燃料水池的冷却和处理系统

与火电厂不同，核电厂使用过的燃料不会立即运出，将被从堆芯转至乏燃料水池。在那里被冷却和降低放射性水平。反应堆乏燃料水池的冷却和处理系统的主要功能是降低乏燃料水池内燃料元件的剩余热量；在所有工况下导出乏燃料水池内乏燃料余热，充注乏燃料水池；在换料和停堆检修时，不能利用余热排出系统时，可利用辅助冷却系统来冷却堆芯；堆芯换料时排空反应堆竖井、堆内构件及水封闸板间腔室或向其充水，保持乏燃料水池的水质并降低放射性；在发生事故时，它向反应堆安全壳喷淋系统和安全注入系统提供足量的硼酸溶液。

该系统主要由输水泵、冷却器、排水泵、集流母管和排水管线组成。

该系统对保证乏燃料的安全也是事关重大的。日本福岛第一核电厂的四号机组的乏燃料水池冷却的丧失，直接导致了大量放射性物质的外泄。

3. 三废处理系统

1）废气处理系统

废气处理系统主要是用来控制排放废气中放射性惰性气体和气溶胶的含量，使气体流出物的放射性含量符合国家规定的排放定值。通过吸附或压缩贮存的方式使废气中放射性物质在特定的容积内自然衰变，测得废气的放射性合格后，通过过滤、除碘、空气稀释后排向烟囱，达到保护环境的目的。

2）废液处理系统

废液处理系统对含有放射性的液体废物进行处理，保证向环境排出的废液达到排放标准。它通过蒸发或过滤的方式对废液进行放射性分离，得到的低于排放浓度限值的液体可直接向环境排放，而得到的少量放射性浓缩液或过滤后的放射性废树脂采用水泥固化、深埋的处理方式，以达到保护环境的目的。

3）固体废物处理系统

固体废物处理系统对核电厂产生的放射性固体废物（废中子测量通道、放射性污染的废检修工具、更换下来的放射性高效过滤器、个人防护用品、被放射性污染的建筑材料和保温材料、液体废物固化体灯）进行处理。通常采用分拣、减容、固定、固化等办法使放射性固体废物形成易运输、易加工、性能稳定的物体，以便在后处置场对其进行后处理。

有些电站三废处理系统还包括硼回收系统、放射性废液排放系统以及流水排放系统等。

4. 通风空调系统

通风空调系统的主要功能是为重要设备和人员提供足够的冷却能力和空气循环的能力，保证重要设备的正常运行，保持或改善人员的工作环境，并降低事故情况下放射性外泄的可能性。

通风空调系统一般有控制棒驱动机构风冷系统、反应堆坑的通风系统、安全壳内的连续通风系统、安全壳内的空气净化系统、核燃料厂房通风系统、核辅助厂房通风系统、汽轮机厂房通风系统、主控室空调系统、上充泵房应急通风系统、辅助给水泵房通风系统、主要厂用水泵站通风系统、废物辅助厂房通风系统、安全注入和喷淋泵电机房通风系统等。

5. 核测量控制系统

为了预防事故的发生，保证反应堆在既定参数下安全稳定运行，就必须监测反应堆中核裂变的情况，并给予必要的干预手段进行调整。

用于监督如堆功率、堆周期、中子通量分布等情况的系统统称为核测量系统。

用于调节的系统称为核控制调节系统，核电厂控制调节系统包括堆功率调节系统、稳压器控制系统、蒸汽发生器水位控制系统和蒸汽排放控制系统等。

（四）常规岛系统

压水堆核电厂的常规岛部分主要包括二回路系统（汽轮机发电机系统）、循环水系统、电气系统及厂用电设备。

核电厂常规岛的系统和设备与火力发电厂相类似，主要区别在于：

（1）核电厂常规岛系统某些设备和系统也涉及核安全要求，因此，对制造、安装和运行等有比常规电厂更高的要求。

（2）核电厂的主蒸汽采用中参数的湿蒸汽，压力和温度较低，为了获得大功率，只能增加主蒸汽的流量。因此，同样电功率下，核电厂的主蒸汽流量比火力发电机组大。由于二回路温度压力较低，其压力边界的选材与常规火电站不同。

（3）由于中参数湿蒸汽经汽轮机高压缸做功后，湿度提高，核电厂汽轮机在热循环中增加了汽水分离再热系统，这是核电厂与火力发电厂在常规岛部分的明显不同之处。

二、AP1000 核电厂

AP1000 是美国西屋电气公司设计开发的一种两环路电功率为 1 000 MWe 的非能动压水反应堆核电厂，是当今世界上"第三代"核电技术的代表。它的主要性能特点是系统简化、非能动安全、数字化仪控和模块化建造。它从设计上将进一步提高核电的安全性和经济性，将二者很好地统一起来，在批量建设的条件下，在经济性上具有与传统火电相比的竞争能力。

下面对 AP1000 的几个主要系统及模块化建造进行简单的介绍。

（一）AP1000 反应堆冷却剂系统

AP1000 反应堆冷却剂系统的主要功能与传统压水堆核电厂的功能要求相同，因而两者的设计基准、主要设备的安全分级、制造质量要求、抗震要求以及选材方面的考虑也基本相同。但由于 AP1000 安全系统的非能动化，降低了冷却剂系统及其相连系统的某些安全功能的要求，因而在冷却剂系统及其设备的设计上均有许多不同的特点。

AP1000 一回路由两个环路组成，每一个环路由一台蒸汽发生器、一条热段主管道、两条冷段主管道和两台主泵组成，另有一台稳压器连接到其中一个环路的热管段，如图 1-5

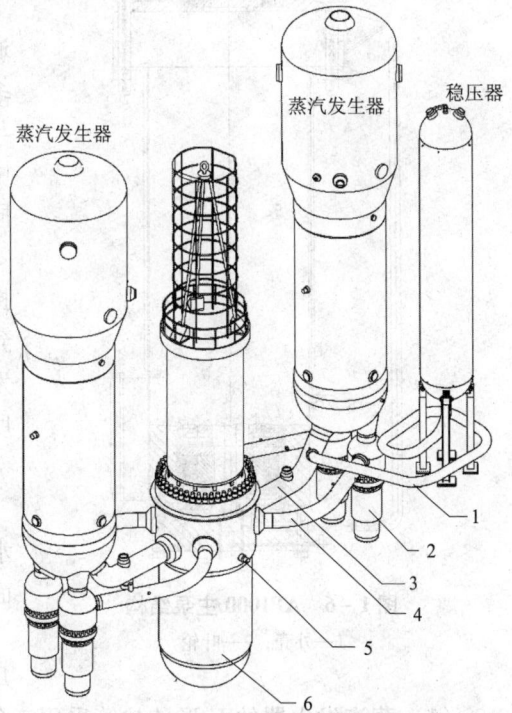

图 1-5　AP1000 一回路布置

1—波动管；2—冷却剂主泵；3—热腿；4—冷腿；
5—安全端接嘴；6—反应堆压力容器

所示。

1. 反应堆压力容器

AP1000 的反应堆与传统压水堆核电厂的反应堆差别不大。

AP1000 反应堆压力容器是基于西屋公司三环路反应堆压力容器的设计改进而成，由上封头、上筒体、下筒体、过渡段、下封头组成，采用低合金钢（SA-508 Grade3 Class1）锻件和板材制造，筒体壁厚 203 mm，内部带有 5.6 mm 厚的奥氏体不锈钢（308 L）堆焊层。下封头、过渡段、下筒体和上筒体焊接在一起。下封头上没有贯穿件，堆芯中子测量仪表从上封头引入，减少了下封头贯穿件失效引起的堆芯损坏风险。此外，为了简化反应堆换料过程，AP1000 采用一体化堆顶结构。

2. 反应堆冷却剂泵

与传统的压水堆核电厂的一回路相比，AP1000 变化最大的就是主泵的设计。AP1000 主泵采用无轴封泄漏的屏蔽式主泵，入口直接焊接在蒸汽发生器底部，出口连接到冷段主管道上。这种结构设计取消了主泵与蒸汽发生器之间的冷却剂管道，降低了环路的压降，简化了蒸汽发生器、泵和管道支撑系统。并且由于没有轴密封装置，消除了因轴密封失效导致失水事故的可能性，从而大大提高了安全性，也减少了泵的维修工作量。

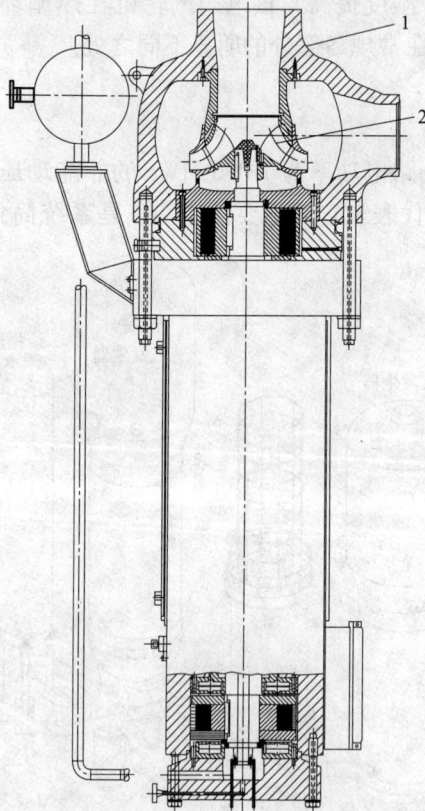

图 1-6　AP1000 主泵结构

1—外壳；2—叶轮

泵电机是一个立式、水冷、鼠笼感应式电机，通过螺栓与主泵壳体法兰连接，不需要其他支撑结构。主泵的水力部件（包括叶轮、扩压片以及与扩压片相连的结构）直接安装在电机单元上，中间没有联轴器，检修屏蔽泵时随同电机模块一同拆卸。

屏蔽式主泵相对于传统的轴封式主泵，在维持反应堆冷却剂系统压力边界完整性方面具有独到的技术优势，能够显著减少核电厂失水事件的发生频率。AP1000 屏蔽式主泵结构如图 1-6 所示。

3. 蒸汽发生器

AP1000 采用两台典型的直立式带有一体化汽水分离器的倒 U 形管自然循环蒸汽发生器，传热面积接近 11 500 m²，垂直支撑由单根立柱承担。

AP1000 蒸汽发生器的主要技术特点有以下几点：

（1）蒸汽发生器的 U 形传热管采用三角形排列，三叶状孔（梅花孔）支承板改进了防震条工艺。

（2）U 形传热管采用因科镍 690 合金热处理管。

（3）管板上的传热管采用全深度液压胀管，最大限度地防止二回路水进入传热管与管板之间的缝隙。

（4）蒸汽发生器在全挥发处理二次侧水化学条件下运行。

（5）采用一体化的汽水分离器。

（6）采用椭圆形的一次侧下腔室，便于机器人工具进出和维护保养。

（7）蒸汽发生器下封头直接与两台主泵的壳体相连接。

4. 主管道

AP1000 反应堆冷却剂系统有两个环路，每个环路上有 1 条内径为 31 寸（1 寸 = 0.033 米）的热段管道和 2 条内径为 22 寸的冷段管道；其中一个环路上接有 1 条螺旋形稳压器波动管线。

与传统压水堆相比，AP1000 主管道的设计在安全方面有两个较突出的优点：

（1）稳压器波动管的布置更加合理，有利于减少影响主管道寿命的热分层现象。

（2）AP1000 反应堆冷却剂系统应用了 LBB（先漏后裂）设计准则，其设计理念更加先进，简化了一回路的支撑设计，不仅有利于在役检查，而且有利于防止大失水事故的发生。

5. 稳压器

AP1000 稳压器采用传统压水堆成熟技术，结构简单，由直立式筒体和上下封头组成，容积增大到约 59 m^3。由于稳压器容积率增加，AP1000 相应的瞬态响应能力增强，可以减少停堆事件发生频率，并有利于限制事件发展。

（二）AP1000 非能动安全系统

AP1000 的非能动安全系统主要包括应急堆芯冷却系统、安注和自动降压系统、余热排出系统和安全壳冷却系统等。

与传统的压水堆安全系统相比，非能动安全系统要简单得多，它们不需要现有核电厂中那些必不可少、种类繁多的安全支持系统，如相关的安全级交流电源、冷却水系统以及安装这些部件的抗震厂房。非能动安全系统的采用和系统的简化，减少了运行人员的操作。通过这些设计，AP1000 机组的安全性得到了显著的改进，据称其堆芯熔化概率为 3×10^{-7}/堆年，远低于美国核电用户需求文档（URD）要求的 1×10^{-5}/堆年。

非能动设计大幅度减少了安全系统的设备和部件，与同样容量的传统核电厂设备相比，AP1000 的阀门、管道、电缆、泵、抗震厂房容积分别减少了 50%、83%、87%、36% 和 56%，节省了所需的大宗材料和现场劳力。

（三）安全壳系统

AP1000 的安全壳为双层结构，外层为预应力混凝土，内层为钢板结构。安全壳及内部结构剖面如图 1-7 所示。

AP1000 与传统压水堆相比，安全壳机械贯穿件的数量大大减少，正常隔离阀处于关闭状态的比例更高。正常打开的隔离阀也是故障自动关闭的。

（四）仪表和控制系统

AP1000 仪控系统采用成熟的数字化技术设计，通过多样化的安全级、非安全级仪控系

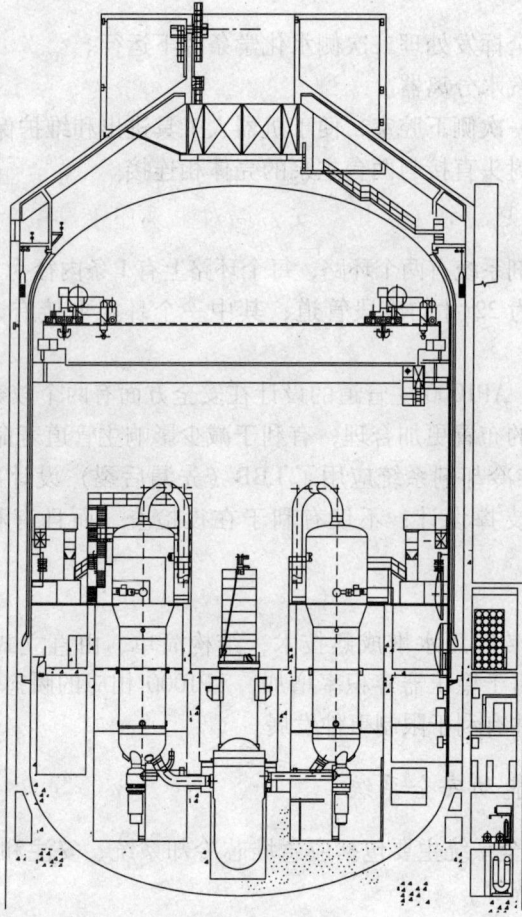

图 1-7 AP1000 安全壳

统和信息提供、操作避免发生共模失效。主控室采用布置紧凑的计算机工作站控制技术，人机接口设计充分考虑了运行电站的经验反馈。

（五）模块化建设

核电厂的模块化设计是将核电厂的整体系统结构，包括它们的支撑和部分土建结构，根据其组成的特点，切割成若干可以在工厂中进行加工制造的模块，如设备模块、管道模块、结构模块、土建模块等，将这些模块在工厂完成预制，然后利用各种交通工具将其运抵现场，实施安装。模块化建设能够有效地降低核电厂的建设造价，缩短建设周期，提供经济性。

AP1000 在建造中大量采用模块化建造技术。模块建造是电站详细设计的一部分，整个电站共分 4 种模块类型，其中结构模块 122 个，管道模块 154 个，机械设备模块 55 个，电气设备模块 11 个。模块化建造技术使建造活动处于容易控制的环境中，在制作车间即可进行检查，经验反馈和吸取教训更加容易，保证建造质量。平行进行的各个模块建造大量减少了现场的人员和施工活动。

通过与前期工程平行开展的按模块进行混凝土施工、设备安装的建造方法，AP1000 的

16

建设周期大大缩短至 60 个月，其中从第一罐混凝土到装料只需 36 个月。

三、EPR 核电厂

EPR 是法玛通和西门子公司联合开发的第三代压水堆核电厂。EPR 保持了压水堆技术的延续性，采纳了法、德两国最新投入运行的 N4 和 Konvoi 反应堆所应用的新技术。与传统的压水堆型相比，它达到了法国核安全局对未来压水堆核电厂提出的核安全标准，并提高了核电的经济竞争力，EPR 的电厂效率能达到 36% ~ 37%，发电成本将比 N4 系列低 10%。

EPR 为单堆布置四环路机组，电功率为 1 525 MWe，设计寿命 60 年。EPR 为双层安全壳设计，内层为直径 46.8 m、高度 57.5 m 的预应力混凝土，外层采用加强型的钢筋混凝土壳抵御外部灾害，内、外层的厚度都是 1.3 m，内外之间为环行空间，相距 1.80 m。内层安全壳带有防泄漏的金属衬里覆面。2.6 m 厚的安全壳可抵御坠机等外部侵袭。

EPR 主设备包括：1 台反应堆压力容器、4 台蒸汽发生器、4 台主泵、1 台稳压器以及相互之间连接的主管道。

（一）反应堆压力容器

EPR 反应堆压力容器由顶盖、筒体和球形下封头组成，设计寿期 60 年。

由锻造的铁素体钢 16MND5 制造，重 409 t，长 11 m，直径约 6 m，环形锻件，无纵向焊缝，活性区无焊缝。大型焊缝的数量和几何尺寸减少，上部筒体为整体锻件机加工而成，法兰与接管段壳体是一体的，法兰与接管段之间焊缝减少再加上管嘴可调节式设计，这样就增加了管嘴到堆芯顶部的垂直距离，因此在假设冷却剂丧失下，操纵员将有更多时间应对堆芯裸露危险。反应堆压力容器下部由堆芯高度的圆筒形部分、过渡段及球形下封头组成。

因为堆芯内仪表由压力容器顶部上封头引入，因此下封头没有任何贯穿件通过。整个内表面堆焊奥氏体不锈钢覆盖层，为减少腐蚀产物放射源项，规定堆焊材料的残余钴含量低，小于 0.06%。在设计寿期末压力容器材料延脆性转变温度 RT_{NDT} 要求仍低于 30 ℃。反应堆压力容器的设计便于在役检查期间进行无损检验，特别是其内表面是可接近的，允许从内部对焊接接头进行 100% 的目视及超声波检查。

（二）蒸汽发生器

EPR 也采用 U 形管束立式蒸汽发生器，装备有自然循环热交换器及轴向节能器。单位重量约 539 t，长约 25 m，直径约 6 m。蒸汽发生器下封头采用一体锻制而成。EPR 蒸汽发生器增加了热交换面积并采用轴向节能器，因而饱和蒸汽压力能够达到 7.8 MPa，而且电厂效率能达到 36% ~ 37%。管束材料采用因科镍 690 合金，钴含量平均值低于 0.015%，管束围板由 18MND5 钢制成。

（三）稳压器

EPR 稳压器重 150 t，长 14 m，直径 3 m。所有的稳压器边界部件，除加热器贯穿件外，都是铁素体锻钢制成，并有两层堆焊覆面。钢的等级同反应堆压力容器。加热器贯穿件采用不锈钢材料，焊接材料为因科镍合金。稳压器由一组焊在本体上的支架支撑。侧向的限制器可以防止稳压器在假想地震或事故中发生摆动。EPR在稳压器封头和阀门之间设有一层楼板，便于加热器更换并降低阀门维修时的辐射剂量。

EPR稳压器设计寿命为60年。

（四）主泵

EPR有4个输热环路，在每个环路中的冷管段上均安装有一台主泵。反应堆主泵是N4反应堆主泵的增强型，其特点是叶轮末端安装了静液压轴承，因此轴线振动水平非常低。

主泵增加了新的安全装置"停车密封"作为轴密封的备用。轴密封以静密封作为备用，一旦泵停止运行并且泄漏管线关闭时，停车密封就关闭。它在所有各级轴密封系统逐级失效情况下或同时失去设备冷却水和用于密封的化容注入水情况下，保证轴的密封性能。

（五）主管道

EPR主管道材质采用奥氏体超低碳不锈钢；主管道为Z2CN19.10型，主管道尺寸为$\phi780 \times 76$ mm；波动管为Z2CND18.12型，波动管尺寸为$\phi325.5 \times 35$ mm。管道的焊接工艺实施了重大改进，使用轨道窄间隙TIG焊接技术得到均匀的圆周焊缝。使用自动TIG机焊接，大大减少了焊接金属体积并提高了焊接质量。

奥氏体与铁素体部件之间的双金属焊通过因科镍52直接自动焊接进行。辅助及仪表管线通过接管、支管及管接头与主管道连接。大的接管与主管道采用整体锻制，小的接管焊在主管道上，化容系统的接管与主管道采用整体锻造，目的在于提高抗热疲劳能力。

四、重水堆核电厂

加压重水反应堆（PHWR）是由加拿大经多年研究发展而成，它采用天然二氧化铀作为燃料，重水D_2O作为慢化剂和冷却剂。燃料元件置于水平设置的压力管内，反应堆两端面各有一台装换料机，可实现不停堆换料。反应堆的控制采用垂直插入的多种中子吸收反应性控制装置来完成。我国目前秦山三期有两台CANDU6加压重水堆核电机组（728 MWe）正在运行。

PHWR堆主要由慢化剂系统、一回路热传输系统、停堆冷却系统、专设安全系统、安全支持系统和供电系统等组成，如图1-8所示。

慢化剂系统在低温低压下运行并单独冷却，它与一回路热传输系统冷却剂完全隔离。在慢化剂系统重水中会产生相当大量的氚。氚的放射性较强，其经济价值也很高。因此，从经济和安全性考虑，都要对氚进行严格的监测。

一回路热传输系统的最主要特点是用几百根压力管在堆芯内容纳高压冷却剂，而不是一个单一的压力容器。在600 MWe-PHW反应堆中的一回路热传输系统分为两个独立的"8"字形冷却剂环路，每个环路包括两台泵，4个集管（两个入口集管和两个出口集管），两台蒸汽发生器和大量热传输支管和燃料通道。

停堆冷却系统在停堆后为燃料和一回路热传输系统提供冷却，并在低温条件下持续长期运行。该系统主要由位于反应堆一端的一台泵和一台蒸汽发生器组成，两个热传输回路的入口集管和出口集管之间互相连接。

专设的安全设施有：1号停堆系统、2号停堆系统、应急堆芯冷却系统和安全壳系统等。

（1）1号停堆系统主要采用28根镉棒加载，镉棒受重力作用并在弹簧辅助下落入堆芯。

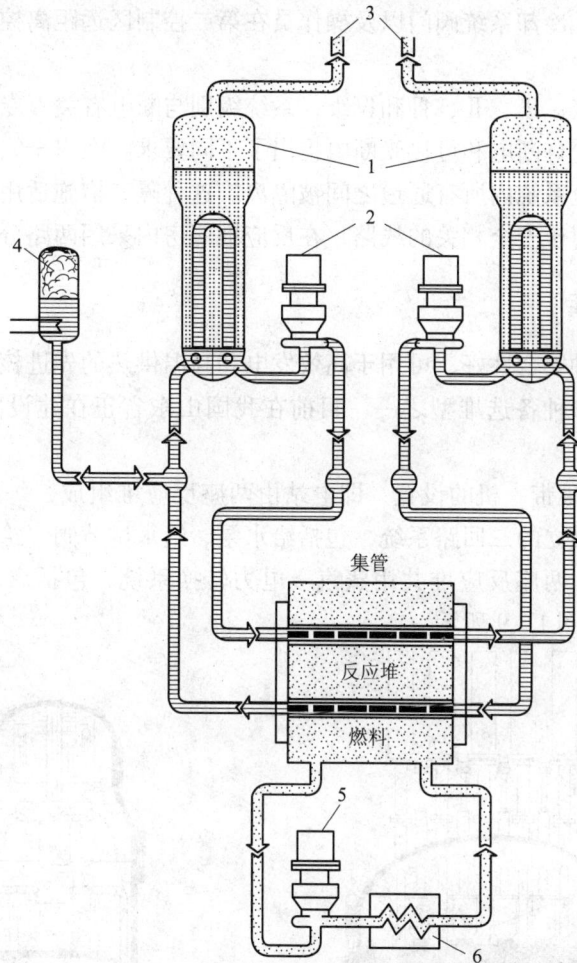

图 1-8 重水反应堆核电厂一回路示意

1—蒸汽发生器；2—主泵；3—蒸汽管道；4—稳压器；5—慢化剂泵；6—慢化剂热交换器

在要求停堆时，该系统切除吸收棒抓钩的供电，使吸收棒落入慢化剂中。

（2）2号停堆系统通过6个水平放置的管嘴迅速将硝酸钆浓溶液注入慢化剂，2号停堆系统独立于1号停堆系统，功能上具有多样性，实体位置是隔离的。

（3）应急堆芯冷却系统由3个阶段组成，高压阶段利用气体压力将水从位于反应堆厂房外的水箱注入堆芯；中压阶段用应急堆芯冷却系统的回收泵将位于反应堆厂房内的喷注水箱的水注入堆芯；低压阶段用泵将已收集在反应堆厂房地坑的水经应急堆芯冷却热交换器注入堆芯。

（4）安全壳系统由带环氧树脂内衬的混凝土安全壳结构（包括自动触发的喷注系统和空气冷却器的热阱），过滤排风系统，出入气密闸门，安全壳延伸部分和自动触发的安全壳隔离系统组成。

安全支持系统包括应急供水系统、应急供电系统、厂用水系统、仪表空气系统和第一组供电系统。这些辅助设施置于厂区内较远的区域，作为其他系统的备用系统，尤其是地震时。应急供水系统在应急状态下，向一回路热传输系统、二次侧冷却回路、应急堆芯冷却系统热交换器供水。应急电源向应急水供给泵和阀供电。此外，它作为替代电源，向应急堆芯冷却泵和某些应急堆芯冷却系统阀门以及操作员在第二控制区远距离控制的其他安全和控制系统供电。

供电系统分为 4 级：Ⅰ、Ⅱ、Ⅲ和Ⅳ级，系统级别与断电有关。专设安全系统，设备保护和工艺考虑对供电允许断电和可接受断电提出了不同要求。在安全线路设计中采用专门的措施，来保证任一安全系统内所有通道之间被隔离。这种隔离措施适用于设备间，电缆布线和电力供应。此外，对于安全相关的线路，在反应堆厂房内采用两路分隔的电缆线路。

五、高温气冷堆

高温气冷堆是一种安全性好、可用于高效发电和高温供热的先进核反应堆，是国际核领域第四代核能系统中 6 种备选堆型之一。目前在我国山东省正在建设高温气冷堆示范工程（简称 HTR - PM）。

HTR - PM 采用两堆带一机的设置，即电站由两座反应堆组成，每座反应堆接一蒸汽发生器，每座反应堆有独立的二回路系统，包括给水泵、给水调节阀、给水隔离阀、主蒸汽隔离阀和主蒸汽安全阀。两座反应堆共用蒸汽－电力转换系统，包括启动－停堆回路、汽轮机/发电机系统等，如图 1－9 所示。

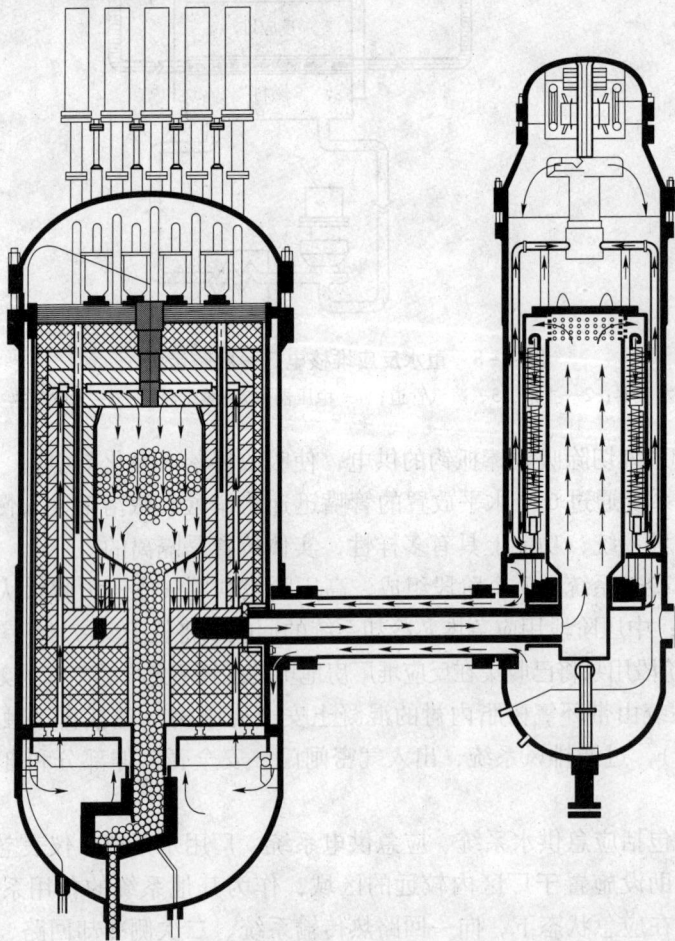

图 1－9　高温堆核岛系统

整个电站由一回路系统、专设安全设施、仪控及剂量监测系统、电力系统、辅助系统、蒸汽电力转换系统等组成。

一回路系统由反应堆和蒸汽发生器及主氦风机组成，反应堆和蒸汽发生器及主氦风机分别布置在反应堆压力容器、蒸汽发生器壳体两个压力容器内，其间用热气导管壳体相连接，构成"肩并肩"的布置方式，安装在混凝土屏蔽舱室内。

专设安全系统主要有包容体系统、余热排出系统、隔离系统、蒸汽发生器事故排放系统。

核岛辅助系统主要包括燃料装卸与贮存系统、一回路压力泄放系统、氦净化与氦辅助系统、气体采样与分析系统、屏蔽冷却水系统、设备冷却水、厂用水、放射性废物处理、反应堆厂房通风空调系统等。

仪控及剂量监测系统主要包括主控制室和备用停堆点、反应堆保护系统、反应堆控制系统、核测量系统、过程测量系统、地震监测系统、辐射和剂量监测系统、主控制室报警系统、核岛通信系统、核岛信号接地系统等。

HTR－PM 电力系统由厂外电力系统和厂用电系统组成。

第三节　核安全与核安全监管

核裂变会产生放射性物质，辐射通过人体时与人体器官组织的细胞发生反应，使细胞的原子电离，损伤细胞；使细胞减小，甚至功能丧失；也可以使受照细胞获得异常繁殖而脱离正常调节机制的控制，而且能将损伤传给后代。

由于核裂变反应的特性，核燃料在反应堆中进行核裂变时将产生大量能量，而且在停堆以后燃料中仍长期产生大量的热量，这就是余热。日本福岛第一核电厂就是因为这些余热无法排出而产生的灾难性后果。为了保护核电厂工作人员和核电厂周围居民的健康，核电厂必须始终坚持"质量第一，安全第一"的原则。

一、放射性物质的多层屏障

为使工作人员、公众免遭辐射伤害，防止放射性裂变产物外逸，污染环境，按照纵深防御的原则，目前压水堆核电厂在核燃料和环境（外部空气）之间设置了三道屏障。

第一道屏障——燃料元件包壳。在燃料芯块外面用锆合金包起来，组成密封的燃料棒，称锆管为燃料包壳。燃料芯块经高温烧结而成，它把核裂变的固体产物留在陶瓷燃料芯块基体里，气体性的产物留在燃料芯块和燃料包壳之间的空隙里，使放射性的物质密封在燃料包壳之内，不让它泄漏。在核电厂正常运行时，绝大多数放射性产物保存在陶瓷燃料芯块基体和燃料包壳内。

第二道屏障——反应堆压力容器以及一回路主设备（反应堆冷却剂压力边界）。对压水堆核电厂来说，燃料包壳密封如果破损，放射性物质会泄漏到水中，但仍被密封在一回路系统之内。这个密闭的回路系统是用坚固壁厚的不锈钢管道和反应堆压力容器、主泵、蒸汽发生器、稳压器等组成的，以防止一回路水泄漏。

第三道屏障——安全壳。用预应力钢筋混凝土构筑，内表面加有 0.6 cm 的钢衬，可以抗御来自内部或外界的飞出物，防止放射性物质进入环境。一回路主要设备、管路都安放在安全壳内。即使一回路压力边界有破损，放射性物质也只能泄漏在安全壳内。安全壳具有良好的密封性能，可承受 5 bar（$1\ bar = 10^5\ Pa$）的内压，将可靠地把放射性物质包容在内，放射性的物质不会进入大气。安全壳在设计上除能承受内压和密封外，还要求具有抗飓风、飞射物撞击等外部事件的能力。

维护这 3 道屏障的完整，重点在于保持 3 个基本安全功能即控制功率、冷却燃料和包容放射性物质的完整和可靠。而保持这 3 个基本安全功能的工作有事故预防和事故缓解两个方面，应把重点放在事故预防上，特别是要预防堆芯损坏事故。当出现事故后，则应该采取缓解事故措施，减弱放射性物质释放影响。

二、核安全的纵深防御

为了确保核电厂安全，在 3 道屏障的基础上，对于每道屏障又采用一系列的保护措施，来提高屏障的可靠性和安全性，防止它们遭受超过设计极限的工况，以及因损害而失效。这就是核安全的纵深防御原则，纵深防御原则一般可描述为 5 层防线。

第一层防线：精心设计、制造、施工，确保核电厂有精良的硬件环境。建立周密的程序，严格的制度，对核电厂工作人员有高水平的教育和培训，人人注意和关心安全，有完备的软件环境。

第二层防线：加强运行管理和监督，及时正确处理异常情况，排除故障。

第三层防线：在严重异常情况下，反应堆应正常控制和保护系统动作，防止设备故障和人为差错造成事故。

第四层防线：发生事故情况时，启用核电厂安全系统，包括各外设安全系统，加强事故中的电站管理，防止事故扩大，保护反应堆厂房（安全壳）。

第五层防线：万一发生极不可能发生的事故，并伴有放射性外泄，启用厂内外应急响应计划，努力减轻事故对周围居民和环境的影响。

纵深防御措施采取 3 个安全保护层次：

第一个保护层次为预防，主要在设计上采取保守的设计法，提高安全系数；在建造和运行方面主要是建立完善的质量保证体系。从设计、建造、调试到运行的各个环节，进行严格的质量管理和监督，尤其是在运行后，加强运行人员的安全素养和培训，保证核电厂的稳定性、可靠性。日本福岛第一核电厂就是因为人们对海啸的危险估计不足，从设计基础上就发生了错误，致使出现了放射性失控释放的事故。由于是设计基准发生了问题，所以任何补救措施都显得苍白。

第二个保护层次为监控，加强对运行工况的全面监控是保证核电厂安全运行的一个重要措施，包括监控系统、保护系统、检查修理、应急电源和紧急停堆等，以消除故障或事故，保证燃料包壳和一回路承压边界完好无损。

第三个保护层次为限制事故后果，这个层次的关键是有专设安全措施。核电厂配置的安全系统的主要动作是：① 隔离系统，用来将反应堆厂房隔离开来，主要有自动关闭穿过厂房的各条运行管道的阀门，收集厂房内泄漏物质，将其过滤后再排出厂外。② 堆芯注水，在反应堆可能"失水"时，向堆芯注水，以冷却燃料组件，避免包壳破裂。注入水中含有硼，用以制止核链式反应。注水系统使用压力氮气，在无电流和无人操作情况下，在一定压力下可自动注水。③ 安全壳喷淋与冷却。事故冷却器和喷淋系统，用来冷却厂房以降低厂房的压力。在厂房压力上升时先启动空气冷却（风机－换热器）的事故冷却器；再进一步可以启动厂房喷淋系统将冷水或含硼水喷入厂房，以降热和降压。

以上所有安全保护系统均采用独立设备和冗余布置，均备有事故电源，安全系统可以抵御地震和在蒸汽－空气及放射性物质的恶劣环境中运行。

三、民用核设施的核安全监管

世界核电几十年和中国核电近 20 年的发展经验表明，核电是一种安全、清洁的能源，迄今为止的核电厂运行安全记录是良好的。

但是，众所周知，严重的核事故将对社会、环境和人民生命财产造成不可估量的损失。1986 年的切尔诺贝利核事故不仅使苏联遭受了重大的经济损失，也使苏联的政治声誉以及人民群众对苏联党和政府的信心遭到沉重的打击。1977 年的三哩岛事件是美国乃至全世界核设施建设全面停滞的一个十分重要的原因。这一切表明，虽然核电厂发生严重事故的概率极低，但由于其后果相当严重，仍然不能忽视它所带来的风险。2011 年日本福岛核事故给刚刚复苏的核工业又泼了一盆冷水。

核工业发展的局部性和核事故发生后影响的全局性使得国家必须负责对全国核设施安全实施统一监督，必须成立机构独立行使核安全监督。为此，我国于 1984 年成立了国家核安全局。1986 年国务院发布的《民用核设施安全监督管理条例》中指出：" **民用核设施的选址、设计、建造、运行和退役必须贯彻安全第一的方针；必须有足够的措施保证质量，保证安全运行，预防核事故，限制可能产生的有害影响。**" 从此，民用核设施的核安全监管走上了法制化管理的道路。

（一）核安全目标

所谓" 核安全"是指：完成正确的运行工况、事故预防或缓解事故后果，从而实现保护厂区人员、公众和环境免遭过量辐射危害。

根据核安全法规《核动力厂设计安全规定》（HAF102），核安全总的目标是在核动力厂中建立并保持对放射性危害的有效防御，以保护人员、社会和环境免受危害。

这个总目标又可以分解为辐射防护目标和技术安全目标，这两个目标互相补充、相辅相成。

辐射防护目标：保证在所有运行状态下核动力厂内的辐射照射或由于该核动力厂任何计划排放的放射性物质引起的辐射照射保持低于规定限值，并且合理可行尽量低，保证减轻任何事故的放射性后果。目前，实现这个目标的手段是在保证减轻事故的放射性后果的基础上，实现辐射防护最优化。

技术安全目标：采取一切合理可行的措施防止核动力厂事故，并在一旦发生事故时减轻其后果；对于在设计该核动力厂时考虑过的所有可能事故，包括概率很低的事故，要以高可信度保证任何放射性后果尽可能小且低于规定限值；并保证有严重放射性后果的事故发生的概率极低。目前，实现这个目标的手段是纵深防御。

（二）基本核安全功能

为了保证核安全，民用核设施所有设计都是围绕以下 3 个安全功能展开的：

（1）必须为在某些运行工况和事故工况期间和之后的安全停堆和维持安全停堆状态提供必要的手段。

（2）必须为在某些运行工况和事故工况期间和之后，为停堆后从堆芯排出余热提供必要的手段。

（3）必须为减少可能的放射性物质释放、为保证运行工况期间和之后的任何释放不超过规定限值、事故工况期间和之后的任何释放不超过可接受的限值提供必要的手段。

（三）核安全工作的基本特点

（1）在核电厂的设计、建造、运行直到退役全过程中，各项活动必须严格遵循确定的程序和操作规程。程序和操作规程是施加于影响核电厂的安全性和可靠性的所有活动的基本要求，严格遵循这些程序和操作规程是对全体人员最基本的纪律要求。

（2）人的知识和能力。电厂的安全性所依赖的每一个人应该了解必要的科学知识，这些知识为其正确履行职责奠定了基础。必须通过不断的、有计划的培训、考核，确保相应的人员具备必需的知识和能力。

（3）有效的权力与责任清晰的管理系统。在一个正确的直线制管理系统中，每个人，包括管理者，在履行他的职责时，只向他的单一上级报告。工作人员在一个具体活动中不必服从来自管理链中除他的直接上级一个人以外的其他人的指示。当然，在权力、责任链划分时要十分注意接口关系，保证有关活动的权力分配给承担这项活动的同一管理者。

（4）严格遵照正确的、综合性的安全分析结果来进行相关的设计、建造、运行和维修活动。例如，电厂安全分析的结果与安全操作的参数范围之间的关系。这个范围在相应的运行技术规格书中予以界定，操作范围中极限参数的确定必须通过分析和验证。这些分析和验证文件也被称为连接文件，基于概率论方法的安全分析也应作为连接文件的分析方法，以确保操作极限确定时所涉及的重要相关事项已被充分考虑。

（5）在核电厂全寿期的运行实践中，所有的设备、部件，特别是安全相关系统的设备和部件的质量必须与设备的制造质量，或者换句话说与设备、部件的技术规格书的要求始终保持一致。这种一致性依赖于电厂对设备、部件的有效管理，包括老化管理。对相应的设备、部件和系统进行有计划，有明确质量、性能验收指标的维护、保养、检修、试验和更换。这对保证核电厂运行后期的安全尤为重要。

四、我国的核安全监管

我国是联合国的常任理事国，也是国际原子能机构的成员国。核安全是没有"国界"的，我国政府面对国际社会和国内公众认真履行保证核安全的义务和职责，一贯对核安全极为重视。对于原子能的和平利用提出并坚决贯彻"安全第一"的方针。

国家核安全局成立于 1984 年，成立之初做出了几项重大的，并经实践证明是十分明智、正确的决策。

（1）坚决贯彻中央制定的"安全第一"的方针，将在确保核安全的前提下促进我国的核能发展作为中国国家核安全局的工作方针。

（2）积极吸取核能发达国家的核安全管理经验，坚持一步与国际接轨的原则，采用了国际通用的核安全监督管理模式。

（3）采取"拿来主义"的方针，结合国情尽快建立我国的核安全法规、技术准则体系，并采用国际成熟的核工业标准。

（4）对民用核设施的选址、设计、建造（包括设备和部件的制造）、运行直至退役各阶段，所有与质量、安全相关活动的质量管理不再采用我国常规工业，包括军工体系的传统质量管理体系。在核设施的质量管理方面，必须与国际接轨，建立符合核安全法规的质量保证体系，使上述有关活动的实施处于质量保证体系的有效控制之下。

由于上述的正确决策，国家核安全局从1984年成立至今，20余年来，在对我国民用核设施的核安全监管活动的实施中，逐渐积累经验，监管能力不断地提高和完善，使得我国民用核设施处于有效的监管之下。

国际上通用的核安全基本要素和原则均已被我国采用，这些要素和原则的应用可归纳为：

（1）建立了较完善的核安全与辐射环境监督管理法规体系，也明确了当前参照使用的有关核安全审评和监督的技术准则文件和参照使用的有关工业标准。

（2）国家核安全局对各类核设施独立地行使核安全与辐射环境监督管理。同时建立了独立于核工业体系和核设施营运单位的专职核安全与辐射环境审评、监督技术机构——国家环境保护部核与辐射核安全中心，专门为国家核安全局提供实施监督管理的技术支持和技术保障。

（3）明确核设施营运单位对该设施的核安全与辐射环境安全负有最终责任。

（4）由国家核安全局对各类核设施，根据其特点，从设施的选址、设计、建造、运行直到退役分阶段实施许可证管理。

（5）由国家核安全局组织核安全中心和有关技术机构对各类核设施各阶段的活动，依照法规和标准的要求实施强制性的核安全与辐射环境安全的技术审评和监督。其审评、监督的结果作为国家核安全局对核设施营运单位颁发相应许可证的依据。

（6）国家核安全局及其技术支持机构大力开展多边与双边的国际合作，积极开展国际交流和人员培训。充分注意收集和跟踪国内外有关核安全与辐射环境安全的经验反馈和最新研究成果，大力开展旨在提高监管能力的科学研究，并将研究成果加以应用。

第四节　核安全领域质量保证的特点

从管理层面讲，独立于发展部门的国家核安全监督管理是国家保证核安全的最基本手段；从技术层面讲，纵深防御是国家保证核安全最基本的手段。

纵深防御的理论首先也是来自于核电厂。国家核安全局2000年发布的核安全政策声明中规定："**（1）第一层次防御的目的是防止偏离正常运行和系统故障。这一层次要求按照适当的质量水平和工程实践正确并保守地设计、建造和运行核电厂。**"这里讲的"**适当的质量水平**"是什么呢？从法规要求上讲，1986年国务院发布的《民用核设施安全监督管理条例》中规定："**民用核设施的选址、设计、建造、运行和退役必须贯彻安全第一的方针；必须有**

足够的措施保证质量，保证安全运行，预防核事故，限制可能产生的有害影响。"

那么"足够的措施保证质量"又是指什么呢？作为《民用核设施安全监督管理条例》配套的部门规章《核电厂质量保证规定》（HAF003）提出了核电厂质量保证工作"**必须满足的基本要求**"，即为了使国家对核电厂的质量有足够的置信度，核电厂营运单位必须建立和实施核电厂质量保证体系。

《核电厂质量保证安全规定》（HAF003）开始实施到现在已经有 20 多年了。核安全领域的质量保证工作，随着核安全工作从无到有，向前推进了很多，质量意识和核安全文化意识也深入人心。

根据我国多年的实践以及核安全质保法规文件的要求，我们总结出以下核安全领域质量保证的几个特点。

一、质量保证体系的系统性

核安全领域质量保证体系的质量目标是保证核安全重要活动的质量，特别是要保证需要核安全许可才能进行的核安全重要活动的质量。一般说，对于一项需要核安全许可才能进行的核安全重要活动，应负责建立和实施质量保证体系。质量保证体系中安全最终的责任者是该活动申请单位的法人代表。

HAF003 的 1.3 责任一节规定："**对核电厂负有全面责任的营运单位必须负责制定和实施整个核电厂的质量保证总大纲。核电厂营运单位可以委托其他单位制定和实施大纲的全部或其中的一部分，但必须仍对总大纲的有效性负责，同时又不减轻承包者的义务或法律责任。**"

在核安全领域的质量保证实践中，局面十分复杂。在所有参与核电厂建设和运行的单位中，营运单位的质量保证实施情况要受到其主管部门与投资方行为的影响以及国家核安全监管部门的监督检查，其他各种参与单位除自身实施质量保证工作以外，还要接受营运单位检查和监查，以及其主管部门与投资方行为的影响。这样就形成了营运单位及其主管部门与投资方、其他参与单位及其主管部门与投资方和国家核安全监管部门对核电厂质量保证工作系统的多层次的影响、检查和监督。

系统性是核安全领域质量保证体系与常规质量保证体系的一个重要区别。常规质量保证体系是针对一个个单位或企业建立的体系，其目的是为了企业或单位的生存与发展。而核领域质量保证体系面对的是由多个单位组成的一个庞大的系统，其复杂程度远非普通质量保证体系可以应付的。

为此，HAF003 在第二章"质量保证大纲"的概述中提出了一系列要求：

"**2.1.1 必须根据本规定提出的要求，制定质量保证总大纲，这是核电厂工程不可分割的一部分。总大纲必须对核电厂有关工作（例如厂址选择、设计、制造、建造、调试、运行和退役）的控制做出规定。每一种工作的控制也必须符合本规定的要求。**

"**2.1.2 整个核电厂和某项工作领域的管理人员，必须按照工程进度有效地执行质量保证大纲（包括交货期长的物项的材料采购）。核电厂运行管理部门必须保证在运行期间质量保证大纲的有效执行。**

"**2.1.3 所有大纲必须确定负责计划和执行质量保证活动的组织结构，必须明确规定各有关组织和人员的责任和权力。**

"2.1.4 大纲的制定必须考虑要进行的各种活动的技术方面。大纲必须包括有关规定，以保证认可的工程规范、标准、技术规格书和实践经验经过核实并得到遵守。除了管理性方面的控制之外，质量保证要求还应包括阐述需达到的技术目标的条款。

"2.1.5 必须确定质量保证大纲所适用的物项、服务和工艺。对这些物项、服务和工艺必须规定相应的控制和验证的方法或水平。根据已确定的物项对安全的重要性，所有大纲必须相应地制定出控制和验证影响该物项质量活动的规定。

"2.1.6 所有大纲必须为完成影响质量的活动规定合适的控制条件，这些规定要包括为达到要求的质量所需要的适当的环境条件、设备和技能等。

"2.1.7 所有大纲还必须规定对从事影响质量活动的人员的培训。

"2.1.8 必须定期地对所有大纲进行评价和修订。

"2.1.9 所有大纲必须规定文件的语种。必须采取措施保证行使质量保证职能的人员对书写文件的语言具有足够的知识。文件的翻译本必须由合格的人员进行审查，必须验证是否与原文件相一致。"

因此，任何孤立地看待一个单位，特别是一个参与单位质量保证体系的做法都是片面的。

以核安全设备质量保证体系为例。《民用核安全设备监督管理条例》第五条规定："民用核安全设备设计、制造、安装和无损检验单位，应当建立健全责任制度，加强质量管理，并对其所从事的民用核安全设备设计、制造、安装和无损检验活动承担全面责任。

民用核设施营运单位，应当对在役的民用核安全设备进行检查、试验、检验和维修，并对民用核安全设备的使用和运行安全承担全面责任。"

《民用核安全设备监督管理条例》第十三条规定："申请领取民用核安全设备设计、制造、安装或者无损检验许可证的单位，应当具备下列条件：

"（五）有健全的管理制度和完善的质量保证体系，以及符合核安全监督管理规定的质量保证大纲。

"申请领取民用核安全设备制造许可证或者安装许可证的单位，还应当制作有代表性的模拟件。"

《民用核安全设备监督管理条例》第二十一条规定："民用核安全设备设计、制造、安装和无损检验单位，应当根据其质量保证大纲和民用核设施营运单位的要求，在民用核安全设备设计、制造、安装和无损检验活动开始前编制项目质量保证分大纲，并经民用核设施营运单位审查同意。"

《民用核安全设备监督管理条例》第二十九条规定："民用核设施营运单位应当对民用核安全设备质量进行验收。有下列情形之一的，不得验收通过：

"（一）不能按照质量保证要求证明质量受控的；

"（二）出现重大质量问题未处理完毕的。"

可以看出，核安全设备活动单位分别向国家核安全局和核设施营运单位负责。如果核安全设备活动作为分供方单位出现，这个问题就更为复杂。

核安全领域质量保证的系统性，一个突出表现为在一个质量保证体系中标准要求一致、质量保证基本要求一致、安全最终责任者一致、有效语言一致、用语一致。一般来说，对于一项需要核安全许可才能进行的核安全重要活动，应建立一个质量保证体系。质量保证体系中安全最终的责任者是该活动申请单位的法人代表。

而对于核安全重要活动单位来讲标准要求可能不一致，质保要求可能不一致，安全最终责任者可能不一致，质量保证控制要求、所用有效语言可能不一致，用语可能不一致，但质量保证原则要求一致。

目前，对《质量保证大纲》的核安全审评往往偏于细节。应该知道，对《质量保证大纲》细节的审查只是一种工具，审查细节是为了查出系统性问题。如果将审评结论和整改建议也落实为一些细节要求，就失去了审评的意义。在实际的质量保证工作中，这种倾向也有向被监督单位蔓延的趋势，有些单位的质量保证工作片面强调从细节入手，不重视质量保证体系过程控制的系统化特点，质量保证职能的人员也往往将自己混同于核安全重要活动承担者。宣传的是靠前管理，精细控制，实际效果是质量保证职能人员"重技术，轻管理"，将质量保证体系的系统性要求淹没在技术细节中，这样就否定了质量保证的科学性。

前些年发生了一次质量事件。一个营运单位向一个主设备制造厂同时订制了反应堆容器及其支撑。在设备到场后的试验中发现，支承件的质量存在严重问题。营运单位对此相当重视，经过调查发现是该主设备制造厂违反规定，私自将支承件多次分包，使得该支承件在没有质量保证控制的情况下进行制造，自然出现了问题。

此事件涉及了营运单位、设备供方单位和分供方单位。出现问题的根本原因是设备供方单位非法转包，而营运单位在设备制造中的监造也没发挥应有的作用，造成质量保证要求未得到落实，因此也有不可推卸的责任。后来，国家核安全局经过调查，严肃处理了该主设备制造厂。鉴于此问题是营运单位主动检查发现的，因此免于处罚；同时，国家核安全局重新建立了专门机构对核安全设备的质量进行监管。此次事件对后来核设施与核安全设备的监督管理都有十分重要的指导意义。

二、质量保证体系的强制性

《核电厂质量保证安全规定》（HAF003）是国家核安全法规的组成部分，是具有法律效力的。HAF003 的 1.3 "责任" 一节规定：

"**1.3.1** 为了履行保证公众健康和安全的责任，营运单位必须遵照《中华人民共和国民用核设施安全监督管理条例》和本规定的要求制定相应适用的核电厂质量保证总大纲，并报国家核安全部门审核。

"**1.3.2** 对核电厂负有全面责任的营运单位必须负责制定和实施整个核电厂的质量保证总大纲。核电厂营运单位可以委托其他单位制定和实施大纲的全部或其中的一部分，但必须仍对总大纲的有效性负责，同时又不减轻承包者的义务或法律责任。"

同时，HAF003 第二章 "质量保证大纲" 开篇就讲 "必须根据本规定提出的要求，制定质量保证总大纲，这是核电厂工程不可分割的一部分。总大纲必须对核电厂有关工作（例如厂址选择、设计、制造、建造、调试、运行和退役）的控制做出规定。每一种工作的控制也必须符合本规定的要求。"

建立和实施质量保证体系以保证质量是众所周知的手段。但核安全领域质量保证体系与常规质量保证体系的一个重要的区别在于，核安全领域质量保证体系的价值取向，即质量目标，非常明确地指向核安全。

历史证明，对于核安全领域，一旦出现问题，企业和地方力量几乎是微不足道的，最后解决问题的还是中央政府。河南杞县的卡源事故使得数万人逃离县城，震动全国，其影响和代价远非一个辐照厂乃至其父母官的县政府可以想象的。日本福岛核事故初期，东京电力公司还幻想靠自己的力量控制事故，但事态的快速发展使东京电力公司放弃了这种徒劳的努力。

所以，保证核安全是一项牵扯面很广的国家行为。而质量保证是国家为保证核安全用强制管理手段推进的一种技术管理科学，建立和实施质量保证体系是进行核安全重要活动单位的责任和义务，也是针对其所从事的核安全重要活动的质量给国家以信心的一种重要手段。

与此同时，在中国，企业的价值取向是来自于主要领导的价值取向，企业领导的价值取向来自社会的价值取向。如果想在国家层面上把核安全重要活动管好，就必须通过对质量保证体系的强制要求，使进行核安全重要活动的单位保持视质量为进度和经费最基本保障的认识和相应的价值取向，这是一个最可靠、可行，性价比最高的方式。

反之，如果整个社会乃至国家层面都急功近利，慢工出细活的质量保证就会变成可有可无的摆设，其作为一门管理科学也就失去了存在的价值，核安全也就失去了保障。

因此，建立和实施核安全领域质量保证体系的本质是国家为了保证核安全，强制要求所有安全重要活动的参与单位必须采取技术管理措施。与独立于核电发展部门的行政管理措施相适应，要求核电厂建立和实施质量保证体系与核安全审评和核安全监督一样，是国家核安全部门为保证核电厂安全所采取的以纵深防御为基础的技术管理措施的一个重要方面。

同时，质量保证体系强制性是针对所有核安全重要活动的。HAF003 第 1.2 节"范围"中规定：核电厂质量保证包括的范围是"**对核电厂厂址选择、设计、制造、建造、调试、运行和退役期间的安全重要物项和服务的对质量有影响的各种活动，包括设计、采购、加工、制造、装卸、运输、贮存、清洗、土建施工、安装、试验、调试、运行、检查、维护、修理、换料、改进和退役**"。

在 HAF003 第二章中规定："**整个核电厂和某项工作领域的管理人员，必须按照工程进度有效地执行质量保证大纲（包括交货期长的物项的材料采购）。**"

在核安全领域质量保证的宣传中，有时片面强调质量保证对参与单位各方面工作的促进作用，而忽视了进行质量保证是参与单位对国家应尽的义务，质量保证工作也倾向于寻找质量保证对影响质量的活动的正面影响，寄希望于活动承担者能主动参与质量保证活动。宣传的是质量保证的服务功能，实际效果是使那些寄希望于质量保证的重视过程控制的活动承担者会有上当的感觉，这就降低了质量保证的权威性。

在中国目前的情况下，推进核安全领域质量保证工作应当主要靠国家核安全局持续不断的压力。在这种压力下，各单位的领导人才能将"质量第一、安全第一"从口号到行动，从行动到自觉。

在核安全领域质量保证工作中有时还片面强调核安全设备国产化的重要性，不承认中国核工业实际的差距是在于管理而不在于技术。在进行相关质量保证验证工作时不从体系入手，而是陷于具体技术细节讨论。宣传的是掌握技术，自主创新，实际效果是舍本逐末，这样就造成了质量保证的边缘化。

掌握技术不容易，学会管理更难。如果我们不知道什么是安全的，如何保证质量，即使掌握了技术，也会由于技术进步被淘汰。如果我们知道了什么是安全的，如何保证质量，即使技术落后，别人也无话可说。毕竟，中国人的事情还要自己负责。

在核安全日常监督检查中有时认为单位员工没有按程序办事是一般性错误，只要加强教育，提高意识就行了。按程序办事是核安全领域质量保证工作的基础，是质量保证体系强制性的集中体现。出现工作人员没有按程序办事这样的错误，就说明被监督单位没有重视核安全工作。

同是严重的核事故，切尔诺贝利事故中的苏联政府就受到广泛的质疑和批评，而福岛核事故时日本政府得到了广泛的同情和支持。除去意识形态的问题，事故发生的原因不同是一个重要的因素。切尔诺贝利事故中工作人员有章不循，多次违规操作，且得不到制止，终成大祸，人们当然要质疑苏联政府。而福岛核事故前的日本政府为核安全已经尽力了，面对天灾无能为力，自然受到人们的同情。

因此，对有章不循的情况，一定要予以重罚，这是判断单位是否有核安全意识，是否有能力约束员工的最基本的条件，也是维护核安全的底线。

三、质量保证体系的计划性

质量保证体系的计划性较好理解，就是要求各参与单位对如何针对自己承担的核安全重要活动进行质量保证工作预先做出全面策划。

《核电厂质量保证安全规定》（HAF003）指出："**必须制定核电厂质量保证总大纲和每一种工作的质量保证分大纲**"；"**必须确定质量保证大纲所适用的物项、服务和工艺。对这些物项、服务和工艺，必须规定相应的控制和验证的方法或等级。根据已确定的物项对安全的重要性，所有大纲必须相应地制定出控制和验证影响该物项质量的活动的规定**"。

"**从事各项活动的单位，必须制定有计划地、系统地实施核电厂工程各个阶段的质量保证大纲的程序并形成文件**"；"**必须根据需要定期对程序进行审查和修订，以便保证所有影响质量的活动受到考虑而无遗漏**"。

HAF003还指出，"**凡影响核电厂质量的活动（包括核电厂运行期间的活动）都必须按适用于该活动的书面程序、细则、说明书或图纸来完成。细则、程序和图纸必须包括适当的定性和（或）定量的验收准则，以确定各种重要的活动是否已满意地完成**"。

"**必须控制对规定的设计要求和质量标准的变更和偏离。还必须制定措施，对构筑物、系统或部件的功能起重要作用的任何材料、零件、设备和工艺进行选择，并审查其适用性。**"

可以看出，核电厂质量保证的全部工作都要在活动进行以前事先进行计划或策划。即：从事核安全重要活动的单位应建立质量保证体系，确定核安全重要活动的控制方法，制订或选定影响质量的活动需要的所有大纲程序和执行文件，并明确所有活动的验收准则以及不符合项和有损于质量的情况的处理原则和基本方法；在活动开始前，应制订过程文件，并经过审批后才能开始影响质量的活动。这些质保文件如要修改，也必须按事先制订的修订程序进行审核和批准。

关于计划性，举个例子。某年，我国某试验堆进行一项材料辐照考验，材料辐照的周期比较长。在试验的过程中，水质逐渐变差，甚至达到严重恶化的程度，继而发生运行的不稳定。这是因为发生了局部膜态沸腾，燃料表面局部产生气泡继而破裂而造成反应性时大时小。根据水质情况本应该停堆处理，何况这种不稳定状态已离开了原来的堆芯设计允许范围。但如果停堆处理，则较长时间的考验就会前功尽弃，为了不丧失经济效应，不影响进度，于是营运单位在侥幸心理的指使下继续冒险运行，最终发生了一起燃料元件损坏事故。事故处理产生了额外的集体剂量，经济上受到了更大的损失。

在分析事故的原因时，一般认为是在试验的最后阶段出现了问题。其实，在事故开始时已经出现了问题。因为，对一个试验，应在试验前就对水质的发展有一个预判。如果认为水质达不到规定的要求就不能允许进行试验。如果在试验初期就发生了水质的偏离，就应该尽早结束试验，避免损失，保证安全，这就是质量保证计划性的意义。

再谈一下不符合项的分类问题。目前，由于国家核安全局尚没有出台相应的文件对不符合项的识别、分类和控制给出明确的规定，而诸多民用核设施营运单位、民用核安全设备活动单位也没有对不符合项的识别、分类和控制达成共识。从而导致不符合项的分类方式五花八门，不符合项的控制也因此存在诸多问题，造成不符合项的管理失控、漏报，管理和报告混乱。

尽管核安全质保法规文件对不符合项如何进行分类没有明确要求。但是根据质量保证体系的计划性原理，不符合项的控制分类在活动前制订质保文件时就应确定。比如，在 HAF003 设计控制中就指出：**"必须控制对规定的设计要求和质量标准的变更和偏离。"**

如果检查和试验的结果不能根据质保文件判定其不符合项分类，只能说明建立质量保证体系时出现了问题，质量失控，必须对质量保证体系进行评价或修订。

如果在《质量保证大纲》的审评以及随后的监督检查中发现不符合项分类存在问题，国家核安全局就会要求先确定与不符合项分类，修改相关的质保文件，然后再谈其他问题。

四、质量保证体系的实证性

在核安全领域质量保证工作中，有时片面强调活动承担者的质量意识对质量的决定作用，不承认质量保证是一门管理科学，对质量控制要求层层加码，无限扩大。宣传的是时时想着质量，实际效果是活动承担者心理压力过大，对质量过敏，造成对质量保证职能活动的抵触。

HAF003 规定：**"质量保证是'有效管理'的一个实质性的方面。通过有效管理促进达到质量要求的途径是：对要完成的任务做透彻的分析，确定所要求的技能，选择和培训合适的人员，使用适当的设备和程序，创造良好的开展工作的环境，明确承担任务者的个人责任等。概括来说，质量保证大纲必须对所有影响质量的活动提出要求及措施，包括验证需要验证的每一种活动是否已正确地进行，是否采取了必要的纠正措施。质量保证大纲还必须规定产生可证明已达到质量要求的文件证据。"**

HAF003 对不同的活动的过程控制提出了一系列原则要求和控制要求。这些原则要求和控制要求有 3 个突出的特点，就是有限性、可控性和可验证性。

有限性的要求其实就是核安全确定论方法在质量保证工作中的应用。即如果一个核安全重要活动可以落实核安全质保法规文件中规定的所有原则要求和控制要求，就是实现了（管理）目标，就可以认为核电厂的质量得到了保证。

比如，HAF003 在工艺过程控制中规定：**"当所达到的质量取决于所使用的工艺过程，且不能通过对成品的检查来验证时（例如在焊接、热处理和无损检验中使用的工艺），必须根据有关的规范、标准、技术规格书、准则的要求或其他特殊要求，制定一些措施并形成文件，以保证这些工艺由合格的人员、按照认可的程序和使用合格的设备，按现有标准来完**

成。对于现有规范、标准、技术规格书和准则尚未包括的工艺或质量要求超出这些文件规定的情况，必须对人员资格、程序或设备的鉴定要求另行做出规定。"这是对特种工艺和超出现有规范、标准、技术规格书和准则的活动的控制要求。对于普通的工艺，就没有这样的要求。

可控性的要求是要求所有质量保证基本要求都要得到满足。

HAF003 对于检查的要求是"必须对保证质量所必需的每一个工作步骤都进行检查。对安全重要的检查必须由未参加被检查活动的人员进行"。"核电厂各物项的试验和检查状态，必须通过使用标记、打印、标签、签条、工艺卡、检查记录、实体位置或其他合适的方法予以标识，指明经过试验和检查的物项是否可验收或列为不符合项。必须在物项的整个制造、安装和运行中按需要保持检查和试验状态的标识，以保证只能使用、安装或运行已通过了所要求的检查和试验的物项。"

可以看出，对于物项试验和检查的结果，要么验收，要么产生不符合项，在其中没有第三条路，一切都应在控制中。这是借鉴安全系统工程中"冰山法则"所提出的要求。安全系统工程的创始人之一美国人海因里希从多次跌倒事故的分析中得出这样一个结论：如反复发生跌倒事故，将会遵守如下比率：无伤害 300 次、轻伤 29 次、重伤一次。这就是所谓的"1∶29∶300 的法则"，由于上尖下宽，类似一座冰山，所以又被称为"冰山法则"。

"冰山法则"明确揭示了事故的发生从偶然走向必然这样一个自然规律。此外，"冰山法则"也揭示了人们对事故管理容易忽略的一个方面，即只关注水面之上的（冰山部分）看得见的所谓的事故或事件，而忽略水面之下的未遂事件和隐患，这是冰山的一个陷阱，也是事故管理的一个陷阱。

因此，质量保证要求对任何偏差都要进行控制。

可验证性是要求质量保证过程控制是可以在事后验证的。为此，HAF003 提出以质量保证记录为核心的控制要求："必须在质量保证大纲实施中编写足够使用的质量保证记录。"此处"足够使用"的含义为可以对质量保证过程控制活动进行验证。HAF003 在采购控制中还指出："证明所购物项和服务（包括用于核电厂运行、换料和维修的备件和更换件）符合采购文件要求的文字证据必须在安装或使用前送到核电厂现场。这个证据必须足以证明该物项和服务满足所有的要求。文字证据可以采用注明该物项或服务已满足各项要求的合格证书形式，但必须能够证明这些证书的真实性。"

对于质量保证，《民用核安全设备监督管理条例》第二十九条提出更为严格的要求："民用核设施营运单位应当对民用核安全设备质量进行验收。有下列情形之一的，不得验收通过：

"（一）不能按照质量保证要求证明质量是受控的；

"（二）出现重大质量问题未处理完毕的。"

应该指出，质量保证过程控制没有实现可验证性也就是"不能按照质量保证要求证明质量是受控的"。

举个例子。某厂从国外进口的主设备按规范要求在运输中应进行充氮保护。可设备到达现场后发现氮气气压的记录均是一致的，经核实是氮气的气压表卡住了。此时，可以认为运输过程中充氮保护的质量不能按照质量保证要求证明是受控的。因此，开启了不符合项。但这个问题处理起来不复杂，就是换块新表试一下，就可以证明质量受控。但不是所有问题都这么简单，假如在运输的过程中由于某种原因补充了氮气，那么要下质量受控的结论就很难了。

因此，质量保证可验证性的要求是一个必须一次做好的要求，事后补救可能会无济于事。比如，某制造厂在进行一回路主设备的制造中，对于首次使用的焊接工艺，焊接工艺试验进行得不够充分，导致 6 个接管安全端焊缝（其中进出口接管 4 个：A、B、C 和 D，安注接管两个：E 和 F）中，除接管焊缝 B 外，其余 5 条焊缝均发现有严重的超标缺陷。

发现缺陷后，该制造厂的有关人员未按质保的要求办理不符合项，在无指令的情况下，私下进行缺陷的挖补工作。在挖补过程中，由于错标缺陷位置（标在 B 上），发生了错挖。当发现焊缝 B 被错挖后，又违规进行了补焊，被采购单位监造人员发现。事后，对该事件进行了调查，制造厂因没有记录错挖 B 的过程，无法提供对焊缝 B 挖补的长度、深度及部位，以及挖补是否伤及母材、是否进行过预热、所用焊材及焊接参数等信息，造成 B 焊缝的质量不能确认，给事件的后续处理带来极大的困难。

此事件使得某核电厂工程推迟交工数月，造成了极坏的影响。该厂也被吊销了核承压设备资格许可证证书。

在质量保证实证性方面，我国质量保证实践中有一个值得商榷的提法，就是认为民用核安全设备活动单位对质量终身负责。这是常规质量管理的理念。核安全领域质量保证强调的是民用核安全设备活动单位必须给营运单位以足够的信心，而不能等到秋后才算账。所有活动一旦验收，就意味着营运单位认为该活动的过程控制满足了可控性和可验证性的要求。

与过程控制一样，质量保证体系的持续改进，不仅要有意识上的要求，更重要的是要有控制要求，即实证性要求。质量保证体系的持续改进活动要求必须对质量保证体系的实施情况进行定期或不定期的评价和审查。必要时，进行修订，使其适用、有效和便于实施。质量保证体系持续改进的相关活动主要分 3 个方面：

（1）以监查、纠正措施、不符合项处理和质量保证趋势分析为代表的，以质量保证职能部门为责任主体进行的质量保证体系验证。

（2）以管理部门审查为代表的，以管理部门负责人为责任主体的对质量保证体系进行的评价和修订。

（3）以活动承担者或质保职能部门分别为责任主体进行的针对质保文件的评价和修订。

质量保证实证性的另一方面体现在对核安全文化的控制上。1986 年 4 月 26 日，苏联切尔诺贝利四号机组发生了强烈爆炸，前面提到，此次事故的根本原因是归于苏联各级主管部门安全管理方面的缺失和人员核安全意识的淡薄。为此，国际核能界进行了深刻的反思和总结，在全面总结事故原因的基础上，形成了核安全文化理念。

IAEA 给出了核安全文化的定义：**"核安全文化是存在于组织和个人中的种种特性和态度的总和，它建立了一种超出一切之上的观念，即核电厂安全问题由于它的重要性而必须得到应有的重视。"**

虽然核安全文化属于一种理念性的要求，但 IAEA 明确指出**"个人和组织的工作态度、思维习惯，以及工作作风往往是无形的，但是这些品质都可以通过各种具体的形式表现出来"**。为了督促各级组织完成核安全文化的职责，经过 20 多年的研究，2008 年 7 月 IAEA 正式颁发了《SCART 指南（SS－16）》，系统地提出了核安全文化的 5 项主要特征和 37 种有形表征，比较系统地建立了安全文化评价指标，使无形的核安全文化转化为了有形的管理要求。

IAEA 认为，为了提高每个人的核安全素养，组织的最高管理者必须制定核安全政策，并确保其得到有效实施；必须确定责任与联络的明确界限；必须制定完整的规程，并严格遵守这些规程；必须对安全有关活动进行审评；必须保证工作人员得到适当的培训，确保他们取得履行职责的资格。

根据每个人对这些指标响应的评价，IAEA 提出了组织核安全发展的 3 个阶段的概念：

第一阶段——仅以满足法规要求为基础；

第二阶段——良好的安全绩效成为组织的一个目标；

第三阶段——安全绩效总是不断得到提高。

在我国的实践中，质量保证职能部门往往承担了核安全文化普及和培养的职责，相应的质量保证组织结构也承担对管理组织结构中各部门的核安全文化的检查和督促工作。核安全文化普及和培养自然也属于质量保证体系的控制范围，并将逐步形成相应的质量保证原则要求和控制要求。

在这一点上，我国的一些核电厂有成功的经验。比如，有的核电厂营运单位提出了 6 个期望：质疑的工作态度、审慎的工作方法、清晰的沟通表达、严格地遵守程序、细致的自我检查和认真的工前会议。这 6 个期望渗透着"安全第一"的思想，引导全体员工时刻关注核安全。营运单位 6 个期望的具体内容是：

（1）质疑的工作态度。我熟悉这项工作吗？我需要帮助吗？我的责任是什么？其他人的责任是什么？我有资格干此项工作吗？有没有异常的情况？可能发生哪些故障？为防止故障的发生我必须做什么？如果发生了故障，我该怎么办？

（2）审慎的工作方法。即这项工作有没有程序？我能拿到需要的程序吗？我得到授权没有？我是不是在仔细认真地进行工作？我记得"S－T－A－R"的工作方法吗（Stop 停—Think 思—Act 行—Review 审）？需要时我如何得到帮助？我了解这项工作的进度要求吗？

（3）清晰的沟通表达。即要获得和传达有用的信息。信息沟通应及时、准确，确保他人明白你所传达的信息，必要时重复一遍，如实报告任何错误和事实真相。

（4）严格地遵守程序。即工作前应熟悉、理解程序。确保你所用的程序是最新的正式版本。判断性地使用程序，对程序中的错误要标记出来，通知程序责任人。避免遗漏程序步骤。

（5）细致的自我检查。即正确理解工作任务和目标。准确确认设备和相关指示器。工作前获得授权，确认是否在正确的设备上进行工作。要有合理的工作节奏，确保采取的行动能达到预期的结果。知道紧急措施。有疑问应停止工作，并寻求帮助。

（6）认真的工前会议。即熟悉工作目的和工作性质，找出需要使用的程序。确保执行工作人员的具备资格。如果时间允许，讨论工作对设备和电厂运行可能造成的影响。强调工作限制条件和紧急措施。讨论已知的和潜在的风险，从类似工作中汲取经验。

提出这 6 个期望是营运单位希望营造的"安全风气"。营运单位认为员工在生产经营活动中逐步形成的一种带有普遍性的、重复出现的、相对稳定的行为心理状态，是影响核电厂生产的重要因素。"安全风气"是营运单位安全文化的直观表现，人们会从员工的言谈举止感受到营运单位的安全风气，并透过它体验到营运单位的价值观念。

五、质量保证体系的独立性

核安全领域质量保证工作有时片面地强调质量保证活动的全员性，不承认在参与单位中实际应有一个相对独立于参与单位管理组织结构的质量保证组织结构。宣传质量保证的"人人负责"，实际效果是"人人不负责"，这样就弱化了质量保证职能部门以及应对质量保证职能进行直接领导的管理组织结构负责人的责任。从质量保证体系独立性的观点看，全员质量意识的提高应是质量保证体系有效实施的结果，而不是质量保证工作的手段。

HAF003 规定："**3.1.2 必须对负责实施和验证质量保证的人员与部门的权限及职能做出书面规定。上述人员和部门行使下列质量保证职能：**

"**（1）保证制定和有效地实施相应适用的质量保证大纲；**

"**（2）验证各种活动是否正确地按规定进行。**

"**这些人员和部门必须拥有足够的权力和组织独立性，以便鉴别质量问题，建议、推荐或提供解决办法。必要时，对不符合、有缺陷或不满足规定要求的物项采取行动，以制止进行下一步工序、交货、安装或使用，直到做出适当的安排。**

"**3.1.3 负责质量保证职能的人员和部门必须向级别足够高的管理部门上报，以保证上述必需的权力和足够的组织独立性，包括不受经费和进度约束的权力。由于人员数目、进行活动的类型和场所等有所不同，因此，只要行使质量保证职能的人员和部门已经拥有所需要的权力和组织独立性，执行质量保证大纲的组织结构可以采取不同的形式。但是，不管组织结构如何，在进行影响质量的活动的任何场所负责有效地实施质量保证大纲任何部分的一个或几个人，都必须能直接向为有效地实施质量保证大纲所必需的级别足够高的管理部门报告工作。**"

HAF003 规定了质量保证职能部门和人员的组织独立性要求和应被授予足够的权力以鉴别质量问题。实际上，就是在核安全重要活动参与单位中要存在一个独立于管理组织结构的质量保证组织结构。

所谓管理组织结构就是核安全重要活动参与单位中为了进行活动而客观存在的行政指挥体系。比如厂长、副厂长、车间、工段、小组等。这个管理组织结构的目的就是在保证进度、经费、安全的前提下完成核安全重要活动。质量保证组织结构则是由厂长直接领导，由质量保证职能部门负责实施的，对所有各层次的活动承担者都有约束力的质量保证组织。这个质量保证组织结构的目的就是进行质量保证工作，其不对进度和质量负责。具体职责是建立质量保证文件体系、验证质量保证体系的适用性和有效性、验证在各个影响质量的活动中质量保证原则要求和控制要求的落实情况等。

另一方面，核安全领域质量保证工作有时还片面强调"质量第一"，不承认质量和进度及经费的相辅相成的关系。在讨论质量保证问题时，生硬地将质量与进度及经费对立起来。宣传的是单位主要负责人对质量的责任，实际效果是参与单位对质量保证工作的抵触，这样就造成了质量保证活动的形式化。

这种情况主要的原因是没有理解质量保证的独立性，要求所有人将质量和安全视为第一，反而使人不知所措。如果在一个单位内，有一个相对独立和有足够授权的质量保证组织结构能发挥强有力的作用，影响质量的活动承担者工作就会相对轻松，而质量保证体系的运转也会更为顺利。在这一点上，核安全领域质量保证的实践还有很大的改进空间。

核安全领域质量保证工作的系统性、强制性、计划性、实证性和独立性特点不仅是核安全领域质量保证工作与常规质量保证工作的区别，也可以作为核安全领域质量保证原则要求的核心内容。

第五节　辐射防护基本知识

一、辐射的基本概念

辐射是以波动形式或运动粒子形式向周围介质传播的能量，是一种能量传播的方式。辐射分为非电离辐射和电离辐射两大类，通常辐射防护方面关心的对象就是电离辐射。

电离辐射包括高能电磁辐射和粒子辐射：

（1）高能电磁辐射指 X 射线和 γ 射线产生的辐射。

（2）粒子辐射是指中子、α 粒子、β 粒子、质子、重离子等产生的辐射。

其中，电离辐射中质子、重离子为带电粒子，X 射线、γ 射线和中子为非带电粒子。

对于来自体外的电离辐射即外照射，辐射防护主要关心穿透力强的 γ 射线和中子；对于来自体内的电离辐射即内照射，辐射防护主要关心射程较短的带电粒子射线，例如氡 – 222 产生的 α 粒子和碘 – 131 产生的 β 粒子等。

二、辐射防护中使用的基本物理量

人体受到电离辐射照射的大小可用剂量描述，根据射线种类和所需评价受照对象的不同，详细剂量可分为：

（1）吸收剂量——吸收剂量是单位质量上因辐射照射所沉积的能量，单位为 Gy。它是一个基本的物理学量，是实际可测量的量。

（2）当量剂量——由于不同性质的辐射照射所产生的生物效能的差异，引入辐射权重因子，吸收剂量与对应辐射权重因子之积就是当量剂量，单位为 Sv。

$$当量剂量 = \Sigma\ 吸收剂量 * 辐射权重因子$$

表 1 – 3 列出了常见辐射的辐射权重因子。

表 1 – 3　常见辐射的辐射权重因子

辐射种类	辐射权重因子
X 射线、γ 射线、β 粒子	1
α 粒子、裂变碎片	20
中子（ < 10 keV）	5
中子（10 ~ 100 keV）	10
中子（100 keV ~ 2 MeV）	20

（3）有效剂量——为了建立辐射剂量与辐射危害之间的关系，除了考虑不同种类的辐射照射所产生的生物效应的差异外，对同一种辐射还需要考虑到器官和组织对辐射照射的敏感性不同。为此，引入组织权重因子，用它和组织当量剂量加权求和来获得人体所受的有效

剂量，单位为 Sv。

$$有效剂量 = \Sigma\ 当量剂量 * 组织权重因子$$

表 1 -4 列出了一些器官或组织的组织权重因子。

表 1 - 4　组织权重因子

器官或组织	组织权重因子	器官或组织	组织权重因子
性腺	0.08	肝	0.04
骨髓	0.12	食道	0.04
结肠	0.12	甲状腺	0.04
肺	0.12	皮肤	0.01
胃	0.12	骨表面	0.01
膀胱	0.04	脑	0.01
乳腺	0.12	其余组织	0.12

三、辐射的生物效应

（一）辐射损伤机理

核辐射有足够的能量引起物质电离，电离辐射作用于人体，可能造成器官或组织的损伤，表现出各种生物效应。通常所说的辐射损伤，就是指电离辐射所引起的各种生物效应的总称。

人体中 70% 是水，25% 为高分子，5% 为低分子，人体细胞主要由水组成。按照目前流行的电离损伤理论，在水中电离将使分子发生变化并会形成一种对染色体有害的化学物质，这种损伤使细胞的结构和功能发生变化。以上细胞受损导致了辐射对人体的效应。这些效应分为两类：一类为出现在受照者本人身上的，称为躯体效应，如放射病、白内障、辐射诱发的癌症等；另一类为出现在受照者后代身上的，称为遗传效应。

能量很高的辐射，还会直接作用于人体的高分子，破坏它们的分子链等，在辐射损伤中，这类情况较为少见。

（二）随机性效应与非随机性效应

随机性效应为不存在发生的阈值剂量，发生的概率与受照剂量大小呈线性关系效应。它可以理解为既可能发生，也可能不发生，不存在中间状态。癌症、遗传效应等均为随机性效应。非随机性效应为只有受照剂量超过某一阈值才会发生，其效应的严重程度受照射剂量大小而异，某些辐射早期效应、生育障碍、造血障碍、皮肤的良性损伤以及放射性白内障等均为非随机性效应。

（三）外照射与内照射

外照射与内照射是相对而言的，外照射是辐射源处于人体外部所产生的照射，只有在人体处于辐射场中，辐射才会对其发生作用，当离开辐射场时，便不再接受照射，人体所接受的外照射主要来自 X 射线照射、宇宙射线、γ 射线、中子以及 β 射线照射等；内照射是人体摄入放射性核素进入人体内所产生的照射，人体摄入放射性核素的途径有吸入、食入、医疗诊治以及由于伤口沾污进入体内等。

（四）全身急性照射可能产生非随机性效应

表 1-5 列出了急性照射可能产生的非随机性效应的情况。

表 1-5　急性照射可能产生的非随机性效应

当量剂量/Sv	临床症状
<0.1	无影响
0.1~0.25	无可检出的临床症状
0.25~0.5	可引起血相变化，但无严重损害
0.5~1.0	血相有显著变化，恶心、疲劳、可能导致轻度放射病
1.0~2.0	损伤、全身无力，脱毛，厌食和其他症状
2.0~4.0	损伤、全身无力，迅速消瘦，流鼻血，腹泻，体弱者可致死亡
4	50% 的人在 30 天内死亡，恢复者也留下永久性损伤
≥6	致死剂量

四、我国辐射防护标准

我国现行的辐射防护标准是由卫生部、国家环保总局和核工业总公司联合提出并在 2002 年发布的。在此之前，即 1960 年、1974 年和 1988 年分别制定过 3 个标准（每 14 年一个）。1960 年的标准主要参照了苏联的国家标准，1974 年的标准主要依据为国际辐射防护委员会（ICRP）1958 年发表的第 1 号报告书，而 1988 年的辐射防护规定主要采纳了 ICRP 1977 年通过的第 26 号报告书的建议并结合我国实际情况修订的。2002 年的标准（全称《电离辐射防护与辐射源安全基本标准》（GB 18871—2002））的技术内容，与 6 个国际组织（联合国粮农组织、国际原子能机构、国际劳工组织、经济合作与发展组织核能机构、泛美卫生组织和世界卫生组织）联合发布的《国际电离辐射防护和辐射源安全基本标准》等效，同时考虑到中国的国情和多年来执行原有标准的具体经验。

国家的基本标准包括定义、限制、管理要求、责任、各种照射源的控制及各种照射情况的干预等非常广泛的内容。这里仅简单介绍剂量限值的内容，这里所指的剂量限值不适用医疗照射以及无任何主要责任方负责的天然辐射源的照射。

（一）职业照射的剂量限值

任何工作人员的职业照射水平均须遵守下述规定：

（1）连续 5 年的年平均有效剂量为 20 mSv。

（2）任何一年中的有效剂量不得超过 50 mSv。

（3）眼晶体的年当量剂量不得超过 150 mSv。

（4）四肢（手或足）或皮肤的年当量剂量，不得超过500 mSv。

对于16~18岁的徒工和学生的限值约为上述值的30%。

（二）公众照射

公众中的关键人群组的平均剂量不应超过下述限值（该值为除去天然本底之外的附加剂量）：

（1）年有效剂量不得超过1 mSv。

（2）特殊情况下，如连续5年均值不超过1 mSv情况下，某一年可提高到5 mSv（即5年的量放在1年内用）。

（3）眼晶体的年当量剂量不得超过15 mSv。

（4）皮肤的年当量剂量不得超过50 mSv。

（5）对于慰问者和探视人员不得超过5 mSv（儿童仍为1 mSv）。

以上的剂量限值包括内、外照射引起的剂量之和。

五、日常生活所受剂量

由于环境辐射本底的照射以及技术进步所带来的人工照射，人的一生无时无刻不处于一个辐射的环境中。表1-6给出了粗略估算各种生活方式所接受的有效剂量当量。随着技术的进步与生活水平的提高，人类从生存的环境接受的辐射水平有可能进一步提高。

表1-6 人类生活方式与辐射水平的关系

类　　型	当量剂量/（mSv·年$^{-1}$）
看电视每天2小时	<0.01
夜光表	0.02
乘飞机2 000 km（一次）	0.005
吸烟每天20支	0.5~1.0
诊断X射线人均年有效剂量	0.3
火力发电厂带来的照射	0.005
核电厂附近	0.001~0.02
核设施附近	0.001~0.2

六、辐射防护的基本原则

辐射防护的目的是为了保障辐射工作人员和广大公众的安全与健康，保护环境，促进核技术、核能和其他辐射应用事业的发展。具体而言，为了防止发生非随机效应，并将随机效应的发生率降低到可以接受的水平。在与辐射有关的一切实践操作中，均必须遵守辐射防护的三原则。

（一） 实践的正当性原则

在施行伴有辐射照射的任何实践之前，都必须经过正当性判断，确认该实践具有正当的理由，获得的利益大于代价（包括健康损害与非健康损害的代价）。判断辐射照射实践的正当性，应当在全面考虑经济和社会因素，并与作为替代的其他实践相比较的基础上做出。当辐射引起的损害成为主要考虑因素时，正当性判断由本单位或上级辐射防护部门做出。

（二） 辐射防护最优化原则

应避免一切不必要的照射，在考虑到经济和社会因素的条件下，所有辐射照射都应保持在可合理达到的尽量低的水平。最优化原则是辐射防护的重要原则，必须贯穿于实践或设施的选址、设计、运行和退役的全过程。各单位应制订辐射防护最优化纲要，各级领导及所有人员都应对最优化原则有所了解，并为该纲要的实现承担各自的责任。

（三） 个人剂量限制的原则

用剂量限值对个人所受的照射加以限制，剂量限值是不允许接受的剂量范围的上限，它是最优化过程的约束条件，剂量限值不能直接用于设计和工作安排目的。

以上 3 个原则构成的剂量限制体系是一个整体，其强调可合理做到的尽可能低的原则，又称为 ALARA 原则（As Low as Reasonably Achievable Principle），它最终要以剂量当量限值作为标准。

七、辐射防护的主要手段

辐射防护的主要方法是时间防护、距离防护和屏蔽防护，俗称为辐射防护的三大方法。

（1）时间防护的原理是在辐射场内的人员所受照射的累积剂量与时间成正比，因此，在照射率不变的情况下，缩短照射时间便可减少所接受的剂量，或者人们在限定的时间内工作，就可能使他们所受到的射线剂量在最高允许剂量以下，确保人身安全（仅在非常情况下采用此法），从而达到防护目的。时间防护的要点是尽量减少人体与射线的接触时间（缩短人体受照射的时间）。

（2）距离防护是外部辐射防护的一种有效方法，采用距离防护的射线的基本原理是：首先将辐射源作为点源，辐射场中某点的照射量、吸收剂量均与该点和源的距离的平方成反比，我们把这种规律称为平方反比定律，即辐射强度随距离的平方成反比变化（在源辐射强度一定的情况下，剂量率或照射量与离源的距离平方成反比）。增加射线源与人体之间的距离便可减少剂量率或照射量，或者说在一定距离以外工作，使人们所受到的射线剂量在最高允许剂量以下，就能保证人身安全，从而达到防护目的。距离防护的要点是尽量增大人体与射线源的距离。

（3）屏蔽防护的原理是：射线包括穿透物质时强度会减弱，一定厚度的屏蔽物质能减弱射线的强度，在辐射源与人体之间设置足够厚的屏蔽物（屏蔽材料），便可降低辐射水平，使人们在工作中所受到的剂量降低至最高允许剂量以下，以确保人身安全，达到防护目的。屏蔽防护的要点是在射线源与人体之间放置一种能有效吸收射线的屏蔽材料。对于 X

射线常用的屏蔽材料是铅板和混凝土墙，或者是钡水泥（添加有硫酸钡的水泥）墙。

八、集体剂量与个人剂量

如前所述，随机效应与受照剂量之间存在着线性无阈的关系，人们在工作场所接受的辐射照射往往在小剂量产生的随机效应范围内，对个人剂量的评价没有实际意义。因此，在评价辐射对一个群体的危害时，可用这一群体的集体剂量当量来衡量。核电厂每次大修的集体剂量是衡量核电厂管理水平的重要参考。

集体剂量当量 S 定义为：

$$S = \Sigma h_i P_i$$

式中　h_i——第 i 组公众成员所接受的个人剂量；

　　　P_i——第 i 组公众的人数。

九、点源与非点源

点源是指辐射源的尺寸远远小于源至计算剂量点的距离的辐射源，实际中差 5～7 倍即可作为点源处理，由此计算得到的剂量误差不大于 5%，非点源则不满足上述的条件。在从事辐射的工作中，所用的 γ 辐射源、中子源等都是点源；而放射性废物排放到环境中引起的环境污染、环境中天然放射性的照射以及核反应堆，大型放射性贮液罐等是非点源。在核电厂维修时，既要重视点源的防护，还要考虑好非点源的防护。

第二章

民用核安全设备监管

第一节　民用核安全设备及其监督管理

一、民用核安全设备的监督管理规定

高质量和高可靠性的核安全设备是保证民用核设施安全目标的重要前提条件之一。为了进一步加强核安全设备的监管力度，国务院于 2007 年 7 月 11 日颁布了《民用核安全设备监督管理条例（国务院第 500 号令）》。为了配合这个条例的贯彻和实施，国家核安全监管部门于 2008 年 1 月 1 日正式发布实施了 4 个配套的核安全设备方面的法规：《民用核安全设备设计制造安装和无损检验监督管理规定》（HAF601）、《民用核安全设备无损检验人员资格管理规定》（HAF602）、《民用核安全设备焊工焊接操作工资格管理规定》（HAF603）和《进口民用核安全设备监督管理规定》（HAF604）。《民用核安全设备监督管理条例（国务院第 500 号令）》和配套法规（除 HAF603 外）的相关监管要求可概括如下：

（1）民用核设施营运单位对民用核安全设备的安全和可靠运行负全面责任。在民用核安全设备设计、制造、安装和无损检验活动前，民用核设施营运单位应当对民用核安全设备设计、制造、安装和无损检验单位编制的项目质量保证分大纲和质量计划进行审查认可，并采取驻厂监造或见证等方式对相关活动进行过程监督。

（2）所有从事境内核设施上的核安全设备的设计、制造、安装和对外无损检验服务的国内外单位必须依据 HAF601 或 HAF604 的相关规定取得资格许可或注册登记。民用核安全设备许可证分为设计许可证、制造许可证、安装许可证和无损检验许可证 4 类。民用核安全设备活动资格许可申请或持证单位负责建立和实施核安全质量保证体系，维持单位技术和管理能力，为进行的民用核安全设备活动的质量向民用核设施营运单位负责。

（3）申请领取民用核安全设备制造或安装许可证的单位，还应当制作有代表性的模拟件。

（4）民用核安全设备设计、制造、安装和无损检验单位，不得将国家核安全局确定的关键工艺环节分包给其他单位。

（5）从事核安全设备的无损检验和焊接活动的操作人员必须按照 HAF602 或 HAF603 的相关规定取得相应资格。无损检验工作应当由民用核安全设备无损检验Ⅱ级或Ⅱ级以上人员为主操作，无损检验结果报告只能由Ⅱ级或Ⅱ级以上人员编制和审核，并履行相关审批手续。核安全设备无损检验人员不得同时在两个或两个以上的单位中执业。

（6）民用核安全设备持证单位应当在每年 4 月 1 日前向国家核安全局提交上一年度评估报告。正在从事民用核安全设备相关活动的持证单位还应在活动开始 30 日前（无损检验活动开始 15 日前）向核安全监管部门备案，设计、制造和安装持证单位在每季度开始 7 个工作日前提交上一季度的活动报告。民用核安全设备持证单位在发生重大质量问题时，应当立即采取纠正措施，并向国家核安全局报告。

（7）国家核安全局及其所属的检验机构应当依法对进口民用核安全设备进行安全检验。未经安全检验或经安全检验不合格的进口民用核安全设备不得在中华人民共和国境内的民用核设施上运行使用。

二、民用核安全设备

依据《民用核安全设备监督管理条例（国务院第 500 号令）》第二条，民用核安全设备是指在民用核设施中使用的执行核安全功能的设备，包括核安全机械设备和核安全电气设备。民用核安全设备是民用核设施安全防护实体屏障的核心，其质量和可靠性直接关系到核设施的安全稳定运行。

依据《民用核安全设备监督管理条例（国务院第 500 号令）》第六十一条，核安全机械设备包括执行核安全功能的压力容器、钢制安全壳（钢衬里）、储罐、热交换器、泵、风机和压缩机、阀门、闸门、管道（含热交换器传热管）和管配件、膨胀节、波纹管、法兰、堆内构件、控制棒驱动机构、支承件、机械贯穿件以及上述设备的铸锻件等。核安全电气设备包括执行核安全功能的传感器（包括探测器和变送器）、电缆、机柜（包括机箱和机架）、控制台屏、显示仪表、应急柴油发电机组、蓄电池（组）、电动机、阀门驱动装置和电气贯穿件等。

国家核安全局于 2007 年 12 月 29 日发布了《关于公布〈民用核安全设备目录（第一批)〉的通知》（国核安发〔2007〕168 号），并于 2010 年 11 月 11 日发布了《关于进一步明确〈民用核安全设备监督管理条例〉及其配套规章有关要求的通知》（国核安发〔2010〕156 号），2011 年 5 月 4 日发布了《关于印发"民用核安全设备审评监督第二次经验交流会会议纪要"的通知》（国核安函〔2011〕52 号），对《民用核安全设备目录（第一批)》的设备类别和品种做了进一步的解释。现阶段，核安全监管部门的核安全设备监管范围是依据上述文件而定的。

民用核安全设备目录（第一批）见表 2-1。

表 2-1 民用核安全设备目录（第一批）

设备种类	设备类别	设备品种举例
核安全机械设备	钢制安全壳	
	安全壳钢衬里	
	压力容器	
	储罐	
	热交换器	管壳式热交换器
		板式热交换器

设备种类	设备类别	设备品种举例
核安全机械设备	管道和管配件	直管
		热交换器传热管
		管道预制
		弯头
		三通
		异径管
	泵	离心泵
		往复泵
		屏蔽泵
		其他类型核安全级泵
	堆内构件	
	控制棒驱动机构	
	风机	
	压缩机	离心式
		往复式
	阀门	隔离阀
		单向阀
		安全阀、释放阀
		调节阀
		其他类型核安全级阀
	支承件	设备支承件
		管道支承件
		阻尼器
	波纹管，膨胀节	金属波纹膨胀节
		特种形式金属膨胀节
		金属波纹管
	闸门	人员闸门
		设备闸门
		应急闸门
	机械贯穿件	
	法兰	

设 备 种 类	设 备 类 别	设 备 品 种 举 例
核安全机械设备	铸锻件	容器类
		泵阀类
		支承类
核安全（1E级）电气设备	传感器（包括探测器、变送器）	温度计
		流量计
		压力变送器、差压变送器、液位变送器
		辐射监测传感器
		核测仪表
	电缆	电力电缆
		控制电缆
		仪表电缆
		同轴电缆
		电缆连接件
	电气贯穿件	
	机柜（包括机箱和机架）	仪控机架、机柜
		仪控接线箱
	控制台屏、显示仪表	控制屏、台、箱
		事故后监测仪表
	应急柴油发电机组	
	蓄电池（组）	
	阀门驱动装置	阀门电动装置
	电动机	交流电动机
		直流电动机

三、民用核安全设备的特殊性

和平利用核能存在着潜在的核风险，而采用高质量和高可靠性的设备是保证民用核设施安全的基础和保证。根据国际核能工业的成功实践和我国核安全法规的规定，民用核安全设备在设计、制造、质量控制和监管等方面有一系列有别于常规工业产品的特殊要求。

（1）设计基准的确定原则不同。核安全设备的设计基准不仅要考虑在正常运行条件下能可靠地执行其规定的功能，而且还必须考虑在事故工况下仍能可靠地执行其规定的安全功能。

（2）所有应用于设计和设计验证的计算分析软件和验证设施（试验台架、回路等）均需通过国家核安全监管部门的认可。

（3）一些核安全设备的设计必须通过根据相关要求进行设备鉴定方可用于民用核设施中。设备鉴定的目的是验证其在服役的各种工况下，特别是在事故工况下，该设备的可运行性和功能能够满足预定的要求。

（4）在核安全设备的设计、制造、安装、焊接和无损检验等活动中必须采用成熟的且经过验证的技术或工艺，而不是一味追求其先进性。

（5）所有从事核安全设备的设计、制造、安装和无损检验的单位必须依据 HAF601 或 HAF604 的相关规定取得资格许可。从事核安全设备的无损检验和焊接的个人也必须按照 HAF602 或 HAF603 的相关规定取得资格。

（6）所有从事核安全设备的设计、制造、安装和无损检验的单位都必须建立和实施满足核安全法规 HAF003 等要求的质量保证体系，并且所有核安全相关活动都必须置于该质量保证体系的有效控制之下。

（7）所有核安全设备的相关活动，包括设计、制造、安装、试验、运行、在役检查、维修和退役等都必须在国家核安全监管部门的监督下实施。

（8）对于具体设备而言，核电厂核岛主设备：反应堆压力容器（压力壳）、蒸汽发生器、稳压器等部件，在高压中温冷却剂腐蚀、核裂变中子辐照、冷却剂冲刷及冲刷引起的振动等恶劣环境下能长期工作 40~60 年，安全性要求极为严格。

（9）部分二回路管道属于核安全设备，虽然这些管道的参数比常规电厂低得多，但蒸汽流量速度比常规电厂大得多，会引起流体加速腐蚀（FAC）的特殊问题。

（10）对于标准，《民用核安全设备监督管理条例》（国务院第 500 号令）规定：**"涉及核安全基本原则和技术要求的民用核安全设备国家标准，由国务院核安全监管部门组织拟定，由国务院标准化主管部门和国务院核安全监管部门联合发布；其他的民用核安全设备国家标准，由国务院核行业主管部门组织拟定，经国务院核安全监管部门认可，由国务院标准化主管部门发布。**

民用核安全设备行业标准，由国务院核行业主管部门组织拟定，经国务院核安全监管部门认可，由国务院核行业主管部门发布，并报国务院标准化主管部门备案。"

在目前核安全标准没有认可之前，对于核安全设备活动使用的规范标准是采用安全分析报告中国家核安全局针对具体核电厂认可的标准。

四、民用核安全设备的核安全分级要求

核电厂营运单位必须根据核安全设备必须在民用核设施中所负担的核安全功能，确定相应的核安全级别。这是核安全设备在设计、制造、安装、试验、运行、在役检查、定期试验、维修和退役等活动中正确选用规范标准的依据。我国核安全法规《核动力厂设计安全规定》（HAF102）在核动力厂设计要求一章中明确规定了**"必须首先确定属于安全重要物项的所有构筑物、系统和部件，包括仪表和控制软件，然后根据其安全功能和安全重要性分级。它们的设计、建造和维修必须使其质量和可靠性与这种分级相适应"**。这就是核动力厂的物项功能分级要求，为了便于履行这一要求，核安全导则《用于沸水堆、压水堆和压力管式反应堆的安全功能和部件分级》（HAD102/03）对核电厂安全功能和部件的安全等级划分提出了具体指导。

现阶段，核电厂的设备分级还是以确定论为主，概率论为辅。一般来说，核电厂的机械

设备分为核安全1级、核安全2级、核安全3级和非核安全级。

（一）核安全1级

核安全1级主要包括组成反应堆冷却剂系统压力边界的所有设备。以常规压水堆核电厂为例核安全1级核安全设备主要有反应堆压力容器、反应堆冷却剂泵、稳压器、蒸汽发生器的一次侧、控制棒驱动机构的壳体、主管道以及延伸到并包括第二个隔离阀的连接管道。对于核安全1级设备，必须按照实际可能的最高质量标准来进行设计、制造、安装和试验。

（二）核安全2级

核安全2级主要指反应堆冷却剂系统承压边界内不属于核安全1级的各种设备，以及为执行所有事故工况下停堆、维持堆芯冷却剂总量和排出堆芯热量及限制放射性物质向外释放的各种设备。以常规压水堆核电为例，核安全1级核安全设备主要有：

（1）属于反应堆冷却剂压力边界的小直径（$DN < 10.4 \text{ mm}$）的高能管道和阀门，如仪表管线和取样管线部分。

（2）安全壳隔离系统的各种机械设备（如阀门）。

（3）余热排出系统的主要部件。

（4）化容系统中冷却剂上充部分（若用于堆芯应急冷却）。

（5）安全壳喷淋系统的主要部件。

（6）安全注射系统的主要部件。

（7）辅助给水系统处于安全壳内的部分及其安全壳贯穿件。

（8）安全壳内的蒸汽系统以及给水系统，直至并包括安全壳外的第一个隔离阀。

（9）安全壳厂房，包括安全壳贯穿件。

（10）安全壳氢气控制和监测系统。

（11）堆芯仪表系统，直到并包括手动隔离阀。

（三）核安全3级

以常规压水堆核电厂为例，核安全3级主要是指下述一些系统的设备：

（1）化容系统中为控制反应性提供硼酸的部件。

（2）辅助给水系统处于安全壳外的部分。

（3）为冷却、润滑安全1、2、3级设备所需的部件。

（4）乏燃料贮存池冷却水系统中的重要部件。

（5）应急电源、水源，以及柴油机的润滑油、燃油和冷却水系统。

（6）压缩空气系统向安全级物项供气部分（贯穿安全壳部分属于安全2级）。

（7）放射性废物处理系统中其故障会导致放射性气体释放超过允许限值的部件，如废气衰变箱。

（8）重要厂用水系统和设备冷却水系统的管道、阀门、泵等。

（9）为控制室可居留性服务的冷冻水系统。

核安全电气设备的分级是根据支持功能的安全重要性将电气设备分成1E级（安全级）和非1E级（非安全级）两个级别。支承件的核安全级别是由主体设备确定的。例如，核安全 1 级设备的支承件也是核安全 1 级。

第二节　民用核安全设备标准规范

目前，国际上核电厂建造主要遵循以下几个核电标准体系：美国机械工程师学会（ASME）的《锅炉及压力容器规范》（以下简称"ASME 规范"）；法国 RCC 系列，包括 RCC‑P、RCC‑M、RCC‑E、RCC‑G、RCC‑I、RCC‑C 和 RSEM 等；德国 KTA 标准；俄罗斯的 ПНАЭГ 标准以及日本和韩国的标准规范。

一、国内核安全设备标准规范

自从 1972 年 8 月，我国开始核电厂的设计制造以来，我国为实现核安全设备的国产化进行了不懈努力。但由于种种原因，我国的核安全设备目前只能使用国外的规范标准。

我国秦山第一、秦山第三和在建的山东海阳等核电厂执行的是美国 ASME 规范；大亚湾、岭澳和在建的辽宁红沿河、广东阳江等核电厂执行的是法国《压水堆核岛机械设计建造规则》（以下简称"RCC‑M 规则"），连云港田湾核电厂执行俄罗斯的 ПНАЭГ 标准。以上 3 个规范标准为核安全设备现行规范标准。由于各个规范标准在不停的变动，因此对于具体的核工程，核安全设备所用规范为国家核安全局在安全分析报告中批准的规范标准。

随着核安全设备国产化的进一步开展，我国的核电规范标准体系将逐渐建立和完善。

二、美国 ASME 规范体系

美国的核电标准多是由行业协会制定的，如机械工程师协会（ASME）、材料与试验协会（ASTM）、电气和电子工程师协会（IEEE）、核学会（ANS）等，美国国家标准协会（ANSI）起到总的协调作用。ASME 规范是一个权威性规范，它已成为许多工业国家设计、制造、订货以及制定本国标准的依据，尤其是在核动力设备设计、制造和安装等活动中被许多国家直接采用。

ASME 规范是由美国机械工程师协会制定的，每三年修订一次，共十二卷，其中与核电相关的有以下各卷：

第 Ⅱ 卷　材料技术条件

包括：A 篇 钢铁材料、B 篇 有色金属材料、C 篇 焊条、焊丝及填充金属、D 篇 性能。

第 Ⅲ 卷　核动力装置设备

包括：NCA 分卷　第一册及第二册的总要求

第一册：

NB 分卷　一级设备

NC 分卷　二级设备

ND 分卷　三级设备

NE 分卷　MC 级设备

NF 分卷　设备支撑结构

NG 分卷　堆芯支撑结构

NH 分卷　高温使用的一级设备

附录

第二册：混凝土反应堆容器与安全壳规范

第三册：乏燃料及高放射性废料的贮存和运输包装用安全容器

第Ⅴ卷　无损检测

第Ⅸ卷　焊接及钎焊评定

第Ⅺ卷　核动力装置设备在役检查规程

三、RCC－M 规范体系

法国核电厂 RCC 规范系列包括 RCC－P、RCC－G、RCC－M、RSEM、RCC－E、RCC－I 和 RCC－C 等，覆盖了核电厂系统、构筑物、机械设备、在役检查、电气设备、防火、燃料组件等几乎全部的核电厂领域。

RCC－M 规则由法国核岛设备设计建造规则协会（AFCEN）编制，该协会是由法国电力公司（EDF）、法玛通原子能公司（FRAMATOME）和诺瓦通原子能公司（NOVATOME）于 1980 年 10 月 19 日组建成立的，其主要任务是：编制核电厂核岛设备的设计、建造、安装和调试的规则；根据经验、技术进展和管理要求的变化对规则进行修订；颁布这些规则及其后续修改的相应条文。

RCC－M 规则主要适用于压水堆核岛机械设备，其中设计方面的规定是基于美国 ASME 规范第Ⅲ卷核动力装置设备 NB、NC、ND、NF 和 NG 分卷，同时吸收了法国在工业发展实践中所取得的成果。RCC－M 规范中的制造和检验规定以法国的制造和检验标准为基础，是法国本身核工业实践经验的具体体现。

RCC－M 规范的结构如下：

第Ⅰ卷——机械设备（设计/建造）

包括：A 篇 总则、B 篇 一级设备、C 篇 二级部件、D 篇 三级设备、E 篇 小型设备、G 篇 堆芯支撑结构、H 篇 支承件、J 篇 低压或常压储罐、Z 篇 技术性附录。

第Ⅱ卷　M 册 材料

第Ⅲ卷　MC 册 检验方法

第Ⅳ卷　S 册 焊接

第Ⅴ卷　F 册 制造

四、俄罗斯核电厂标准法规

俄罗斯在核能使用方面的标准分为 3 个级别：法律法令、核安全法规及核安全导则、专业技术标准。法律法令为最高级别，一般有国际间基本协议、联邦法规、总统令、政府决定及核能利用方面的几个部门间协议。其中俄罗斯国家核监督委员会编制批准的 ОПБ—1988《核动力厂安全保障总则》和俄罗斯国家卫生防疫监督委员会发布的 НРБ—1996《辐射安全规范》是核电厂必须遵守的总原则。

ОПБ—1988《核动力厂安全保障总则》从核安全、辐射安全、消防安全、技术安全等方面对基本安全保障原则做了规定，对企业各种活动，包括建筑、技术、电气、监测控制、事故分析、施工、运行、质保等提出了要求；并对核电厂重要系统如反应堆、包容系统、余热导出系统、供电、仪控系统、消防系统等做出具体要求。

НРБ—1996《辐射安全规范》规定了工作人员及公众对天然源、医学源照射的限制要求和限制值、容许值，对事故应急照射提出了限制规定，并详细规定了事故干预水平。

根据上述法规，俄罗斯国家原子能部和核安全监督委员会制定了一系列导则和实施规范。例如，国家核辐射安全监督局逐渐完善了苏联核动力法规 ПНАЭГ 系列，编制了一系列导则类文件，如 НП、РБ、РД 系列；国家原子能部及技术监督委员会编制了 ПБ 类安全规程。同时，还引用大量苏联时期的标准文件。例如，苏联原子能部批准的核动力法规（ПНАЭ Г）、规程（ПБЯ）、防火标准（ВСН）；苏联国家建设委员会批准的建筑标准（СНиП）。

第三节　主要民用核安全设备

核电厂虽然堆型较多，但核安全机械设备主要是核反应堆及其压力容器，核电厂一回路主设备，反应堆安全壳钢覆面或钢制安全壳以及涉及核安全功能的所有管道、泵阀、换热器和容器等。

核反应堆主要由反应堆压力容器、燃料组件、堆内构件和控制棒驱动机构等组成。反应堆压力容器比较特殊，其既属于核反应堆也属于核电厂一回路主设备。核电厂一回路主设备还包括蒸汽发生器、稳压器、主泵和主管道等。

一、反应堆压力容器

反应堆压力容器是核电厂最关键的部件，在核电厂安全分析中，不考虑其失效。此次，日本福岛第一核电厂的反应堆压力容器在极恶劣的环境下也未发生破裂。反应堆压力容器长期工作在高温（320 ℃左右）、高压（15.5 MPa 左右）、含硼酸水介质和高放射性辐照的条件下，属于在核电厂整个寿期内（一般 40 年，有的要求 60 年）不可更换的设备。

压水堆核电厂反应堆压力容器是一个底部焊有半球形封头的圆筒形承压密封容器。图 2-1 所示为大亚湾核电厂的反应堆压力容器结构图。

为了满足压力容器在高温、高压及强辐照条件下工作的特殊要求，考虑到核电厂寿期内冷却剂的流动冲刷，含硼水对材料的腐蚀，耐辐照性能及金属的老化等因素，压力容器材料要求有较高的机械性能、抗辐照性能和热稳定性，常用材料一般为低合金高强度 Mn - Mo - Ni 铁素体钢，称为高强度铁素体低合金钢。

压水堆核电厂发展至今，除俄罗斯采用 Cr - Ni - Mo 钢（15X2НМФА）外，我国和美、法、德、日等国，均采用 Mn - Ni - Mo 钢，例如，典型的钢种有美国 ASME SA - 508Gr3Cl1 锻件和法国的 RCC - M M213116MND5 锻件等，它们的化学成分和机械性能大体上都相当。

反应堆压力容器顶部为用法兰螺栓连接的可拆卸半球形封头顶盖。顶盖一般是由整体封头和顶盖法兰焊接而成。反应堆压力容器顶盖和本体是通过主法兰、螺栓及上下法兰间的两道镍制"〇"形环紧固密封。

反应堆压力容器本体由 4~5 个筒节和下封头环形拼焊而成。筒节均为整体锻件，无纵缝。4~8 个冷却剂进出入口接管一般是通过马鞍形焊缝连接到相应的筒节。由于主管道的材料一般为不锈钢，因此接管与主管道的连接处还需要焊接接口安全端。

控制棒驱动机构及堆内测温装置的管座（39~65 个）通过液氮冷却装配贯穿在反应堆压力容器顶盖上，然后进行镍基堆焊和 J 形剖口焊接，以防垂直变形；焊接时要考虑正确的

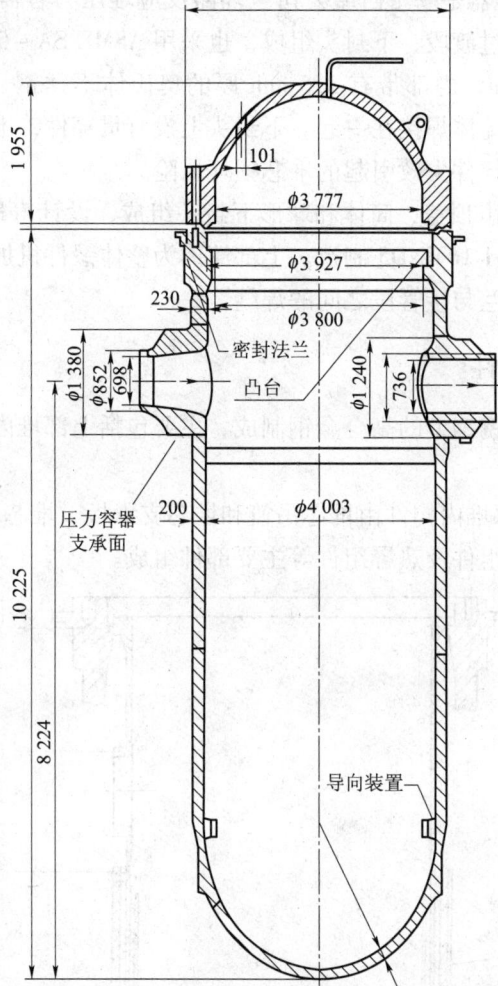

图 2-1 大亚湾核电厂反应堆压力容器

焊接顺序,防止顶盖的应力变形,焊接工艺难度较大。有的堆型的反应堆压力容器底部也焊有堆芯核测量装置的管座,焊接工艺与顶盖上的管座焊接工艺相同。

为防止高温含硼水对反应堆压力容器材料的腐蚀,压力容器内表面所有与冷却剂接触的部位都有厚度不小于 5 mm 的不锈钢耐蚀堆焊层。

俄罗斯 VVER 堆型反应堆压力容器上的接管是直接与相应筒节锻造出来的,无须焊接;主管道与反应堆压力容器材质类似,无须焊接安全端。

高温气冷堆的反应堆压力容器比压水堆的反应堆压力容器要大得多,且形状比较细长。例如单堆功率为 250 MW 的高温气冷堆的反应堆压力容器内径约 5 700 mm,法兰最大外径约 6 400 mm,主体总高约 25 m,连同支承件总重约 760 t。筒体上段是由厚度为 131 mm 的 ASME SA-533B 钢板拼焊而成,下段是由厚度为 204 mm 的 ASME SA-508Gr3 整体锻件焊接而成,下封头是由厚度为 83 mm 的 ASME SA-508Gr3 锻板热冲压而成。反应堆压力容器内装石墨作为慢化剂和堆内构件。

AP1000 反应堆压力容器是基于西屋公司三环路反应堆压力容器的设计改进而成，由上封头、上筒体、下筒体、过渡段、下封头组成，也采用 ASME SA - 508 Grade3 Cl1 锻件和板材制造，筒体壁厚 203 mm，内部带有 5.6 mm 厚的奥氏体不锈钢（308 L）堆焊层。下封头、过渡段、下筒体和上筒体焊接在一起。下封头上没有贯穿件，堆芯中子测量仪表从上封头引入，减少了下封头贯穿件失效引起的堆芯损坏风险。

EPR 反应堆压力容器由顶盖、筒体和球形下封头组成，设计寿期 60 年，由锻造的低合金铁素体钢 RCC - M M2131 16MND5 制造。上部筒体为整体锻件机加工而成，法兰与接管段壳体是一体的，减少了法兰与接管段之间的焊缝。

二、反应堆堆内构件

反应堆堆内构件由不锈钢型的高合金钢制成，主要包括上部堆内构件和下部堆内构件两大部分。

如图 2 - 2 所示，下部堆内构件由堆芯吊篮和堆芯支承板、堆芯下栅板、流量分配孔板、二次支承组件、堆芯围板组件及热屏组件等主要部件组成。

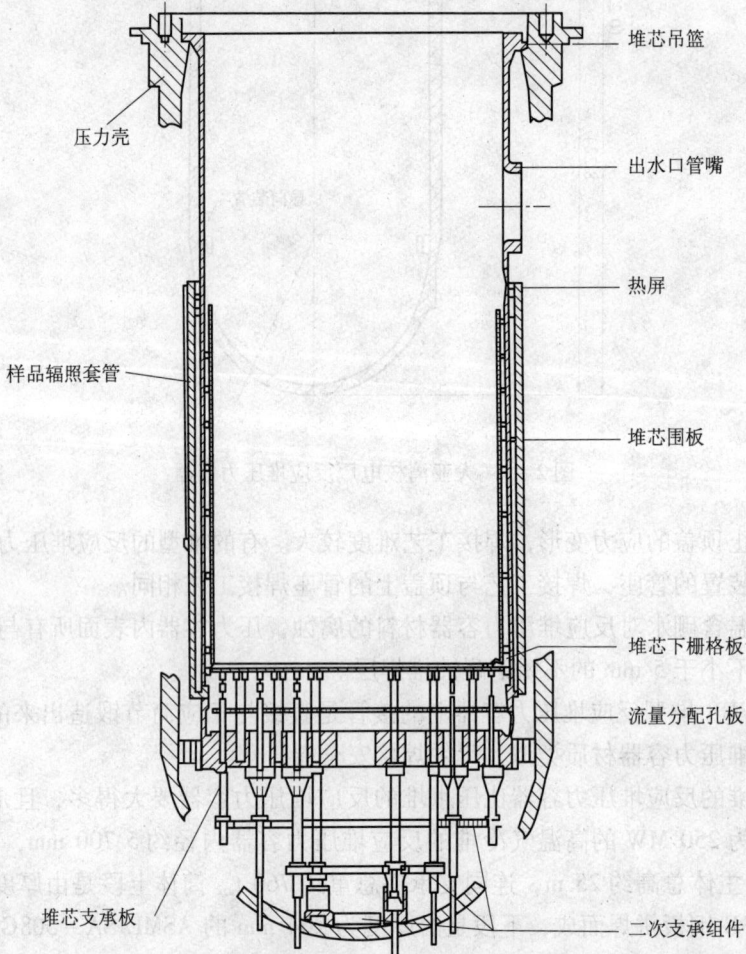

图 2 - 2 反应堆压力容器下部堆内构件

堆芯吊篮是一个高约 10 m 的不锈钢圆筒，由不锈钢板材卷焊筒节拼焊而成，对机加工机床的能力要求比较高。吊篮通过反应堆压力容器上部凸肩悬挂并被压紧，堆芯支承板被焊接在吊篮下部，堆芯重量由堆芯下栅板及几根支承柱传递到支承板上。堆芯燃料组件直立坐于堆芯下栅格板上，借助下栅格板下面的支承柱将堆芯重量传递给吊篮底部的支承板。

上部堆内构件如图 2-3 所示，它是由堆芯上栅格板、导向管支承板、控制棒导向管及支承柱等主要部件组成。

堆芯上栅格板是位于堆芯燃料组件上部的压紧定位板，它直接压紧燃料组件，可燃毒物棒组件、中子源棒组件和阻力塞棒组件，避免这些组件因水力冲击而"向上飞"。

导向管支承板是一块直径约 3.9 m，厚约 100 mm 的圆板。为了加强刚性避免变形，在支承板下平面焊接有圆筒状肋板进行加固。导向管支承板利用支承柱与堆芯上栅格板连接成为一个整体。上部堆内构件通过导向管支承板法兰座落在吊篮法兰上面，两个法兰间有一个环形的板状压紧弹簧。

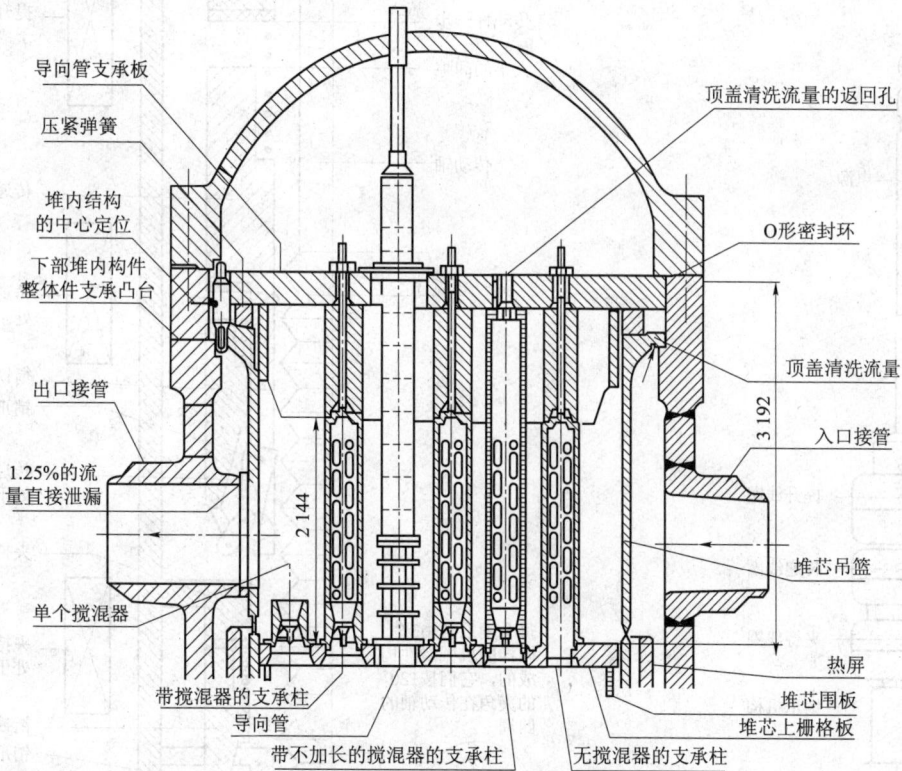

图 2-3　压水堆上部堆内构件

控制棒导向管是给控制棒组件在堆芯燃料组件内上下抽插时起导向作用的部件。由于控制棒导向管较长，形状复杂，要求有精确的对中尺寸确保控制棒束在导向管内自由移动，装配精度要求较高。由于控制棒导向管壁薄而且焊接后不能再进行机加工，所以一般采用真空电子束焊接，以保证其尺寸精度和预防变形。

三、控制棒驱动机构

控制棒驱动机构包括内部钩爪组件、驱动轴组件、耐压壳组件、磁轭线圈组件和位置指示组件,见图2-4。其中,耐压壳组件是驱动轴和销爪组件的包壳,由圆长管密封承压壳及其上部位置传送器套管组成,圆长管密封承压壳由分段壳体通过Ω密封环焊连接而成。同时,耐压壳安装在反应堆压力容器管座上,它与管座采用梯形螺纹连接和小Ω密封环焊接密封。耐压壳是承压边界,该承压边界的破损将产生放射性的冷却剂外溢。因此,该组件的3道Ω密封环焊工艺和质量非常关键。耐压壳与管座之间的Ω密封焊一般在安装现场进行。

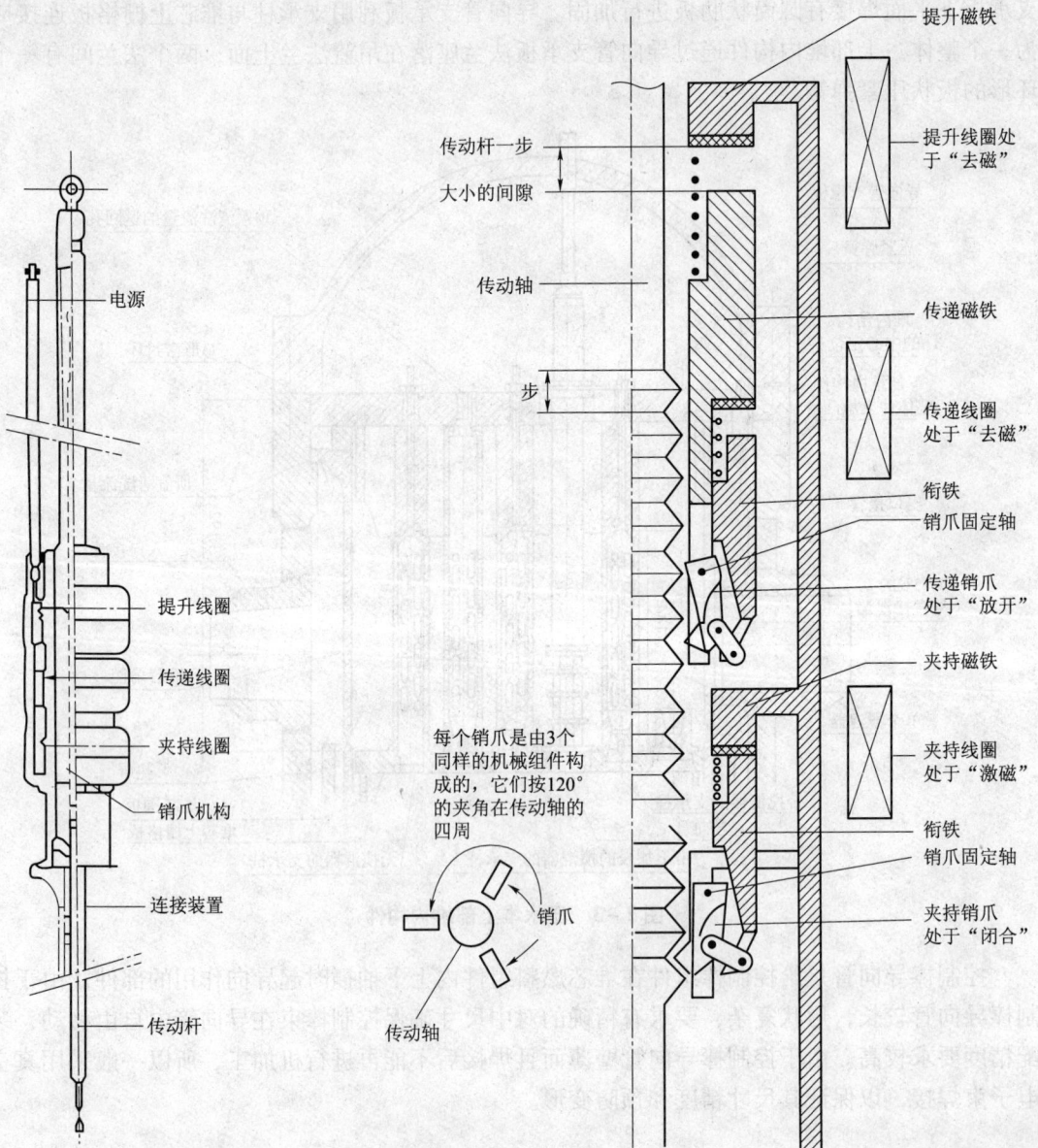

图 2-4 销爪式磁力提升型控制棒驱动机构

54

四、蒸汽发生器

蒸汽发生器（SG）是压水堆核电厂一回路和二回路之间的枢纽，它将反应堆产生的热量传递给二回路，将二回路的给水变成蒸汽，推动汽轮机做功。

蒸汽发生器的种类繁多，但目前压水堆核电厂中使用较为广泛的是立式U形管自然循环蒸汽发生器和卧式自然循环蒸汽发生器。后者在俄罗斯和一些东欧国家使用较广，我国目前只有田湾核电厂采用的是卧式自然循环蒸汽发生器。下面就以使用最为广泛的立式U形管自然循环蒸汽发生器为例简单介绍一下蒸汽发生器的结构和工艺。

立式U形管自然循环蒸汽发生器的典型结构如图2-5所示。蒸汽发生器由下封头、管板U形管束组件和筒体组件等构成。

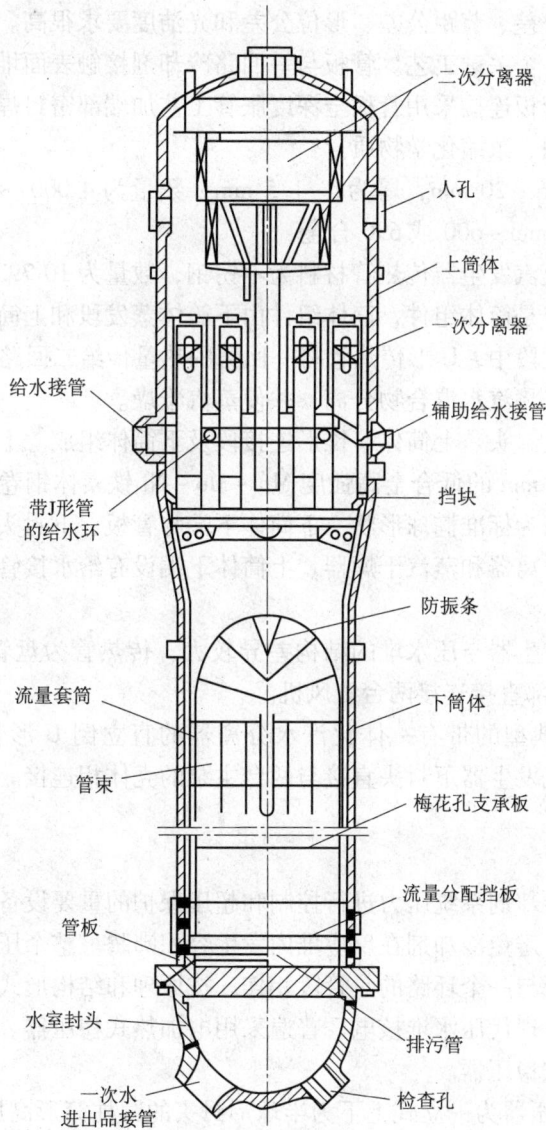

图2-5　立式U形管自然循环蒸汽发生器

55

下封头为一回路压力边界，管板及 U 形管为一、二回路压力边界，筒体组件为二回路压力边界。

下封头是蒸汽发生器中承受压差最大的部件，通常为半球形，冲压成型，技术难度较大，有的堆型采用铸造。

下封头内壁与冷却剂接触表面堆焊 5～6 mm 厚的不锈钢覆盖层，以降低腐蚀，使冷却剂保持良好的水质和较低的放射性水平。下封头与管板焊成一体，并由焊接在管板上的镍基合金隔板将下封头空间分隔成两个水室，每个水室开有一个进口（或出口）接管和一个人孔。人孔方便检查人员对蒸汽发生器管板、传热管进行在役检查和检修。

管板厚 500～800 mm，采用低合金高强度 Mn－Mo－Ni 铁素体钢锻造而成，属于超厚锻件，且要求具有优良的塑韧性和淬透性，锻造难度较大。另外，大型管板上需要钻出近万个管孔，且对管孔的孔径公差、节距公差、形位公差和光洁度要求很高。因此，深孔钻也是蒸汽发生器制造过程中的一个关键工艺。管板与一回路冷却剂接触表面堆焊有与传热管材质一样的复覆层。传热管与管板连接采用管板全深度胀管工艺加端部密封焊接，消除管孔与传热管间隙，避免间隙内沉积、浓缩化学物质。

U 形传热管外径为 16～20 mm，厚为 1～1.5 mm，数量为 4 000 ～5 000 根，材料一般为抗腐蚀能力较强的 Inconel－600 或 690 合金。

田湾核电厂的卧式蒸汽发生器传热管材料为不锈钢，数量为 10 793 根。

蒸汽发生器的大部分是筒体组件，筒体组件由下筒体蒸发段和上筒体汽水分离段两部分组合而成。在下筒体蒸发段中，U 形传热管将一回路的热量传给二回路给水使之汽化；上筒体的汽水分离组件则用来将汽水混合物分离，并使蒸汽干燥。

蒸汽发生器筒体由上封头、上筒体、锥形连接段及下筒体组成。上筒体、锥形连接段及下筒体分别用厚 75～100 mm 的低合金高强度 Mn－Mo－Ni 铁素体钢卷制或整体锻件环焊缝焊接成一个整体。上封头为标准椭球形状。下筒体下端与管板、下封头焊接成一个整体。上筒体内主要设置有汽水分离器和蒸汽干燥器，上筒体下端设有给水接管，管嘴与筒体内给水环管相连。

高温气冷堆的蒸汽发生器与压水堆的结构差异较大，传热管为盘管结构，共 19 组，材料为 Inconel－800，其顶部直接连接两台氦风机。

AP1000 也采用两台典型的带有一体化汽水分离器的直立倒 U 形管自然循环蒸汽发生器。但最大的不同是蒸汽发生器下封头直接与两台主泵的壳体相连接。

五、稳压器

稳压器是对一回路冷却剂系统压力进行控制和超压保护的重要设备，基本功能是建立并维持一回路系统的压力，避免冷却剂在反应堆内发生容积沸腾。整个压水堆冷却剂系统共用一台稳压器，通过波动管与一个环路的热管段相连。按原理和结构形式的不同，稳压器分为气罐式和电加热式两种。现代压水堆核电厂普遍采用电加热式稳压器。下面以大亚湾核电厂稳压器为例介绍电加热式稳压器。

如图 2－6 所示，稳压器为一立式上下为半球形封头的圆柱筒形高压容器，高 13 m，直径 2.5 m，净重约 80 t，安装在下部裙座上，裙座通过地脚螺栓将稳压器固定在地基上。整个稳压器由容器、波动管接管嘴、电加热器、喷淋管接头、安全阀组排放管接头等部件组成。

容器用材料为锰—钼—镍低合金钢板卷焊或锻件加工焊接成一个整体，内壁堆焊奥氏体不锈钢耐蚀层。

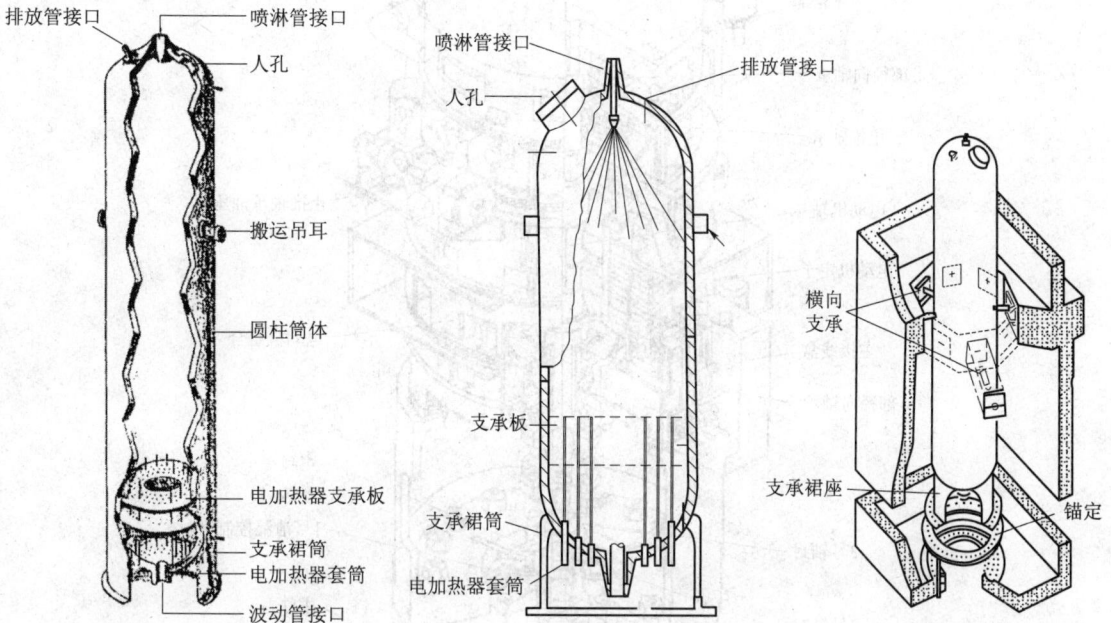

图 2-6 大亚湾核电厂稳压器

在稳压器顶部封头上焊有喷淋管接口以及能够提供超压保护的安全阀组排放管接口。

容器顶部设计有人孔，以便人员进入，人孔用封盖通过螺栓盖封。过渡段接在底封头中心，另一端与一条环路的热管段管道相连接。容器底部还设置有核取样管接口。

在底部封头上焊接有 60 根电加热器棒的套筒，以容器封头中心轴线为圆心呈同心圆布置。电加热器由 60 根直管护套型电加热器元件组成，共分为 6 组，通过这些套筒从底部插入稳压器中，然后在套筒根部与每根电加热元件焊接密封。

加热元件的护套管上端用端塞焊接密封，下端为一密封连接插塞，用其引出电源线。这样即使加热元件护套管破裂，稳压器仍处于密封状态。镍铬合金电热丝放在管状不锈钢护套中心，用氧化镁粉末压紧绝缘。稳压器 60 个电加热组件的焊接是稳压器制造的关键工艺，具有一定的技术难度。

EPR 稳压器重 150 t，长 14 m，直径为 3 m。所有的稳压器边界部件，除加热器贯穿件外，钢的等级同反应堆压力容器，都是高强度低合金 Mn - Mo - Ni 铁素体锻钢制成，并有两层堆焊覆面。

六、反应堆冷却剂泵

反应堆冷却剂泵（简称主泵）是压水堆冷却剂回路系统中唯一高速运转的机械设备，又是十分精密、功率强大的设备，属于压水堆电站的关键设备之一。

现代压水堆核电厂使用最广泛的主泵是立式、单级轴密封泵。图 2-7 为大亚湾核电厂反应堆主泵结构。冷却剂泵从底部到顶部分为 3 个部分，即水力机械部分、轴密封组件部分和电动机部分。

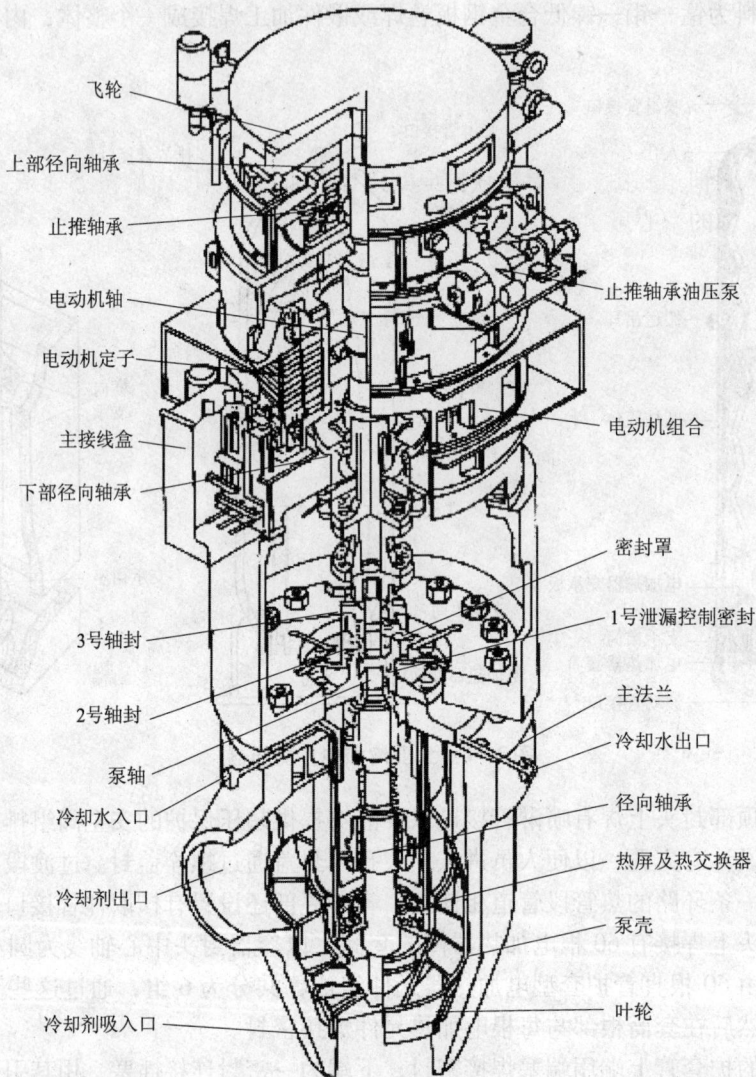

图2-7 反应堆冷却剂泵结构

（1）水力机械部分，包括吸入口和出水口接管、泵壳、叶轮、扩压器和导流管、泵轴、主泵轴承和热屏等部件。其中：

泵壳：为铬－镍奥氏体铁素体不锈钢整体铸件，是一回路压力边界的一部分，为核1级部件。应能承受设计工况以及事故状态下的各类载荷，如最高温度、压力瞬态、地震、管道破裂引起的应力，以及寿期内的交变应力、疲劳强度。轴向进水口在下部，出水口与叶轮成切线方向。管口与一回路管道全厚度焊接。

叶轮：为一个单级有7个螺旋叶片组成的不锈钢铸件，装在泵轴的下端。冷却剂由泵底吸入口进入叶轮吸入口，高速旋转的叶轮将冷却剂经扩压器及与之方向相同的切线出水口接管送至堆入口环路管冷段。

泵轴：为不锈钢锻件，它需要承受很大的扭转力矩。泵轴上端为刚性联轴器，与电动机

58

相连接，下端与叶轮固定连接，中间设置有一个径向导向轴承。

热屏：目的是在泵的上部和泵的下部之间进行隔热。泵的上部为轴承和联轴器等，要求保持在 90 ℃ 左右；而泵的下部为高温高压的冷却剂。

主泵轴承：主泵机组装有双向推力轴承和 3 个导向轴承。导向轴承两个装在电机上，为常规油润滑滑动轴承；第三个为泵轴承，是浸在水中的水润滑轴承，安装在热屏和轴封之间。它包括不锈钢轴颈和由几个石墨环构成的壳体，轴颈在壳体内旋转。轴承安装在环形箱中，该箱能校正轴的偏心度。

（2）轴密封组件部分保证主泵轴向的密封，包括 3 个轴密封、主法兰和密封罩等部件；通过连续的三级泄漏，将系统压力过渡到大气压。

（3）电动机部分，包括电动机、止推轴承、上下径向轴承、顶轴油泵系统和惯性飞轮等部件。惯性/惰转飞轮提高了主泵的惰转性能，当主泵突然断电时，泵仍能继续运行十几分钟，以保证有足够的堆芯冷却，以及及时采取应急措施，从而提高了全厂断电时堆芯的安全性。因此，惰转飞轮为余热排出相关的核 3 级部件。

美国的 AP600 和 AP1000 堆型核电厂采用的是每个环路并联两台全密封的屏蔽离心泵，代替传统的一台轴密封泵。

高温气冷堆采用氦气作为冷却剂，氦气流动动力来自于氦风机。每个环路两台氦风机，直接位于蒸汽发生器的顶部。

七、主管道

通常压水堆核电厂的反应堆冷却剂系统由 2～4 个环路组成，每条环路包括一台蒸汽发生器、一台主泵和将这些设备与反应堆压力容器连接起来的反应堆冷却剂管道，也称主管道。

每条环路中反应堆压力容器与蒸汽发生器之间的主管道称为热管段（热腿），蒸汽发生器与主泵之间的主管道称为过渡段，主泵与反应堆压力容器之间的主管道称为冷管段（冷腿），每个管段上还带有一定数量的接管嘴。AP600 和 AP1000 堆型核电厂主泵直接悬挂在蒸汽发生器下封头汇水腔下，省去了主管道过渡段。

除了俄罗斯的主管道与其反应堆压力容器筒体材质类似以外，其他压水堆的主管道基本为不锈钢材料。目前国产主管道主要采用的是铸造工艺。其中，直管段采用离心浇铸，弯头和斜接管嘴采用砂箱静力铸造，热套管采用锻造。通常将热段、冷段和过渡段组件预制焊接、检验和试验完成后再运到核电厂安装现场进行焊接。

核电厂主管道属于壁厚大口径奥氏体不锈钢，对焊接过程要求极为严格，焊缝内不得存在任何宏观或微观焊接缺陷。在保证各种优良的力学性能和使用性能的前提下，其变形和收缩量应控制在所规定的范围之内，焊接难度很大。一般采用手工钨极氩弧焊封底和手工电弧焊填充的组合方法。焊接底层时，用氩气在外面和里面进行保护。随着焊接技术的发展，在主管道焊接工程中全位置窄间隙热丝氩弧焊接设备也逐渐采用。

EPR 主管道材质采用奥氏体超低碳不锈钢；主管道为 Z2CN19.10 型，主管道尺寸为 $\phi780 \times 76$ mm；波动管为 Z2CND18.12 型，波动管尺寸为 $\phi325.5 \times 35$ mm。管道的焊接工艺实施了重大改进，使用轨道窄间隙 TIG 焊接技术得到均匀的圆周焊缝。使用自动 TIG 机焊接，大大减少了焊接金属体积并提高了焊接质量。奥氏体不锈钢与铁素体部件之间的异种金属焊接通过因科镍 52 直接自动焊接进行。

八、安全壳附件

安全壳是一个将反应堆本体及一回路蒸汽发生器、主循环泵、稳压器、管道阀门等设备包围集中在一起的密封建筑，是核电厂防止放射性物质向环境释放的最后一道屏障，是一个极其重要的建筑物。

安全壳按材料分有钢壳、钢筋混凝土壳和预应力混凝土壳等几种；按结构分有单层壳和双层壳两种。

（一）安全壳钢衬里

在预应力混凝土安全壳内，一般有一层起密封作用的钢衬里。安全壳钢衬里一般由底板、截锥体、圆柱形筒体和穹顶组成，形成整体压力"容器"，如图 2 - 8 所示，根据设计要求，其最小壁厚为 6 mm。筒体壁板安装牛腿、贯穿件、人员闸门、设备闸门、锚固件，及背面锚固在混凝土中的角钢、连接件（焊钉）等。

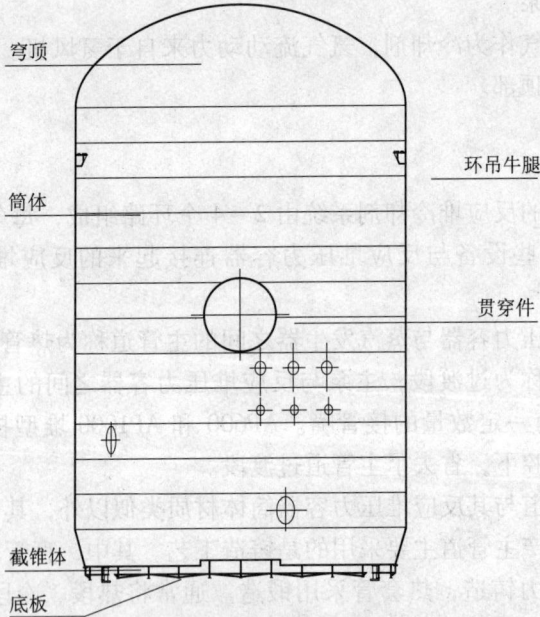

图 2 - 8 安全壳钢衬里结构示意图

钢衬里车间拼接采用埋弧焊，现场焊接为焊条电弧焊。分为立向纵缝和环向焊缝，壁板安装精度要求高，工作量大，焊接收缩量大，为保证设计尺寸和焊接质量并减小变形、应采取相应的焊接措施。钢衬里通过螺柱焊与安全壳连接。

（二）钢制安全壳

AP1000 型压水堆核电厂的 CV 安全壳是反应堆厂房的内层屏蔽结构，是安全壳容器式反应堆厂房的一道重要安全屏障，也非能动安全系统中的重要设备之一。整个安全壳容器由中间圆柱形筒体及上、下两个椭圆形封头组成。主要受压元件材料为 ASME SA738 Gr. B,

筒体壁厚为 44.45 mm、47.6 mm，外形尺寸为 39 624 mm（直径）×65 634 mm（高），设计压力为 0.41 MPa，板焊结构，属于 ASME 标准第三卷 NE 分卷 MC 级设备。

（三）人员闸门

人员闸门是供工作人员经与辅助厂房连接的专用通道，以出入安全壳。另外通常还设有一个应急用人员闸门，供工作人员在应急情况通过更衣室厂房出入安全壳。专用通道可以对外部事件提供必要的防护。人员闸门是一个直径约 2.9 m，长约 5.4 m 的圆筒形结构，圆筒内外各设一道密封门。密封门自动启闭，设有门速控制装置以保证密封门能以稳定的并可调的速度平稳工作，门上装有防回弹的阻尼机构。

（四）设备闸门

设备闸门贯穿筒节预埋在安全壳混凝土内，并与安全壳钢衬里焊接。设备闸门的封头为椭圆形瓜瓣拼焊结构，直径达 7 m 多。这种大直径封头拼焊较难保证尺寸准确，因此焊接工艺复杂，需设计专用的辅助工装进行组焊。设备闸门封头与筒节法兰在安全壳封顶前运入安全壳存放。在完成安全壳的预应力张拉后，设备闸门封头和筒节法兰与贯穿筒节焊接在一起，完成安装。设备闸门是安全壳上的重要设备，在反应堆运行时，它处于关闭状态。设备闸门作为重型设备的进出口，其外设有设备吊装平台，平台上设有龙门吊车。重型设备由吊装平台吊车通过设备闸门出入安全壳，以便安装和检修。

（五）安全壳贯穿件

安全壳贯穿件包括机械贯穿件和电气贯穿件两类。贯穿件是由一个穿过安全壳混凝土壁面并锚固在混凝土上的钢套管及两个接头构成（如图 2-9 所示）。接头保证了套管和穿过安全壳的管道（或电缆）间的密封连接。机械贯穿件有不同的直径和厚度，以满足所贯穿连接的设备的尺寸和传递机械载负的要求。

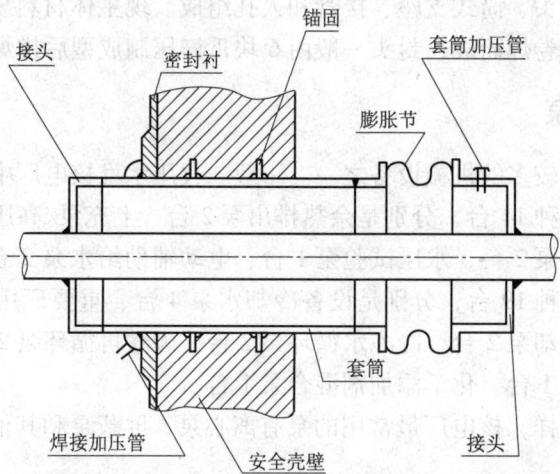

图 2-9　安全壳贯穿件

大亚湾核电厂安全壳贯穿件分 10 个类型，有电缆贯穿件、管道贯穿件，核燃料运输管道贯穿件，以及管道、电缆备用贯穿件等。其中，电缆贯穿件的密封性由钢套筒内充满加压氮气来保证。管道贯穿件内可以是单根管道，也可以是多根管道，视安全和设计要求而定。大部分贯穿件垂直于安全壳筒体壁面，焊接在安全壳内侧的侧板上。

九、其他核级容器和管道

压水堆核电厂各系统中还用到很多核级容器，如硼注箱、安注箱、容积控制箱、卸压箱、硼酸制备箱、浓硼酸卸放箱、设冷水波动箱等。

（一）硼注箱

硼注箱位于高压安注泵出口，高压安注水经硼注箱进入一回路冷段。硼注箱使用容积约为 3.4 m^3。正常运行状态下，箱内充满 7 000 ppm 的高浓度硼酸溶液。发生事故时，根据安注信号打开隔离阀，由高压安注泵将硼注箱内的高浓度硼酸溶液顶入一回路冷段。由于硼注箱内高浓度硼酸溶液的硼结晶温度较高，为防止硼结晶，硼注箱绝热并由电加热器加热，以保持溶液温度。为了保持硼注入箱内温度和硼浓度均匀化，设有由再循环泵和缓冲箱组成的再循环回路。

硼注箱由筒体、封头、筒式支座、接管和人孔组成。主体材料多为 P355GH 碳钢，内表面堆焊不锈钢，筒体直径为 1 200 mm 左右，是由 1~2 块 130 mm 左右的厚钢板卷焊而成，封头一般整体压制而成。

（二）安注箱

安全壳内每个环路的冷管段上都接着一个安注箱。安注箱为一直立式筒体结构，总容积约 50 m^3，内充 2 000 ppm 的含硼水，用加压 40~60 kg 的氮气覆盖。中压安注为非能动安全系统，不用安注信号启动。当 RCP 系统压力降到安注箱内压力以下时，由氮气将含硼水压入 RCP 系统冷段。

安注箱由筒体、封头、筒式支座、接管和人孔组成。现主体材料多为 Z2CN19-10 控氮不锈钢，筒体是由板材卷焊而成，封头一般由 6 块瓜瓣压制成型后拼焊而成。

十、核 2、3 级泵

泵是在核电厂应用较多的机械设备之一。一般二代压水堆核电厂中，除了核 1 级的主泵外，单堆核 2 级泵有 7 种 14 台，分别是余热排出泵 2 台、上充泵/高压安注泵 3 台、低压安注泵 2 台、安全壳喷淋泵 2 台、水压试验泵 1 台、电动辅助给水泵 2 台、汽动辅助给水泵 2 台。单堆核 3 级泵共 9 种 19 台，分别是设备冷却水泵 4 台、重要厂用水泵 4 台、硼酸输送泵 2 台、乏燃料水池冷却泵 2 台、冷冻水循环泵 2 台、硼酸再循环泵 2 台、前贮槽循环供料泵 1 台、除气塔疏水泵 1 台、化学添加剂混合泵 1 台。

与其他工业用泵一样，核电厂最常用的泵有离心泵、屏蔽泵和其他类型的泵。

（一）上充泵/高压安注泵

上充泵是化学与容积控制系统的一个重要设备。在正常工况下向反应堆冷却剂系统输送净化水、泄露补充水和主泵轴封水。在换料时，对系统充水。当一回路发生中小破口失水事故或发生主蒸汽管道破裂而引起一回路温度、压力下降到一定值时，安注信号发生，又作为高压安注泵从换料水箱吸取含硼水通过硼注箱向 RCP 系统冷段注水，或直接注入 RCP 系统的冷段和热段，防止堆芯烧毁。

上充泵有往复式和离心式两种。大亚湾核电厂采用的是 3 台并联的卧式多级离心式上充泵。离心式上充泵一般为小流量、高扬程离心泵。

（二）辅助给水泵

辅助给水泵属于专设安全设施，作为主给水系统的后备，当主给水不起作用时，一直处于热备用状态的辅助给水泵立即启动向蒸汽发生器二次侧提供给水。为了满足单一故障原则和多样性原则，一般并列采用两种泵。辅助给水泵一般为多级卧式离心泵，分为汽动和电动两种。两台电动辅助给水泵由应急电源供电，每台提供 50% 额定流量。另一台为汽动，提供 100% 额定流量。汽机是单级冲动式汽轮机，由主蒸汽管道上主隔离阀前 3 个分管供汽，只要其中一个供汽就能满足供汽量。现新建的二代核电厂中采用两台 50% 额定流量联体式单级卧式汽动辅助给水泵。

十一、核级阀门

阀门作为一种通用机械设备，在核电厂系统中大量使用，而且种类繁多、数量庞大、功能各异。例如在秦山二期 2×65 MW 核电厂中，核级阀门（不包括风阀）就有 3 500 台左右，其中核 1 级阀门约 150 台。按阀门结构划分，主要有截止阀、隔膜阀、闸阀、蝶阀、球阀、止回阀、弹簧式安全阀、先导式安全阀等。

核级阀门的阀体一般不允许采用焊接结构的阀体，因此核级阀门本身需要焊接的地方不多，除了主要铸锻件的补焊外，主要是硬密封阀门的密封面上堆焊硬质合金等材料，以提高核电阀门密封面耐磨和耐蚀性能。

目前较为常见的阀门密封面堆焊方法有气焊堆焊、焊条电弧堆焊、钨极氩弧堆焊和等离子弧堆焊等方法。由于核级阀门与管道的连接基本是采用焊接连接的方式，因此阀门在现场安装中的焊接质量尤为重要。

十二、核级热交换器

压水堆核电厂一回路辅助系统采用了大量核 2、3 级的热交换器，且种类繁多，基本为管壳式和管板式的，也有板式换热器。其中核 2 级的主要有余热排出热交换器、安全壳喷淋热交换器、化容热交换器，核 3 级的主要有再生热交换器、下泄热交换器、设冷水热交换器，等等。

（一）余热排出热交换器

余热排出热交换器为立式 U 形管壳式热交换器。U 形管束焊接在管板上，管板被夹在壳体和流道封头法兰之间。流道封头内有隔板将进出口流体分开（如图 2-10 所示）。冷却剂从 U 形管内流过，设备冷却水从壳体流过。

（二）再生热交换器

再生热交换器以管内的上充流为冷源进行热量
回收，完成下泄流降压前首次冷却降温。以大亚
湾运行参数为例，稳态正常运行时，292 ℃冷却剂从
一条环路的冷段引出，经两个气动隔离阀进入再生
热交换器壳侧，被管侧上充流冷却。下泄流正常流
量为 13.6 m³/h，温度由 292 ℃降至 140 ℃。由再
生热交换器引出的下泄流经 3 组并联的下泄孔板减
压（正常时一组运行），然后流出反应堆厂房（安
全壳），进入设在核辅助厂房内的下泄热交换器管
侧，被壳侧 RRI 系统设备冷却水冷却，下泄流冷却
剂温度由 140 ℃降至 46 ℃。

再生热交换器一般采用卧式 U 形管壳结构，筒
体、封头以及换热管材料均为不锈钢。

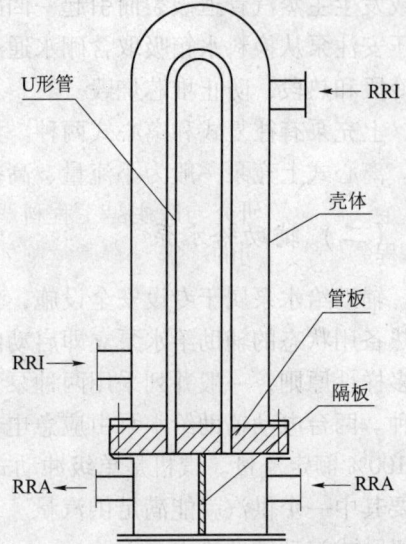

图 2-10 余热排出热交换器

（三）板式换热器

板式换热器结构紧凑、单位体积设备提供的传热面积大；总传热系数 K 值高，检修和
清洗都较方便。图 2-11 所示为大亚湾核电厂核岛设备冷却水系统采用的板式换热器结构
图。它主要由一组长方形的薄金属板平行排列、夹紧组装于支架上而构成。两相邻板片的边
缘衬有垫片，压紧后可以达到密封的目的，且可用垫片的厚度调节两板间流体通道的大小。
每块板的 4 个角上，各开一个圆孔，其中有两个圆孔和板面上的流道相通，另外两个圆孔则
不相通，它们的位置在相邻的板上是错开的，以分别形成两流体的通道。冷、热流体交替地
在板片两侧流过，通过金属板片进行换热。每块金属板面冲压成凹凸规则的波纹，以使流体
均匀流过板面，增加传热面积，并促使流体的湍动，有利于传热。

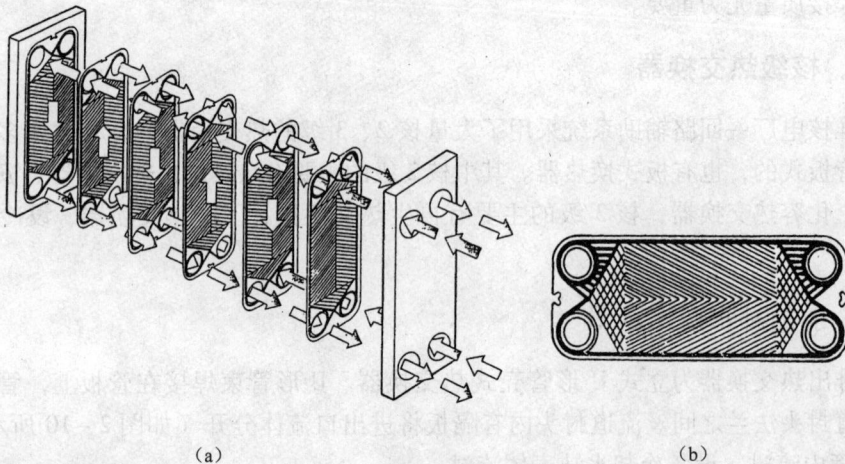

(a)   (b)

图 2-11 板式换热器示意图
(a) 板式换热器结构；(b) 板式结构

第四节　民用核安全设备常用金属结构材料

一、金属材料的分类

金属材料的研究与应用是工程科学的基础。由于工程科学的精细化和专门化，目前不同的工程领域，不同的国家对金属材料的分类方法很多，有时即使在一种标准体系下，金属材料的分类不可能十分准确和一致。

如果按我国的使用习惯，一般可以简单地按金属成分将金属材料分成黑色金属和有色金属。

（1）黑色金属是指铁和铁的合金。如钢、生铁、铁合金、铸铁等。钢和生铁都是以铁为基础，以碳为主要添加元素的合金，统称为铁－碳合金。

生铁是指把铁矿石放到高炉中冶炼而成的产品，主要用来炼钢和制造铸件。把铸造生铁放在熔铁炉中熔炼，即得到铸铁（液状），把液状铸铁浇铸成铸件，这种铸铁叫铸铁件。铁合金是由铁与硅、锰、铬、钛等元素组成的合金，铁合金是炼钢的原料之一，在炼钢时用做钢的脱氧剂和合金元素添加剂。

把炼钢用生铁放到炼钢炉内按一定工艺熔炼，即得到钢。钢的产品有钢锭、连铸坯和直接铸成各种钢铸件等。通常所讲的钢，一般是指轧制成各种钢材的钢。钢属于黑色金属，但钢不完全等于黑色金属。

（2）有色金属又称非铁金属，指除黑色金属外的金属和合金，如铜、锡、铅、锌、铝以及黄铜、青铜、铝合金和轴承合金等。另外在工业上还采用铬、镍、锰、钼、钴、钒、钨、钛等，这些金属主要用做合金成分，以改善金属的性能，其中钨、钛、钼等多用以生产刀具用的硬质合金。

金属材料还可以按用途分成冶炼用材、结构用材、工具用材、弹簧用材、滚动轴承用材、焊接用材、电工用材等。以上这些金属材料还都可称为工业用金属，此外还有贵重金属：铂、金、银等和稀有金属，放射性金属材料的铀、镭等。

其中对于核安全设备，特别是对焊接活动来讲，重要的金属材料是金属结构材料以及焊接用材。金属结构材料是指符合特定强度和可成型性等级的钢或合金等结构用材。金属结构材料一般在焊接中视为焊接母材，焊接用材在其他章节讨论。

二、金属结构材料的力学性能

金属结构材料的性能指标很多，包括力学性能、物理性能、化学性能和工艺性能等。但是，作为结构用材，金属结构材料发挥主要作用的是其力学性能。对其他性能研究都是围绕力学性能进行研究的。比如，金属材料的密度、熔点、热膨胀性等物理性能是力学性能的基础；金属材料的耐酸性、耐碱性、抗氧化性等化学性能和铸造性能、可锻性、焊接性、切削加工性等工艺性能是在各种环境和使用条件下维持力学性能的能力。

力学性能是指金属材料在受外力作用时所反映出来的性能。力学性能指标是选择、使用和评价金属结构材料的重要依据。金属材料力学性能主要有：强度、塑性、硬度、冲击韧度和疲劳强度等。

（一）强度

强度是在外力作用下，材料抵抗塑性变形和断裂的能力。

按作用力性质不同，强度可分为屈服强度、抗拉强度、抗压强度、抗弯强度、抗剪强度等。

在工程上常用来表示金属材料强度等级的指标有屈服强度和抗拉强度。屈服强度和抗拉强度都是采用试样拉伸试验得到的数据。

图 2 - 12 为典型的金属拉伸试样，图 2 - 13 为典型的金属拉伸曲线。

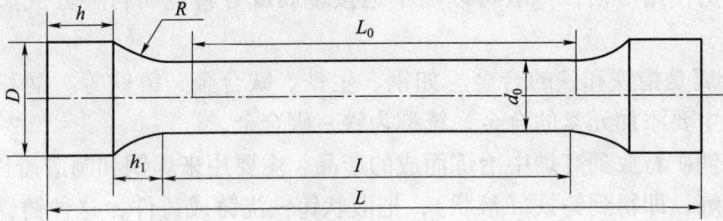

图 2 - 12 典型的金属拉伸试样

1. 屈服强度

当载荷增大到 F_s 时，拉伸曲线出现了平台，即试样所承受的载荷几乎不变，但产生了不断增加的塑性变形，这种现象称为屈服。

屈服强度是指在外力作用下开始产生明显塑性变形的最小应力，用 R_e 表示。

$$R_e = F_s/A_0$$

式中　F_s——试样产生明显塑性变形时所受的最小载荷，即拉伸曲线中 s 点所对应的外力（N）；

　　　A_0——试样的原始截面积（mm²）。

图 2 - 13 典型的金属拉伸曲线

2. 抗拉强度

抗拉强度是金属材料断裂前所承受的最大应力，故又称强度极限，常用 R_m 来表示。

$$R_m = F_b/A_0$$

式中　F_b——指试样被拉断前所承受的最大外力，即拉伸曲线上 b 点所对应的外力（N）。

　　　A_0——试样的原始横截面积（mm²）。

屈服强度和抗拉强度在设计机械和选择、评定金属材料时有重要意义。金属结构材料不仅不能在抗拉强度下工作，也不能在屈服强度下工作，因为这会导致设备的塑性变形。

单位换算：1 MPa = 145 磅/英寸² （psi） = 10.2 kg/cm²

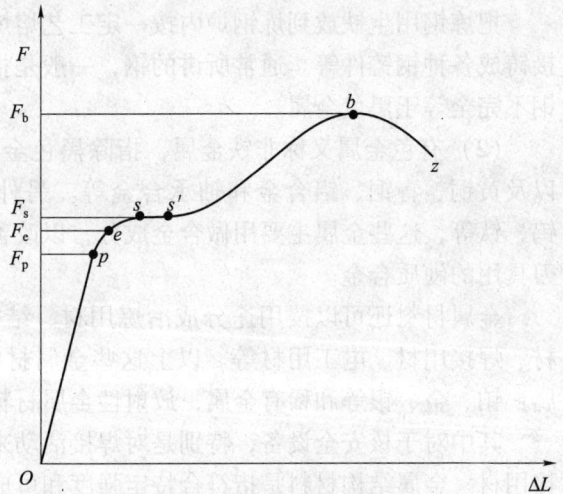

66

（二）塑性

塑性是指金属材料在外力作用下产生永久变形而不致引起破坏的性能。在外力消失后留下来的这部分不可恢复的变形，叫做塑性变形。

金属材料的塑性通常用伸长率和断面收缩率来表示。伸长率和断面收缩率也都是采用金属结构材料的试样拉伸试验得到的数据。材料的塑性试验如图 2 – 14 所示。

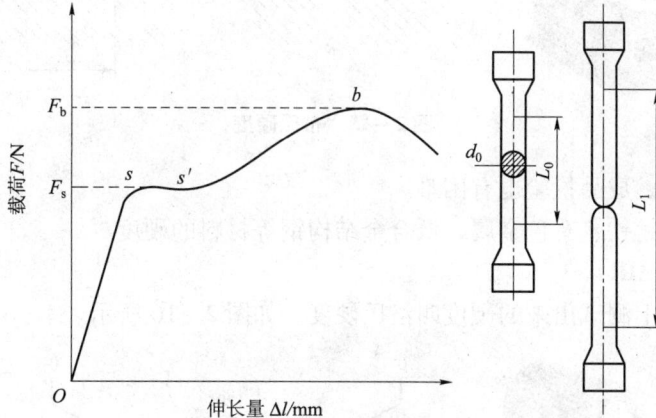

图 2 – 14 材料的塑性试验

1. 伸长率 A

$$A = (L_1 - L_0)/L_0 \times 100\%$$

式中 L_0——试样原标距的长度（mm）；

L_1——试样拉断后的标距长度（mm）。

2. 断面收缩率 Z

断面收缩率是指试样拉断后断面处横截面积的相对收缩值。

$$Z = (A_0 - A_1)/A_0 \times 100\%$$

式中 A_0——试样的原始截面积（mm^2）；

A_1——试样断面处的最小截面积（mm^2）。

A 和 Z 愈大，则塑性愈好。

（三）硬度

金属材料抵抗其他更硬的物体压入其内的能力，叫硬度。它是材料性能的一个综合的物理量。表示金属材料在一个小的体积范围内抵抗弹性变形、塑性变形或破断的能力。

金属材料的硬度可用专门仪器来测试，常用的有布氏硬度机、洛氏硬度机等。

1. 布氏硬度（HB）

用布氏硬度机测试出来的硬度叫布氏硬度。如图 2 – 15 所示。

布氏硬度的特点：布氏硬度因压痕面积较大，HB 值的代表性较全面，而且实验数据的重复性也好，但由于淬火钢球本身的变形问题，不能试验太硬的材料，一般在 HB450 以上的就不能使用。

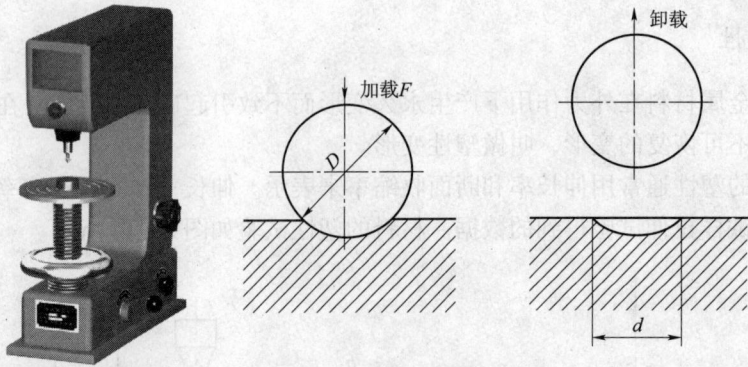

图 2 - 15　布氏硬度

由于压痕较大，成品检验也有困难。

通常用于测定铸铁、有色金属、低合金结构钢等材料的硬度。

2. 洛氏硬度（HR)

在洛氏硬度机上测试出来的硬度叫洛氏硬度。如图 2 - 16 所示。

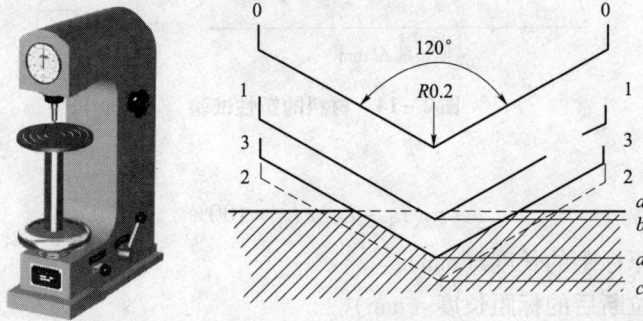

图 2 - 16　洛氏硬度

洛氏硬度的特点：洛氏硬度 HR 可以用于硬度很高的材料，而且压痕很小，几乎不损伤工件表面，故在钢件热处理质量检查中应用最多。

但洛氏硬度由于压痕较小，硬度代表性就差些，如果材料中有偏析或组织不均的情况，则所测硬度值的重复性也差。

（四）冲击韧度（a_k）

金属材料抵抗冲击载荷作用而不破坏的能力叫做冲击韧度。常用一次摆锤冲击试验来测定金属材料的冲击韧度。如图 2 - 17 所示。

$$a_k = A_k / A_0$$

式中　A_k——折断试样所消耗的冲击功（J）。其中，冲击功是摆锤从 h_1 到 h_2 损失的势能；

　　　A_0——试样断口处的原始截面积（mm^2）。

（五）疲劳强度

疲劳破坏是机械零件失效的主要原因之一。据统计，在机械零件失效中大约有 80% 以上属于疲劳破坏。由于疲劳破坏前没有明显的变形，所以疲劳破坏经常造成重大事故，所以对

68

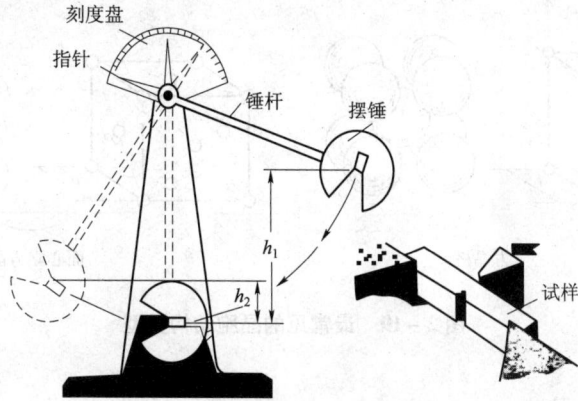

图 2 - 17 摆锤冲击试验原理图

于轴、齿轮、轴承、叶片、弹簧等承受交变载荷的零件要选择疲劳强度较好的材料来制造。当金属材料在无数次重复或交变载荷作用下而不致引起断裂的最大应力，叫做疲劳强度。

实际上，金属材料并不可能做无限多次交变载荷试验。一般试验时规定，钢在经受千万次（10^7）、有色金属材料经受亿次（10^8）交变载荷作用时不产生断裂时的最大应力称为疲劳强度。

三、金属微观结构与组织

（一）晶体与晶格

按照非生物固体物质原子排列的特征，可分为晶体和非晶体。非晶体的原子做不规则的排列，如松香、玻璃、沥青等。晶体的原子则按一定次序做有规则的排列，如金刚石、石墨及固态金属和合金。两者的性能差异：晶体具有一定的凝固点和熔点，非晶体没有；晶体具有各向异性，而非晶体具有各向同性等。

为了便于表明晶体内部原子排列的规律，把每个原子看成一个点，这个点代表原子的振动中心。把这些点用直线连接起来，便形成一个空间格子，叫做晶格。晶格中每个点叫结点。晶格的最小单元叫做晶胞，它能代表整个晶格的原子排列规律。在研究各种金属的晶体结构时，一般取出它的晶胞来研究就可以了。

图 2 - 18 为简单立方晶格与晶胞示意图，图 2 - 19 为最常见的晶胞结构类型。

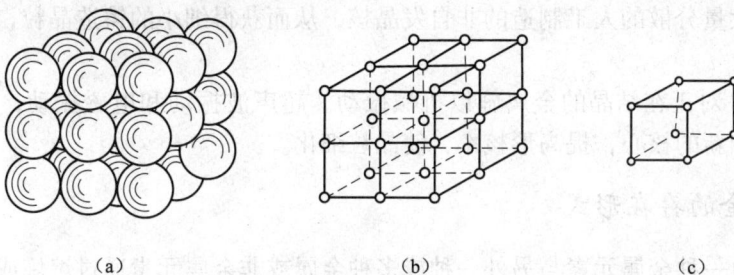

（a）　　　　　　　（b）　　　　　　　（c）

图 2 - 18 简单立方晶格与晶胞示意图

（a）晶体中的原子排列；（b）晶格；（c）晶胞

69

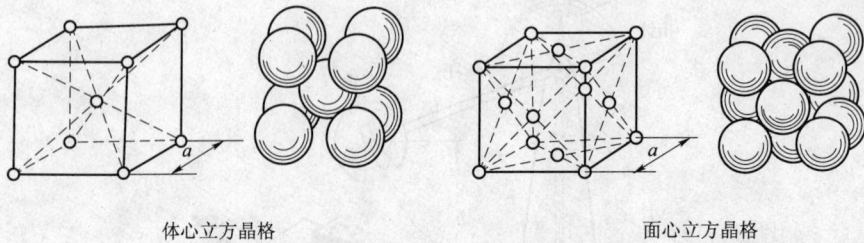

体心立方晶格　　　　　　　　　　　面心立方晶格

图 2 - 19　最常见的晶胞结构类型

（二）金属的结晶

1. 纯金属的结晶过程

结晶是液态金属转变为固态晶体的过程，影响这一转变的关键因素是冷却条件。结晶的基本过程是：

液态金属→温度降至熔点附近→

自发形核核心长大→液态金属消失

实际上，金属在结晶过程中晶核沿各个方向生长的速度是不一样的，晶核主要是沿着生长速度最大的某几个方向发展，所以晶体实际上为树枝状结晶体。

2. 冷却曲线

典型金属的冷却曲线如图 2 - 20 所示。曲线是在热平衡条件下绘制的，平台的出现是在发生着同素异构转变时。如果冷却条件比该图还快，就是过冷。

3. 影响晶粒大小的因素及细化晶粒的方法

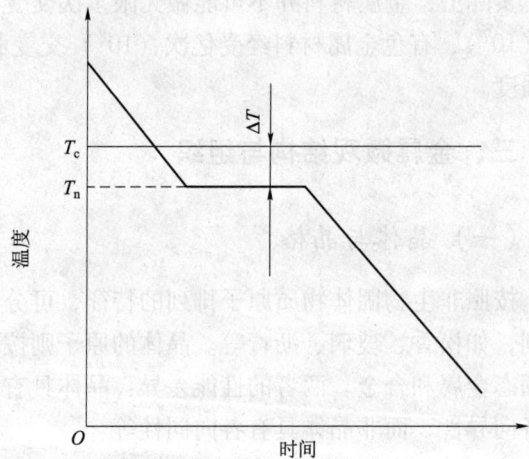

图 2 - 20　典型金属的冷却曲线

一般来说，晶粒愈细，强度和硬度愈高，同时塑性和韧性也愈好。

（1）过冷度的影响：冷却速度愈大，过冷度愈大，晶粒愈细。

（2）变质处理：在实际生产中，有意向金属液中加入某些物质（称为变质剂），使它在金属液中形成大量分散的人工制造的非自发晶核，从而获得细小的铸造晶粒，这种处理方法称为变质处理。

（3）振动：对正在结晶的金属施以机械振动、超声波振动和电磁振动，均可使树枝晶尖端破碎而增加新的核心，提高形核率，使晶粒细化。

（三）合金的存在形式

合金是指由一种金属元素与另外一种或多种金属或非金属元素通过熔炼或烧结等方法所形成的具有金属性质的新金属材料。

固态合金晶格形式基本上有两种：固溶体和金属化合物。

70

固溶体是溶质原子溶入金属溶剂中所组成的合金，可分为置换固溶体和间隙固溶体。其点阵结构仍保持溶剂金属的结构，只是由于溶质原子的溶入引起晶格参数发生改变。

固溶体 $\begin{cases} \text{置换固溶体：溶质原子置换溶剂在晶格结点上的原子} \\ \text{间隙固溶体：溶质原子在固溶体中处于溶剂晶体结构的间隙位置} \end{cases}$

金属化合物是合金元素间相互作用而形成的新相。其晶格类型和性能都是新的，具有更复杂的晶体结构。

合金组织的出现，主要基于两种反应：

共晶反应是指在一定的温度下，一定成分的液体同时结晶出两种一定成分的固相的反应；共析反应就是指在一定的温度下，一定成分的固相同时析出两种一定成分的固相的反应。

由于各种条件的不同，在合金金属里不可能只有一种晶格结构，生成过程中也不可能是一种反应。实际上，合金往往是不同类型晶体的机械混合。

四、铁－碳合金

现代工业使用的金属材料基本上都是合金。其中，对于核安全设备来讲，最常见和最典型的合金就是铁－碳合金。碳含量小于 0.021 8% 的为工业纯铁；碳含量在 0.021 8% ~ 2.11% 的为碳钢；碳含量在 2.11% 以上的为铸铁。

（一）铁的同素异构转变

一种金属能以几种晶格类型存在的性质，叫做同素异构性。金属在固态时改变其晶格类型的过程，称为金属的同素异构转变。

对于纯铁来讲，有两种同素异构转变：

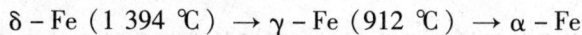

$$\delta - Fe\ (1\ 394\ ℃) \rightarrow \gamma - Fe\ (912\ ℃) \rightarrow \alpha - Fe$$

$\delta - Fe$ 和 $\alpha - Fe$ 是不同体心立方晶体，$\gamma - Fe$ 是面心立方晶体。

（二）铁－碳合金的微观组织形式

铁－碳合金的几个基本形式简述如下。

1. 铁素体（F）

铁素体是碳溶解在 $\alpha - Fe$ 中形成的间隙固溶体。显微镜下观察，铁素体呈灰色并有明显大小不一的颗粒形状。

由于 $\alpha - Fe$ 晶粒的间隙小，溶解碳量极微，其最大溶碳量只有 0.021 8%（727 ℃），所以是几乎不含碳的纯铁。

性能：$R_m = 180 \sim 230\ MPa \qquad HB = 50 \sim 80$

$\qquad A = 30\% \sim 50\% \qquad Z = 70\% \sim 80\%$

2. 渗碳体（Fe_3C）

渗碳体是铁与碳形成的稳定化合物，含碳量为 6.69%。显微镜下观察，渗碳体呈银白色光泽。渗碳体在一定条件下可以分解出石墨。

性能：$HB = 800$，硬度很高，脆性极大，是钢中的强化相。

3. 奥氏体（A）

奥氏体是碳溶解在 $\gamma - Fe$ 中形成的间隙固溶体。显微镜观察，奥氏体呈现外形不规则的颗粒状结构，并有明显的界限。

$\gamma - Fe$ 的溶碳能力较高，最大为 2.11%（1 148 ℃）。

由于 $\gamma - Fe$ 一般存在于 727 ℃ ~ 1 394 ℃，所以奥氏体也只出现在高温区域内。

性能：$A = 40\%$ ~ 50%，具有良好的塑性和低的变形抗力。它是绝大多数钢种在高温进行压力加工所需的组织。

4. 珠光体（P）

珠光体是铁素体和渗碳体组成的共析体。显微镜观察，珠光体呈层片状特征，表面具有珍珠光泽，因此得名。

珠光体的平均含碳量为 0.77%，在 727 ℃ 以下温度范围内存在。

性能：$R_m = 750$ MPa $HB = 160 ~ 180$ 较高

  $A = 20\%$ ~ 25% $Z = 30\%$ ~ 40%   适中

5. 莱氏体（Ld）

莱氏体是由奥氏体和渗碳体组成的共晶体。

铁 – 碳合金中含碳量为 4.3% 的液体冷却到 1 148 ℃ 时发生共晶转变，生成高温莱氏体。合金继续冷却到 727 ℃ 时，其中的奥氏体转变为珠光体，故室温时由珠光体和渗碳体组成，叫低温莱氏体。统称莱氏体。

（三）铁 – 碳合金组织重要转换温度

Ac_1：钢加热时，开始形成奥氏体的温度；

Ac_3：亚共析钢（含碳量为 0.021 8% ~ 0.77%）加热时，所有铁素体均转变为奥氏体的温度；

Ar_1：钢在高温下形成奥氏体化后冷却时，奥氏体分解为铁素体和珠光体的温度；

Ac_{cm}：过共析钢（含碳量为 0.77% ~ 2.11%）在平衡状态下，奥氏体和渗碳体或碳化物共存的最高温度，即过共析钢的上临界点。

（四）钢材的非铁元素及其对性能的影响，化学成分及其对性能的影响

钢材的主要化学成分是铁和少量的碳，另外还有一些非铁元素，这些非铁元素有些是特意添加的合金元素，有些是不可避免的有害杂质元素，这些非铁元素对钢材的性能影响很大。

一般讲，结构钢分为碳素结构钢和合金结构钢。由于不同点原因，碳素结构钢中往往存在碳、硅、锰、硫、磷。它们的含量对碳素结构钢影响很大。合金结构钢是在这些非铁元素外，另外含有一定量的合金元素，如硅、锰、钼、镍、铬、矾、钛、铌、硼、铅、稀土等其中的一种或几种。

碳（C）：碳对钢材的强度、塑性、韧性和焊接性能有决定性的影响，随着碳含量的增加，钢材的抗拉强度和屈服强度增加，但塑性、冷弯性能和冲击韧性，特别是低温冲击韧性降低，焊接性也变坏，所以钢材中的碳含量不能过高。

当碳含量超过 0.23% 时，钢的焊接性能变差，因此使用焊接技术的多是低合金结构钢，

含碳量一般不超过 0.20%。

硫（S）：硫和铁化合成硫化铁，散布在纯铁体层中，当温度在 800 ℃～1 200 ℃时熔化而使钢材出现裂纹，称为"热脆"现象，使钢的焊接性变坏，硫还能降低钢的塑性和冲击韧性。

氧（O）：有害作用同硫，增加钢的脆性。

磷（P）：磷使钢材在低温时韧性降低并容易产生脆性破坏，称为"冷脆"现象，高温时也使钢的塑性变差。

氮（N）：作用类似于磷，能显著降低钢的塑性和冲击韧性，并增大其"冷脆"性。

对于结构钢来讲，硫、氧、磷是典型的有害杂质。

锰（Mn）：炼钢过程中，锰是良好的脱氧剂和脱硫剂，一般钢中含锰 0.30%～0.50%。锰在含量不多时能显著提高钢的冷脆性能、屈服强度和抗拉强度而又不过多地降低塑性和冲击韧性；但过量时会使钢材变脆和塑性降低。

锰还是结构钢的合金元素，在碳素钢中加入 0.70% 以上时就算"锰钢"。锰钢跟一般的钢种比不但有足够的韧性，且有较高的强度和硬度，可提高钢的淬性，改善钢的热加工性能。

硅（Si）：硅因能使钢中纯铁体晶粒细小和均匀分布，是一种熔炼有较好性能镇静钢的脱氧剂，适量的硅可以提高钢的强度，而对钢的塑性、冷弯性能和冲击韧性及焊接性无显著不良影响。因此，硅也是一种合金元素。但过量的硅会降低钢的塑性和冲击韧性，恶化钢材的抗腐蚀性和焊接性。

铬（Cr）：在结构钢中，铬能显著提高强度、硬度和耐磨性，但同时降低塑性和韧性。铬又能提高钢的抗氧化性和耐腐蚀性，因而是不锈钢、耐热钢的重要合金元素。

镍（Ni）：镍能提高钢的强度，而又保持良好的塑性和韧性。镍对酸碱有较高的耐腐蚀能力，在高温下有防锈和耐热能力。但由于镍是较稀缺的资源，故应尽量采用其他合金元素代用镍铬钢。

钼（Mo）：钼能使钢的晶粒细化，提高淬透性和热强性能，在高温时保持足够的强度和抗蠕变能力（长期在高温下受到应力，发生变形，称蠕变）。在结构钢中加入钼，能提高机械性能。钼还可以抑制合金钢由于淬火而引起的脆性。

钛（Ti）：钛是钢中强脱氧剂。它能使钢的内部组织致密，细化晶粒力；降低时效敏感性和冷脆性。改善焊接性能。在 Cr18Ni9 奥氏体不锈钢中加入适当的钛，可避免晶间腐蚀。

钒（V）：钒是钢的优良脱氧剂。钢中加 0.5% 的钒可细化组织晶粒，提高强度和韧性。钒与碳形成的碳化物，在高温高压下可提高抗氢腐蚀能力。

铌（Nb）：铌能细化晶粒和降低钢的过热敏感性及回火脆性，提高强度，但塑性和韧性有所下降。在普通低合金钢中加铌，可提高抗大气腐蚀及高温下抗氢、氮、氨腐蚀能力。铌可改善焊接性能。在奥氏体不锈钢中加铌，可防止晶间腐蚀现象。

钴（Co）：钴是稀有的贵重金属，多用于特殊钢和合金中，如热强钢和磁性材料。

铜（Cu）：铜能提高强度和韧性，特别是大气腐蚀性能。缺点是在热加工时容易产生热脆，铜含量超过 0.5% 时塑性显著降低。当铜含量小于 0.50% 时对焊接性无影响。

铝（Al）：铝是钢中常用的脱氧剂。钢中加入少量的铝，可细化晶粒，提高冲击韧性，如作深冲薄板的08Al钢。铝还具有抗氧化性和抗腐蚀性能，铝与铬、硅合用，可显著提高钢的高温不起皮性能和耐高温腐蚀的能力。铝的缺点是影响钢的热加工性能、焊接性能和切削加工性能。

硼（B）：钢中加入微量的硼就可改善钢的致密性和热轧性能，提高强度。

氮（N）：氮能提高钢的强度，低温韧性和焊接性，增加时效敏感性。

各国的合金钢系统，随资源情况、生产和使用条件的不同，西方国家以往曾发展镍、铬钢系统，我国则发现以硅、锰、钒、钛、铌、硼、铅、稀土为主的合金钢系统。因此，钢种的发展也是有一定的地域性的。

五、金属材料与热处理

热处理是金属材料获得良好和稳定性能的重要工艺。它与金属的成型和焊接不得不经历的液相到固相，固相到固相的复杂的性能变化不同，热处理是通过可控的温度变化，通过金属材料固相到固相的转变，得到更好更稳定的性能。

（一）退火

将钢件加热到 Ac_3 +（30 ℃~50 ℃）或 Ac_1 +（30 ℃~50 ℃）或 Ac_1 以下的温度后，随炉温缓慢冷却。其目的是：

（1）降低硬度，提高塑性，改善切削加工与压力加工性能。

（2）细化晶粒，改善力学性能，为下一步工序做准备。

（3）消除冷、热加工所产生的内应力。

（二）正火

将钢件加热到 Ac_3 或 Ac_{cm} 以上30 ℃~50 ℃，保温后以稍大于退火的冷却速度冷却。

目的：降低硬度，提高塑性，改善切削加工与压力加工性能；细化晶粒，改善力学性能，为下一步工序做准备；消除冷、热加工所产生的内应力。

（三）淬火

将钢件加热到相变温度 Ac_3（亚共析钢）或 Ac_1（过共析钢）以上某一温度，保温一段时间，然后在水、硝盐、油或空气中快速冷却。

目的：淬火一般是为了得到高硬度的马氏体组织，有时对某些高合金钢（如不锈钢、耐磨钢）淬火时，则是为了得到单一均匀的奥氏体组织，以提高耐磨性和耐蚀性。

淬火一般用于含碳量大于0.3%的碳钢和合金钢；淬火能充分发挥钢的强度和耐磨性潜力，但同时会造成很大的内应力，降低钢的塑性和冲击韧度，故要进行回火以得到较好的综合力学性能。有时需要配合以不同温度的回火，以大幅提高钢的强度、硬度、耐磨性、疲劳强度以及韧性等，从而满足各种机械零件和工具的不同使用要求。

（四）回火

将淬火后的钢件重新加热到 Ac_1 以下某一温度，经保温后，于空气或油、热水、水中冷却。

目的：降低或消除淬火后的内应力，减少工件的变形和开裂；调整硬度，提高塑性和韧性，获得工作所要求的力学性能；稳定工件尺寸。

（五）调质

淬火后高温回火称调质，即将钢件加热到比淬火时高 10 ℃ ~ 20 ℃ 的温度，保温后进行淬火，然后在 400 ℃ ~ 720 ℃ 的温度下进行回火。

目的：改善切削加工性能，提高加工表面光洁程度；减小淬火时的变形和开裂；获得良好的综合力学性能。

（六）时效

将钢件加热到 80 ℃ ~ 200 ℃，保温 5 ~ 20 h 或更长时间，然后随炉取出在空气中冷却。

目的：稳定钢件淬火后的组织，减小存放或使用期间的变形；减轻淬火以及磨削加工后的内应力，稳定形状和尺寸。

（七）冷处理

将淬火后的钢件，在低温介质（如干冰、液氮）中冷却到 -60 ℃ ~ -80 ℃ 或更低，温度均匀一致后取出均温到室温。

目的：使淬火钢件内的残余奥氏体全部或大部转换为马氏体，从而提高钢件的硬度、强度、耐磨性和疲劳极限；稳定钢的组织，以稳定钢件的形状和尺寸。

钢件淬火后应立即进行冷处理，然后再经低温回火，以消除低温冷却时的内应力；冷处理主要适用于合金钢制的紧密刀具、量具和紧密零件。

（八）火焰加热表面淬火

用氧 - 乙炔混合气体燃烧的火焰，喷射到钢件表面上，快速加热，当达到淬火温度后立即喷水冷却。

目的：提高钢件表面硬度、耐磨性及疲劳强度，心部仍保持韧性状态。

（九）感应加热表面淬火

将钢件放入感应器中，使钢件表层产生感应电流，在极短的时间内加热到淬火温度，然后喷水冷却。

目的：提高钢件表面硬度、耐磨性及疲劳强度，心部保持韧性状态。

多用于中碳钢和中合金结构钢制件；由于肌肤效应，高频感应淬火淬透层一般为 1 ~ 2 mm，中频淬火一般为 3 ~ 5 mm，高频淬火一般大于 10 mm。

（十）渗碳

将钢件放入渗碳介质中，加热至 900 ℃ ~ 950 ℃ 并保温，使钢件表面获得一定浓度和深度的渗碳层。

目的：提高钢件表面硬度、耐磨性及疲劳强度，内心部仍然保持韧性状态。

用于含碳量为 0.15% ~ 0.25% 的低碳钢和低合金钢制件，一般渗碳层深度为 0.5 ~ 2.5 mm；渗碳后必须进行淬火，使表面形成马氏体，才能实现渗碳的目的。

（十一）氮化

利用在 500 ℃ ~600 ℃ 时氨气分解出来的活性氮原子，使钢件表面被氮饱和，形成氮化层。

目的：提高钢件表面的硬度、耐磨性、疲劳强度以及抗蚀能力。

应用要点：多用于含有铝、铬、钼等合金元素的中碳合金结构钢，以及碳钢和铸铁，一般氮化层深度为 0.025 ~0.8 mm。

（十二）氮碳共渗

向钢件表面同时渗碳和渗氮。

目的：提高钢件表面的硬度、耐磨性、疲劳强度以及抗蚀能力。

多用于低碳钢、低合金结构钢以及工具钢制件，一般氮化层深 0.02 ~3 mm；氮化后还要淬火和低温回火。

六、辐照对金属材料的影响

金属受到辐照后，由于高能粒子和金属晶体点阵中的原子发生一系列碰撞，从而在金属内部产生大量的点缺陷，这种碰撞的原始微观过程叫做"辐照损伤"。辐照损伤会产生的种种宏观性质变化，叫做"辐照效应"。辐射效应可能产生种种缺陷，这些缺陷必然会使金属的性质和行为发生变化。例如大量点缺陷的存在可以影响扩散、碳化物析出、相变等。特别值得举出的是以下一些在工程上出现的缺陷，这些缺陷往往表现为实际上很重要的现象。例如：

辐照生长：点缺陷（空位或间隙原子）能在一定晶面上聚集，从而造成某些材料沿一定方向的尺寸随辐照而显著变化。辐照生长对各向异性的核燃料（如铀、钚）和结构材料（如石墨、锆）是一个很重要的问题。

辐照肿胀：空位和惰性气体原子的聚集可以造成辐照肿胀。它表现为材料的体积和密度随辐照发生变化。核燃料在较高温度时以及快中子堆中的不锈钢都有肿胀问题。

辐照蠕变：这是指辐照可以导致蠕变或加速热蠕变。作为辐照蠕变的特征必须是蠕变和辐照剂量或辐照通量有关。发生辐照蠕变的一种原因是：在应力作用下辐照点缺陷将择优聚集，表现为位错的定向攀移或位错环的定向形成，结果材料的尺寸变化既和辐照有关又和应力矢量有关。

辐照硬化和辐照脆化：点缺陷与贫化区的存在将影响晶体中位错的运动。这会使金属发生硬化，表现为屈服强度提高。也会导致体心立方金属韧性 - 脆性转变温度上升，使材料经长期辐照后在其使用温度下变为脆性材料，这是辐照对反应堆压力壳体钢的重要威胁。在这些现象中，对于核安全设备以辐照硬化和辐照脆化最为重要。

第五节 金属材料的分类、牌号及表示方法

一、中国国家标准金属材料的分类

钢铁产品牌号简称钢号，是对每一种具体钢产品所取的名称，是人们了解钢的一种共同语言。我国对金属材料的分类、牌号及表示方法主要依据国家标准《钢铁产品牌号表示方法》（GB/T 221），该标准分别于1979年、2000年和2008年进行了修订。

中国国家标准《钢铁产品牌号表示方法》中钢的分类、牌号及表示方法中主要变数是化学成分（见表2-2）和产品名称、用途、特性等分类，见表2-3。

表2-2 常用化学符号

元素名称	化学元素符号	元素名称	化学元素符号
钯	Pd	氦	He
钡	Ba	硅	Si
铋	Bi	镓	Ga
铂	Pt	钾	K
钚	Pu	金	Au
氮	N	钪	Sc
镝	Dy	氪	Kr
碲	Te	铼	Re
碘	I	镭	Ra
氡	Rn	锂	Li
铒	Er	钌	Ru
钒	V	磷	P
钫	Fr	硫	S
氟	F	镥	Lu
钆	Gd	铝	Al
钙	Ca	氯	Cl
锆	Zr	镁	Mg
铬	Cr	汞	Hg
铌	Nb	钴	Co

表 2 - 3　产品名称、用途、特性和工艺方法表示符号

| 名称 | 采用的汉字及汉语拼音 | | 采用符号 | 字体 | 位置 |
	汉字	汉语拼音			
炼钢用生铁	炼	LIAN	L	大写	牌号尾
铸造用生铁	铸	ZHU	Z	大写	牌号尾
球墨铸铁用生铁	球	QIU	Q	大写	牌号头
脱碳低磷粒铁	脱炼	TUO LIAN	TL	大写	牌号头
含钒生铁	钒	FAN	F	大写	牌号头
耐磨生铁	耐磨	NAI MO	NM	大写	牌号头
碳素结构钢	屈	QU	Q	大写	牌号中
低合金高强度钢	屈	QU	Q	大写	牌号中
耐候钢	耐候	NAI HOU	NH	大写	牌号中
保证淬透性钢			H	大写	牌号头
易切削非调质钢	易非	YI FEI	YF	大写	牌号头
热锻用非调质钢	非	FEI	F	大写	牌号头
易切削钢	易	YI	Y	大写	牌号头
电工用热轧硅钢	电热	DIAN RE	DR	大写	牌号头
电工用冷轧无取向硅钢	无	WU	W	大写	牌号头
电工用冷轧取向硅钢	取	QU	Q	大写	牌号头
电工用冷轧取向高磁感硅钢	取高	QU GAO	Q	大写	牌号头
（电讯用）取向高磁感硅钢	电高	DIAN GAO	D	大写	牌号头
电磁纯铁	电铁	DIAN TIE	D	大写	牌号头
碳素工具钢	碳	TAN	T	大写	牌号尾
塑料模具钢	塑模	SU MO	SM	大写	牌号尾
（滚珠）轴承钢	滚	GUN	G	大写	牌号尾
焊接用钢	焊	HAN	H	大写	牌号尾
钢轨钢	轨	GUI	U	大写	牌号尾
铆螺钢	铆螺	MAO LUO	ML	大写	牌号尾
锚链钢	锚	MAO	M	大写	牌号头
地质钻探钢管用钢	地质	DI ZHI	DZ	大写	牌号头
汽车大梁用钢	梁	LIANG	L	大写	牌号头
矿用钢	矿	KUANG	K	大写	牌号尾
压力容器用钢	容	RONG	R	大写	牌号尾
桥梁用钢	桥	QIAO	q	大写	牌号尾

名称	采用的汉字及汉语拼音		采用符号	字体	位置
	汉字	汉语拼音			
锅炉用钢	锅	GUO	g	大写	牌号尾
焊接气瓶用钢	焊瓶	HAN PING	HP	大写	牌号尾
车辆车轴用钢	辆轴	LIANG ZHOU	LZ	大写	牌号尾
机车车轴用钢	机轴	JI ZHOU	JZ	大写	牌号尾
管线用钢			S	大写	牌号尾
沸腾钢	沸	FEI	F	大写	牌号尾
半镇静钢	半	BAN	b	大写	牌号尾
镇静钢	镇	ZHEN	Z	大写	牌号尾
特殊镇静钢	特镇	TE ZHEN	TZ	大写	牌号尾
质量等级			A	大写	牌号尾
			B	大写	牌号尾
			C	大写	牌号尾
			D	大写	牌号尾
			E	大写	牌号尾

二、常用钢材牌号表示方法

金属材料牌号的表示方法根据国家标准《钢铁产品牌号表示方法》（GB/T 221—2000）中规定，钢铁产品牌号采用汉语拼音字母、化学元素符号和阿拉伯数字相结合的原则。

《钢铁产品牌号表示方法》根据硫磷杂质的含量，将钢分为普通钢、优质钢、高级优质钢和特级优质钢。

普通结构钢主要是碳素结构钢和低合金结构钢，磷含量小于 0.045%，硫含量小于其 0.050%。

优质结构钢中磷硫含量均小于 0.035%。优质结构钢牌号编制方法不同于普通结构钢。高级优质碳素结构钢（S、P 含量分别≤0.030%），在优质结构钢牌号后加符号"A"。特级优质碳素结构钢（S 含量≤0.020%、P 含量≤0.025%），在优质结构钢牌号后加符号"E"。下面介绍常用的金属结构材料焊接母材的钢号表示方法。

（一）碳素结构钢和低合金结构钢

这类钢分为通用钢和专用钢两类。此类钢类母材含杂质较多，价格低廉，用于对性能要求不高的地方，它的含碳量多数在 0.30% 以下，含锰量不超过 0.80%，强度较低，但塑性、韧性、冷变形性能好。除少数情况外，一般不做热处理，直接使用。多制成条钢、异型钢材、钢板等。其用途很多，用量很大，主要用于铁道、桥梁、各类建筑工程，制造承受静载荷的各种金属构件及不重要不需要热处理的机械零件和一般焊接件。

这类钢类母材主要保证力学性能，故其牌号体现其力学性能，用"Q＋数字"表示，其中"Q"为屈服点"屈"字的汉语拼音字首，数字表示屈服点数值，例如 Q275 表示屈服点为 275 MPa。

对于碳素结构钢，若在牌号后面标注字母 A、B、C、D，则表示钢材质量等级不同，含 S、P 的量依次降低，钢材质量依次提高。若在牌号后面标注字母"F"则为沸腾钢，标注"b"为半镇静钢，TZ 是特殊镇静钢，不标注"F"或"b"者为镇静钢。例如 Q235－A·F 表示屈服点为 235 MPa 的 A 级沸腾钢，Q235－C 表示屈服点为 235 MPa 的 C 级镇静钢。

低合金高强度结构钢分为镇静钢和特殊镇静钢，牌号表示为 Q345C 和 Q345D，在牌号的组成中没有表示脱氧方法的符号。如 Q345C 和 Q345D 分别是镇静钢和特殊镇静钢。

专用结构钢一般采用代表钢屈服点"Q"的符号、屈服点数值和表 2－3 规定的代表产品用途的符号等表示。例如，压力容器用钢牌号表示为"Q345R"；焊接气瓶用钢牌号表示为"Q295HP"；锅炉用钢牌号表示为"Q390g"；桥梁用钢表示为"Q420q"；耐候钢是抗大气腐蚀用的低合金高强度结构钢，其牌号表示为"Q340NH"。

（二）优质碳素结构钢

优质碳素结构钢采用阿拉伯数字或阿拉伯数字和表 2－2、表 2－3 规定的符号表示，以两位阿拉伯数字表示平均含碳量（以万分之几计）。例如，20 钢，表示平均碳的质量分数为 0.20%。如钢中还含有一定的锰含量，则在表明碳的质量分数的两位数字后面，附以化学符号"Mn"，例如 20Mn 钢，表示平均碳的质量分数为 0.20%，锰的质量分数为 0.7%～1.0%。

沸腾钢、半镇静钢及专门用途的优质碳素结构钢，应在钢号中特别标出，如锅炉用 20 钢以 20g 表示。

高级优质碳素结构钢在优质碳素结构钢牌号后加符号"A"。例如，平均含碳量为 0.20% 的高级优质碳素结构钢其牌号表示为"20A"。

特级优质碳素结构钢在优质碳素结构钢牌号后加符号"E"。例如，平均含碳量为 0.45% 的特级优质碳素结构钢其牌号表示为"45E"。

（三）合金结构钢

合金结构钢牌号采用阿拉伯数字和表 2－3 规定的合金元素符号表示，采用"两位数字＋化学符号＋数字"的方法。前面两位数字表示钢的平均碳的质量分数为万分之几，合金元素直接用化学元素符号表示，后面的数字表示该合金元素平均含量的百分之几。凡合金元素的质量分数小于 1.5% 时，编号中只标明元素，不标明含的质量分数。如果平均合金含量为 1.50%～2.49%、2.50%～3.49%、3.50%～4.49%、4.50%～5.49%…，则相应地以 2、3、4、5…表示。

例如：40Cr，表示 C 的质量分数为 0.40%，Cr 元素的含量为 0.8%～1.10%。60Si2Mn，表示 C 的质量分数为 0.60%，Si 元素的质量分数约为 2%，Mn 元素的质量分数少于 1.5%，所以只标 Mn 的元素符号，不标含量。碳、铬、锰、硅的平均含量分别为 0.30%、0.95%、0.85%、1.05% 的合金结构钢，其牌号表示 30CrMnSi。

钢中的钒、钛、铝、硼等均属微合金元素，虽然含量很低，仍应在钢号中标出。如 20MnVB 钢中，V 含量为 0.07%～0.12%，B 含量为 0.001%～0.005%。

含 S、P 较低的高级优质合金钢，则在钢号最后加符号"A"。如 20Cr2Ni14A。特级优质合金结构钢在牌号尾部加符号"E"表示，如 30CrMnSiE。

（四）不锈钢和耐热钢

不锈钢和耐热钢牌号采用表 2-3 规定的合金元素符号和阿拉伯数字表示。一般用一位阿拉伯数字表示平均含碳量（以千分之几计）。当平均含碳量不小于 1.0% 时，采用两位阿拉伯数字表示；当含碳量上限小于 0.1% 时，以"0"表示含碳量；当含碳量上限不大于 0.03%，大于 0.01% 时（超低碳），以"03"表示含碳量；当含碳量上限不大于 0.01% 时（极低碳）以"01"表示含碳量；含碳量没有规定下限时，采用阿拉伯数字表示含碳量的上限数字。

例如，平均含碳量为 0.20%，含铬量为 13% 的不锈钢，其牌号表示为"2Cr13"。含碳量上限为 0.08%，平均含铬量为 18%，含镍量为 9% 的铬镍不锈钢，其牌号表示为 0Cr18Ni9。含碳量上限 0.03%，平均含铬量为 19%，含镍量为 10% 的超低碳不锈钢，其牌号表示为 03Cr19Ni10。

三、美国 ASME 规范中的材料与编号

（一）ASME 规范中的材料部分

ASME 规范对核安全设备的材料要求包括两部分：一是第 II 卷材料技术条件；二是第 III 卷各分卷中的 2000 章。见表 2-4。

第 II 卷材料技术条件是针对各种锅炉和压力容器材料的通用要求，包括四篇，分别为 A 篇 铁基材料；B 篇 非铁基材料；C 篇 焊条、焊丝和填充金属；D 篇 性能。

第 II 卷中 A 篇和 B 篇每一材料技术条件除正文规定外，均有"补充要求"的规定，当买方有特殊要求时，可根据这些补充要求在采购单中予以规定，这些补充要求包括有力学性能试样的模拟焊后热处理、Charpy V 形缺口冲击转变曲线、落锤试验、化学成分、加工工艺（精炼、真空处理、热处理）及无损检验等。买方在制定核安全设备材料采购技术条件时，可以根据核安全设备的核安全功能、核安全级别、性能要求及制造工艺特点等对上述内容提出附加要求。

第 III 卷各分卷 2 000 章是针对核动力装置设备用母材和焊接材料的特殊要求。其主要包括对材料的通用要求（N2100）、铁素体钢材的试件和试样的要求（N2200）、材料的断裂韧性的要求（N2300）及承压材料的检验和修补（N2500）等进行了规定。特别要求对压力边界的材料要求有材料鉴定试验报告，并随材料一起提供。此外，该节还对材料使用过程中的识别、材料因使用条件对材料性能影响后的校核要求等进行了规定。

比如，第 III 卷 NB2330 对核安全 1 级容器材料规定了测定 RT_{NDT} 的方法和验收准则。对容器、管道、泵、阀门按壁厚（大于 60 mm 或等于小于 60 mm）分别对冲击试验要求和验收准则进行了规定。

表 2-4 ASME 规范

卷	篇	章	内　　容	要求
Ⅱ	A		铁基材料标准	
	B		非铁基材料标准	
	C		焊条、焊丝和填充金属材料标准	
	D		性能（英制或公制）	
Ⅲ	分卷	第一册 NA	第一册和第二册总要求	
		NB	1 级部件	
		NC	2 级部件	
		ND	3 级部件	
		NE	MC 级部件	
		NF	支承件	
		NG	堆芯支承件	
		NH	高温 1 级部件	
		附录		
	第二册		混凝土反应堆压力容器和安全壳规范	
	第三册		废核燃料和高位放射型材料和废料的储存和运输包装用安全系统	
Ⅴ			无损探伤	
Ⅳ			焊接和钎焊评定	
Ⅵ			核动力厂部件在役检查规范	

（二）ASME 规范钢号表示方法

ASME 规范第 Ⅱ 卷 A、B 篇材料技术条件与美国材料与试验学会（ASTM）的材料技术条件相同或类似，ASME 规范材料技术条件编号之首冠以 "S" 表示，如 ASTM 标准的技术条件 A-508，ASME 规范写作 SA-508；第 Ⅱ 卷 C 篇焊接材料技术条件与美国焊接学会（AWS）的材料技术条件相同或类似。

ASME 的钢号表示基本上按以下六部分：

S　x　xxx　xx　xxx　x
①　②　③　　④　⑤　⑥
S　A　213　TP　304　H

① "S"：ASME 标志代号；

② x：分 "A" "B" 两种，A 表示铁基材料（ASME 第二卷材料篇中 PART A），B 表示非铁基材料（ASME 第二卷材料篇中 PART B）。FA 表示 ASME 规范的焊接材料（其中 "F" 表示填充的意思）。

③ xxx：表示钢号序号。如53、106、335、213、216、240等，这种编号只有标识意义。

其中②、③加起来是美国材料与试验学会（ASTM）的制造技术条件的编号。比如，ASTM标准的技术条件A-508，ASME规范写作SA-508。ASME标准中核安全设备常用钢材的技术条件编号及名称见表2-5。

④ xx：常用的有"TP、GRADE（Gr）、TYPE（T）、WC、CLASS（CL）、F"等，其表示的意义分别为："TP"——不锈钢耐热钢；"WC"——可焊铸钢；"T"——小口径管；"P"——大口径管；"CLASS"——按成分或强度分的类别；"F"——锻件，缺省为板材；"GRADE"——按化学成分分的类别，比如，技术条件SA—106中有A、B、C三个强度等级的钢，用以区分钢中碳含量不同而导致强度级别不同的3种成分性能的碳钢，分别表示为SA-106 Gr. A，SA-106 Gr. B，SA-106 Gr. C（Gr可省略）。

表2-5　ASME标准中核安全设备常用钢材的技术条件编号

SA508	压力容器用经淬火和回火的真空处理的碳钢和合金钢锻件
SA533	压力容器用经淬火和回火锰钼和锰钼镍钢板
SA182	高温用锻制或轧制合金钢管道法兰、锻制管配件、阀门和零件
SA540	专门用途的合金钢螺栓材料
SA451	高温用离心铸造奥氏体钢管
SA351	承压元件用奥氏体、奥氏体-铁素体铸件
SA336	高温承压件用合金钢锻件
SA312	无缝和焊接奥氏体不锈钢管
SA376	高温中央电站奥氏体不锈钢管
SB163	无缝镍和镍合金冷凝器和热交换器传热管
SB167	镍铬铁无缝管和传热管
SA193	高温合金钢和不锈钢螺栓材料

⑤ xxx：数字或英文字母，其意义如下：

名称	表示意义	名称	表示意义
1	0.5Mo	91	9Cr-1Mo
2	0.5Cr-0.5Mo	92	9Cr-2W
6	13Cr-0.5Mo	122	12Cr-2W
7	7Cr-0.5Mo	304	18Cr-8Ni
11	1.25Cr-0.5Mo	316	18Cr-8Ni-2.54Mo
12	1Cr-0.5Mo	321	18Cr-8Ni-Ti
22	2.25Cr-1Mo	347	18Cr-8Ni-Nb+Ta
23	2.25Cr-1.6W-V-Cb	A\B\C	碳钢件的化学成分分类

| 24 | 2.4Cr – 1Mo – Ti – B | WP | 承压配件，如弯头 |

⑥ x：附加说明，如 H——表示含碳量较高，w（C）= 0.04% ~ 0.1%；L——表示含碳量较低（w（C）< 0.035%）；N——表示含氮；CD——冷拔；ERW——电阻焊管。

（三）ASME 钢铁材料的钢号举例分类

1. 钢管（Tube）

钢管（Tube）主要指小直径管，用符号"T"表示。如 SA – 213Gr. T12 钢属于《锅炉、过热气和换热气用无缝铁素体和奥氏体合金钢管（Tube）技术条件》，其中"12"表示主要化学成分 Cr 含量为 0.80% ~ 1.25%，Mo 含量为 0.44% ~ 0.65%。

2. 钢管（Pipe）

钢管（Pipe）主要指大直径管，用符号"P"表示，如 SA – 335Gr. P22 钢属于《高温用无缝铁素体合金钢管（Pipe）技术条件》，其中"22"表示主要化学成分 Cr 含量为 1.90% ~ 2.60%，Mo 含量为 0.87% ~ 1.13%；

又如 SA – 369 PF2 钢属于《高温用碳钢和铁素体钢锻造和扩孔管（Pipe）技术条件》，其中"F2"的"F"表示锻件，"2"表示主要化学成分 Cr 含量为 0.50% ~ 0.81%，Mo 含量为 0.44% ~ 0.65%。

3. 钢法兰、配件、阀和零件

例如，SA – 182F304L 钢属于技术条件名为 SA – 182《高温用锻制或轧制合金钢公称管道法兰、锻制管配件、阀门和零件技术条件》的技术条件，包括所有不同类型的低合金钢和不锈钢。如 SA – 182F304L 中，"F"表示锻件，"304"指主要化学成分为 18Cr – 8Ni，L 表示超低碳。

SA – 182F347 钢同样属于《高温用锻制或轧制合金钢》，347 表示主要化学成分为 18Cr – 8Ni – Nb。

4. 压力容器用钢板、薄板和带钢

例如，SA – 204B 钢属于 SA – 204《压力容器用钼合金钢板技术条件》。其中，"B"指 B 级类强度级别的压力容器用钼合金钢板。

SA – 283D 钢属于《中低强度碳素钢钢板》。结构钢用 A、B、C、D 四个字母把结构钢分为 4 类不同强度级别的钢。其中"D"指 D 级强度级别，表示强度级别为 415 ~ 550 MPa。

5. 棒钢和铆钉钢

例如，SA – 479 316LN 钢属于《锅炉和其他压力容器用不锈钢棒材和型材技术条件》。其中，"316"表示主要化学成分为 18Cr – 8Ni – Mo，"L"表示超低碳，"N"表示控氮钢。

6. 钢螺栓材料

例如，SA – 540 B21 钢属于《专门用途的合金钢螺栓材料》，其中"B21"是指铬钼钒钢类。

7. 铸钢件

例如，SA – 351CF8M 钢属于《承压元件用奥氏体、奥氏体 – 铁素体铸件》，"C"表示铸件，"8"表示含碳量 ≤ 0.08%，"M"表示含有钼。

SA – 217C5 钢属于《高温承压零件用马氏体不锈钢和合金钢铸件》，"C"表示铸件，

"5"铸件的化学成分主要为5Cr－0.5Mo；

SA－216WCB钢属于《可熔焊高温用碳钢铸件》，"WC"表示可焊焊件，"B"表示强度级别为B级。

8. 钢坯和锻件

SA－508《压力容器用经淬火和回火的真空处理的碳钢和合金钢锻件》分有不同级别，如：1、1A、2、3、4N、5、22、3V级等，每个级别化学成分不同；每一级别还有不同的类。例如，2级的1和2类，其力学性能不同。

（四）ASME规范对核安全设备用钢的要求

（1）第Ⅲ卷各分卷2000章对承压材料的通用要求。核安全1级承压材料和与之焊接的材料要满足第Ⅱ卷D篇第一部分中表2A和2B的要求，同时满足第Ⅲ卷NB2000章的要求。

对承压材料要求有材料鉴定试验报告，并随材料一起提供。此外，该节还对材料使用过程中的识别、材料因使用条件对材料性能影响后的校核要求等进行了规定。

（2）第Ⅲ卷各分卷2000章对材料断裂韧性的要求。第Ⅲ卷NB2330对核安全1级容器材料规定了测定RT_{NDT}的方法和验收准则。对容器、管道、泵、阀门按壁厚（大于60 mm或等于小于60 mm）分别对冲击试验要求和验收准则进行了规定。

该节还针对不同产品形式（板材、锻件和铸件、棒材、管材和管件、螺栓）规定了冲击试验的次数，复验要求及仪器和设备的标定要求。

（3）反应堆压力容器用钢的要求。ASME第Ⅱ卷材料中对反应堆压力容器SA－508Gr3钢规定了室温（20 ℃）下的抗拉强度R_m、屈服强度$R_{p0.2}$、延伸率A及断面收缩率Z值，不要求测定高温（350 ℃）下的机械性能，冲击性能只要求4.4 ℃时的3个试样的最低平均值及一个试样的最低值，而不要求其他温度下的系列冲击值，也不要求在两个方向上（轴向和周向）截取冲击试样。在合同要求时，可采用附加要求，例如通过采用低于4.4 ℃温度下的冲击试验，进行系列冲击试验以确定Charpy V冲击转变曲线并记录每个冲击试样的剪切断口百分率和侧向膨胀值，也可以要求进行落锤试验测定RT_{NDT}或进行冲击和落锤试验代替冲击试验以测得RT_{NDT}。

（4）与RCC－M不同，ASME没有见证件的要求，对试料和试样的保存期限没有特殊规定。

（五）核安全设备常用ASME规范的钢材

压水堆核电厂主设备反应堆压力容器、蒸汽发生器和稳压器的封头、筒节、法兰和管板锻件等主要采用的是美国ASME规范的SA－508Gr3钢。我国秦山一期和秦山二期一台反应堆压力容器选用的就是SA－508Gr3钢。SA－508Gr3钢的一些核电特殊要求在ASME规范SA－508技术条件中是以补充要求提出的，如上面提到的力学性能试样的模拟焊后热处理、Charpy V形缺口冲击试验、落锤试验等。冲击试验、落锤试验的具体要求，如试验类型、取样要求、冲击方向、试验要求和验收准则、冲击试验要求次数、复验要求、仪表和设备的校准等则应遵循第Ⅲ卷NB2300的规定，如第Ⅲ卷NB2330规定对核安全1级容器承压材料必须进行落锤试验和系列冲击试验以确定参考临脆转变温度RT_{NDT}。

压水堆核电厂主管道的材料主要采用ASME SA－451 CPF8M离心铸造奥氏体不锈钢，

或技术条件为 SA –182 和 SA –376 的不锈钢锻件和钢管。秦山三期主热传输泵泵壳材料选用 SA –216 GrWCC 的碳钢铸件。主泵叶轮和轴分别主要采用 ASME SA –351CF8 不锈钢铸件和 ASME SA –182F347 不锈钢锻件，如秦山二期的主泵叶轮和轴。

反应堆压力容器主螺栓材料主要选用的是 ASME SA –540B24Gr. 3 合金钢螺栓用钢，SA –540 技术条件按照不同钢号和钢材尺寸将机械性能数据划分为若干个级别，如 B24 钢分为 5 个级别，B24V 钢分为 3 个级别。

主设备反应堆压力容器、蒸汽发生器、稳压器的接管安全端均选用奥氏体不锈钢锻件，相应的供货技术条件为 ASME SA –182。

控制棒驱动机构管座选用技术条件为 SB –167 的镍铬铁合金无缝管，该技术条件根据管材的供货状态和规格规定机械性能值。蒸汽发生器传热管的材料选用 SB –163N06690 的镍铬铁合金无缝管（Inconel690）。

四、法国 RCC –M 规范中的材料与编号

（一）RCC –M 中与金属材料相关的内容——核电厂常用钢材

RCC –M 将核电厂设备中分成两大类零件：承压零件和非承压零件；非承压零件中还含有涉及安全功能的非承压零件。在 RCC –M 中要求，承压零件如容器、热交换器、泵、阀门和管道等，以及涉及安全功能的非承压零件如堆内构件、承压设备和储罐的支承件、低压或常压储罐等的采购必须遵照 RCC –M 规范；而其他零件，如蒸汽发生器的内件，则可按欧洲标准（EN 标准）、ASME/ASTM、JIS 采购。

出于安全的考虑，法国 RCC –M 规范对承压零件以及涉及安全功能的非承压零件所用金属材料有相当多的特殊要求。该规范有一套非常完整而系统的体系来规范这些金属材料的生产、采购和使用，具有很强的可操作性。

与美国 ASME 规范类似，法国 RCC –M 标准对核安全设备的材料要求也包括两部分，一是第 II 卷材料，二是第 I 卷的各分卷 B、C、D 篇等的第 2000 章。

ASME 第 II 卷 A 篇包括了非合金钢和合金钢内容，覆盖了机械工业所有应用钢种，其分类排列有：钢管（Pipe）、钢管（Tube）、钢法兰、压力容器用钢板钢带、结构钢棒钢和铆钉钢、钢螺栓、钢坯和锻件、铸钢件、耐腐蚀耐热钢和锻铁板及可锻铁等。

RCC –M 第 II 卷第一部分非合金钢和合金钢上下两部分的内容仅指压水堆核岛机械设备中用到的铸件、锻件、钢板和钢管，应用局限于压水堆机械设备。覆盖面窄但针对性强。

同样，对特种材料来讲，ASME 第 II 卷 B 篇包括了不锈钢、镍基合金、钴基合金和部分钛合金材料。而且 RCC –M 第 II 卷材料牌号仅取法国国内生产的牌号，这对设备设计和采购带有限制性。

RCC –M 规范第 I 卷各篇中的 2000 章给出了用于各篇所包括设备的制品和零件制造相关材料的选择和使用条件，其中 B、C、D、G 篇中还规定了奥氏体或奥氏体 – 铁素体不锈钢应满足的晶间腐蚀要求，以及奥氏体钢、奥氏体 – 铁素体不锈钢、镍 – 铬 – 铁合金的钴含量的要求。

RCC –M 标准见表 2 –6。

表 2 - 6　RCC - M 标准

卷	篇	章	内容	要　　求
I	A 总论			
	B 一级设备	2 000	技术规范适用性；相关材料选择和使用条件	B、C、D、G 篇中，规定了 A、A + F 不锈钢晶间腐蚀和 Co 含量要求
	C 二级设备			
	D 三级设备			
	G 反应堆内件 E			
	H 设备支承件			
	Z		技术性附录	
II	M		对材料制造和采购规定	
		1 000	对碳钢技术要求	包括铸件、锻件、钢板、钢管、配件 M1143（TUE250B，P265GH），M1152（P280GH）M1141（TU48C/TU42C）NF A49 - 213
		2 000	对低合金钢技术要求	包括 MnNi（Cr）Mo 锻件，钢板，封头，NiCrMo（V）锻造棒材，NiCrMo 钢板
		3 000	对不锈钢技术要求	包括：铸件、锻件、圆钢、钢管、钢板
		3 200	马氏体不锈钢	
		3 300	奥体不锈钢	M3304 Z2CN18.10，Z2CND18.12
		3 400	A + F 双相不锈钢	M3406 Z3CN20 - 09M
		4 000	特殊合金	包括 Ni - Cr - Fe 合金、Cu - Al 合金、Ti 合金
		4 100	Ni - Cr - Fe 合金	包括：锻件、圆钢、钢管、钢板 M4101 inconel690
		5 000 6 000	其他 铸铁件	核岛内非特别重要的或附属系统的零件。包括：锻造轧制圆钢、钢板、螺栓、螺母和铸件
		6 000	铸铁件	
III	MC		检验方法	
IV	S		焊接	
V	F		制造	

RCC－M 标准第Ⅰ卷针对核安全设备的各主要部件规定了所采用的材料，表 B2200 列出了每一设备部件对应的材料采购规格书的编号，这些设备包括反应堆压力容器、稳压器、蒸汽发生器、控制棒驱动机构、主泵等。

比如，对于反应堆压力容器的不同部件分别规定了零件采购技术规范。对于承受强辐照的筒节和不承受强烈辐照的筒节、过渡段和法兰、管嘴等，用同一钢种 16MND5。但对 P、S 含量和临脆转变参考温度 RT_{NDT} 有特殊要求：

P、S 含量因筒节受辐照的强弱而有所差别，受强烈辐照的筒节（M2111）的 P、S 含量 ≤0.008%，而不承受强烈辐照的其他筒节（M2112）的 P、S 含量可分别放宽到小于等于 0.015% 和小于等于 0.012%。

同样，RT_{NDT} 温度也有差别，M2111 规范要求 RT_{NDT}≤0 ℃（最好是小于等于 –12 ℃），而 M2112 只要求小于等于 16 ℃（最好是小于等于 0 ℃）。

RT_{NDT} 温度也有差别，M2111 规范要求 RT_{NDT}≤0 ℃（最好是小于等于 –12 ℃），而 M2112 只要求小于等于 16 ℃（最好是小于等≤0 ℃）。

B2500 章还给出了需按适用参考采购技术规范附录 1 确定 RT_{NDT} 温度的相关部件。

RCC－M 第Ⅱ卷，也即规范的 M 篇（材料篇），用整卷篇幅对零件和制品的制造与采购做了详尽细致的规定，并在不同的章节里、分门别类地提供了大量零件采购技术规范和制品采购技术规范。

根据用途的不同，RCC－M 规范将金属材料分为部件（Part）和制品（Product）两大类。是用来组装设备的。例如，反应堆压力容器上部的椭圆封头；制品则是用来制造部件的，如用来制造椭圆封头的板材。在购买部件采购技术规范范围内的部件时，必须参照部件采购技术规范，而不能按制品采购技术规范，尽管制品采购技术规范的适用范围也包括这些部件。因为部件采购技术规范主要是从冶金的角度提出了一些必须重视的问题。

最后，RCC－M 在第Ⅲ卷、第Ⅳ卷和第Ⅴ卷中，还规定了各类金属材料制品和部件制造过程中的具体检验方法、热处理和使用要求等。

（二）RCC－M 第Ⅱ卷

RCC－M 第Ⅱ卷基本由以下两部分组成：

一是针对钢和合金及其零件和制品的总要求（M100、M200、M300）；

二是针对给定核安全设备部件的材料采购的技术规范。

RCC－M 标准第Ⅱ卷核电用钢主要有碳钢、合金钢、不锈钢、特殊合金（镍合金、铜铝合金、钛合金等）、其他钢和合金、铸铁等。RCC－M 标准附录表 ZⅠ.5.0 按物理性能对 RCC－M 中用到的材料进行了分类，见表 2－7。

RCC－M 标准第Ⅱ卷的最大特点是针对核安全设备的具体部件给出材料技术规范，每一材料技术规范有一编号，如 M2111 为承受强辐照的反应堆压力容器筒节用的 Mn－Ni－Mo 合金钢锻件；M3305 为压水堆冷却剂系统管路 Z2CN19－10 和 Z2CND18－12 控氮奥氏体不锈钢挤压锻造管；M4101 为压水堆蒸汽发生器传热管束的 Ni－Cr－Fe 合金无缝管。

表 2-7 RCC-M 标准材料的分类（附录表 ZI.5.0）

类别	1			2		3			4	
名称	碳钢、碳锰钢和低合金钢			铬钢		奥氏体不锈钢			镍基合金	
小类	1.1	1.2	1.3	2.1	2.2	3.1	3.2	3.3	4.1	4.2
名称	最大含量为0.3%碳和3.5%镍的碳钢和碳锰钢	含碳量大于0.3%的碳钢	C-Mn-Ni-Mo钢	低铬钢 Cr:≤3%	高铬钢 Cr:12%~17%	18.10型钢	17.12Mo钢	时效硬化钢	Ni-Cr-Fe	Ni-Cr-Fe-Nb
母材	TS37B TS42B TU42C TU48C A37 A42 A48 A52 P235GH P265GH P295GH P355GH 2C22 20M5M 20MN5M 23M5M	2C45 or 3C45 30M5	16MND5 18MND5	20CD4M 42CrMo4 42CDV4 20NCD14-07 40NCD07-03 40NCDV07-03	Z5CN13-04 Z5CN16-04 Z6CNUD15-04 Z6CNUD17-04 Z6CND17-04 Z10C13 Z12C13	Z2CN18-10 Z2CN18-10 controlled nitrogen content Z3CN18-10 controlled nitrogen content Z3CN20-09M Z4CN20-09M Z5CN18-10 Z6CN18.10 Z6CNNb18-11 Z8CNT18-11	Z2CND17-12 Z3CND17-12 controlled nitrogen content Z4CND19-10M Z6CND17-12 Z8CNDT18-12 Z8CNDNb18-12 Z5CND17-12	Z6NCTDV25-15	NC15Fe NC30Fe	NC15FeTNbA NC19FeNb
焊接熔敷金属	E5101B E70S6 E70T1 E70EM12K E70S1		EF2 E70T2 E7018 E8018		X5Cr-Ni13-04	ER308L (Z2CN20-10) E308L (ZI9-9L) 308L (SA19-9L) E309 (Z23.12L) 309L (SA23-12L)	ER316L (Z2CND19-13) E316L (ZI9.12.3L) 316L (SA19.12.2L)		ERNi-Cr3 ENi-Cr-Fe3 ERNi-Cr-Fe7 ENi-Cr-Fe7	

（三）法国金属材料牌号表示方法简介

在 RCC – M 中提到的钢号都是采用 NF 标准（法国标准，Normes Francaises）的编排方法，它是由法国标准化协会（AFNOR）制定的。

1. 非合金钢和碳素钢

A 类非合金钢和碳素钢：

（1）钢号开头为"A"，表示一般用钢。

（2）"A"后面的数字是表示抗拉强度（kgf/mm^2，或 N/mm^2）不低于该数值；其数字所表示的抗拉强度范围如表 2 – 8 所示。

表 2 – 8　法国标准中材料的抗拉强度

数字	33	37	42	48	56	65	75	85	95
抗拉强度 /（kgf·mm^{-2}）	33 ~ 40	37 ~ 44	42 ~ 50	48 ~ 56	56 ~ 65	65 ~ 75	75 ~ 86	85 ~ 95	95 ~ 105
注：1 kgf = 9.806 65 N。									

（3）专门用途的钢在数字后再以标出各种大写字母来表示。例如，T——结构用钢；N——船体用钢；C——锅炉或受压装置用钢；BA——混凝土用钢。

（4）钢号最后所标的数字，表示钢的质量等级；其符号共有 7 种：1，2，2bis，3，3 bis，4，4 bis（× bis 表示冷加工状态的）。而每一种质量符号都有其相应的质量指数 N。常用质量等级为 No. 1，No. 2，No. 3，No. 4，其相应的各钢种的质量指数 N 列于表 2 – 9 中。

表 2 – 9　法国标准中材料的质量指数

钢号	No. 1	No. 2	No. 3	No. 4	钢号	No. 1	No. 2	No. 3	No. 4
A33	98	110	116	121	A65	98	108	114	118
A37	96	109	114	119	A75		108		119
A42	94	106	112	116	A85		110		
A48	94	106	112	116	A95		110		
A56	94	106	114	116					

查表 2 – 8，可知钢的抗拉强度 R（kgf/mm^2）；查表 2 – 9，可知质量指数 N；根据 $A = (N - R)/2.5$，可推算出延伸率 A（%）。

钢号举例：例如，A33.1 钢。由表 2 – 8 得知其 $R = 33 \sim 40$ kgf/mm^2，再由表 2 – 9 得知 $N = 98$，则延伸率为 $A_1 = (98 - 33)/2.5 = 26(\%)$，$A_2 = (98 - 40)/2.5 = 23.2(\%)$，即延伸率为 23% ~ 26%。

（5）钢中硫、磷等含量的高低，采用小写字母 a、b、c、…、m 来表示硫、磷含量依次减低（见表 2 – 10）。

（6）钢材退火状态者用小写字母"r"表示。

（7）可焊接的钢以大写字母"S"表示。

钢号举例：例如，A37T2bis br 钢。其中：A37——抗拉强度为 37 ~ 44 kgf/mm^2 的 A 类钢

类母材（见表 2-8）；T——结构用钢板；2 bis——冷加工状态的质量等级（相当表 2-9 中 No.2）；b——钢中硫、磷含量（见表 2-10）；r——退火状态。

表 2-10　法国标准中材料 P、S 和（P+S）含量的等级及其符号

符号	P 含量/%	S 含量/%	（P+S）含量/%	符号	P 含量/%	S 含量/%	（P+S）含量/%
a	0.09	0.065	0.14	f	0.040	0.035	0.065
b	0.08	0.06	0.12	g	0.025	0.035	0.060
c	0.06	0.05	0.10	h	0.030	0.025	0.055
d	0.05	0.05	0.09	k	0.020	0.025	0.045
e	0.04	0.04	0.07	m	0.020	0.015	0.035
注：A 类钢类母材只从 b 级到 e 级。							

2. CC 类结构用碳素钢

CC 类钢类母材：钢号有 CC10，CC12，CC20，CC28，CC45，CC55。在 CC 后面的数字表示钢的平均碳含量的成分之几，例如 CC20 表示平均碳含量为 0.20% 的碳素钢。其磷、硫含量一般均为 0.040%，个别为 0.050%。

3. XC 类结构用碳素钢

XC 类钢类母材：其碳含量的范围较 CC 类钢类母材为窄；磷、硫含量亦限制严格。这类钢类母材的钢号如：XC10，XC12，XC15，XC18，…，XC85，XC90，XC100，XC130，数字亦表示钢的平均碳含量的成分之几。在数字后标有"TS"的，对磷、硫含量的限制更严格。

以上 3 类的非合金钢和碳素钢，通常是指除 C 和 Fe 以外，钢中残余元素的含量（%）均不得超过表 2-11 中的数值，表中未列出的其他残余元素的含量亦不得超过 0.1%。

表 2-11　法国标准中钢残余元素的含量　　　　　　　　　　%

Mn	Si	Cr	Ni	Mo	V	W	Co	Al	Ti	Cu	P	S	P+S
1.2	1.00	0.25	0.50	0.10	0.05	0.30	0.30	0.30	0.30	0.30	0.12	0.10	0.20

4. 低合金钢（合金元素总量低于 5% 的）

（1）含碳量是以 w（C）的 100 倍的数字来表示的。

（2）各主要合金元素采用大写字母来表示，见表 2-12。

（3）各合金元素的含量多少，是采用主元素实际平均含量百分数乘以表 2-12 中所列的该元素的指数来表示的。

表 2-12　法国标准中表示合金元素的缩写字母和含量指数

元素名称及化学符号	钢号中采用的字母	指数	元素名称及化学符号	钢号中采用的字母	指数
铬 Cr	C	4	锡 Sn	E	10
钴 Co	K	4	镁 Mg	G	10
锰 Mn	M	4	钼 Mo	D	10

元素名称及化学符号	钢号中采用的字母	指数	元素名称及化学符号	钢号中采用的字母	指数
镍 Ni	N	4	磷 P	P	10
硅 Si	S	4	铅 Pb	Pb	10
铝 Al	A	10	钨 W	W	10
铍 Be	Be	10	钒 V	V	10
铜 Cu	U	10	锌 Zn	Z	10

（4）钢中主要合金元素的含量如低于表 2 – 13 所列的含量，则钢号中不必标出，但硼例外。

表 2 – 13　法国标准中合金钢元素标识下限的含量

元素名称	Mn 和 Si	Ni	Cr	Mo	V
含量/%	1.20	0.20	0.25	0.10	0.05

（5）硫系易切削钢由表示合金元素的字母后再加"F"表示。

例如：

钢号举例：42CD4 其中：42 表示含碳量的 100 倍数字，即 $w(C)=0.42\%$ ；主要合金元素采用大写字母表示；查表 2 – 12：C 表示 Cr；D 表示 Mo；4 表示主元素 Cr 含量，按表 2 – 12 除以相应指数 4，其含量为 1%。即表示平均含量为 $w(C)=0.42\%$ 、$w(Cr)\approx1\%$ 、$w(Mo)>0.10\%$ 的 Cr – Mo 钢。

钢号举例：20CDV5.08。其中：20 表示含碳量的 100 倍数字，即 $w(C)=0.20\%$ ；主要合金元素采用大写字母表示；查表 2 – 12：C 表示 Cr；D 表示 Mo；V 表示 V；5 表示主元素 Cr 含量，按表 2 – 12 除以相应指数 4，其含量为 1.25%；08 表示钼含量，按表 2 – 11，Mo 的相应指数为 10，因此 $w(Mo)=0.8\%$ 。即表示平均含量为 $w(C)=0.20\%$ 、$w(Cr)=1.25\%$ 、$w(Mo)=0.08\%$ 、$w(V)>0.05\%$ 的 Cr – Mo – C 钢。

钢号举例：45MF4。其中：45 表示含碳量的 100 倍数字即 $w(C)=0.45\%$ ；主要合金元素 M 表示 Mn；F 表示硫系易切削钢；4 表示锰含量为 1%。即表示平均含量为 $w(C)=0.45\%$ 、$w(Mn)=1\%$ 的含硫易切削钢。

5. 高合金钢（其中有一种合金元素超过 5% 的）

（1）钢号开头冠以大写字母"Z"。

（2）合金元素的含量直接以实际的平均含量的百分数来表示，不再乘以指数。

（3）当表示合金元素的数字小于 10 时，则在该数字之前冠以"0"。

（4）其他表示方法和低合金钢相同。

钢号举例：Z12N5。其中：Z 表示高合金钢；12 表示含碳量为 0.12%；N 表示 Ni；5 表示含镍量（5%）。即表示平均含量为 $w(C)=0.12\%$ 、$w(Ni)=5\%$ 的 Ni 结构钢。

钢号举例：Z8CN18—08。其中：Z 表示高合金钢；8 表示含碳量为 0.08%；C 表示 Cr；

N 表示 Ni；18 为含铬量（18%）；08 表示含镍量（8%）。即表示平均含量为 $w(C) = 0.08\%$、$w(Cr) = 18\%$、$w(Ni) = 8\%$ 的 Cr – Ni 结构钢。

6. 铁镍合金加工材

Fe – Ni + 名义百分含量值 + 其他添加元素符号及名义百分含量。钢号举例：例如，Fe – Ni36，Fe – Ni47Cr5。

7. 镍基合金

Ni – 主添加元素符号及名义百分含量值 + 其他添加元素符号及名义百分含量值。钢号举例：例如，Ni – Mo16Cr15。

第三章

民用核安全设备的焊接活动

第一节 核安全设备焊接活动的特点以及使用标准规范

一、焊接活动与分类

焊接是指通过加热或加压，或两者并用，并且用或不用填充材料，使工件达到结合的一种方法。被连接的两个物体（构件、零件）可以是各种同类或不同类的金属、非金属（石墨、陶瓷、玻璃、塑料等），也可以是一种金属与一种非金属。因此狭义地讲，焊接通常就是指金属的焊接。焊接技术与金属切削加工、压力加工、铸造、热处理等其他金属加工方法一起构成的金属加工技术是现代一切机器制造工业，其中包括汽车、船舶、飞机、航天、原子能、石油化工、电子等工业部门的基本生产手段。可以毫不夸大地说，没有现代焊接方法的发展，就不会有现代工业和科学技术的今天。一个国家的焊接技术发展水平往往也是一个国家工业和科学技术现代化发展的一个标志。

随着现代工业的高速发展和焊接技术的不断进步，焊接作为一种金属连接的工艺方法，在金属结构生产中得到了广泛的应用。与其他连接方法相比，焊接连接技术具有许多突出的优点。比如：

（1）接头质量好——焊接工艺方法可以确保获得优质的焊接接头，现代的检验手段可以使焊接接头的质量得到保证。

（2）生产效率高——焊接接头所占空间小，金属材料利用率高，焊接生产制造成本低，生产制造效率高；焊接可适应不同位置、不同结构、不同金属材料的连接，施工操作相对简便，易实现机械化和自动化。

（3）使用中，接头性能稳定——焊接连接是一种金属原子间的连接，其承载能力强，可以承受静载荷也可以承受动载荷，特别是全焊透的熔焊接头，也能较好地承受各向产生疲劳应力的载荷，使用寿命长久。

同时，与其他工艺技术一样，焊接技术也有其自身的薄弱环节。特别是焊接过程金属材料的性能变化剧烈而复杂，焊接过程中母材、焊材和焊剂熔化、混合再凝固；温度在短时间从低到高再到低，最终焊接接头的性能不易把握，容易产生缺陷。

现代焊接技术已使焊接接头的性能接近母材的性能，但焊接作为一种特种工艺，其质量还是特别依赖于采用的焊接工艺、焊工的技术水平和工艺过程的控制。按照焊接过程的特点,焊接分为熔焊、压焊和钎焊三大类。每一类依据工艺特点又分成若干不同方法,见图 3-1。

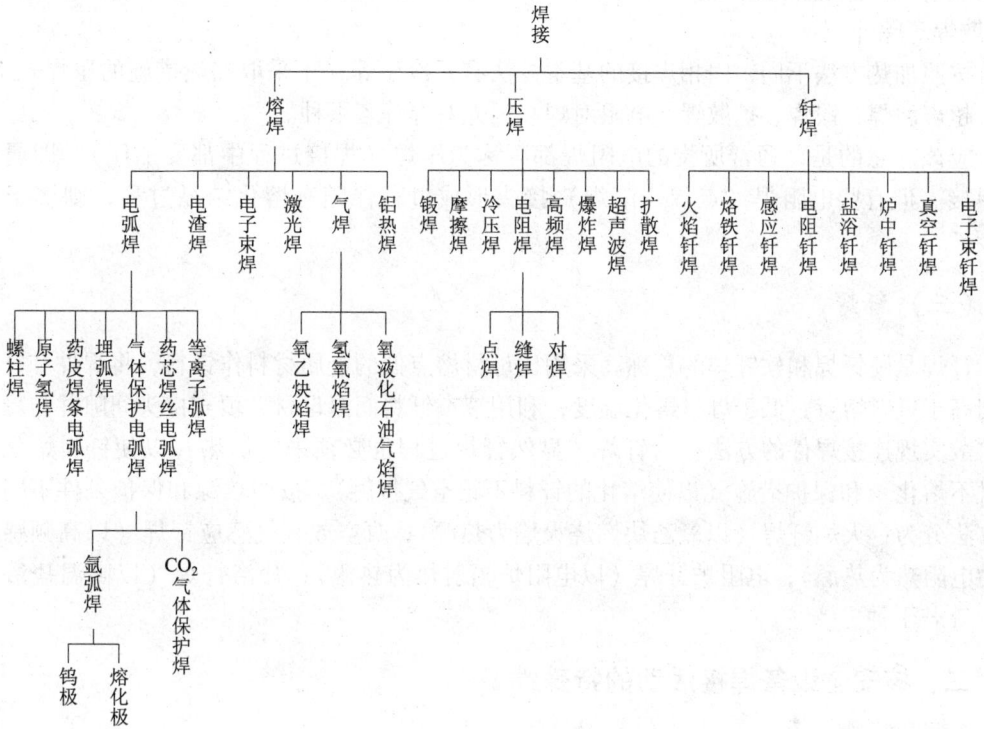

图 3-1 焊接方法按工艺过程特点的分类

（一）熔焊

将待焊处的母材金属熔化以形成焊缝的焊接方法称为熔焊（熔化焊）。为了实现熔化焊接,关键是需要一个能量集中、温度足够高的局部加热热源。按照热源形式不同,熔化焊接基本方法分为:气焊（以氧乙炔或其他可燃气体燃烧火焰为热源）；铝热焊（以铝热剂放热反应热为热源）；电弧焊（以气体导电时产生的热为热源）；电阻点、缝焊（以焊件本身通电时电阻热为热源）；电渣焊（以熔渣导电时电阻热为热源）；电子束焊（以高速运动的电子流为热源）；激光焊（以单色光子流为热源）等若干种。

为了防止局部熔化的高温焊缝金属因与空气接触而造成成分、性能的恶化,熔化焊接过程一般都必须采取有效的隔离空气的保护措施,其基本形式是:真空、气相和渣相保护 3 种。因此,保护形式常常是区分熔化焊接方法的另一个特征。例如,熔化焊接方法中最重要的电弧焊方法就可按保护方法不同分为埋弧焊、气电焊等很多种。此外,电弧焊方法还按电极特征分为熔化电极和非熔化电极两大类。

（二）压焊

焊接过程中,必须对焊件施加压力（加热或不加热）,以完成焊接的方法叫压焊。包括固态焊、热压焊、锻焊、扩散焊、气压焊及冷压焊等。固相焊接时通常都必须加压，因此通常这类加压的焊接方法也称为压焊。为了使固相焊接容易实现，固相焊接大都在加压同时伴随加热措施，但加热温度通常都远低于焊件的熔点。因此固相焊接一般都无须保护措施（扩散焊等除外）。

按照加热方法不同，固相焊接的基本方法有：冷压焊（不采取加热措施的压焊）、摩擦焊、超声波焊、锻焊、扩散焊、电阻对焊、闪光对焊等若干种。

应该注意的是，通常所指的电阻焊都可称为压焊（焊接过程中都要加压），即属于固相焊接。但有些电阻焊（点焊、滚焊）接头形成过程伴随有熔化结晶过程，则属于熔化焊接。

（三）钎焊

钎焊是硬钎焊和软钎焊的总称。采用比母材熔点低的金属材料作钎料，将焊件和钎料加热到高于钎料熔点，低于母材熔化温度，利用液态钎料润湿母材，填充接头间隙并与母材相互扩散实现连接焊件的方法称为钎焊。显然钎焊过程也必须采取加热（以使钎料熔化，但母材不熔化）和保护措施（以使熔化的钎料不跟空气接触）。按照热源和保护条件不同，钎焊方法分为：火焰钎焊（以氧乙炔燃烧火焰为热源）；真空或充气感应钎焊（以高频感应电流的电阻热为热源）；电阻炉钎焊（以电阻炉辐射热为热源）；盐浴钎焊（以高温盐浴为热源）等若干种。

二、核安全设备焊接活动的特殊性

核安全设备是核电厂安全屏障的主要组成部分，其中的核安全机械设备主要包括反应堆压力容器、蒸汽发生器、稳压器、主泵、主管道和其他核级容器、管道、泵、阀门等。这些设备中的大部分是由不同部件经焊接而成，这些部件和焊接接头大都是压力边界的组成部分，这些焊接接头的焊接质量直接影响反应堆冷却剂系统的完整性和运行的可靠性，一旦出现破裂将可能带来严重的放射性释放后果。

在我国以往的核安全设备制造安装活动中，曾发生过多起因设备焊接质量问题而导致的重大事件，对核设施的安全稳定运行构成一定的风险。

如某压水堆核电厂反应堆压力容器在制造过程中由于焊材采购、验收及焊接工艺评定不充分等问题致使接管安全端焊缝存在超标缺陷；后又由于焊工违反工艺纪律违规进行挖补等而制造厂没有彻底处理，致使在役前检查时仍发现超标缺陷。为处理该不符合项，从监督审评、考察承包商、制订返修方案、签订合同到完成全部补焊工作共用了 3 个多月的时间，经济损失达几百万元，该厂也被吊销了制造许可证。

又如，某制造厂的安全壳喷淋热交换器筒体与管板环焊缝存在严重未焊透缺陷；某阀门公司在核级阀门制造活动中由于没有严格按照要求对制造活动进行控制，使用无证焊工从事核级阀门的焊接，导致出现阀门质量不合格事件，不得已将所有已安装的阀门切割下来，重新返回制造厂进行修复，造成一定的经济损失。

上述事例都是由于焊接过程控制不力造成的，除造成一定的经济损失，还使人们对核安全设备国产化的质量产生疑虑。由此可见，焊接活动在民用核安全设备制造中具有重要作用。

鉴于焊接活动在民用核安全设备制造中具有的重要作用，焊接作为一种特种工艺，其在民用核安全设备制造安装活动中的特殊性主要表现在以下几方面：

（1）焊接设计控制：反应堆压力容器、蒸汽发生器、稳压器、主泵、主管道等核岛主设备，由于长期处于高温、高压和强辐照环境下运行，要求其制造用原材料包括焊接材料具有较高的塑性和韧性、良好的焊接性及抗辐照和耐腐蚀等性能。对于焊接的结构和强度设计，应遵循核安全设备活动适用规范的要求。

（2）焊接人员资质：从事民用核安全设备制造安装活动的焊工和焊接操作工必须按照《民用核安全设备焊工焊接操作工资格管理规定》取得相应资质并进行严格的管理。

（3）焊接工艺控制：民用核安全设备制造安装单位应具有相应的程序或细则用于焊接工艺评定、焊接工艺规程和检验规程的编制和批准，并指导焊工的焊接操作和检验人员的检验。核安全设备焊接工艺评定需评定的项目比常规压力容器的评定项目多。如法国 RCC－M 对于反应堆压力容器、蒸汽发生器、稳压器等一回路主设备压力容器主焊缝的焊接工艺评定要求进行高温力学性能和冲击试验等；对于不锈钢设备要求进行晶间腐蚀和 δ 铁素体的测定等。

（4）焊接过程控制：要求焊工在操作过程中严格执行焊接工艺规程，尤其是采用机械化焊接时，要克服麻痹思想，认真操作，加强自检，直至焊接完成。在焊接过程中，焊工和质检人员应做好焊接参数记录工作。

（5）焊接质量检验：民用核安全设备焊接质量检验按不同阶段分类可以分为：入厂检验、工序检验、成品检验等。对于壁厚较大设备的焊缝，通常要进行多次无损检验，采用的无损检验方法也不止一种。各项检验均应事先编制检验规程，检验完成后按规定要求完成检验报告。

（6）见证件：对于核安全设备中一些重要部件的焊缝，如核 1、2、3 级主设备的焊缝，管子与管板的焊缝等还应按核安全设备活动适用规范的要求设置见证件，用来模拟实际产品焊缝的施焊条件，进行破坏性检验以鉴定与产品的符合性。

三、ASME 规范对焊接活动的要求

ASME 规范对核安全设备制造安装活动中焊接技术的要求包括四大部分。

（一）焊接通用要求

第Ⅸ卷《焊接及钎焊评定》主要对锅炉及压力容器的焊接工艺评定、焊工技能评定及焊接资料（焊接工艺规程制定和格式、焊接工艺评定记录和格式）3 方面进行了规定，属于通用性要求。第Ⅱ卷 C 篇《焊条、焊丝及填充金属》与之配套。

（二）材料要求

ASME 第Ⅸ卷《焊接和钎接评定》对焊接工艺评定的母材进行了分组，目的是减少焊接工艺评定的数量。

（三）核安全设备要求

第Ⅲ卷各分卷（NB、NC、ND 等）中 2400、3350、4000 及 5000 章规定了各类核安全

设备的材料、设计、制造和检验等方面的要求。其中：

（1）3350 章把各类焊接接头分为 A、B、C 和 D 类，不同的焊接接头应符合相应的制造和检验要求。

（2）4000 章主要针对制造过程中的成型、装配和对中、焊接评定、施焊要求、检验和补焊的规则、热处理等进行规定。

（3）5000 章主要是检验的通用要求，对焊缝的检验及检验标准等做了规定。

（四）材料理化检验方法和功能性试验

ASME 规范中材料理化检验方法的依据标准为美国材料与试验学会的标准。ASME 规范中设备的功能性试验依据美国国家标准，如阀门的结构和功能试验要求依据 16.34、ANSI 16.41 等，管件制品试验依据 ANSI 16.9 等。

四、RCC－M 规范对焊接活动的要求

RCC－M 规范对核安全设备制造安装活动中焊接技术的要求包括两部分：

RCC－M 第一卷的第二册 B、C、D 篇对核安全 1、2、3 级设备在设计、制造和检验方面做了一些规定。3350 章焊接结构的设计、4000 章制造及检验，其中 4400 章焊接及其技术，主要援引 S7000 一章。

S 篇主要针对压水堆核岛机械设备在焊接生产中的焊接填充材料验收及评定、焊接工艺评定、焊工和焊接操作工的考核、制造车间的技术评定、核岛机械设备焊接要求、检验项目、检验方法及标准等进行了规定，S7000 专门规定了焊接全过程的控制，包括坡口制备、对口组装、坡口的检验、定位焊的实施、焊接过程、焊缝焊后加工、焊缝检验和热处理等相关工序。

五、俄罗斯规范对焊接活动的要求

俄罗斯核电标准中用于核安全设备制造安装活动中焊接技术的标准主要有以下几项。

（一）焊工考核方面

ПНАЭГ－7－003—1989《核电厂设备和管道焊工考核规则》；

РД 34.15.013—1989《苏联国家核动力监督局监督的核能站安全壳和安全隔离系统厂房密封衬里焊工培训标准》。

（二）焊接工艺评定及焊接接头验收准则方面

ПНАЭГ－7－010—1989《核动力装置设备及管道焊接接头和堆焊检验规程》。

（三）焊接过程控制方面

ПНАЭГ－7－008—1989《核动力装置的设置和设备及管道的安全运行规程》；

ПНАЭГ－7－009—1989《核动力装置的设备管道焊接和堆焊的基本规则》；

ПНАЭГ－10－31—1992《核电厂安全隔离系统部件焊接基本规则》；

ПНАЭГ－10－32—1992《核电厂安全隔离系统部件焊接监测规则》；

РТД 2730. 300. 02—1991《核设备和管道》；

10ГН2МФА，10ГН2МФАЛ，15Х2НМФА 和 15Х2НМФА - А《核设备和管道钢制零件焊接，堆焊的焊接接头热处理》。

第二节　焊接接头及其质量影响因素

一、焊接接头的热循环

（一）焊接中的物理和化学过程

一般焊接接头从时间考虑，都要经历加热、熔化、冶金反应、凝固结晶、固态相变至形成焊接接头等过程（见图3-2）。在焊接中的物理化学过程可分为焊接传热过程、焊接化学冶金反应过程和焊缝金属的结晶和相变过程。其中，焊接传热过程是占主导的过程。

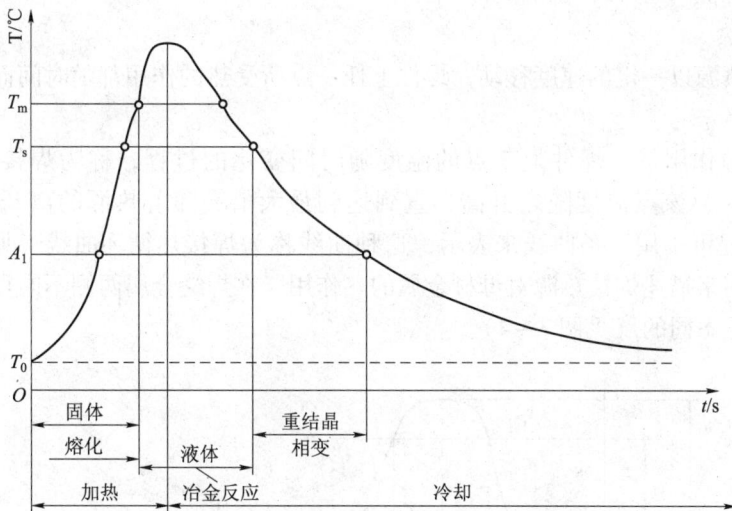

图3-2　焊接接头的焊接传热特点

T_m—焊缝金属熔化的温度（液相线）；T_s—焊缝金属的凝固温度（固相线）；

A_1—焊缝金属 A_1 变态点；T_0—焊接接头焊接的初始温度

1. 焊接传热过程

在焊接热源作用下金属局部被加热熔化，所产生热量一方面通过对流和辐射传到空气中；另一方面通过导热传给母材金属，再由母材金属通过空气对流和辐射传到空气中，这就是焊接传热过程。传热过程会在焊接接头出现变化和不均匀的温度分布，且这种现象贯穿整个焊接过程的始终和焊接终止后的一段时间。焊缝的凝固结晶、化学冶金反应、固态相变和热影响区的组织转变都是在焊接传热过程中进行，因此焊接传热过程直接影响焊接接头的组织和性能。

2. 焊接接头化学冶金反应过程

在焊接热源作用下，熔化金属、熔渣、气相之间进行着一系列化学冶金反应，如金属的氧化、还原、脱硫、脱磷、焊缝金属的氧化、合金过渡等。这些冶金反应直接影响焊接接头金属的成分、组织和性能。

3. 焊接接头金属的结晶和相变过程

在焊接过程中，当热源离开，局部熔化的金属便会快速连续冷却，并发生结晶和相变过程，最后形成焊缝。在这一过程中有可能在焊缝金属中产生偏析、夹杂、气孔、热裂纹、脆化和冷裂纹等焊接缺陷，因此调整和控制焊接接头金属的结晶和相变是保证焊接质量的关键措施之一。

（二）焊接热循环过程

焊接过程中带有支配性的过程为焊接传热过程。它有以下两个基本特点。

1. 局部加热

焊接热源集中作用在焊件的接头部位，而不是均匀加热整个焊件。因此不均匀加热是焊接过程的基本特征。

2. 瞬时加热

焊接时，热源以一定的速度移动，焊件上任一点所受热的作用都随时间而变。因此焊接传热过程是不稳定的。

在焊接热源作用下，焊件上某点的温度随时间变化的过程，称为焊接热循环。当热源向该点靠近时，该点温度随之升高，直到达到最大值，随着热源的离开，温度又随着降低，整个过程可以用一条曲线来表示，这种曲线称为焊接热循环曲线（见图3-3）。焊接热循环曲线用来描述焊接热源对母材金属的热作用。在焊缝金属两侧不同点，所经历的焊接热循环曲线是不同的（见图3-4）。

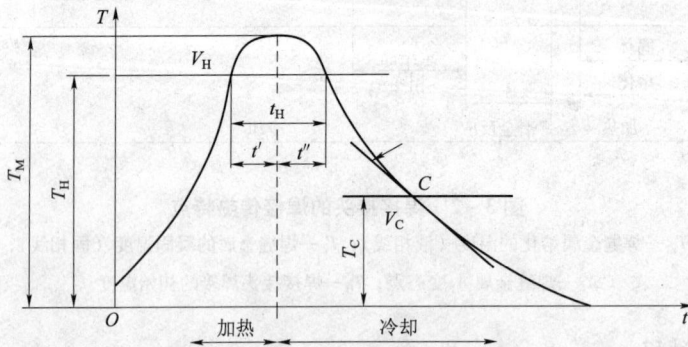

图3-3 焊接接头的焊接热循环曲线

T_M—加热最高温度；T_H—相变温度；t_H—相变温度以上停留时间；t'—加热过程停留时间；t''—冷却过程停留时间；V_C—瞬时冷却速度；T_C—瞬时温度；V_H—瞬时加热速度

从图3-4中可以看出焊接热循环有以下3个特征：

（1）加热最高温度（峰值温度）随着离焊缝中心线距离的增大而迅速下降。

（2）达到峰值温度所需时间随着离焊缝中心线距离的增大而增加。

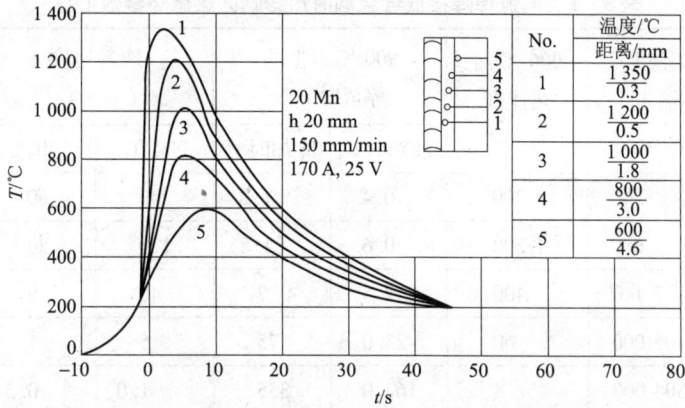

图 3 - 4　焊接接头距焊缝不同距离各点的焊接热循环曲线

（3）加热速度和冷却速度都随着离焊缝中心线距离的增大而下降。

在焊接热循环曲线上能够反映其热循环特征并对金属组织和性能产生影响的主要参数称为焊接热循环的特征参数，主要有加热速度（V_H）、加热最高温度（T_M）、相变温度以上停留时间（t_H）和冷却速度（V_C）。其主要特点如下所述。

1）加热速度（V_H）快

焊接时由于热源强烈集中，故加热速度要比热处理时快得多，往往超过几十倍甚至几百倍。随着加热速度的提高，相变温度也随之提高，同时奥氏体的均质化和碳化物的溶解也越来越不充分，这将会影响到焊接热影响区冷却后的组织和性能。加热速度与许多因素的影响有关，焊接方法、焊接工艺、焊接材料、板厚以及焊接规范参数等都会影响焊接热循环曲线形状，从而会影响到焊接接头冷却后的组织和性能。

2）加热最高温度（T_M）高

焊接热源距焊缝中心各点的距离不同，各点的加热最高温度也不同（见图 3 - 4），焊接接头金属的组织和性能除了受化学成分的影响外，与加热的最高温度有密切关系。同时在热影响区的过热区，由于温度高，晶粒就会发生严重的长大，从而使韧性下降。

3）相变温度以上的停留时间（t_H）短

在相变温度以上停留时间越长，越有利于奥氏体的均质化，但停留时间过长，也会发生严重的晶粒长大（如电渣焊时），从而使焊接接头的综合性能降低。通常把相变温度以上的停留时间分为加热过程的停留时间 t' 和冷却过程的停留时间 t''，所以 $t_H = t' + t''$。

4）冷却速度（V_C）快

冷却速度是决定焊接接头组织和性能的主要参数，如同热处理时的冷却速度一样。由于焊接加热过程为焊件局部加热，因此热源离开后，焊接接头部位向周围快速传递热量，而使其温度很快降低，因此其冷却速度甚至比热处理淬火还要快。这里所指的冷却速度是指焊件上某一点在焊接热循环的作用下，在这一过程中某一瞬间的冷却速度。对于低合金钢来讲，有重要影响的是熔合线附近的冷却过程约 540 ℃的瞬时冷却速度。

在焊接中不同的焊接方法、不同的板厚及不同的焊接热输入，对焊接热循环的影响是不同的。表 3 - 1 给出了一个例子，它表明低合金钢电弧焊焊接中，不同的焊接方法、板厚及焊接热输入会导致不同的热循环参数。

表 3 – 1 电弧焊焊接低合金钢时热影响区热循环参数汇总

板厚 /mm	焊接 方法	焊接热 输入 /(J·cm⁻¹)	900 ℃加 热速度 /(℃·s⁻¹)	900 ℃以上的 停留时间/s		冷却速度 /(℃·s⁻¹)		备　注
				加热时 t'	冷却时 t''	900 ℃	540 ℃	
1	钨极氩 弧焊	840	1 700	0.4	1.2	240	60	对接不开坡口
2		1 680	1 200	0.6	1.8	120	30	
5	埋弧焊	7 140	400	2.5	7	40	9	对接，不开坡 口，有焊剂垫
25		105 000	60	25.0	75	5	1	
50	电渣焊	504 000	4	162.0	335	1.0	0.3	双丝
100		1 176 000	3.5	125.0	312	0.83	0.28	板极

近年来，为了便于测量和分析研究，常采用 800 ℃ ~ 500 ℃ 的冷却时间（$t_{8/5}$）和从峰值温度冷至 100 ℃ 的冷却时间（t_{100}）来代替瞬时冷却速度。

（三）影响焊接热循环的主要因素

1. 预热温度和道间温度

预热温度和道间温度是影响焊接热循环的重要工艺因素，合理地选择预热温度和道间温度，可延长焊接热循环中的冷却时间（$t_{8/5}$ 或 t_{100}），可减小热影响区的淬硬倾向，同时有利于扩散氢的逸出，从而改善焊接接头的综合力学性能，并避免焊接冷裂纹的出现。但预热温度和道间温度过高，会延长焊接热影响区过热区在峰值温度（T_M）的停留时间，造成晶粒粗化，接头韧性下降。

2. 焊接热输入

焊接时，由焊接能源输入给单位长度焊缝上的能量，称为焊接热输入，亦称为焊接线能量。电弧焊时的热输入，可用下式表示：

$$E = \frac{60 \cdot I \cdot U}{v}$$

式中　E——热输入（J/cm）；

　　　I——焊接电流（A）；

　　　U——焊接电压（V）；

　　　v——焊接速度（cm/min）。

焊接热输入同样会对焊接热循环中的冷却时间（$t_{8/5}$ 或 t_{100}）和相变以上温度的停留时间（t_H）产生影响，进而影响焊接接头的力学性能和抗裂性能。同时焊接热输入还会影响到热影响区的宽度，焊接热输入越大，热影响区越宽，反之则越窄。

3. 其他因素

焊件材料的导热性、厚度、接头形式和施焊的环境等，都对焊接热循环有一定的影响。一般角接接头的冷却速度比对接接头快；坡口越宽，接头的冷却速度越慢；材料的导热性越差，接头的冷却速度越慢；材料越厚，接头冷却速度越快。不同的环境温度在施焊时也对焊接热循环有一定的影响，这些都是焊接工艺人员制定焊接工艺时要充分考虑的因素，也是焊工在进行焊接操作时要关注的技术要点。

二、焊接接头的组织和性能

（一）焊缝的组织和性能

焊缝金属是在高温热源作用下由部分熔化的母材与熔化的焊接材料搅拌混合后凝固结晶形成的冶金组织。熔池的凝固结晶和焊缝固态相变对焊缝金属的组织、性能具有重要影响。

1. 熔池凝固结晶组织（焊缝一次结晶组织）

焊接时熔池的凝固结晶过程对焊缝金属的组织性能具有重要影响。由于熔池凝固条件不同，其凝固结晶具有冷却速度快、熔池金属温度高、动态结晶等特点。实践证明，熔池中成分过冷的分布在焊缝的不同部位是不同的，因此将会出现不同的结晶形态。在熔合区附近，由于温度梯度较大，结晶速度较小，所以平面晶得到发展。随着远离熔化边界向焊缝中过渡时，温度梯度逐渐变小，而结晶速度逐渐增大，所以结晶形态将由平面晶向胞状晶、树枝包状晶（柱状晶区）和等轴晶发展。但在实际焊缝中，由于化学成分、板厚和接头形式不同，不一定具有上述全部结晶形态。

焊缝的凝固结晶组织形态不仅对结晶过程中裂纹的产生有影响，而且对焊缝的力学性能，特别是韧性，也有决定性影响。

除焊缝金属化学成分对结晶形态有影响之外，对焊接参数（焊接速度和焊接电流）也有很大影响。

2. 焊缝金属的化学成分不均匀性

在熔池金属结晶过程中，由于冷却速度很快，化学成分来不及扩散，使合金元素的分布不均匀，从而出现偏析现象。焊缝金属中，溶质元素偏离其平均浓度的不均匀分布，称为偏析。一般焊缝中的偏析主要有显微偏析、区域偏析、层状偏析。同时焊缝金属中还含有较多的杂质，这些杂质主要是冶金反应产生的氧化物、硫化物等。焊缝中化学成分不均匀和夹杂均对焊缝造成不良影响，严重的偏析和夹杂可导致气孔、热裂纹和冷裂纹等缺陷产生。

3. 焊缝固态相变组织（焊缝二次结晶组织）

焊接熔池完全凝固以后，随着连续冷却过程的进行，焊缝金属将发生组织转变。转变后所获得的组织是根据焊缝的化学成分和冷却条件而定。

对于低碳钢焊缝，由于含碳量较低，固态相变后的结晶组织主要是铁素体加少量珠光体。铁素体一般都是首先沿原奥氏体边界以柱状晶向焊缝中心线成长，其晶粒十分粗大，甚至可出现魏氏组织。如果采用多层焊或经热处理后可以使粗大柱状晶破坏，获得细小的铁素体和少量的珠光体。焊缝化学成分相同时，冷却速度越大，焊缝中珠光体越多、越细，焊缝的力学性能越好。

低合金钢焊缝固态相变后的组织比低碳钢焊缝组织要复杂和多样，它随焊缝金属合金成分和冷却速度的不同而变化。除铁素体和珠光体之外还有多种形态的贝氏体和马氏体，它们对焊缝金属的性能具有十分重要的影响。

焊缝的结晶形态和组织对焊缝金属性能具有重要影响，因此改善焊缝结晶形态和固态相变组织是提高焊缝性能的重要保证，在生产上改善焊缝结晶形态和相变组织的途径很多，主要有焊缝的固溶强化、变质处理（微合金化）和调整焊接工艺。

近年来研究表明，通过焊接材料向熔池中加入细化晶粒的合金元素可以改变结晶形态，使焊缝金属的晶粒细化，既可提高焊缝的强度和韧性，又可改善抗裂性能。除采用上述变质处理外还可通过调整焊接工艺来改善焊缝的性能，主要有振动结晶、焊后热处理、多层焊接、锤击焊道表面、跟踪回火处理等。

此外，熔池凝固结晶时产生的气孔和夹杂也是焊接生产中经常遇到的缺陷，它不仅会削弱焊缝的有效工作截面，同时也会带来应力集中，显著降低焊缝金属的强度和韧性，对动载强度和疲劳强度更为不利。在个别情况下，气孔和夹杂还会引起裂纹。因此对焊接生产出现的气孔和夹杂要十分重视。

（二）熔合区的组织和性能

焊接条件下由于温度分布极不均匀、母材晶粒导热方向差异，母材各点化学成分不均匀等方面原因，在热影响区向焊缝过渡的区域形成局部熔化和局部不熔化的固、液两相共存的区域，即熔合区，又称半熔化区。熔合区是整个焊接接头中的最薄弱环节，某些缺陷如冷裂纹、再热裂纹等常起源于此，危害较大。熔合区的特点主要有以下几点。

1. 化学不均匀性

熔合区最大的特征是具有明显的化学不均匀性，从而引起组织的不均匀性。在异种钢焊接时，更为明显。例如，用奥氏体不锈钢焊接材料焊接低碳钢时，在熔合区由于合金元素不足以形成奥氏体，而是形成马氏体，使该区的性能显著恶化。

2. 碳迁移过渡层特性

如果母材和焊缝的合金化程度不同，还可能在熔合区发生碳迁移现象，从而影响焊接接头的组织和性能。

3. 晶界液化现象

在熔合区由于固、液相的相互作用，使化学成分易于转入液相中，使晶界偏析增大。晶界偏析常促使在固相线以下产生晶界液化现象，在塑性应变作用下，易形成液化裂纹。

4. 物理不均匀性

熔合区在不平衡加热时，还会出现空位和位错聚集或重新分布，即所谓物理不均匀性。其对接头的断裂强度有重大影响。

（三）热影响区的组织和性能

焊接时母材热影响区上各点距焊缝的远近不同，所以各点经历的焊接热循环也不同，这就会出现不同的组织，也就具有不同的性能。因此，整个焊接热影响区的组织和性能是不均匀的。为便于分析焊接热影响区组织变化的规律，可根据淬火对性能影响的程度，将钢材大致分为不易淬火钢和易淬火钢两类来分析讨论。

1. 不易淬火钢

如 16MND5、18MND5（法国牌号），16Mn、15MnV、15MnTi 的焊接热影响区可分为以下 3 个区。

1）过热区

此区的温度范围是处在固相线以下到 1 100 ℃左右，金属处于过热的状态，奥氏体晶粒发生严重长大的现象，冷却后便得到粗大的组织。此区韧性很低，通常要降低 20% ~30% 。过热区的大小与焊接方法、焊接热输入和母材厚度等有关。电渣焊时较宽，手工电弧焊和埋弧自动焊时较窄，而电子束焊和激光焊时过热区几乎不存在。过热区是热影响区的最薄弱环节。

2）相变重结晶区（正火区）

焊接时母材金属被加热到 Ac_3 以上的部位，将发生重结晶，即铁素体和珠光体全部变为奥氏体。由于加热速度快，在高温停留时间短，所以奥氏体晶粒还未十分长大，故该区快速冷却后，会得到均匀细小的铁素体和珠光体组织，相当于热处理中的正火组织。此区的塑性和韧性都比较好，所处的温度范围在 $Ac_3 \sim 1\,100\ ℃$ 内。

3）不完全重结晶区

此区是温度范围处于 $Ac_1 \sim Ac_3$ 内的热影响区。因为处于 $Ac_1 \sim Ac_3$ 温度范围内只有部分铁素体熔入奥氏体，冷却后转变为细小的铁素体和珠光体；而未熔入奥氏体的铁素体不发生转变，随着温度的升高，晶粒略有长大。所以此区的特点是晶粒大小不一，组织不均匀，因此力学性能也不均匀。

焊接热影响区的大小受许多因素的影响，例如焊接方法、母材厚度、热输入以及工艺规范等都会使热影响区的尺寸发生变化。

2. 易淬火钢

如 18MnMoNb、45#钢、30CrMnSi，焊接热影响区一般可分为以下 3 个区。

1）完全淬火区

焊接时当加热温度达到 Ac_3 以上区域时，由于钢种的淬硬倾向较大，故冷却后得到淬火组织（马氏体）。在靠近焊缝附近（相当于低碳钢的过热区），由于晶粒严重长大，故得到粗大的马氏体，而相当于正火区的部位得到细小的马氏体。根据冷却速度和热输入的不同，还可能出现贝氏体或索氏体，从而形成了与马氏体共存的混合组织（但以马氏体为主）。这个区在组织特征上都属于同一类型（马氏体），只有粗细之分，所以统称为完全淬火区。

由于出现淬火组织，故硬度和强度提高，塑性和韧性下降，出现脆化现象，易产生裂纹。

2）不完全淬火区

母材被加热到 $Ac_1 \sim Ac_3$ 温度之间的热影响区，在快速加热的条件下，铁素体很少溶解，而珠光体、贝氏体和索氏体等转变为奥氏体，在随后快速冷却过程中，奥氏体转变为马氏体，原铁素体保持不变，并有不同程度的长大，最后形成马氏体－铁素体组织，故称为不完全淬火区。如果含碳量和合金含量不高或冷却速度较小时，也可能出现索氏体和珠光体。该区性能不均匀，塑性和韧性下降。

3）软化区

母材焊前是"淬火（正火）＋回火"状态，焊接热影响区的组织除存在上述的完全淬火区和不完全淬火区之外，还存在软化区。此区加热温度介于母材回火温度与 Ac_1 之间，该区强度低于焊前母材强度。如果焊后焊接接头不进行"淬火（正火）＋回火"处理，该区性能无法恢复。

总之，在焊接热循环的作用下，焊接接头的组织分布是不均匀的。熔合区和过热区出现了严重的晶粒粗化，是整个焊接接头的最薄弱区域。对于含碳高、合金元素较多、淬硬倾向较大的钢种，还会出现脆性淬火组织马氏体，降低材料的塑性和韧性，因而易于产生裂纹。

三、影响焊接接头的主要因素

(一) 焊接材料

选择焊接材料时应充分考虑焊接材料的化学成分、焊接接头抗裂性和焊接热循环特点。从焊接接头抗裂性考虑，一般焊缝金属中含碳量不超过 0.10%，最大不超过 0.14%，同时其磷、硫含量也低于相应母材含量。同时考虑到焊缝的结晶和固态相变特点，通过调整焊缝金属的化学成分来实现改善焊接接头的组织和力学性能。例如，焊接低碳钢或低合金钢时，为提高焊缝的塑性和韧性，常在焊接材料中加入碳化物或氮化物的形成元素，如钼、铌、钒、钛、铝等，以细化焊缝组织；焊接奥氏体不锈钢时，为提高焊缝金属抗热裂能力，常在焊接材料中加入少量铁素体的形成元素，以获得双相组织。

(二) 焊接方法的影响

不同的焊接方法对焊缝和焊接热影响区的性能也会产生不同的影响。焊条电弧焊和埋弧焊，由于分别采用了气－渣联合保护和渣保护，合金元素烧损较少，焊缝金属的性能也较好；手工钨极氩弧焊，由于采用了氩气保护，在气保护较好及操作合理的条件下，合金元素基本不会烧损，焊缝中气体和杂质元素的含量极少，可得到较为纯净的焊缝，故手工钨极氩弧焊焊缝的性能优于焊条电弧焊和埋弧焊所获得的焊缝。从焊接热影响区的宽度来看，在一般情况下，电渣焊较宽，焊条电弧焊次之，埋弧焊较窄。

由此可见，在选择焊接工艺方法时，应根据其对所焊接产品的焊接接头组织和性能的技术要求特点，结合其他技术的要求综合进行考虑。如为了提高焊接接头的质量，在低碳钢和耐热钢管子的焊接中，一般采用钨极氩弧焊；在低温钢焊接时，由于埋弧焊的焊接热输入很大，一般不采用。

(三) 熔合比的影响

局部熔化的母材金属在焊缝金属中所占的比例称为熔合比。母材金属熔入到焊缝中所占比例越大，熔合比越大。

熔合比对焊缝组织和性能的影响与焊接材料和母材的化学成分有关。通常对于一般低碳钢和低合金钢焊接时，焊接材料的含碳量和磷、硫含量低于母材，焊接时随着熔合比增加，则焊缝金属含碳量和磷、硫含量相应增加，会造成焊缝强度增加，塑性、韧性下降，焊缝抗裂性变差，因此应适当控制其熔合比。

在奥氏体不锈钢＋珠光体钢异种钢焊接时，在焊缝金属和熔合区存在一个马氏体过渡带，熔合比越大，马氏体过渡带越宽，焊接接头塑性、韧性越差。此外在堆焊不锈钢耐蚀层时，熔合比越大，堆焊层化学成分被稀释程度越严重，从而影响堆焊层的耐蚀性。因此对于这类材料的焊接时，应严格控制其熔合比以保证接头性能满足使用要求。

在实际焊接中，熔合比和坡口形式、焊接热输入、预热温度和道间温度等有关。一般情况下坡口越大，熔合比就越小；焊接热输入越大，熔合比越大；预热温度和道间温度越高，熔合比越大。所以在实际焊接施焊时，应根据焊接接头性能对熔合比的要求选择合适的坡口形式和合理的焊接热输入进行焊接，并对预热温度和道间温度进行控制。

（四）焊接热输入的影响

焊接热输入的大小直接影响焊接热循环的冷却时间（$t_{8/5}$或t_{100}）和相变以上温度的停留时间（t_H）两个重要参数，从而影响焊缝金属和热影响区的组织组成，并最终影响焊接接头的力学性能和抗裂性。焊接热输入对焊接接头性能的影响与材料的合金体系、强度级别、热处理状态等关系密切。因此很难对焊接热输入做出统一规定。因此只能根据每种材料自身的组织性能特点，并结合具体的结构形式和使用要求，选择合适的焊接热输入。

一般含碳量较低的热轧钢（09Mn2、09MnNb等）可以适应较大的焊接热输入。因为这类钢焊接热影响区的脆化及冷裂倾向较小。含钒、铌、钛微合金化元素的钢种（15MnVN等），为降低热影响区粗晶区的脆化，确保焊接热影响区具有优良的低温韧性，应选择较小的焊接热输入。对合金元素含量较高的低合金高强钢（18MnMoNb），选择焊接热输入时既要考虑钢种的淬硬倾向，同时也要兼顾热影响区粗晶区的过热倾向。因此应选择合适的焊接热输入保证焊接接头具有优良的综合性能。

（五）焊接的操作方法与技能的影响

1. 多层焊接

焊接相同厚度的钢板，采用多层焊可以有效提高焊缝金属的性能。这种方法一方面由于每层焊缝变小而改善了熔池凝固结晶条件；另一方面，更主要的原因是后一层对前一层焊缝及热影响区具有附加热处理的作用，从而改善了焊缝的固态相变组织。

2. 锤击焊道表面

锤击焊道表面既能改善焊缝凝固结晶组织，也能改善前层焊缝的固态相变组织。因为锤击可使前一层焊缝不同程度地晶粒破碎，使后层焊缝在凝固时晶粒细化，这样逐层锤击焊道就可以改善整个焊缝的组织性能。此外产生塑性变形而降低残余应力，从而提高焊缝金属的韧性。

3. 跟踪回火处理

所谓跟踪回火，就是每焊完一层后立即用气焊火焰加热焊道表面，温度控制在900 ℃ ~1 000 ℃。采用跟踪回火，每道焊缝在焊接过程中将经受正火处理＋回火处理，可同时改善焊缝的组织和整个焊接接头的性能。但由于其操作烦琐、火焰加热温度难以控制，因此实际焊接生产中很少应用，只有在其他方法难以保证或无法采用其他方法保证焊接接头性能的情况下采用。

（六）焊后热处理的影响

在焊接工作完成以后，为改善焊接接头的组织性能和消除焊接残余应力而进行的热处理称为焊后热处理。焊后热处理的目的主要有松弛焊接残余应力、稳定结构的形状和尺寸、改善焊接接头的组织和性能。锅炉、压力容器及核安全设备制造中常用的焊后热处理类别主要有消除应力热处理、正火处理及稳定化处理等。

1. 消除应力热处理

消除应力热处理是目前焊接结构制造中应用最广泛的一种焊后热处理，其主要目的是消除焊接残余应力，稳定结构形状和尺寸，改善焊接接头组织和性能，保证焊接接头使用时安全可靠。焊后是否需要进行消除应力热处理应从使用工况、结构尺寸、材料性能等方面综合考虑。

2. 正火处理

一般对于采用电渣焊的焊接接头，由于热输入量大，焊缝及热影响区晶粒粗大，焊接接头综合性能差，焊后应进行正火处理以细化晶粒，从而改善焊接接头性能。

3. 稳定化处理

对于含有稳定化元素（钛、铌）的奥氏体不锈钢，为了提高焊接接头的抗晶间腐蚀性能，在焊后进行稳定化处理（加热温度为 850 ℃，保温 2 h 后空冷），使之优先形成碳化铌或碳化钛，避免在晶界上析出碳化铬（$Cr_{23}C_6$）而产生贫铬现象，从而提高抗晶间腐蚀的能力。

综上所述，影响焊接接头组织和性能的因素很多，所以应采取合理的措施，使其组织和性能得以完善，并减小性能的不均匀程度，从而得到优质的焊接接头。

四、焊接接头在图纸上的表示

焊接接头的图示，一般来讲就是焊缝的图示。焊缝按相关标准规定的符号在图样上标注后，焊接技术人员和焊工首先要正确识别这些焊缝代号，并将这些焊缝代号转化为具体的焊缝形式（包括焊缝位置、坡口形式、焊缝尺寸、焊接方法等），然后才能按图样规定的焊缝形式施焊。

（一）焊缝符号

焊缝在图纸上的表示方法一般有两种，一种是采用技术制图方法的焊缝详图，其优点是直观易懂，可以表示较为复杂的焊缝；另外一种是采用标准规定的焊缝符号，其优点是标注方便。

焊缝符号是工程语言的一种，其在焊接结构设计的图样中标注出焊缝形式、焊缝坡口的尺寸及其他焊接要求。我国的焊缝符号是由 GB 324—1988 统一规定的。另外美国 AWS 标准也对焊缝符号做了统一规定。

GB 324—1988 中焊缝符号一般由基本符号和指引线组成。必要时还可加上辅助符号、补充符号和焊缝尺寸符号。图形符号的比例、尺寸和在图样上的标注方法，按技术制图的有关规定执行。

1. 基本符号

基本符号是表示焊缝横截面形状的符号。主要基本符号见表 3 – 2。

表 3 – 2　基本符号

序号	名　称	示　意　图	符号	HAF603 中的焊缝分类
1	V 形焊缝		$\vee$	坡口焊缝

序号	名　　称	示　意　图	符号	HAF603 中的焊缝分类
2	带钝边 V 形焊缝		$\curlyvee$	
3	带钝边 U 形焊缝			坡口焊缝
4	封底焊缝			
5	角焊缝			角焊缝
6	堆焊缝			堆焊缝

2. 指引线

指引线一般由带有箭头的指引线（简称箭头线）和两条基准线（一条为实线，另一条为虚线）两部分组成，如图 3-5 所示。

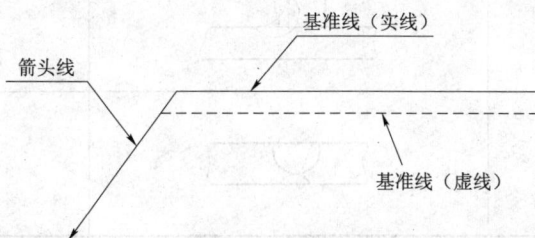

图 3-5　指引线

3. 辅助符号

辅助符号表示对焊缝有辅助要求的符号。如提出对焊缝表面形状和焊缝如何布置等要求，均可以用辅助符号表示，见表 3-3。不需要确切地说明焊缝的表面形状时，可以不用辅助符号。辅助符号应用示例见表 3-4。

4. 补充符号

补充符号是为了补充说明焊缝的某些特征而采用的符号，见表 3-5，补充符号的应用示例见表 3-6。

序号	名　称	示　意　图	符号	说　明
1	平面符号		──	焊缝表面平齐（一般通过加工）
2	凹面符号	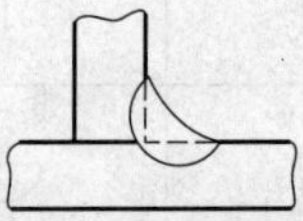	⌣	焊缝表面凹陷
3	凸面符号		⌢	焊缝表面凸起

表 3－4　辅助符号应用示例

名　称	示　意　图	符　号
平面 V 形对接焊缝		
凸面 X 形对接焊缝		
凹面角焊缝	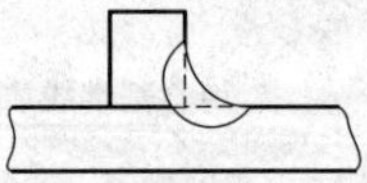	
平面封底 V 形焊缝		

表 3－5　补充符号

序号	名　称	示　意　图	符号	说　明
1	带垫板符号	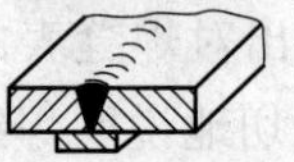	 ▭	焊缝底部有垫板
2	三面焊缝符号	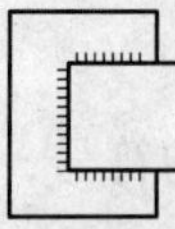	⊏	表示三面带有焊缝

序号	名 称	示 意 图	符 号	说 明
3	周围焊缝符号	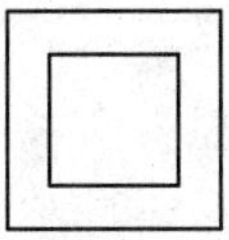	○	表示环绕工件周围焊缝
4	现场符号		 ⚑	表示在现场或工地进行焊接
5	尾部符号		 ＜	可以参照 GB 5185 标注焊接工艺方法等内容

表 3-6 补充符号应用示例

示 意 图	标 注 示 例	说 明
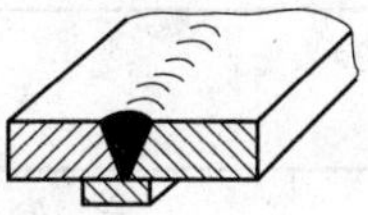	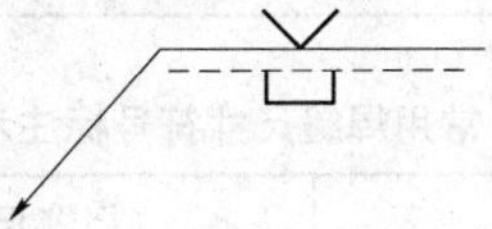	表示 V 形焊缝的背面底部有垫板
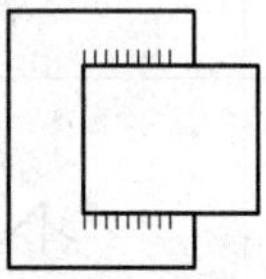	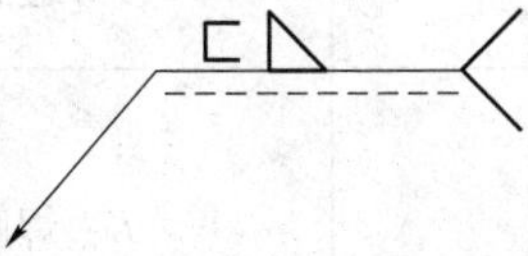	工件三面带有焊缝
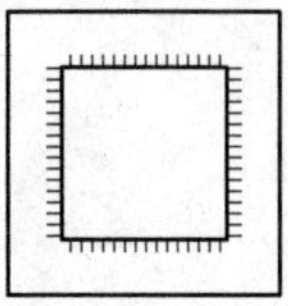	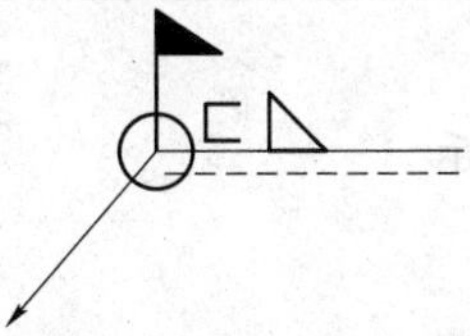	表示在现场沿工件周围施焊

5. 焊缝尺寸符号

基本符号在必要时可附带有尺寸符号及数据，焊缝尺寸符号如表 3-7 所示，常用焊缝的尺寸标注方法示例见表 3-8。

表 3-7 焊缝尺寸符号

名 称	示 意 图	符 号
坡口角度	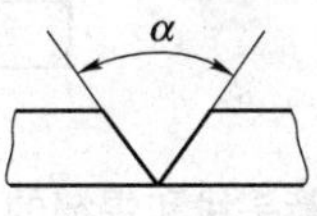	α

名　　称	示　意　图	符　号
钝边		P
根部半径		R
焊脚尺寸		K
坡口面角度		β

表 3 – 8　常用焊缝尺寸符号标注示例

名称	示　意　图	焊缝尺寸符号	示　例
对接焊缝		S：焊缝有效厚度	$s\sqrt{}$
角焊缝		K：焊脚尺寸	K

(二) 焊缝符号在图纸上的表示

1. 基本要求

完整的焊缝表示方法应包括基本符号、辅助符号、补充符号、指引线、尺寸符号及数据。

2. 箭头线和焊缝的关系

焊缝既可在箭头侧也可在非箭头侧,见图 3 – 6。

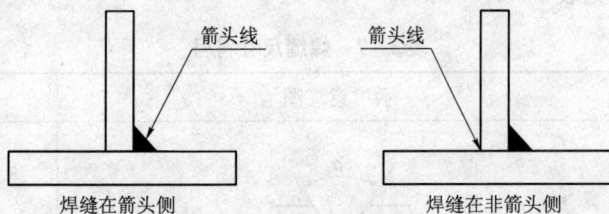

图 3 – 6　箭头线和焊缝的关系

3. 箭头线的位置

一般来说，箭头线相对焊缝的位置没有特殊要求，但在标注 V 形、单边 V 形及 J 形坡口时，箭头线应指向带有坡口一侧的工件，如图 3 - 7（a）和图 3 - 7（b）所示。必要时，允许箭头弯折一次，如图 3 - 7（c）所示。

4. 基准线的位置

基准线的虚线可以画在基准线的实线下侧或上侧。基准线一般应与图样的底边平行，但在特殊条件下亦可与底边垂直。

5. 基本符号相对基准线的位置

为了能在图样上确切地表示出焊缝的位置，特对基本符号相对基准线的位置做如下规定：

（1）如焊缝在接头的箭头侧，则基本符号标在基准线的实线侧，见图 3 - 8（a）。

（2）如焊缝在接头的非箭头侧，则基本符号标在基准线的虚线侧，见图 3 - 8（b）。

（3）标注对称焊缝及双面焊缝时，可不加虚线，见图 3 - 8（c）和图 3 - 8（d）。

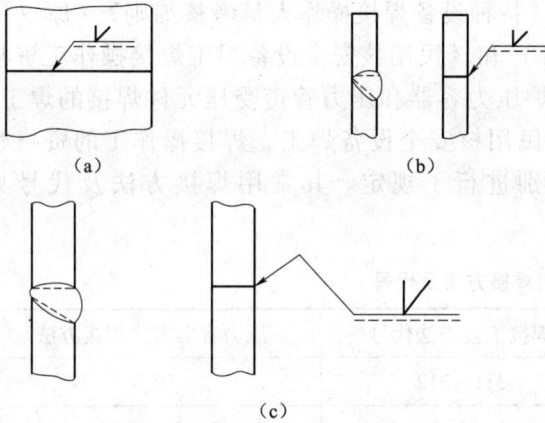

图 3 - 7　箭头线的位置

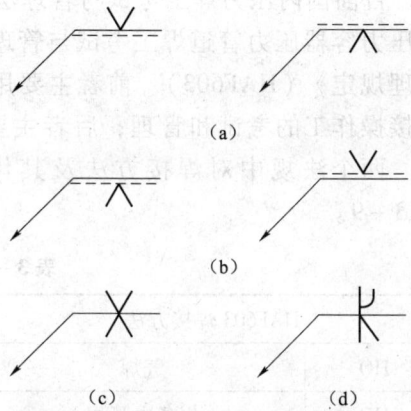

图 3 - 8　基本符号相对箭头线位置

（a）焊缝在接头的箭头侧；（b）焊缝在接头的非箭头侧；（c）对称焊缝；（d）双面焊缝

6. 焊缝尺寸符号及其标注位置

基本符号必要时可附带有尺寸符号及数据。焊缝尺寸符号及数据的标注原则如图 3 - 9 所示。

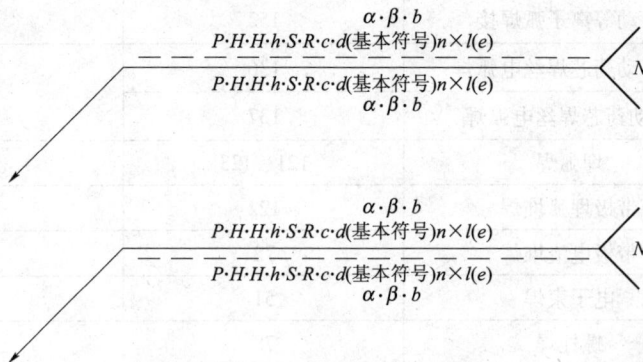

图 3 - 9　焊缝尺寸的标注原则

（1）焊缝横截面的尺寸标在基本符号的左侧。

（2）焊缝长度方向尺寸标在基本符号的右侧。

（3）坡口角度、坡口面角度、根部间隙等尺寸标在基本符号的上侧或下侧。

（4）相同焊缝数量符号标在尾部。

（5）当标注的尺寸数据较多又不易分辨时，可在数据前面加相应的尺寸符号。

当箭头线方向变化时，上述原则不变。

（三）常用焊接方法的图示

GB 5185—2005《焊接及相关工艺方法代号》规定用阿拉伯数字代号来表示金属焊接及钎焊等各种焊接方法，这些数字代号均可在图样上作为焊接方法来使用，每种焊接工艺方法可通过代号加以识别，焊接工艺方法一般采用 3 位数代号表示，其中第一位数表示工艺方法大类，第二位数表示工艺方法分类，第三位数表示某种工艺方法。

目前国内压力焊工考试与管理法规有《特种设备焊接操作人员考核细则》（原《锅炉压力容器压力管道焊工考试与管理规则》）和《民用核安全设备焊工焊接操作工资格管理规定》（HAF603）。前者主要用于锅炉压力容器和压力管道受压元件焊接的焊工、焊接操作工的考试和管理，后者主要用于民用核安全设备焊工、焊接操作工的资格管理。两个法规中对焊接方法及其代号分别进行了规定。其常用焊接方法及代号见表 3 - 9。

表 3 - 9　常用焊接方法及代号

HAF603 焊接方法		焊接工艺方法代号	压力容器考规焊接方法
HQ	气焊	311、312	OFW
HD	焊条电弧焊	111	SMAW
HWS	手工钨极氩弧焊	141	GTAW
HWZ	自动钨极氩弧焊		
HRB	半自动熔化极气体保护焊	131	GMAW
HRZ	自动熔化极气体保护焊	135	
HLS	手工等离子弧焊接	151	PAW
HLZ	自动等离子弧焊接	152	
HYB	半自动药芯焊丝电弧焊	136	FCAW
HYZ	自动药芯焊丝电弧焊	137	
HM	埋弧焊	121、123	SAW
HJM	带极埋弧堆焊	122	SAW
HDZ	带极电渣堆焊	72	ESW
HE	电子束焊	51	/
HS	螺柱焊	78	SW
HR	电阻焊		

114

通常可以采用标准规定的代号在图样上表示相应的焊接工艺方法，主要的表示方法有以下两种。

1. 单一焊接方法代号的表示

如角焊缝采用焊条电弧时的表示代号见图 3-10（a）。

2. 组合焊接方法的表示

组合焊接方法即一个焊接接头同时采用两种焊接方法。如 V 形焊缝先用钨极氩弧焊打底，然后用焊条电弧焊盖面表示代号，见图 3-10（b）。

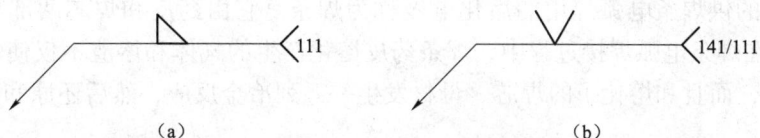

（a）   （b）

图 3-10　焊接方法代号示例

（四）焊缝图样识别示例

下面简单介绍几种典型焊缝代号识别示例，如表 3-10 所示。

表 3-10　焊缝图样识别示例

图样代号	焊缝形式	备 注
		单面坡口对接焊缝
		单边角焊缝
		对称 X 形坡口对接焊缝
		交错断续角焊缝

（五）在图样上识别焊缝的原则

（1）根据箭头线的指引方向了解焊缝在焊件上的位置。

（2）看图样上焊件的结构形式（即焊件的相对位置）识别出接头形式。

（3）通过基本符号可以识别焊缝（即焊缝的坡口）形式。

（4）在基本符号的上（下）方有坡口角度及装配间隙。

第三节 焊接材料

一、焊条

（一）焊条的组成及其作用

涂有药皮的供焊条电弧焊用的熔化电极称为焊条。它由药皮和焊芯两部分组成。如图3－11所示。在焊条电弧焊接过程中，焊条药皮熔化产生的气体和熔渣不仅使熔池和电弧周围的空气隔绝，而且和熔化了的焊芯、母材发生一系列冶金反应，然后还原和净化金属得到优质的焊缝。

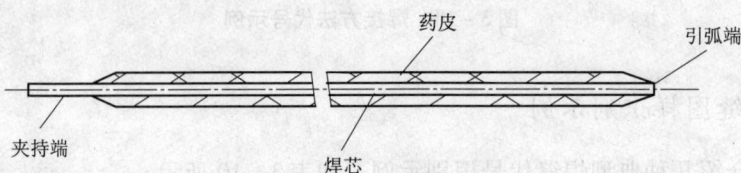

图3－11 焊条结构示意图

1. 焊芯的作用及牌号

焊条中被药皮包覆的金属叫焊芯。

1）焊芯的作用

焊芯的作用一是作为电极传导焊接电流，产生电弧；二是焊芯熔化形成焊缝中的填充金属。

2）焊芯的分类及牌号

焊芯是根据国家标准焊接用钢丝规定分类的，用于焊接的钢丝为碳素结构钢、合金结构钢时，按GB/T 14957—1994《熔化焊用钢丝》标准执行；若为不锈钢钢丝，则按GB 4241—1984《焊接用不锈钢盘条》标准执行。牌号用"焊"字汉语拼音的第一个字母"H"表示，以示焊接用钢丝，其后表示方法与钢号表示一致。末尾注有"高"字（代号用"A"表示），代表高级优质钢，含硫、磷量较少；末尾注有"特"字（代号用"E"表示），代表特级钢，含硫、磷量更少，常用焊芯牌号见表3－11。

通常所说的焊条直径和长度就是指焊芯的直径和长度。焊条直径有多种规格，生产中应用较多的是$\phi3.2$、$\phi4.0$、$\phi5.0$三种规格。

表3－11 常用焊芯牌号及代号

钢种	牌　号	钢种	牌　号
碳素结构钢	H08A	合金结构钢	H10Mn2
	H08MnA		H08MnMoA
不锈钢	H0Cr14		H08Mn2MoA
	H0Cr21Ni10		H08CrMoA
	H00Cr21Ni10		H08CrMoVA

116

2. 药皮的作用

压涂在焊芯表面上的涂料层称为药皮。其作用主要体现在以下几方面。

（1）提高焊接电弧的稳定性：焊条药皮中存在低电离电位的组成物，保证电弧稳定燃烧。

（2）机械保护：药皮熔化后产生的气体可保护电弧和熔池，防止空气进入熔池；药皮熔化后产生的熔渣，覆盖在焊缝表面保护焊缝金属，使焊缝金属缓慢冷却，有利于气体逸出，减小产生气孔的可能性，改善焊缝的组织和性能。

（3）冶金处理：熔渣和铁合金进行各种冶金反应，脱氧、去硫、磷等有害杂质，提高焊缝质量；通过药皮添加所需元素渗入到焊缝中去，获得合适的化学成分。

（4）改善焊接工艺性能：焊接时药皮端部形成套筒，熔滴向熔池顺利过渡，可进行全位置焊接。

3. 药皮的组成

焊条药皮组成物主要分为各种矿物类、铁合金及金属粉、有机物和化工产品等 4 类。根据药皮组成物在焊接过程中所起的作用将其分为 7 类：造气剂、造渣剂、脱氧剂、合金剂、稳弧剂、黏结剂、增塑剂。

（二）焊条的分类

1. 按熔渣酸碱性分类

1）酸性焊条

熔渣以酸性氧化物为主的焊条称为酸性焊条。此类焊条药皮中含有各类氧化物，具有较强的氧化性，促使合金元素的氧化；同时，电弧里的氧电离后形成负离子，与氢离子有很大的亲合力，生成氢氧根离子，从而防止了氢离子溶入熔化的金属里。因此，这类焊条对铁锈不敏感，焊缝很少产生由氢引起的气孔。

酸性熔渣主要靠扩散方式脱氧，故不完全，不能有效地清除焊缝里的硫、磷等杂质，所以焊缝金属的冲击韧性较低。

这类焊条工艺性能好，电弧稳定，可交、直流两用，对油锈不敏感，焊缝成型好，合金元素过渡效果差，抗裂性能差，常用于焊接低碳钢和不太重要的结构钢中。

2）碱性焊条

熔渣以碱性氧化物和氟化钙为主的焊条称为碱性焊条。此类焊条熔渣的主要成分是碱性氧化物（如大理石、萤石等），并含有较多的铁合金作为脱氧剂和合金剂。焊接时，大理石分解产生二氧化碳作为保护气体。由于焊接时放出的氧少，合金元素很少氧化，焊缝金属合金化的效果较好。焊条的抗裂性很好，但由于电弧中含氧量较低，因此，铁锈、油和水等容易引起氢气孔的产生。为了防止氢气孔，主要依靠药皮里的萤石作用，与氢化合生成氟化氢来排除氢。但萤石的存在，不利于电弧的稳定，因此，必须采用直流反接进行焊接。若药皮中加入稳定电弧的组成物碳酸钾、碳酸钠等，也可用交流电源。

碱性熔渣是通过置换反应进行脱氧，脱氧较完全，并又能有效地清除焊缝中的硫和磷，焊缝的合金元素烧损较少，能有效地进行合金化。因此，焊缝金属的机械性能良好。

碱性焊条工艺性能不好，对油锈敏感，但合金元素过渡效果好，抗裂性能好，焊缝中扩散氢含量低，主要用于合金钢和重要碳钢结构的焊接。

2. 按药皮的主要成分分类

焊条药皮由多种原料组成，按照药皮的主要成分可以确定焊条的药皮类型，主要有钛型、钛钙型、氧化铁型、纤维素型、低氢钠型、低氢钾型等。

3. 根据焊条的用途分类

根据焊条的用途分类，具有一定的实用性，通常可分为 10 类：结构钢焊条、钼和铬钼耐热钢焊条、不锈钢焊条、堆焊焊条、低温钢焊条、铸铁焊条、镍和镍合金焊条、铜和铜合金焊条、铝和铝合金焊条、特殊用途焊条。

4. 按焊条的性能特征分类

按焊条的性能特征分类可将焊条分为超低氢焊条、低尘低毒焊条、立向下焊条、底层焊条、铁粉高效焊条、抗潮焊条、水下焊条、重力焊条、仰焊焊条。

5. 按焊接母材材料分类

按国家标准焊条种类分类可将焊条分为碳钢焊条、低合金钢焊条、不锈钢焊条、堆焊焊条、铸铁焊条及焊丝、铜及铜合金焊条、铝及铝合金焊条。

（三）焊条的型号

1. 碳钢焊条

按 GB/T 5117—1995《碳钢焊条》标准，碳钢焊条型号编制方法如下。

1）碳钢焊条型号划分原则

焊条型号根据熔敷金属的抗拉强度，焊接位置、药皮类型和焊接电流种类划分。

2）编制方法

字母"E"表示焊条，前两位数字表示熔敷金属抗拉强度的最小值，单位为 MPa；第三位数字表示焊条的焊接位置，"0"及"1"表示焊条适用于全位置焊接（平焊、立焊、仰焊、横焊），"2"表示焊条适用于平焊及平角焊，"4"表示焊条适用于向下立焊，第三位和第四位数字组合时表示焊接电流种类及药皮类型。在第四位数字后附加"R"表示耐吸潮焊条；附加"M"表示耐吸潮和力学性能有特殊规定的焊条；附加"−1"表示冲击性能有特殊规定的焊条。

碳钢焊条型号举例如下：

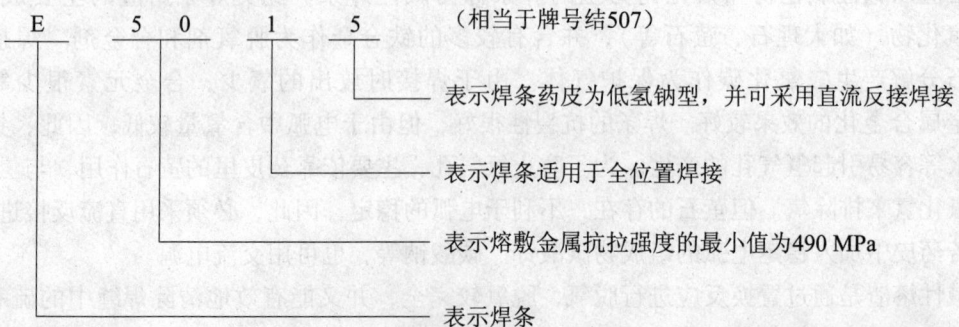

```
E    5  0    1    5        （相当于牌号结507）
                  └──────── 表示焊条药皮为低氢钠型，并可采用直流反接焊接
             └───────────── 表示焊条适用于全位置焊接
      └──────────────────── 表示熔敷金属抗拉强度的最小值为490 MPa
 └─────────────────────────── 表示焊条
```

```
E    4    3    0    3        (相当于牌号结422)
│    │    │    │    │
│    │    │    │    └── 表示焊条药皮为钛钙型，并可采用交流或直流反接焊接
│    │    │    │
│    │    │    └─────── 表示焊条适用于全位置焊接
│    │    │
│    │    └──────────── 表示熔敷金属抗拉强度的最小值为420 MPa
│    │
│    └───────────────── 
│
└────────────────────── 表示焊条
```

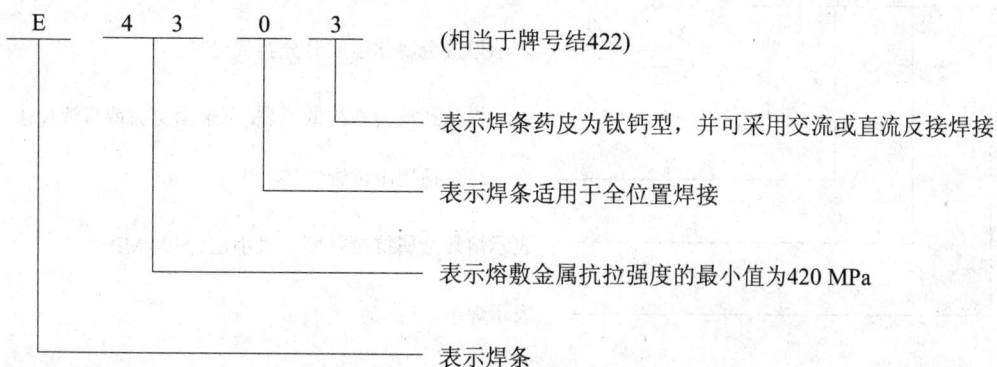

3）第三位和第四位数字组合代表的药皮类型和电流种类（见表3－12）

表3－12　药皮类型和电流种类

$\times_3\times_4$	药皮类型	电流种类	$\times_3\times_4$	药皮类型	电流种类
00	特殊型	交流或直流正、反接	16	低氢钾型	交流或直流反接
			18	铁粉低氢型	
01	钛铁矿型		20	氧化铁型	交流或直流正、反接
03	钛钙型		22		交流或直流正接
10	高纤维素钠型	直流反接	23	铁粉钛钙型	交流或直流正、反接
11	高纤维素钾型	交流或直流反接	24	铁粉钛型	
12	高钛钠型	交流或直流正接	27	铁粉氧化型	交流或直流正、反接
13	高钛钾型	交流或直流正、反接	E5028	铁粉低氢型	交流或直流反接
15	低氢钠型	直流反接	E5048		

2. 合金钢焊条

按 GB/T 5118—1995《低合金钢焊条》标准，低合金钢焊条型号编制方法如下。

1）型号划分原则

焊条型号根据熔敷金属的抗拉强度、化学成分、焊接位置、药皮类型和焊接电流种类划分。

2）焊条型号编制方法

字母"E"表示焊条，前两位数字表示熔敷金属抗拉强度的最小值，单位为 MPa；第三位数字表示焊条的焊接位置，"0"及"1"表示焊条适用于全位置焊接（平焊、立焊、仰焊及横焊），"2"表示焊条适用于平焊及平角焊，第三位和第四位数字组合时表示焊接电流种类及药皮类型，后缀字母为熔敷金属的化学成分分类代号，并以短划"—"与前面数字分开，如还具有附加化学成分时，附加化学成分直接用元素符号表示，并以短划"—"与前面后缀字母分开。

标准中低合金钢焊条型号举例如下：

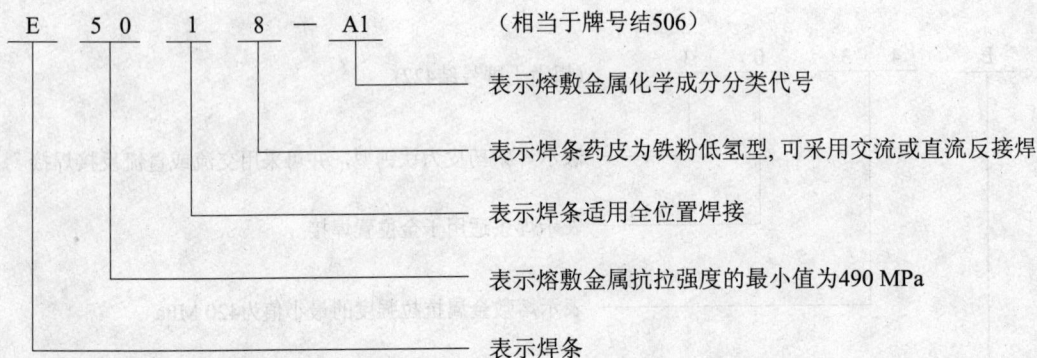

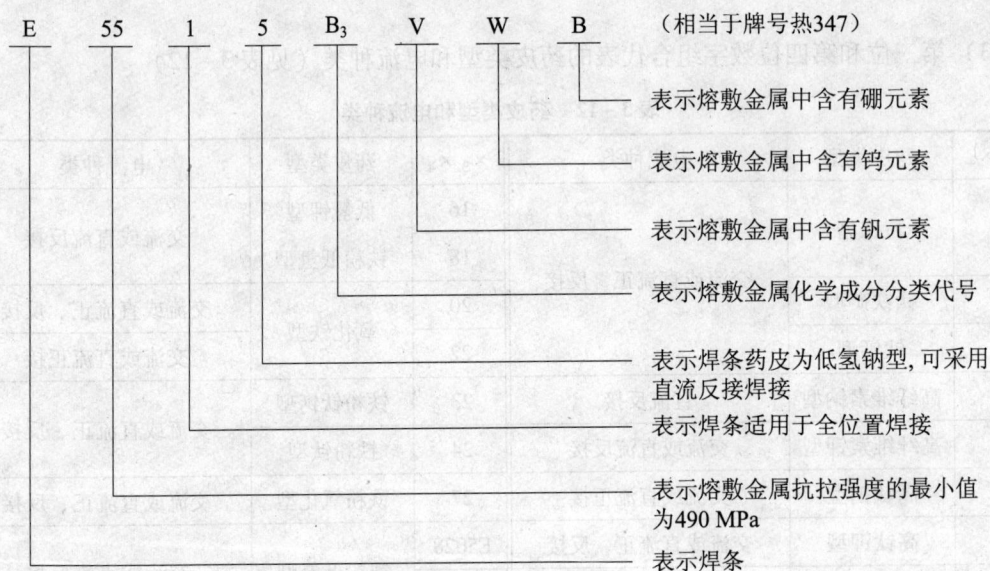

```
    E  5  0  1  8 — A1       （相当于牌号结506）
    │  │  │  │  │   │
    │  │  │  │  │   └─── 表示熔敷金属化学成分分类代号
    │  │  │  │  │
    │  │  │  │  └─────── 表示焊条药皮为铁粉低氢型,可采用交流或直流反接焊
    │  │  │  │
    │  │  │  └────────── 表示焊条适用全位置焊接
    │  │  │
    │  │  └───────────── 表示熔敷金属抗拉强度的最小值为490 MPa
    │  │
    │  └──────────────── 表示焊条
```

```
    E  55  1  5  B₃  V  W  B     （相当于牌号热347）
    │  │   │  │  │   │  │  │
    │  │   │  │  │   │  │  └─── 表示熔敷金属中含有硼元素
    │  │   │  │  │   │  │
    │  │   │  │  │   │  └────── 表示熔敷金属中含有钨元素
    │  │   │  │  │   │
    │  │   │  │  │   └───────── 表示熔敷金属中含有钒元素
    │  │   │  │  │
    │  │   │  │  └───────────── 表示熔敷金属化学成分分类代号
    │  │   │  │
    │  │   │  └──────────────── 表示焊条药皮为低氢钠型,可采用
    │  │   │                    直流反接焊接
    │  │   │
    │  │   └─────────────────── 表示焊条适用于全位置焊接
    │  │
    │  └─────────────────────── 表示熔敷金属抗拉强度的最小值
    │                           为490 MPa
    │
    └────────────────────────── 表示焊条
```

3. 不锈钢焊条

按 GB/T 983—1995《不锈钢焊条》标准,不锈钢焊条型号编制方法如下。

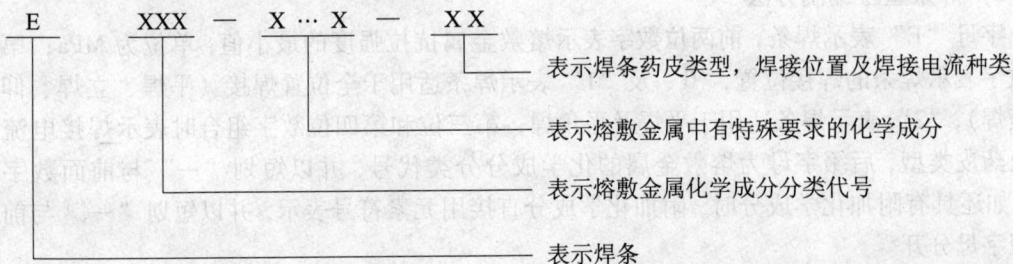

1）型号划分原则

焊条型号根据熔敷金属的化学成分、焊条药皮类型、焊接位置和焊接电流种类划分。

2）焊条型号编制方法

焊条型号编制方法如下：

```
    E   XXX — X…X —  X X
    │   │    │      │
    │   │    │      └─── 表示焊条药皮类型,焊接位置及焊接电流种类
    │   │    │
    │   │    └────────── 表示熔敷金属中有特殊要求的化学成分
    │   │
    │   └─────────────── 表示熔敷金属化学成分分类代号
    │
    └─────────────────── 表示焊条
```

120

例1：

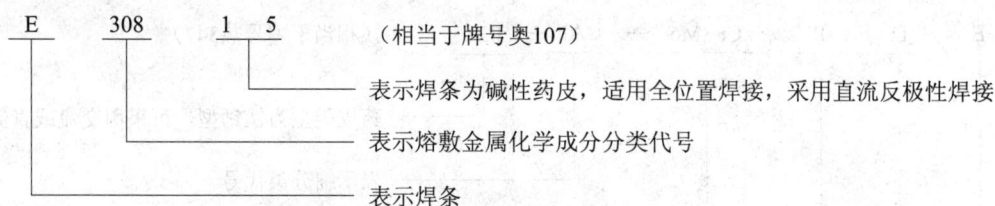

E　　308　　1　5　　（相当于牌号奥107）

表示焊条为碱性药皮，适用全位置焊接，采用直流反极性焊接

表示熔敷金属化学成分分类代号

表示焊条

例2：

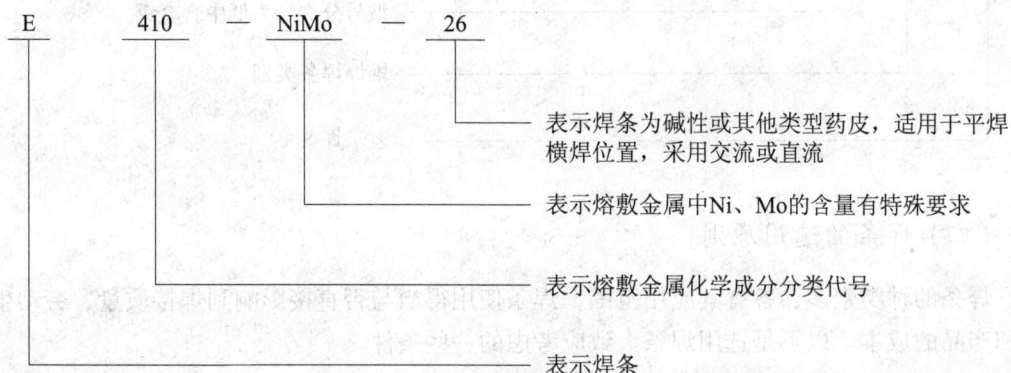

E　　410　—　NiMo　—　26

表示焊条为碱性或其他类型药皮，适用于平焊横焊位置，采用交流或直流

表示熔敷金属中Ni、Mo的含量有特殊要求

表示熔敷金属化学成分分类代号

表示焊条

4. 堆焊焊条

按 GB 984—2001 标准，堆焊焊条型号编制方法如下。

1）型号划分原则

堆焊焊条型号按熔敷金属的化学成分及药皮类型划分。

2）焊条型号编制方法

焊条以字母"E"表示，为型号第一字。型号第二字表示焊条类别，堆焊焊条以字母"D"表示。型号中第三字至倒数第三字表示焊条特点，用字母或化学元素符号表示堆焊焊条的型号分类。型号中最后两数字表示药皮类型和焊接电源，用短划"—"与前面符号分开。

在同一基本型号内有几个分型时，可用字母 A、B、C…标志，如果再细分，可加注下角数字1、2、3…如 A_1、A_2、A_3 等，此时再用短划"—"与前面符号分开。堆焊焊条型号分类见表 3 - 13。

表 3 - 13　堆焊焊条型号分类

型号分类	熔敷金属化学成分类型	型号分类	熔敷金属化学成分类型
EDP×× — ××	普通低中合金钢	EDD × × — × ×	高速钢
EDR × × — × ×	热强合金钢	EDZ × × — × ×	合金铸铁
EDCr × × — × ×	高铬钢	EDZCr × × — × ×	高铬铸铁
EDMn × × — × ×	高锰钢	EDCoCr × × — × ×	钴基合金
EDCrMn × × — × ×	高铬锰钢	EDW × × — × ×	碳化钨
EDCrNi × × — × ×	高铬镍合金钢	EDT × × — × ×	特殊型

堆焊焊条型号表示举例如下：

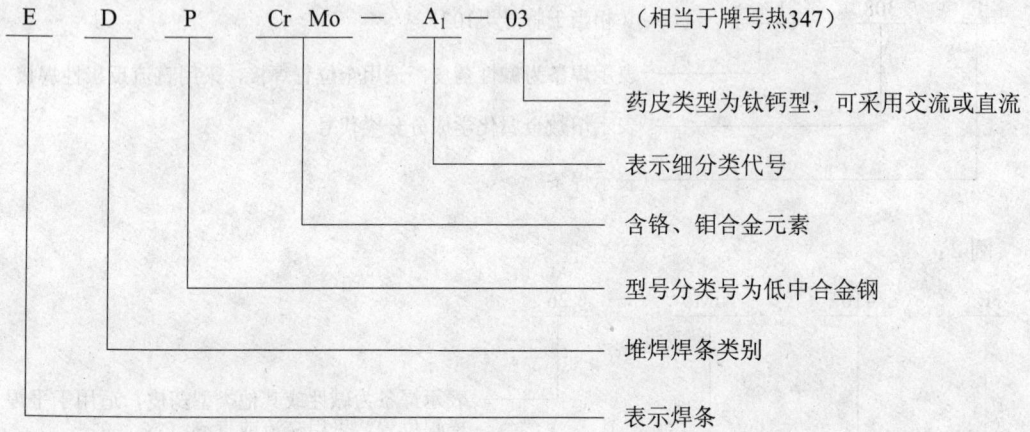

E　D　P　Cr Mo — A₁ — 03　　（相当于牌号热347）

药皮类型为钛钙型，可采用交流或直流

表示细分类代号

含铬、钼合金元素

型号分类号为低中合金钢

堆焊焊条类别

表示焊条

（四）焊条的选用原则

焊条的种类繁多，各有其应用范围，焊条使用得当与否直接影响到焊接质量、劳动生产率和产品的成本。以下是选用焊条大致应考虑的一些条件。

1. 考虑母材的力学性能和化学成分

（1）对于结构钢（低、中碳钢和普通低合金钢）的焊接，应选用与母材相应强度等级的焊条。以满足焊缝与母材等强度的要求。

（2）对于合金结构钢和不锈钢的焊接，一般合金钢在选用焊条时仍以强度等级为依据。耐热钢和不锈钢的焊接，为保证焊接接头高温性能和耐腐蚀性能，应选用熔敷金属化学成分与母材相同或相近的焊条。当母材中碳、硫、磷等元素含量较高时，应选用抗裂性较好的低氢型焊条。

2. 考虑焊件的工作条件

焊件的工作条件，包括载荷、介质和温度等。

（1）对于承受动载荷或冲击载荷的焊件，应选择强度足够、塑性和韧性较高的低氢型焊条。

（2）对于在腐蚀介质中工作的不锈钢件或其他耐腐蚀材料，应选择不锈钢焊条。

（3）在高温或低温条件下工作的焊件，应选择耐热钢焊条或低温钢焊条。

3. 考虑焊件的结构特点

（1）对于形状复杂，结构刚性大以及大厚度的焊件，由于在焊接过程中产生较大的焊接应力，易产生裂纹，因此，必须采用抗裂性较好的焊条。

（2）对于仰焊、立焊位置的焊缝，应选用适宜于全位置焊接的焊条。

（3）对于受某种条件限制，焊件坡口面无法清理或存在油锈等污物时，应采用酸性焊条。

4. 考虑劳动条件、生产率和经济性

（1）在酸性和碱性焊条都能满足要求的情况下，应尽量采用酸性焊条。

（2）在满足力学性能和操作性能的条件下，应选用效率较高的焊条。

(3) 在满足性能要求的前提下，应选择价格较低的焊条。

二、焊丝的分类和型号

（一）焊丝的分类

焊丝的分类可按结构形状分、按焊接钢种分、按焊接方法分。

（二）实心焊丝的表示方法

1. 焊接用碳钢、低合金钢、不锈钢焊丝表示方法

(1) 以字母"H"表示焊丝。

(2) 在"H"之后的一位或两位数字表示焊丝含碳量。

(3) 化学元素符号后面的数字表示该元素的大约质量分数，当主要合金元素的质量分数≤1%时，可省略数字，只记元素符号。

(4) 在焊丝牌号尾部标有"A"和"E"时，分别表示为"优质品"和"高级优质品"，表明S、P杂质含量更低。

2. 气体保护焊用碳钢、低合金钢焊丝表示方法

GB/T 8110—1995《气体保护焊用碳钢、低合钢焊丝》标准中规定了气体保护焊用碳钢、低合金钢实心焊丝的型号分类及表示方法。焊丝的型号是按焊丝化学成分及熔敷金属的机械性能进行分类的。焊丝型号的表示方法为"ER××—×"。字母"ER"表示焊丝，ER后面的两位数字表示熔敷金属的最低抗拉强度，短划"—"后面的字母或数字表示焊丝化学成分分类代号，如还附加其他化学成分时，直接用元素符号表示，并以短划"—"与前面的数字分开。焊丝型号举例如下：

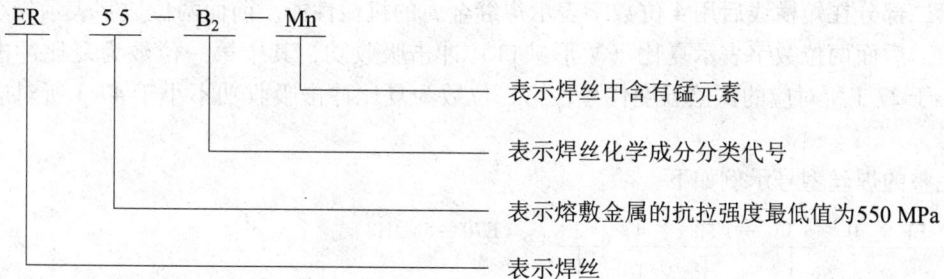

$$ER \quad 55 \quad — \quad B_2 \quad — \quad Mn$$

表示焊丝中含有锰元素
表示焊丝化学成分分类代号
表示熔敷金属的抗拉强度最低值为550 MPa
表示焊丝

3. 镍及镍合金焊丝

根据GB/T 15620—1995《镍及镍合金焊丝》的规定，以字母"ER"表示焊丝，ER后面的化学符号Ni表示镍及镍合金焊丝，焊丝中的其他主要合金元素，用化学符号表示，放在符号Ni后面，短划"—"后面的数字表示焊丝化学成分分类代号，如ERNi—1，ERNiCr—3。

（三）药芯焊丝的分类和型号表示方法

药芯焊丝是由冷轧薄钢带（经光亮退火）经轧机纵向折叠成圆形或异形管加焊剂拉拔而成。通过调整焊剂的成分和比例，可获得不同性能、不同用途的焊丝。焊接过程中焊剂的作用和焊条药皮的作用相同。所以药芯焊丝气体保护焊的焊接过程是双重保护——气渣联合保护，克服了实心焊丝的一些缺点，可获得较高质量的焊缝。

1. 药芯焊丝的种类

（1）按钢皮管有缝、无缝分类：可分为有缝药芯焊丝和无缝药芯焊丝。无缝药芯焊丝抗潮性强，可镀铜防锈，但制造困难、成本高。国内目前生产的多为有缝药芯焊丝。

（2）按药芯化学成分分类：可分为钛型（酸性渣）、钛钙型（中性渣）和钙型（碱性渣）。

① 钛型药芯焊丝的工艺性能好，但焊缝的韧性和抗裂性较差。

② 钙型药芯焊丝焊缝的韧性和抗裂性能优良，但焊缝成型和工艺性较差。

③ 钛钙型焊丝介于两者之间。

目前国内生产的药芯焊丝多属钛型，主要用于低碳钢和低合金钢的焊接。

（3）按薄钢带纵向折叠后的截面形状分类：可分为："O"形、"E"形、"T"形、"梅花"形和"中间填丝"形。

（4）按用途的不同分类：可分为低碳钢及低合金高强钢用、低温钢用、铬钼耐热钢用、不锈钢用、堆焊用。

2. 药芯焊丝型号的表示方法

GB 10045—1988《碳钢药芯焊丝》规定了碳钢药芯焊丝分类、型号及其表示方法。焊丝根据药芯类型、是否采用外部保护气体、焊接电流种类以及对单道焊和多道焊的适用性进行分类。焊丝型号由焊丝类型代号和焊缝金属的机械性能标注两部分组成。

第一部分以英文字母"EF"表示药芯焊丝代号，代号后面的第一位数字表示主要适用的焊接位置："0"表示用于平焊和横焊，"1"表示用于全位置焊。代号后面的第二位数字或英文字母为分类代号。

第二部分在短横线后用 4 位数字表示焊缝金属的机械性能。前面两位数字表示最小抗拉强度值。后面两位数字表示夏比（V 形缺口）冲击吸收功，其中第一位数为夏比冲击吸收功不小于 27 J 所对应的试验温度代号，第二位数为夏比冲击吸收功不小于 47 J 所对应的温度代号。

完整的焊丝型号示例如下：

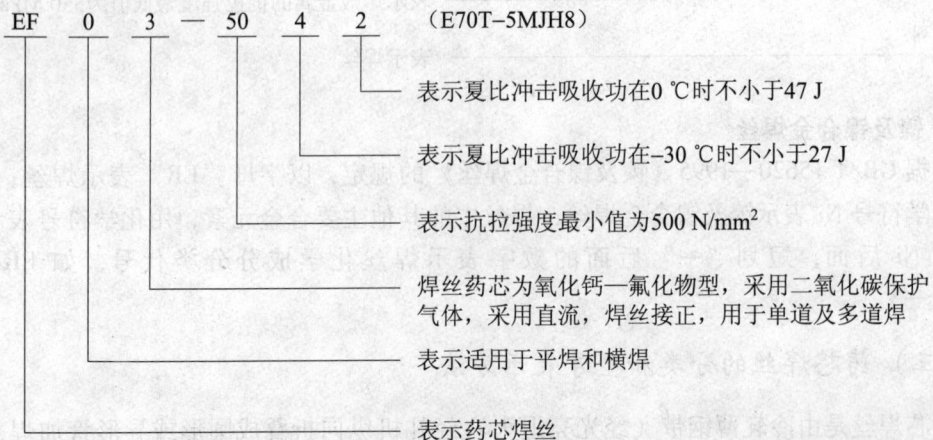

```
    EF  0  3 — 50  4  2    （E70T-5MJH8）
```

表示夏比冲击吸收功在 0 ℃时不小于 47 J

表示夏比冲击吸收功在-30 ℃时不小于 27 J

表示抗拉强度最小值为 500 N/mm²

焊丝药芯为氧化钙—氟化物型，采用二氧化碳保护气体，采用直流，焊丝接正，用于单道及多道焊

表示适用于平焊和横焊

表示药芯焊丝

```
EF  1  1 — 50  3  2  （E71T–1）
```

```
                                   ┌── 表示夏比冲击吸收功在0 ℃时不小于47 J
                              ┌───── 表示夏比冲击吸收功在-20℃时不小于27 J
                        ┌──────────── 表示抗拉强度最小值为500 N/mm²
                  ┌─────────────────── 表示焊丝药芯为氧化钛型、二氧化碳保护气体，
                  │                    采用直流，焊丝接正，用于单道及多道焊
            ┌───────────────────────── 表示适用于全位置焊
      ┌──────────────────────────────── 表示药芯焊丝
```

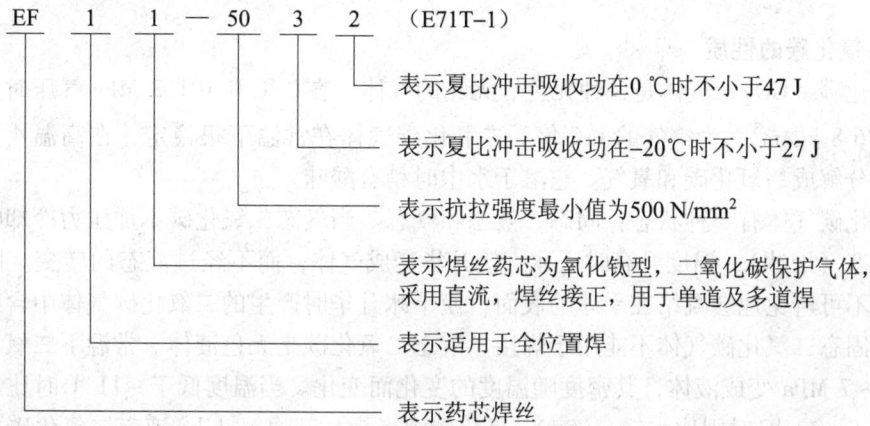

三、焊接用气体

焊接用气体主要是指气体保护焊中使用的保护性气体（如 CO_2、Ar、He、O_2、H_2、N_2 等）和焊接用气体（如氧气、乙炔气体和氢气等）。

（一）保护气体分类

1. 按组成保护气体的组元数分

保护气体可分为单元的、二元的和三元的或多元的混合气体。焊接常用单元气体主要有 Ar、He、CO_2 等，而 O_2、H_2、N_2 气体常用混合气体的组元，一般不单独作为保护气体，而且多数混合气体是以 Ar 气为主的。

2. 按保护气体的化学性质分

（1）还原性气体：H_2 及其混合气体。

（2）惰性气体：高温时不分解，且既不与金属起化学作用，也不溶解于液态金属的单原子气体称为惰性气体，如 Ar、He 及其混合气体。

（3）氧化性气体：$Ar + O_2$、$Ar + CO_2$、$Ar + CO_2 + O_2$、CO_2 和 $CO_2 + O_2$ 等。

（二）氧气

氧是自然界中最多的元素。在空气中按体积算约占 21%。在常温下它是一种无色、无味、无嗅的气体，分子式为 O_2。在标准状态下（即 0 ℃、101.3 MPa 气压下），密度为 1.43 kg/m^3，比空气重。在 -182.96 ℃时变成蓝色液体，在 -219 ℃时变成淡蓝色固体。氧气自身不会燃烧，但它的化学性质非常活泼，能同很多元素化合生成氧化物。

氧气是气焊中不可缺少的助燃气体，氧气的纯度对气焊和气割的质量和效率有很大影响，焊接用氧气对其纯度要求较高，一般要求在 99.5% 以上，露点在 -50 ℃ 以下。氧气一般在焊接中以一定的比例与 Ar、$Ar + CO_2$、CO_2 气体混合以后使用，以改善电弧稳定性及工艺性能，获得较高的焊接质量。

（三）二氧化碳

1. 二氧化碳的性质

二氧化碳（CO_2）气体是一种无色、无味的气体。在 0 ℃和 101.3 MPa 气压时，它的密度为 1.976 8 kg/m^3，为空气的 1.5 倍。二氧化碳气体在常温下很稳定，在高温 4 700 ℃几乎能全部分解成一氧化碳和氧气。它溶于水中时稍有酸味。

二氧化碳气体有 3 种状态：固态、液态和气态。当气态二氧化碳不加压力冷却时，将直接变成固态（干冰），温度升高时干冰直接升华变成气体，而不经过液态的转变。因为空气中的水分不可避免地会凝结在干冰的表面，使干冰升华时产生的二氧化碳气体中含有大量的水分，故固态二氧化碳气体不能用于焊接。液态二氧化碳是无色液体。常温下二氧化碳气体加压至 5～7 MPa 变成液体，其密度随温度的变化而变化。当温度低于 -11 ℃时比水重；而当温度高于 -11 ℃时则比水轻。液态二氧化碳沸点为 -78 ℃，1 kg 液态二氧化碳可以气化成 509 L 的气态二氧化碳气体。

2. 二氧化碳气体纯度对焊缝质量的影响

二氧化碳气体的纯度对焊缝金属的致密性和塑性有很大的影响。对于焊接来说，二氧化碳气体中的主要有害杂质是水分和氮气。氮气一般含量小，危害大的还是水分。液态二氧化碳中约可溶解 0.05%（按重量）的水。随着二氧化碳气体中水分的增加，即露点温度的提高，焊缝金属的含氢量亦增加，焊缝金属的塑性变差，容易出现气孔，还可能产生冷裂纹。当焊接对水分敏感的金属或对焊缝质量要求较高的情况下，更要严格注意二氧化碳气体的含水量。

焊接用二氧化碳气体的纯度不应低于 99.5%。近几年有些国家提出了更高的标准，要求二氧化碳气体的纯度大于 99.8%，露点低于 -40 ℃（即气体中的含水量为重量的 0.006 6%）。

3. 瓶装二氧化碳及使用要求

工业上一般使用瓶装二氧化碳气体。钢瓶主体喷成银白色，并标有黑色"二氧化碳"或"CO_2"字样。容量为 40 L 的标准钢瓶可以灌入 25 kg 的液态二氧化碳。液态二氧化碳约占钢瓶容积的 80%，其余 20% 左右的空间则存满了气化了的二氧化碳。气瓶压力表上指示的压力值，就是这部分气体的饱和压力，此压力的大小和环境温度有关。温度升高，饱和气压增高；温度降低，饱和气压亦降低。室温时，二氧化碳气体的饱和气压为 57.2×10^5 Pa 左右。在环境温度不变的情况下，只要瓶中存在着液态二氧化碳，则其上方的气体压力就不会变化（指平衡状态下），只有当瓶内液态二氧化碳已全部挥发成气体后，瓶内气体的压力才会随着二氧化碳的消耗而逐渐下降。除液态二氧化碳气体中溶解的水以外，另外还有一部分自由状态的水沉入钢瓶的底部，这些水在焊接时和液态二氧化碳一起挥发后，将混入二氧化碳气体中一起进入焊接区。溶解在二氧化碳气体中的水也可蒸发成水蒸气混入二氧化碳气体中，影响气体的纯度。水蒸气的蒸发量与瓶内的压力有关，气瓶内的压力越低，水蒸气含量越高。

（四）氩气

氩气（Ar）是一种无色、无味的单原子气体，原子量为 39.948。密度为 1.784 kg/m^3，在空气中含量以体积计算为0.935%，沸点为-186 ℃，是一种稀有气体。氩的沸点介于氧、氮之间（氧的沸点为-183 ℃，氮的沸点为-196 ℃），差值很小。一般是由空气液化后，用分馏液态空气制取氧气的副产品。所以氩气中的有害杂质为氧、氮及水蒸气。

1. 氩气的性质

氩气的重量是空气的1.4倍，是氦气的10倍。因为氩气比空气重，因此氩能在熔池上方形成一层较好的覆盖层，不易漂浮散失，有利于保护作用。另外在焊接过程中用氩气保护时，产生的烟雾较少，便于控制焊接熔池和电弧。

氩气是一种单原子气体。在高温下，氩气直接分解为正离子和电子。因此能量损耗低，电弧燃烧稳定。

氩气对电弧的冷却作用小，所以电弧在氩气中燃烧时，热量损耗小，稳定性比较好。

氩气对电极具有一定的冷却作用，可提高电极的许用电流值。

因为氩气的密度大，可形成稳定的气流层，故有良好的保护性能。同时分解后的正离子体积和质量较大，对阴极的冲击力很强，具有强烈的阴极破碎作用。

氩气对电弧的热收缩效应较小，加上氩弧的电位梯度和电流密度不大，维持氩弧燃烧的电压较低，一般10 V即可。故焊接时拉长电弧，其电压改变不大，电弧不易熄灭。这点对手工氩弧焊非常有利。

2. 对氩气纯度的要求

氩气作为一种焊接保护气，是制氧的副产品。因为氩气的沸点介于氧、氮之间，差值很小，所以在氩气中常残留一定数量的其他杂质，按我国现行规定，纯度应达到99.99%。

如果氩气中的杂质含量超过规定标准，氩气中的有害杂质在焊接过程中不但会影响对熔化金属的保护，使金属在焊接过程中氧化和氮化，而且极易使焊缝产生气孔、夹渣等缺陷，降低焊接接头的质量和性能，使其质量变坏，并使钨极的烧损量也增加。因此焊接活泼金属时，要求选用高纯度的氩气。

3. 应用范围

氩气不仅适用于高强合金钢、铝、镁、铜、钛、镍及其合金的焊接，还适于补焊、定位焊、反面成型打底焊及异种金属的焊接。只是氩气不像还原性气体和氧化性气体那样，没有脱氧和去氢作用。所以对焊前除油、去锈、去水等准备工作要求严格。氩气的独特优点是分解时能量损耗低，电弧燃烧非常稳定，进行熔化极焊接时容易呈稳定的轴向射流过渡，飞溅极小。

4. 氩气瓶

氩气可在低于-184 ℃的温度下以液态形式贮存和运送，但焊接用氩气大多装入钢瓶中使用。

氩气瓶是一种钢质圆柱形高压容器，其外表面涂成灰色并注有绿色"氩"字标志字样。目前我国常用氩气瓶的容积为33 L、40 L、44 L，最高工作压力为15 MPa。

氩气瓶在使用中严禁敲击、碰撞；瓶阀冻结时，不得用火烘烤；不得用电磁起重搬运机搬运氩气瓶；夏季要防日光曝晒；瓶内气体不能用尽；氩气瓶一般应直立固定放置。

（五）氦气

氦气是最轻的单原子气体，是从天然气中分离出来的。原子量是4。对氦气纯度的要求是 99.99%。虽然氦气可以液体形式供给，但通常都使用高压气瓶装氦气。

氦气的密度小，比空气轻，在焊接过程中喷嘴中喷出的氦气容易散失，影响保护效果。如想达到与氩气相同的保护效果，氦气的流量必须达到氩气的 2 ~ 3 倍。氦气的热导率较高，氦气和氩气一样，也是一种惰性气体。与氩气相比，氦气要求更高的电弧电压和线能量。由于氦弧的能量较高，故对于热传导率高的材料焊接和高速机械化焊接是十分有利的。焊接厚板时，应采用氦气。当使用氩气和氦气的混合气体时，可提高焊速。

四、焊接用钨极

（一）钨极的作用及其要求

1. 钨极的作用

钨是一种难熔的金属材料，能耐高温，其熔点为 3 410 ℃，沸点为 5 900 ℃，导电性好，强度高。

氩弧焊时，钨极作为电极，起传导电流，引燃电弧和维持电弧正常燃烧的作用。

2. 钨极的要求

钨极除应耐高温、导电性好、强度高外还应具有很强的发射电子能力（引弧容易，电弧稳定）、电流承载能力大、寿命长，抗污染性好。钨极是在拉拔或锻造加工之后，应用化学清洗方法除去表面杂质。

（二）钨极的种类、牌号及规格

钨极按其化学成分分类有：纯钨极，其牌号是 W1、W2；钍钨极，其牌号是 WTh - 7、WTh - 10、WTh - 15；铈钨极，其牌号是 WCe - 20。长度范围为 76 ~ 610 mm，直径范围一般为 $\phi0.5 ~ \phi5$ mm。

1. 各类钨极的特点

1）纯钨极

纯钨极熔点和沸点都很高，纯钨极价格不太昂贵，一般用在要求不严格的情况。使用交流电时，纯钨极电流承载能力较低，抗污染能力差，要求焊机有较高的空载压，故目前很少采用。

2）钍钨极

含有 1% ~ 2% 氧化钍的钨极，由于加入了氧化钍，可降低空载电压，改善引弧稳弧性能，增大许用电流范围，其电子发射率较高，电流承载能力较好，寿命较长并且抗污染性能较好。使用这种钨极时，引弧比较容易，并且电弧比较稳定。其缺点是成本较高，具有微量放射性。

3）铈钨极

铈钨极是在纯钨中加入 2% 的氧化铈，它是一种非放射性的新颖电极。与钍钨极相比，电子逸出功比钍钨极低 10% 以上，直流小电流焊接时，易建立电弧，引弧电压比钍钨极低 50%，电弧燃烧稳定，反复引弧可靠性高；弧柱的压缩程度较好，在相同的焊接参数下，弧束较长，热量集中，烧损率比钍钨极低 5% ~ 50%，修磨端部次数少，使用寿命比钍钨极长；最大许用电流密度比钍钨极高 5% ~ 8%；它是我国建议尽量采用的钨极。

2. 牌号

目前我国对钨极的牌号没有统一的规定，通常根据其化学元素符号及化学成分的平均含量来确定。例如，WCe—20 中"W"代表钨；"Ce—20"代表铈含量为 2%。

3. 钨极的规格

制造厂家按其长度范围为 76 ~ 610 mm，直径为 0.5、1.0、1.6、2.0、2.5、3.2、4.0、5.0、6.3、8.0、10 mm 等进行定格。

（三）钨极载流量（许用电流）

钨极载流量的大小，主要由直径，电流种类和极性决定，如果焊接电流超过钨极的许用值时，会使钨极强烈发热、熔化和蒸发，从而引起电弧不稳定，影响焊接质量，导致焊缝产生气孔、夹钨等缺陷；同时焊缝的外形粗糙不整齐。在施焊过程中，焊接电流不得超过钨极规定的许用电流上限。

（四）钨极端部几何形状要求

钨极端部形状对焊接电弧燃烧的稳定性及焊缝的成型影响很大。使用交流电时，钨极端部应磨成半球形；使用直流电时，钨极端部呈锥形或截头锥形，易于高频引燃电弧，并且电弧比较稳定。钨极端部的锥度也影响焊缝的熔深，减小锥角可减小焊道的宽度，增加焊缝的熔深。

五、埋弧焊焊剂

（一）对焊剂的要求

埋弧焊焊剂应该具有下列性质：

（1）良好的冶金性能，在与适当的焊丝和合理的工艺相配合的条件下，焊缝金属应得到适宜的化学成分和良好的机械性能。

（2）良好的工艺性能，电弧燃烧稳定，熔渣具有适宜的熔点、黏度和表面张力。焊缝成型良好、脱渣容易，并且产生的有毒气体要少。

（3）较低的含水量和良好的抗潮性。

（4）有一定的颗粒度和强度。

（5）较低的 S、P 含量。

（6）较强的抗冷裂纹、热裂纹和气孔的能力。

要想达到上述要求，首先必须正确、合理的确定焊剂成分，其次还要做到焊剂与焊丝的正确配合。对于埋弧焊，焊缝金属的性能和化学成分是由焊剂和焊丝共同决定的。

（二）焊剂分类

焊剂的分类方法有许多种，可按用途、制造方法、化学成分、冶金性能等进行分类。每一种分类方法都只是反映焊剂的某一方面的特性。

1. 按制造方法分类

熔炼型焊剂：把各种原料按配方配成炉料，在电炉或火焰炉中熔炼，然后进行粒化所得的焊剂，统称为熔炼型焊剂。熔炼型焊剂按其颗粒结构不同，又可分为玻璃状焊剂、浮石状焊剂、结晶状焊剂、混合颗粒结构焊剂等。

非熔炼型焊剂：把各种粉料按配方要求配制，经干混后加入黏结剂，把湿料制成一定尺寸的小颗粒，经烘焙后即成为非熔炼型焊剂。通常烧结焊剂、黏结焊剂属非熔炼型焊剂。

2. 按焊剂的化学成分分类

按 SiO_2 含量，分为高硅焊剂（SiO_2 含量 > 30%）；中硅焊剂（SiO_2 含量 = 10% ~ 30%）；低硅焊剂（SiO_2 含量 < 10%）。

按 MnO 含量，分为高锰焊剂（MnO 含量 > 30%）；中锰焊剂（MnO 含量 = 15% ~ 30%）；低锰焊剂（MnO 含量 = 2% ~ 15%）；无锰焊剂（MnO 含量 < 2%）。

按 CaF_2 含量，分为高氟焊剂（CaF_2 含量 > 30%）；中氟焊剂（CaF_2 含量 = 10% ~ 30%）；低氟焊剂（CaF_2 含量 < 10%）。

根据这种分类方法，焊剂"431"为高硅高锰低氟焊剂；焊剂"350"为中硅中锰中氟焊剂；焊剂"250"为中硅低锰中氟焊剂。

3. 按焊剂的化学性质分类

酸性焊剂：碱度 B < 0.9。此种焊剂可使焊缝金属增硅及降碳，焊缝金属含氧量高，冲击韧性低。

中性焊剂：碱度 B = 0.9 ~ 1.2。熔敷金属的化学成分与焊丝的成分相近，含氧量较低。

碱性焊剂：碱度 B = 1.2 ~ 2.0。熔敷金属中的含氧量进一步降低。

高碱度焊剂：碱度 B > 2.0。这种焊剂有降碳，除硫和降硅作用，焊缝的含氧量很低，焊缝金属的韧性高。

（三）常用焊剂型号的编制方法

1. 熔炼焊剂

焊剂牌号前加焊剂二字，其汉语拼音字母为 HJ，后缀有 3 位阿拉伯数字，第一位数字表示焊剂中的平均 MnO 含量，见表 3 - 14，第二位数字表示焊剂中 SiO_2 和 CaF_2 的平均含量，见表 3 - 15，第三位数字表示同一类型焊剂中的不同牌号，按 0、1、2、…、9 顺序排列。对同一牌号焊剂生产两种颗粒度时，在细颗粒焊剂牌号后面加"X"。

表 3 - 14　熔炼焊剂型号第一位数字系列

型　号	焊　剂　类　型	MnO 平均含量/%
HJ1XX	无锰	< 2
HJ2XX	低锰	2 ~ 15
HJ3XX	中锰	15 ~ 30
HJ4XX	高锰	> 30

表 3 - 15　熔炼焊剂型号第二位数字系列

型　号	焊　剂　类　型	SiO_2平均含量/%	CaF_2平均含量/%
HJX1X	低硅低氟	< 10	10

型　　号	焊剂类型	SiO₂平均含量/%	CaF₂平均含量/%
HJX2X	中硅低氟	10 ~ 30	< 10
HJX3X	高硅低氟	> 30	< 10
HJX4X	低硅中氟	< 10	10 ~ 30
HJX5X	中硅中氟	10 ~ 30	10 ~ 30
HJX6X	高硅中氟	> 30	10 ~ 30
HJX7X	低硅高氟	< 10	> 30
HJX8X	中硅高氟	10 ~ 30	> 30
HJX9X	其　他		

举例：

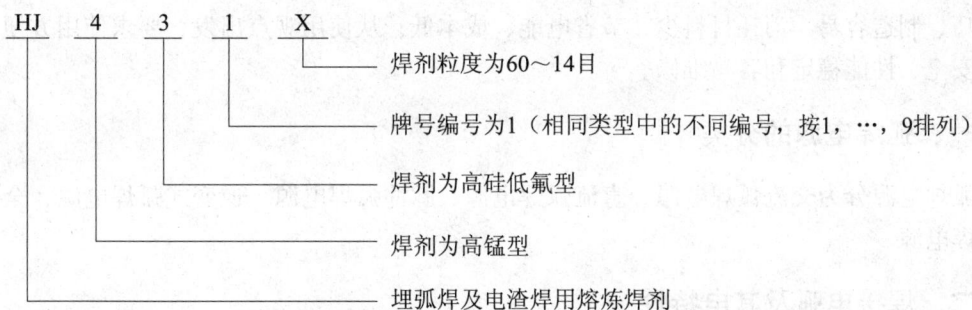

2. 烧结焊剂

由 SJ 表示烧结焊剂，后缀有 3 位阿拉伯数字。第一位数字表示焊剂熔渣的渣系，其系列见表 3－16，第二位、第三位数字表示同一渣系类型焊剂中的不同牌号的焊剂。按 01、02、…、09 顺序排列。

表 3－16　烧结焊剂型号第一位数字系列

焊剂型号	熔渣渣系类型	主要组分范围/%
SJ1XX	氟碱型	CaF_2含量≥15　SiO_2含量 < 20 （CaO + MgO + MnO + CaF_2）含量 > 50
SJ2XX	高铝型	Al_2O_3含量≥20　（Al_2O_3 + CaO + MgO）含量 > 45
SJ3XX	硅钙型	（CaO + MgO + SiO_2）含量 > 60
SJ4XX	硅锰型	（MnO + SiO_2）含量 > 50
SJ5XX	铝钛型	（Al_2O_3 + TiO_2）含量 > 45
SJ6XX	其他型	

举例：

```
      SJ        5        01
                          └──────────── 牌号编号为01

                 └──────────────────── 焊剂熔渣渣系为铝钛型

      └─────────────────────────────── 埋弧焊用烧结焊剂
```

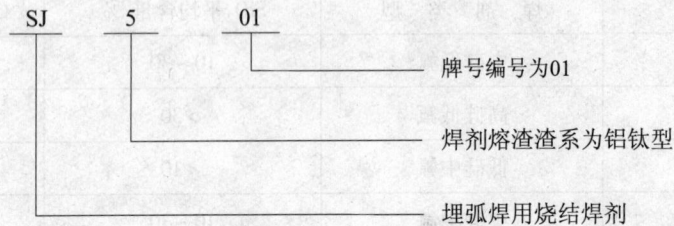

第四节 弧焊电源

核电厂制造和安装常用的焊接方法有焊条电弧焊、钨极氩弧焊、埋弧焊、熔化极气体保护焊、等离子焊和电渣焊等。这些方法都是通过电弧的热量来熔化焊材和工件达到焊接的目的，弧焊电源是各类电弧焊机的核心部分，是用来对焊接电弧提供电能的一种专用设备，在焊接设备（焊机）中是决定焊接活动电气参数的关键部分。从经济观点出发，要求结构简单轻巧、制造容易、消耗材料少、节省电能、成本低；从使用观点出发，要求使用方便、可靠、安全、性能稳定和容易维修。

一、弧焊电源的分类

弧焊电源分为交流弧焊电源、直流弧焊电源、脉冲弧焊电源、逆变式弧焊电源、全数字化弧焊电源。

二、焊接电弧及其电特性

（一）焊接电弧

由焊接电源供给的具有一定电压的两电极间或电极与工件间，在气体介质中产生的强烈而持久的放电现象叫做焊接电弧。

为了在气体中产生电弧而通过电流，就必须使气体分子或原子成为正离子和电子，即必须使气体发生电离。在焊接电弧中，有3种电离方式：撞击电离、热电离、光电离。

1. 焊接电弧的引燃方法

1）接触短路引弧法

将焊条或焊丝与工件接触短路，利用短路产生高温；在短路后迅速地将焊条或焊丝拉开，这时在焊条或焊丝端部与工件之间产生一个电压，使空气电离产生电弧引燃电弧。接触短路引弧法主要用于焊条电弧焊、熔化极气体保护焊、药芯焊丝电弧焊和埋弧焊等焊接方法。

2）高频高压引弧法

利用2 000～3 000 V的高电压，直接将两电极间的空气击穿，引燃电弧。在钨极氩弧焊时，在钨极和工件之间留有2～5 mm的间隙，利用高频振荡器产生的高频高压击穿钨极与试件之间的根部间隙，而引燃电弧或在钨极与工试件之间加一高压脉冲，使氩气电离而引燃电弧。高频高压引弧法主要用于钨极氩弧焊和等离子弧焊。

2. 直流电弧的结构

焊接电弧是由阴极区、阳极区和弧柱区 3 部分组成的。图 3 - 12 为焊条电弧焊电弧静特性曲线。当电极材料、电源种类及极性和气体介质一定时，电弧电压仅决定于电弧长度，即当电弧拉长时，电弧电压增加；反之电弧压短，电弧电压减小。

3. 焊接电弧温度

焊接电弧的三区域的温度分布是不均匀的，阳极区温度高于阴极区温度，但都低于弧柱中心的温度。弧柱中心的温度一般在 5 000 ~ 30 000 K 内，离开弧柱区中心线，温度逐渐降低。

（二）焊接电弧的电特性

1. 电弧的静特性

在电极材料、气体介质和弧长一定的情况下，电弧稳定燃烧时，焊接电流与电弧电压变化的关系。一般也称伏安特性。

电弧的静特性近似呈 U 形曲线，如图 3 - 13 所示。焊接方法不同，它们的电弧静特性曲线也有所不同，所处的电弧静特性曲线阶段也有所不同。

（1）电弧静特性的下降段由于电弧燃烧不稳定而很少采用。

（2）焊条电弧焊、埋弧焊多半工作在静特性的水平段，即电弧电压只随弧长而变化，与焊接电流关系很小。

（3）不熔化极气体保护焊、等离子弧焊多半工作在水平段，当焊接电流较大时才工作在上升段。

（4）熔化极气体保护焊（氩气和二氧化碳气体保护）焊接，基本工作在上升段。

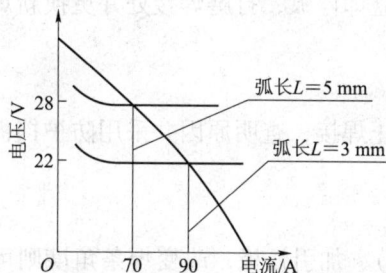

图 3 - 12　焊条电弧焊电弧静特性曲线

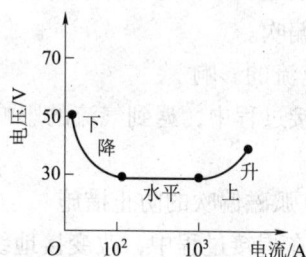

图 3 - 13　电弧静特性

2. 电弧的动特性

对于一定弧长的电弧，当电弧电流发生连续的快速变化时，电弧电压与电流瞬时值之间的关系。焊接电流按不同的规律变化时将得到不同形状的动特性曲线。电流变化速度越小，静、动特性曲线就越接近。

（三）电弧偏吹

焊接过程中，因气流的干扰，磁场的作用或焊条偏心的影响，使电弧中心偏离电极轴线的现象称为电弧偏吹。电弧偏吹使温度分布不均匀，容易产生咬边、未熔合、夹渣等缺陷。

1. 产生电弧偏吹的原因

（1）焊条药皮偏心产生的偏吹。

（2）电弧周围气流的影响。

（3）热偏吹。由于电极与熔池间的空气已被电离，所以其电导率大于电极到冷区域的电导率，当电极向较冷区域移动引起电弧的滞后趋势，使电弧向温度高的焊缝金属方向偏吹，这种偏吹称为热偏吹。当采用手工焊时，热偏吹引起的电弧滞后不会起主要作用，但当采用高速机械焊时，热偏吹能增加磁偏吹的作用。

（4）焊接电弧磁偏吹。电弧焊时，因受到焊接回路所产生的电磁力的作用而产生的电弧偏吹。如图 3 - 14 所示。

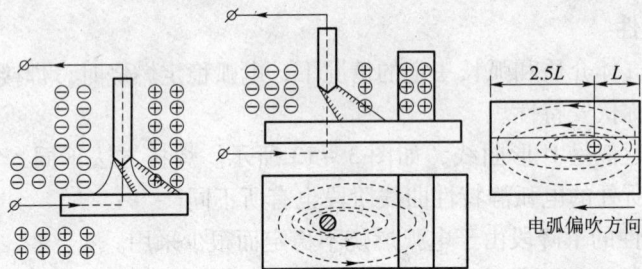

图 3 - 14　焊接电弧磁偏吹示意图

2. 预防电弧偏吹的措施

1）焊条药皮偏心

在焊接过程中，遇到焊条药皮偏心引起偏吹，应立即停弧，打磨焊接处并更换新焊条可消除电弧偏吹。

2）气流的影响

在焊接过程中，遇到气流的影响引起偏吹，应停止焊接，查明原因并采用防护挡板等方法来解决。

3）电弧磁偏吹的防止措施

（1）在焊接过程中，改变接地线位置（地线置中）、加引弧板；改变焊条角度则可减少电弧磁偏吹的程度。

（2）减小电弧长度，电弧越短电弧磁偏吹的程度越轻。

（3）在可能的情况下减小焊接电流，因为磁感应强度与焊接电流的大小成正比，所以减小焊接电流有助于减少磁偏吹。

（4）焊接过程中要避免周围有铁磁性物质引起磁偏吹。

（5）使用交流电源、脉冲焊或高频电弧焊的方法都可以减少磁偏吹。

（6）采用两个电弧减少电弧磁偏吹。

① 当采用两个电弧，可使其一为直流，另一个为交流。这样交流磁场每个周期都在变化，对直流电弧影响很小。

② 当采用两个电弧，也可使用两个交流电弧。

（7）合理的焊接顺序及操作技术减少磁偏吹。

（四）焊接电源的极性

1. 极性

直流电弧焊或电弧切割时，焊件的极性。若焊件接电源的正极，称正极性。焊件接电源的负极为反极性。

2. 电源极性的选择

（1）焊条电弧焊时，类型决定焊接电源的种类，除低氢钠型焊条必须采用直流反接外，低氢钾型焊条可采用直流反接或交流，所有酸性焊条通常都采用交流电源焊接，但也可以用直流电源，焊厚板时用直流正接，焊薄板时用直流反接。

（2）钨极氩弧焊和等离子弧焊时一般都采用正极性接法。此时电弧稳定，钨极寿命长。

（3）熔化极和药芯焊丝电弧焊时一般都采用反极性接法。此时电弧稳定，焊丝熔化速度快，熔敷效率高。

（4）直流埋弧焊时一般都采用反极性接法。

（5）电弧螺柱焊时黑色金属采用正极性接法，有色金属采用反极性接法。

（6）电子束焊。

三、对弧焊电源的基本要求

由于弧焊电源的负载是电弧，它的电气性能就要适应焊接电弧的负载特性，应从弧焊电源的外特性、动特性和调节性能等 3 方面考虑，加强研制开发，以满足弧焊工艺对电源的基本要求，即保证引弧容易、电弧稳定、焊接规范稳定、具有足够宽的焊接规范调节范围等。

（一）电源的外特性

电源外特性在电源内部参数一定的条件下，改变负载时，电源输出的电压稳定值与输出的电流稳定值之间的关系曲线，称为电源的外特性。

弧焊电源外特性分为平特性、下降特性和双阶梯特性三大类。表 3 - 17 列出了弧焊电源外特性的分类和应用范围。

表 3 - 17　弧焊电源外特性的分类和应用范围

外特性	平　特　性
图形图貌	
特性描述	在焊接过程中，焊接电压基本不变（有时电压稍有下降），称为恒压特性
应用范围	等速送丝的熔化极气体保护焊和等速送丝埋弧焊（细丝直径≤3 mm）

外特性	下　降　特　性	
图形图貌		
特性描述	在焊接过程中，焊接电流基本不变。将其称为陡降特性或恒流特性	图形接近1/4椭圆曲线，称为缓降特性。其焊接电流随电弧电压变化较恒流特性大
应用范围	钨极氩弧焊、等离子弧焊	焊条电弧焊、均匀调节埋弧焊
外特性	下　降　特　性	
图形图貌		
特性描述	在焊接过程中，图形接近斜线，称为缓降特性。其焊接电流随电弧电压变化较恒流特性更大	在焊接过程中，恒流带外拖。外拖的斜率和拐点可调
应用范围	粗丝二氧化碳气体保护焊、埋弧焊和特别适合立和仰位置的焊条电弧焊	焊条电弧焊
外特性	双阶梯特性	
图形图貌		
特性描述	在焊接过程中，随焊接电流增加电弧电压稍有增加。有时称为上升特性	由L形和T形外特性切换而成双阶梯形外特性曲线。即一台电源既能输出恒压特性也能输出恒流特性
应用范围	等速送丝的细丝熔化极气体保护焊（包括水下焊）	带脉冲多种焊接方法的电源——维弧阶段工作于L特性上，而脉冲阶段工作于T特性上

一定形状的电弧静特性需要适当形状的电源外特性与之相配合，才能既满足系统的稳定条件又能保证焊接规范稳定。

1. 对弧焊电源外特性工作区段形状的要求

（1）焊条电弧焊。一般工作在电弧静特性的水平段上，采用下降外特性的弧焊电源，便可以满足系统稳定性的要求。

在弧长变化时，电源外特性下降的陡度愈大，则电流偏差就愈小。这样一方面可使焊接规范稳定；另一方面还可增强电弧弹性。但是，其短路电流 I_{wd} 过小，这将造成引弧困难，电弧推力弱、熔深浅，而且熔滴过渡困难。因此，焊条电弧焊应采用陡降特性的弧焊电源，最好采用恒流带外拖特性的弧焊电源。

（2）熔化极弧焊。等速送丝控制系统的熔化极弧焊对弧焊电源外特性工作区段形状的要求：

CO_2/MAG、MIG 和焊丝直径 $\phi \leqslant 3$ mm 的直流埋弧焊的电弧静特性是上升的。电源外特性为缓降、平、微升都可以满足"电源电弧"系统稳定条件。

（3）变速送丝控制系统的熔化极弧焊。通常的埋弧焊（焊丝直径大于 3 mm）和一部分 MIG 焊，它们的电弧静特性是平的，采用下降外特性的电源。因自身调节作用不强，不宜采用等速送丝控制系统，而采用变速送丝控制系统。它是利用电弧电压作为反馈量来调节送丝速度。当弧长增长时，电弧电压增大迫使送丝加快，因而弧长得以恢复。反之亦然。这种强制调节作用的强弱与电源外特性形状无关。选择较陡的下降外特性，则在弧长变化时引起的电流偏差较小，有利于焊接规范的稳定。

（4）不熔化极弧焊。脉冲 TIG 焊等，它们的电弧静特性工作部分呈平或略上升的形状，最好采用恒流特性的电源。

（5）熔化极脉冲弧焊。一般采用等速送丝，利用"电源电弧"系统的自身调节作用来稳定焊接规范。

2. 对弧焊电源空载电压的要求

保证引弧容易、保证电弧的稳定燃烧、保证电功率稳定、要有很好的经济性、保证人身安全。

交流焊条电弧焊电源：$U_0 = 55 \sim 70$ V；

交流埋弧焊电源：$U_0 = 70 \sim 90$ V；

直流弧焊变压器：$U_0 \leqslant 80$ V；

直流弧焊整流器：$U_0 \leqslant 85$ V。

3. 对弧焊电源稳态短路电流的要求

稳态短路电流过大，会使焊条过热，药皮脱落，使熔滴过渡中有大的积蓄能量而增加金属飞溅。但是，短路电流不够大，会因电磁压缩推动力不足而使引弧和焊条熔滴过渡产生困难。对于下降特性的弧焊电源，一般要求稳态短路电流 I_{wd} 对焊接电流 I_f 的比值范围为：

$$1.25 < I_{wd}/I_f < 2$$

显然，这个比值取决于弧焊电流外特性工作部分至稳态短路点之间的曲线形状。由上可知，对于焊条电弧焊，为了使规范稳定，希望弧焊电源外特性下降陡度大，最好采用恒流特性。与此同时，为了确保引弧容易和熔滴过渡时具有足够大的推力，又希望短路电流适当大些，即满足上式要求。这就要求弧焊电源的外特性有陡降到一定电压值之后转入外拖段形成恒流（或陡降）带外拖的外特性。

（二）弧焊电源的动特性

弧焊电源动特性是指电弧负载状态发生突然变化时，弧焊电源输出电压与电流的响应过程。它说明弧焊电源对负载瞬变的适应能力。对于焊条电弧焊电源，瞬时短路电流峰值和恢复电压最低值是其主要的衡量指标；对于短路过渡细丝 CO_2 用电源，短路电流增长速度、空载电压恢复速度和短路电流峰值是衡量弧焊电源动特性好坏的关键。这些指标合适，说明这种弧焊电源的动特性好，引弧和重新引弧容易，电弧稳定和飞溅小。

（三）弧焊电源的调节性能

弧焊电源能满足不同工作电压、电流需求的可调性能。它通过电源外特性来体现。调节焊接规范，即在给定电弧电压时调节电弧电流，或在给定电弧电流时调节电弧电压，可以通过调节弧焊电源空载电压和等效阻抗来实现。针对下降外特性弧焊电源，其可调参数有：工作电流、工作电压、最大焊接电流、最小焊接电流、电流调节范围。对平外特性弧焊电源，其可调参数有：工作电流、工作电压、最大工作电压、最小工作电压、工作电压调节范围等。

弧焊电源能输出多大功率，与其温升有密切关系。温升除取决于焊接电流大小外，还决定于负荷的状态，即长时间连续通电还是间歇通电。同一容量的电源在断续焊时，弧焊电源允许使用的电流较连续焊大些。这里引入了负载持续率的概念，负荷持续率 F_S 用于表示某种负荷状态，即：

$$F_S = \frac{负载持续运行时间}{负载持续运行时间 + 休止时间} \times 100\% = \frac{t}{T} \times 100\%$$

负载工作的持续时间与选定的工作时间周期的比值，称为负载持续率。我国国标规定，对于主要用做手工焊的焊机，选定的工作时间周期为 5 min。负载持续率有 35%、60% 和 100% 三种。

弧焊电源的额定电流就是该负载持续率条件下允许的最大输出电流。

电源的负载持续率是以输出电流为基础的，实际工作时间与工作周期之比称为实际负载持续率。不同的实际负载持续率条件下允许使用的输出电源可按下式计算：

$$I = \sqrt{DY_r/DY} \times I_r$$

式中　I——实际负载持续率时的允许使用电流；

　　　I_r——额定负载持续率时的额定电流；

　　　DY_r——额定负载持续率；

　　　DY——实际负载持续率。

例：一台 60% 负载持续率下额定电流为 300 A 的电源，在 100% 的实际负载持续率下允许输出的最大电流为多少？

解：　　　　　　　$I = \sqrt{60/100} \times 300 = 232$（A）

该电源在连续工作（100% 负载持续率）情况下允许输出的最大电流为 232 A。

四、弧焊电源的型号编制

根据 GB 10249《电焊机型号编制方法》规定，焊条电弧焊机型号由汉语拼音字母和阿拉伯数字表示。见表 3 – 18。

138

表 3-18　核电常用的电焊机型号代表字母

序号	代表字母	第一字位 大类名称	代表字母	第二字位 小类名称	代表字母	第三字位 附注特征	数字序号	第四字位 系列序号	单位	第五字位 基本规格
1	Z	整流弧焊电源	X P D	下降特性 平特性 多特性	省略 M L E	一般电源 脉冲电源 高空载电压 交直流电源	省略 1 2 3 4 5 6 7	磁放大器式或饱和电抗器式 动铁芯式 动线圈式 晶体管式 可控硅式 变换抽头式 逆变式	安	额定焊接电流
2	B	交流弧焊电源	X P	下降特性 平特性			省略 1 2	磁放大器式或饱和电抗器式 动铁芯式 串联电抗器式	安	额定焊接电流
3	M	埋弧焊机	Z	自动焊	省略	直流	省略	焊车式	安	额定焊接
4	W	不熔化极气体保护焊	B	半自动焊			1	全位置焊车式		
5	N	熔化极气体保护焊	U L S G Q	堆焊 螺柱焊 手工焊 切割 其他			2 3 4 5 6 7 8	横臂式 机床式 旋转机头式 台式 机械手式 变位式 真空充气式		

五、弧焊电源简介

（一）焊条电弧焊和钨极氩弧焊电源简介

1. 弧焊变压器

弧焊变压器即交流弧焊机，它是一种特殊的降压变压器，具有陡降的外特性。常见的交流弧焊机有动铁芯式弧焊变压器和动线圈式弧焊变压器两种。

2. 弧焊整流器

弧焊整流器是一种将交流电经整流转换为直流电的焊接电源。以硅二极管作为整流元件的称为硅弧焊整流器焊机，以晶闸管为整流元件的称晶闸管式弧焊整流器焊机。与旋转式直流电焊机相比，具有噪声小、空载损耗小、成本低、重量轻、结构与维修简单等优点。

常用的逆变弧焊电源是一种节能效果显著的新型直流弧焊电源，它具有体积小，重量轻，特别适用于钻井平台、船舶、建筑工地及设备维修等移动频繁的场合。

基本原理见框图 3-15。由图可知，交流网路电压经输入整流器整流和滤波，通过大功率开关电子元件的交替开关作用，变成几百赫兹到几十千赫兹的中频电压，再经中频变压器降至适合于焊接的几十伏电压，经输出整流滤波，将中频交流变为直流输出。

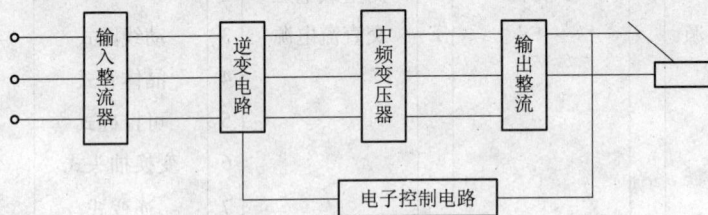

图 3-15 逆变弧焊电源基本原理框图

逆变弧焊电源根据大功率开关电子元件的不同可分为晶闸管式弧焊逆变器、晶体管式弧焊逆变器和场效应管式弧焊逆变器等 3 种类型。它与弧焊变压器、直流弧焊发电机、弧焊整流器等传统性弧焊电源比较，具有突出的优点：

高效节能，效率可达到 80%～90%，功率因素可提高到 0.99，空载损耗极小。

重量轻，体积小，主变压器的重量仅为传统性弧焊电源主变压器的几十分之一；整台焊机的重量仅为传统性弧焊电源的 1/5 到 1/10；体积也仅为传统性弧焊电源的 1/3 左右。

具有良好的动特性和弧焊工艺性能：采用电子控制电路，可根据不同的工艺要求，设计出合适的外特性形状，并保证具有良好的动特性。进行各种位置的焊接，获得优良的工艺性能。

（二）熔化极气体保护焊电源

熔化极气体保护半自动焊只能采用直流电源。现在普遍采用的是整流弧焊电源，它能获得平的外特性。整流焊接电源通常是由焊接变压器、整流器、电抗器以及附有保护元件组成的三相桥式整流电路组成。

熔化极气体保护电弧焊焊接电源必须能调节电弧电压（外特性），按调压电气原理的不同，熔化极气体保护电弧焊焊接电源可分为下列几种。

1. 自耦变压器式

通过调节自耦变压器活动触点碳刷位置来改变焊接变压器的匝数比，从而改变二次输出电压。这种方法的优点是电压可以进行无极调节，调节范围大，结构简单，维修方便。缺点是体积大，成本高，也不安全。

2. 变压器抽头式

通过变压器初级线圈的抽头来改变次级的输出电压。具有平的外特性，空载电压较低与电弧电压近于相等。这种方法的优点是调压简单可靠，设备制造容易，成本低。缺点是有级调节，调节精度较粗，调节电压必须在空载时进行，也不能遥控；对电网电压波动的影响不能采取补偿措施。

3. 自饱和磁放大器式

通过磁放大器工作状态的改变来控制输出电压。其优点是能无级调节电压，维修方便。缺点是结构比较复杂且重量大、用料多。

4. 晶闸管式

随着大功率晶闸管的问世，在 20 世纪 60 年代初，出现了以晶闸管为整流元件的弧焊电源——晶闸管式弧焊整流器。它是通过改变晶闸管导通角的大小来调节输出电压和实现对电源外特性的控制。晶闸管的导通是借触发电路来触发的。一般晶闸管弧焊整流器的主电路由主变压器、晶闸管整流器和输出电感组成。优点是自动稳压，动特性好、控制性能好，在焊接过程中也能调压，节能，体积小。缺点是电路较复杂，除主电路外，还有触发电路，使用的电子元件较多。影响电源使用的可靠性和对电源的调试和维修。

5. 逆变电源式

自 20 世纪 70 年代以来，随着电子技术和大功率快速开关元件的不断发展，逆变技术已逐步地引进焊接领域。交流网路电压先经输入整流器整流和滤波，再通过由大功率开关电子元件（晶闸管、晶体管或场效应管）组成的逆变电路的交替开关作用，变成几百赫兹到几十千赫兹的中频交流电压，加在焊接变压器的初级，在次级输出适合于焊接的几十伏电压，然后再通过整流器整流并经电抗器滤波，将交流变为直流，串联电抗器输出作为直流电弧的电源。焊机的调压可以通过频率调制（定脉宽调频率）或脉宽调制（定频率调脉宽）来实现。按所用的电子器件分类，弧焊逆变器可分为晶闸管式弧焊逆变器、晶体管式弧焊逆变器和场效应管式弧焊逆变器等 3 种类型。这种焊接电源设备特别轻小，功耗低，具有良好的动特性和弧焊工艺性能，是今后焊接电源的发展方向。

（三）埋弧焊设备电源

1. 常用的埋弧焊设备电源

一般埋弧焊多采用粗焊丝，电弧具有水平的静特性曲线。按电弧稳定燃烧的要求，电源应具有下降的外特性。用细焊丝焊薄板时，电弧具有上升的静特性曲线，宜采用平特性电源。

埋弧焊电源可以用交流（弧焊变压器）、直流（弧焊整流器）或交直流并用。要根据具体的应用条件，如焊接电流范围、单丝焊或多丝焊、焊接速度、焊剂类型等选用。一般直流电源用于小电流范围、快速引弧、短焊缝、高速焊接、所采用焊剂的稳弧性较差及对焊接参数稳定性有较高要求的场合。采用直流电源时，不同的极性将产生不同的工艺效果。当采用直流正接（焊丝接负极）时，焊丝的熔敷率最高；采用直流反接（焊丝接正极）时，焊缝熔深最大。

采用交流电源时，焊丝熔敷率及熔深介于直流正接和反接之间，而且电弧的磁偏吹最小。因此交流电源多用于大电流埋弧焊和采用直流时磁偏吹严重的场合。一般要求交流电源的空载电压在 65 V 以上。

为了加大熔深并提高生产率，多丝埋弧焊得到越来越多的工业应用。目前应用较多的是双丝焊和三丝焊。多丝焊的电源可用直流或交流，也可以交、直流联用。

2. 窄间隙埋弧焊和带极埋弧堆焊的电源

窄间隙埋弧焊机的焊接电源与普通纵列双丝埋弧焊机的焊接电源相同，先用直流焊丝打底，后用交流焊丝提高效率。但在核安全设备制造中，为了得到比较稳定的焊接参数，通常只使用直流电源进行单丝焊接。焊机采用可控硅整流，直流反接，变速送丝进行焊接。

带极埋弧堆焊使用的电源与窄间隙埋弧焊的电源相同。

（四）自动热丝钨极氩弧焊的热丝电源

1. 交流热丝电源

自动热丝钨极氩弧焊的热丝电源既可采用交流电源，也可采用直流电源。但是，一般推荐采用交流电源。

1）交流热丝电源的特点

（1）预防 GMAW 电弧的产生。当热丝电源装置误调或误动作时，易在焊丝与工件之间引燃一个 GMAW 电弧，该电弧通常会引起飞溅，并使热丝系统强烈波动，因此，这种 GMAW 电弧是要求预防的。若采用交流电，当交流过零时，除非故意再引燃，交变的 GMAW 电弧将自己熄灭。在典型的热丝系统中电压通常低于 25 V，如果采用低压交流电作为热丝电源，与常规交流弧焊系统的空载电压相比，热丝电源再引燃的空载电压相当低，对于引燃电弧几乎没有什么作用。再者，在热丝系统的回路中，起主要作用的是电抗，而不是感抗，电流和电压之间没有明显的相移，回路具有较高的功率因素，这样，当热丝电流过零时，在先前引燃的 GMAW 电弧持续过程中，再引燃的电压将达到或接近零。所以，当采用一个高功率因素、低电压的交流电源作为热丝电源时，由于误动作在热丝与工件之间产生一个连续 GMAW 电弧的概率实际上为零，如果采用一个低电压的直流电源代替交流电源，那么这个概率将大得多。

（2）减少热丝磁场引起焊接电弧的偏吹。当电流通过热丝这一导体时，热丝周围空间形成一个磁场。由于热丝离焊接电弧较近，该磁场会引起焊接电弧的偏吹，电弧沿焊缝纵向摆动，其方向取决于热丝电源的极性。当热丝电流较大时，电弧偏摆角度也很大，使焊接电弧位置的控制变得非常困难，电弧过于发散，对熔池的加热作用下降，易产生未焊透和未熔合等缺陷。若热丝电源采用交流电，它通过热丝时，只引起邻近电弧移动，并且交流电的电流和周围磁场是变化的，磁场对电弧的作用力也是变化的，它与电流成正比。由于电弧偏离钨极中心到最大偏移量需要一段时间，而交流电增加到最大值时立刻减小，磁场对焊接电弧的作用亦减小，电弧的偏离滞后热丝电流一段时间，它还来不及偏离到最大值就得随电弧力的减小逐渐回到原来的钨极轴线位置。因此，采用交流电作为热丝电源时，焊接电弧磁偏吹较直流电小。如图 3-16 所示，只要交流热丝电流小于焊接电流的 60%，电弧的偏摆角度不大于 30°，对焊接操作无明显的影响。而当热丝电流与焊接电流相等时，电弧的偏摆角度达到 120°。

（3）成本。交流电源成本较直流电源成本低。

2）交流热丝电源的伏安特性曲线

作为热丝电源，应是一个能适用于热丝熔化所需要的伏安特性的电源。普通的恒流焊接电源不能满足上述要求，恒流焊接电源的空载电压很高而且是陡降特性。送丝速度稍微增加

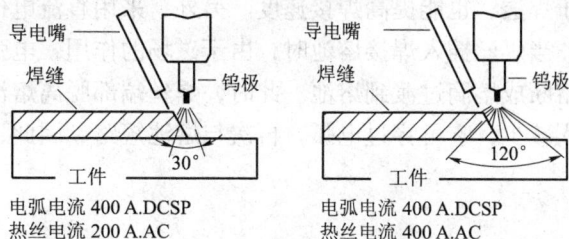

图 3 – 16   热丝电流对电弧偏摆角度的影响

时，电流增加很少，焊丝来不及熔化，这样将出现不熔化的断头，影响焊接质量。而当稍微降低送丝速度时，由于能量过剩，将使焊丝在到达工件前熔化，此时电路会爆断，整个热丝回路较高的空载电压将加到热丝尖端与工件的间隙上，产生如前所述的 GMAW 电弧。采用一个稳压器就可获得高功率因素、低空载电压的交流热丝电源。只要热丝的熔敷率是一定的，则熔化焊丝的功率也就不变。例如，对某一焊丝所要求的熔敷率为 4.5 kg/h，则熔化焊丝的热能是不变的，而焊丝伸出长度和焊丝直径并不重要。因此，在某一特定的熔敷率下，电源的伏安曲线为一恒功率曲线，如图 3 – 17 所示，曲线上任何一点的电流和电压的乘积均是相同瓦特值。

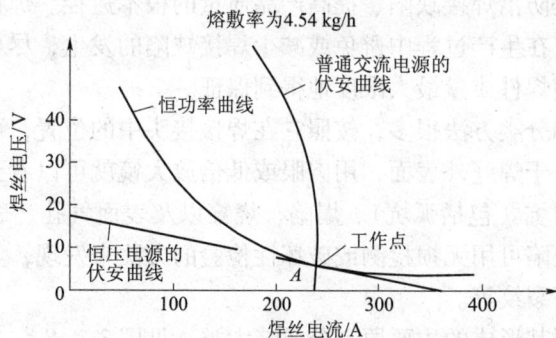

图 3 – 17   热丝电源所要求的伏安特性曲线

对于某一直径和类型的焊丝，导电嘴与工件之间一定长度焊丝的电阻可通过改变其长度进行控制。焊丝伸长量为 25.4 mm、熔敷率为 4.536 kg/h 的某一热丝系统的工作点如图 3 – 17 中的 A 点所示。功率曲线在 A 点的切线即代表一个简单的热丝电源输出的伏安特性。稍微改变热丝伸长量，相应地将使电阻轻微改变，工作点将沿恒功率曲线移动。但是，直的伏安特性上的工作点基本上与原先的工作点平行，就在它的附近，并且与恒功率曲线上的点大致重叠，这样整个热丝系统的操作较为灵活。事实上，热丝电源是一个具有缓降伏安特性的低压变压器。因要采用不同的熔敷率和不同的焊材，该变压器应有可调节的电压输出，使能量在较大范围内有良好的匹配。

2. 直流热丝电源

一般热丝电源推荐采用交流电，并不是说不能采用直流电。有的研究者认为，选择直流电时，其直流电源的空载电压要很低，利用电弧的偏摆现象，可调整热丝电流的极性为反接（热丝为正接，工件为负接），使焊接电弧始终朝前偏移，这样电弧对未熔化的母材有一个预热作用，从而有利于焊透，也能提高焊接速度。另外，采用直流电作热丝电源时，如果焊丝接负极，前部送丝，当焊丝插入焊接熔池时，由于磁场的作用，电弧偏向焊丝，加剧了焊丝的加热作用，焊丝熔断成熔滴过渡到熔池。此时，焊丝端部脱离熔池，电弧停止摆动，焊丝从电弧得到的热输入减少，它可穿过电弧，再次与熔池短路。因此，采用直流时送丝速度的调节范围较大。

第五节 焊 接 缺 陷

一、概述

焊接技术作为一种十分重要的工艺手段，在民用核安全设备的制造过程中得到了广泛应用。但是，由于焊接工艺的特殊性，焊接缺陷的多样性、易发性和隐蔽性直接影响到焊接结构的安全使用。

焊接缺陷是指"焊接过程中在焊接接头中产生的金属不连续、不致密或连接不良的现象"，焊接缺陷的种类、数量及尺寸是决定焊接产品最终质量首要的、关键的因素。掌握各类焊接缺陷的形成条件及其影响因素，有针对性地制定合理的焊接工艺，在产品制造过程中严格执行工艺纪律，是防治焊接缺陷、提高产品质量的根本途径。焊接质量控制和质量保证的最终目的也就是为了在生产过程中避免或减少焊接缺陷的发生，尽可能及时发现焊接接头中的各种缺陷，从而使焊件质量最大限度地得到保证。

焊接缺陷的类型和分类方法很多，按照它在焊接接头中的位置，可分为内部缺陷及外部缺陷两类。外部缺陷位于焊缝外表面，用肉眼或低倍放大镜就可以看到，如焊缝尺寸不符合要求、咬边、焊瘤、凹坑（包括弧坑）、塌陷、烧穿以及表面气孔、表面裂纹等；内部缺陷位于焊缝内部，这类缺陷可用无损检测或破坏性检验的方法来发现，如未焊透、未熔合、夹渣以及内部气孔、内部裂纹等。

焊接缺陷还可按照其形成的主要原因分成三大类。见图 3 – 18。

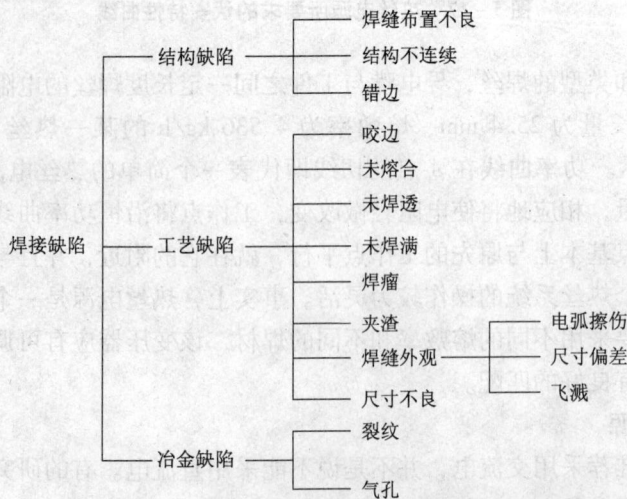

图 3 – 18　按照焊接缺陷形成的主要原因分类图

在 GB/T 6417—1986《金属焊接焊缝缺陷分类及说明》将焊接缺陷分为六大类，即裂纹、孔穴（包括气孔和缩孔）、固体夹杂、未熔合和未焊透、形状缺陷和其他缺陷。

在核安全设备焊接活动中，焊缝形状缺陷、未焊透和未熔合、气孔、夹渣以及裂缝是较常见的焊接缺陷。

二、焊接缺陷产生的原因及其危害

焊接是一个快速加热和冷却的过程，影响焊接缺陷产生的因素是错综复杂的，其中除了焊工技能是重要因素外，还包括材料、结构、冶金和工艺因素。生产实践表明，焊接缺陷越大、越长、越接近表面或越密集，对焊接结构的安全性影响就越大。

（一）焊缝形状缺陷

GB/T 3375—1994 中并未对此种缺陷做出明确的定义。一般来说，焊缝形状缺陷是指焊缝外观的几何形状发生突变，如焊缝外表形状高低不平，波形粗劣；焊缝宽度不齐，太宽或太窄；焊缝余高过高或高低不均；角焊缝焊脚尺寸不均等，这类缺陷可以通过外观检查发现，可采用修磨补焊方法消除。

1. 焊缝尺寸不符合要求

焊缝尺寸不符合要求一般是指焊缝的几何尺寸不符合施工图纸或技术标准的规定。图 3-19 以角焊缝为例说明了焊缝尺寸不符合要求的情况。

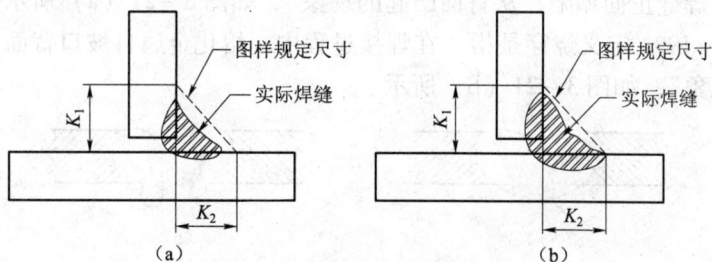

图 3-19　焊缝尺寸不符合要求示意图
(a) K_1、K_2 偏小；(b) K_1 偏小

焊缝尺寸不符合要求主要与焊工不明确尺寸和工艺要求有关，如焊接坡口角度不当或装配间隙不均匀、焊接电流过大或过小、焊接速度不当、埋弧焊焊接参数不当等；其次与焊工操作技术有关，如手工焊时横向摆动不均匀、焊接速度不稳定、运条手法不正确、焊条角度选择不合适等。

焊缝尺寸过小会使承载截面变小，降低结构的承载能力；焊缝尺寸过大，不仅浪费焊接材料和工时，还会削弱结构承受动载的能力。

2. 咬边

GB/T 3375—1994 定义咬边是指"由于焊接参数选择不当，或操作方法不正确，沿焊趾的母材部位产生的沟漕或凹陷"。如图 3-20 所示。

咬边产生的主要原因是：

（1）焊接参数不合适：焊接电流过大；电弧电压过高；焊接速度太慢等。

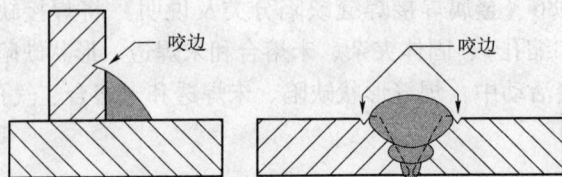

图 3 – 20　咬边示意图

（2）电弧偏吹：电弧偏吹破坏电弧稳定性，使电弧偏离理想焊道，形成咬边。

（3）操作技术不熟练：电弧长度稳定性差；焊条或焊枪角度不正确；摆动手势不恰当等。

（4）焊接位置对咬边的影响：不同焊接位置产生咬边的可能性不同。一般来说，立焊、仰焊位置产生咬边的可能性较大，横角焊缝上焊趾处也易产生咬边，船形焊产生咬边的可能性最小。

（5）埋弧焊时焊接速度过大。

咬边不仅减弱了母材的有效面积，降低了焊接接头的强度，而且在咬边处形成应力集中，承载后有可能在咬边处产生裂纹。

3. 下塌与烧穿

GB/T 3375—1994 定义下塌是指"单面熔焊时，由于焊接工艺不当，造成焊缝金属过量透过背面，而使焊缝正面塌陷，从背面凸起的现象"，如图 3 – 21（a）所示。

GB/T 3375—1994 定义烧穿是指"在焊接过程中，熔化金属自坡口背面流出的现象，形成穿孔的缺陷现象"，如图 3 – 21（b）所示。

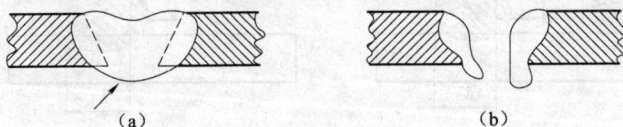

（a）　　　　　　　　　　（b）

图 3 – 21　下塌和烧穿示意图

（a）下塌；（b）烧穿

下塌和烧穿产生的原因是：

（1）焊接参数不当：焊条或焊丝直径选择不当；焊接电流过大；焊接速度太慢；坡口间隙太大等。

（2）焊接方法和设备选择不正确。

（3）操作技术不熟练：焊接速度不均匀；电弧停顿时间长短不一；电弧移动不到位等。

下塌和烧穿是埋弧焊和电弧焊中常见的一种缺陷。前者削弱了焊接接头的承载能力；后者则可能使焊接接头完全失去了承载能力，是一种绝对不允许存在的缺陷。

4. 焊瘤

GB/T 3375—1994 定义焊瘤是指"焊接过程中，熔化金属流淌到焊缝之外未熔化的母材上所形成的金属瘤"。如图 3 – 22 所示。

焊瘤产生的原因是：

（1）焊接参数不当：焊接电流过小、电弧电压过低、易在焊缝正面形成焊瘤；焊接电

图 3-22 焊瘤

流过大、电弧电压过度，则易在焊缝背面产生焊瘤（多伴随烧穿出现）。

（2）焊接区域不洁净，使局部区域母材熔化不充分而形成焊瘤。

（3）操作不当（如焊条摆动角度不正确）使局部母材未能熔化，形成焊瘤。

焊瘤会引起焊缝几何形状突变而产生应力集中；伴随出现未熔合，未焊透等缺陷；在管子内部时影响流通截面。

5. 凹坑与弧坑

凹坑是指"焊后在焊缝表面或焊缝背面形成的低于母材表面的局部低洼部分"。如图3-23（a）所示。弧坑也是凹坑的一种，它是指弧焊时，由于断弧或收弧不当，在焊道末端形成低于母材表面的凹陷现象。如图3-23（b）所示。

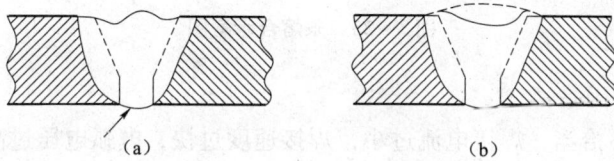

图 3-23 凹坑与弧坑示意图
（a）凹坑；（b）弧坑

凹坑与弧坑产生的原因是：

（1）焊工操作技能不熟练，不善于控制熔池的形状。

（2）焊接表面焊缝时，焊接电流过大，焊条又未适当摆动，熄弧过快。

（3）过早地进行表面焊缝焊接或中心偏移等。

（4）收弧或断弧处停留时间过短，或未采取适当的收弧措施，缺乏足够的填充金属所致。

凹坑与弧坑都使焊缝的有效端面被削弱，降低了焊缝的承载能力，并因冶金反应不充分而产生偏析现象，同时往往伴随着气孔、夹渣及裂纹等缺陷出现。

（二）未焊透与未熔合

未焊透与未熔合都是焊接接头结合不完全的现象，既可能出现在接头根部或焊缝表面，也可能出现在接头中间而无法直接观察到。未焊透直接减小接头的有效面积，降低了焊缝的承载能力，并易在根部尖角处产生较大的应力集中，诱发产生裂纹，是一种危害性较大的缺陷。

GB/T 3375—1994 未焊透是指"焊接时接头根部未完全熔透的现象，对于对接焊缝也是指焊缝深度未达到设计要求的现象"。如图3-24（a）所示。

未焊透产生的原因是：

（1）接头尺寸不恰当：坡口角度太小、间隙过小、预留钝边太大等。

（2）焊接参数不当：焊条直径过粗，焊接电流过小，焊接速度太快等。

147

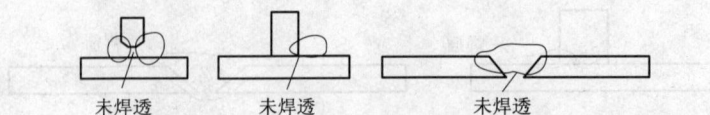

图 3-24　未焊透示意图

（3）操作不当，如电弧偏离焊道中心、焊条或焊枪角度不正确等。

未熔合是指"熔焊时，焊道与母材之间或焊道与焊道之间未完全熔化结合的部分"。如图 3-25 所示。一般情况下的未熔合多为面性缺陷，易产生很大的应力集中，其力学性质类似于裂纹，因而危险性较大。同时，未熔合的检验难度较高，使其危害程度也加大。

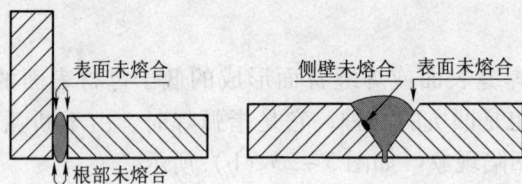

图 3-25　未熔合示意图

未熔合产生的原因是：

（1）焊接参数不恰当：焊接电流过小，焊接速度过快，电弧电压过高等。

（2）焊接区域存在难熔的氧化皮或其他杂质，影响母材或焊道金属的正常熔化。

（3）操作技术欠缺，如焊条或焊枪摆动角度偏离正常位置，焊道布置不合理形成较深沟槽等。

（三）气孔

气孔是指焊接时，熔池中的气泡在凝固时未能逸出而残留下来所形成的空穴。气孔会减少焊缝的有效面积，降低了焊缝的承载能力，造成应力集中；当与其他缺陷构成贯穿性缺陷时会破坏焊缝的致密性；连续气孔是导致结构破断的重要原因。

1. 气孔种类

气孔种类可有以下几种划分方式：

（1）根据气孔存在的位置：可将气孔分为内部气孔（存在于焊缝内部）和表面气孔（开口于焊缝表面的气孔）。

（2）根据气孔的分布状态及数量：可将气孔分为疏散气孔、密集气孔和连续气孔。

（3）根据气孔形状：可将气孔分为密集气孔、条虫状气孔和针状气孔等。

（4）按产生气孔的气体种类不同：可将气孔分为氢气孔、一氧化碳气孔、氮气孔等。

依据气孔的位置和形状进行分类，可见图 3-26 所示。

2. 氢气孔产生的主要原因

氢气孔常常出现于焊缝表面，断面多为螺钉状。当存在于焊缝内部时，则为圆形或椭圆形，并且在气孔的四周有光滑的内壁。

在电弧的高温作用下，H_2 分解为原子，并以原子或正离子的形式溶解于金属熔池中，而且温度越高，金属溶解气体的量越多，从而促使金属为氢所饱和。在冷凝结晶过程中，氢

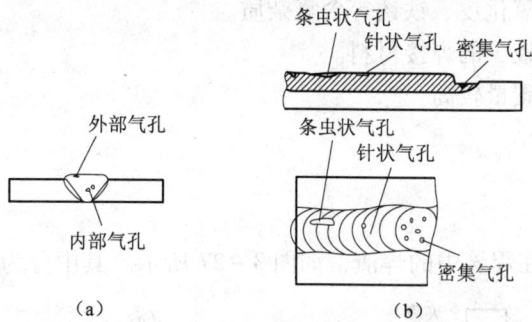

图 3-26 气孔的分类

（a）按气孔位置分类；（b）按气孔形状分类

在金属中的溶解度急剧下降，金属从液态转变为固态时，氢的溶解度可从 28 mL/100 g 降至 10 mL/100 g，致使金属呈氢的过饱和状态，这时便有氢析出，析出的氢原子在遇到非金属夹杂时，便积聚形成气泡猛烈向外排出，在焊缝冷却过程中，来不及浮出的氢便形成气孔。

影响生成氢气孔的因素：

（1）焊接区域不洁净，存在较高含氢杂质（如油污、铁锈等）。

（2）焊接材料（焊条、焊丝、焊剂）潮湿或生锈。

（3）保护气体不纯，存在较多的水分。

（4）焊接参数的影响，如电流过大或过小、电压过高等。

3. 一氧化碳气孔产生的原因

一氧化碳气孔一般出现在焊缝内部，并多沿结晶方向分布，常呈条虫状，表面光滑。一氧化碳气体主要来源于冶金反应，故又称"反应型气孔"。

在焊接铁-碳合金时，电弧气氛中的一氧化碳的含量是较高的，电弧中的一氧化碳主要来自焊丝、保护气体（如二氧化碳）、药皮和焊接熔池。

在焊接熔池中，碳被空气直接氧化或通过冶金反应都会生成一氧化碳，即：

$$C + O = CO$$
$$FeO + C = CO + Fe - Q$$

碳被氧化的反应是吸热反应，当温度升高时，反应向着生成一氧化碳的方向进行。上述两个反应在熔滴过渡过程中都能进行。由于一氧化碳不溶解在液体金属中，所以当反应向生成一氧化碳方向进行时，一氧化碳就立即以气泡的形式从熔池中析出，大部分一氧化碳是在液态熔池温度较高，并离其凝固还有一段时间时形成的。可以说，焊接时所形成的一氧化碳大部分是来得及从液体金属中排出到大气中去的。

随着反应的进行，熔池中氧化亚铁和碳的含量便降低了，同时随着熔池温度的下降，则上述反应也减慢下来，直至停止。

但是当焊接熔池开始结晶或在结晶过程中，由于钢中的碳及氧化亚铁容易偏析，结果使氧化亚铁和碳的含量在局部地区增多，因此虽然是冷却过程，但由于浓度的增加会使上述反应继续进行，生成一氧化碳。这时金属黏度增大了，吸热反应又加速了冷凝结晶速度，因而使一氧化碳气泡来不及排出而形成气孔。

影响生成一氧化碳气孔的因素：

（1）焊接区域存在氧化皮、铁锈等含氧杂质。

（2）使用脱氧元素较少的焊接材料。

（3）焊接材料的含碳量较高。

（4）焊接热输入过小。

（四）夹渣

夹渣是指焊后残留在焊缝中的焊渣，如图 3 - 27 所示。其中分为夹杂物和夹钨两种。

图 3 - 27　夹渣示意图

夹渣的几何形状不规则，往往存在棱角或尖角，易造成应力集中，常是裂纹的起源。同时夹渣也削弱了焊缝的有效面积，减低了焊缝的力学性能，易使焊接结构在承载时遭受破坏，因此夹渣的危害性较之气孔更大。

夹渣产生的原因是：

（1）焊接参数不适当，焊接电流过小，焊接速度过快等。

（2）坡口形状不规则或过于窄小。

（3）焊件边缘或多层焊时，清渣不彻底。

（4）操作技术不熟练，如焊条电弧焊时运条不当造成熔渣与铁水分离不清；多层焊时形状过深、尖角等。

（五）裂纹

焊接裂纹是指在焊接应力及其他致脆因素共同作用下，焊接接头中焊缝或热影响区局部的金属原子结合力遭到破坏而形成的新界面所产生的缝隙。它具有尖锐的缺口和大的长宽比的特征。

在焊接生产中出现的裂纹形式是多种多样的，有的裂纹出现在焊缝表面，肉眼就能观察到；有的隐藏在焊缝内部，不通过探伤检查就不能发现。有的产生在焊缝中；有的则产生在热影响区中。

由于焊接裂纹具有尖锐的缺口和大的长宽比的特点，易引起强烈的应力集中，并具有扩展延伸的趋势，导致结构破断，是所有缺陷中最危险的。

1. 裂纹的分类

对裂纹进行分类的方法很多，主要有以下几种。

1）按裂纹存在的方向分类（图 3 - 28）

2）按裂纹存在的位置分类（图 3 - 29）

（1）焊道裂纹：在焊道中产生的裂纹。

（2）焊道下裂纹：在焊接热影响区内产生的裂纹。

（3）弧坑裂纹：在弧坑中产生的热裂纹。

（4）焊根裂纹：沿应力集中的焊缝根部所形成的焊接冷裂纹。

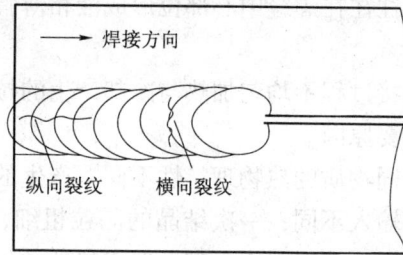

图 3 – 28   纵向裂纹和横向裂纹

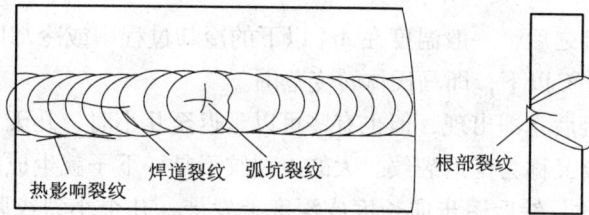

图 3 – 29   不同位置的裂纹

（5）其他：如内部裂纹，表面裂纹，贯穿性裂纹等。

3）按裂纹产生的原因及性质分类

（1）热裂纹：焊接过程中，焊缝和热影响区金属冷却到固相线附近的高温区产生的焊接裂纹。

（2）冷裂纹：焊接接头冷却到较低温度下（对钢来说在 M_s 温度以下）时产生的焊接裂纹。

（3）再热裂纹：焊后焊件在一定温度范围再次加热（消除应力热处理或其他加热过程）而产生的裂纹。

（4）层状撕裂：焊接时，在焊接构件中沿钢板轧层形成的呈阶梯状的一种裂纹。

2. 热裂纹的特点及产生的原因

1）热裂纹的特点

（1）产生的时间。它的发生和发展都处在高温下，从时间上说，它是产生在焊接过程中。

（2）产生的部位。热裂纹绝大多数产生在焊缝金属中，有的是纵向的，有的是横向的。发生在弧坑中的热裂纹往往是呈星状的。有时热裂纹也会发生在母材中。

（3）外观特征。热裂纹或者处在焊缝中心，或者处在焊缝两侧，露在焊缝表面的有明显的锯齿形状；也常有不明显的锯齿形状。凡是露出焊缝表面的热裂纹，由于氧在高温下进入裂纹内部，所以在裂纹断面上都可以发现明显的氧化色彩。

（4）金相结构上的特征。当对产生裂纹处的金相断面做宏观分析时，发现热裂纹都发生在晶界上，因此不难理解，热裂纹的外形之所以是锯齿形的，是因为晶界就是交错生长的晶粒的轮廓线，故不可能是平滑的。

2）热裂纹产生的原因

（1）低熔点化合物的偏析：钢材中的硫、磷杂质元素通过冶金反应生成的低熔点化合物

151

存在较严重的宏观偏析现象，往往在焊缝中心部位形成液相薄膜，它是产生热裂纹最重要的原因。

（2）焊接应力的影响：焊接过程不均匀加热与冷却产生的拉应力促使液相薄膜破坏而开裂，它是产生热裂纹的又一重要原因。

（3）其他因素的影响：不同物质的热物理特性不同，产生的焊接应力也不同，不同的焊接方法及工艺参数，其焊接热输入不同；一次结晶的晶粒粗细，也会影响焊接应力的大小；焊缝的成型系数对偏析有较大影响。这些因素都会造成热裂纹的产生。

3. 冷裂纹的特点及产生的原因

1）冷裂纹的特点

冷裂纹发生在焊接之后，一般温度在 Ar_3 以下的冷却过程中或冷却以后产生，形成裂纹的温度在 200 ℃ ~ 300 ℃以下，即马氏体转变范围。

冷裂纹可以在焊接后立即出现，但也有些可以延迟至几小时、几天、几星期甚至一、两个月之后，这种冷裂纹又称为延迟裂纹。大的冷裂纹不是一下子就生成的，它是先发生几处小的（或显微的）裂纹，然后逐步向长度或深度上发展，几个小裂纹陆续联结起来。某些焊接结构，当小裂纹发展到一定程度后，可能在瞬间内迅速扩大，引起结构整体的突然断裂，甚至同时产生较大的声响和机械振动。

冷裂纹大多数产生在母材或母材与焊缝交界的熔合线上，但也有可能产生在焊缝上。根据冷裂纹产生的部位分类有：焊道下裂纹、焊趾裂纹、根部裂纹。

显露在接头金属表面的冷裂纹，断面上没有明显的氧化色彩，所以裂口发亮。

冷裂纹一般为穿晶型裂纹，在少数情况下，也可能沿晶界发展。

2）冷裂纹产生的原因

影响冷裂纹产生的因素相当复杂，概括起来，主要有以下 3 个方面：

（1）含氢量的影响。以原子状态存在的氢能在固态金属中扩散并向原子排列缺陷处聚集，形成分子氢，产生的气体造成很大的内压力，易于导致开裂。同时氢的存在会显著降低钢材的塑性，也使冷裂倾向更明显。

（2）淬硬组织的影响。淬硬组织（通常是马氏体）塑性和韧性较低，同时组织转变使体积膨胀产生很高的内应力，这种具有高内应力的淬硬组织是形成冷裂纹的敏感基体。

（3）应力的作用。焊接残余应力是产生冷裂纹的重要条件之一，当应力超过断裂强度时，便产生裂纹。

4. 再热裂纹的特点及产生的原因

1）再热裂纹的特点

再热裂纹是指在一些含铬、钼或钒的高强度钢焊接以后，在为消除应力退火的过程中产生的裂纹，所以又称为焊后热处理裂纹或应力消除回火裂纹。

再热裂纹一般发生在高强度低合金钢的热影响区中。

2）再热裂纹产生的原因

焊接接头存在敏感组织（主要是粗大晶粒组织）和较高残余应力，它们是产生再热裂纹的主要原因。同时，一些元素（如 V、Ti、Nb、Mo 等）在晶内析出的弥散合金碳化物阻碍塑性变形，引起晶内强化和塑性降低现象，也是产生再热裂纹的重要原因之一。

5. 层状撕裂的特点及产生的原因

1）层状撕裂的特点

大型厚壁结构，焊接过程中因在厚度方向常承受较大的拉伸应力，沿钢板轧制方向出现的台阶状裂纹，一般称为层状撕裂。层状撕裂常出现在T形接头和十字接头中。

2）层状撕裂产生的原因

引起层状撕裂的主要原因，除了"Z"向（厚度方向）必须具备足够引起撕裂的拘束应力外，主要是钢板轧制过程中在板厚方向上形成了非金属夹杂物的层状结构。

（1）非金属夹杂物。钢板在轧制过程中，把钢内的一些非金属夹杂物（硫化物、硅酸盐等）轧成平行于轧制方向的带状物，这就造成了钢材力学性能的各向异性，它是焊接结构产生层状撕裂的潜在的因素，也是产生层状撕裂的主要原因。

（2）拘束应力。由于焊接热循环作用，焊接接头会出现拘束应力，对于某一给定的轧制厚板T形和十字形等接头，在焊接参数不变的条件下，存在着一个临界拘束应力或弯曲拘束强度，当大于此值时易产生层状撕裂。

（3）扩散氢。氢是致裂的促进因素，当氢聚集在夹杂端部的空隙中时，由于某种原因氢结合成分子，以致局部压力剧增，而促使非金属夹杂和金属失黏，并会拉断相邻夹杂的金属，在断口上显示氢致断裂特征。

（4）母材性能。虽说夹杂物是层状撕裂的唯一原因，但金属基体的某些力学性能对层状撕裂也有很重要的影响，金属的塑性、韧性越差，裂纹越易扩展，这就意味着抗层状撕裂的能力就差。

三、焊接缺陷预防措施

焊接结构在使用过程中常发生各种形式的断裂，特别是脆断，往往造成灾难性的事故。实践表明：焊接缺陷是酿成脆断的重要因素之一。焊接缺陷的存在和扩展，决定了焊接接头质量的优劣和安全可靠性，在金属焊接过程中母材金属和填充金属、焊接方法、焊接热输入的大小、接头几何形状、拘束应力、焊后热处理、焊工技能因素是影响焊接接头质量的主要因素。根据各种缺陷的原因，"对症下药"采取不同的预防措施，才能有效地防止和消除焊接缺陷。

（一）焊缝形状缺陷

1. 焊缝尺寸不符合要求

焊缝尺寸不符合要求通常采取的防止措施如下：

（1）首先要仔细阅读施工图样及有关标准规定，明确尺寸要求，选择适当的坡口角度和装配间隙。

（2）正确选择焊接参数，特别是焊接电流值。

（3）熟练操作技术，掌握正确的运条方法及运条速度，随时适应焊件装配间隙的变化，以保持焊缝形状尺寸的均匀。

（4）在角焊缝时要注意保持正确的焊条角度、运条速度及手法。

2. 咬边

咬边通常采取的防止措施如下：

（1）根据不同的焊件尺寸，焊接位置等工艺变素选择合适的焊接参数，特别是焊接电流。

（2）采取适当的减小电弧偏吹的措施。

（3）熟练操作技术；稳定电弧长度；根据不同的接头形式，焊接位置及坡口形式。

（4）采取合适的手势及焊条（焊枪）角度。

3. 下塌与烧穿

下塌与烧穿通常采取的防止措施如下：

（1）根据焊件尺寸（主要是板厚或管壁厚度）选择合适的焊接方法及设备。

（2）根据焊件尺寸选择合适的焊接参数，如焊条（焊丝）直径、焊接电流、坡口间隙及钝边尺寸等。

（3）熟练操作技术，尽量保持焊速均匀及电弧的均匀停顿，电弧移动偏差不能过大。

4. 焊瘤

焊瘤通常采取的防止措施如下：

（1）选择合适的焊接参数，正确选用焊接电流和焊接速度。

（2）彻底清理待焊区域，特别是坡口表面的氧化皮及其他难熔杂质。

（3）熟练掌握操作技能，善于控制熔池的形状。使用碱性焊条时宜采用短弧焊接，运条速度要均匀。

5. 凹坑与弧坑

凹坑与弧坑通常采取的防止措施如下：

必须熟练掌握操作技能，避免弧坑，在焊条电弧焊时，焊条必须在收尾处做短时间的停留或做几次环形运条，如采取循环法、回焊法、熄弧法等收弧措施。

（二）未焊透与未熔合

1. 未焊透

未焊透通常采取的防止措施如下：

（1）正确选用坡口形式和装配间隙。

（2）选择合适的焊接参数。

（3）采取正确的焊条或焊枪角度并保持电弧轨迹位于焊道中心。

2. 未熔合

未熔合通常采取的防止措施如下：

（1）采用合适的焊接参数。

（2）彻底清理焊接坡口和焊道表面的氧化物、杂质及熔渣。

（3）合理布置焊道并避免产生过深的沟槽，采用正确的焊条或焊枪摆动角度。

（三）气孔

1. 氢气孔

氢气孔通常采取的防止措施如下：

（1）限制气体来源，彻底清理待焊区域；烘干焊条焊剂；清理焊丝；使用纯度合乎要求的保护气体；采用低氢型的焊接材料等。

（2）采用合适的焊接参数，运条速度不得太快。

（3）适当预热有利于气泡逸出而减少气孔倾向。

2. 一氧化碳气孔

（1）彻底清理待焊区域中的氧化物杂质。

（2）使用含碳量较低，脱氧元素含量较高的焊接材料。

（3）适当增大焊接热输入（一般可采用较大焊接电流匹配较快焊接速度）。

（4）适当预热。

（四）夹渣

夹渣通常采取的防止措施如下：

（1）采用具有良好工艺性能的焊条，焊条直径必须与焊接接头的坡口、深度相适应，避免坡口过于窄小。

（2）选择合适的焊接参数。

（3）多层焊时合理布置焊道，防止出现尖角，并仔细清理熔渣。

（4）掌握正确的操作技术，利于熔渣浮出。如在操作过程中需注意熔渣的流动方向，特别是在采用酸性焊条焊接时，必须使熔渣在熔池的后面，若熔渣流到熔池的前面，就很容易产生夹渣，特别是在横角焊时更为严重。当使用碱性焊条焊接立角焊时，须正确选用焊接电流，并采用短弧焊接，同时运条要均匀，避免产生焊瘤，并且立角焊缝的焊瘤下面常有夹渣产生。

（五）裂纹

1. 热裂纹

热裂纹通常采取的防止措施如下。

1）冶金措施

（1）控制焊缝化学成分。为了减少焊缝形成低熔点化合物的倾向，尽可能限制母材硫、磷的含量；降低焊缝的含碳量，提高焊丝的含锰量。

（2）改变焊缝组织状态。如要完全消除有害杂质以致根本不形成低熔点共晶体，是不可能的。为了使得在拉应力作用下不产生裂纹，常采用向焊缝金属加变质剂，从而调整焊缝金属化学成分，在焊缝中形成双相组织，以打乱焊缝金属的结晶方向，使低熔点共晶不能集中分布，从而减少热裂纹的倾向。

2）工艺措施

（1）控制焊缝形状。当焊缝为如图 3-30（a）所示的形状时，即焊缝窄而深，杂质正好集中在柱状晶体对接的部位，焊缝抵抗拉应力的能力特别弱，稍有应力作用，就可能产生裂纹。当焊缝为如图 3-30（b）所示的形状时，即焊缝的宽度和深度比例适当，则焊缝的

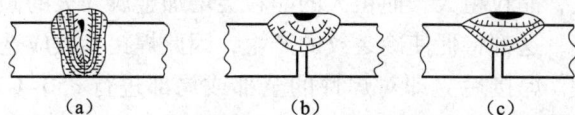

（a）　　　　　　　　（b）　　　　　　　　（c）

图 3-30　焊缝形状与杂质分布的关系

散热方向改变，柱状晶体有向上生长的倾向，低熔点杂质大部分被挤向表面，拉伸应力对它的作用就显著减弱，焊缝的抗热裂能力就大大提高。当焊缝形状如图 3-30（c）所示的形状时，即焊缝宽而浅，这时低熔点杂质虽然也是浮在焊缝表面层，但焊缝照样容易从焊缝中间断裂开，其原因是焊缝太薄，强度不够所造成的。

（2）选择合理的焊接顺序和焊接方向。一般来说，焊接顺序应是使焊件的刚度逐步加大，使焊缝有收缩的可能，从而使焊接应力减小。如果焊接顺序和方向使焊件的刚度瞬时增加，那么在焊接后面几道焊缝时，焊缝就没有收缩的可能，产生热裂纹的可能性就增大。

（3）采用碱性焊条和焊剂。由于碱性焊条和焊剂的熔渣具有较强的脱硫能力，因此具有较高的抗热裂能力。

（4）填满弧坑或采用引出板。在焊接终了断弧时，由于弧坑冷却速度较快，常因偏析而在弧坑处形成热裂纹。所以终焊时应逐渐断弧，并填满弧坑。必要时可采用与母材材料相同的引出板，将弧坑移出焊件外，此时即使产生弧坑裂纹，也因焊后去除引出板而不影响结构本身。

防止产生热裂纹最根本的途径还在于减少低熔点化合物的数量，采取适当的措施降低焊接拉应力，合理控制焊缝成型系数，减小焊接电流，从而防止热裂纹的产生。

2. 冷裂纹

冷裂纹通常采取的防止措施如下。

1）冶金措施

（1）采用能降低接头含氢量的焊接材料。

（2）选用奥氏体焊条。对于高强度钢，可采用不锈钢焊条芯或用奥氏体镍基合金等焊条芯和焊丝，这些合金的塑性比较好，可抵消马氏体转变时造成的一部分应力。另一方面氢在奥氏体中的溶解度较高，扩散速度慢，故氢不易向热影响区扩散聚集。

2）工艺措施

（1）彻底清理待焊区域内的油污、铁锈等含氢杂质。

（2）保持焊接材料干燥，使用纯度合乎要求的保护气体。

（3）正确选择电源与极性，注意操作方法。

（4）焊前预热。在材料淬硬倾向大，钢板厚度大，气温低等条件下，采取焊前预热或一边焊接一边补充加热的方法，是防止冷裂纹的有效措施。预热可以是整个焊件总体加热，也可以是焊缝附近局部加热。预热的作用在于通过减缓冷却速度，改善接头的显微组织，降低焊接热影响区的硬度和脆性，提高塑性，并使焊缝中的氢加速向外扩散。预热也可以起到减少焊接应力的作用。

（5）选用适当的焊接参数。适当减慢焊接速度，使焊接接头的冷却速度慢一些，对防止产生冷裂纹是有利的。焊接速度过大，焊接接头冷却大，容易产生淬硬组织；焊接速度过小，热影响区过热加大，晶粒粗大，而粗大的晶粒会增加金属淬火的倾向。同样，由于热影响区增大而淬火区加宽，这都将促使冷裂纹的产生，因此焊接参数应选用合适。

（6）焊后消氢处理。焊接后立即对焊件的全部或局部进行 350 ℃ ~ 400 ℃ 的加热和保温，以使其缓冷的工艺措施称为消氢处理，又称后热。它主要是使扩散氢能充分从焊缝中逸出，对于防止延迟裂纹有明显的效果。

（7）采用合理的装焊焊接顺序。采用合理的装焊顺序、焊接顺序、焊接方向等，可以改善焊件的应力状态。

（8）焊后热处理。焊件在焊后及时进行热处理，例如高温回火，可以改善接头的组织和性能，可以使氢扩散排出，也可以减少焊接应力。

3. 再热裂纹

再热裂纹通常采取的防止措施如下。

1）正确选用焊接材料

正确选用焊接材料，减小析出强化倾向。一般认为钒是引起再热裂纹的主要因素，钼仅次于钒。而当钒和钼同时加入时，则极为有害。因此，低合金钢中 Cr - Mo - V 钢的再热裂纹倾向最大。

2）控制焊接工艺

（1）选用低匹配的焊接材料。选用低匹配的焊接材料可以降低焊缝强度，并提高其塑性变形能力，同时可以减轻热影响区金属塑性应变的集中程度，因而有利于降低再热裂纹的敏感性。生产实践表明，如果在焊缝表面用低强度塑性焊条盖面，能在一定程度上降低再热裂纹产生倾向的效果。

（2）进行适当的预热。预热是防止再热裂纹的有效措施之一。一般预热温度应比推荐温度高 50 ℃ ~ 100 ℃。如焊后及时后热处理，预热温度可适当降低。

（3）选择适当的焊接热输入。焊接热输入的影响比较复杂，这与钢种成分、热影响区组织状态及残余应力等有关。采用回火焊道，有助于细化热影响区晶粒，并减少应力集中，从而减少再热裂纹倾向。表面回火焊道有利于减少接头的残余应力。

（4）减少缺陷产生。咬边及根部未焊透等缺陷是应力的集中源，防止这一类缺陷，可以在一定程度上减少再热裂纹的产生。

（5）减小焊缝余高。正确合理地安排施焊顺序，将焊缝余高削平，可以显著减少热影响区的应力集中；正确合理地安排施焊顺序，对减少残余应力也很重要。

3）焊后热处理

对于低合金钢，存在着再热裂纹最敏感的温度范围，如能避开这一范围就能有利于防止再热开裂。但前提是应能满足改善组织或消除应力的基本要求。因此在保证金属材料强度性能的同时，应适当提高消除应力的退火温度和延长保温时间，要注意在再热裂纹敏感区的冷却速度，尽量使热处理工艺规范避开或减少在再热裂纹敏感区的停留。

4. 层状撕裂

层状撕裂通常采取的防止措施如下：

（1）改善接头设计，减小应力值，改变应力方向。

（2）减少母材的层状夹杂物或夹杂物球化。

（3）改进焊接工艺，如采用低氢焊接法、采用低强组配的焊接材料、适当减小焊接热输入等。

（4）采用适当预热，焊后锤击等措施。

四、奥氏体不锈钢焊接常见缺陷及防止措施

奥氏体不锈钢是非磁性的，或在退火状态时有很小的磁性。它具有非常好的塑性和韧

性，同时具有良好的低温特性、高温强度及耐腐蚀性能。如果采取合适的工艺，那么其加工容易。另外这类钢还具有良好的焊接性能。

奥氏体不锈钢焊接的主要缺陷有焊接接头的晶间腐蚀、焊接接头的热裂纹、焊接接头的应力腐蚀、σ 相脆化、焊接变形与收缩等。

（一）奥氏体不锈钢焊接接头的晶间腐蚀

晶间腐蚀的根本原因是碳化铬（$Cr_{23}C_6$）析出造成晶间贫铬。其机理是碳在奥氏体中的溶解度随着焊接温度的降低而减少，室温下溶解度只有 0.02%（一般 18 - 8 钢的含碳量约为 0.08%），故碳在奥氏体中处于过饱和状态。这是一种不稳定状态，当经受 450 ℃ ~ 850 ℃ 敏化温度区间的热作用时，过饱和碳就会优先与晶粒边界的铬形成碳化铬，而此时铬难以由晶内向晶界补充，从而使晶界处含铬量大大降低，晶界失去了耐腐蚀能力。

受到晶间腐蚀的不锈钢，从表面上看来没有痕迹，但在受到应力作用时即会沿晶界断裂，几乎完全丧失强度。

奥氏体不锈钢焊接不当时，不仅会在焊缝和热影响区造成晶间腐蚀 [图 3 - 31（a）（b）]，而且在焊接接头近缝区的狭带上（通常宽度小于 1mm）也会发生这种腐蚀，因这种晶间腐蚀的破坏形式类似刀的切口，故称为刀状腐蚀 [图 3 - 31（c）]。

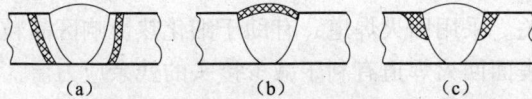

图 3 - 31　奥氏体不锈钢焊接接头的晶间腐蚀
（a）发生在热影响区；（b）发生在焊缝表面；（c）发生在熔合线

刀状腐蚀一般发生在焊后再次处于敏化温度区间加热的情况下，产生的原因也与 $Cr_{23}C_6$ 析出后形成的贫铬层有关。

奥氏体不锈钢焊接时，防止晶间腐蚀的主要措施如下。

1. 选择合适的钢材

在设计上，应根据设备使用条件（工作压力、介质、温度）及抗晶间腐蚀的要求等，选择含碳量少和含有一定量的形成强碳化物的稳定化元素的钢材。

2. 添加稳定剂

在焊丝或焊条药皮中尽量降低含碳量和添加足够的 Ti 或 Nb 等与 C 的亲和力比 Cr 强的元素，能够与碳结合成稳定的碳化物，从而避免在奥氏体晶界造成贫铬，对提高抗晶界腐蚀能力起良好的作用。常用的不锈钢材和焊接材料都含有 Ti 或 Nb，如 1Cr18Ni9Ti、1Cr18Ni12Mo2Ti 钢材、E347—15（A137）焊条、H0Cr20Ni10Ti 等。

3. 进行固溶处理

其方法是焊后把焊接接头加热到 1 050 ℃ ~ 1 100 ℃，此时碳又重新溶入奥氏体中，然后迅速冷却，稳定了奥氏体组织。另外，也可以进行 850 ℃ ~ 900 ℃，保温 2 h 的稳定化热处理，此时奥氏体晶粒内部的铬逐步扩散到晶界，晶界处的铬又重新恢复到大于 12%，这样就不会产生晶界腐蚀。

4. 采用双相组织

在焊缝中加入铁素体形成元素，如 Cr、Si、Al、Mo 等，以使焊缝形成奥氏体 + 少量铁素体双相组织。这是因为双相组织中的奥氏体，其碳的浓度较大，所以碳原子有向铁素体扩散的趋势，而铁素体中铬的浓度较大，Cr 就有向奥氏体中扩散的趋势。奥氏体中的碳和铁素体中的 Cr 都向两相交界处扩散，由于 C 的扩散速度很大，有可能碳原子首先从奥氏体越过边界与 Cr 形成碳化铬；又由于 Cr 在铁素体里的扩散速度要比在奥氏体中快得多，所以一旦在晶界处出现贫铬层，Cr 能够较快地从铁素体内部得到补充，从而使贫铬层消失。

5. 适当减小焊接热输入

可采用小的焊接电流、较快的焊接速度、短弧焊，避免熔池过热，因此，操作时焊条不宜做横向摆动，尽量减少母材过热。一次焊成的焊缝不宜过宽（不超过焊条直径的 3 倍）；多层多道焊时，应等到前一层焊缝冷却到 60 ℃ ~ 100 ℃时再焊接下一层，以尽量减少焊接接头在危险温度区域的停留时间。

6. 强制焊接区快速冷却

对于有规则的焊缝，在可能条件下，焊缝背面可用纯铜垫，在纯铜垫上可以通水、通保护气，对于一些不规则的长焊缝，可以一面施焊一面用水冷（浇）焊缝，以水不侵入焊接熔池为准，同样也可以起到减少晶间腐蚀的作用。

7. 合理安排焊接顺序

防止刀状腐蚀的产生还应注意合理安排焊接顺序，这是因为刀状腐蚀除产生于焊后在敏化温度再次受热外，在多层焊和双面焊时，后一条焊缝的热作用可能对先焊焊缝的过热区起到敏化温度加热的作用。为此，双面焊缝中与腐蚀介质接触一面的焊缝应尽可能最后焊接，焊缝布局上应尽量避免交叉焊缝，减少焊缝接头。若与腐蚀介质接触的焊缝无法最后焊接时，则应调整焊接参数，使后焊焊缝的敏化区不要与第一面焊缝表面的过热区重合。

8. 焊接操作人员注意事项

焊接操作人员不得在焊件上随便引弧或熄弧，地线与焊件应紧密接触，以免损伤焊件表面，影响耐腐蚀性能。

（二）奥氏体不锈钢焊接接头的应力腐蚀裂纹

应力腐蚀裂纹是指金属材料（包括焊接接头）在一定温度下受腐蚀介质和拉伸应力的共同作用而产生的裂纹，称为应力腐蚀裂纹。这种应力腐蚀裂纹一般都很细小，而且多数出现在容器或管道内表，故很不容易检查发现，往往没有明显的征兆，一瞬间就使焊件发生破裂。

奥氏体不锈钢焊接时，防止应力腐蚀裂纹的主要措施有以下几项。

1. 尽量降低残余应力

除了设计及施工中尽量减小应力集中和焊接应力外，焊后消除应力热处理也极为重要。

2. 选择合适的焊接热输入

对于奥氏体不锈钢，尽量选择小的焊接热输入，防止由于晶粒粗大而增大应力腐蚀裂纹倾向。

3. 避免强制组装

焊件装配加工时，应避免强制组装，以及一切不正常的组装工艺，以免引起应力腐蚀裂纹。

4. 采用双相不锈钢焊接材料

在一定介质条件下，焊缝必须与母材有良好的匹配，避免产生不良组织（如晶粒粗大及脆硬的马氏体）。对于奥氏体不锈钢，采用高 Cr – Ni – Mo 的奥氏体不锈钢焊接材料是有利的，因为采用双相不锈钢焊接材料有利于提高焊缝抗应力腐蚀裂纹的能力。

5. 保证焊缝成型良好，以减少应力集中

防止产生点腐蚀的咬边、焊瘤、气孔、夹渣、裂纹等缺陷。

（三）奥氏体不锈钢焊接接头的热裂纹

单相奥氏体组织的不锈钢焊接接头易发生焊接热裂纹，这种裂纹是在高温状态下形成的。常见的裂纹形式有：弧坑裂纹、热影响区裂纹、焊缝横向和纵向裂纹。就裂纹的物理本质上讲有：凝固裂纹、液化裂纹、高温低塑性裂纹等。

奥氏体不锈钢焊接接头热裂纹产生的主要原因是：

（1）奥氏体不锈钢的热导率不到低碳钢的1/3，而线胀系数却大得多，所以焊后在接头中会产生较大的焊接应力。

（2）奥氏体钢的品种多，母材及焊缝的合金组成比较复杂，含镍量高的合金对硫和磷形成易熔共晶更为敏感。在某些钢中的硅和铌等元素，也能形成有害的易熔晶间层。

（3）奥氏体结晶的枝晶方向性强，易造成有害杂质的偏析及晶间液态夹层的形成。

（4）奥氏体不锈钢的液、固相线距离较大，结晶时间较长，杂质偏析现象较严重。

奥氏体不锈钢焊接时，防止热裂纹的主要措施有以下几项。

1. 形成双相组织

焊缝金属中增添一定数量的铁素体组织，使焊缝成为奥氏体 – 铁素体双相组织，能有效地防止焊缝热裂纹的产生。因为双相组织的焊缝比单相奥氏体组织的焊缝具有较高的抗热裂纹能力，这是由于铁素体能够溶解较多的硫、磷等微量元素，使其在晶界上的数量大大减少，同时由于奥氏体晶界上的低熔点杂质被铁素体分散和隔开，避免了低熔点杂质呈连续网状分布，从而阻碍热裂纹的扩展和延伸。常用以促成铁素体的元素有：铬、钼、钒等。

2. 控制焊缝金属中的铬镍比

对于18 – 8型不锈钢来说，当焊接材料中的铬镍比小于1.6时，就易产生热裂纹；而铬镍比达到2.3~3.2时，就可以防止热裂纹的产生。

3. 控制和减少焊缝中的有害元素

在焊缝金属中严格限制硼、硫、磷、硒等有害元素的含量，以防止热裂纹的产生。对于不允许存在铁素体的纯奥氏体焊缝，可以加入适当的锰和少许的碳、氮，同时减少硅的含量。

4. 采用碱性焊条和无氧焊剂

5. 选用小的焊接热输入

选用小电流、快焊速。多层焊时，要等前一层焊缝冷却后再焊接次一层焊缝，层间温度不宜高，以避免焊缝过热。施焊过程中焊条不允许摆动，收弧时，尽量填满弧坑。

6. 采用适当的焊接坡口或焊接方法

采用适当的焊接坡口或焊接方法使母材金属在焊缝金属中所占的比例减少（即小的熔合比），如采用氩弧焊打底等工艺。

7. 选择合理的焊接结构

选择合理的焊接接头形式和焊接顺序，尽量减少焊接应力。

（四）σ 相脆化

一些含镍量通常不是特别高的奥氏体不锈钢，特别是为了提高焊缝抗热裂性，通常铁素体体积分数设计在 3% ~5% 的焊缝，在 650 ℃~850 ℃高温持续工作的过程中，会发生 σ 相的脆化。σ 相多半分布在晶界上，使焊缝金属严重脆化。σ 相脆化是奥氏体钢焊缝高温脆化的一种表现。它会使焊缝的塑性、韧性及持久强度等大大降低。

不同钢号析出 σ 相的敏感温度区是不同的。例：0Cr25Ni20 奥氏体型不锈钢，在温度低于 800 ℃时，σ 相析出缓慢；当温度高于 900 ℃时，σ 相就不会被析出。对于 18 - 8 型不锈钢，当温度超过 850 ℃时，σ 相就不会析出。含镍量很高的稳定纯奥氏体钢很少发生 σ 相的脆变，因此可以长期工作。

奥氏体不锈钢焊接时，防止 σ 相脆化的主要措施有：

（1）选择焊接材料时不能只考虑防止热裂纹而选用使焊缝出现多量的铁素体组织，同时还要严格限制焊接材料中加速 σ 相形成的元素，如钼、硅、铌等，适当降低其含铬量，提高其镍的含量。

（2）选用小的焊接热输入，即小电流，快焊速。

（3）焊件不能在 600 ℃~850 ℃温度区域进行焊后热处理，以减少或避免在此温度区域的停留时间，从而避免 σ 相脆化的产生。

（五）焊接变形与收缩

奥氏体不锈钢与碳钢相比，在物理性能上有很大差异，奥氏体不锈钢在焊接过程中会产生较大的变形和焊后收缩。如对有些不锈钢对接接头焊后收缩已成为焊接工艺中的主要问题之一。

1. 不锈钢焊后产生变形和收缩的主要原因

（1）不锈钢电阻是碳钢的 5 倍，在同样的焊接电流、电弧电压条件下的热输入要多；其热导率低，约为碳钢的 1/3，导致热量传递速度缓慢，热变形增大。

（2）有些不锈钢的线膨胀系数比碳钢大 40% 左右，更容易引起加热时热膨胀量和冷却时冷收缩量的增加。

2. 不锈钢防止焊后产生变形和收缩的主要措施

（1）对对接接头的焊接构件要留有足够的收缩余量，以防止构件焊后产生变形和收缩。

（2）合理选择焊接参数、焊接顺序。

（3）能熟练掌握焊接操作技术。

第六节　焊接应力与变形

一、焊接应力与变形的产生及危害

（一）焊接应力及变形的一些基本概念

1. 应力和内应力

当物体受到外力作用下，物体内部就同时产生一种与外力平衡的抗力，单位面积上的抗力就称为应力。应力根据其作用的方向分为压应力和拉应力，这种应力往往随外力去除而消失。

内应力是在没有外力作用下产生于物体内部的应力。这种应力存在于许多工程结构中，如铆接结构、铸造结构、焊接结构等。同时在焊件加工过程中也会产生内应力，如机械加工、金属切割和焊接等。

2. 焊接应力和焊接残余内应力

顾名思义，焊接应力就是因焊接而产生的存在焊件内的内应力。焊接应力根据其产生的主要原因分为：温度应力（又称为热应力）和组织应力（又称为相变应力）。热应力是由于构件受热不均匀而存在着温度差异，各处膨胀变形或收缩变形不一致互相约束而产生的内应力。在焊接过程中，由于不均匀的局部加热和冷却会形成较大的热应力。组织应力是由于固态相变引起体积变化并受到约束而产生的内应力。

在焊接过程中，热应力和组织应力是一种瞬态应力，随焊接过程而变化。如果应力低于金属材料的屈服强度，变形均在弹性范围内，焊件冷却到室温后，应力将随之消失；反之，如果焊接达到金属材料的屈服点，材料将发生局部塑性变形，那么当焊件冷却到室温后，焊件中就存在残存的应力，这种应力称为焊接残余内应力。我们通常所说的焊接应力一般指焊接残余内应力。

3. 变形及焊接变形

任何物体在外力或热作用下都会产生形状和尺寸变化，这种现象称为变形。当变形在外力去除后能恢复到原来形状和尺寸的变形称为弹性变形；当外力去除后变形仍然存在，这种永久性的变形称为塑性变形。

焊接变形是由于焊接的热应力或组织应力而引起的变形。焊接过程中，焊件在热源作用下温度受热膨胀，热源移开后焊件冷却收缩，这种膨胀和收缩是焊接过程中的瞬态变形；与此同时，焊接冷却过程中的凝固和结晶过程也会造成膨胀或收缩。当这种膨胀和收缩在不均匀加热、约束等多种因素相互作用下，会导致焊件焊接后的尺寸收缩、弯曲和翘曲变形，这些变形都是焊接残余变形。我们一般讲的焊接变形是指焊接残余变形。

（二）焊接应力及变形产生的基本原理

表 3-19 以长杆加热和冷却过程为例，说明加热和冷却受约束条件下的残余应力和残余变形产生的简单原理。

表 3 – 19　长杆在加热冷却过程中产生的应力和变形原理

过程条件	杆件变形和受力示意图	变形过程说明	应力变化过程说明
在一端自由状态下将杆加热到温度 T，再冷却到原始温度		杆件加热时自由伸长，伸长量为 ΔL，冷却时自由缩短，缩短量为 ΔL，最终杆件无变形	无应力
在一端自由状态下将杆加热到温度 T，然后另一端固定再冷却到原始温度		杆件加热时自由伸长，伸长量为 ΔL，冷却时不能自由缩短，最终杆件保持原有变形 $\Delta L = \Delta L_s + \Delta l_e$，$\Delta L_s$ 为弹性变形，Δl_e 为塑性变形	加热时无应力，冷却后产生拉应力
一端刚性固定，一端膨胀受阻将杆加热到温度 T，再冷却到原始温度		（1）杆件加热时应伸长 ΔL，但由于约束实际伸长量为零，杆被压缩产生了弹性变形 ΔL_s 和塑性变形 Δl_e；$\Delta L = \Delta L_s + \Delta l_e$（2）杆件冷却时，杆件自由缩短，缩短量应为 ΔL，同时加热时的弹性压缩变形恢复，最终杆件收缩 Δl_e	加热时产生压应力，冷却后无应力
两端刚性固定，将杆加热到温度 T，再冷却到原始温度		（1）杆件加热时应伸长 ΔL，但由于约束实际伸长量为零，杆被压缩产生了弹性变形 ΔL_s 和塑性变形 Δl_e；$\Delta L = \Delta L_s + \Delta l_e$（2）杆件冷却时，温度收缩量应为 ΔL，由于杆件不能自由缩短，最终杆件无变形，但内部产生拉伸弹性变形和塑性变形	加热时产生压应力，冷却后存在拉应力

　　金属杆件实例分析了构件均匀加热时在不同约束条件下的变形和应力情况。实际上，焊接的加热冷却和约束情况更为复杂，表现在焊接温度场是极不均匀、极不稳定的，焊缝周围金属对焊缝金属的约束随着焊接过程而不断变化，同时材料的性能随温度变化而变化，构件的形状和尺寸表现出多种多样，焊缝分布的位置也千差万别等，因此其应力和变形十分复杂。

　　除了热应力影响之外，焊接接头的组织相变也是造成焊接应力的主要因素。我们知道，不同组织的体积不一样，当金属加热和冷却时如发生相变则会产生体积变化，奥氏体转变为铁素体或马氏体，其体积将增大，反之体积将缩小。在焊接过程中，一部分金属在焊接热循环作用下发生相变，组织的转变引起体积变化，这样也会产生应力和变形。这种现象在焊接合金钢时尤为明显。

低碳钢的相变点 Ac_1 温度较高（约 723 ℃），材料在此温度呈完全塑性状态，此时奥氏体转变时发生的体积变化不受任何阻力，所以对以后的应力和变形不产生影响。有淬火倾向的合金钢则不同，这些钢焊后在较低温度（一般为 200 ℃ ~ 350 ℃）下发生马氏体转变，这时材料已完全恢复弹性，马氏体转变时体积膨胀受到周围金属的约束而产生压缩变形和压应力，这样就产生了所谓的相变应力。

在焊接的过程中，由于接头形式的不同，焊接熔池内熔化金属的散热条件有所差别，使得熔化金属凝固时产生的收缩量亦不相同。这种熔化金属凝固、冷却快慢不一引起收缩变形的差别也会导致焊接应力和变形的产生。

（三）焊接应力及变形的危害

焊接应力直接影响焊接结构的性能、安全可靠性。首先，焊接应力影响构件的尺寸稳定性和机械加工精度。焊接应力是平衡于焊件内的内应力，会随着时间和温度而发生失效，拉、压应力峰值会逐渐减小，应力重新分配而导致焊件变形。另一方面当对焊接构件进行机械加工时，机械切削将一部分金属加工掉，其应力也就得到释放，焊件内应力将重新平衡而变形，在焊件从夹具上松开后表现出来。

其次，焊接应力影响结构的承载能力。当部件承受载荷时，焊接应力与工作应力叠加，使总的应力水平提高。如果材料有足够的塑性，局部应力水平达到材料的屈服强度时，会产生塑性变形，此时应力不断增加，塑性变形不断增大，不断消耗材料的塑性，材料的塑性耗尽就发生破坏。如果材料没有足够的塑性，不能产生一定的塑性变形，结构不能进行应力均匀化，应力峰值会随工作应力不断增加，应力峰值超过材料的抗拉强度时，构件就会发生局部破坏。

再者，焊接应力会产生应力腐蚀裂纹，当裂纹扩展到某一临界值，焊件就会产生低应力脆性断裂。焊接应力还会影响结构的疲劳强度。因此，核电承压和承力等重要构件焊后都应根据法规要求采取有效措施进行消应力处理。

焊接变形引起焊件的形状尺寸超差，会增加加工和矫正的工作量，造成人力和物力的浪费。严重的焊接变形还会造成焊件报废。

因此，焊接过程中，应采取有效手段和措施来控制焊接应力和焊接变形。掌握控制和减少焊接应力和焊接变形的方法或手段，是焊工和焊接操作工必要的职业技能之一。

二、焊接变形的种类和焊接应力的典型分布

（一）焊接变形的种类

焊接变形大致可分以下 7 类。

1. 纵向收缩变形

纵向收缩变形是指构件焊后在焊缝方向发生收缩，见图 3 - 32。焊接构件的纵向收缩变形往往通过预放收缩余量来控制。

2. 横向收缩变形

横向收缩变形是指构件焊后在垂直焊缝方向发生收缩，见图 3 - 32。焊接构件的横向收

缩变形往往也通过预放收缩余量来控制。

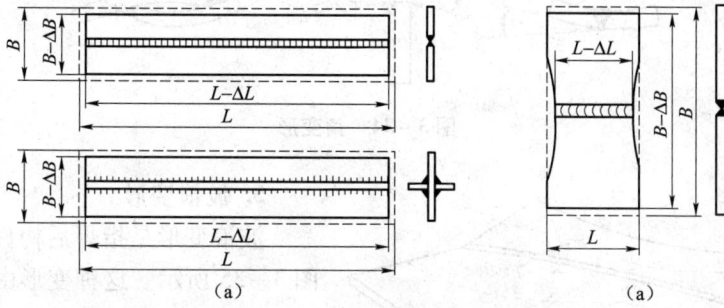

图 3-32　纵向和横向变形
(a) 纵向收缩变形；(b) 横向收缩变形

3. 弯曲变形

弯曲变形是指构件焊后发生弯曲，如图 3-33 所示。弯曲可由焊缝的纵向收缩［见图 3-33 (a)］和横向收缩［见图 3-33 (b)］引起。这些都是由于焊缝分布不对称导致构件弯曲变形。另外，即使焊缝对称分布，也会因焊接顺序原因，存在的先后焊接而产生弯曲变形，如图 3-33 (c) 所示。此类变形往往通过刚性固定、反变形等方法来控制。

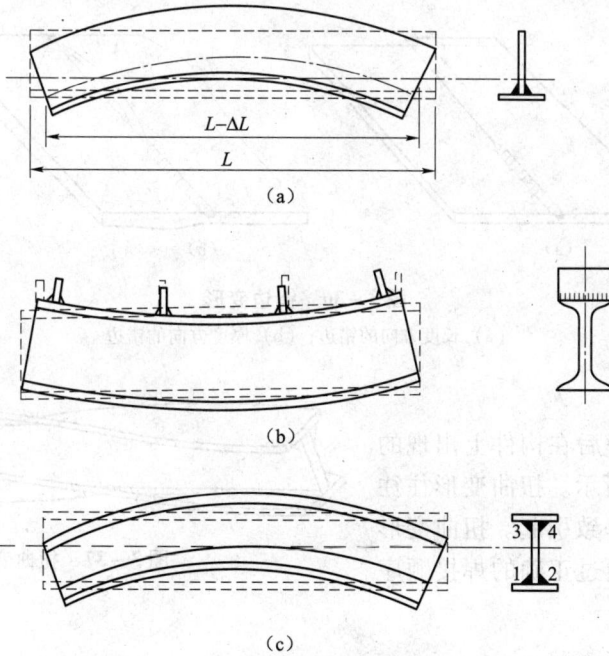

图 3-33　弯曲变形
(a) 由纵向收缩引起的翘曲；(b) 由横向纵向收缩引起的翘曲；(c) 弯曲变形

4. 角变形

角变形是指焊后构件的平面围绕焊缝产生的角位移，常见的角变形如图 3-34 所示。角变形是由于焊缝横向收缩引起。角变形往往通过反变形法、刚性固定法来加以控制。

165

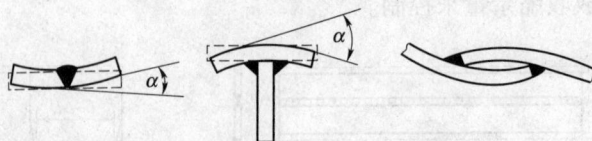

图 3 – 34　角变形

5. 波浪变形

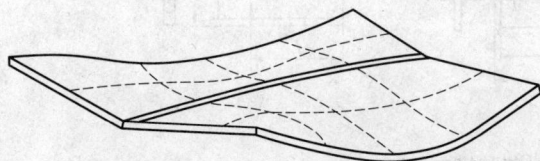

图 3 – 35　波浪变形

波浪变形是指焊后构件呈波浪形，如图 3 – 35 所示。这种变形由加热时膨胀受阻或焊缝横向和纵向收缩变形引起，往往是在薄板焊接时最容易发生。这种变形很难通过热矫正的方法来消除，应通过选用合理的焊接方法，控制热输入量，或采用刚性固定等方法加以控制。

6. 错边变形

错边变形是指在焊接过程中，两焊件的热膨胀不一致，可能引起长度方向上的错边 ［见图 3 – 36 （a）］ 和厚度方向上的错边 ［见图 3 – 36 （b）］。导热系数或热膨胀系数不一致的异种钢或异种金属焊接时容易导致这种变形；同时，即使同种钢焊接因两焊件厚度不一样也会导致此类变形。

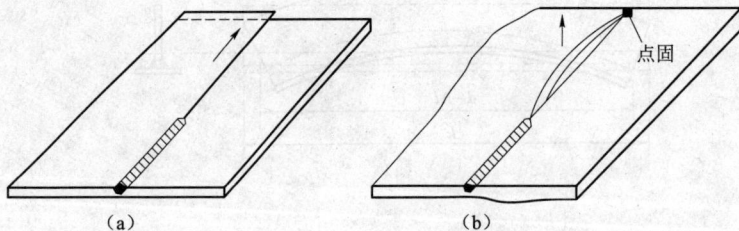

（a）　　　　　　　　　　　　　　（b）

图 3 – 36　错边变形

（a）长度方向的错边；（b）厚度方向的错边

7. 扭曲变形

扭曲变形是指焊后在构件上出现的扭曲，如图 3 – 37 所示。扭曲变形往往是由于焊接方向不一致引起。扭曲变形很难矫正，应尽量通过正确的焊接顺序来避免此变形。

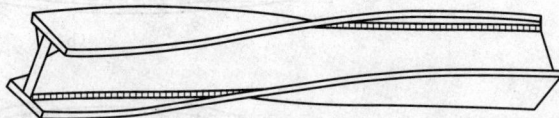

图 3 – 37　扭曲变形

（二）焊接应力的典型分布

前面分析了焊接应力产生的原理和过程，其基本原因就是焊接热源的不均匀加热。焊接工艺和焊接结构的不同，焊接应力和应力分布也就各不相同。焊接应力有单向应力、双向应力和三向应力 3 种情况。为了便于分析，通常把焊接方向上的应力称为纵向应力，用 σ_x 表示。焊缝宽度方向上的应力称为横向应力，用 σ_y 来表示。厚度方向的应力，用 σ_z 来表示。

一般细小杆件或窄板条对接焊缝往往只有单向应力，宽板材对接焊缝存在双向应力，在厚板结构中往往存在 3 个方向的残余应力。下面仅就中厚板对接焊缝结构中的双向应力的分布做简单介绍。

1. 纵向应力 σ_x

在低碳钢、普通低合金钢和奥氏体钢焊接结构中，焊缝及其附近区域的纵向应力是拉应力，其数值一般达到材料的屈服极限（焊件尺寸过小时除外）。图 3-38 为长板对接焊后横截面上 σ_x 的分布，图 3-39 为不同长度焊缝沿焊缝长度方向 σ_x 的分布。从图上可见，在焊缝和邻近焊缝的母材中，纵向应力为拉应力，在远离焊缝的母材中，纵向应力为压应力。

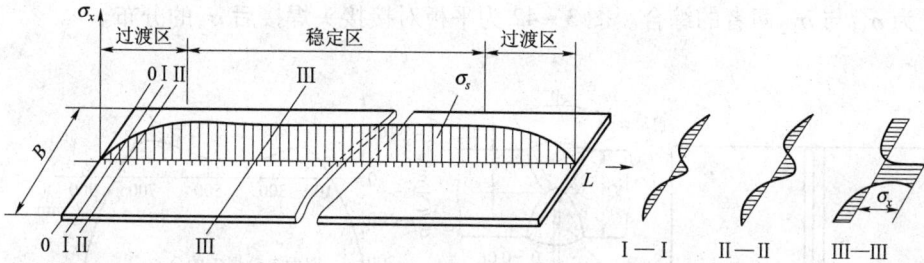

图 3-38　长板对接接头焊后横截面上 σ_x 的分布

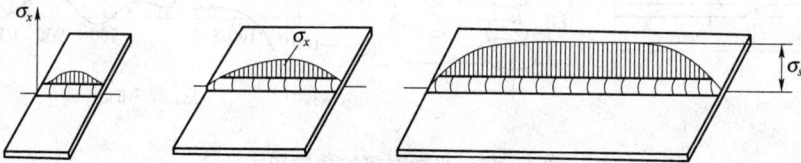

图 3-39　不同长度焊缝沿焊缝长度方向 σ_x 的分布

2. 横向应力 σ_y

垂直于焊缝的横向应力 σ_y 的分布情况比较复杂。它可分为两个组成部分，其中一个是由于焊缝及其附近的塑性变形区的纵向收缩引起的，用 σ_{y1} 表示。另一个是由焊缝及其附近塑性变形区的横向收缩的不同所引起的，用 σ_{y2} 来表示。平板对接时，焊缝中心截面上的 σ_{y1} 在两端为压应力，中间为拉应力。σ_{y1} 的数值与板的尺寸有关，见图 3-40。σ_{y2} 的分布与焊接方向和顺序有关，见图 3-41，图中箭头为焊接方向。

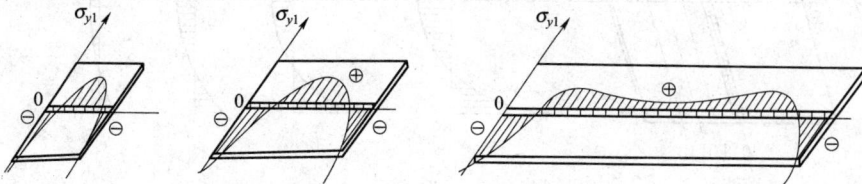

图 3-40　不同长度对接时 σ_{y1} 的分布

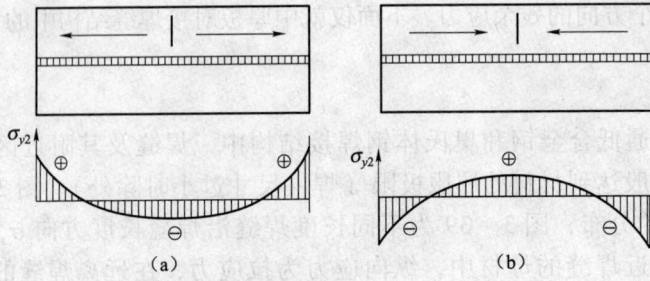

图 3 – 41　不同焊接方向时 σ_{y2} 的分布

σ_y 为 σ_{y1} 与 σ_{y2} 两者的综合。图 3 – 42 为平板对接接头焊接后 σ_y 的分布。

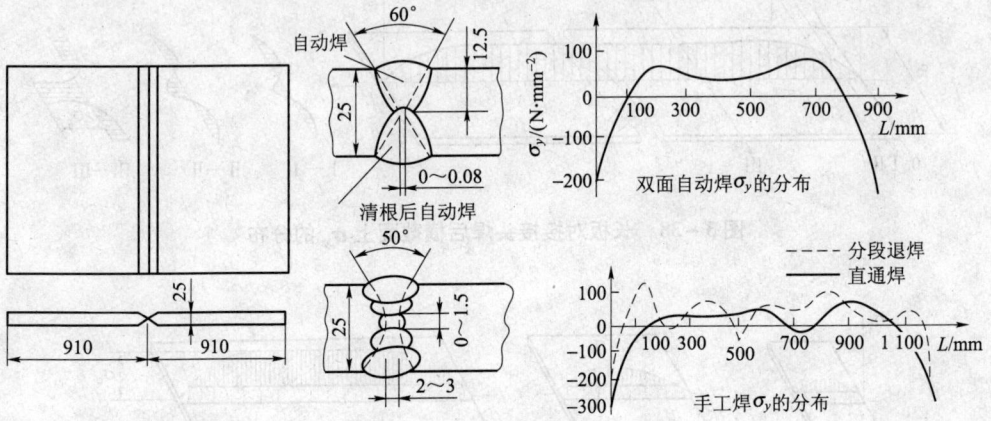

图 3 – 42　平板对接的横向应力

横向应力在与焊缝平行的各截面上的分布大致与焊缝纵向截面上的相似，但是离开焊缝的距离越大，应力值就越低，到边缘上 $\sigma_y = 0$。从图 3 – 43 中可以看出，离开焊缝后 σ_y 就迅速衰减。

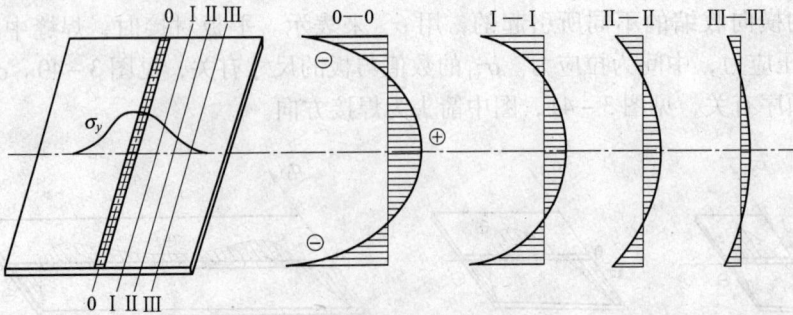

图 3 – 43　横向应力在沿板宽度上的分布

168

三、焊接应力的降低和消除

（一）降低焊接应力的方法

通常可以通过采取一些简单的设计或工艺措施来调节焊接结构的内应力，降低焊接残余应力的峰值，避免在大面积内产生较大的拉应力，并使内应力分布更为合理。这些措施不但可以降低焊接残余应力，而且也可以降低焊接过程中的内应力，因此有利于防止焊接裂纹。现在把这些措施分述如下。

1. 设计措施

为了减少焊接应力，在构件的设计中设计人员应从以下几个方面考虑：

（1）尽量减少焊缝的尺寸和数量。

（2）避免焊缝过分集中和交叉（见图 3 - 44 和图 3 - 45），焊缝间应保持足够的距离。

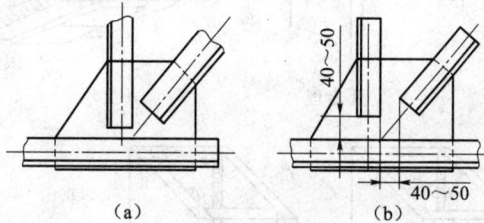

图 3 - 44 焊接节点

（a）不合理；（b）合理

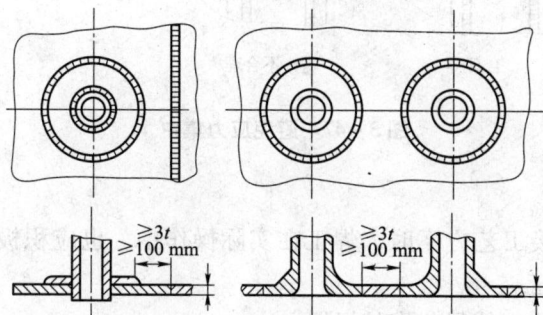

图 3 - 45 容器接管焊缝

（3）采用刚性较小的接头形式。如用翻边式连接代替插入式连接（见图 3 - 46）可降低焊缝的拘束度。

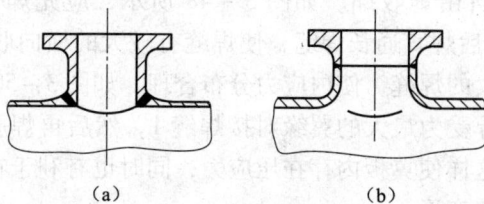

图 3 - 46 焊接管连接

（a）插入式；（b）翻边式

（4）在残余应力为拉应力的区域内，应该避免几何不连续性，减少应力集中。见图 3 - 47。

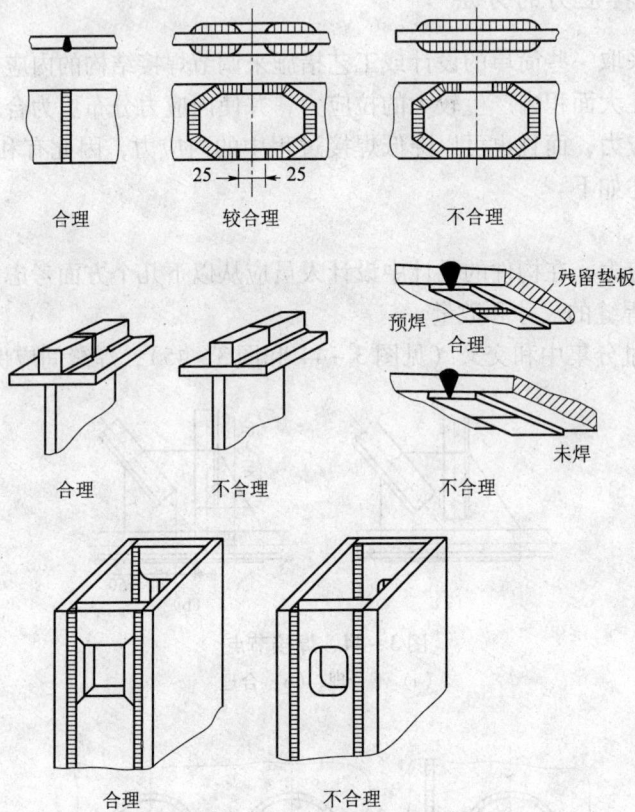

图 3 - 47　避免应力集中

2. 工艺措施

工艺人员在编制焊接工艺方案时，焊工在实际操作中，也应积极采取措施减低焊接应力。主要有以下工艺措施：

（1）使用热输入量小、能量集中的焊接方法。

（2）采用预热措施和确定合理的预热参数来减小焊接应力。

（3）制定合理的消应力热处理参数。

（4）采用合理的焊接顺序和方向，调整焊接应力的分布和应力峰值。一般先焊收缩量较大的焊缝，使焊缝能较自由地收缩。如图 3 - 48 所示，应先焊 1（对缝），后焊 2（角缝）。先焊错开的短焊缝，后焊直通长焊缝，使焊缝有较大的横向收缩余地。如图 3 - 49 所示，先焊在工作时受力较大的焊缝，使内应力分布合理。如图 3 - 50 所示为在接头两端留出一段翼缘角焊缝不焊，先焊受力最大的翼缘对接焊缝 1，然后再焊腹板对接焊缝 2，最后焊翼缘与腹板的角接焊缝。这样使翼板内存在压应力，同时也有利于在焊接翼缘对接缝时，采取反变形措施以防止产生角变形。

170

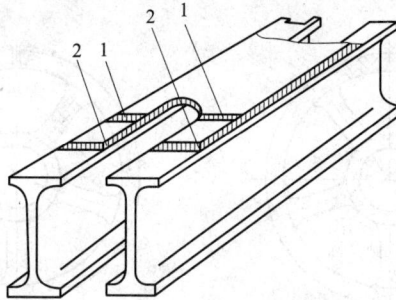

图 3 - 48   按收缩量大小确定焊接顺序

1—对接焊缝；2—角焊缝

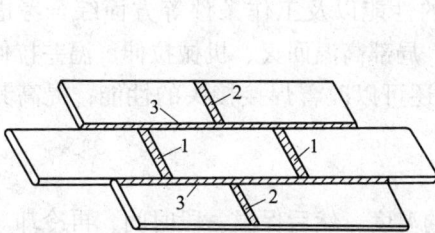

图 3 - 49   拼版时选择合理的焊接顺序

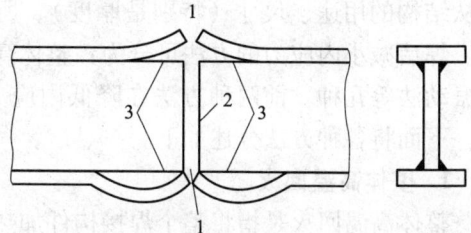

图 3 - 50   按受力大小确定焊接顺序

有试验表明，用这种焊接顺序焊成的梁疲劳强度比先焊腹板的梁高 30% 。

（5）降低焊缝的拘束度。在焊接镶块的封闭焊缝或其他拘束度大的焊缝时，可采用反变形法降低焊件的局部拘束度，从而减少焊缝的拘束度，见图 3 - 51。

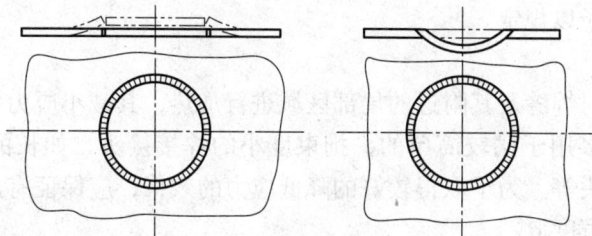

图 3 - 51   降低局部刚度减小内应力

（6）锤击焊缝。可用头部带小圆弧的工具锤击焊缝，使焊缝得到延展，降低内应力，锤击应保持均匀适度，避免锤击过分，以防止产生裂缝。一般不要锤击第一层和表面层。往往该方法用于不便热处理条件下的焊接返修、现场补焊等。

（7）加热减应法。在焊接结构的适当部位加热使之伸长，加热区的伸长带动焊接部位，使它产生一个与焊缝方向相反的变形。在加热区冷却收缩时，焊缝就可能比较自由地收缩，从而减少内应力，见图 3 - 52。

（二）焊后消除焊接应力的方法

由于焊接应力将影响焊件的结构强度、使用性能，因此在很多重要结构中都要求焊接后进行消应力处理，特别是锅炉压力容器、核安全设备等。用什么方法减小焊件的残余应力，

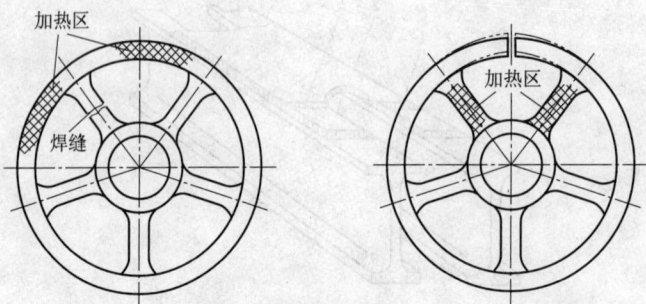

图 3 - 52　局部加热以降低轮辐、轮缘端口的焊接应力

应从结构的用途、尺寸（特别是厚度）、所用材料的性能以及工作条件等方面综合考虑决定。焊后减小内应力的方法可分为：整体高温回火、局部高温回火、机械拉伸、温差拉伸以及振动法等几种。前两种方法在降低内应力的同时还可以改善焊接接头的性能，提高其塑性。下面将各种方法分述如下。

1. 整体高温回火

整体高温回火是指将整个焊接构件加热到一定的温度，然后保温一段时间，再冷却。加热温度按材料种类选择，保温时间按厚度来确定，厚度越大，保温时间越长，内应力减小随时间的延长而迅速降低。但过长的处理时间是不必要的，应根据焊接工艺评定来确定。保温时间一般按 1 ~ 2 min/mm 计算。对具有再热裂纹倾向的钢材的厚大结构，应注意控制加热速度和加热时间。

对于一些重要结构，如锅炉、化工压力容器和核安全设备等，消除内应力的热处理及必要性，有专门的规程予以规定。

2. 局部高温回火

局部高温回火只对焊缝及其附近的局部区域进行加热，其减小应力的效果不如整体处理的好。局部高温回火多用于比较简单的、拘束度小的焊接接头，如长的圆筒容器、管道接头、长构件的对接接头等。为了取得较好的降低应力的效果，应保证有足够的加热宽度。理论上圆筒接头加热区宽度取：

$$B = 5 \sqrt{R \times \delta}$$

式中　*B*——加热区宽带；

　　　R——半径；

　　　δ——厚度。

对于锅炉、核安全设备等其加热宽度有相关规定，一般为焊缝两侧 3 倍壁厚。长板的对接接头，取 *B = W*，见图 3 - 53。局部热处理可采用红外线、间接电阻或工频感应加热等。

3. 机械拉伸法

对焊接构件进行加载，使焊接压缩塑性变形区得到拉伸，可减少由焊接引起的局部压缩塑性变形量，从而使内应力减低。焊接压力容器的机械拉伸，可通过液压试验来实现。液压试验采用一定的过载系数，所用试验介质一般为水。试验时，还应严格控制介质的温度，使之高于材料的脆性临界温度，以免在加载时发生脆断。在确定加载压力时，必须充分估计工作时及可能出现的各种附加应力，使加载时的应力高于实际工作时的应力。

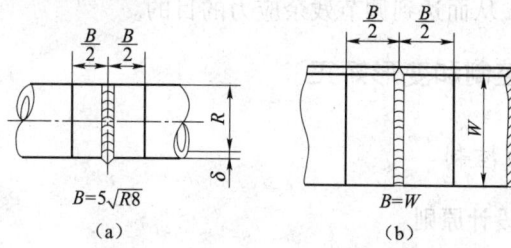

图 3 - 53　局部热处理的加热区宽度

（a）环焊缝；（b）长构件对接焊缝

4. 温差拉伸法（低温消除应力法）

温差拉伸法是指在焊缝两侧各用一个适当宽度的氧 - 乙炔焰炬加热，在焰炬后一定距离处喷水冷却。焰炬和喷水管以相同的速度向前移动，见图 3 - 54。这样可以造成一个两侧高（峰值约为 200 ℃）、焊缝区低（约为 100 ℃）的温度场。两侧的金属因受热膨胀对温度较低的焊缝区进行拉伸，使之产生拉伸塑性变形以抵消原来的压缩塑性变形，从而消除内应力。本法对于焊缝比较规则，厚度不大的板（ < 40 mm）、壳结构具有一定的价值。

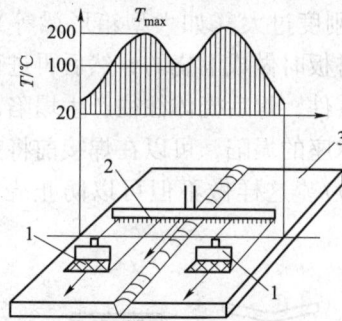

图 3 - 54　温差拉伸法

1—氧 - 乙炔加热区；2—喷水排管；3—焊件

5. 振动法

振动法是指利用由偏心轮和变速电动机组成的激振器使结构发生共振所产生的循环应力来降低内应力。其效果取决于激振器和构件支点的位置、激振频率和时间。本法所用设备简单廉价、处理费用低、时间短，也没有高温回火时金属表面氧化的问题。我国已在一些重要结构上应用并取得了一定效果，但是在锅炉压力容器和核安全设备上还未见使用。

6. 爆炸法

爆炸法是指通过布置在焊缝及其附近的炸药带，引爆产生的冲击波与残余应力的交互作用，使金属产生适量的塑性变形，残余应力因而得以松弛。构件厚度和布置方式是取得良好去应力效果的决定性因素。大型水电站的引水管和叉管均采用此法来降低焊接残余应力。

7. 多层环焊缝管内水冷法

与腐蚀介质接触的管道内壁焊缝区的拉伸残余应力易引起应力腐蚀开裂。采用空冷焊接奥氏体不锈钢管多层环焊缝一般会在内壁产生拉伸应力。如果在管内用水冷却，可以使拉伸内应力变为压缩内应力，从而达到调节残余应力的目的。

四、焊接变形的控制和变形矫正

（一）焊接变形的控制

1. 控制焊接变形的设计原则

（1）选择焊接工艺性好的结构形式。

（2）设计合理的焊缝尺寸和接头形式。

（3）合理安排焊缝布局和接头位置，尽可能减少焊缝数量。

（4）选用型材等，构成最佳焊接结构。

2. 控制焊接变形的工艺措施

1）反变形法

反变形法是生产中经常使用的方法。它是按照事先估计好的焊接变形的大小和方向，在装配时预加一个相反的变形，使其与焊接产生的变形相抵消。也可以在构件上预制出一定量反变形，使之与焊接变形相抵消来防止焊接变形。图3–55～图3–60为反变形在各种情况下的应用。当构件刚度过大（如大型箱形梁等），采用上述强制反变形有困难时，可以先将梁的腹板在下料拼板时做成上挠的，然后再进行装配焊接。在薄壳结构上，如需在壳体上焊接支承座之类的零件，焊后壳体往往产生塌陷，见图3–56（a），影响结构尺寸的精确度。为了防止焊后支承座的塌陷，可以在焊接前将支承座周围的壳壁向外顶出，然后再进行焊接，见图3–56（b）。这样做不但可以防止壳体变形，而且还可以减小焊接应力。

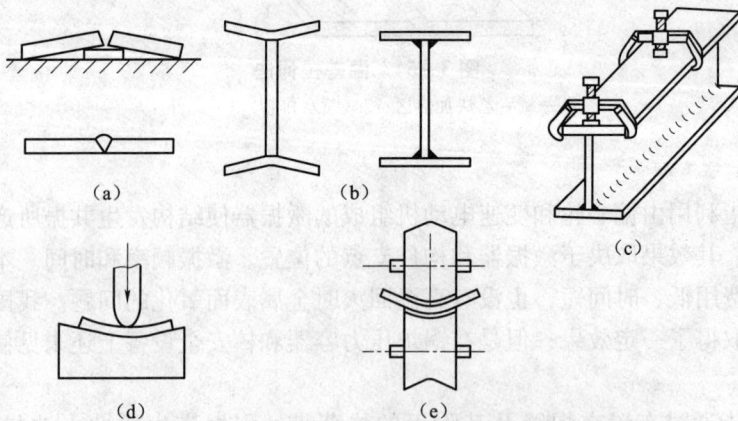

图3–55 几种反变形措施

（a）对接焊反变形装配；（b）塑性预弯反变形；（c）～（e）强制反变形

2）合理的装配和焊接顺序控制变形

对于复杂构件，焊缝数量较多，由于焊缝的位置对于所组成的构件截面中性轴的位置是不同的，这样对于任何一条焊缝，由于零件的装配顺序不同，焊缝到截面中性轴的距离也不同，因此这条焊缝所引起的焊接变形对于不同的装配焊接顺序是不同的。

174

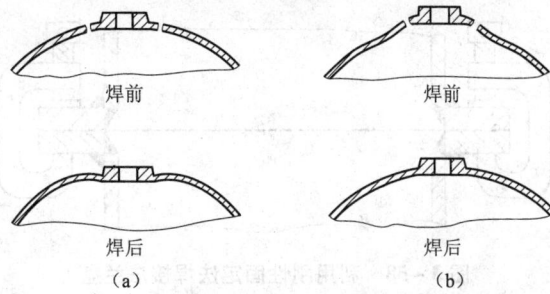

图 3 - 56　薄壳结构支承座焊接的反变形

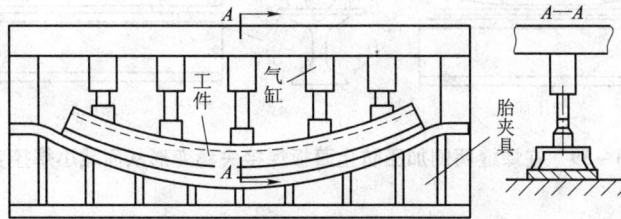

图 3 - 57　防止构件弯曲的强制反变形

要选择出变形最小的装配焊接顺序，首先要弄清每一条焊缝所引起构件变形的大小和方向，这样才可以使各条焊缝引起的变形相互抵消，或者是使那些变形不能相互抵消的不对称焊缝在能自由收缩的情况下焊接。通常情况下，应把构件适当地分成几个组件，分别装配焊接，然后再拼焊成整体，使不对称的焊缝或收缩量较大的焊缝能比较自由地收缩而不影响整体结构。按照这个原则生产复杂的大型焊接结构既有利于控制焊接变形，又能扩大作业面，缩短生产周期。

3）对称焊接法

设计时，安排焊缝尽可能对称于中性轴，或者使焊缝接近中性轴。工艺编制时，应采取对称焊接工艺。焊缝对称于中性轴并同时施焊，可使焊缝所引起的挠曲或旁弯变形相互抵消。这对减少梁、柱等一类结构的挠曲或旁弯变形有良好的效果。当梁、柱类构件焊缝数量较多，不可能做到完全对称时，应尽量使焊接变形朝着易于校正的方向变化。

4）刚性固定法

这个方法是在没有反变形的情况下，将构件加以固定来限制焊接变形。用这种方法来预防构件的挠曲变形，只能在一定程度上减小这种变形，效果远不如反变形。但对角变形和波浪变形有效。例如，图 3 - 58 所示的利用刚性固定法焊接消除法兰面的角变形。

焊接薄板时为防止波浪变形，在焊缝两侧紧压固定（见图 3 - 59），加压位置应尽量接近焊缝并保持压力均匀。为此，可采用带一定挠度的压块或者采用琴键式的多点压块。

5）散热法

散热法是通过强迫冷却，使焊缝附近的材料所受的热量大大减少，缩小焊接热场的分布，从而减少焊接变形。散热法可以通过正面或背面水冷却，或在水中施焊来达到减小焊接变形的目的。散热法不适合于焊接易淬火钢材，否则将会引发焊接裂纹。

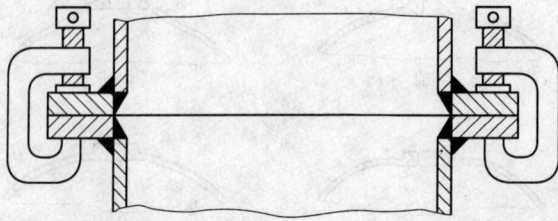

图 3 – 58   利用刚性固定法焊接法兰盘

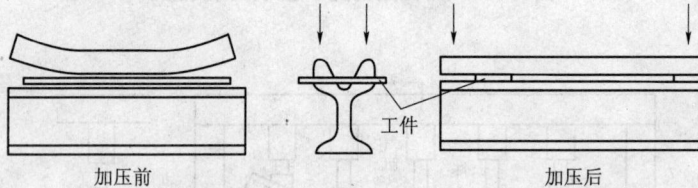

加压前   加压后

图 3 – 59   在焊缝两侧加压防止薄板焊接失稳变形从而减小焊接变形

6）锤击焊道法

锤击焊缝金属能促使金属产生塑性变形，从而减小焊接变形。锤击焊缝不但减少焊接变

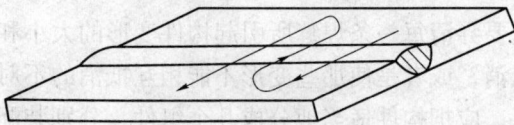

图 3 – 60   锤击焊缝的路线

形还能降低焊接应力。锤击最好在热状态下进行，这时金属的塑性较好。锤击焊缝的路线如图 3 – 60 所示。为了防止冷作硬化，底层焊道和盖面层焊道一般不予以锤击。锤击时还应防止产生裂纹。

（二）焊接变形的矫正

对于焊件尺寸要求较高的零件或焊接需要加工的零件，往往需要将变形加以矫正，以达到图纸要求。常用的矫正方法如下。

1. 利用机械方法矫正

所谓机械方法就是通过手锤、千斤顶、压力机等设施，使构件发生与变形相反的塑性变形，使原来缩短部分得到伸长，恢复形状。

2. 局部加热校正

该方法是采用火焰将构件特定区域加热，产生压缩塑性变形，使焊接变形得到消除。通常对碳钢和低合金钢的矫正温度为 600 ℃ ~ 800 ℃（材料的 Ac_1 温度点以下）。往往局部矫正时也可以采用千斤顶等工具施加一定的压力，来增加矫正的效果。根据加热区域的不同，加热法可分为点状加热法、线状加热法、三角加热法等几种方法。

3. 热处理消除变形

预先将焊接变形的部位通过刚性夹具或支撑，将变形恢复到原来形状或图纸工艺要求的形状，然后整体加热到某一温度，使构件的形状固定下来，达到矫正的目的。热处理消除变形，还可以采用加荷载法。即对于发生了挠曲变形梁、柱、管道等杆件产品，在热处理时给杆件产品的上挠面加以配重，杆件在高温下因材料屈服强度下降而发生塑性变形，达到矫正目的。

第七节　焊接活动的质量检验

一、焊接检验概述

焊接检验是采用各种可行的方法，把焊接质量同焊接产品的使用要求相比较的过程。广义的焊接检验是针对整个焊接活动过程，包括焊前检验、焊接过程中的检验和焊后成品的检验。而狭义的焊接检验则主要是针对焊后的成品检验，这也是本节所要论述的主要内容。

按照检验方法本身对成品是否具有破坏作用，将检验方法分为破坏性检验和非破坏性检验两大类，如图 3－61 所示。

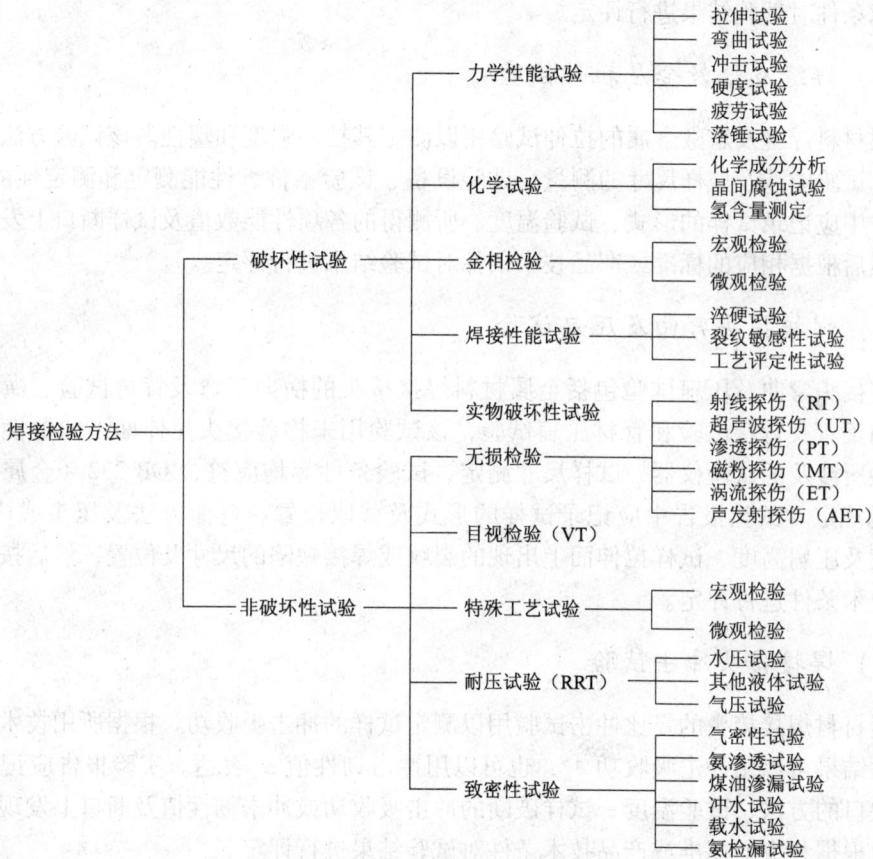

焊接检验方法

- 破坏性试验
  - 力学性能试验
    - 拉伸试验
    - 弯曲试验
    - 冲击试验
    - 硬度试验
    - 疲劳试验
    - 落锤试验
  - 化学试验
    - 化学成分分析
    - 晶间腐蚀试验
    - 氢含量测定
  - 金相检验
    - 宏观检验
    - 微观检验
  - 焊接性能试验
    - 淬硬试验
    - 裂纹敏感性试验
    - 工艺评定性试验
  - 实物破坏性试验
- 非破坏性试验
  - 无损检验
    - 射线探伤（RT）
    - 超声波探伤（UT）
    - 渗透探伤（PT）
    - 磁粉探伤（MT）
    - 涡流探伤（ET）
    - 声发射探伤（AET）
  - 目视检验（VT）
  - 特殊工艺试验
    - 宏观检验
    - 微观检验
  - 耐压试验（RRT）
    - 水压试验
    - 其他液体试验
    - 气压试验
  - 致密性试验
    - 气密性试验
    - 氦渗透试验
    - 煤油渗漏试验
    - 冲水试验
    - 载水试验
    - 氨检漏试验

图 3－61　常用检验方法

所谓破坏性检验，是指从焊件或试件上切取试样，或以核安全设备（或模拟件）的整体做破坏试验，以检查其各种力学性能的试验法。所谓非破坏性检验或无损检验是指不损坏被检查材料或成品的性能和完整性而检测其缺陷的方法。

二、破坏性检验

目前我国在核设备活动现行的规范标准中（美国 ASME 核电规范与标准、法国压水堆核岛机械设备设计和建造规则）都对破坏性试验规定了标准。

焊接接头力学性能试验主要有金属材料焊接接头的拉伸、冲击、弯曲、压扁、硬度及点焊剪切等试验。

（一）焊接接头拉伸试验

焊接接头拉伸试验方法包括金属材料焊接接头横向拉伸试验和点焊接头的剪切试验方法，以分别测定焊接接头的抗拉强度和抗剪负荷。该方法主要适用于熔焊和压焊对接接头。接头拉伸试样的形状分为板形、整管和圆形 3 种。试验中涉及仪器、试样尺寸测定、试验条件和性能测定等。试验报告中应记录试样的形式及截取位置、试样拉断后的抗拉强度或抗剪负荷值、试样断裂处出现的缺陷种类及数量、试样断裂位置等内容，然后根据相应的标准或产品技术条件对试验结果进行评定。

（二）焊缝及熔敷金属拉伸试验

金属材料焊缝及熔敷金属的拉伸试验用以测定其拉伸强度和塑性。该试验方法均采用圆形试样，试验中涉及试样尺寸的测量、试验设备、试验条件、性能测定和测定性能数值等。试验报告中应记录试样的形式、试验温度、所测得的各项性能数值及试样断口上发现的缺陷种类，然后根据相应的标准或产品技术条件对试验结果进行评定。

（三）焊接接头弯曲及压扁试验

焊接接头弯曲及压扁试验包括金属材料焊接接头的横向正弯及背弯试验、横向侧弯试验、纵向正弯及背弯试验和管材压扁试验，该试验用来检验接头拉伸面上的塑性及显示缺陷。试验所涉及的试验仪器、试样尺寸测定、试验条件等均应符合 GB 232（金属弯曲试验方法）的规定。试验报告中应记录试样的形式及截取位置、弯曲方法及压头或内辊直径、弯曲角度及压扁高度、试样拉伸面上出现的裂纹或焊接缺陷的尺寸及位置，然后按相应标准或产品技术条件进行评定。

（四）焊接接头冲击试验

金属材料焊接接头的夏比冲击试验用以测定试样的冲击吸收功。根据所用技术条件的要求，试验结果可以用冲击吸收功 A_k，也可以用冲击韧性值 α_k 表达。实验报告应记录试样的形式及缺口的方法、试验温度、试样破断的冲击吸收功或冲击韧性值及断口上发现的缺陷种类，然后根据相应的标准或产品技术条件对试验结果进行评定。

（五）焊接接头及堆焊金属硬度试验

金属材料焊接接头和堆焊金属的硬度试验用以测定洛氏、布氏、维氏硬度。实验报告应记录测点硬度值、测点位置简图，根据相应的标准或产品技术条件进行评定。

（六）焊接接头的金相检验

焊接接头的金相检验是借助金相显微镜来观察焊接接头金属组织变化特征和确定焊缝内部缺陷的检验方法，基本分为宏观检验和微观检验两部分。

1. 焊接接头的宏观检验

宏观检验是对焊缝断口和接头试片用肉眼或放大镜（20倍以下）来观察其金属塑性或脆性破坏、接头及焊缝熔池形状、结晶状态和严重组织不均匀性以及未焊透、夹渣、裂纹、气孔、偏析等缺陷。

2. 焊接接头的微观检验

微观检验是在100~1 500倍显微镜下对焊接接头试片观察并确定接头的显微缺陷（裂纹、夹渣、未熔合、未焊透等）和组织缺陷。

按照金相检查的部位，其检查又可分表面金相复型检验和断面金相检验。金相复型检验是在现场条件下无法拍摄金相照片而采用的方法，复型检验组织不如原组织清晰，如果用大工件金相检查仪器与复型金相配合使用效果更好。用此检验法在施工现场进行质量监督最为方便。

（七）焊接接头的断口检验

焊接接头的断口检验是施工现场常用的一种迅速、准确的缺陷检查方法，可发现焊缝中存在的焊接缺陷，借助低倍放大镜确定焊缝金属断口形貌特征（韧性或脆性），并对焊缝质量做出正确的判断。焊接接头的被检断口应是无污染的呈金属光泽的断口，可用肉眼或5~10倍放大镜观察断口形貌。可根据断口的破坏特征判断缺陷性质。

三、非破坏性检验

（一）目视检验（VT）

目视检验是利用眼睛的视觉或借助辅助工具和仪器，例如放大镜、内窥镜等，进行直接或间接地观察检验物体表面缺陷的无损检测方法，适合于检查接头的形状和尺寸以及表面的焊接缺陷。焊缝的目视检验工作容易、直观、方便、效率高。在《民用核安全设备焊工焊接操作工资格管理规定》（HAF603）中将目视检验称为外观检验。

1. 目视检验前的工件表面清理

被检验区域应无任何影响检验观察和评定的杂物。即所有焊缝及其边缘应无熔渣、飞溅及阻碍外观检验的附着物。

2. 焊缝表面缺陷的检查

用放大镜或目测整条焊缝和热影响区附近，观测是否有裂纹、气孔、夹渣、咬边、焊瘤、弧坑、烧穿等缺陷。

3. 焊缝外形尺寸的检查

焊缝应完整，无漏焊，焊缝与母材连接处应圆滑过渡。焊缝的高低宽窄、角焊缝的焊脚尺寸等应用专用的外观检测工具测量。

（二）焊缝致密性检验

致密性检验主要是检查焊缝的致密程度，有无泄露，从中发现贯穿性裂纹、气孔、夹渣、未焊透等缺陷。生产中常用的致密性检验方法有氨检漏试验、水压试验、气压试验、煤油试验等。

1. 氦检漏试验

氦气质量轻，能穿透微小的空隙，利用氦气检漏仪器可以发现千分之一的氦气存在，检查贯穿性缺陷十分敏感，是灵敏度很高的致密性检验方法。常常用于检验密封性要求很高的核安全设备。在《民用核安全设备无损检验人员资格管理规定》（HAF602）中，将泄漏检验作为一种无损检验方法，其含义就是氦检漏试验。

2. 水压试验

水压试验前具备的技术条件和技术资料应符合设计院图纸、合同中相关的技术规定以及国家现行的有关标准、规范、规程、验评标准的要求。

3. 气压试验

用压缩空气对容器和管道进行泄露、耐压试验，多用于低压力容器的检验。

（三）渗透探伤（PT）

渗透探伤是采用带有荧光染料（荧光法）或红色染料（着色法）的渗透剂的渗透作用，显示缺陷痕迹的无损检验法。常用的有着色探伤和荧光探伤。

1. 原理

着色探伤是利用某些渗透性很强的有色油液渗入工件的表面缺陷中，除去工件表面的油液后，涂上吸附油液的显像剂，就在显像剂上显示出彩色的缺陷形状的图像。从其出现的图像情况可以判别出缺陷的位置、大小以及严重程度。

荧光探伤是利用某些渗透性很强的荧光油液渗入工件的表面缺陷中，除去工件表面的油液后，在工件表面撒上氧化镁粉末。一段时间后吹去粉末，在暗室中用紫外线照射工件，留在缺陷处的荧光物质会发出明亮的荧光，由此来判别缺陷的位置、大小及严重程度。

2. 应用范围

渗透探伤对工件表面有一定尺寸的开口缺陷具有较好的探伤效果，但不能用于探测工件内部的缺陷，对一些微小表面缺陷的探测灵敏度也较差。由于渗透探伤不受材料磁性的限制，除多孔材料外，几乎所有材料的表面缺陷都可以采用这种方法进行判别。渗透探伤的操作工序较复杂，但它不受工件体积、形状及场地、电源等客观条件的限制，应用较广泛。

3. 操作过程

由于着色探伤与荧光探伤的原理及操作过程基本相同，以下以着色探伤为例简要说明操作过程。

（1）预处理：用丙酮等溶剂洗去除工件表面的油污、铁锈、油漆、氧化皮等污染物。

（2）干燥：清洗后的工件必须彻底干燥，利于渗透剂的充分渗透。

（3）渗透：将渗透剂喷涂在工件表面，在 10 ~ 15 min 内喷涂几次，使工件表面保持不干状态。

（4）清洗：乳化作用的时间一般在 2 ~ 3 min，之后用水或其他清洗剂将工件表面多余的渗透剂洗掉。

（5）显像：采用喷涂方法时，应在距工件表面 300 mm 处喷涂显像剂，使涂层薄而均匀；采用刷涂方法时，只能按一个方向刷涂显像剂。

（6）观察：一般情况下，着色探伤显示的缺陷是白色衬底上的彩色图像，其形状就是缺陷形状，其位置就是缺陷所在的位置。观察一般在喷涂显像剂5~30 min后进行。

（7）后处理：探伤结束后，将显像剂从工件表面除去。

（四）磁粉探伤（MT）

磁粉探伤是利用在强磁场中铁磁性材料表层缺陷产生的漏磁场吸附磁粉现象而进行的无损检验法。

1. 原理

铁磁性材料在外磁场感应作用下被磁化，若材料中存在缺陷，则缺陷部位的磁导率发生变化，磁力线发生弯曲。如果缺陷位于表面或近表面，弯曲的磁力线一部分泄露到空气中，在工件表面形成漏磁通，从而形成新的漏磁场，如图3-62所示。磁力线有沿磁阻最小的路径通过的特性，如果在漏磁场处撒上磁导率很高的磁粉，漏磁场就会吸引磁粉，在有缺陷的位置形成磁粉堆积。根据磁粉堆积的图形来判断缺陷的形状和位置。

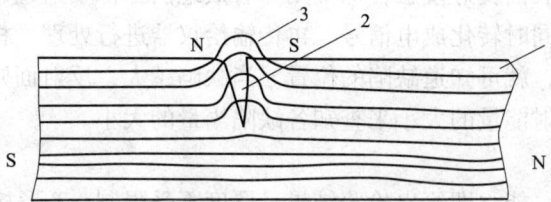

图 3-62　漏磁场
1—工件；2—缺陷；3—磁力线

2. 应用范围

磁粉探伤可以检测铁磁性材料的表面和近表面缺陷。操作方法较简单，缺陷显示直观，结果可靠。但它仅适用于导磁性材料，对于有色金属、奥氏体不锈钢等非导磁材料无法适用，磁粉堆积也不能确定缺陷的深度，经磁粉探伤后构件中有剩磁，应采取去磁处理。

3. 操作过程

1）湿粉连续磁化法

（1）在工件充磁的同时，将磁悬液浇到工件上。

（2）停浇磁悬液。

（3）在停浇磁悬液的瞬间通电磁化。

湿粉检测法对检测表面光滑的微小缺陷灵敏度较高。

2）干粉连续磁化法

（1）将工件充磁。

（2）向工件表面喷干磁粉。

（3）吹去多余的干磁粉。

（4）关闭电源，切断磁化电流。

干粉检验法较适合表面粗糙的工件，并具有在高温1 300 ℃以下的特殊探测功能。

3）剩磁法

（1）将工件充磁。

（2）切断电源，切断磁化电流。

（3）向工件表面浇磁悬液。

（五）超声波探伤（UT）

超声波探伤是利用超声波探测材料内部缺陷的无损检验法。

1. 原理

超声波检测是使用500~10 000 kHz的频段穿透零部件，通过反射波的位置、高度、波形的静态和动态特征来显示其内部和表面缺陷的一种无损检测方法。超声波无损检测设备有：超声探伤仪、探头、耦合剂及标准试块等。一般应用在检测焊接接头裂纹、夹渣、未熔合、未焊透等缺陷及厚度测定。

超声检测以声波振动原理为基础，超声波频率高，则传播的直线性强，又易于在固体中传播，并且在遇到两种不同介质形成的界面时易于反射，这样就可以用它来探伤。通常要求超声波探头与待探零件表面良好接触，探头则可有效地向零件发射超声波，并能接收缺陷界面反射出来的超声波，同时转化成电信号，再传输给仪器进行处理。根据超声波在介质中传播的速度和传播的时间，就可知道缺陷的位置。当缺陷越大，反射面则越大，其反射的能量也就越大，故可根据反射能量的大小来查知各缺陷当量的大小。

2. 应用范围

超声波探伤速度快，能立即给出检验结果，厚度不受限制，T形接头也可检查，对焊缝中的危害性缺陷，如裂纹、未熔合等缺陷具有较高的探测灵敏度，对缺陷能比较准确的定位。超声波探伤设备相当轻便，并且不受材料种类的限制，是一种应用极为广泛的探伤方法。但超声波探伤对气孔等表面光滑的球形缺陷探测灵敏度低，缺陷的种类和形状难以定性，对缺陷没有直观性；另外，超声波探伤对探伤面光洁度要求较高，需要耦合剂和对比标准试块，检验结果不直观，结果的准确性依赖于探伤人员的操作技能和职业素质。

（六）射线探伤（RT）

射线探伤是采用X射线或γ射线照射焊接接头，检查内部缺陷的无损检验法。

1. 射线探伤方法分类

1）按记录介质分

（1）射线照相法：用X光感光胶片记录，是目前最常用的使用方法，胶片也是产品质量非常有力的客观证据。

（2）荧光屏观察法：靠荧光屏上的荧光亮度差进行评定。

（3）X光电视检查法：通过电视屏幕上的亮度差进行评定。

2）按射线源分

（1）普通X射线检验：用管电压500 kV$_P$以下的X射线检验。

（2）高能X射线检验：用1 MeV以上的电子加速器产生的高能X射线检验。

（3）γ射线检验：用放射性元素产生的γ射线检验。

3）按透照方法分（针对射线照相法）

（1）单壁单影技术：射线束穿过工件的一个壁厚，胶片置于远离射源侧的工件表面上。其中包括以下几种技术：

① 射源在外，胶片在内的单壁单影技术。

② 周向曝光技术：射源在内，胶片在外，主要用于环焊缝的检验。

③ 全景曝光技术：射源在内，胶片在外，主要用于球体所有焊缝一次性曝光检验。

（2）双壁透照技术。

① 双壁双影技术：射线束穿过工件双壁，在底片上同时得到上下两个焊缝影像，即通常所说的椭圆透照技术。

② 双壁单影技术：射线束穿过工件双壁，在底片上仅留下胶片侧焊缝的影像。此法灵敏度低，很少采用。

2. 原理

X 射线和 γ 射线有很强的穿透能力，而且在穿透过程中不同物质（如被检物中的缺陷与它周围的完好部位）对其衰减不同，因而透过的射线强度上存在差异，利用一定的介质（如 X 光感光胶片）将这一差异记载并显示出来，就可以用来分析判断被检物中的缺陷情况（如图 3-63 所示）。

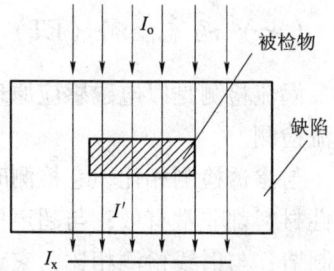

图 3-63 射线检验原理图

I_0—射线原始强度；

I_x—透过完好部位的强度；

I'—透过缺陷后的强度

（1）当 $I' > I_x$ 时（如钢焊缝中的气孔、夹渣等缺陷），射线底片上缺陷呈黑色影响。

（2）当 $I' < I_x$ 时（如钢焊缝中的夹钨缺陷），射线底片上缺陷呈白色影响。

3. 应用范围

射线检验的应用范围相当广泛，凡是同时具备以下条件的产品，均可采用射线探伤方法进行检验。

（1）缺陷与产品材质对射线的衰减存在较大差异。

（2）缺陷沿射线方向有一定尺寸。

（3）射线能量足以穿透工件。

（4）有合理的空间布置射线源、工件及显示装置。

4. X 光底片上焊接缺陷的识别

1）裂纹

一般情况下，裂纹在 X 光底片上是一条黑色带有曲折的线条，有时也呈直线状。影像轮廓线分明，两头尖且色较淡，中部较宽且色较深。如裂纹与射线方向成一定角度，则呈淡灰雾暗影。

2）根部未焊透

在底片上呈连续或断续的黑色直线状，宽度较宽（一般与根部间隙一致）。对接焊缝的根部未焊透影像一般出现在焊缝影像的中部。

3）层间未焊透

在底片上的影像形状不规则，条状、块状均有可能，且可分布于焊缝影像的任意部位。影像一般呈暗灰色，当伴随有夹渣时，影像颜色较深。

4）坡口边缘未焊透

影像一般呈长条状黑色线条，黑度不均匀，常呈断续分布。影像的位置常偏离焊道中心线。对于采用 U 形坡口的接头，其影像可能黑度较深。

5）未熔合

未熔合的影像一般出现在焊缝影像的边缘，当射线方向与坡口边缘方向存在一个角度时，影像模糊不清，常会发生漏判。

6）夹渣

夹渣在底片上较易显露，一般呈黑色点状或条状影像，轮廓分明，分布无一定规律。

7）气孔

呈圆形或椭圆形黑色影像，中心较黑，向边缘均匀变浅，边缘轮廓不明显，分布不一致。

（七）涡流检测（ET）

涡流检测是以电磁感应原理为基础，利用涡流的变化检测工件中的不连续性的方法称为涡流检测。

与渗透检测相比，它检测时不需要对零部件进行清洗；与磁粉检测相比，它对磁性和非磁性材料都非常有效；与超声检测相比，它不需要使用机械耦合系统，且探头比较简单和易于制造；与射线检测相比，它获得结果较快。

涡流检测在零部件表面以下的探测受到频率、耦合因子等因素的限制：零部件不同时，涡流也相应地有所不同。这常常产生模棱两可的结果：对开口很小的裂纹不太敏感；零部件表面的光洁度、平整度、界面等对检测都有较大的影响。

第八节　核安全设备焊接活动质量控制

核安全设备的质量是靠每一道工序质量来保证的，焊接活动作为核安全设备制造、安装活动中的关键工序是保证核安全设备质量的决定性环节。整个焊接活动质量控制的主要环节包括焊工管理、焊接工艺评定、焊接材料管理、焊接设备管理、焊接过程控制和焊接缺陷检验等环节。

一、焊工管理

由于核安全焊接工作属于特殊工种，有些情况下还属于隐蔽工种。焊工的技能和敬业精神对焊接质量的影响不言而喻。由于焊工和聘用单位的雇佣关系，聘用单位应对焊工行为负主要责任。

聘用单位在选拔、培训、考核、教育和使用等诸方面应充分考虑核安全设备焊接活动的重要性和特殊性，采取必要的措施保证焊工的技能水平和核安全文化素养：

• 选拔时首先应从焊工学历、理论知识、操作技能和经验等方面进行评定，如从具有常规压力容器焊工资质、从事焊接活动时间较长、有一定核安全设备焊接经历、焊接质量满足要求的人员中挑选。

• 在培训中应有长期规划，从简到难，循序渐进，培养焊工的归属感。在思想和生活上进行正确引导和关心爱护，给他们创造良好的工作环境及和谐氛围，提高他们对工作的积极性和敬业精神。

• 在实际工作中，要求他们按程序操作、纠正在常规产品焊缝实施过程中的随意性，严肃工艺纪律。采取上岗考核和质量跟踪等措施激励他们勤学苦练，迅速提高焊接技能。

对于核安全设备焊工来讲，核安全素养是不可缺少的，而人的素质修养是通过不断的学习和日常知识的积累逐步提高的。因此，从事民用核安全设备制造和安装活动的聘用单位要重视对核安全设备焊工、焊接操作工的思想素质和核安全文化教育，通过不断学习和培训以及其他多种形式将核安全文化意识固化在焊工的头脑中，使他们体会到焊工在核电厂安全中的重要性是其他工种无法替代的责任感，认识到"焊接质量是做出来的，不是监督检查出来"的这一基本道理，养成必须要自觉按照程序规定要求开展焊接活动的工作作风。

在实际核安全设备的焊接活动中，作为核安全文化的基本要求，民用核安全设备焊工、焊接操作工在焊接活动中应做到以下几点：

（1）明确拟将开展的焊接活动范围是否与自己取得资质的许可范围一致。

（2）焊接前自检，检查内容包括：焊接规程的可行性；检查被焊材料和所用焊材与产品要求的一致性；焊接设备的可用性和正确性；焊件待焊状态（焊接坡口及清洁情况、焊接位置等）；焊接参数的设定等。

（3）虚心接受各方面的检查和监督。

（4）自觉遵守质量保证程序、图纸及焊接规程等。

（5）记录施焊过程的焊接参数，包括焊材特征参数（牌号、规格、批号、标准号、保护气体名称、流量等）、电流种类和极性、焊接电流、电弧电压、送丝速度、预热和层间温度、焊接层道等。

（6）对于自己造成的缺陷能够主动汇报。

总之，焊工在民用核安全设备制造和安装活动中，做任何事情一定要遵循凡事有章可循、凡事有人负责、凡事有据可查的原则。

二、焊接工艺评定

为了保证核安全设备的焊接质量，核安全设备制造和安装单位应根据所进行的核安全设备活动的适用规范，进行焊接工艺评定。

焊接工艺评定要求按照拟定的焊接工艺评定指导书，准备工艺评定试件；依据焊接工艺规程焊接并初步检验工艺评定试件；依照焊接工艺评定指导书检验和评定焊接接头性能；汇总焊接方法、焊前准备、加工、装配、焊接材料、焊接设备、焊接顺序、焊接操作、焊接热输入以及焊后热处理等工艺因素和试验记录及结果，并整理成焊接工艺评定报告；必要时，修订焊接工艺规程。

焊接工艺评定的目的是验证焊接接头力学性能、理化性能和密封性能等是否符合设计的技术要求；评定施焊单位是否有能力进行符合所用规范要求的焊接活动；验证施焊单位所制定的焊接工艺规程的正确性和准确性。

（一）焊接工艺评定依据的标准

核安全设备焊接工艺评定依据的标准应为核安全设备活动适用规范要求的标准。

对于使用 ASME 规范的核安全设备，焊接工艺评定应使用美国 ASME 规范第Ⅸ卷《焊接和钎焊评定》和第Ⅲ卷有关章节。

ASME 规范第Ⅸ卷《焊接和钎焊评定》是对所有压力容器进行焊接工艺评定的通用卷，当用到核安全设备上时必须附加第Ⅲ卷的要求才是最完整的。第Ⅸ卷适用于 ASME 规范其他卷所允许的各种手工或机械化焊接方法的焊接工艺规程的制定及焊接工艺及焊工的评定。第Ⅸ卷表明：为了确保所焊的产品焊缝具有所预期的使用性能，焊接工艺应进行评定，获得符合要求的焊接工艺规程（WPS）和工艺评定报告（PQR）。

焊接工艺规程（WPS）是为焊工或焊接操作工制造符合规范要求的产品焊缝而提供指导的、经过评定的焊接工艺文件，是指导焊接工作的依据，无论在焊工培训、考试或产品焊缝实施中都应认真地贯彻执行。

对于使用 RCC – M 规范的核安全设备，焊接工艺评定应使用法国 RCC – M S 篇 S3000 章。

RCC – M S3000 焊接工艺评定一章对碳钢和低合金钢、奥氏体或奥氏体 – 铁素体不锈钢、镍基合金等的对接焊、特殊焊缝（异种金属焊接、特殊密封焊、马氏体不锈钢对接焊、角焊缝、焊缝挖补修复电子束焊等）、奥氏体 – 铁素体不锈钢和镍基合金的堆焊、热交换器或蒸汽发生器管板与传热管焊接、耐磨堆焊、管道焊缝以及复合钢板、预堆边焊和模拟补焊等的焊接工艺评定分别进行了规定。

（二）焊接工艺评定的变素

影响焊接质量的工艺条件、参数和因素很多，如焊接方法、焊前准备、加工、装配、焊接材料、焊接设备、焊接顺序、焊接操作、焊接热输入以及焊后热处理等。在进行焊接工艺评定时将这些工艺条件、参数和因素归纳为变素，或称为工艺变素。

ASME 规范第Ⅸ卷对于焊接工艺规程（WPS）中参数的类型分为重要变素、附加重要变素和非重要变素 3 类。重要变素是指影响焊缝力学性能（冲击韧性除外）的焊接条件的某一变化。附加重要变素是指影响焊缝冲击韧性的焊接条件的某一变化。非重要参数是指不影响焊缝力学性能和焊接条件的变化。

焊接工艺评定的基本准则是任一重要变素有了变化，则需重新评定。当标准规范要求冲击韧性时，则附加重要变素即为新的重要变素，如有变化，亦需重新评定。如果任一非重要变素有了变化，则仅需做工艺修订或修改，改变了原来的非重要变素不必对工艺进行重新评定。

法国 RCC – M S3000 规范对焊接工艺评定变素的分类也遵循 ASME 规范。但对于某些非重要变素的变化也重新评定。

（三）焊接工艺评定的基本步骤

（1）确定焊接工艺评定项目，编制焊接工艺评定任务书。

（2）确定或编制焊接工艺规程。

（3）按照焊接工艺评定指导书对母材和填充材料进行复验，并委托试件的加工。

（4）在评定主持人或有关监督人员的监督下，按照焊接工艺规程焊制工艺评定试件并进行初步检验，同时做好记录。

（5）按照焊接工艺评定指导书进行试样加工和检验。

（6）各项检验结束后，根据检验结果，编制焊接工艺评定报告，做出综合评定结论。

（7）修订、审核和批准焊接工艺规程。

（四）使用 RCC – M 规范进行焊接工艺评定应注意的几个问题

1. 焊接工艺评定的有效期

根据 RCC – M S3170，只要实际焊接过程中没有规律性地出现焊接缺陷以及产品见证件合格，那么焊接工艺评定将长期有效。但是对于 RCC – M B4231 和 RCC – M C4231 里列举的焊缝其工艺评定有效期为 3 年，返修焊接工艺评定和其他评定相同。

当产品见证件不合格时，焊接工艺评定应暂停使用，除非制造商提供证据证明焊接工艺没有问题。

2. 焊接工艺评定的转让

RCC – M S6500 规定，在某车间或现场进行的焊接工艺评定必须相应在这样的车间或现场所施焊的产品焊缝。为了使在某一车间或现场的焊接工艺评定扩大到同一制造厂的另一个车间或现场，这个新的车间或现场必须符合焊接操作车间或现场的技术评定条件，即设备、人员、生产经验等方面要求的条件。另外，制造厂还必须提供新车间或现场的评定报告，在报告中明确指出有关的规定（技术注意事项和人员编制），以便在转让后，保证技术和经验的连续性。

焊接工艺评定绝对不允许在制造厂之间转让。

3. 焊接工艺评定试件的保管

根据 RCC – M S1400 的规定，焊接工艺评定试样件和截取试样后的余件，由制造商保留到 3 年。

三、焊接材料管理

焊接材料管理是焊接质量控制的一个重要环节，错用焊接材料会造成潜伏的不合格焊缝而留下质量隐患，甚至导致核电厂运行期间重大事故的发生。

焊材的管理主要有以下几个方面。

（一）焊材的验收

应该根据焊材验收标准，对采购的每批焊材首先进行焊材验收试验，证明其质量达到了标准的要求，方可入库。保证运抵现场的每批焊材都有稳定的质量。

（二）焊材的存放

焊材存放的基本要求是使焊材要保持原有的性能。因此，要求存放焊材的焊材库（也称烘干室）环境温度要求控制在大于或等于 20 ℃以上，相对湿度要控制在小于或等于 60% 以下，贮存室内要配置空调，除湿机。

室内不允许放置食物或饮料；焊材库的环境应保持清洁卫生，未经过授权人员不得进入。

焊材只能以原始未开封形式存放于焊材库的货架上，货架要求离地面高度距离不小于 300 mm，离墙壁距离不小于 300 mm，每一种批号与其他批号要用隔板隔开，或留有足够的分离间隔，并用标签注明牌号、规格、批号和有效期。

（三）烘干与保温

对准备使用的焊接材料应进行烘干。烘箱在同一时间内只允许放入一种牌号的焊条。每一格层只允许放一种规格的焊条。应按要求及时做好烘干记录。RCC－M S7221 中规定了在烘干条件相同、烘焙时进行实体隔离的情况下允许不同牌号的焊条在同一烘箱进行烘干。

保温时间达到最长时间极限前或者保温温度降到最小温度界限前，应取出焊条或者发放出去立即使用或降级使用。

用于评定用的焊条只允许重复烘干一次。

（四）焊接材料的发放

焊工需领取焊条或焊丝时，烘干员应在焊条/焊丝发放记录表上做记录，并由领取人员签字。发放记录表至少包括焊工姓名、代号、焊材牌号、规格、批号、分发数量、回返数量等。

烘干员发放焊材应将烘干的焊材分别放入焊工个人专用的焊条保温筒或焊丝筒中。焊接活动结束后，焊工把焊条保温筒和/或焊丝筒与剩余焊材一并交回给烘干员，并同时带回焊条头和焊丝头，经烘干员检查后记录。焊条头和焊丝头由烘干室统一处理。一个保温筒或一个焊丝筒中只允许存放同一批号的焊条或焊丝。

（五）焊接材料的使用

1. 焊条

焊工在工作前应先把焊条保温筒连接在安全变压器接线柱上，将保温筒进行加热。当保温筒内温度升至规定的保温温度时，焊工带上保温筒去烘干室领取焊条，自烘干室领取的焊条应一直保存在焊条保温筒内，焊条保温筒内的温度应控制在 70 ℃ ~ 150 ℃。

保温筒内装入焊条后，筒盖应处于常闭状态，焊接时应逐根取出，取出焊条后应随即关闭筒盖。

破坏的焊条和焊条头，应丢弃在焊工个人使用的废料桶中。施焊区域保持没有无标识的焊条，没有焊条头。工作结束，未使用完焊条、破坏的焊条和焊条头应随保温筒一并退回烘干室。

2. 焊丝

焊工从烘干室领出的焊丝，应放在同一牌号的焊丝筒中，在使用前，应进行必要的清理，不得使焊丝污染或生锈。焊丝应从无标识端使用，焊丝头应丢弃在焊工个人使用的废料桶中。施焊区域应保持没有焊丝。

工作结束，未使用完的焊丝和焊丝头，应退回烘干室。

3. 焊带焊剂

焊工从烘干室领出焊带焊剂，在使用前应检查每盘焊带，上面应有明确的标识（表明焊带的牌号、规格等），未用完的焊带应与标识一起保存；若标识不清即不能辨识焊带牌号时，此焊带应立即报废。

应注意避免不锈钢焊带与其他材料的焊带、焊丝混放以及与非不锈钢材料直接接触。严禁不同牌号焊带盘在一个焊带盘上。

焊剂在存放和烘干过程中应避免其他焊剂或其他污物混入。在核安全设备制造中采用一种焊剂指定专用烘箱对其进行烘焙。向焊机加装焊剂前，须彻底清理焊剂料斗，保证无其他牌号或批号的焊剂。

工作结束，未使用完的焊带焊剂，应退回烘干室。

四、焊接工艺文件控制

焊接工艺文件分为焊接管理文件和焊接技术文件。焊接管理文件包括一些管理程序或管理制度，如：焊工管理程序；焊接工艺试验和评定程序；焊接工艺控制程序；焊接材料管理程序、焊接试件和试样管理程序等。焊接技术文件包括技术标准和指导焊接生产的文件（焊接工艺规程或焊接规程、焊缝识别卡、各种焊接方法工艺守则等）。

焊接工艺规程是指导焊接活动的主要焊接工艺文件，是焊工焊接操作的依据。焊接工艺规程在不同的单位有不同的叫法和内容（如焊接规程、焊接工艺指导书、焊接工艺流转卡等），但都是在焊接工艺评定合格后方可生效。焊接工艺规程至少应包括这些内容：焊接工艺规程编号和日期；焊接工艺评定报告编号；焊接方法和自动化程度；接头和坡口形式简图（包括焊道分布和顺序）；母材钢号、分类号、母材和熔敷金属厚度范围、管子直径范围；焊接材料特征参数、焊接位置和方向；焊接预热和层间温度；焊接电特性参数、焊接操作技术和焊接程序、热处理及编制人和审批人签字、日期等。

为了在产品生产中正确选用对应的焊接工艺规程，需要编制产品或部件的焊缝识别卡。生产组织者根据焊缝识别卡中各种焊接接头对应焊缝的焊接工艺规程编号和所要求的焊工考试合格项目代号，选择合适的焊工进行焊接。

五、焊接过程控制

焊接过程控制的目的在于保证整个焊接过程质量是可靠的和可追溯的。

完善的焊接过程控制是保证焊接乃至整个核安全设备质量的非常重要的保障；另一方面，焊接过程控制也是核安全文化中不断改进的重要手段，也就是说产品在今后如果出现质量问题，可以有线索、有记录对焊接接头进行质量分析，找出薄弱环节，提高核安全设备的可靠性。

焊接过程质量控制可以分为焊前、施焊和焊后 3 个阶段进行控制。

（一）焊前控制

产品施焊前主要应对焊工资质、焊接设备、焊接材料、焊接工艺文件及环境条件等环节进行控制，简称"人、机、料、法、环" 5 个环节。焊前控制经常是围绕先决条件检查开展的。

1. 焊工资质控制

对焊工资质控制就是对焊工技能和核安全文化素养的控制。根据《民用核安全设备焊工焊接操作工资格管理规定》（HAF603），拟从事民用核安全设备焊接活动的焊工、焊接操作工必须参加考核并取得资格证书后，方可担任考试范围内的焊接工作。

聘用单位的相关人员应对焊工的焊工考试合格项目能胜任什么焊接活动有正确的认识，

并在焊接活动开始前对其进行控制和检查。

对于新取得核安全设备焊工资质证书的焊工，因在参加焊工考试时使用的焊接设备、环境条件、心理状况等与拟将开展的核安全设备焊接活动具有一定差距，为了让新取得资质证书的焊工适应产品焊接的环境和设备，保证焊接产品质量，在拟将开展的核安全设备施焊活动前应对焊工进行预焊考核，合格后再进行核安全设备的焊接。

在实施焊接过程中，由于身体、心理和环境的变化，焊工的技能可能出现下降。因此，聘用单位应对焊工工作质量进行评估，发现焊工技能水平下降，应采取措施保证焊工技能水平维持在可以接受的水平。

2. 焊接设备和仪器仪表的控制

焊接设备的性能及其稳定性与可靠性直接影响焊接质量。检查人员在施焊前应对所用焊接设备的完好性和可用性进行检查，确认焊接设备的电流、电压等仪表及一些测量工具的检定是在合格有效期之内。

3. 焊接母材和焊接材料控制

核安全设备用钢材和焊接材料的自身质量是保证设备质量的基础和前提。施焊前，应按规定要求进行原材料的采购和入厂复验，质量检验员应检查用于核安全设备焊接的母材和焊材是经验收合格的材料，并在施焊前确认所用焊材与焊接工艺规程的要求一致。

焊接母材和焊接材料在复验入库和加工过程中应对"标记移植"进行控制，作好"标记移植"可以防止生产中混料。同时，也为将来焊接接头的质量分析提供方便。移植的标记应包括材料的名称、炉批号、规格、入库验收编号和时间等。

4. 焊接工艺文件控制

核安全设备施焊前应确认工艺已经过评定，焊接工艺规程已经编制完成。应将焊接工艺规程发到生产班组和相关部门，以便焊工在焊接现场能得到。焊工在焊接产品之前必须阅读焊接工艺规程的全部内容，并在焊接时遵照执行。

5. 焊接环境要求

焊接工艺过程很易受环境的影响，因此必须对焊接环境条件进行控制。法国 RCC – M 标准要求对焊接车间应进行评定，包括设备、人员和检验 3 方面。核安全设备焊接车间应根据设备的清洁等级和材料，对焊接场地进行管理，采取防护措施，使产品焊接场所符合规定要求。

对于奥氏体不锈钢和镍基合金材料部件的焊接，防止焊件污染的具体要求是：切割工具尽可能使用碳化钨工具；手工装配工具尽可能用不锈钢或铬钒钢工具；钢丝刷必须使用不锈钢刷或尼龙刷；打磨用的砂轮应该是铝基的、不含铁的砂轮等。

（二）施焊过程控制

施焊过程控制主要是对焊接操作和焊接参数与规程符合性的控制，主要应控制的环节有：定位焊、焊接过程中焊件的打磨和清理、施焊记录、施焊中的无损检验和热处理及施焊工艺纪律等。

焊工和质量检查员应对施焊过程进行书面记录，以保证施焊过程的可追溯性，记录内容应包括：焊缝名称或编号；焊工姓名和钢印号；焊接材料牌号、规格和批号；焊接设备仪表的标定情况、焊接参数（焊接电流、电压、保护气体流量、焊接位置、焊接层道数等）；预热和道间温度以及施焊过程中不正常现象等。

（三）焊后检验

焊接后的控制主要是指对焊接缺陷处理的控制，其控制原则主要是焊接缺陷的容限控制。

焊接缺陷控制容限标准是根据核安全设备活动适用规范提出的最低适用验收标准。它表明焊接接头中虽有缺陷，但能满足使用的要求，不必处理。如果超过缺陷控制容限，那就只能进行修补处理或报废。

我国国标 GB/T 12469—1990《钢熔化焊焊接接头的要求及缺陷分级》，对缺陷进行了分级。核安全设备的焊接接头的要求和焊接缺陷的控制容限，根据该核安全设备所用规范执行。

六、返修控制

焊接缺陷的返修处理是指对产品经检验发现不符合验收规范规定或合同中技术标准要求的焊接缺陷予以处理，使之最终消除超标焊接缺陷，达到焊接接头合格要求的全部工作。

当焊缝经无损检验发现有超标缺陷需要返修时，首先应确认焊接缺陷性质、位置，并查明原因，然后进行焊接工艺评定，编制焊接工艺规程，最后进行焊接。

在未查明原因之前，决不允许对焊接缺陷盲目补焊或返修。对裂纹的处理要特别慎重，因为如冷裂纹与热裂纹这是两种性质不同的焊接缺陷，与焊接缺陷的返修处理的焊接工艺方案有本质的差异。不查明原因，就不能采取可靠的焊接工艺措施。

（一）焊接缺陷返修对焊接接头质量的影响

不同焊接活动受焊接热循环的影响其性能变化是不一样的，它会随钢种、受热温度峰值和冷却条件、循环次数等条件而有所不同。多次返修对接头质量会产生不利的影响。

缺陷返修工作是一项较为复杂的焊接工艺，它除应符合返修工艺要求外，对返修者的素质和操作技能要求甚高。生产实践表明，在对一些碳钢、低合金钢缺陷的返修中，由于操作者技能差又无返修经验，缺陷返修后仍出现不允许的缺陷或新的缺陷而再次返修或多次返修，会导致接头的力学性能下降。对缺陷返修会给接头带来不同程度的影响，但只要焊接返修的工艺正确与合适，返修后的焊接接头仍会达到质量标准的要求。

（二）焊接缺陷返修手段

焊接缺陷分表面缺陷和内部缺陷。内部缺陷的返修主要是采用焊接的方法，即先探伤确定缺陷的尺寸和位置，进行缺陷挖补确认，然后再对缺陷进行补焊。表面缺陷应根据缺陷的尺寸和形状，可以采用机械加工或修磨的方法，机械加工后不符合有关规程还必须进行补焊。采取何种方法进行焊接缺陷返修，需根据缺陷性质、缺陷形状和尺寸、缺陷所处部位及焊件工况等因素进行综合考虑。

（三）焊接缺陷返修的规定

1. 焊接缺陷返修工艺评定

对核安全设备中的碳钢或低合金钢焊缝、奥氏体不锈钢焊缝，在碳钢或低合金钢上堆焊奥氏体不锈钢层，镍基合金堆焊层上缺陷的返修（补焊），应参照所进行的核安全设备活动适用规范规定实施。

2. 焊接返修对焊工的要求

按 HAF603《民用核安全设备焊工焊接操作工资格管理规定》规定，在缺陷返修前，应有取得相应资格证书的焊工方可担任缺陷的返修工作。

3. 焊接返修次数的规定

关于返修次数的限制，原劳动部颁发的《蒸汽锅炉安全技术监察规范》对焊接接头的返修规定在同一位置上的返修不应超过 3 次。对于核安全设备同一部位返修次数一般不允许超过两次。

4. 焊接返修工艺的制定

凡是规定焊接前要做工艺评定的产品，返修焊接也必须依据工艺评定进行。当返修工艺方法、所选材料等基本参数与原工艺一样时，可以不再评定。但返修毕竟与原制造或施工焊接不一样，所以在返修前还应该编制一份返修工艺或作业指导书。重要设备焊缝缺陷返修工艺应经单位专业技术负责人审核，总工程师批准。编制返修工艺是很重要的，法国 RCC－M S7600 标准对补焊做了较详细的规定，可以查阅执行。

5. 焊接缺陷返修的实施

1）焊接缺陷的清除

根据返修工件的材质、缺陷处理的部位和大小等情况，可分别采取机械加工、手工铲磨、碳弧气刨和气割等方法。

2）焊接缺陷待返修表面的检查

焊接缺陷清除后，对清理的坡口或沟槽应进行以下检查：外观检查，采用目视检查，不允许有任何表面缺陷，打磨后的坡口或沟槽底部应成半圆形，不能存在尖角，并应将毛刺、铁屑、砂轮磨屑等物彻底清理干净。

3）焊接缺陷返修实施

从事返修的焊工应是具有正式产品焊接资格的焊工。返修焊接方法，可采用焊条电弧焊或氩弧焊，如产品焊接技术条件有专门规定时，则按有关规定进行。返修采用的焊接材料应是产品焊接允许使用的材料。

4）焊接缺陷返修实施的焊接工艺和参数

焊接返修工艺应按照焊接评定合格的焊接工艺进行。并在评定有效范围内采用较小直径的焊条或焊丝，同时选择焊接电流的下限值，尽量采用窄焊道焊接。

5）焊接缺陷返修实施的有关热处理

一般情况下焊接缺陷返修实施，应在焊件最终热处理之前进行，并在返修焊缝验收合格后与原焊缝一起进行规定的热处理。特殊情况下，如需在最终热处理之后进行返修，则必须征得设计者和其他有关方面的同意，并模拟热处理后的返修工艺进行评定试验，在满足上述要求后，可以在最终热处理后进行返修。

6. 焊接缺陷返修实施后返修区的无损检验

焊接缺陷返修实施的检验时间，在返修补焊区冷却到室温一定时间后，才能对它进行无损检验。

7. 返修记录和返修报告

对产品焊缝的返修过程应做出完整的记录。依据返修记录编写焊接返修报告并存档。

七、施焊过程的网络监控

随着计算机与信息技术的发展。在一些工厂已经开始实现施焊过程的网络监控。

焊接过程的网络监控就是在全数字电焊机和控制室电脑之间通过通信电缆使用通信软件，将焊接的过程、焊接参数实时地显示并记录在监控电脑中，见图3-64。

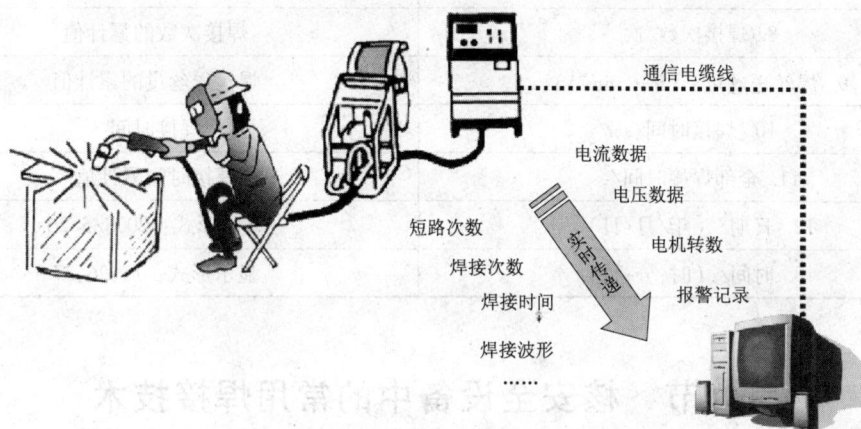

图 3-64　焊接过程的网络监控

焊接过程的网络监控主要有以下作用：

（1）对焊接过程进行实时监控，对焊接数据进行实时记录，可利用记录的数据对焊接情况进行追溯。

（2）焊接参数的管理。

（3）设定电流电压范围，焊接参数超出范围时显示报警信息。

（4）对每一台焊机的焊接过程进行远程可视化、量化管理，对品质保证具有重要作用。

网络监控的出现和应用，将使施焊过程控制发生革命性的变化，其对焊接技术和管理方式影响不可限量。

图3-65是一个典型监控网络。在这个网络上可记录的项目见表3-20。

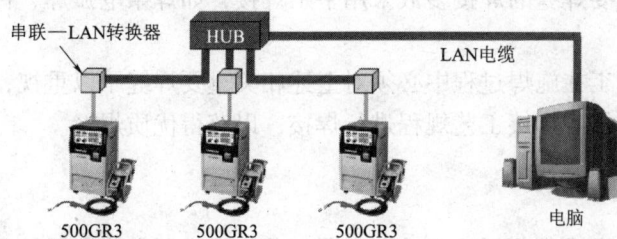

图 3-65　网络监控的构成

表 3 - 20　网络监控项目表

项　目	备　注
1. 设定电流/A	设定焊接电流
2. 设定电压/V	设定焊接电压
3. 输出电流/A	焊接输出值
4. 输出电压/V	焊接输出值
5. 短路次数/（次/s⁻¹）	短路次数（每1秒）
6. 电机电流/A	送丝电机负荷电流
7. 电机旋转数/（r·min⁻¹）	送丝电机旋转数
8. 焊接次数/次	焊接次数的累计值
9. 焊丝送丝量/（m·min⁻¹）	焊丝送丝量的累计值
10. 焊接时间/s	焊接时间
11. 全部焊接时间/s	焊接时间累计值
12. 日期/（年/月/日）	显示形式：2008/5/26
13. 时间/（时:分:秒）	显示形式：15:26:37

第九节　核安全设备中的常用焊接技术

由于民用核安全设备的重要性和特殊性，势必要求具备成熟而可靠的制造工艺，对于大多采用焊接加工的设备，其焊接技术就显得尤为重要，并提出了较为严格的制造要求。

在民用核安全设备的制造活动中，常用的焊接技术主要有反应堆压力容器、蒸汽发生器和稳压器等主设备筒节环缝的埋弧焊；反应堆压力容器、稳压器的筒节和封头及蒸汽发生器管板和一次侧封头的带极堆焊；接管马鞍形焊接；接管安全端的自动热丝钨极氩弧焊；蒸汽发生器管子管板自动钨极氩弧焊；反应堆压力容器封头 J 形坡口焊接；稳压器电加热套管及电加热元件焊接以及控制棒驱动机构导向管的电子束焊接等。此外，还有铸件的补焊、阀门密封面的耐磨堆焊、承插管件焊接等。

在民用核安全设备的安装活动中，常用的焊接技术主要有主管道焊接、波动管道焊接、控制棒驱动机构的耐压壳密封焊、安全壳钢衬里焊接、各种贯穿件和牛腿的焊接以及钢制安全壳焊接等。这些重要焊缝的焊接多数采用手工焊接，如焊条电弧焊、钨极氩弧焊及二氧化碳气体保护焊等。

焊工和焊接操作工在施焊过程中必须对上述相关重要焊缝予以重视，并了解这些焊缝的焊接特点和要求，严格按焊接工艺规程进行焊接，以获得优质焊缝。

一、容器筒体焊接

核电厂一回路主要设备包括反应堆压力器、蒸汽发生器和稳压器等，这些设备均属于核安全一级设备，是核电厂最重要的一部分设备，这些设备使用的材料、制造等质量是至关重要的，其中设备筒节的主焊缝的焊接尤为重要。

反应堆压力容器、蒸汽发生器和稳压器等核电厂一回路主设备压力容器主焊缝的焊接特点是筒节壁较厚，多层焊时由于内应力的积累，焊缝区残余应力较大；焊接工艺较为复杂，焊前需要预热、焊后需要消氢和消除应力热处理。因此，核反应堆压力容器用高强度低合金钢必须具有良好的焊接性，以避免冷裂纹等焊接缺陷的产生，并保证焊缝和热影响区有较好的塑性和低温冲击韧性。

核电厂一回路主设备压力容器主焊缝焊接一般采用窄间隙埋弧焊或埋弧焊，而根部打底则大多采用焊条电弧焊或者采用机加工去掉内侧壁的根部凸台以清除根部。

焊接材料采用 Mn – Mo – Ni 系焊丝，其成分基本上与母材 SA508Ⅲ钢相近。焊剂一般采用烧结型焊剂。目前常用的焊剂与焊丝的匹配为：焊剂 OERLIKON OP41TT 与焊丝 BOHLER 3NiMo1UP 或者焊剂 MF27X 与焊丝 US56BX 等。焊丝规格为 $\phi3$ mm、$\phi4$ mm，通常采用 $\phi4$ mm。焊条采用 COMETJ66ELHQ5、OKSP307，焊条直径为 $\phi3.2$ mm、$\phi4$ mm。

窄间隙埋弧焊接的坡口角度一般取 2°~4°，目前常用的坡口形式如图 3 – 66 所示。对于厚度为 220~280 mm 的焊缝，坡口上端开口一般取 18~24 mm。因窄间隙埋弧焊具有特殊的电弧跟踪和电弧电压自动调节系统以及焊接参数预设程序的控制，并配备防窜动措施，所以焊缝质量与焊道形状容易控制，特别是焊缝与侧壁的熔合比较好，并使下道晶粒细化。

不同的焊接坡口形式对应不同的焊接工艺，选用何种焊接工艺需根据制造厂的生产装备及工艺习惯而定。

图 3 – 66（a）所示的窄间隙焊坡口形式，主要应用于锻件筒节的环缝坡口，在锻件筒节坡口根部加工一凸台，筒节外侧直接采用窄间隙埋弧焊多道多层焊满，最后用自动磨锉机采用砂轮片打磨掉筒节内侧的凸台，同时也清除了焊根。

图 3 – 66（b）所示的窄间隙焊坡口形式，在筒体内侧采用焊条电弧焊打底，打底厚度约 11 mm，然后在筒体外侧用自动磨锉机采用砂轮片进行清根约 5~7 mm，最后再采用窄间隙埋弧焊多道多层焊满。

图 3 – 63（c）所示的窄间隙焊坡口形式，在筒体外侧先采用焊条电弧焊打底焊，窄间隙埋弧焊焊满，然后在筒体内侧用砂轮片打磨后再采用焊条电弧焊焊满。

在焊接操作时应注意以下几点：

（1）主焊缝焊接前焊缝坡口需打磨清理干净。

（2）焊前预热并做好记录，预热温度控制在 150 ℃ ~200 ℃ 范围内。如定位焊不去除，定位焊的熔敷金属熔入主焊缝内，需打磨定位焊焊缝使其平滑。

（3）严格按焊接工艺规程进行焊接，控制道间温度在 250 ℃ 之内；焊接热输入要选择在 15~35 kJ/cm 范围内，如焊接热输入高于此范围，韧性会下降。

（4）焊接过程中做好焊接参数的记录，每 30 min 测量一次并记录，直至焊接结束。

（5）为保证焊缝质量，每条焊缝最好能将焊接过程一次完成，而不要中途停顿，以防止焊缝内产生缺陷；在不能一次完成焊接时，必须要进行 350 ℃ ~450 ℃ 热处理，再次起弧焊接时需对焊道进行打磨及清理，同时对原焊道的收弧处打磨平滑。

（6）焊后立即进行 350 ℃ ~450 ℃ 的消氢热处理。

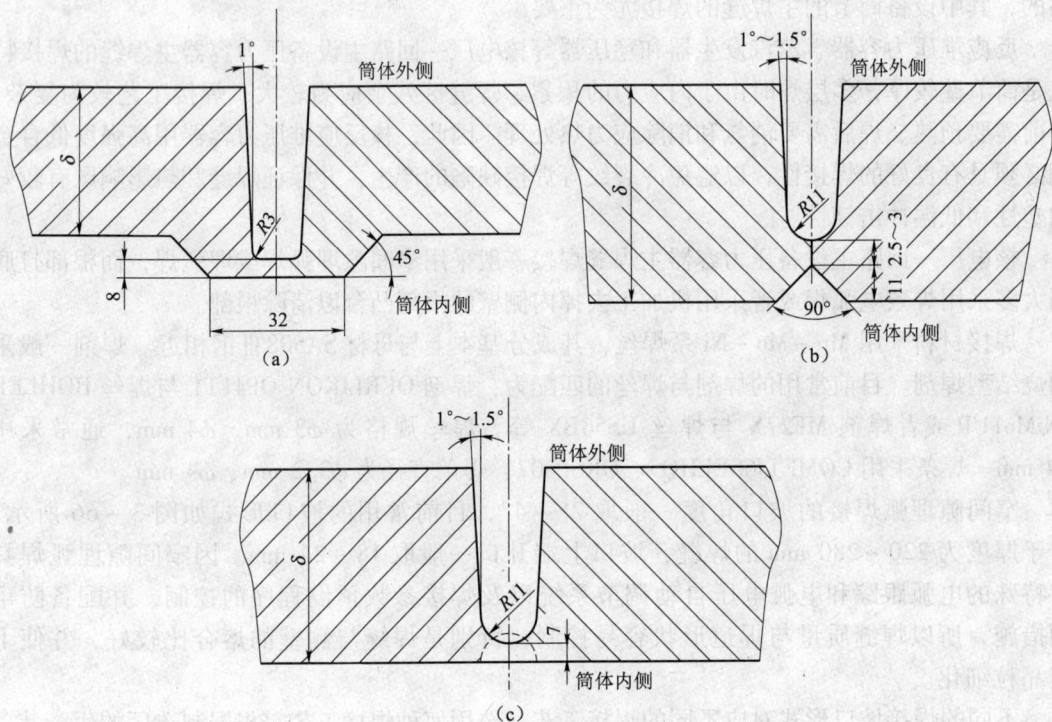

图 3 – 66　窄间隙焊坡口形式

二、筒节的内壁不锈钢堆焊

（一）概述

核电厂反应堆压力容器、蒸汽发生器和稳压器在高温高压条件下长期运行，为防止高温含硼水对容器材料的腐蚀，要求容器内壁的腐蚀速率低于 10 mg/（cm^2 ·month）。因此在反应堆压力容器和稳压器的封头、筒体和接管的内壁以及蒸汽发生器一次侧封头均需堆焊超低碳不锈钢。

核岛主设备的不锈钢堆焊一般堆焊 3 层，即过渡层、中间层和面层。在低合金钢上堆焊不锈钢，原则上是要保证稀释后的过渡层化学成分（除碳外）接近中间层和面层。为使过渡层具有良好的抗裂性和塑性，过渡层中的铁素体含量应控制在 5% ～10%。

堆焊层中的面层成分由容器的使用条件决定。在选择堆焊用焊接材料及焊接参数时，必须强调严格控制熔敷金属中的铁素体含量，因为熔敷金属中过量的 δ - 铁素体在一定条件下会转化成 σ 相造成脆化。在带极堆焊时，除熔深外还需特别注意相邻焊道之间的搭接量，带极堆焊的搭接量一般控制在 8 ～10 mm 范围内。

不管堆焊本身还是基材的焊接过程中，都会使堆焊层经受长时间的热循环，可能会导致不锈钢堆焊层出现脆化和晶间腐蚀的倾向。因此，焊后热处理应限制在一定的温度和时间范围内。

（二）焊接方法和堆焊材料的选择

目前实际应用的带极堆焊方法有电弧型和电渣型两种，可按容器的制造要求及生产需要选择使用。目前，国内核安全设备的堆焊目前还未大量采用带极电渣堆焊方法。

（1）自动埋弧带极堆焊采用直流电源，带极接正极。可以采用陡降外特性电源加以电弧电压反馈；也可以采用平特性电源加以等速输送焊带。在堆焊过程中电弧在带极端不断地往复移动，使母材的热输入分散，造成熔深浅而宽、稀释率较低、外形美观、熔敷率高的特点。

（2）电渣型带极堆焊大多使用直流平特性电源，带极接正极，等速输送焊带。在电渣堆焊过程中，以熔渣的电阻热作为焊接热源，使与熔渣接触的母材表面及焊带均匀熔化形成熔池。电渣堆焊的优点是对焊接工艺参数有较大的灵活性，可以在比较宽的范围内施焊。

电渣堆焊与电弧堆焊相比稀释率较低。在电渣堆焊的焊剂中，含较多的 CaF_2，只含极少量的氧化物，可以抑制电弧的产生，保持焊接的稳定性，还能避免合金成分的烧损，确保熔敷金属化学成分均匀，表面成型光滑，焊道搭接部位夹杂减少。

美国 ASME 规范及其他核容器规范对带极堆焊用材料未做明确规定，一般倾向于过渡层采用 ER309L，而面层采用 ER308L 或 ER347L，常用带极厚 0.6 mm，宽 60 mm。考虑到在堆焊金属中某些元素可能从焊剂向熔池过渡，所以要求进一步降低填充材料中 C、S、P 的含量。一般说来，目前 ER309L 中的含碳量已控制在 0.025% 以下，而 ER308L 中的含碳量控制在 0.020% 以下，同时两种焊带中的 S、P 含量均控制在 0.025% 以下。为了提高抗晶间腐蚀性能，堆焊金属中的含铬量要求保持在 19% 以上。

（三）焊接操作

（1）堆焊的表面需打磨清理干净。

（2）预热温度控制在 150 ℃～200 ℃范围内。

（3）堆焊焊道每道间的搭接量为 10 mm 左右，堆焊完一道后换道堆焊时需平滑过渡，不能断弧。

（4）不锈钢堆焊层要求最低 5 mm 厚，过渡层堆焊 2～2.5 mm、中间层和面层每层均堆焊 2.5 mm 左右，最终堆焊表面打磨平整，即可保证不锈钢堆焊层的厚度要求。

（5）严格按焊接工艺规程进行焊接，控制道间温度在 250 ℃之内。

（四）焊接过程控制

（1）焊前预热并做好记录，筒节和封头堆焊是连续施焊，需对筒节和封头进行整体预热。

（2）堆焊过程中做好焊接参数的记录，从开始焊接起每间隔 30 min 记录一次，直至焊接结束。

（3）当带宽大于 70 mm 时，带极堆焊焊道宽大，不论是电渣型还是电弧型堆焊，焊道在焊接电流磁力的作用下产生偏移，两侧容易造成咬边。为了克服这一弊端，在带极两侧用一个反向磁场力来抵消上述涡流磁场力。利用磁力控制焊道形状，能获得较满意的结果。

（4）焊后立即进行 350 ℃～450 ℃消氢热处理。

三、马鞍形接管埋弧焊

反应堆压力容器、蒸汽发生器和稳压器等筒体上的插入式接管与筒体相交的轨迹呈马鞍形曲线，这种接管一般均采用焊条电弧焊。近几年来，国内致力于马鞍形接管埋弧焊技术的开发，研制了专用焊机，实现了马鞍形接管的埋弧焊。

马鞍形接管自动埋弧焊机适用于 $\phi 250 \sim \phi 1\ 000$ mm 范围内的接管，且接管与筒体的直径比小于或等于 1/3。当接管与筒体的直径比大于 1/3 时，则须采取相应的工艺措施或改变焊接方法。焊机座靠在接管上，焊炬在坡口内绕接管轴线旋转，同时垂直升降运动。由于坡口的轨迹呈马鞍形，在施焊过程中交替出现上坡焊和下坡焊，导致整圈焊缝厚度不匀。为了克服这一弊端，在控制系统中增设一套转速同步补偿装置，可使上坡焊时转速稍快一点。

（一）坡口形式和焊接材料的选择

马鞍形接管埋弧焊的筒体和接管装配如图 3-67 所示。

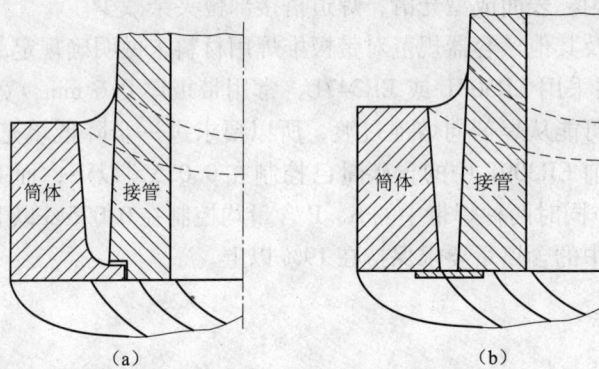

图 3-67　马鞍形接管埋弧焊的筒体和接管装配图
（a）马鞍形接管坡口；（b）马鞍形接管坡口（带衬垫）

图 3-67（a）所示马鞍形接管坡口为接管带止口坐在半 U 形坡口上的形式，该坡口装配方便，坡口间隙由机械加工得到保证；图 3-67（b）所示马鞍形接管坡口为带衬垫的形式，该坡口在装配前需制作一个与筒身内壁圆弧一致的衬垫，装配要求高，坡口间隙需靠装配保证。

焊接材料采用 Mn-Mo-Ni 系焊丝，其成分基本上与母材 SA508 Ⅲ钢相近。焊剂一般采用烧结型焊剂，其焊剂和焊丝的选用与主焊缝选用的一致，焊丝直径选用 $\phi 3$ mm。

（二）焊接操作

（1）马鞍形接管埋弧焊正面采用 $\phi 3$ mm 的焊丝进行自动埋弧焊接，反面用角向砂轮去除衬垫和清根，然后采用焊条电弧焊焊满。

（2）在整个焊接过程中可采用顺时针焊接和逆时针焊接交替进行，这样能确保焊缝厚度均匀，直至外侧焊缝焊妥。

（3）当接管与筒体的直径比大于 1/3 时，如采用马鞍形接管埋弧焊机焊接，需先用焊条电弧焊在较低处焊接，使整个马鞍坡口内最高点和最低点能平滑上下焊接。

（4）在焊接过程中，焊工必须随时注意焊炬在坡口内绕接管轴线旋转和上下坡升降运动时送丝和电弧的稳定性。

（三）焊接过程控制

（1）焊前预热 150 ℃ ~ 200 ℃ 并做好记录。

（2）焊接过程中做好焊接参数的记录，直至焊接结束，控制好道间温度在 250 ℃。

（3）整个焊缝一次完成焊接，如有停弧，需保持预热温度并打磨焊道，并对收弧处修磨平滑以便起弧。

（4）焊后立即进行 350 ℃ ~ 450 ℃ 的消氢热处理。

四、接管安全端焊接

在核电厂一级设备反应堆压力容器、蒸汽发生器结构设计中，一般都有管接头与安全端焊接接头。核电厂反应堆一级容器的材料一般采用 Mn – Mo – Ni 型低合金高强度钢，而反应堆冷却剂管道采用 316L 等奥氏体不锈钢，接管安全端就是为保证焊接质量采取的措施。这两种材料的物理化学性能不同，接头的设计和焊接工艺的确定要保证接头具有良好的力学性能，严格控制接头中的危险性缺陷。

（一）管接头与安全端焊接工艺顺序

（1）低合金钢管接头端部堆焊 8 ~ 10 mm 镍基合金作为隔离层，管接头端部堆焊见图 3 – 68。

（2）堆焊后的管接头进行消除应力热处理。

（3）卧式车床加工管接头端部及焊接坡口。

（4）管接头与不锈钢安全端装配并焊接，焊后不再进行热处理。接头形式见图 3 – 68。

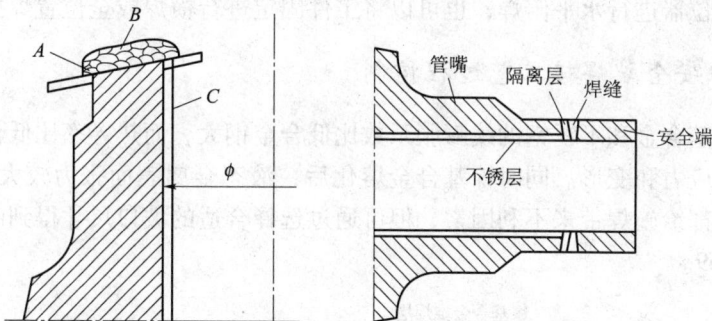

图 3 – 68　管接头与安全端接头形式

A—镍基合金过渡层；B—镍基合金耐蚀层；C—管嘴内壁不锈钢堆焊层

φ—管嘴内径

（二）管接头镍基堆焊的焊接方法和堆焊焊材

焊接方法目前主要采用热丝 TIG 自动焊和焊条电弧焊。

热丝 TIG 自动焊的优点是熔合比小（比焊条电弧焊更小）、焊缝金属杂质含量少、生产率高，但还需与焊接变位器配套使用，设备投资昂贵。以前多数采用焊条电弧焊，其优点是熔合比小、焊接操作方便灵活、不受工件形状限制，但生产率较低。

堆焊焊材：氩弧焊丝的牌号有美国的 Inconel 82、ERNiCr-3，德国的 Thermanit 690、日本的 TGS-70Ncb、瑞典的 Sanicro 72。一般选用的焊丝直径为 0.9 mm、1.2 mm 和 1.6 mm。

焊条电弧焊采用的焊条牌号有美国的 Inconel 182、Inconel 152、德国的 Thermanit 690、日本的 Nic 703D、瑞典的 Sanicro 71。一般选用的焊条直径为 3.2 mm 和 4 mm。

（三）管接头端部镍基合金堆焊工艺

在管接头端部进行热丝 TIG 自动焊时，热丝 TIG 自动焊采用脉冲电流并需保证氩气 99.999% 的纯度，降低预热温度和控制道间温度及小的焊接热输入，其堆焊过渡层和堆焊层的厚度应控制在 2 mm 以内，一般要求堆焊为 20~25 mm，每一堆焊焊道焊完后需清理氧化膜，道与道堆焊层间的搭接量为 50%。

焊条电弧堆焊镍基合金过渡层时，主要是控制堆焊层被稀释和熔合区性能。为此必须限制焊接热输入，一般焊接电流比焊低合金钢小 10%~15%。在低合金钢中不产生淬硬组织的情况下，尽可能降低预热温度。进行多层堆焊时，应严格控制道间温度，加快熔化金属冷却速度，防止产生热裂纹。

（四）管接头与安全端对接焊工艺

根据不同的坡口形式，通常采用以下几种焊接工艺：

（1）先手工钨极氩弧焊加填充丝打底，再用焊条电弧焊焊妥，该工艺能保证焊缝根部质量，不必去除焊根。

（2）焊条电弧焊直接焊妥，但焊缝根部质量较难保证，必须进行机械加工去除焊根。

（3）先进行自动氩弧焊不加填充丝打底，然后进行自动氩弧焊加填充丝直接焊妥。采用此方法可以用变位器进行水平俯焊，也可以将工件固定进行横焊或全位置焊接。

（五）接口安全端焊接工艺过程控制

（1）由于镍基合金和不锈钢的线膨胀系数比低合金钢大，而热导率比低合金钢小，焊接时会引起较大的应力和变形。同时镍基合金熔化后，液态金属表面张力较大，使湿润性差，熔深较浅。这些都给施焊带来不利因素，但可通过选择合适的坡口尺寸得到改善。具体的坡口尺寸见图 3-69。

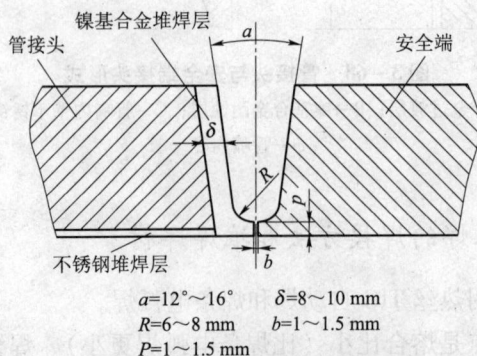

$a=12°\sim16°$ $\delta=8\sim10$ mm
$R=6\sim8$ mm $b=1\sim1.5$ mm
$P=1\sim1.5$ mm

图 3-69 安全端焊焊缝坡口尺寸

（2）坡口表面及焊接区域不得有油污等杂物，否则会使焊缝金属中熔入 C、S、P、Pb 等元素，引起焊缝热裂纹，使耐腐蚀性变差，而且还会破坏熔池的保护气氛，形成难熔氧化物、气孔、夹杂等缺陷。因此，焊前必须用丙酮或酒精将坡口及其周围区域擦洗干净，在施焊中用不锈钢钢丝刷或砂轮磨削去除焊缝和坡口内的氧化物，并清除焊渣和飞溅等杂物。

（3）为了减少不锈钢安全端金属对焊缝的稀释，应采取由管接头镍基合金堆焊层坡口一侧向不锈钢安全端坡口一侧的焊接顺序。这种焊接顺序的优点是能保证焊缝金属化学成分和力学性能。

（4）预热温度控制在 100 ℃ ~ 150 ℃，道间温度控制在 225 ℃ 以下，以防止热裂纹的产生。

五、J 形坡口焊接

反应堆压力容器顶盖和下封头上均布有驱动管座、中子测量管座和风管管座等几十只管座。顶盖和下封头均为球冠状，其管座在与球冠连接处为切向垂直布置，使得坡口深度不一致，这种焊接存在一定难度。

（一）J 形坡口焊接的工艺顺序

在反应堆压力容器顶盖上预镗孔和镗盆形坡口→清理油污及杂质→预热→在盆形坡口内壁焊条电弧焊堆焊镍基层（保证堆焊层厚度 8 mm）→打磨堆焊层表面平滑→PT 检查堆焊表面→热处理→镗孔至图纸要求尺寸→清理油污及杂质→预热→装配点焊镍基合金管→焊条电弧焊接→角焊缝打磨圆滑→PT 检查。

装配点焊镍基合金管较为复杂，镍基管伸出顶盖的长度不同，因此必须在装配前计算出每根管座的伸出高度。首先把顶盖支撑在平台上，并找准平，使顶盖的法兰密封面与平台平行；装配镍基管时在平台上放置装配专用支承杆，并调整好支承杆的高度，镍基管插入管孔落到支承杆上，测量镍基管伸出顶盖的长度与计算出每根管座的伸出高度一致后进行点焊，对称点焊四点，每根管座的装配点焊均重复以上的程序。下封头上的管座工艺顺序与顶盖的基本一致。

（二）坡口形式、焊接方法和焊材选择

（1）J 形坡口的焊接分为：盆形坡口的表面先进行镍基堆焊，然后镍基合金管插入盆形坡口内再进行焊接，其焊接方法均采用焊条电弧焊。

（2）焊接材料采用镍基焊条，其种类为 ENiCrFe - 7，焊条直径为 $\phi 2.5$ mm、$\phi 3.2$ mm、$\phi 4.0$ mm。

（3）坡口形式和焊接顺序如图 3 - 70 所示。

（三）焊接过程控制

（1）控制被焊表面的清洁度，不得有油污等杂质。

（2）严格控制镍基堆焊的预热温度，最小预热温度为 150 ℃，并做好记录。

（3）严格控制道间温度，以防止产生热裂纹。

（4）停弧时需打磨焊道和收弧处接头，在停弧时要进行保温，使工件及焊缝温度不低于

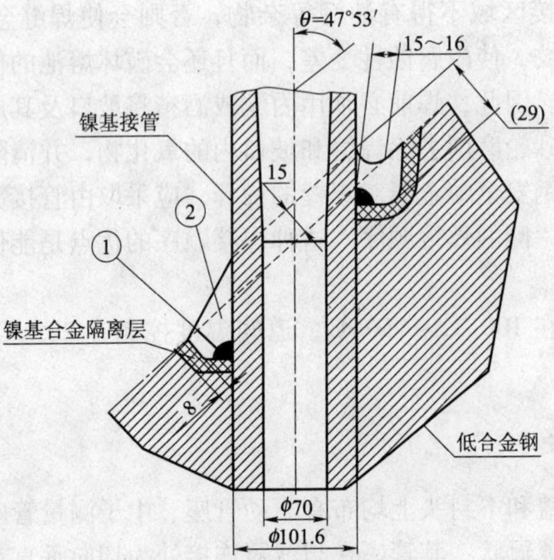

图 3-70 J 形坡口焊接示意图

最小预热温度。

（5）每个接管的焊缝每焊 3 层需对焊缝进行打磨清理，然后做一次 PT 检查，合格后清理焊道再继续焊接。

（6）焊接管座时，根部采用 $\phi2.5$ mm 焊条，并需注意焊接顺序，其焊接顺序为从顶盖的周边对称交叉向顶盖的中心焊接。

（7）焊后需进行 250 ℃~400 ℃、4 h 的后热处理，以防止延迟裂纹的产生。

六、蒸汽发生器管子管板焊接

蒸汽发生器的运行温度和压力参数较高，目前国内外管子管板连接结构较多采用胀接加焊接形式。一台蒸汽发生器的管子管板焊接接头有上万个，要保证管子管板焊接接头的质量，关键在于管子管板连接结构的制造工艺。

（一）管子管板连接结构的制造工艺顺序

穿管→管端与管板面齐平→机械式定位胀→刮平管端→清理管端及管口→封口焊→PT检查→（RT 抽查）→液压胀管→胀管内壁轮廓检查→氦检漏。

胀接加焊接的连接形式不但消除了管子与管板孔间的缝隙腐蚀，提高了抗疲劳性能，而且增强了接头的密封和连接强度。管子管板采用先焊后胀的工艺避免了先胀后焊时密封空气遇热膨胀后往封口焊表面溢出形成气孔，保证封口焊质量。

（二）管子管板封口焊焊接方法和焊材选择

管子管板封口焊采用自动全位置氩弧焊接，焊接设备除了设有常规的氩弧焊控制程序外，还能对焊接电流、焊接速度、送丝速度、脉冲频率等参数按不同位置的要求进行分区控制，从而保证接头外形尺寸一致、熔深均匀，实现了对接头质量的控制，并使生产率也得到提高。

202

管子管板封口焊不需要填充焊丝焊接，一般在封口焊焊口返修或堵管时选用填充焊丝的手工氩弧焊，手工氩弧焊填充焊丝的选用应与管板堆焊层和传热管材料相匹配，目前国内外常用的镍基合金焊丝牌号有瑞典的 Sanicro 72、日本的 TGS – 70Ncb 等。这些焊丝的化学成分也都相当于美国 AWS A5. 14 中的 ERNiCr – 3。

蒸汽发生器管子与管板的常用焊接接头形式如图 3 – 71（a）、（b）所示，此两种接头的焊缝主要起密封作用，而连接强度主要依靠胀接。

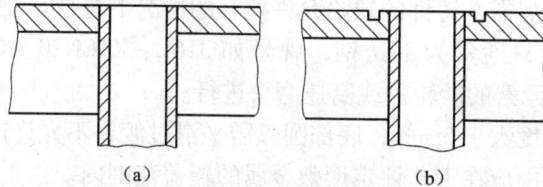

(a)　　　　　　　　　　(b)

图 3 – 71　管子管板封口焊接头形式

（三）管子管板封口焊接操作

管子管板焊接采用程序控制脉冲钨极氩弧焊工艺焊接每一个管子管板接头，通常要经过这样几个程序：预通保护气体→高频引弧→脉冲电流上升→预熔→焊炬旋转→焊接一周（超过 360°，搭接一段距离）→熄弧焊接电流衰减→熄弧→延时切断保护气体→焊炬停止旋转。见图 3 – 72。

图 3 – 72　管子管板程序控制焊接

（四）管子管板封口焊接过程控制

（1）在焊接前，焊接操作工需在试验件上先进行 3 ~ 5 个焊口的试焊，调整焊接参数，保证产品焊口质量稳定、可靠。

（2）焊前清理管口，采用丙酮擦洗，再用羊毛毡和白布反复擦干净以保证管口的清洁度要求。

（3）焊接前，应做好标记并进行记录，包括：某班某个焊接操作工焊接的位置、数量以及焊接参数。

七、承压铸件的补焊

在核岛主设备中承压铸件一般以离心浇铸的直管道和管道弯头居多。离心浇铸的产品产生个别的细小的夹渣、气孔和凹坑也是难免的，在标准允许的情况下，经过补焊还是被认可的。在核岛主设备中承压铸件的补焊为常用焊接技术。承压铸件的补焊采用焊条电弧焊或手工氩弧焊，具体选用何种焊接方法取决于补焊的面积大小和凹槽深浅。《关于明确民用核安全设备焊工焊接操作工若干管理要求的通知》（国核安函［2010］71号）规定："对于补焊操作考试，母材强度补焊焊缝视同对接焊缝，堆焊层内补焊焊缝视同堆焊焊缝。"

（一）承压铸件的补焊要求

（1）承压铸件的补焊需在铸件的缺陷允许挖补的情况下进行。

（2）承压铸件的材料通常为不锈钢，牌号如316L、Z3CN20－09M、Z2CND18.12等，缺陷挖补需使用不含碳元素的砂轮片或高速磨头进行。

（3）挖补的凹槽宽度大于5 mm，底部圆弧需平滑过渡，不允许产生锐角。

（4）补焊的深度范围应在工艺评定熔敷金属的覆盖范围内。

（二）承压铸件的补焊工艺

承压铸件的补焊采用焊条电弧焊或手工氩弧焊，具体选用何种焊接方法取决于补焊的面积大小和凹槽深浅。焊条选用ESAB OK63.25、ESAB OK63.25N等，手工氩弧焊焊丝选用ESAB OK16.30。

补焊采用多道多层焊，道间温度控制250 ℃以内，焊条直径选用$\phi3.2 \sim \phi4$ mm，选择电流偏小一点，以防产生热裂纹。补焊后打磨并进行UT或PT检查。

（三）焊接过程控制

（1）严格按对应的补焊工艺规程进行施焊，控制道间温度。

（2）对每一补焊的每层焊缝进行清理打磨，特别是周边的圆弧处需打磨平滑，并避免在打磨中出现过热区。

（3）打磨的砂轮或砂轮片应采用不含碳元素的砂轮或砂轮片。

（4）补焊完毕经打磨后进行UT或PT检查。

八、阀门密封面耐磨堆焊

民用核安全设备中的阀门的结构形式与常规电厂所用的阀门基本相同，但由于核电厂要求阀门经反复动作后仍具有较高的密封性和良好的耐磨性。

堆焊是在焊件表面通过焊接方法熔敷一层特殊的合金，其目的是提高焊件表面的耐磨损、耐擦伤、耐腐蚀及耐热等性能。例如在普通碳素钢焊件的磨损面上堆焊一层耐磨损合金，不但可以降低成本而且可以获得优异的综合性能。

核电阀门密封面耐磨性能是其重要的性能指标，为提高核电阀门密封面耐磨和耐蚀性能，通常需在密封面（如阀座、阀瓣等）上堆焊硬质合金等材料。可采用的堆焊方法很多，应根据零件的形状和大小、母材特性以及工厂的设备条件等情况来选择。目前较为常见的阀门密封面堆焊方法有气焊、焊条电弧堆焊、钨极氩弧堆焊和等离子弧堆焊等方法。

（一）气焊

采用气焊进行阀门密封面堆焊时通常为氧－乙炔焰堆焊，虽然其生产效率低、劳动条件差，但设备简单、机动灵活、熔深浅、稀释率低，因而得到了应用。气焊通常用于小焊件堆焊，可获得薄而均匀的堆焊层。当采用钴基合金堆焊焊丝时，其堆焊金属在650℃高温下仍能保持良好的耐磨性和耐蚀性。

国内几种常用的阀门堆焊用气焊焊丝牌号、堆焊层硬度及使用说明，见表3－21。

表3－21　阀门堆焊用焊丝及堆焊层硬度

焊丝牌号	相当于美国的焊丝型号	使 用 说 明	堆焊层硬度/HRC
HS111	RCoCrA	钴基合金焊丝，主要化学成分为：含碳量1%、含硅量1%、含铬量29%、含钨量5%、含铁量2%，Co余量。用于堆焊工作温度在650℃以下的高温高压阀门密封面	40～45
HS112	RCoCrB	钴基合金焊丝，主要化学成分为：含碳量1.5%、含硅量1%、含铬量29%、含钨量8%、含铁量2%、Co余量。用于堆焊工作温度在650℃以下的高温高压阀门密封面	45～50

堆焊操作：

（1）焊前清理焊件表面油、锈、氧化皮等杂物。

（2）根据焊件的材料、规格选择预热、缓冷及焊后热处理等措施。

（3）通常选择火焰温度低的乙炔过剩焰，以获得浅熔深和表面渗碳。每层可堆焊2～3 mm厚的堆焊层。

（二）焊条电弧堆焊

由于焊条电弧堆焊设备简单、操作灵活、工艺比较简单，焊条电弧焊通常在阀门密封面堆焊方面应用广泛。但焊条电弧焊生产效率低、劳动条件差和稀释率较高，不易获得薄而均匀的堆焊层。采用焊条电弧焊时必须根据焊件不同的使用要求选择合适的焊条。不同的堆焊焊件和堆焊焊条要采用不同的堆焊工艺，才能获得满意的堆焊效果。

国内几种常用的阀门堆焊焊条牌号和型号、堆焊层硬度及使用说明归纳如下，见表3－22。

表3－22　阀门堆焊焊条使用说明及堆焊层硬度

焊条牌号	焊条型号	使 用 说 明	堆焊层硬度/HRC
D507	EDCr－A1—15	低氢钠型堆焊焊条，采用直流反接。堆焊层具有空淬特性，一般不需进行热处理，硬度均匀。这是一种通用性的表面堆焊焊条，用于堆焊工作温度在450℃以下的碳钢或合金钢的阀门等	≥40（焊后空冷）

焊条牌号	焊条型号	使 用 说 明	堆焊层硬度/HRC
D507Mo	EDCr – A2—15	低氢钠型堆焊焊条，采用直流反接。堆焊层具有空淬特性，堆焊工艺比较简单，焊前一般不需预热，焊后不需进行热处理。堆焊金属具有较高的中温硬度，良好的热稳定性和抗冲蚀性，如阀座与阀瓣分别采用 D507Mo 和 D577 两种焊条配合使用，则能获得良好的抗擦伤性能。用于堆焊工作温度在 510 ℃ 以下的中温高压阀门密封面	≥37（焊后空冷）
D577	EDCrMn – C—15	低氢钠型堆焊焊条，采用直流反接。抗裂性好，焊前一般不需预热，焊后不需进行热处理。堆焊金属冷作硬化效果明显，良好的抗擦伤性，具有一定的中温硬度，良好的热稳定性，与 D507Mo 焊条配合使用，则能获得良好的抗擦伤性能。用于堆焊工作温度在 510 ℃ 以下的中温高压阀门密封面	≥28
D547Mo	EDCrNi – B—15	低氢钠型堆焊焊条，采用直流反接。堆焊金属为具有少量铁素体的奥氏体组织。堆焊焊件要求的预热温度较低。堆焊金属具有较高的高温硬度，良好的热稳定性和抗疲劳性以及良好的抗擦伤和抗冲蚀等性能。用于堆焊工作温度在 600 ℃ 以下的高压阀门密封面	≥37
D802	EDCoCr – A—03	钛钙型钴铬钨合金焊芯的钴基合金堆焊焊条，采用直流反接。用于堆焊工作温度在 650 ℃ 以下的高温高压阀门密封面	≥40
D812	EDCoCr – B—03	钛钙型钴铬钨合金焊芯的钴基合金堆焊焊条，采用直流反接。堆焊金属在 650 ℃ 仍能保持良好的耐磨性和耐蚀性	≥44
D842	EDCoCr – D—03	钛钙型低碳钴铬钨合金焊芯的钴基合金堆焊焊条，采用直流反接。堆焊金属在 800 ℃ 仍能保持良好的抗热疲劳性和耐蚀性	28~35

堆焊操作：

（1）焊条应按照焊条使用说明书的要求进行烘焙。

（2）焊前清理焊件表面油、锈、氧化皮等杂物，某些重要焊件表面还需进行无损检验。

（3）堆焊中最常见的焊接缺陷是裂纹，防止焊层和热影响区产生裂纹及避免堆焊层剥落的方法主要是焊前预热，保持道间温度依据焊后缓冷。预热温度通常根据焊接材料的碳当量来估算，碳当量的计算公式如下：

$$C_{eq} = C + 1/6Mn + 1/24Si + 1/5Cr + 1/4Mo + 1/15Ni。$$

推荐的预热温度见表3－23。

表3－23 推荐的预热温度与碳当量的关系

碳当量/%	预热温度	碳当量/%	预热温度
0.40	100 ℃以上	0.70	250 ℃以上
0.50	150 ℃以上	0.80	300 ℃以上
0.60	200 ℃以上		

（4）应防止堆焊道间温度过高，有利于降低焊接收缩应力，减小开裂倾向。

（5）堆焊层的硬度及耐磨性能与焊接工艺参数有关，如焊接电流、电弧长度等操作条件。焊接电流大，电弧长，则合金元素易烧损；焊接电流小，电弧短，则对合金元素过渡有利。

（三）钨极氩弧堆焊

钨极氩弧堆焊稀释率低，合金元素烧损小，堆焊质量比较好。但由于生产率低、成本高，通常用于小规格阀门密封面堆焊。

堆焊焊丝通常为钴基合金焊丝，堆焊参数实例见表3－24。

表3－24 钨极氩弧堆焊参数实例

焊丝直径/mm	钨极直径/mm	电流种类	焊接电流/A	气体流量/（L·min⁻¹）	保护气体
2.4～3.2	1.6～2.4	直流正接	120～140	10～12	99.995% Ar

（四）等离子弧堆焊

等离子弧堆焊是一种较新的堆焊工艺，具有熔敷率高、稀释率低、熔深浅等优点。根据堆焊时所使用的焊接填充材料，等离子弧堆焊方法又可分为热丝堆焊、冷丝堆焊以及粉末堆焊等。

九、主管道焊接

（一）主管道的组成

反应堆一回路中有2～4条环路，一般情况下有3条环路，每条环路有3段主管道：热管段、过渡管段、冷管段。

1. 热管段

反应堆压力容器和蒸汽发生器之间的连接管称为热管段，热管道由一直管段和一个异径弯头组焊件组成，两条主管道焊缝序号为1和3，加上原先组焊件上焊好的一条主管道

207

焊缝。

2. 过渡管段

蒸汽发生器和主泵的连接管道称过渡管段，过渡管段由 3 部分组成：一个等径弯头、一个垂直管段和一个 90°等径弯头的组焊件、一个水平直管段和一个 90°等径弯头的组焊件组成，四条主管道焊缝，加上原先组焊件上焊好的两条主管道焊缝。

3. 冷管段

反应堆压力容器和主泵连接的称为冷管段，冷管段由一直管段和一个等径弯头组焊件组成，两条主管道焊缝序号为 2 和 4，加上原先组焊件上焊好的一条主管道焊缝。

主管道属于厚壁大口径奥氏体不锈钢，弯头和直管段均为铸钢件，材料牌号为 ASME 规范的 316L、RCC – M 规范的 Z2CND18.12，主管道上的斜管接头也为铸钢件，材料牌号为316L、Z3CN20.09M。

主管道的焊接需严格按工艺规程的要求进行，应特别注意每条主管道焊缝的焊接顺序和主焊环境的清洁度要求，这是焊接质量的保证。

（二）主管道的焊接方法和焊材选择

主管道的焊接方法是指主管道的焊接为手工钨极氩弧焊封底，焊条电弧焊填充盖面的组合焊缝方法。手工钨极氩弧焊封底时，用氩气在焊缝背面进行保护。随着焊接技术的发展，在主管道焊接工程中全位置窄间隙热丝氩弧焊接设备也逐渐采用，图 3 – 73 为全位置窄间隙热丝氩弧焊接设备。

图 3 – 73　全位置窄间隙热丝氩弧焊接设备

手工钨极氩弧焊选用焊丝直径为 $\phi1.6$ mm，牌号为 ESAB OK16.30，填充焊层厚度在 3 ~ 4 mm。焊条电弧焊选用焊条直径为 $\phi2.5$ mm、$\phi3.15$ mm、$\phi4$ mm，牌号为 ESAB OK63.25N。主管道焊缝坡口形式和尺寸如图 3 – 74（a）所示。

全位置窄间隙热丝氩弧焊接选用焊丝直径为 $\phi1.0$ mm，牌号为 ESAB OK16.30。主管道焊缝坡口形式和尺寸如图 3 – 74（b）所示。

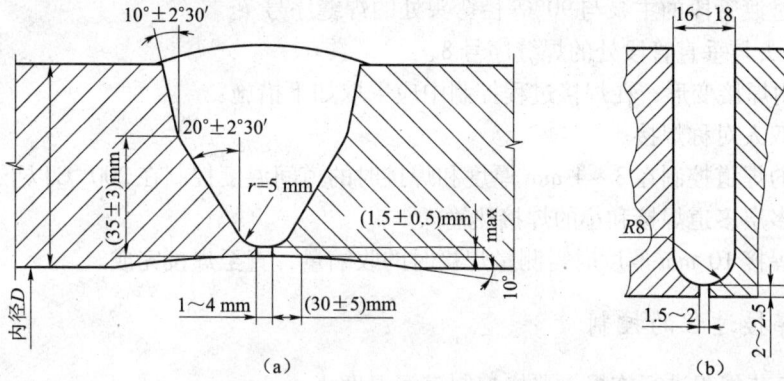

图 3-74 主管道焊缝坡口形式
(a) 手工钨极氩弧焊坡口形式；(b) 全位置窄间隙焊坡口形式

（三）焊接操作

（1）定位焊缝长度至少为 50 mm。为保证根部焊层背面成型良好的熔合过渡，定位焊缝两端应留出必要的过渡段。定位焊的焊工必须由担任该产品焊缝的焊工完成。定位焊的外形必须是连续的，与母材连接处没有咬边，定位焊缝不能有任何裂纹。

（2）在根部焊层和一定厚度的填充层焊接时，要求焊缝背面用氩气进行保护。采用管内充满氩气的保护方式。

（3）施焊环境清洁度要求为二级。

（4）焊接顺序（如图 3-75 所示）：

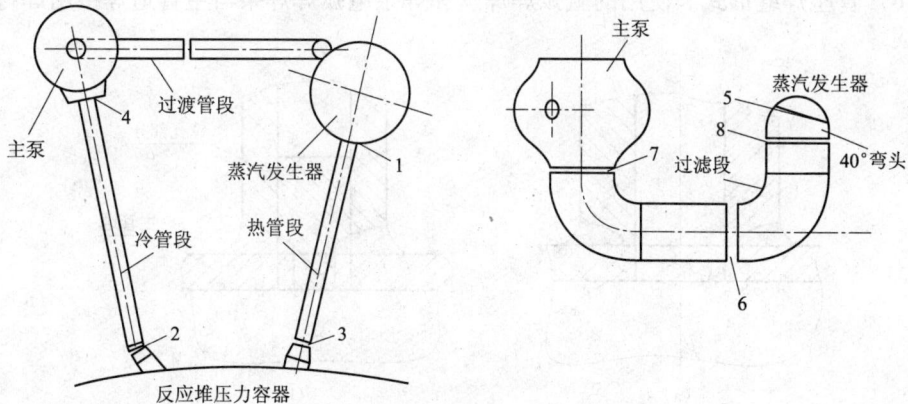

图 3-75 主管道的焊接顺序

① 焊接热管段的蒸汽发生器与弯头处的焊缝序号 1 和焊冷管段反应堆压力容器与弯头处的焊缝序号 2。

② 焊接反应堆压力容器与热管段处的焊缝序号 3 和主泵与冷管段处的焊缝序号 4。

③ 蒸汽发生器与 40°弯头处的焊缝序号 5。

④ 焊接过渡管段水平管段的焊缝序号 6。

⑤ 焊接过渡管段的主泵与 90°等径弯头处的焊缝序号 7。

⑥ 40°弯头与垂直管段处的焊缝序号 8。

（5）控制焊接变形，在焊接过程控制中应采取如下措施：

① 采用双人对称焊接。

② 每道的焊道控制在 3～4 mm 厚度和焊接时的道间温度控制在 200 ℃以下。

③ 采用多层多道焊接和小的焊接热输入。

④ 在每焊接 10 mm 厚度时需测量焊接时的收缩量，直至焊接完成。

（四）焊接过程的控制

（1）按工艺规程进行施焊，严格控制道间温度。

（2）每焊至 15 mm 或 25 mm 厚度和 50% 的焊缝厚度后，需打磨并进行 RT 检查以及焊接收缩量的测量，并做好记录。

（3）对每一焊道焊缝进行清理打磨，特别是起弧和收弧处需打磨平滑，并避免在打磨中出现过热区。

（4）打磨的砂轮或砂轮片应采用不含碳元素的砂轮或砂轮片。

（五）主管道上管座的焊接工艺

主管道上有少量的温度计、热电偶以及取样接管管座，管座的焊接也是主管道焊接的重要焊缝的一部分。

主管道上管座的焊接方法一般有两种：一种为手工氩弧焊打底，焊条电弧焊焊满，见图 3－76（a）管座焊缝形式；另一种为焊条电弧焊一次焊满，然后管孔内镗去焊根，见图 3－76（b）管座焊缝形式。使用的氩弧焊焊丝和焊条电弧焊焊条与主管道焊接用焊材一致。

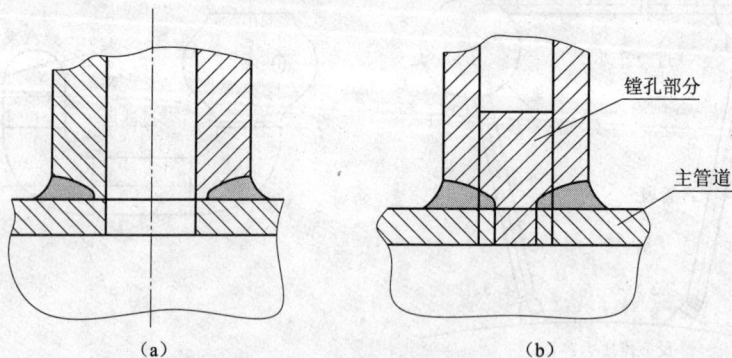

图 3－76 管座焊缝形式

主管道上管座的焊接工艺要求是：

（1）手工氩弧焊打底，焊条电弧焊焊满的焊接方法，在装点管座时需留有 2～3 mm 间隙，以保证焊缝根部焊透，同时要做好焊缝根部的氩气保护。

（2）焊条电弧焊一次焊满，然后管孔内镗去焊根的焊接方法，在装点管座时需按工艺规程的要求进行装配。

（3）角焊缝的坡口角度小，在施焊过程中注意焊条在坡口内的摆动，以防止未熔合的产生。

（4）角焊缝的盖面层在保证图纸的焊趾高度外，还需平滑过渡，焊趾不允许外凸。

（5）打磨角焊缝，使角焊缝呈内凹形式的平滑。

（6）最后角焊缝做100%的PT检查。

十、波动管的焊接技术

核电厂主回路系统的波动管是连接稳压器的底封头和一环路热段的一段连接管路。

反应堆冷却剂主回路管道通常由2～3个并联环路构成，每一个环路连接反应堆压力容器、蒸汽发生器、主泵，其中1#环路的热段上接波动管道与稳压器相通。

主回路系统的管道均为大直径、大厚度的超低碳不锈钢管道，连接着上述主要核心设备。一个机组的每一环路冷却剂主回路管道有8个焊口，总计24个现场焊口；有6个波动管道现场焊口（另加两个临时封堵焊口），共计8个焊口。

焊接方法为手工钨极氩弧焊（HWS）打底加焊条电弧焊（HD）。

（一）焊接设备与材料

（1）波动管的外径为 ϕ355.6 mm，壁厚为35.7 mm，材料为：Z2CND18.12N。

（2）焊材的选用，详见表3-25：

表3-25　焊材的选用

序号	材料类别	牌号/型号	规格/mm	应用范围
1	不锈钢焊丝	OK16.30	ϕ1.6	
2	不锈钢焊丝	OK16.30	ϕ2.0	主回路管道/波动管道
3	不锈钢焊条	OK63.25	ϕ3.2	
4	不锈钢焊条	OK63.25	ϕ4.0	

（3）焊接设备的选择，见表3-26：

表3-26　焊接设备的选择

序号	类　型	型　号	使　用　范　围
1	逆变式焊机	ESAB LTN255 或其他类似机型	手工钨极氩弧焊及焊条电弧焊

（二）焊前准备与检查

波动管焊道布置见图3-77，波动管道焊接焊缝坡口图见图3-78。

在焊接波动管之前，应按照标准要求进行相关的焊接工艺评定和焊工考核，只有焊接工艺评定和焊工考核合格后才能进行产品的正式焊接。波动管道的焊接工艺评定可参照 RCC-M 2000 S3000 执行或按照规定的标准进行，波动管道的焊工考核评定按 HAF603 的要求进行。

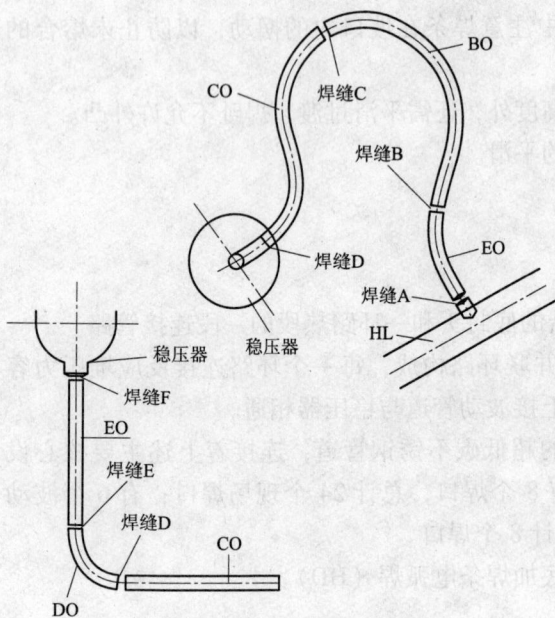

图 3-77　波动管焊道布置图

（三）焊接工艺与操作

1）波动管道焊接作业流程

波动管道焊接作业流程如图 3-79 所示。

2）波动管道焊接顺序

波动管道的焊口施焊顺序为（详见图 3-77）：焊口 C→D→B→E→（临时焊口 A）→（临时焊口 F）→水压试验后→F→A。

波动管在焊口 "A" 和 "F" 处先焊临时堵板，因波动管的试验压力高出主回路试验压力 38×10^5 Pa，所以需要单独做水压试验，试验合格后切除堵板临时焊口 A/F，组对施焊正式焊口 A/F。

3）波动管焊接注意事项

根据波动管现场焊接技术条件的要求，

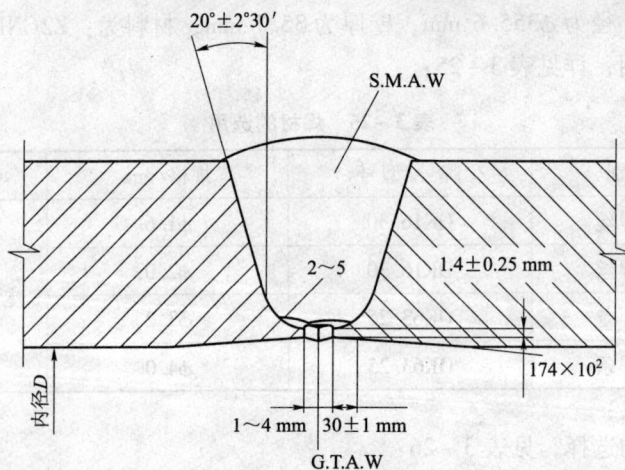

图 3-78　波动管焊缝坡口图

波动管焊接过程中必须注意以下事项：

（1）坡口表面应清洗干净，无水、油脂、氧化物和其他可能影响焊接质量的物质。

（2）在任何情况下，严禁波动管与铁素体接触。

（3）环境温度如果低于 -10 ℃，则禁止施焊，焊件的温度至少保持在 +5 ℃；焊接作业应避免在相对湿度大于 90%、打底焊时风速大于 2 m/s、焊条电弧焊时风速大于 10 m/s 等恶劣的环境下进行。

（4）焊口不允许强行组对，在第一道及最后一道焊缝上禁止锤击。

（5）禁止在波动管表面起弧，TIG 焊焊接应具备远距离起弧装置。

（6）采用窄焊道焊接方法，并注意及时调整施焊顺序以控制焊接变形。

（7）焊接过程控制道间温度 <173 ℃。

212

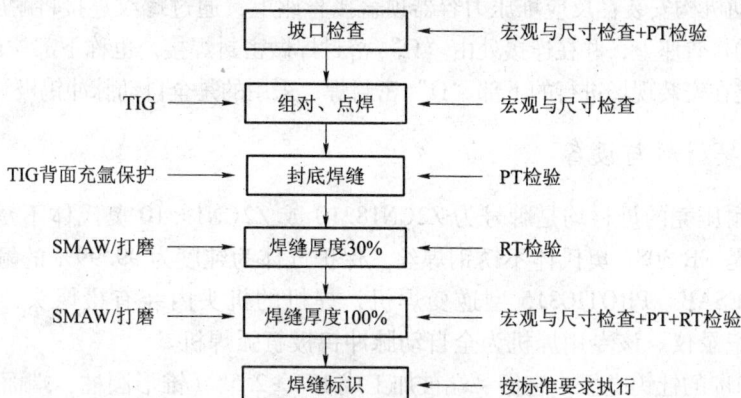

图3-79 波动管道焊接作业流程

（8）层道间应清理干净，坡口两侧边缘 100 mm 范围内均匀涂抹白垩粉，以防止飞溅并防止电弧焊烟尘和熔渣的污染。

（9）打磨时，应防止在打磨中出现过热区。

（四）焊接过程控制

现场根据焊接工艺评定确定出的电流种类、直流电的极性或脉冲电极性、电参数的范围以及氩气流量，编制焊接工艺规程文件，焊接时应严格按照工艺规程文件进行。

在焊接过程中，为了保证焊接质量，应对下述内容进行过程检查：

（1）焊接区域湿度检查：湿度≤90%。

（2）焊接参数检查：控制在焊接工艺卡规定的范围内。

（3）焊道道间温度检查：应在 173 ℃ 以内。

（4）检查变形监测仪表的读数。

（5）波动管的检验：波动管道的焊缝无损检验类别及要求。详见表 3-27。

表3-27 波动管道的焊缝无损检验类别及要求

焊缝部位	宏观与尺寸检查 VT	液体渗透检验 PT	射线检验 RT	备注
根部封底	无	100%	无	波动管道焊口
焊缝 30% 厚度	无	无	100%	
焊缝 100% 厚度	100%	100%	100%	

十一、特殊密封焊焊接技术

核电厂中特殊密封焊焊接技术主要是指控制棒驱动机构的"Ω"密封焊。控制棒驱动机构的"Ω"密封焊分为上、中、下 3 个部分的"Ω"密封焊。

控制棒驱动机构的上部 Ω 焊缝是指位置指示器内套管与端塞的焊缝。控制棒驱动机构的中部 Ω 焊缝是指位置指示器内套管与密封壳之间的 Ω 形密封焊缝。控制棒驱动机构的上、中部的 Ω 焊缝一般均是在制造厂完成。

控制棒驱动机构安装在反应堆压力容器顶盖接管座上,通过螺纹连接将耐压壳拧在反应堆压力容器顶盖的接管座上,并在连接处由"Ω"密封焊做密封焊接,也称下部"Ω"密封焊。以下主要介绍的是在安装现场进行的下部"Ω"密封焊,采用的是全自动脉冲钨极氩弧焊工艺。

(一) 焊接材料与设备

接管座和耐压壳的母材均是牌号为 Z2CN18.10 或 Z2CN19.10 奥氏体不锈钢。返修时使用的填充金属是 ER 308L 奥氏体不锈钢焊丝。保护气体为纯度为 99.99% 的氩气。

焊接使用 ESAB PROTIG315 型逆变焊机,焊机的机头内装有摄像头,配有电视监视器、录像机及纪录仪。该专用焊机为全自动脉冲钨极氩弧焊机。

使用含钍 2% 的钍钨电极,它们一端被加工成 $15°\pm2.5°$(锥形圆柱,端面直径在 0.3 mm 到 0.5mm 之间)。尖端的表面粗糙度应为 $Ra \leqslant 1.6$,见图 3-80 钨电极锥形示意图。

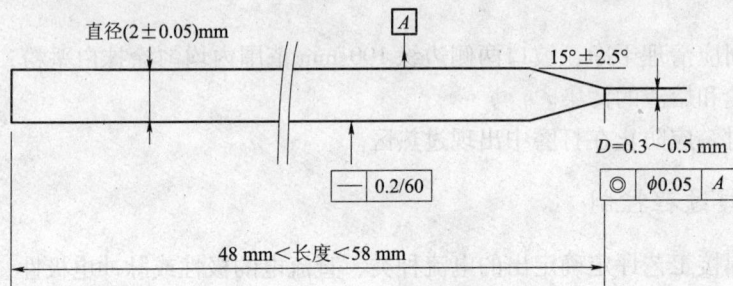

图 3-80 钨电极锥形示意图

(二) 试验件的焊接

为了验证焊机的状态是否正常以及焊接参数是否符合要求,在以下情况必须进行试验件的焊接:

(1) 在每一轮焊接开始之前。

(2) 焊机间隔 96 h 未使用。

(3) 焊机出现异常情况修复后。

(三) 焊前准备与检查

(1) 检查耐压壳边缘,确认其符合要求。

(2) 检查 Y 形密封环开口之间的间距,此间距应大于或等于 0.65 mm,不允许搭接。注意,不应为满足此标准而对 Y 形密封环进行任何加工修改。

(3) Y 形密封环供货时已进行点焊固定。

(4) 检查 Y 形密封环的点焊,在距耐压壳上 A 面不超过 2 mm 的距离(目标值为 1.5 mm),图 3-81 为 Y 形密封环组装

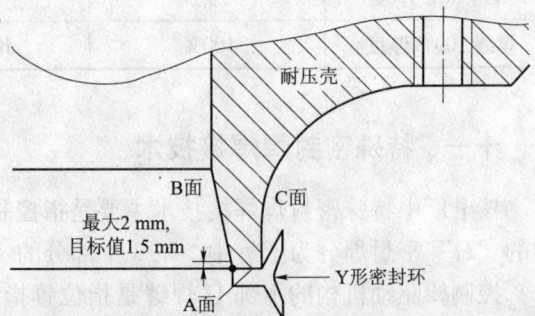

图 3-81 Y 形密封环组装点焊示意图

214

点焊示意图。

（5）定位焊最大尺寸应小于 2 mm。

（6）使用一个 0.04 mm 的塞尺检查 Y 形密封环到接管座边缘之间的间隙，图 3-82 为接管座焊口组装示意图。

（7）如果塞尺在一个或几个点不能插入，且不能插入的总长度不超过 Y 形密封环总长的一半，则打磨接管座边缘至塞尺能插入为止，然后清洁并对打磨处进行液体渗透试验。检查 Y 形密封环及其点焊点，确保在拆卸和组装时没有损伤，否则应卸下 Y 形密封环，并重新点焊一个新的 Y 形密封环。

（8）如果塞尺在几个点不能插入，且不能插入的总长度超过 Y 形密封环总长的一半，则卸下 Y 形密封环，拆除耐压壳，检查接管座装配尺寸和耐压壳的尺寸，之后重新装配。

（9）检查完间隙后，确信塞尺清洁和干燥。否则应卸下耐压壳，进行清洁和干燥。

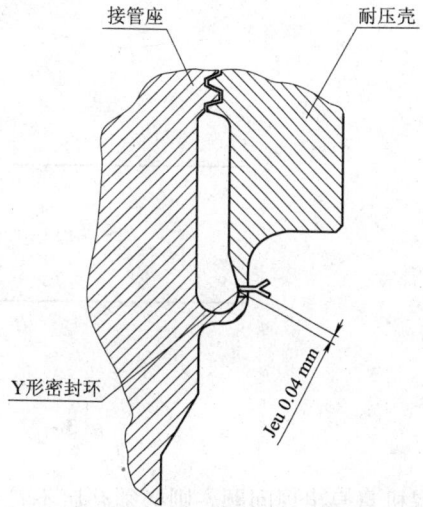

图 3-82　接管座焊口组装示意图

（四）焊接工艺与操作

1）焊接工艺要求

（1）所用的钨极经过严格的标定和编号，每条焊缝都必须使用新的钨极，在焊接前机头需绕行一周，钨极锥面的上下摆动不得超过 0.3 mm。

（2）监视系统通过视频接收进行记录。

（3）焊机的接地线应固定在被焊接管座上。

（4）焊接最大电流为 135 A。

（5）一般情况下，焊机的机头前进速度应为 (16.3 ± 0.3) cm/min。

（6）焊接详细要求应按照指定的焊接工艺进行。

2）施焊前检查

（1）根据待焊 Y 形密封环安装好钨极，图 3-83 为钨极与 Y 形密封环位置示意图。

（2）钨极应置于焊接开始的点上，该点为 Y 形密封环交接处或其略前处。

3）焊接过程控制与检查

（1）在焊完一整圈前检查焊缝接头处，焊接操作工应在相同的焊接速度下，使得焊缝形成封闭环，并检查：

① 待焊接部件的边缘及 Y 形密封环应保持清洁。

② Y 形密封环没有出现缺陷。

③ Y 形密封环相对于部件的边缘位置正确。

（2）在焊接过程中，要时刻注意焊接电压和电流，以及背面的氩气保护情况，如果出现意外情况，要分类加以处理。

① 在突然断电时，如果焊缝没有出现缺陷，把机头往回移 20 mm 重新开始焊接。如果

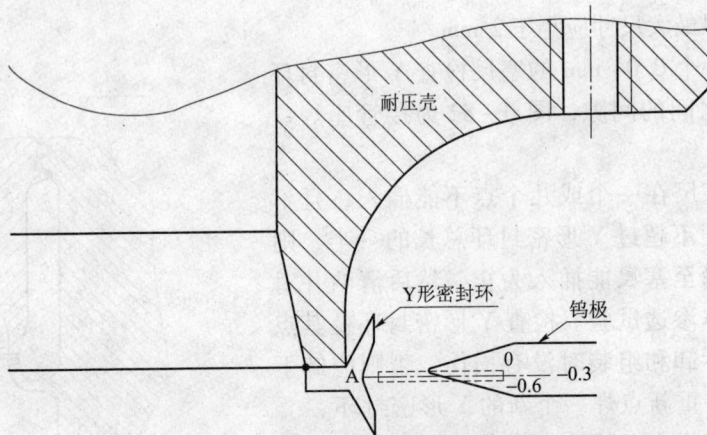

图 3 - 83　钨极与 Y 形密封环位置示意图

焊机自身出现问题，则必须开启不符合项报告，分析事故原因，找到解决的办法。

② 在结束焊接前 50 mm 处，如果出现未熔合超过 15 mm，立即停止焊接并开启不符合项报告，分析事故原因，找到解决办法。

③ 在结束焊接前超过 50 mm 处，如果出现未熔合超过 15 mm，立即停止焊接，更换新的钨极，往回退 5 mm，重新开始焊接。

④ 如果出现两处未熔合，停止焊接，分析事故原因，找到解决办法。

（3）对于每一次焊接，在施焊全过程中检查并控制钨极相对于 Y 形密封环的高度。

（4）控制棒驱动机构的焊接数据包应按照拟订的焊接工艺进行。

（五）焊后处理与检查

1）焊接完成后的检查

（1）焊接完成后，对焊缝的外观、平行度、宽度、高度进行检查。

（2）对焊接的记录图形进行分析，将焊接和脉冲的电流、电压及焊接速度与要求的各种参数进行对照，只有前一道焊口各项参数正确无误后，方可进行下一焊接。

2）缺陷修复

（1）在焊接时产生的缺陷可以进行修复，但缺陷不能超过以下限制条件：

① 可以在不拆除耐压壳的情况下修复缺陷。

② 缺陷长度小于 40 mm。

③ 缺陷经打磨后距耐压壳台肩的距离小于或等于 18 mm，见图 3 - 84 缺陷打磨处理示意图。

（2）如果缺陷超过以上的范围，则需要编制相应的报告并绘制详图，分析原因，找到解决的办法。

（3）控制棒驱动机构焊接缺陷修复，应按照拟订的方案进行。

3）水压试验

（1）水压试验是为了确认在环境温度下，接管座与耐压壳焊接的密封性。

216

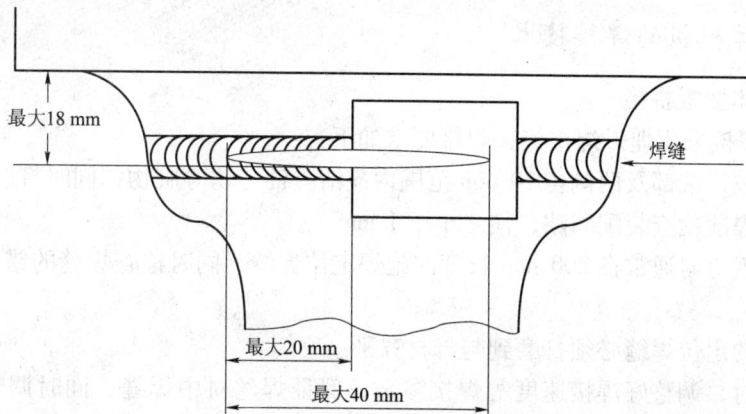

图 3-84　缺陷打磨处理示意图

（2）将水压试验设备接于接管座的下部，并连接到提供 B 级除盐水的泵或储罐。

（3）将压力稳定在（231～233）×10⁵ Pa 范围内，保持此压力 15～30 min，目视检查焊缝，确认没有泄漏。

在水压试验后再进行液体渗透检查。

十二、安全壳钢衬里焊接技术

安全壳钢衬里是通过锚固在混凝土内的角钢、连接件（焊钉）固定在安全壳内的密封体。根据设计要求，其最小壁厚为 6 mm。

（一）底板焊接技术

1. 内、外环板焊接

内外环板厚度分别为 40 mm、50 mm，全熔透焊缝。焊后进行消除应力热处理、射线检验。由于钢板较厚，焊接收缩量大，易出现焊接冷裂纹。为减小焊接变形，防止焊接冷裂纹的出现，施焊时应采取下列措施：

（1）焊前进行预热，预热温度为 150 ℃～200 ℃。

（2）预热区域在坡口两侧各 75～100 mm 的范围内。

（3）焊前采用槽钢进行刚性固定，焊接时采用正反两面交替施焊，防止变形过大。

（4）焊后 2 h 内进行消除应力热处理，消除应力热处理采用电加热器加热，在其外表面覆盖玻璃保温棉，同时在焊缝上布置 3 个测温热电偶。

2. 中心凸台的焊接

中心凸台板厚 6 mm，车间卷制圆筒形四块，现场采用焊条电弧焊。焊接时采用从中间往两边进行分段退焊，环向焊缝上四名焊工均匀分布在圆周上，采用逆向对称的分段法进行施焊，分段长度为 500 mm。

3. 底板的焊接

底板板厚 6 mm，车间拼接采用埋弧焊，现场焊接为焊条电弧焊。焊接时需要设置配重块防止变形。

217

（二）筒体壁板的焊接技术

1. 车间筒体壁板拼接

预制壁板焊接采用埋弧焊拼接，焊接要求如下：

（1）焊前坡口端部及两侧各 10 mm 范围内应清除油、锈等脏物，同时打磨出金属光泽。

（2）定位焊前检查装配间隙，使之小于 1 mm。

（3）焊缝组对时通常在 200 mm 长度内施焊定位焊缝，同时检查焊缝的错边量，不得大于 1 mm。

（4）所有的定位焊缝必须打磨到与母材齐平。

（5）焊接时，调整好焊接速度等焊接参数，保证焊丝对中焊缝，同时调整焊丝干伸长度，保证在 20～40 mm 范围内。

（6）焊接参数按照焊接工艺卡执行。

2. 现场筒体壁板组焊

现场壁板安装焊接采用焊条电弧焊，分为立向纵缝和环向焊缝，壁板安装精度要求高，工作量大，焊接收缩量大，为保证设计尺寸和焊接质量并减小变形，应采取相应的焊接措施。

焊接要求：

（1）焊缝坡口内及两侧 20 mm 范围内的油、锈等脏物应彻底清除干净，并打磨出金属光泽。

（2）焊前应严格检查焊缝间隙和错边量，对于不合格的焊缝不允许施焊。

（3）焊缝的背面用骑马铁、靠板等进行加固，以减小焊接变形。

（4）正面焊完后，背面采用碳弧气刨清根并打磨，去掉未熔合，未完全熔合和夹渣、气孔等缺陷，采用液体渗透检验，合格后方可施焊。

（5）交叉接头处的焊接应采取下列方法进行，立缝焊接应从底部开始先焊，环缝焊接时应把立缝底部区域打磨掉，以保证交叉处的焊接质量。

3. 螺柱焊

螺柱焊前应清除母材和螺柱上的油、锈等脏物，同时检查螺柱焊枪的提弧长度，并调整好螺柱与瓷圈的同心度。焊接时，焊接工艺参数应按工艺卡执行，焊枪应保持在焊点位置上，到焊缝金属固化为止。

（三）牛腿与贯穿件的焊接技术

1. 贯穿件的焊接

贯穿件主要由套管和加劲环板组成，现场整体安装，加劲板与衬里筒体壁板焊接，均为焊条电弧焊。套管与加劲板的角焊缝采用对称法施焊，待其他部分打底、盖面焊完后，再把预留部分焊上，背面清根打磨干净后，进行封底焊。加劲板与衬里筒体壁板的焊缝同样采用对称法施焊。

2. 牛腿的预制

牛腿车间预制焊接时，以加厚板为界，将其构造分成两部分，一是牛腿加厚板外侧的加筋板与插筋，二是牛腿加厚板内侧的箱形体，牛腿外侧构件与加厚板组装好后，放置在专用

218

胎模上拼装箱形体，同时外侧焊好的构件对箱形体的拼装起到刚性固定的作用，整个箱形体与加厚板的焊接，存在着较大的焊接应力和变形，为减小应力和变形，应采取相应的措施：

焊接采用焊条电弧焊，焊前应进行预热，预热温度为 100 ℃ ~150 ℃；道间温度必须保持在 100 ℃ ~250 ℃范围内，且不应低于预热温度；施焊应采用从中间向两边分段退焊，每段长度不超过 500 mm；整体热处理完后，进行几何尺寸检查和无损检验。

图 3 - 85 为牛腿预制完成效果图。

3. 牛腿的安装

环吊牛腿安装在衬里筒体壁板上，牛腿的加厚板与壁板焊接时，先立焊，后横焊，背面清理打磨干净后，进行封底焊。

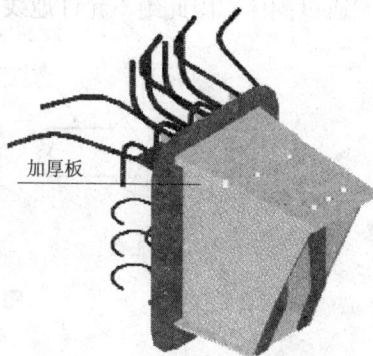

图 3 - 85　牛腿预制效果图

（四）穹顶焊接技术

穹顶壁板厚 6 mm，车间拼板采用埋弧焊，曲面成型采用焊条电弧焊，在专用胎模上焊接成型。现场拼装先焊立缝，后焊横缝，其防变形措施基本与筒体壁板相同。穹顶整体吊装后，与筒体壁板焊条电弧焊对接焊。图 3 - 86 为穹顶拼装完成后的效果图。

图 3 - 86　穹顶拼装效果图

十三、核级阀门的安装焊接

由于核级阀门与管道的连接基本是采用焊接连接的方式，因此阀门在现场安装中的焊接质量尤为重要。

球阀内部有聚四氟乙烯密封垫，不能承受高温，因此阀门与管子焊接前，要在距阀门中心一定距离处（在焊缝靠阀门一侧）贴上温度显示标签（88 ℃ ~127 ℃）。该标签将随温度的升高由白色变成黑色。焊工焊接时尽可能采用小的电流，分段焊接。若温度标签显示温度上升至 110 ℃时，应立即停止焊接，当焊缝冷却后再分段焊接。

隔膜阀内部由橡胶密封垫，焊接时不能受热。因此焊接时一定要拆下阀头，待阀体与管道焊接后再装上阀头。

SRG 阀密封焊时应尽可能使用小的电流。焊接时必须加丝，焊接电流一般在 50~60 A，最大熔深不能超过 2.2 mm，且熔敷金属不能溢出边缘。

焊接前，一定要明白阀门是否必须在打开或关闭状态下焊接。焊接时，要保证焊接电流不能通过阀体，因此绝不允许地线夹在阀门的任何位置。如图 3-87 所示。

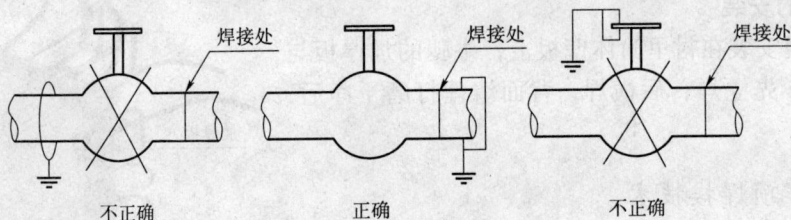

图 3-87　阀门安装焊接的接地

第四章

民用核安全设备焊工焊接操作工资格管理

第一节 焊工资质管理

一、焊工资质管理的管理原则与工作方法

焊接活动的一个重要特点就是焊接操作人员的技能和素养对产品的质量有着决定性的影响。焊接操作人员缺乏培训、经验不足、敬业精神不够、责任心不强，都有可能导致产品质量出现问题，造成严重损失。

与驾驶车辆一样，焊接操作人员的技能和安全素养来自于一定时间的练习和实线经验的积累。因此，在各个工业规范体系中，焊接操作人员考核都占有重要的地位。目前国内各行业都采用专业技术资格考核的方式对焊接操作人员进行管理。

鉴于焊接在民用核安全设备制造和安装过程中的重要性和特殊性，从事民用核安全设备焊接活动的焊接操作人员除应具备常规的焊接理论知识和操作技能外，还应具备核电基本知识、核安全质量保证、核电规范标准及核安全设备焊接特点等方面的知识，以及较高的核安全文化素养。

为此，国家核安全局于 1995 年发布了《民用核承压设备焊工培训、考核和取证管理办法》（以下简称"管理办法"）。实践表明，对核安全设备的焊工实施许可和监督管理，保障了核安全设备焊工和焊接操作工的焊接质量，但该管理办法实施至今已近十几年了，与目前国内外同类标准存在着一定差距，其中一些内容已经不再适用当前核安全设备焊工的许可和监督管理。因此，依据《民用核安全设备监督管理条例》，由国家核安全局组织重新编制了《民用核安全设备焊工焊接操作工资格管理规定》（以下简称"HAF603"），于 2008 年 1 月 1 日开始实施。

2008 年 3 月，在北京召开了第一次焊工资质管理工作会议，即静之湖会议。会上，根据以往的工作经验和立法要求，将焊工资质管理的管理原则归纳为以下几点：

（1）考培分开——这是立法要求。焊工考核是国家核安全局的职责，焊工选拔、培训和持证焊工管理是聘用单位的职责。

（2）持证单位负全责——焊工考核中心由持有核安全设备活动许可证的单位组建；聘用单位要求是持有核安全许可证的单位或其许可证申请已被受理的申请单位；境外焊工核准由境内持证单位提出申请。

（3）考管分开——国家核安全局对各考核中心的要求只限于保证考试质量，由聘用单

位负责对持证焊工的管理。

（4）一切为监督服务——在制度建设中，将国家核安全局管理要求尽可能可视化和易检查，简化焊工项目考试和持证焊工焊接活动的监督工作难度。

核安全管理是一种法制化管理，但中国法制化管理有自己的特点，每个管理者必须考虑如何在坚持法制化原则的前提下，适应这种特点。

在具体工作中，对于遇到的问题，通常用以下几个步骤解决问题：

（1）有规定的，按规定办，没有规定的，由利益相关方商量出一个解决办法，形成规定的条文发布实施。

（2）有规定但规定存在问题，就先执行规定，然后与利益相关方商量出修改的规定，形成条文发布实施。

（3）因为对规定条文理解问题发生的违反条文的，要经过调查和协商妥善解决。随后与利益相关方商量改写条文或编写条文解释。

（4）明显违反条文的，要坚决制止，情节严重的，要予以处理。

我们将这个过程称之为以立法为基础的动态执法过程。

二、焊工资质管理组织机构

在焊工资质管理中，相关的组织机构主要分为4个部分：国务院核安全监管部门，民用核安全设备焊工、焊接操作工资格鉴定委员会，焊工考核中心及其申请单位和焊工、焊接操作工聘用单位。

（一）国务院核安全监管部门

根据职责分工，国家核安全局和各地方核与辐射安全监督站共同承担 HAF603 赋予国务院核安全监管部门的管理职责：

"（一）选定民用核安全设备焊工、焊接操作工考核中心（以下简称'考核中心'）；

"（二）组织制订焊工、焊接操作工考试大纲、基本理论知识考试题库，并组织焊工、焊接操作工基本理论知识考试；

"（三）监督检查考核中心的考核和管理工作；

"（四）审查考核中心的考试计划和考试结果，并向考试合格的焊工、焊接操作工颁发资格证书；

"（五）归档和保存持证焊工、焊接操作工的有关资料。"

（二）焊工资质管理工作会议与民用核安全设备焊工、焊接操作工资格鉴定委员会

HAF603 第四条规定："**国务院核安全监管部门负责核准颁发民用核安全设备焊工、焊接操作工资格证书。**

"**国务院核安全监管部门可以根据需要设立民用核安全设备焊工、焊接操作工资格鉴定委员会，具体履行相关职责。**"

根据目前实际情况，国家核安全局不定期地召开由国家核安全局、国家核安全局监督单位、国家核安全局技术后援单位以及各考核中心的代表和专家参加的焊工资质管理工作会

议。此工作会议的参加单位代表了全国百分之八十以上焊工、焊接操作工的聘用单位和所有核安全管理部门，基本能代表各单位的意见。因此，目前焊工资质管理工作会议履行了民用核安全设备焊工、焊接操作工资格鉴定委员会的职责。

（三）焊工考核中心及其申请单位

HAF603 规定考核中心的职责是：

"（一）制订考试计划；

"（二）审查报考焊工、焊接操作工的资格；

"（三）确定专项理论知识考试内容和操作技能考试项目；

"（四）制备和检验考试试件，并评定考试成绩；

"（五）发放焊工、焊接操作工钢印；

"（六）编制或者确认焊工、焊接操作工考试用焊接工艺规程；

"（七）建立并管理焊工、焊接操作工档案。"

由于原核承压设备焊工考核中心都不是法人单位，他们要为国家核安全局承担考核责任，就必须有能承担职责的法人单位，故在国核安办〔2008〕176号文附件一《民用核安全设备焊工焊接操作工考核中心申报条件》中规定：

"考核中心应由民用核安全设备制造、安装许可证的持证单位组建。该持证单位作为申请单位提出考核中心的申请，其法定代表人即为考核中心的主任。"

由于 HAF603 规定国务院核安全监管部门负责组织焊工、焊接操作工基本理论知识考试。因此，《管理程序》规定由国家核安全局制订焊工、焊接操作工基本理论知识考试年度计划。

由于焊工、焊接操作工钢印的管理方法逐步退出使用。因此，焊工资质管理中不再赋予考核中心"发放焊工、焊接操作工钢印"的职责。

为了落实考管分开的原则，国核安办〔2009〕112号文《关于进一步加强焊工焊接操作工管理的通知》将持证焊工的管理工作的职责交给了聘用单位。因此，考核中心"建立并管理焊工、焊接操作工档案"是指考核相关档案。

在实际工作中，考核中心和考核中心申请单位是一体的，考核中心申请单位就是考核中心。考核中心申请单位公章代表考核中心。考核中心公章不代表考核中心申请单位，但考核中心申请单位应为考核中心公章的使用承担责任。

（四）民用核安全设备焊工、焊接操作工聘用单位

民用核安全设备焊工、焊接操作工聘用单位在焊工资质管理中承担了除焊工考核以外的所有职责，其主要职责可以归纳为：

（1）选择满足要求的，优秀的焊工、焊接操作工进行相应的技能培训和核安全文化教育。

（2）提出聘用单位代号的建议，向国家核安全局备案。

（3）推荐培训和教育合格的焊工、焊接操作工参加焊工考核，承担相关费用。

（4）采取措施保证取得资格证书的民用核安全设备焊工、焊接操作工（简称持证焊工）在其资格证书适用范围内进行焊接活动。

（5）管理并上报民用核安全设备焊工、焊接操作工的连续操作记录。

（6）建立持证焊工管理制度，对持证焊工参加的核安全设备焊接活动的质量负责。

由于聘用单位的作用十分重要，为简化管理，国核安办〔2008〕176号文《关于举行民用核安全设备焊工焊接操作工基本理论知识考试的通知》规定：**"民用核安全设备焊工、焊接操作工的聘用单位应为持有民用核安全许可证的中华人民共和国境内单位。在特殊情况下，聘用单位可为国家核安全局已经受理其许可证申请的许可证申请单位。"**

国核安函〔2010〕148号发布的《民用核安全设备焊工焊接操作工资格管理工作会议纪要》中（北七家会议纪要）规定：**"取得注册登记确认书的境外单位在完成聘用单位代号备案后，可作为聘用单位对民用核安全设备焊工焊接操作工进行管理。"**

应该指出的是，聘用单位对持证焊工参加的核安全设备焊接活动的质量向采购单位负责，而作为最高级别的采购单位民用核设施营运单位应为民用核安全设备的质量对核设施安全运行的影响承担全面责任。

三、焊工资质管理相关法规文件

（一）《民用核安全设备焊工焊接操作工资格管理规定》

《民用核安全设备焊工焊接操作工资格管理规定》（HAF603）是国家核安全局为了落实《民用核安全设备监督管理条例》而发布，用来指导民用核安全设备焊工、焊接操作工资格管理（以下简称焊工资质管理）的部门规章。

HAF603在总结核工业、机械工业和电力行业执行原HAF603的反馈经验的基础上，参考了欧洲标准《焊工考试 - 熔化焊 - 第一部分：钢》EN287 - 1（2004版）（以下简称"EN287 - 1"）、RCC - M S册（2000版）、ASME Ⅸ卷《焊接及钎焊评定》（2001版）（以下简称"ASME Ⅸ卷"）及我国《锅炉压力容器压力管道焊工考试与管理规则》（02版）（以下简称《容规》）等技术标准，同时考虑了我国当前核安全设备安全监管的需要。

HAF603正文主要侧重管理方面，包括总则、机构和职责、考试内容和方法、考试结果评定、证书颁发与管理；监督检查；法律责任；附则等；HAF603的3个附件是技术方面内容，涉及焊工操作技能考试要求、考试试件的检验要求和核电特殊情况举例等。

在管理方面，《民用核安全设备焊工焊接操作工资格管理规定》的主要内容如下：

（1）国家核安全局统一对民用核安全设备焊工实施许可和监督管理，负责核准颁发民用核安全设备焊工资格证书。

（2）将焊工、焊接操作工理论知识考试分为基本理论知识考试和专项理论考试两部分，其中基本理论知识考试由国家核安全局组织实施。

（3）国家核安全局选定民用核安全设备焊工、焊接操作工考核中心负责焊工专项理论考试和操作技能考试。

此外，HAF603还对考核中心应具备的条件、焊工报考条件、申报要求、焊工考试试件的制备和焊接要求、焊工资格有效期限和延期条件、资格证书的持有条件、焊工考试活动的监督、境外焊工的核准及法律责任等诸多内容进行了规定。

在操作技能考试方面：

（1）HAF603附件1围绕焊工考试规定了一系列影响焊工操作技能考试有效性的变素，

并就这些变素规定了考试项目代号的编写原则和替代规则。为便于管理，HAF603 还对焊工考试合格项目代号的表示方法做了具体的规定和举例。

（2）HAF603 附件 2 主要依据《容规》，并参照 EN287 - 1 和 ASME Ⅸ卷对试件的检验项目和检查数量、试样的检查数量及试件和试样的检验验收准则等进行了规定。

（3）为了突出核安全设备焊接特点，HAF603 附件 3 参照法国 RCC - M S 篇（2000 版）规定了核安全设备中一些重要焊缝焊工焊接考试的具体要求，如奥氏体 - 铁素体不锈钢和镍基合金的堆焊、热交换器或蒸汽发生器管板焊接、特殊的密封焊缝（顶盖、Ω 接头等）、耐磨堆焊等。

《民用核安全设备焊工焊接操作工资格管理规定》（HAF603）从原则上规定了民用核安全设备焊工、焊接操作工资格管理的内容。但由于各种原因，HAF603 的一些规定虽然较细，但可操作性不强。为了将各项管理要求落到实处，在征求各方面意见，总结实施经验的基础上，国家核安全局发出了一系列规范性文件，作为 HAF603 的补充和解释。

（二）国家核安全局管理文件

1. 《关于申报民用核安全设备焊工焊接操作工考核中心的通知》（国核安办［2008］176 号）

为了选定焊工、焊接操作工考核中心（以下简称"考核中心"），规范相关管理工作，国家核安全局于 2008 年 10 月 20 日发出了《关于申报民用核安全设备焊工焊接操作工考核中心的通知》（国核安办［2008］176 号）。

国核安办［2008］176 号文，规定了考核中心申请的办法和步骤，同时发布了 3 个附件：

附件一：民用核安全设备焊工焊接操作工考核中心申报条件

附件二：焊工项目考试管理指南

附件三：民用核安全设备焊工焊接操作工考核中心申请指南

国核安办［2008］176 号文附件一具体地给出考核中心的申报条件；附件二给出了考核中心进行焊工项目考试基本要求；附件三给出了考核中心申请文件的格式和内容。

可以说，国核安办［2008］176 号文件的发出，标志着国家核安全局民用核安全设备焊工、焊接操作工资格管理工作的开始，该文的 3 个附件是后来一系列国家核安全局管理文件的基础。

2. 《关于举行民用核安全设备焊工焊接操作工基本理论知识考试的通知》（国核安办［2009］37 号）

2009 年 2 月 9 日国家核安全局发布了国核安办［2009］37 号文《关于举行民用核安全设备焊工焊接操作工基本理论知识考试的通知》，正式启动了民用核安全设备焊工、焊接操作工基本理论知识考试工作。

该文指出："**焊工、焊接操作工的聘用单位应为持有民用核安全许可证的中华人民共和国境内单位。在特殊情况下，聘用单位可为国家核安全局已经受理其核安全许可证申请的中华人民共和国境内单位。**"也就是说只有聘用单位才能推荐焊工、焊接操作工参加考试。该文还给出了民用核安全设备焊工、焊接操作工基本理论知识考试试题库。

3.《关于进一步加强焊工焊接操作工管理的通知》（国核安办〔2009〕112 号）

根据国核安办〔2008〕37 号文，国家核安全局在 2011 年 4 月开始组织民用核安全设备焊工、焊接操作工基本理论知识考试。考试初期，发现一些焊工所报信息资料存在严重的作假嫌疑，涉及个别聘用单位。针对这些问题，为进一步加强和规范焊工、焊接操作工管理，保证民用核安全设备焊接活动的质量，国家核安全局于 2009 年 4 月 15 日发布了国核安办〔2009〕112 号文《关于进一步加强焊工焊接操作工管理的通知》，对焊工管理工作提出了一系列要求。该文的主要内容，已写入了《关于加强民用核安全设备焊工焊接操作工资格管理的通知》（国核安发〔2010〕28 号）的附件一《民用核安全设备焊工焊接操作工资格管理程序》。

4.《关于加强民用核安全设备焊工焊接操作工资格管理的通知》（国核安发〔2010〕28 号）

经过严格的审查，国家核安全局选定了 13 家焊工考核中心后，并于 2010 年 2 月 11 日发布了国核安发〔2010〕28 号文《关于加强民用核安全设备焊工焊接操作工资格管理的通知》，全面启动了焊工项目考试工作。该文件也有 3 个附件：

附件一：民用核安全设备焊工焊接操作工资格管理程序
附件二：焊工项目考试质量保证补充要求
附件三：焊工项目考试合格项目代号编制方法及其适用范围

这 3 个附件分别从焊工资质管理过程，焊工项目考试的质保要求和技术要求几个方面提出了具体和明确的要求。到目前为止，这些要求一直指导着民用核安全设备焊工、焊接操作工资格管理工作。国核安发〔2010〕28 号文附件一和附件二是从国核安办〔2008〕176 号文附件二发展而来的。

5.《关于明确民用核安全设备焊工焊接操作工若干管理要求的通知》（国核安函〔2010〕71 号）、《关于印发"民用核安全设备焊工焊接操作工资格管理工作会议纪要"的通知》（国核安函〔2010〕148 号）和《关于印发"2011 年民用核安全设备焊工焊接操作工资格管理工作会议纪要"的通知》（国核安函〔2011〕53 号）

国家核安全局分别于 2010 年 3 月、7 月和 2011 年 3 月召开了焊工资质管理工作会议，并分别发布了相关文件。这 3 个文件都是对 HAF603 和国核安发〔2010〕28 号文的补充与解释。

6.《关于印发"民用核安全设备焊工焊接操作工监督工作会议纪要"的函》（环核函〔2011〕37 号）

国家核安全局于 2011 年 4 月 14 日，组织召开了民用核安全设备焊工焊接操作工监督工作会议，讨论了焊工项目管理和理论考试监督的相关问题，会议形成了会议纪要。此会议纪要的主要内容，在 2011 年 8 月 21 日至 23 日国家核安全局在大连组织召开的 2011 年民用核安全设备焊工、焊接操作工资格管理工作第二次会议上进行了讨论，其结果已写入国核安函〔2011〕126 号文附件《2011 年民用核安全设备焊工焊接操作工资格管理工作第二次会议》（报批稿）（以下简称《大连会议纪要》）。

除了以上文件外，国家核安全局还发出了一系列选定考核中心、发布聘用单位代号、颁发焊工理论考试编号和颁发焊工资质证书等管理文件。比如：

（1）国核安办（2009）100 号——关于印发民用核安全设备焊工焊接操作工聘用单位代号申请备案的通知。

（2）国核安办（2009）119 号——关于发布民用核安全设备焊工焊接操作工基本理论知识考试合格编号的通知。

（3）国核安发 [2010] 10 号——关于选定民用核安全设备焊工焊接操作工资格考核中心的通知。

（4）国核安发 [2010] 27 号——关于选用中国核工业第二四建设有限公司等五家民用核安全设备焊工焊接操作工资格考核中心的通知。

（5）国核安发 [2010] 95 号——关于颁发中国核工业第二三建设有限公司等单位民用核安全设备焊工焊接操作工资格考核资格证书的通知。

（6）国核安函 [2010] 150 号——关于同意中国核工业华兴建设有限公司和中国核工业第二二建设有限公司民用核安全设备焊工焊接操作工考核中心扩大考试范围的复函。

（7）国核安函 [2010] 171 号——关于同意中国核工业华兴建设有限公司民用核安全设备焊工焊接操作工考核中心增加焊工项目考试范围的复函。

（8）国核安发（2010）185 号——关于印发核安全相关人员执业单位代号的通知。

（三）焊工资质管理工作文件

焊工资质管理工作文件是由国家核安全局管理文件发布的，目前仍在执行的技术性文件主要有以下几个：

（1）国核安办 [2008] 176 号文附件一——民用核安全设备焊工焊接操作工考核中心申报条件。简称《考核中心申报条件》。

（2）国核安办 [2008] 176 号文附件三——《民用核安全设备焊工焊接操作工考核中心申请指南》。简称《考核中心申请指南》。

（3）国核安发 [2010] 28 号文附件一——《民用核安全设备焊工焊接操作工资格管理程序》。简称《焊工资质管理程序》。

（4）《民用核安全设备焊工焊接操作工资格管理程序》附件一——《焊工理论考试程序》。

（5）《民用核安全设备焊工焊接操作工资格管理程序》附件二——《焊工项目考试程序》。

（6）国核安发 [2010] 28 号文附件二——《焊工项目考试质量保证补充要求》。简称《焊工项目考试质保要求》。

（7）国核安发 [2010] 28 号文附件三——《焊工项目考试合格项目代号编制方法及其适用范围》。简称《项目代号适用范围》。

（8）国核安函 [2010] 71 号文——《关于明确民用核安全设备焊工焊接操作工若干管理要求的通知》。简称《稻香湖会议纪要》。

（9）国核安函 [2010] 148 号文附件——《民用核安全设备焊工焊接操作工资格管理工作会议纪要》。简称《北七家会议纪要》。

（10）国核安函 [2011] 53 号文附件——《2011 年民用核安全设备焊工焊接操作工资格管理工作会议纪要》。简称《厦门会议纪要》。

（11）国核安函 [2011] 126 号文附件——《关于印发'2011 年民用核安全设备焊工焊接操作工资格管理工作第二次会议会议纪要'的函》）。简称《大连会议纪要》。

到 2011 年 8 月，以上 11 个焊工资质管理工作文件与 HAF603 和《核电厂质量保证安全规定》（HAF003）一同构成了焊工资质管理法规文件。

四、焊工资质管理范围

HAF603 规定：**"从事民用核安全设备焊接活动的焊工焊接操作工依据本规定参加考核并取得资格证书后，方可从事民用核安全设备焊接活动。"** 可以看出 HAF603 并未给出可以操作的民用核安全设备焊接活动的范围。

国核安发［2010］28 号文附件一《民用核安全设备焊工焊接操作工资格管理程序》（焊工资质管理程序）指出："民用核安全设备焊接活动指持有国家核安全局颁发的核安全许可证件方可进行的核安全机械设备活动中的焊接活动（钎焊除外）。"

国核安函［2010］71 号文《关于明确民用核安全设备焊工焊接操作工若干管理要求的通知》（稻香湖会议纪要）指出："民用核安全电气设备活动中焊接活动为流量计、电动机、电气贯穿件和应急柴油发电机组中的机械结构或密封焊接。"

国核安函［2010］148 号文附件《民用核安全设备焊工焊接操作工资格管理工作会议纪要》（北七家会议纪要）指出："在境内参加为境内民用核设施进行的核安全设备焊接活动的焊工焊接操作工，都应按民用核安全设备焊工焊接操作工进行管理。"

以上 3 个文件基本上界定了民用核安全设备焊接活动及其管理工作的范围。

五、焊工资质管理中的考试

HAF603 对焊工资质管理中的考试有以下规定：

"第八条　焊工、焊接操作工考试包括理论知识考试和操作技能考试。

"第九条　焊工、焊接操作工理论知识考试包括基本理论知识考试和专项理论知识考试。

"拟从事基本理论知识未包括的特殊焊接方法和母材种类的焊接活动的焊工、焊接操作工，在参加操作技能考试前，还应当通过专项理论知识考试。"

"第十二条　考核中心应当根据焊接方法、试件形式、母材类别、焊接材料、焊缝形式、焊接位置、试件规格尺寸、焊接要素（衬垫、单面焊、双面焊）等，确定焊工、焊接操作工操作技能考试项目。"

由于 HAF603 的几个附件对焊工、焊接操作工操作技能考试项目规定得较为复杂，有不明确的地方。为了规范焊工资质管理中的考试，《焊工资质管理程序》将焊工考核中的考试分为焊工理论考试和焊工项目考试：

（1）焊工理论考试为民用核安全设备焊工、焊接操作工基本理论知识考试。

（2）焊工项目考试为民用核安全设备焊工、焊接操作工专项理论考试和操作技能考试。

其中，焊工项目考试包括普通焊工项目考试、焊工专项考试和专用焊工项目考试。

焊工专项考试是指由于 HAF603 的特殊规定而进行的项目考试，其包括 X 类专项考试、Y 类专项考试和 Z 类专项考试：

（1）X 类专项考试为 HAF603 附件 1 表 1 中未列的特殊焊接方法以及 HAF603 附件 1 表 2 中未列母材和所列Ⅸ类母材的特种金属焊接活动为 X 类专项焊接。与此相关的焊工项目考试称为 X 类专项考试。

X类专项考试的特点是参加X类专项考试的焊工、焊接操作工，在参加操作技能考试前，还应参加专项理论知识考试，并成绩合格。

（2）Y类专项考试为由于焊接设备的原因，不宜在考核中心或考核中心申请单位内进行操作技能考试的焊接活动为Y类专项焊接。与此相关的焊工项目考试称为Y类专项考试。

Y类专项考试的特点是该考试的适用范围，就是特指的设备型号。

《大连会议纪要》进一步规定："考核中心应尽量减少Y类考试数量。Y类考试应限制在专用考试和所有考核中心均无法进行的项目代号的考试。"

（3）Z类专项考试为HAF603附件3中规定的焊接活动为Z类专项焊接。与此相关的焊工项目考试称为Z类专项考试。

Z类专项考试的特点是该考试的考试要求较为具体和复杂。

（4）专用焊工项目考试是指考试适用范围与焊接工艺评定有关的考试。

根据焊接活动的需要，聘用单位可针对特定焊接工艺评定申请进行专用焊工项目考试。专用焊工项目考试适用范围要兼顾焊接工艺评定适用范围和焊工项目考试适用范围。

第二节 焊工资质管理工作的主要内容

焊工资质管理工作是民用核安全设备焊工、焊接操作工资格管理工作的简称，其包括焊工考核和焊工管理。焊工考核由国家核安全局负责，焊工考核中心负责具体实施，华北核与辐射安全监督站实施监督；焊工管理由聘用单位负责，国家核安全局委托地区核与辐射安全监督站进行监督。焊工管理是保证焊接活动质量的基础，焊工考核以及焊工管理的监督工作是保持焊工管理水平的必要保证。焊工考核和焊工管理工作相辅相成，不能截然分开。

焊工考核工作主要有焊工考核中心选定、确定焊工理论考试题库、确定焊工理论考试年度计划、报考焊工资格审查、焊工理论考试、焊工项目考试以及颁发焊工资格证书等。

焊工管理工作主要有焊工的选拔、培训和档案管理、聘用单位代号备案、焊工考核报名、焊工焊接活动管理和连续操作记录报告等。

从时间的先后顺序讲，焊工资质管理工作大体分为以下一些步骤。

一、焊工的选拔、培训和档案管理

聘用单位对焊工、焊接操作工的选拔、培训和档案管理，《焊工资质管理程序》中规定：

"聘用单位要从本单位选择技术优秀的焊工、焊接操作工进行核安全文化教育和相应的培训，加强质量和核安全意识的培养，掌握焊接基本理论知识和操作技能，不断提高业务水平。"

"聘用单位要针对每一位核安全设备焊工、焊接操作工建立档案，保存核安全设备焊工、焊接操作工所有学历、操作、培训、考核和奖惩记录。"

二、焊工考核中心选定

HAF603中对考核中心的要求是：

"（一）建立了健全的焊工、焊接操作工考核质量保证体系，具有完善的考核和管理制

度、考试细则、满足考试要求的焊接工艺规程和专项理论知识考试题库等;

"(二) 具有 5 年以上的核级焊工、焊接操作工考核业绩，且考核焊工、焊接操作工不少于 300 人次;

"(三) 具有与拟从事的焊工、焊接操作工考核活动相适应的场地，包括技能操作考试场地（至少 20 个工位）、理论考试教室、钢材库或者试件库、焊材库、检验场地、档案库或者资料库等;

"(四) 具有与拟从事的焊工、焊接操作工考核活动相适应的设备，包括焊接设备、焊条和焊剂烘干设备、试件和试样制作设备、理化检验和无损检验设备、热处理设备及测量工具等;

"(五) 人员组成至少包括：工程师职称以上的专职焊接专业技术人员 3 名，专职核 II 级以上表面和体积无损检验人员各 1 名;

"(六) 具备组织焊工、焊接操作工考试和管理焊工、焊接操作工焊接档案的能力。"

可以看出 HAF603 的规定较为笼统。为了将焊工考核中心的选定工作做得规范和系统，2008 年 10 月 20 日国家核安全局发布了《关于申报民用核安全设备焊工焊接操作工考核中心的通知》（国核安办〔2008〕176 号）和一系列文件规定了焊工考核中心的具体条件。

总结起来，国核安办〔2008〕176 号可以归纳为以下几条:

根据自愿原则，各民用核安全设备许可证的持证单位可作为申请单位组建焊工项目考试中心。考核中心申请单位应具备以下条件:

（1）考核中心申请单位软硬件条件应满足国核安办〔2008〕176 号文附件一《民用核安全设备焊工焊接操作工考核中心申报条件》。

（2）考核中心申请单位应根据国核安办〔2008〕176 号文附件三《民用核安全设备焊工焊接操作工考核中心申请指南》编写焊工考核中心申请文件。

（3）考核中心申请单位能根据《民用核安全设备焊工焊接操作工资格管理程序》附件一《焊工理论考试程序》组织焊工理论考试。

（4）考核中心申请单位能根据国核安发〔2010〕28 号文附件二《焊工项目考试质量保证补充要求》建立健全焊工项目考试质量保证体系。

（5）考核中心申请单位能通过模拟考试证明能根据《民用核安全设备焊工焊接操作工资格管理程序》附件二《焊工项目考试程序》组织焊工项目考试。

2010 年，国核安发〔2010〕10 号和国核安发〔2010〕27 号文共选定了 13 家核安全设备活动单位为考核中心申请单位。

三、聘用单位代号备案

拟选派民用核安全设备焊工、焊接操作工参加焊工考核的聘用单位，应根据《焊工资质管理程序》中规定，进行聘用单位代号备案。

《焊工资质管理程序》文中规定:

"焊工、焊接操作工的聘用单位应为持有民用核安全许可证的中华人民共和国境内单位。在特殊情况下，聘用单位可为国家核安全局已经受理其核安全许可证申请的中华人民共和国境内单位。

"凡拟推荐焊工、焊接操作工参加焊工理论考试的聘用单位应在焊工理论考试开始前一个月，以单位公文形式向国家核安全局提交聘用单位代号申请备案。聘用单位代号为：代表聘用单位的三位英文字母。

"申请备案公文应包括建议聘用单位代号、聘用单位法定代表人姓名、聘用单位联系人、聘用单位联系方式、国家核安全局颁发核安全许可证或受理核安全许可证申请的通知公文复印件以及所持有的核安全许可证复印件。

"建议聘用单位代号若与已有的聘用单位代号重复的，国家核安全局将与聘用单位协商确定其代号，并予以备案。"

2010 年 11 月 19 日国家核安全局发出国核安发（2010）185 号文《关于印发核安全相关人员执业单位代号的通知》对 250 家核安全相关人员执业单位代号进行了备案。

国核安发（2010）185 号文中规定：

"核安全相关人员执业单位作为民用核反应堆营运单位、注册核安全工程师执业单位、民用核安全设备焊工、焊接操作工聘用单位和民用核安全设备无损检验人员聘用单位负责相关人员的招聘、培训、推荐参加考核、授权和工作及其档案管理，并对其核安全相关行为承担全面责任。"

也就是说，民用核安全设备焊工、焊接操作工聘用单位也可称为核安全相关人员执业单位。

2011 年 8 月 2 日，国家核安全局发布了《关于公布 2011 年注册核安全工程师确认注册信息及相关事项的通知》（国核安函〔2011〕108 号），文中以附件形式公布了《第二批核安全相关人员执业单位名单》，共 72 家。

到 2011 年 8 月，共有 322 家单位可为民用核安全设备焊工、焊接操作工聘用单位。

四、焊工理论考试年度计划和焊工理论考试题库

每年国家核安全局组织召开焊工资质管理工作会议，确定下一年度的焊工理论考试计划，并修订和公开发布焊工理论考试题库。

2011 年 8 月的 2011 年民用核安全设备焊工焊接操作工资格管理工作第二次会议确定了 2012 年理论考试计划。国核安函〔2011〕125 号文发布了更新的焊工理论考试题库。

五、焊工考核报名

HAF603 第七条规定：

"拟从事民用核安全设备焊接活动的焊工、焊接操作工，应当向考核中心提出考试申请。申请考试的焊工、焊接操作工应当具备下列条件：

"（一）具有初中或者初中以上学历；

"（二）身体健康；

"（三）有能力按照焊接工艺规程进行操作；

"（四）有能力独立担任焊接工作。"

《焊工资质管理程序》对焊工考核报名进行了具体规定：

"聘用单位应根据本单位民用核安全设备焊接活动的需要，确定能够满足民用核安全设备焊接活动的持证焊工数量和资格证书适用范围要求，推荐焊工、焊接操作工参加焊工考核。

"焊工、焊接操作工根据焊工理论考试年度计划向考核中心报名参加焊工理论考试。聘用单位签署推荐意见。考核中心负责审查报名参考焊工资格。

"报名参加焊工理论考试的即为报名参加焊工考核。"

《焊工理论考试程序》中进一步细化了焊工考核报名的流程。其中规定聘用单位推荐焊工、焊接操作工参加焊工考核意味着聘用单位认为焊工、焊接操作工身体健康，有能力按照焊接工艺规程进行操作且有能力独立担任焊接工作。

为了进一步加强管理，国核安函〔2010〕148号文附件《民用核安全设备焊工焊接操作工资格管理工作会议纪要》中指出："首次参加焊工理论考试的焊工、焊接操作工，必须出示初中或以上学历毕业证书原件。"

《大连会议纪要》规定：

"5. 对于参考焊工出具职业病鉴定机构体检证明的，证明中应明确给出检查项目和鉴定结论。

"6. 对参考焊工出具医院提供的体检证明的，要求医院为二级或县级以上。体检项目原则上应包括以下内容：

"普测：身高、体重、血压、左眼矫正视力、右眼矫正视力。

"内科：脉率、心脏、肺、腹部、肝、胆、脾、甲状腺、浅表淋巴结。

"外科：皮肤、跟腱反应、肌力、肌张力、共济运动、病理反射。

"五官科：外眼、耳、鼻、口腔、咽部。

"血常规、尿常规、生化项目、免疫项目、心电图、肺功能、纯音测听、胸透等。

"因医院能力不足不能完成个别体检项目的，由医院出具相应证明。

"7. 体检证明有效期为一年。"

六、焊工理论考试

焊工考核中心根据《焊工理论考试程序》实施焊工理论考试。

焊工考核中心申请单位负责国家核安全局和华北监督站分别报送《焊工理论考试计划》。华北监督站根据监督大纲和计划，现场从题库中抽取试题，交考核中心组织考试，并对考试和阅卷过程进行监督。

对于焊工理论考试过程，《厦门会议纪要》规定："对于焊工理论考试，参考人员入场后到开始前，允许相关人员在考核中心人员的陪同下观摩。考试开始后，考场内只能有考核中心及其申请单位的相关工作人员和国家核安全局监督人员。"

考试结束后，焊工考核中心申请单位负责向国家核安全局和华北监督站分别报送《焊工理论考试评定报告》；华北监督站向国家核安全局报送监督报告。国家核安全局根据各个报告发文通知聘用单位理论考试合格焊工名单及其焊工理论考试合格编号。焊工理论考试合格编号对于一个焊工在聘用单位期间有效。

基本理论知识考试合格编号为：L＋聘用单位代号＋三位流水号（"＋"意为不空格）。

基本理论知识考试合格编号的发文日期，即为焊工资质证书有效期的起点，每三年换发一次焊工资质证书。

HAF603第二十三条规定：

"民用核安全设备焊工、焊接操作工不得同时在两个以上单位中执业。

"持证焊工、焊接操作工变更聘用单位的，应当由聘用单位向考核中心提出资格证书变更申请，同时应当提供原聘用单位的意见，经国务院核安全监管部门审查同意后更换新的资格证书。更新后的证书有效期适用原证书的有效期。"

根据以上规定，基本理论知识考试合格编号为每位焊工、焊接操作工在某个聘用单位的唯一编号。焊工、焊接操作工变换聘用单位时，基本理论知识考试合格编号随之变化。

2011 年后，陆续有一些取得了焊工理论考试合格编号的人员的焊工理论考试有效期到期，重新进行了焊工理论考试。《大连会议纪要》规定：

"为进行区别，公布换证焊工基本理论知识考试合格编号时，在原焊工理论考试合格编号加注两位年份代号。

"换发的民用核安全设备焊工、焊接操作工资质证书编号为原证书编号加注两位年份代号。"

七、焊工项目考试报名与准备

对于焊工理论考试合格且取得焊工理论考试合格编号的焊工、焊接操作工，由聘用单位向国家核安全局选定的焊工考核中心报名参加焊工项目考试。

聘用单位负责根据焊接活动的需求以及 HAF603 和《项目代号适用范围》提出焊工项目考试申请项目代号。对于专用焊工项目考试，聘用单位还应提供焊接工艺评定报告。

焊工考核中心根据《焊工项目考试程序》进行焊工项目考试的准备工作。

在《焊工项目考试程序》中规定了四十项考核中心必须做好的焊工项目考试重要工作。

考核中心在进行考试用母材和焊材质量确认【重要工作编号：7B】之前 10 个工作日，根据考核中心的情况和聘用单位提出的焊工项目考试申请项目代号确定考试项目代号，并向国家核安全局上报《焊工项目考试计划》，抄送华北监督站。华北监督站负责制订监督计划，并在考试开始两个工作日前发文通知考核中心。

八、《考试用焊接工艺规程》与支持其的焊接工艺评定

HAF603 第十三规定："（三）焊工、焊接操作工应当按照评定合格的焊接工艺规程焊接考试试件。"

为了落实这条规定，《焊工项目考试程序》中规定了三项焊工项目考试重要工作：

"（3）进行或确认焊接工艺评定【重要工作编号：2A】

"［工作内容］对于每个考试项目，应使用适用的工艺评定作为编制《考试用焊接工艺规程》的支持，并确认其适用性。若没有适用的工艺评定的，可根据 HAF603 进行焊接工艺评定。

"［管理要求］适用的工艺评定应满足以下几点：

"（1）采用国家核安全局批准的在建核电厂所采用的标准；

"（2）适用范围能覆盖操作技能考试；

"（3）在申请单位、聘用单位或考点所在单位应为有效状态。

"在没有适用的工艺评定的情况下，申请单位可能会考虑焊工项目考试的具体情况，根据 HAF603 有关要求实施的焊接工艺评定作为考试用工艺规程的支持。此时，焊工项目考试的合格项目代号应与所做焊接工艺评定一致，且能适用于聘用单位提出的合格项目代号，

并征得聘用单位的同意。

"（4）编制《考试用焊接工艺规程》【重要工作编号：2B】

"（5）验证《考试用焊接工艺规程》【重要工作编号：2C】

"［工作内容］对于不能判定支持考试用工艺规程的焊接工艺评定的检验方法满足HAF603 的要求时，应用实验验证考试用焊接工艺规程是否满足 HAF603 的要求。"

［管理要求］对于可能出现的特殊情况，考核中心应将解决方案报国家核安全局批准后，方能进行考试。"

对这几项重要工作，应明确以下几点：

（1）《考试用焊接工艺规程》是进行焊工项目考试时所使用的焊接工艺规程。为了进一步加强管理，国核安函［2010］71 号文《关于明确民用核安全设备焊工焊接操作工若干管理要求的通知》给出了《考试用焊工工艺规程基本内容与格式》。

（2）与其他焊接工艺规程一样，《考试用焊接工艺规程》也应有适用的焊接工艺评定进行支持，《焊工项目考试程序》明确给出了适用的焊接工艺评定的定义。为了进一步加强管理，国核安函［2010］148 号文附件《民用核安全设备焊工焊接操作工资格管理工作会议纪要》给出了《焊工项目考试工艺评定确认记录表》。

（3）对于没有适用的焊接工艺评定的，考核中心可根据 HAF603 特别是 HAF603 附件二《考试试件的检验要求》的要求进行焊接工艺评定。

（4）对于不能判定支持考试用工艺规程的焊接工艺评定的检验方法满足 HAF603 的，应用实验验证考试用焊接工艺规程是否满足 HAF603 的要求。

在实际工作中，可能会出现焊工项目考试与支持考试用工艺规程的焊接工艺评定同时进行的情况。

为此，国核安函［2010］148 号文附件《民用核安全设备焊工焊接操作工资格管理工作会议纪要》第十条指出：

"在特殊情况下，焊接工艺评定可与焊工项目考试同时进行。但应满足如下要求：

"（一）应当由焊工考核中心申请单位单独上报项目考试计划，并明确参考焊工姓名、焊工聘用单位、同时进行的原因、焊接工艺评定所依据标准等，经国家核安全局批准后进行。

"（二）考核中心申请单位在上报焊工项目考试评定报告时，应同时上报焊接工艺评定报告。

"（三）工艺评定达不到所依据标准的要求时，焊工项目考试也为不合格。"

对这种情况，应对焊工考试的相关程序进行修改。要将"进行或确认焊接工艺评定"【重要工作编号：2A】工作移至"焊工项目考试评定报告编制"【重要工作编号：20】之前进行。

九、焊工项目考试实施

考核中心《焊工项目考试程序》的规定，以及根据国家核安全局批准的《焊工项目考试质量保证分大纲》和相应的程序实施焊工项目考试重要工作和其他工作。

考试完成后，向国家核安全局上报《焊工项目考试评定报告》，并抄送华北监督站。

华北监督站依据监督大纲和监督计划进行监督。

《厦门会议纪要》进一步规定：

"**2. 考核中心应保证按相关要求及时上报考试计划、考试评定报告及相关备案文件。相关备案文件应与考试计划同时上报，对于上报考试计划不足时限要求的，应将考试时间顺延。**"

Y 类的情况较为复杂，经过近一年的摸索，《厦门会议纪要》规定：

"**1. 对于因设备原因不能在考核中心申请单位进行项目考试的，应由聘用单位向考核中心申请单位提出 Y 类项目考试申请。考核中心应要求聘用单位根据考核中心的相关要求完成聘用单位承担的焊工考试重要工作。**

"**2. Y 类项目考试质量由考核中心申请单位负责。考试主考人应由考核中心人员担任，质保人员应由考核中心质量总监指定考核中心申请单位人员担任。Y 类项目考试其他考试相关负责人可由聘用单位人员担任，但须经考核中心质量总监同意。**

"**3. Y 类项目考试中只有'焊工项目考试实施'中的'考试用母材和焊材的确认'【重要工作编号：7B】，'考前检查'【重要工作编号：9】和'考试试样检测委托'【重要工作编号：15】以外的重要工作可委托聘用单位进行。'焊工项目考试准备'，'焊工项目考试结果评定'中的重要工作均应由考核中心申请单位负责实施。**

"**4. 由考核中心申请单位负责编写 Y 类项目考试申请文件，以考核中心申请单位公文形式向国家核安全局提出 Y 类项目考试申请；Y 类项目考试申请文件应说明考核中心进行 Y 类项目考试的基本情况，描述所有重要工作，并上报只用于 Y 类考试的程序。**

"**5. 考核中心应在考试前 20 个工作日内将 Y 类考试的准备情况，质量计划和考试计划上报国家核安全局与华北监督站。**

"**6. 考核中心应在上报考试计划前，对由聘用单位进行的重要工作的相关程序进行审查。必要时，进行现场核查。**"

十、焊工项目考试档案

根据《焊工项目考试程序》，焊工考核中心负责保存各项记录、报告、考试录像、专项理论知识考试试卷、焊工项目考试试件的剩余材料、焊工项目考试理化试样及射线检验底片。

其中，考试录像、专项理论知识考试试卷、焊工项目考试试件的残样、焊工项目考试理化试样及射线检验底片为短存档案，应保存至焊工资格正式生效为止。

其他档案保存期为 5 年。

根据检查中发现的档案管理的相关问题，《厦门会议纪要》规定："**考核中心应分别明确短存档案和长存档案的管理要求，并建立相应制度。**"

十一、焊工资格证书的颁发

《北七家会议纪要》和《厦门会议纪要》分两次确定了焊工资质证书颁发的程序，主要内容有：

（1）焊工资质证书由国家核安全局颁发。在焊工资格证书的首页加印批，焊工资格证书有效期为焊工理论考试合格编号发放日期的后三年。

（2）考核中心发放合格项目附页，合格项目附页应有合格项目代号适用范围，并加盖考核中心或考核中心依托单位公章。对于持有有效焊工资质证书的焊工，由考核中心在焊工项目考试评定报告生成后，发放合格项目附页，并加盖考核中心或考核中心依托单位公章。

（3）焊工资格证书的合格项目附页应加印华北监督站项目考试监督报告编号，项目生效日期为华北监督站项目考试监督报告批准日期。

（4）考核中心负责焊工资格证书的打印工作。焊工资格证书的首页和附页均不得做任何修改。确实打印错误的，考核中心负责携带原始证书到华北监督站办理注销和换证手续。

（5）考核中心使用虚假信息办理资格证书的，暂停考核中心考试资格。情节严重的，取消考核中心的选定资格。

十二、持证焊工资格管理

持证焊工是持有民用核安全设备焊工、焊接操作工资格证书的焊工、焊接操作工的简称。

聘用单位应负责对于持证焊工的管理。对于持证焊工管理，《焊工资质管理程序》明确要求的是档案管理、上岗管理和上报连续操作记录。

《焊工资质管理程序》除了要求建立档案，保存核安全设备焊工、焊接操作工所有学历、操作、培训、考核和奖惩记录外，还提出具体的管理要求：

"聘用单位要采取措施并制定焊工管理程序，满足如下要求：

"1. 保证持证焊工、焊接操作工的焊接活动不超出焊工项目考试合格项目代号适用范围。

"2. 在核安全设备焊接活动中，制定判断焊工、焊接操作工实际工作能力的指标，对持证焊工、焊接操作工进行焊接质量评价管理，对不能胜任相应的焊接活动的，应重新培训考核或调离该岗位。

"3. 保存完整的持证焊工、焊接操作工连续操作记录资料，并进行动态管理。

"4. 在持证焊工、焊接操作工资格证书适用范围失效 5 个工作日前通知内部各相关部门，防止焊工、焊接操作工无证操作。

"持证焊工违反操作规程，导致严重焊接质量问题的，聘用单位应及时上报国家核安全局。"

十三、连续操作记录管理

HAF603 的第二十五条规定：

"连续中断焊接工作超过 3 个月的，焊工、焊接操作工所持资格证书自动失效。

"连续中断考试合格项目对应的焊接工作超过 6 个月的，焊工、焊接操作工所持资格证书中的相应考试项目的合格记录自动失效。"

可以看出焊工的连续操作对持证焊工是十分重要的。国家核安全局将连续操作记录的管理作为持证管理的一个重要环节。《民用核安全设备焊工焊接操作工资格管理程序》给出了具体的规定：

"聘用单位应按照 HAF603 和《焊工项目考试合格项目代号编制方法及其适用范围》的规定给出焊接活动的等效项目代号。等效项目代号应与焊工所持合格项目附页中的项目代号相互适用。

"聘用单位每三个月向国家核安全局书面报送连续操作记录，并抄送国家核安全局监督

单位。

"对于焊工、焊接操作工在有效期内未能从事核安全设备焊接活动而从事非核安全设备活动的，还应以附件形式给出焊工、焊接操作工所持有资格证书的颁发单位、证书复印件、进行该项活动所依据的合格项目编号，以及各代号的含义及其适用范围。

"对于采用试件焊接作为焊工、焊接操作工连续操作记录的，应在第一次试件焊接前三个月向国家核安全局报送相关管理程序，程序中应当明确为保证焊接试件作为连续操作记录有效性的具体措施，经国家核安全局批准后按该程序执行。"

经过实践和讨论，《北七家会议纪要》规定：

"对拟采用替代试件焊接作为焊工连续操作记录的，焊工聘用单位应将替代试件的焊接纳入本单位核安全设备焊接活动核安全质量保证体系。

"焊工聘用单位应指派熟悉 HAF603 以及国家核安全局相关管理文件和相关标准的焊接工程师以上人员负责该项工作。该人员应根据焊工项目考试合格项目确定替代试件的制造技术条件，确认支持焊接工艺规程的焊接工艺评定，编制或确认焊接工艺规程。

"必要时，聘用单位可将替代试件的焊接纳入焊工项目考试质量保证体系。但不必向国家核安全局报送相应文件。

"替代试件应根据 HAF603 的要求进行外观检验和无损检验。破坏性检验可以用体积检验代替。

"对于连续操作记录等效项目范围与所持合格项目范围不能相互适用的，该合格项目代号应做降级处理。聘用单位应向原考核中心申请新的合格项目代号，该项目代号的有效期应为原项目代号的有效期。考核中心应在发放新的合格项目代号附页后的一周内，向国家核安全局进行备案。"

综合以上 3 个文件对焊工连续操作记录的规定，我们可以归纳出以下几点：

（1）聘用单位每 3 个月向国家核安全局书面报送连续操作记录，并抄送华北监督站。对于一个持证焊工，如果 3 个月没有连续操作记录，其焊工资格证书自动失效；对于一个合格项目，如果 6 个月没有连续操作记录，此项目自动失效。

（2）对于连续操作记录所涉及的持证焊工进行的焊接活动，聘用单位应按照 HAF603 和《焊工项目考试合格项目代号编制方法及其适用范围》的规定给出焊接活动的等效项目代号。等效项目代号应与焊工所持合格项目附页中的项目代号相互适用。

（3）对于连续操作记录等效项目范围与所持合格项目范围不能相互适用的，该合格项目代号应做降级处理。

（4）对于焊工、焊接操作工在有效期内未能从事核安全设备焊接活动而从事非核安全设备活动的，可以用所从事的非核安全设备焊接活动替代连续操作记录，但除了要遵守以上各项要求外，还应以附件形式给出焊工、焊接操作工所持有资格证书的颁发单位、证书复印件、进行该项活动所依据的合格项目编号，以及各代号的含义及其适用范围。

（5）对拟采用替代试件焊接作为焊工连续操作记录的，焊工聘用单位应将替代试件的焊接纳入本单位核安全设备活动核安全质量保证体系。

（6）如果聘用单位为焊工考核中心申请单位，可将替代试件的焊接纳入焊工项目考试质量保证体系。

第三节　焊工项目技能变素与项目代号

一、法规文件规定

（一）焊工项目考试中的技能变素

HAF603 第十二条规定：

"考核中心应当根据焊接方法、试件形式、母材类别、焊接材料、焊缝形式、焊接位置、试件规格尺寸、焊接要素（衬垫、单面焊、双面焊）等，确定焊工、焊接操作工操作技能考试项目。"

HAF603 第二十六条规定：

"考试评定报告和焊工、焊接操作工资格证书中操作技能考试的合格项目应当用代号表示。代号的组合顺序为焊接方法分类号、试件形式代号、焊缝形式代号、母材类别号、焊接材料、试件规格尺寸、焊接位置代号、焊接要素分类号。"

HAF603 附件一《操作技能考试要求》是按焊接方法、母材类别、试件形式、焊缝形式、焊接位置、焊缝金属厚度和管材外径、焊接材料、试件规格尺寸、焊接要素等 9 个部分编排的。

为了说明问题，国核安发［2010］28 号文附件三《焊工项目考试合格项目代号编制方法及其适用范围》提出了技能变素的概念，规定：

"与焊接活动有关，其变化会影响焊工项目考试结果适用性的近似因素或参数的综合叫做技能变素，在 HAF603 中简称变素。为了便于管理，HAF603 将技能变素归纳为八个类别：焊接方法、试件形式、焊缝形式、母材类别、焊接材料、焊缝金属厚度与管材外径、焊接位置和焊接要素。"

随着焊工资质管理的深入，针对焊工项目考试中发现的问题。国核安函［2010］71 号文中《关于明确民用核安全设备焊工焊接操作工若干管理要求的通知》进一步规定：

"三、鉴于焊接技术的发展，将 HWS、HWZ 分别指为手工非熔化极气体保护焊和自动非熔化极气体保护焊。"

"四、暂不将保护气体种类列入技能变素。"

其中，第三条是将焊接活动自动化程度这个重要技能变素与焊接方法有关技能变素合并称为焊接方法技能变素。也就是对于焊工有焊工专用的焊接方法代号，对焊接操作工有焊接操作工专用的焊接方法代号。

第四条明确了暂不将保护气体种类列入技能变素。

（二）焊工项目考试合格项目代号

HAF603 第十九条规定：

"民用核安全设备焊工、焊接操作工只能从事考试合格项目对应范围内的焊接活动。"

HAF603 第二十六条规定：

"考试评定报告和焊工、焊接操作工资格证书中操作技能考试的合格项目应当用代号表示。"

可以看出，焊工项目考试合格项目代号（可以简称项目代号）在焊工资质管理中的作用十分重要。焊工资质管理的技术管理工作绝大多数与焊工项目考试合格项目代号有关。因此，国家核安全局针对项目代号编制了一个专门的管理工作文件即国核安发〔2010〕28号文附件三《焊工项目考试合格项目代号编制方法及其适用范围》。这个管理工作文件与HAF603的3个附件，以及随后的一些技术见解共同使用确定了项目代号的编制方法和适用原则。

特别重要的有以下几点：

（1）焊工项目考试合格项目代号分为普通焊工项目考试项目代号，焊工专项考试项目代号和专用焊工项目考试项目代号。其中，普通焊工项目考试项目代号是基础。

（2）普通焊工项目考试项目代号由八组变素代号或变量组成，各变素之间用空格隔开。

（3）各变素组合顺序为焊接方法代号（HAF603附件1.1）、试件形式代号（HAF603附件1.3）、焊缝形式代号（HAF603附件1.4）、母材分类代号（HAF603附件1.2）、焊接材料代号（HAF603附件1.7）、焊接相关尺寸（焊缝金属厚度与管材外径，HAF603附件1.6）、焊接位置代号（HAF603附件1.5）、焊接要素代号（HAF603附件1.9）。

（4）对于项目代号，在变素代号和变量适用范围外的情况均为不适用。除特别声明外，变素代号或变量缺省意为全适用。

（5）项目代号中变素代号只能选择本文规定的代号。对于需要增加变素代号的，应由聘用单位提出增加的理由，并向国家核安全局提出命名建议，由国家核安全局确认后，统一使用。

（6）国家核安全局也可能根据焊工资质管理的需要，增加变素代号。

总结起来，项目代号可以分为以下几种：

申请项目代号——聘用单位为参考焊工向焊工考核中心报名参加焊工项目考试时，提出的项目代号；

考试项目代号——焊工考核中心根据申请项目代号和考核中心的实际情况确定，并在《焊工项目考试计划》中上报给国家核安全局中的项目代号；

合格项目代号——焊工考核中心实施完成焊工项目考试后确定，并在《焊工项目考试评定报告》中上报给国家核安全局中的项目代号。在一般情况下，考试项目代号与合格项目代号应是一致的，在焊工资格证书上也使用合格项目代号。没有特别声明，项目代号只是指合格项目代号；

等效项目代号——在上报连续操作记录时，聘用单位按照相关规定给出焊接活动的项目代号。

（三）项目代号适用范围表

为了便于管理，对于每一个焊工项目考试合格项目代号，要求考核中心根据HAF603、《项目代号适用范围》以及焊工资质管理技术见解，编制项目代号适用范围表，作为焊工项目考试合格项目代号的组成部分。原则上讲，焊工项目考试合格项目代号只适用于焊工、焊接操作工所在的聘用单位。

表4-1为项目代号适用范围表的格式。

表 4 – 1　项目代号适用范围表

聘用单位名称			项目代号编号	
焊工项目考试合格项目代号				
变素	代号	含义	适用范围	
焊接方法				
试件形式				
焊缝形式				
母材类别				
焊接材料				
焊接相关尺寸				
焊接位置				
焊接要素				
专用焊工项目考试工艺评定编号				
Y 类专项考试焊机型号				
Z 类专项考试举例名称				

为便于管理，聘用单位可对每个项目代号进行编号，推荐编号原则为：H – 聘用单位代号 – 两位流水号。

二、焊接方法技能变素

在焊工资质管理中，焊接方法是一个重要的技能变素。

在选定焊工考核中心的过程中，国核安办［2008］176 号文附件一《民用核安全设备焊工焊接操作工考核中心申报条件》中要求考核中心申请单位根据《项目代号的编制和适用》，明确考核中心申请进行考试的焊接方法。考试申请范围内的焊接方法应在考核中心申请单位民用核安全设备制造、安装许可证范围之内。

考核中心要增加焊接方法的应报国家核安全局批准。比如国核安函［2010］171 号《关于同意中国核工业华兴建设有限公司民用核安全设备焊工、焊接操作工考核中心增加焊工项目考试范围的复函》，批准了中国核工业华兴建设有限公司民用核安全设备焊工、焊接操作工考核中心增加药芯焊丝自动电弧焊（HYZ）的焊工项目考试资格。

《项目考试适用范围》分别给出了焊工和焊接操作工的焊接方法代号。并规定：

• 各类焊接方法之间不能互相适用。

• 对于这个表以外的焊接方法，聘用单位应将新增的焊接方法代号报国家核安全局备案，由国家核安全局发文后统一使用。电阻焊就是国家核安全局在《项目代号适用范围》内增加的焊接方法。

• 对于采用不同焊接方法的组合考试，项目代号可以按照不同的焊接方法分别给出。例如，HWS/HD T GW Ⅵ 02/c t20（5/15）D200 PA ss nb（HAF603 附件 1 示例 6）应当分为两个项目代号：HWS T GW Ⅵ 02 t5 D200 PA ss nb 和 HD T GW Ⅵ c t15 D200 PA ss mb。

这样，焊工考试中的一个重要技能变素——焊接自动化程度，就和焊接方法变素合并在一起了（见表4-2）。《厦门会议纪要》规定："除专项考试和专用焊工考试外，焊工考试适用原则适用于焊接操作工。"

表4-2　焊接方法技能变素代号

焊接方法	代号	焊工焊接方法	代号	焊接操作工焊接方法
气焊	HQ	气焊		
焊条电弧焊	HD	焊条电弧焊		
钨极氩弧焊	HWS	手工钨极氩弧焊	HWZ	自动钨极氩弧焊
熔化极气体保护焊	HRB	半自动熔化极气体保护焊	HRZ	自动熔化极气体保护焊
等离子弧焊接	HLS	手工等离子弧焊接	HLZ	自动等离子弧焊接
药芯焊丝电弧焊	HYB	半自动药芯焊丝电弧焊	HYZ	自动药芯焊丝电弧焊
埋弧焊			HM	埋弧焊
			HJM	带极埋弧堆焊
带极电渣堆焊			HDZ	带极电渣堆焊
电子束焊			HE	电子束焊
螺柱焊			HS	螺柱焊
电阻焊			HR	电阻焊

三、与焊接接头有关的技能变素及其适用原则

（一）焊接接头

焊接接头是由两个或两个以上零件要用焊接组合或已经焊合的接点。焊接接头的质量和性能直接关系到核安全设备的质量和安全。焊接接头应是在充分考虑核安全设备工况条件、结构特点、材料特性、生产效率的前提下，由焊接工艺人员经过焊接工艺评定，选定合适的焊接方法、匹配的焊接材料和合理的规范参数，制定出产品焊接工艺，再由有合格资质的焊工或焊接操作工正确施焊而成的。

焊接接头通常是由焊缝、熔合区、热影响区3部分组成，如图4-1所示。焊缝是由焊接填充材料及部分母材熔化凝固形成的冶金组织，见图4-2，其化学成分和组织都不同于母材。熔合区又称半熔化区，是热影响区向焊缝过渡的区域，是焊缝边界上固液两相交错共存而又凝固的部分，因此其化学成分和物理性能极不均匀。热影响区是母材受热的影响（但未熔化）而发生金相组织和力学性能变化的区域。

综上所述，焊接接头是一个几何不连续、力学性能不均匀、具有较大焊接残余应力和变形的不均匀体。

一般讲焊接接头的分类有两种：一种是按焊接接头形式分类；一种是按焊接接头在核安全设备上的位置分类。

根据GB/T 3375—1994《焊接术语》规定，焊接接头主要分为对接接头、角接接头、T形接头和搭接接头4种形式。

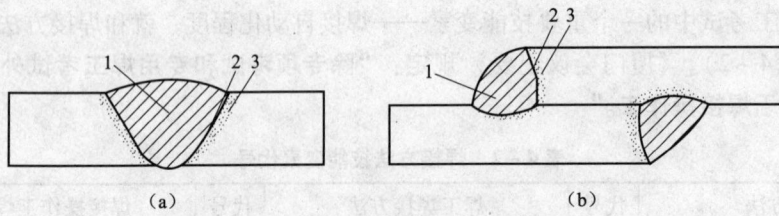

图 4 - 1　焊接头的组成

（a）对接接头；（b）搭接接头

1—焊缝；2—熔合区；3—热影响区

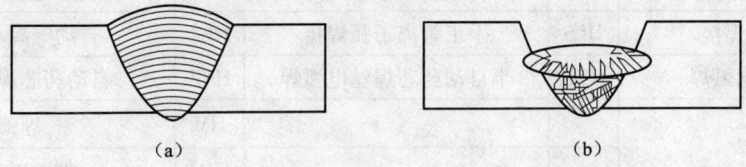

图 4 - 2　多层焊与单层焊的接头组织

（a）单层焊；（b）多层

1. 对接接头

对接接头是指两件表面构成大于或等于135°、小于或等于180°夹角的接头，见图 4 - 3。

2. 角接接头

角接接头是指两件端部构成大于30°、小于135°夹角的接头，见图 4 - 4。

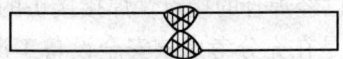

图 4 - 3　对接接头

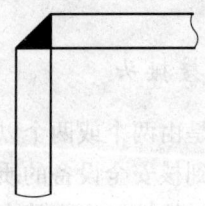

图 4 - 4　角接接头

3. T 形接头（端接接头）

T 形接头是指一件之端面与另一件表面构成直角或近似直角的接头，见图 4 - 5。

4. 搭接接头

搭接接头是指两焊件部分重叠放置或两焊件表面之间的夹角不大于30°构成的端部接头，见图 4 - 6。

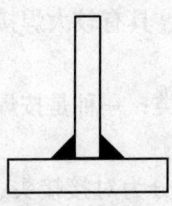

图 4 - 5　T 形接头

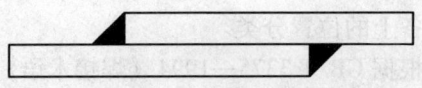

图 4 - 6　搭接接头

美国 ASME 标准将焊接接头按在设备中的位置进行了分类，对不同类型的接头，有不同的制造和检验要求，见图 4 - 7。

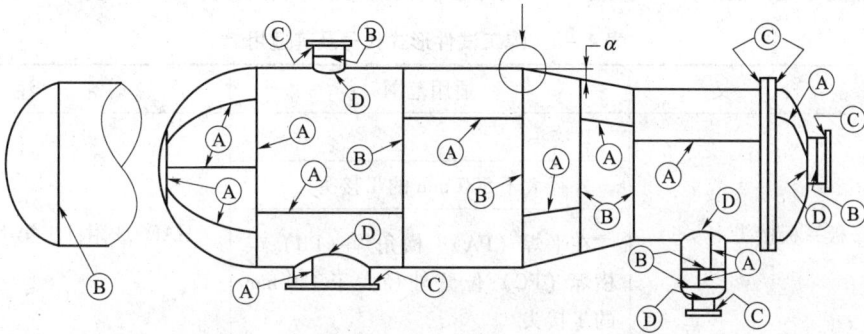

图 4 - 7 ASME 标准对焊接接头进行的分类

A 类接头包括主壳体、连通室、直径过渡段或接管上的纵向焊接接头；球体、成型封头或平或箱形容器的侧板上的任何焊接接头；半球形封头与主壳体、直径过渡段、接管或连通室相连接的环形焊接接头。

B 类接头包括主壳体、连通室、直径过渡段或接管上的环向焊接接头；包括过渡大端和过渡小端与圆筒体之间的焊接接头；半球形封头以外的成型封头与主壳体、直径过渡段、接管或连通室相连接的环向焊接接头。

C 类接头包括法兰、翻边搭环、管板和平封头与主壳体、成型封头、直径过渡段、接管或连通室上相连接的焊接接头；半球形封头以外的成型封头与主壳体、直径过渡段、接管或连通室相连接的环向焊接接头；平板容器的侧板与侧板相连接处的任何焊接接头。

D 类接头包括连通室或接管与主壳体、球体、直径过渡段、封头或平板容器相连接的焊接接头，以及接管与连通室相连的焊接接头。直径过渡段小端上的接头见 B 类接头。

在焊工资质管理中，主要有 5 个技能变素与焊接接头有关，即试件形式、焊缝形式、焊缝金属厚度与管材外径（焊接相关尺寸）、焊接位置与焊接要素。

（二）试件形式技能变素

在 HAF603 中使用试件形式一词说明焊接接头形式变化对焊工技能考核的影响，但对试件形式的分类没有明确的规定。在《项目考试适用范围》中将试件形式分成 4 类：即板 - 板接头（P 接头），管 - 管的对接接头和搭接接头（T 接头），管 - 板接管焊接（P - T 接头，P - T 接管焊接），管 - 管接管焊接（T - T 接头，T - T 接管焊接）。其中，板 - 板接头为板和板的对接接头。由于板和板的搭接接头考试没有实际意义，因此对其没有进行分类。

其中，P 接头即为 ASME 中的 A 类焊接接头，T 接头即为 ASME 中的 B 类焊接接头，P - T 接头即为 ASME 中的 C 类焊接接头，T - T 接头即为 ASME 中的 D 类焊接接头。

T - T 接头的接管焊接较为复杂。为了简化，HAF603 要求在两种情况之外，都可以属于 P - T 接头的 FW 焊缝。因此，T - T 接头的 GW 焊缝只有两种情况：

（1）两根管子的尺寸较为接近。即对全焊透接管焊缝，主管外径 D_1 与支管的外径 D_2 的比值小于 5。

（2）两根管子不垂直。即接管焊接的支管角度小于75°（主管轴线或支承板平面与支管轴线的角度）。

《项目代号适用范围》一文总结了试件形式的适用原则，见表4-3、表4-4。

表4-3　焊工试件形式代号及其适用

代号	含　义	适用范围	备　注
P	板-板接头	P接头	HAF603 附件1 第1.3.3条
		外径大于500 mm的T接头	
		在平焊（PA）、横角焊（PB）或横焊（PC）位置外径大于150 mm的T接头	
T	管-管的对接接头和搭接接头	试件外径大于25 mm的，适用于T接头和P接头	HAF603 附件1 第1.3.2条
		试件外径小于25 mm，适用T接头	
P-T	管-板接管焊接	P-T接管焊接	HAF603 附件1 第1.3.4条 为清楚表达，加入了T-T代号
T-T	管-管接管焊接	P-T接管焊接；T-T接管焊接	

表4-4　焊接操作工形式代号及其适用

代号	含　义	适用范围	备　注
P	板-板接头	P接头、T接头	HAF603 附件1 第1.6.2条
T	管-管的对接接头和搭接接头		
P-T	管-板接管焊接	P-T接管焊接	
T-T	管-管接管焊接	P-T接管焊接；T-T接管焊接	

《厦门会议纪要》规定："**P-T接管焊接项目代号适用于同样焊接位置的管外径大于或等于500 mm的T-T接管焊接。在平焊（PA）、横角焊（PB）或横焊（PC）位置的P-T接管焊接项目代号，适用于主管管外径大于或等于150 mm的T-T接管焊接。HAF603另有规定的除外。**"

（三）焊缝形式技能变素

焊缝是构成焊接接头的主体部分，不同标准对焊缝形式的分类也有所不同：
- GB/T 3375—1994《焊接术语》中焊缝主要划分为对接焊缝和角焊缝两种基本形式。
- ASME 第Ⅸ卷中焊缝主要划分为坡口焊缝和角焊缝两种基本形式。
- 在《民用核安全设备焊工焊接操作工资格管理规定》（HAF603）中焊缝形式分为坡口焊缝（包括对接焊缝和接管焊缝）、角焊缝、堆焊3种形式。

GB/T 3375—1994《焊接术语》中对接焊缝的定义是：在焊件的坡口面间或一零件的坡

口面与另一零件表面间焊接的焊缝。在 ASME 第 IX 卷中坡口焊缝的定义是：在一个或两个被焊构件之间的坡口内形成的焊缝。可见 GB/T 3375—1994《焊接术语》中对接焊缝和 ASME 第 IX 卷中坡口焊缝的定义基本是相同的。

在《民用核安全设备焊工焊接操作工资格管理规定（HAF603）》附件 1 中坡口焊缝的定义应与以上两个规范的对接/坡口焊缝的定义是一致的。

在《民用核安全设备焊工焊接操作工资格管理规定（HAF603）》附件 1 中，提到坡口焊缝时往往包括对接焊缝和接管焊缝。为不引起混淆在使用时依据以下几个原则：

（1）坡口焊缝中的对接焊缝是在一个或两个被焊构件之间的坡口内形成的焊缝，见图 4-8 对接焊缝/坡口焊缝。

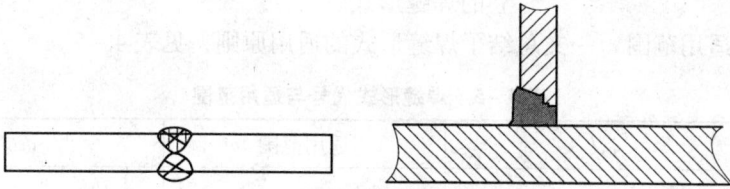

图 4-8　对接焊缝/坡口焊缝

（2）角焊缝为在连接大体互成直角的两个表面的焊缝，焊缝的横截面近乎三角形，见图 4-9。

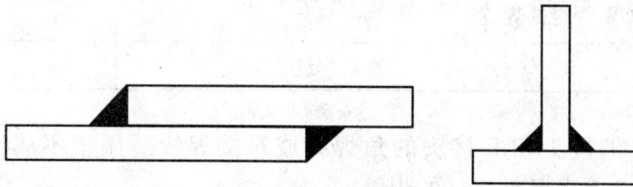

图 4-9　角焊缝

（3）坡口焊缝中的接管焊缝是指 T-T 接头和 P-T 接头的焊缝，它是对接焊缝和角焊缝的组合焊缝，此节提到的接管焊缝是坡口焊缝的一种特殊形式，其也可称为马鞍形焊接。接管焊缝见图 4-10。

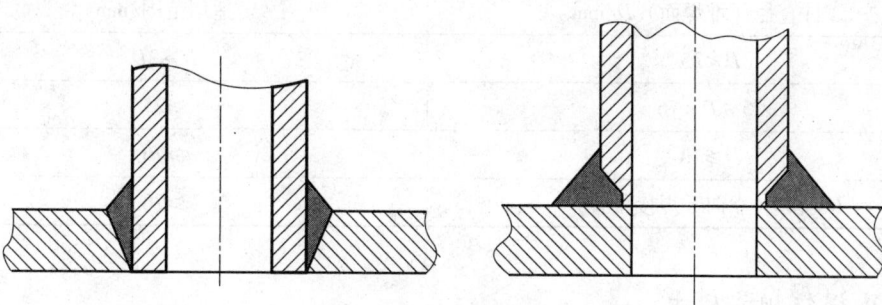

图 4-10　接管焊缝

在《项目考试适用范围》中，使用了 3 种焊缝的概念。GW 焊缝是 T 接头和 P 接头的对接焊缝或接管焊接中符合 HAF603 附件 1 第 1.4.5 条条件之一的焊缝。FW 焊缝是指 T 接头和 P 接头的角焊缝和接管焊接中不是 GW 焊缝的焊缝，D 焊缝为堆焊缝。接管焊缝就是 P-T 接头和 P-P 接头的 GW 焊缝。

（4）堆焊。堆焊是一种特殊的焊接方法，是用焊接的方法在工件表面堆敷一层具有一定性能的材料，以增加工件的耐磨、耐热、耐腐蚀等方面的性能，见图 4-11。

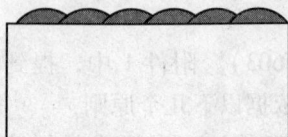

图 4-11 堆焊

在核安全设备活动中，经常为取得所需的性能或尺寸在母材表面上进行一层或多层堆焊。反应堆主设备的防腐堆焊、反应堆主设备接管安全端的预堆边和阀门的耐磨堆焊都很重要，所以在对焊缝进行分类时将堆焊作为一种独立的焊缝形式。

《项目代号适用范围》一文总结了焊缝形式的适用原则，见表 4-5。

表 4-5 焊缝形式代号与适用范围

代号	含 义	适用范围	备 注
GW	T 接头和 P 接头的对接焊缝或接管焊接中符合 HAF603 附件 1 第 1.4.5 条条件之一的焊缝	GW 焊缝	HAF603 附件 1 第 1.4.4 条
		FW 焊缝	
FW	T 接头和 P 接头的角焊缝；接管焊接中不是 GW 焊缝的焊缝	FW 焊缝	
D	堆焊焊缝	D 焊缝	

总结以上规定，T 接头和 P 接头的角焊缝或对接焊缝适用于不属于接管焊接中符合 HAF603 附件 1 第 1.4.5 条条件之一的焊缝。

《稻香湖会议纪要》规定："**对于补焊操作考试，母材强度补焊焊缝视同对接焊缝，堆焊层内补焊焊缝视同堆焊焊缝。**"

《厦门会议纪要》规定了管材堆焊的适用原则，见表 4-6。

表 4-6 管材堆焊的适用原则

试件直径（堆焊面）D/mm	适用范围/mm
$D < 25$	$D \sim 2D$
$25 \leqslant D < 76$	$\geqslant 25$
$D \geqslant 76$	$\geqslant 76$
$D > 300$（立向下焊接位置）	$\geqslant 76$

（四）焊接相关尺寸

1. 母材厚度与挡板

在 HAF603 中使用 T 代表试件厚度。对于对接焊缝，当 T 小于 50 mm 时，T 对项目代号的适用没有影响。当 T 大于 50 mm 时，焊工项目代号中标注 T，适用范围为小于 T 的情况。

为了节省材料，可以使用挡板进行项目考试。挡板厚度为 h，使用挡板时试件的厚度要大于 20 mm。图 4－12 为挡板焊接示例。

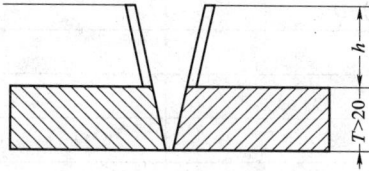

图 4－12　挡板焊接示例

对于无挡板焊接焊工项目代号中标注 t，适用范围见表 4－7、表 4－8。对于有挡板的焊接，焊工项目代号中标注 T，其中：$T = 2t + h$，适用范围为小于 T 的情况。

2. 对接焊缝相关尺寸

表 4－7　焊缝金属厚度及适用范围　　　　　　　　　　　　　mm

焊缝金属厚度 t	适用范围
$t < 3$	$t \sim 2t$[①]
$3 \leqslant t < 12$	$3 \sim 2t$[②]
$t \geqslant 12$	$5 \sim 2t$

注：① 气焊：$t \sim 1.5t$。
　　② 气焊：$3 \sim 1.5t$。

表 4－8　试件外径及适用范围　　　　　　　　　　　　　mm

试件外径 D	适用范围
$D < 25$	$D \sim 2D$
$25 \leqslant D < 76$	$\geqslant 25$
$D \geqslant 76$	$\geqslant 76$
$D > 300$（立向下焊接位置）	$\geqslant 76$

焊接操作工 GW 焊缝管件外径适用范围为大于考试试件外径。

3. T－T 接头 GW 焊缝相关尺寸

对于骑座式：支管焊缝金属厚度为 t；支管外径为 D；

对于插入式：主管或壳体焊缝金属厚度为 t；支管外径为 D。

4. 堆焊焊缝相关尺寸

对于堆焊，T 为堆焊试件材料厚度。堆焊试件材料厚度及适用范围见表 4－9。

表 4－9　堆焊试件材料厚度及适用范围　　　　　　　　　　　　　mm

堆焊试件材料厚度 T	适用范围	
	最小值	最大值
< 50	T	不限
$\geqslant 50$	50	不限

《厦门会议纪要》规定了管材堆焊的适用原则，见表4-10。

表4-10　堆焊试件直径及适用范围　　　　　　　　　　　　mm

试件直径（堆焊面）D	适用范围
$D < 25$	$D \sim 2D$
$25 \leqslant D < 76$	$\geqslant 25$
$D \geqslant 76$	$\geqslant 76$
$D > 300$（立向下焊接位置）	$\geqslant 76$

5. 焊工角焊缝相关尺寸

焊工角焊缝相关尺寸见表4-11。

表4-11　角焊缝试件的材料厚度及适用范围　　　　　　　　mm

试件的材料厚度 T	适用范围
$T < 3$	$T \sim 3$
$T \geqslant 3$	$\geqslant 3$

（五）焊接位置技能变素

1. 焊接位置分类

对于焊接活动，焊件焊缝所处的空间位置对焊接接头的焊接质量有很大的影响。在 ASME 中用焊缝倾角和焊缝转角来表示。《民用核安全设备焊工焊接操作工资格管理规定》（HAF603）中焊接位置主要分成 PA、PB、PC、PD、PE、PF、PG、H-L045 和 J-L045。焊接位置主要符号见图4-13。

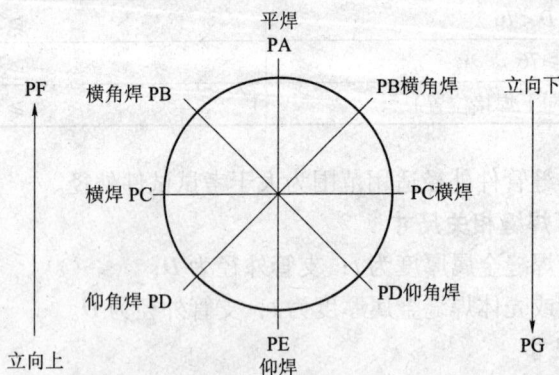

图4-13　焊接位置主要符号的示意图

但焊接位置的表示还跟接头形式和焊缝形式有关。其中，PB 和 PD 只用于角焊缝。而 H-L045 和 J-L045 不用于 P 接头。

2. P 接头的焊缝位置

P 接头的焊接位置见图4-14。

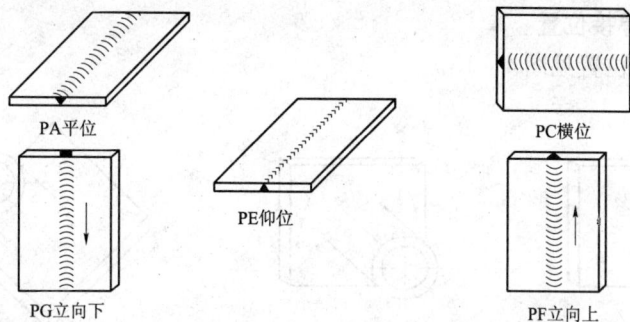

PA平位 　　　　　　　　　　　PC横位

PE仰位

PG立向下 　　　　　　　　　　PF立向上

(a)

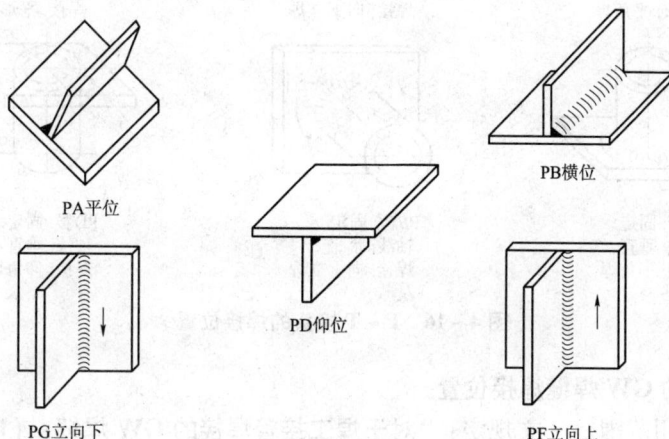

PA平位 　　　　　　　　　　　PB横位

PD仰位

PG立向下 　　　　　　　　　　PF立向上

(b)

图4-14　P接头的焊缝位置

(a) 对接焊缝；(b) 角焊缝

3. T接头的焊接位置

T接头的焊接位置见图4-15。

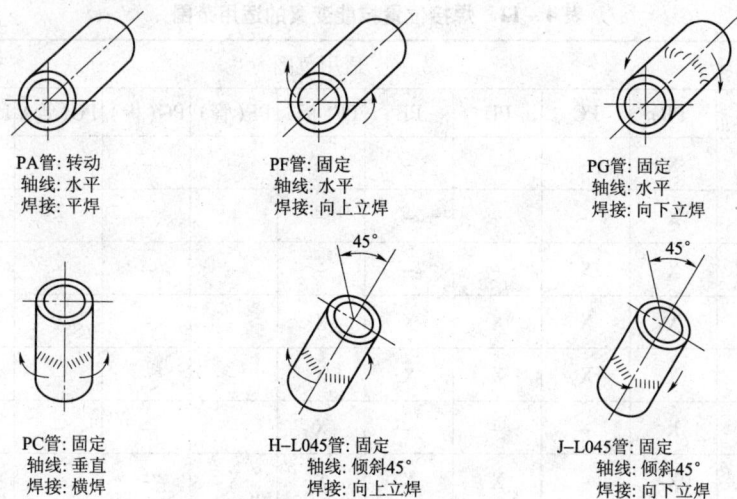

PA管：转动　　　　　　PF管：固定　　　　　　PG管：固定
轴线：水平　　　　　　轴线：水平　　　　　　轴线：水平
焊接：平焊　　　　　　焊接：向上立焊　　　　焊接：向下立焊

PC管：固定　　　　　　H-L045管：固定　　　　J-L045管：固定
轴线：垂直　　　　　　轴线：倾斜45°　　　　　轴线：倾斜45°
焊接：横焊　　　　　　焊接：向上立焊　　　　焊接：向下立焊

图4-15　T接头的焊接位置

4. P–T 接头的焊接位置

P–T 接头的焊接位置见图 4–16。

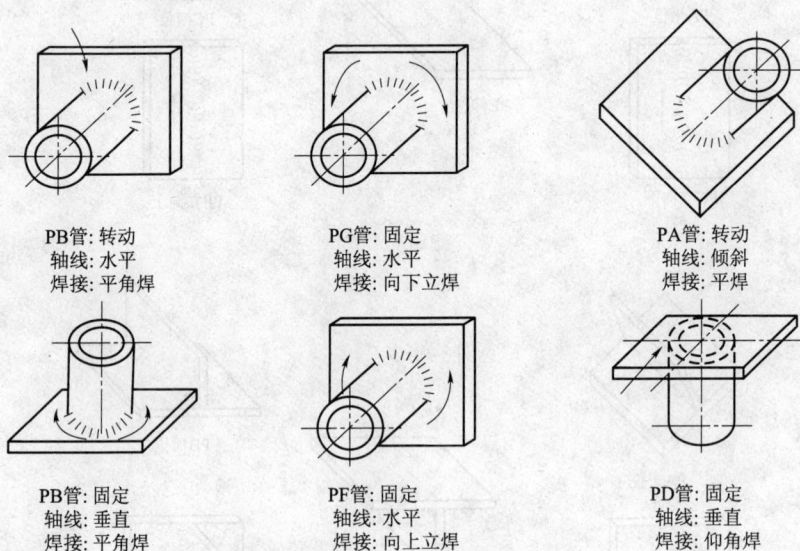

PB管：转动
轴线：水平
焊接：平角焊

PG管：固定
轴线：水平
焊接：向下立焊

PA管：转动
轴线：倾斜
焊接：平焊

PB管：固定
轴线：垂直
焊接：平角焊

PF管：固定
轴线：水平
焊接：向上立焊

PD管：固定
轴线：垂直
焊接：仰角焊

图 4–16　P–T 接头的焊接位置

5. 接管焊接的 GW 焊缝焊接位置

《项目代号适用范围》一文规定："对于焊工接管焊接的 GW 焊缝：（1）支管处于俯焊位置时，插入式属于 PA；骑座式属于 PC；（2）支管处于仰焊位置时，插入式属于 PE；骑座式属于 PD；（3）支管处于水平固定位置时，用 PF 或 PG 表示。"

插入式指在主管上开坡口，骑座式只在支管上开坡口。

6. 焊接位置技能变素的适用

焊接位置技能变素的适用范围见表 4–12。

表 4–12　焊接位置技能变素的适用范围

考试位置	适用范围										
	PA	PB	PC	PD	PE	PF（板）	PF（管）	PG（板）	PG（管）	H–L045	J–L045
PA	X	X	–	–	–	–	–	–	–	–	–
PB	X	X	–	–	–	–	–	–	–	–	–
PC	X	X	X	–	–	–	–	–	–	–	–
PD	X	X	X	X	X	X	–	–	–	–	–
PE	X	X	X	X	X	X	–	–	–	–	–
PF（板）	–	–	–	–	–	X	–	–	–	–	–
PF（管）	X	X	–	X	X	X	X	–	–	–	–
PG（板）	–	–	–	–	–	–	–	X	–	–	–

考试位置	适用范围										
	PA	PB	PC	PD	PE	PF（板）	PF（管）	PG（板）	PG（管）	H - L045	J - L045
PG（管）	X	X	–	X	X	–	–	X	X	–	–
H - L045	X	X	X	X	X	X	X	–	–	X	–
J - L045	X	X	X	X	X	–	–	X	X	–	X
"X" 表示适用；" – " 表示不适用。											

7. 螺柱焊焊接位置及其适用

螺柱焊焊接位置如图 4 – 17 所示。

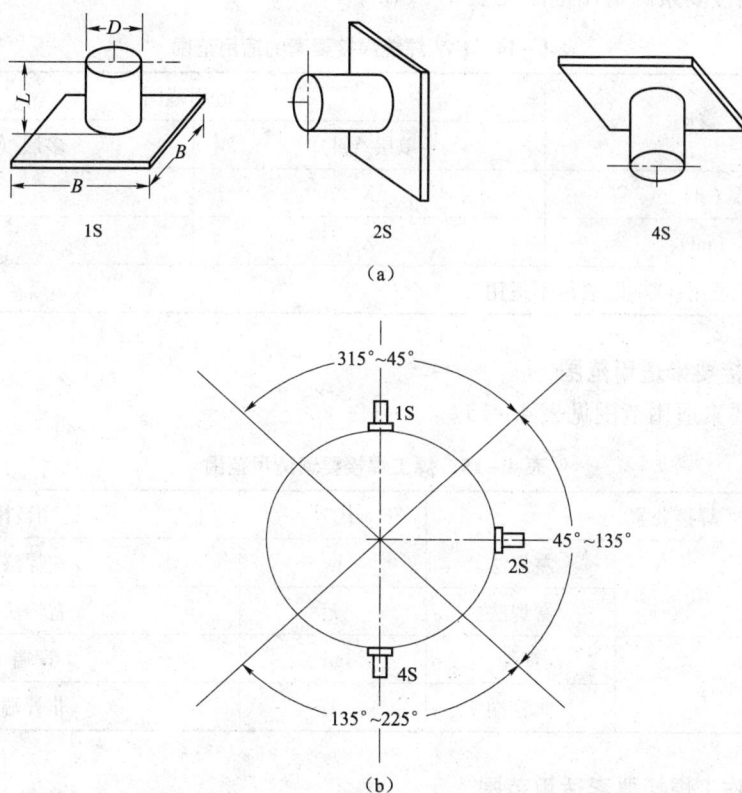

（a）

（b）

图 4 – 17　螺柱焊焊接位置
（a）螺柱焊缝——试验位置；（b）螺柱焊缝——焊接位置

对于螺柱焊试件，仰焊位置考试结果适用于任何位置的螺柱焊试件，其他位置仅适用于相应位置。

（六）焊接要素技能变素

1. GW 焊缝焊接要素的适用范围

GW 焊缝焊接要素的适用范围见表 4 – 13。

表 4 –13　GW 焊缝焊接要素的适用范围

试件的焊接要素	适用范围		
	单面焊/不带衬垫（ss nb）	单面焊/带衬垫（ss mb）	双面焊（bs）
单面焊/不带衬垫（ss nb）	X	X	X
单面焊/带衬垫（ss mb）	–	X	X
双面焊（bs）	–	X	X

注："X"表示适用；"–"表示不适用。

2. FW 焊缝焊接要素的适用范围

FW 焊缝焊接要素的适用范围见表 4 – 14。

表 4 – 14　FW 焊缝焊接要素的适用范围

试件	适用范围	
	单层（sl）	多层（ml）
单层（sl）	X	–
多层（ml）	X	X

注："X"表示适用；"–"表示不适用。

3. 焊工焊接要素适用范围

焊工焊接要素适用范围见表 4 – 15。

表 4 – 15　焊工焊接要素适用范围

焊接要素		代号	适用范围
气焊	左焊法	lw	左焊法
	右焊法	无	右焊法
P – T 接头	管端	gd	管端
	非管端	无	非管端

4. 焊接操作工焊接要素适用范围

焊接操作工焊接要素适用范围见表 4 – 16。

表 4 – 16　焊接操作工焊接要素适用范围

焊接要素		代号	适用范围
钨极惰性气体保护焊 自动稳压系统	无	03	所有
	有	04	有
自动跟踪系统	无	05	所有
	有	06	有

焊接要素		代号	适用范围
每面坡口内焊层	单层	sl	单层
	多层	ml	所有
P－T 接头	管端	gd	管端
	非管端	无	非管端

（七）接管焊接的 GW 焊缝

1. 接管焊接的 GW 焊缝的定义

接管焊接的 GW 焊缝就是马鞍形焊接。具体定义是满足以下情况的 P－T 或 T－T 接管焊接中：

（1）对全焊透接管焊缝，主管外径 D_1 与支管的外径 D_2 的比值小于 5。

（2）接管焊接的支管角度小于 75°（主管轴线或支承板平面与支管轴线的角度）。

2. 马鞍形焊接的焊接相关尺寸

对于接管焊接的 GW 焊缝，焊接相关尺寸为：t + 厚度 + D + 主管外径/支管外径 + α + 支管角度。"+"意为不空格，厚度和外径单位为 mm，支管角度单位为"度"。支管角度为主管轴线或支承板平面与支管轴线的角度，支管角度缺省意为 90°。

其中，焊缝金属厚度和管材外径分别指：

（1）骑座式（坡口开在支管上）：支管焊缝金属厚度及外径。

（2）插入式（坡口开在主管上）：主管或壳体焊缝金属厚度及支管外径。

3. 马鞍形焊接的焊接位置

支管处于俯焊位置时，插入式属于 PA；骑座式属于 PC；

支管处于仰焊位置时，插入式属于 PE；骑座式属于 PD；

支管处于水平固定位置时，用 PF 或 PG 表示。

4. 马鞍形焊接的适用

主管外径与支管外径比值的适用范围为大于或等于该比值。支管角度的适用范围为大于或等于该角度 α。

对于母管有角度的接管焊接 GW 焊缝，用 H－L045 和 J－L045 位置考试，项目代号结果适用于任何母管角度。否则，列入专用焊工项目考试。

四、焊接母材技能变素

（一）焊接母材的分类

从第二章的讨论看，中国、美国和法国对材料的分类有些不同，更不用说俄国的标准了，如果再加上日本和德国的分类，可以发现焊接母材的分类是一个十分复杂的问题。而且很难有统一的标准。

为了简化这个问题，HAF603 借鉴法国的材料分类，在附件一的 1.2 节将母材分类分成了 9 类。经过近一年的焊工项目考核实践，《厦门会议纪要》规定："对于焊接母材，如能按以下要求进行分类的，除 III 类和 IX 类焊接母材外，不必进行母材分类备案。

"• I 类母材为合金元素的总含量不超过 5%，镍含量 ≤2%，屈服强度不大于 300 MPa 的铁基材料。

"• II 类母材为合金元素的总含量不超过 5%，镍含量 ≤2%，屈服强度大于 300 MPa 的铁基材料。

"• III 类母材原则上为以美国 ASME SA-508Gr3 为代表的核电厂主设备容器用钢。

"• IV 类母材为铬含量为 13% 的马氏体或铁素体不锈钢。

"• V 类母材为镍含量为 2.25%~3.5% 的铁基材料。

"• VI 类母材为奥氏体不锈钢。

"• VII 类母材为镍基合金。

"• VIII 类母材为铜及铜合金。

"• IX 类母材为不属于前八类的焊接母材，高铬铁素体钢属于 IX 类母材。"

异种材料在考试项目代号中的表示方法用"X/Y"表示，X、Y 表示母材金属的类别号。

在《稻香湖会议纪要》中规定："焊接母材和焊材的分类应结合该材料所依据的国家核安全局批准的在建核电厂所采用的标准（核电适用标准）所确定的材料焊工考核分类原则，根据 HAF603 的要求进行分类。如材料所依据的核电适用标准对该材料焊工考核暂无明确分类，该材料应视为特殊材料处理。"

（二）常用焊接母材焊接特性

1. 碳钢

这个分类基本上是 I 类母材，它包括中国标准中的碳素结构钢和优质碳素结构钢，以及部分法国标准中的 A 类碳素结构钢，CC 类和 XC 类碳素结构钢。它的一个重要特征是标准规定屈服强度下限小于等于 300 MPa。

碳钢以铁为基础，以碳为合金元素，碳的含量一般不超过 1.0%。此外含锰不超过 1.2%，含硅不超过 0.5%，对有害元素的含量控制严格，碳钢的焊接性能比其他类型的钢好。

碳钢的焊接性能主要取决于碳含量，随着碳含量的增加，焊接性能逐渐变差。碳钢中的锰和硅对焊接性也有影响，它们的含量增加，焊接性变差，但不及碳的作用强烈。

碳钢的焊接性能有以下特点：

（1）可装配成各种不同接头，适应各种不同位置施焊，且焊接工艺和操作技术比较简单，容易掌握；焊前一般不需预热。但对核设备制造、安装工程，焊接接头有一定的技术要求和质保要求，核电厂设计寿命是 40 年或更长，考虑到焊接接头承受各种应力（机械热应力，腐蚀应力），特别是对于辐照的接头引起接头脆化等，应采取必要的工艺措施。

（2）塑性好：焊缝产生裂纹和气孔的倾向小，可制造大型的构件及受压容器。核电厂用它来预制支架、储罐、管道等。

（3）焊接电源：使用手工电弧焊时，需采用直流焊机，因为在核电工程中使用的均为碱性焊条；使用氩弧焊时，对焊接电源没有特别要求，交直流均可使用。

（4）焊接熔池也可能受到空气中氧和氮的侵袭，使焊缝金属氧化或氮化。焊缝中有氧化亚铁存在，可能引起热裂纹。但核电工程选材问题上都特别重视选用优质碳素钢焊条，抗裂性能好的耐碱性焊条。在技术上，采取较可靠的焊接方法和工艺，从事核安全设备制造、安装建设的焊工都要严格的经培训取证才能上岗。

碳钢焊接方法：对于低碳钢，几乎可采用的焊接方法，都能满足性能的要求。在核设备制造、安装工程中选用的焊接方法有：钨极氩弧焊、焊条电弧焊、钨极氩弧焊加焊条电弧焊等。

2. 低合金钢

这个分类基本上是 II 类母材和 III 类母材。

低合金钢是在碳素钢基础上加入一定量合金元素的合金钢。其合金元素的总含量一般不超过 5%，以提高钢的强度并保证其具有一定的塑性和韧性；或使钢具有某些特殊性能，如耐低温、耐高温或耐腐蚀性等。

低合金钢焊接性能有以下特点：

（1）根据产品对焊缝性能要求选择焊接材料。如高强钢焊接时，一般选择与母材强度相当的焊接材料，综合考虑焊缝金属的韧性、塑性及强度。低温钢、耐蚀钢等焊接时，还应保证焊缝金属具有相应的特殊性能（低温性及耐蚀性等）。

（2）预热是低合金钢焊接时为防止裂纹及改善焊接接头性能常用的工艺措施。预热温度的确定取决于钢材的成分（碳当量）、板厚、焊件结构形状和拘束度以及环境温度等。在核设备制造工程中，一般预热温度为 150 ℃ ~ 250 ℃。

（3）焊后保温。

（4）焊后立即将工件（整个工件或焊接接头局部）加热至 250 ℃ ~ 400 ℃ 范围内并保温最少 2h 后随炉冷却或空冷。可加速焊接接头中氢的扩散逸出，是防止产生焊接冷裂纹的有效措施之一。

（5）焊后热处理。

（6）消除应力热处理（消除焊后产生的残余应力）：对于除 Cr 钢、Cr – Mo 钢以外的低合金钢，厚度大于 10 mm 的需要进行消除应力热处理，但不包括若 Ni 含量 ≥1% 的钢。消除应力热处理温度为 595 ℃ ~ 675 ℃，保温时间最少为 30 min，每 25 mm 厚度为 1h。

（7）具有强度高、良好的塑性和韧性以及焊接性能，有的还具有耐腐蚀、耐高温等特性。核安全设备用它来预制壳体、管板、封头等。

低合金钢焊接方法：对于低合金钢，几乎可采用的焊接方法，都能满足性能的要求。在核设备制造、安装工程中选用的焊接方法有：焊条电弧焊、钨极氩弧焊加焊条电弧焊、气体保护焊、丝极（带极）埋弧焊等。

3. III 类母材

III 类母材基本上是属于 ASME SA—508《压力容器用经淬火和回火的真空处理的碳钢和合金钢锻件》的钢材和法国 RCC – M 规范的 16MND5 钢。SA – 508 有不同组别，如：1、1A、2、3、4N、5、22、3V 级等，每个级别化学成分不同；每一级别还有不同的类，如：2 级的 1 类和 2 类，其力学性能不同。

ASME 第 II 卷材料中对反应堆压力容器 SA508Gr3 钢规定了室温（20 ℃）下的抗拉强度 R_m、屈服强度 $R_{p0.2}$、延伸率 A 及断面收缩率 Z 值，不要求测定高温（350 ℃）下的机械性能，冲击性能只要求 4.4 ℃时的 3 个试样的最低平均值及一个试样的最低值，而不要求其他温度下的系列冲击值，也不要求在两个方向上（轴向和周向）截取冲击试样。在合同要求时，可采用附加要求，例如通过采用低于 4.4 ℃温度下的冲击试验，进行系列冲击试验以确定 Charpy V 冲击转变曲线并记录每个冲击试样的剪切断口百分率和侧向膨胀值，也可以要求进行落锤试验，测定 RT_{NDT} 或进行冲击和落锤试验代替冲击试验以测得 RT_{NDT}。

反应堆压力容器 SA508Gr3 钢一般还称为 Mn – Mo – Ni 钢，Mn – Mo – Ni 低合金钢，低合金高强度 Mn – Mo – Ni 铁素体钢。

4. IV 类钢类母材

IV 类钢类母材的分类较为简单，就是 Cr 含量为 13% 的马氏体或铁素体不锈钢。

不锈钢通常按基体组织分为：

（1）铁素体不锈钢。含铬 12% ~30%。其耐蚀性、韧性和可焊性随含铬量的增加而提高，耐氯化物应力腐蚀性能优于其他种类不锈钢。

（2）奥氏体不锈钢。含铬大于 18%，还含有 8% 左右的镍及少量钼、钛、氮等元素。综合性能好，可耐多种介质腐蚀。

（3）奥氏体 – 铁素体双相不锈钢。兼有奥氏体和铁素体不锈钢的优点，并具有超塑性。

（4）马氏体不锈钢。强度高，但塑性和可焊性较差。

铁素体不锈钢是在使用状态下以铁素体组织为主的不锈钢。含铬量在 11% ~30%，具有体心立方晶格结构。这类钢类母材一般不含镍，有时还含有少量的 Mo、Ti、Nb 等元素，这类钢类母材具有导热系数大、膨胀系数小、抗氧化性好、抗应力腐蚀优良等特点，多用于制造耐大气、水蒸气、水及氧化性酸腐蚀的零部件。

马氏体不锈钢是可以通过热处理调整其力学性能的不锈钢，通俗地说，是一类可硬化的不锈钢，其淬火后硬度较高，不同回火温度具有不同强韧性组合。

铬是使不锈钢获得耐蚀性的基本元素，当钢中含铬量达到 12% 左右时，铬与腐蚀介质中的氧作用，在钢表面形成一层很薄的氧化膜（自钝化膜），可阻止钢的基体进一步腐蚀。除铬外，常用的合金元素还有镍、钼、钛、铌、铜、氮等，以满足各种用途对不锈钢组织和性能的要求。铬对不锈钢的焊接性能也有很大影响。

为此，HAF603 中以铬含量和其基体组织对不锈钢进行分类。

5. 奥氏体不锈钢

在不锈钢的焊接中，绝大部分为奥氏体不锈钢的焊接。因此，VI 类母材是十分重要的一个分类，奥氏体 – 铁素体双相不锈钢也属于这个分类。

奥氏体不锈钢具有良好的耐腐蚀性、耐高温性，焊接性能较好。核安全设备在安全端、承压设备的材料均采用不锈钢。

但是，不锈钢的晶间腐蚀是一个重要的问题。

1）晶间腐蚀

晶间腐蚀是 18 – 8 型奥氏体钢（如 1Cr18Ni9）最危险的破坏形式之一。室温下碳元素在奥氏体中的溶解度最小，为 0.02% ~0.03%，而一般不锈钢中含碳量均超过 0.02% ~0.03%，因此只能在淬火状态下使碳固溶在奥氏体中，从而保证钢材具有较高的化学稳定性。但是这种淬火状态的奥氏体钢当加热到 450 ℃ ~850 ℃或在该温度下长期使用时，就会在腐蚀介质中产生晶间腐蚀。

2）晶间腐蚀的原理

奥氏体钢产生晶间腐蚀一般认为是由于晶粒边界形成贫铬层造成的。其原因是在450℃~850℃温度下，碳在奥氏体中扩散速度大于铬在奥氏体中的扩散速度。当奥氏体中含碳量超过它在室温的溶解度（0.02%~0.03%）后，碳就不断向奥氏体晶粒边界扩散，并和铬化合，析出碳化铬Cr23C6。但是铬的原子半径大，扩散速度较来不及向边界扩散，当晶界附近大量的铬和碳化合成碳化铬造成奥氏体边界贫铬，当晶界附近的金属含铬量低于12%时就失去抗腐蚀的能力。在晶间腐蚀介质的作用下即产生晶间腐蚀。

3）焊接中晶间腐蚀的防止

奥氏体不锈钢在焊接不当时会在焊缝和热影响区造成晶间腐蚀，因此在焊接工艺上应采取下列措施：

（1）控制含碳量。碳是造成晶间腐蚀的主要元素，碳含量在0.08%以下时能够析出碳的数量较少，碳含量大于0.08%能析出碳的数量增加，所以控制基本金属和焊材的含碳量在0.08%以下，如0Cr18Ni9Ti、A107、A137。核设备制造、安装中选用的OK61.30N、OK16.30、OK61.35、OK63.25含碳量均在0.08%以下。

另外，若奥氏体钢中的含碳量为0.02%~0.03%时则全部碳溶解在奥氏体中，即使加热至450℃~850℃也不会形成贫铬区，故不会产生晶间腐蚀，即通常所说的超低碳不锈钢（如00Cr18Ni）。核设备制造、安装选用的Z3CN20-09M、Z2CND18.12、Z2CN18-11、Z2CND17-12、TP304L等均是超低碳不锈钢。

（2）添加稳定剂。在钢材和焊材中添加稳定剂Ti、Nb等与碳的亲和力比铬强的元素，能够与碳结合成稳定的碳化物，从而避免在奥氏体晶界造成贫铬，这对抗晶间腐蚀能力起着十分良好的作用。

（3）进行固溶处理。将焊接接头进行固溶处理。方法是在焊后把接头加热到1050℃~1100℃，此时碳又重新溶入奥氏体中然后迅速冷却，稳定奥氏体组织。

（4）采用双相组织。在焊缝中加入铁素体形成元素，如铬、铝、硅、钼等以使焊缝造成奥氏体加铁素体的双相组织。因为铬在铁素体中扩散速度比在奥氏体中快，碳化铬就在铁素体内部和附近析出，减轻了奥氏体晶界的贫铬现象。一般控制焊缝金属中铁素体含量为5%~10%，如铁素体过多也会使焊缝金属变脆。

（5）减少焊接热输入。在焊接工艺方面，可采用小的焊接电流，大的焊接速度，短弧多道焊，先焊一层后，完全冷却后再焊下一层，也就是层（道）间温度的控制。

在核安全设备制造过程中一般控制道间温度不大于250℃。大亚湾核电厂工艺要求层间温度低于175℃，一般焊工在焊接不锈钢件时道间温度都控制在60℃以下（手能摸，再焊下一道）。

此外还必须注意焊接次序，尽量不使它受重复热循环作用。

在核设备制造、安装工程中不锈钢焊接选用的焊接方法有：氩弧焊接、手工电弧焊、氩电联合焊、丝极（带极）埋弧焊等。

6. 镍基合金

由于镍基合金是耐高温、高压、高浓度或混有不纯物等各种苛刻腐蚀环境的比较理想的金属结构材料。因此核安全设备在热交换器管子采用镍基合金，并在壳体、封头等部件内壁堆焊镍基层。

与低碳钢、不锈钢的焊接相比，镍基合金的焊接有奥氏体不锈钢焊接发生的相类似的问题。例如有焊接热裂纹的倾向、焊接气孔、焊接接头的晶间腐蚀倾向等。

（1）焊接热裂纹。由于镍基合金具有高的焊接热裂纹敏感性，在弧坑易产生火口裂纹。一般情况下采用合理的装配与焊接次序、选用较小的线能量、及时填满弧坑等工艺措施对防止热裂纹均是有益的。预热和后热对防止热裂纹作用不大，一般都不采用。

在用与母材同成分的焊接材料焊接某些镍基合金时，焊缝有时产生多边化裂纹。

（2）气孔。和低碳钢、低合金钢焊接相比，镍基合金在焊接时更容易形成气孔。在还原气氛时，对氢气孔也是敏感的。因此，在焊前必须清除坡口及其近区的氧化皮、油脂漆等杂质，其目的之一就是防止焊缝气孔。有时，热丝钨级氩弧焊焊接镍基合金时还向氩气中加入5%的氢气，以改善保护气体的还原性来消除或减少焊缝气孔。

（3）焊接区的腐蚀倾向。由于 Ni－Cr、Ni－Mo 和 Ni－Cr－Mo 系的一些合金具有两个敏化温度区。敏化状态晶界发生铬、钼等碳化物的沉淀，引起晶粒边界微区的贫铬、贫钼的现象，导致在某些介质中的晶间腐蚀、应力腐蚀的倾向。

在核设备制造、安装工程中镍基合金焊接选用的焊接方法有：手工钨极氩弧焊、自动钨极氩弧焊、焊条电弧焊、钨极氩弧焊加焊条电弧焊以及带极埋弧焊等。

（三）焊接母材技能变素的适用

HAF603 中对焊接母材的适用要求是：

"（1）焊工采用同类材料中任一钢号考试合格后可免去该类其他材料的考试。

"（2）焊工采用 I～Ⅳ类材料中类别较高的考试合格后，可免去类别较低材料的考试。

"（3）焊工采用Ⅵ～Ⅸ类材料的考试不能由其他类别材料互相代替。

"（4）对于异种材料的焊接，焊工若采用母材中的两类材料均包括在表2中第 I～Ⅳ类别内，并且对两者中较高类别的材料已考试合格，则可免考；若采用两类材料中有第Ⅵ类，且已对两类母材分别考试合格，则可免考，但焊接材料采用镍基合金材料时，仍须考试。

"（5）焊接操作工采用某类别任一钢号经焊接操作技能考试合格后，适用其他类别钢号。"

《项目代号适用范围》一文对"异种材料焊接项目代号"与"两个项目代号共同使用的情况"分别进行了细化。其中规定：

"原则上，异种材料项目代号只适用于与操作技能考试相同的情况。

"对于异种材料焊接，母材中有Ⅵ类的情况，且已对两类母材分别取得合格项目代号的，该两个项目代号可共同使用。但该款不适用于焊接材料为镍基合金材料的情况。"

综合各个法规文件的规定，焊接母材的分类和适用可以汇总如下，见表4－17。

表4－17　焊接母材的分类和适用

代号	说　　明	适用范围	备　　注
I	合金元素的总含量不超过5%，镍含量≤2%，屈服强度不大于300 MPa的铁基材料	I	焊接母材和焊材的分类应结合该材料所依据的国家核安全局批准的在建核电厂所采用的标准（核电适用标准）所确定的材料焊工考核分

代号	说　明	适用范围	备　注
Ⅱ	合金元素的总含量不超过 5%，镍含量≤2%，屈服强度大于 300 MPa	Ⅰ、Ⅱ、Ⅱ/Ⅰ	类原则进行分类。除 Ⅲ 类和Ⅸ类焊接母材外，不必进行母材分类备案。 IX类母材分类代号为材料代号，材料代号为母材金属或合金主要金属元素符号，或聘用单位提出命名建议报国家核安全局备案，由国家核安全局确认，统一使用。 如材料所依据的核电适用标准对该材料焊工考核暂无明确分类，该材料应视为IX类母材处理。 原则上，异种材料项目代号只适用于与操作技能考试相同的情况。 但如异种材料焊接母材中有Ⅵ类的情况，且已对两类母材分别取得合格项目代号的，可以适用。该款不适用于焊接材料为镍基合金材料的情况
Ⅲ	ASME SA－508Gr3 为代表的核电厂主设备容器用钢	Ⅰ、Ⅱ、Ⅲ、Ⅱ/Ⅰ、Ⅲ/Ⅱ、Ⅲ/Ⅰ	
Ⅳ	铬含量为 13% 的马氏体或铁素体不锈钢	Ⅰ、Ⅱ、Ⅲ、Ⅳ、Ⅱ/Ⅰ、Ⅲ/Ⅱ、Ⅲ/Ⅰ、Ⅳ/Ⅰ、Ⅳ/Ⅱ、Ⅳ/Ⅲ	
Ⅴ	镍含量为 2.25%~3.5% 的铁基材料	Ⅴ	
Ⅵ	奥氏体不锈钢	Ⅵ	
Ⅶ	镍基合金	Ⅶ	
Ⅷ	铜及铜合金	Ⅷ	
材料代号	不属于前八类的焊接母材，高铬铁素体钢属于 IX 类母材	只适用于同一材料代号母材的焊接	

五、焊接材料技能变素

（一）填充金属

填充材料与母材分类相同时，无需单独在项目代号中注明。

如填充材料与母材不同组别时，应在考试项目代号中母材分类代号后以括号注明焊接材料的分类代号，项目代号只适用于与操作技能考试相同的焊接材料代号。

采用无填充焊丝、实心焊丝的代号分别为 01、02。实心焊丝适用于无填充焊丝，无填充焊丝不适用实心焊丝。

（二）电焊条涂料

电焊条根据涂料的特性分类使用 GB/T 5117—1995《碳钢焊条》中的标识原则，焊条的分类与适用范围见表 4－18。进口焊条可参照执行。

对于无衬垫焊接，打底焊道所使用的焊条应与项目代号的药皮类型相同。

表 4-18　焊条的分类与适用范围

焊条分组（代号） 考试用焊条	(a)	(b)	(c)	(d)
	EXX20	EXX12	EXX15	EXX10
	EXX22	EXX13	EXX16	EXX11
	EXX27	EXX14	EXX18	
		EXX03	EXX40	
		EXX01		
（a）EXX20 氧化铁型	(×)			
（b）EXX12 钛型焊条	×	(×)		
（c）EXX15 低氢型焊条	×	×	(×)	
（d）EXX10 纤维素型焊条				(×)

（三）熔化衬环

使用熔化衬环的情况，应列为专用焊工项目考试。

（四）堆焊

当采用奥氏体不锈钢焊接材料进行耐蚀堆焊时，堆焊金属的类别号用"A"表示；采用镍及镍合金的焊接材料进行耐蚀堆焊时，堆焊金属的类别号用"Ni"表示；进行耐磨堆焊时，堆焊金属的类别号用"H"表示。该字母应在焊接材料代号的括号内。

各堆焊金属的类别号不相互适用。

六、焊工专项考试和专用焊工项目考试合格项目代号

国核安发〔2010〕28 号文附件一《民用核安全设备焊工焊接操作工资格管理程序》规定焊工项目考试包括普通焊工项目考试、焊工专项考试和专用焊工项目考试。普通焊工项目考试使用普通焊工项目考试合格项目代号。

X 类专项考试使用普通焊工项目考试合格项目代号。

由于 Y 类专项考试只适用于特定的焊接设备，因此，Y 类焊工专项考试项目代号为：Y + 聘用单位代号 - 焊机型号 - 普通焊工项目考试项目代号。

对于 Z 类焊工专项考试中的专用焊工项目考试，在其项目代号尾部按下述方法加注相关内容。

Z 类焊工专项考试合格项目代号为：普通焊工项目考试项目代号的尾部加注 Z1（例 1：奥氏体 - 铁素体不锈钢和镍基合金的堆焊和预堆边）、Z2（例 2：热交换器或蒸汽发生器管板焊接）、Z3（例 3：特殊的密封焊缝）、Z4（例 4：管子的承插焊）、Z5（例 5：摩擦焊）或 Z6（例 6：耐磨堆焊）。

专用焊工项目考试的项目代号为：S + 聘用单位代号 - 两位流水号 - 焊接工艺评定

编号 - 焊接方法代号 - 试件形式代号 - 焊接位置代号。对于试件形式、焊接位置变素，如果工艺评定依据的标准所确定的适用范围比依据 HAF603 所确定的范围小，则应以工艺评定的范围为准；其他适用范围仍以 HAF603 为准。试样检验按焊接工艺评定要求。

如果同为 Y 类专项考试和专用焊工项目考试，项目代号以专用焊工项目考试标注。

第四节　焊工项目考试的实施

一、试件规格

HAF603 对焊工项目考试的试件进行了规定。综合叙述如下。

（一）P 接头对接焊缝试件

P 接头对接焊缝试件尺寸要求如图 4 – 18 所示。其中，T 为试件厚度。对于焊接操作工，长应大于或等于 400 mm。

（二）P 接头角焊缝试件

P 接头角焊缝试件尺寸要求如图 4 – 19 所示。其中，T 为试件厚度。

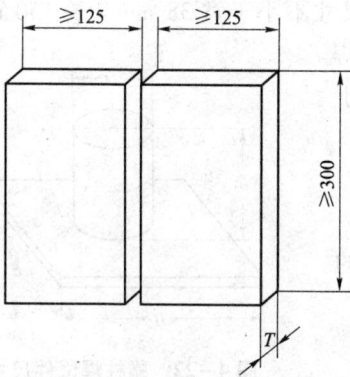

图 4 – 18　P 接头对接焊缝试件尺寸要求

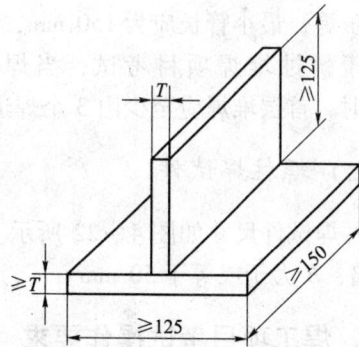

图 4 – 19　P 接头角焊缝试件尺寸要求

（三）T 接头对接焊缝试件

T 接头对接焊缝试件尺寸要求如图 4 – 20 所示。其中，D 为管外径，T 为试件厚度。

（四）P – T 接头角焊缝试件

P – T 接头角焊缝试件尺寸要求如图 4 – 21 所示。其中，l_1 为试件长度，D 为管外径，T 为试件厚度。

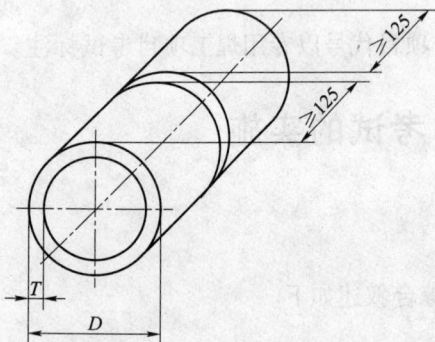

图 4 - 20 T 接头对接焊缝试件尺寸要求

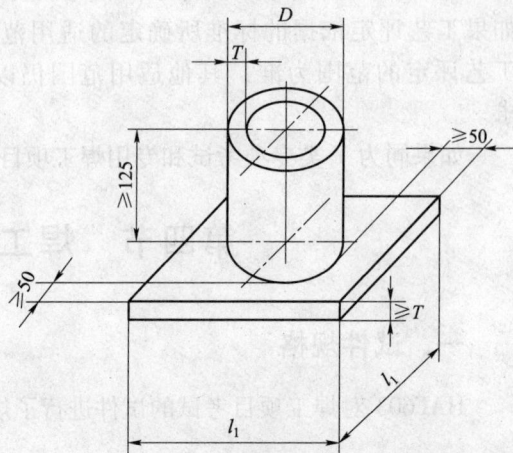

图 4 - 21 P - T 接头角焊缝试件尺寸要求

（五）T - T 接头 GW 焊缝试件

T - T 接头 GW 焊缝主管长度应为主管外径的 4 倍，支管长度应为支管外径的 3 倍。

（六）堆焊焊缝试件

试件尺寸不小于宽 150 mm × 长 150 mm，堆焊层尺寸不小于宽 38 mm × 长 150 mm。对于管材堆焊，最小管长应为 150 mm，应沿圆周连续堆焊。

对于耐蚀堆焊项目考试，当焊道熔敷宽度大于 13 mm 时，首层堆焊应至少由 3 个焊道组成。

（七）螺柱焊试件

螺柱焊试件尺寸如图 4 - 22 所示。其中，L 为 D 的 8 ~ 10 倍，B 大于或等于 50 mm。

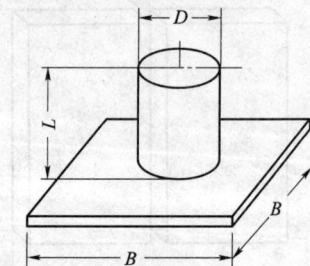

图 4 - 22 螺柱焊试件尺寸

二、焊工项目考试操作要求

根据 HAF603 和相关的焊工资质管理工作文件，焊工项目考试中对焊工操作要求基本可以归纳成以下几点：

（1）焊工应持身份证参加项目考试。

（2）参考焊工按照相关焊工项目考试试件和焊材管理程序领取考试试件和焊材，并按焊工项目考试用焊接工艺规程的要求负责制备焊工项目考试试件，并焊接考试试件。

（3）考试用试件的坡口表面和坡口两侧各 25 mm 范围内应当清理干净，去除铁屑、氧化皮、油、锈和污垢等杂物。

（4）焊条和焊剂应当按规定要求烘干，随用随取，焊丝应当除油、除锈。

（5）水平固定试件和 45°固定试件上应当标注焊接位置的钟点标记，定位焊缝不得在"6 点"标记处；管材向下焊试件应当按照钟点标记固定试件位置，且只能从"12 点"标记

262

处起弧，"6点"标记处收弧；向上焊时应当从"6点"位置起弧。

（6）焊工的所有考试试件，第一层焊缝中至少应当有一个停弧再焊接头；焊接操作工考试时，每一焊道中间不得停弧。

（7）焊接操作工考试时，允许加引弧板和引出板。

（8）试件开始焊接后，焊接位置不得改变；对于管材对接和管板焊缝的45°固定试件，管轴线与水平面间的夹角应当在45°±5°范围内。

（9）试件表面最后一层不允许修磨和返修。

三、焊工项目考试现场管理要求

根据HAF603和相关的焊工资质管理工作文件，焊工项目考试现场管理要求基本可以归纳成以下几点。

（1）考核中心应对焊工项目考试的焊接操作明确考场范围，并采取隔离措施。考场内只能有考核中心相关工作人员和国家核安全局监督人员。相关人员可在考核中心人员的陪同下在视频监控室观摩考试。焊接操作完毕，参考人员应立即离场，不得返回。

（2）主考人针对每个参考焊工确认工位编号和考试监考人。

（3）操作技能考试前，考核中心应编制有项目考试分布图，至少应包括焊工姓名、理论考试合格编号、工位编号、施焊日期、主考人、监考人等信息。考试工位处应配有考试用焊接工艺规程。

（4）主考人应负责在参考焊工和考试监考人在场的情况下，在焊工项目考试试件的适当位置上标注焊工项目考试编号。

（5）在考核中心工作场所内或其他有条件的考试工位，应对每个考试过程录像。每台视频摄像头只能监控一名监考焊工，考试过程录像应完整、清晰。工位编号应能在考试监控图像清晰看到，并在考试录像中记录。

在没有视频监控手段的车间内的焊接设备上进行操作技能考试时，应有主考人进行现场监考，不得3个以上工位同时进行操作技能考试。

（6）监考人负责检查组对完毕试件的钝边、坡口、组对间隙、施焊角度等要素，并填写检查结果。考试监考人保证考试顺利进行，确认焊接过程各参数符合焊工项目考试用焊接工艺规程。

在项目考试中，需要控制层间温度的，应由监考人员测量并记录层间温度，应由监考人员下达继续焊接指令。

（7）焊工项目考试施焊记录应至少包含焊接电流、层道分布、层间温度、保护气体流量（如果有）等信息，监考人员应对焊工项目考试施焊记录进行记录或确认。

（8）焊工、焊接操作工操作技能考试试件的数量应当符合要求，不允许从多个试件中挑选进行检验。

（9）两名以上焊工、焊接操作工参加组合考试时，如果其中某考试项目不合格，且能够确定导致该考试项目不合格的施焊焊工或者焊接操作工的，则应当认定该焊工或者焊接操作工的考试项目不合格；不能确定导致该考试项目不合格的施焊焊工或者焊接操作工的，则应当认定参与该组合考试的焊工和焊接操作工均不合格。

（10）对于项目考试时违反HAF603或考试工艺规程的情形，应由主考人直接判定考试不合格。

《厦门会议纪要》进一步规定：

"3. 考核中心应对焊工项目考试的焊接操作明确考场范围，并采取隔离措施。考场内只能有考核中心相关工作人员和国家核安全局监督人员。相关人员可在考核中心人员的陪同下在视频监控室观摩考试。

"焊接操作完毕，参考人员应立即离场，不得返回。

"4. 在项目考试中，需要控制层间温度的，应由监考人员测量并记录层间温度，应由监考人员下达继续焊接指令。"

第五节　焊工项目考试试件的检验

焊工项目考试试件的检验对焊工项目考试的结果事关重要。同时，由于焊工项目考试评价的只是焊工的技能，焊工项目考试试件的检验比较简单。在 HAF603 中，对于不同的情况，焊工项目考试试件的非破坏性检验只是目视检验和射线检验渗透检验；破坏性检验只有弯曲试验、宏观金相检验、断口检验和特殊的螺柱焊检验。

《民用核安全设备无损检验人员资格管理规定》（HAF602）规定：**"民用核安全设备无损检验方法包括超声、射线、磁粉、渗透、涡流、目视、泄漏检验等。"**

但在 HAF603 中，将试件的外观检验与无损检验分开。为不引起混淆，在焊工资质管理中，一般将焊工项目考试试件的检验主要分为外观检验、射线检验以及破坏性检验。此时，将 HAF603 中提到的无损检验只理解为射线检验。

对于 Z 类专项考试和专用考试一般使用产品的检验技术，不在这里讨论。

一、外观检验

目视检验是利用眼睛的视觉或借助辅助工具和仪器，例如放大镜、内窥镜等，进行直接或间接地观察检验物体表面缺陷的无损检测方法，适合于检查接头的形状和尺寸以及表面的焊接缺陷。焊缝的目视检验工作容易、直观、方便、效率高。

焊工考试中外观检验即为目视检验。HAF603 中规定的外观检验只要求采用目视或 5 倍放大镜进行。

HAF603 中规定**"每个试件应先进行外观检验，合格后再进行其他项目检验"**，**"焊缝表面应是焊后原始状态，不允许加工修磨或返修。"**

同时，HAF603 规定了各种表面缺陷的验收准则。对于管材内部焊缝 HAF603 要求采用通球试验进行检验。

二、射线检验

射线探伤是采用 X 射线或 γ 射线照射焊接接头，检查内部缺陷的无损检验法。HAF003 中规定：**"试件的无损检验应符合民用核安全设备产品以及焊缝的检验要求。"**

《北七家会议纪要》规定：**"焊工项目考试试件的无损检验，应按照相应核安全设备最高级别焊缝的无损检验要求进行。"**

三、破坏性检验

在焊工项目考试中涉及的破坏性检验为弯曲试验、金相检验和断口检查。

对于力学性能试验，在焊工资质管理中，一般只采用弯曲一种检验方法，在 HAF603 附件二中规定了取样方法、试验方法与验收准则。

焊接接头的金相检验是借助金相显微镜来观察焊接接头金属组织变化特征和确定焊缝内部缺陷的检验方法，基本分为宏观检验和微观检验两部分。

（1）焊接接头的宏观检验：宏观检验是对焊缝断口和接头试片上用肉眼或放大镜（20倍以下）来观察金属塑性或脆性破坏、接头及焊缝熔池形状、结晶状态和严重组织不均匀性以及未焊透、夹渣、裂纹、气孔、偏析等缺陷。

（2）焊接接头的微观检验：微观检验是在 100～1 500 倍显微镜下对焊接接头试片观察并确定接头的显微缺陷（裂纹、夹渣、未熔合、未焊透等）和组织缺陷。

按照金相检查的部位，其检查又可分为表面金相复型检验和断面金相检验。金相复型检验是在现场条件下无法拍摄金相照片而采用的方法，复型检验组织不如原组织清晰，如果用大工件金相检查仪器与复型金相配合使用效果更好。用此检验法在施工现场进行质量监督最为方便。

在焊工资质管理中，一般只采用宏观金相检验。

焊接接头的断口检验是施工现场常用的一种迅速、准确的缺陷检查方法，可发现焊缝中存在的焊接缺陷，借助低倍放大镜确定焊缝金属断口形貌特征（韧性或脆性）并对焊缝质量做出正确的判断。焊接接头的被检断口应是无污染的呈金属光泽的断口，用肉眼或 5～10倍放大镜观察断口形貌。根据断口的破坏特征判断缺陷性质。

第六节　焊工项目考试中的质量保证及其重要工作

一、焊工项目考试质量保证补充要求

根据《核电厂质量保证安全规定》（HAF003），核安全活动许可单位针对核安全相关活动进行质量保证活动，国家核安全局只起一个政府监管的角色。

对于焊工项目考试来讲，考核中心是为国家核安全局提供服务，国家核安全局从政府监管的角色转变为服务的接受方。

根据 HAF603 的规定，民用核安全设备焊工、焊接操作工考核中心受国家核安全局委托进行焊工专项理论考试和操作技能考试（简称焊工项目考试），国家核安全局颁发焊工、焊接操作工资格证书。在这样的管理体系下，焊工考核中心受国家核安全局委托开展工作，国家核安全局对焊工项目考试的控制就显得十分重要。国家核安全局和考核中心既不是行政管理关系也不是商业关系，这样在许多关键的环节都会出现新的情况。这从理论上对核安全质量保证工作提出了一个挑战。

为此，HAF603 第五条规定考核中心建立健全的焊工、焊接操作工考核质量保证体系。《核电厂质量保证安全规定》系列的法规同样也成为焊工项目考试执行的核安全法规。

为了规范民用核安全设备焊工、焊接操作工资格管理工作，国家核安全局组织制定了一系列焊工资质管理工作文件，并在焊接方法、焊接用母材以及机械设备规范的使用等方面发布焊工资质管理技术见解。

2010年2月11日国家核安全局根据《民用核安全设备焊工焊接操作工资格管理规定》（HAF603）发出《关于加强民用核安全设备焊工焊接操作工资格管理的通知》（国核安发〔2010〕28号）。该文发布了3个重要的焊工资质管理工作文件《民用核安全设备焊工焊接操作工资格管理程序》，《焊工项目考试质量保证补充要求》和《焊工项目考试合格项目代号编制方法及其适用范围》。

这3个文件从焊工的管理、质保和技术3个方面，对实施HAF603提出一系列具体要求。这些文件是《民用核安全设备焊工焊接操作工资格管理规定》（HAF603）重要的解释和补充。

《焊工项目考试质量保证补充要求》（简称《焊工项目考试质保要求》）依据《核电厂质量保证安全规定》（HAF003）和《民用核安全设备焊工焊接操作工资格管理规定》（HAF603）以及在核安全质量保证管理中的经验与实践制定。《焊工项目考试质保要求》和其他两个文件共同指导焊工项目考试的质量保证工作。

《焊工项目考试质保要求》是对焊工项目考试质量保证工作提出一些具体做法和要求，而不是对HAF003的修订。《焊工项目考试质保要求》从整体和原则上是完全遵守HAF003的，但在制定过程中考虑了HAF003执行多年中积累的实践经验以及焊工项目考试的实际情况。《焊工项目考试质保要求》的使用范围也严格限制于焊工项目考试。

《焊工项目考试质保要求》从文件结构上沿用了HAF003的制定方法，但根据焊工项目考试的特点进行了一些调整。表4-19给出了《焊工项目考试质保要求》与HAF003文件结构的基本对应关系。应该注意的是，应从整体上看待和使用《焊工项目考试质保要求》和HAF003，而不应硬性地查找它们的一一对应关系。

表4-19　《焊工项目考试质保要求》与HAF003文件结构的基本对应关系

《焊工项目考试质保要求》中的章	主要对应HAF003的章
一、引言	1. 引言
二、焊工项目考试质量保证体系	2. 质量保证大纲
三、焊工项目考试质量保证体系的组织	3. 组织
四、对申请单位核安全设备质量保证体系的借用	4. 文件控制 6. 采购控制 7. 物项控制（部分） 9. 检查和试验控制（部分） 12. 记录
五、焊工项目考试用焊接工艺规程与焊接工艺评定	5. 设计控制
六、焊工项目考试重要物项控制	7. 物项控制（部分）
七、质量计划	8. 工艺过程控制 9. 检查和试验控制（部分）
八、不符合项的控制	10. 对不符合项的控制
九、纠正措施	11. 纠正措施
十、监查	13. 监查

其中，焊工项目考试用焊接工艺规程是焊工项目考试中焊工操作的技术依据，而焊接工艺评定可以认为是焊接工艺规程的验证。因此，将焊工项目考试用焊接工艺规程与焊接工艺评定作为 HAF003 中的设计控制来考虑。

二、焊工项目考试中质量保证方面的几个重要问题

（一）责任体系问题

根据《民用核安全设施监督管理条例》《民用核安全设备监督管理条例》和 HAF603 的有关规定，焊工、焊接操作工资格管理的责任体系较为复杂。为在后面叙述清楚，现将各种单位的定义和责任说明如下。

1. 营运单位

HAF003 规定："**对核电厂负有全面责任的营运单位必须对制定和有效实施核电厂质量保证总大纲负责。营运单位可以委托其他单位制定和实施整个大纲或其中一部分，但仍须对总大纲的有效性负责，同时不改变承包方的义务和法律责任。**"

为了履行相应的职责，核电厂营运单位必须制定设计、调试、运行和退役 4 个阶段的核电厂质量保证大纲，报国家核安全局审批。对于其他核设施也是同样要求。

2. 聘用单位

聘用单位是指聘用民用核安全设备焊工、焊接操作工从事民用核安全设备焊接活动的单位。民用核安全设备焊接活动指持有国务院核安全监管部门颁发的核安全许可证件才可进行的核安全机械设备活动中的焊接活动（钎焊除外）。

为规范管理，规定聘用单位应为持有民用核安全许可证的中华人民共和国境内单位。在特殊情况下，聘用单位可为国家核安全局已经受理其许可证申请的许可证申请单位。

从这个定义看，聘用单位可能是民用核安全设备持证单位，也可能是营运单位。在焊工资质管理中，聘用单位负责焊工、焊接操作工的选拔、培训、授权等管理工作。聘用单位对焊工、焊接操作工焊接活动的质量负全责。

同时，营运单位应对焊工、焊接操作工焊接活动的质量对核设施运行安全可能产生的影响负责。

3. 考核中心申请单位

应该指出，由于历史的原因，在本章中的申请单位特指民用核安全设备焊工、焊接操作工考核中心申请单位。而本书中的申请单位，在本章中更多的是聘用单位。

申请单位根据自愿的原则组建民用核安全设备焊工、焊接操作工考核中心，受国家核安全局的委托组织实施焊工项目考试。

为了便于管理，规定申请单位只能是核安全机械设备制造安装许可证的持证单位，申请单位法人代表即为考核中心主任。申请单位在提出考核中心选定申请时，应建立健全焊工项目考试质量保证体系，根据其质量保证大纲和焊工项目考试的具体要求制定《焊工项目考试质量保证分大纲》，并报国家核安全局审批。

4. 申请单位和聘用单位的责任关系

聘用单位为满足国家核安全局对焊接活动的要求，可能对焊工项目考试提出一些要求。在保证焊工项目考试质量的前提下，申请单位应在焊工项目考试中落实这些要求。

5. 焊工项目考试质量保证体系内部的责任关系

相对于HAF003中对于核电厂质量保证体系的描述："对核电厂负有全面责任的营运单位必须负责制定和实施整个核电厂的质量保证总大纲。核电厂营运单位可以委托其他单位制定和实施大纲的全部或其中的一部分，但必须仍对总大纲的有效性负责，同时又不减轻承包者的义务或法律责任。"焊工项目考试质量保证体系内部的责任体系简单而且单一：申请单位法人代表即为考核中心主任，考核中心主任对焊工项目考试质量保证体系的有效性负责，对焊工项目考试的质量负全责。

（二）焊工项目考试分大纲与质量计划

在《民用核安全设备设计制造安装和无损检验监督管理规定（HAF601）》规定："民用核安全设备设计、制造、安装和无损检验单位应当根据其质量保证大纲和民用核设施营运单位的要求，在民用核安全设备设计、制造、安装和无损检验活动开始前，编制项目质量保证分大纲。项目质量保证分大纲应当适用、完整、接口关系明确，并经民用核设施营运单位审查认可。"

在HAF603中规定："考核中心应建立了健全的焊工、焊接操作工考核质量保证体系。"

从以上两段论述中发现，在民用核安全设备管理体系中，将质量保证大纲作为一种文件提出，而对为保证质量而规定的和要完成的全部工作综合使用质量保证体系这一概念。这样的处理是比较实际的处理。

根据以上规定，《焊工项目考试质保要求》中提出："核安全设备焊工、焊接操作工考核中心受国家核安全局委托组织实施的核安全设备焊工、焊接操作工专项理论考试和操作技能考试（简称"焊工项目考试"）是保证核电厂安全的一种工作，组建核安全设备焊工、焊接操作工考核中心的申请单位应根据《民用核安全设备焊工焊接操作工资格管理规定》（HAF603）和《核电厂质量保证安全规定》（HAF003）的要求建立健全申请单位焊工项目考试质量保证体系，编制《焊工项目考试质量保证分大纲》。

"为使申请单位根据HAF003和HAF603制定或编制的焊工项目考试质量保证分大纲作为焊工项目考试质量保证体系所有工作的综合或其概述，更加符合焊工项目考试的实际需要，本要求提出一些具体的要求、建议和范例。"

这样的处理虽显勉强和拗口，但基本上能起到沟通HAF603和HAF003的作用。在《焊工项目考试质保要求》中，质量保证大纲或分大纲都是指质量保证体系的描述文件。

应该特别指出的是，焊工项目考试质量保证分大纲属于单位大纲。它是独立于申请单位核安全设备质量保证体系的焊工项目考试质量保证体系的描述。与此相对应，由于焊工项目考试本身较为简单，因此，《焊工项目考试质保要求》中只要求，对每次考试由考核中心形成质量计划，以代替相应的活动大纲。

（三）指导方针

为了更好地说明问题，《焊工项目考试质保要求》里根据HAF003/01《核电厂质量保证大纲的制定》提出了指导方针的概念。指导方针为质量目标、焊工项目考试工作和焊工项目考试工作控制要求的总和，其体现了国家核安全局对焊工项目考试质量保证体系的强制要求。

《焊工项目考试质保要求》要求申请单位应将指导方针写入质量保证分大纲。在事实上，对于各考核中心申请单位来讲，除焊工项目考试其他工作外，指导方针的叙述应是一致的。

1. 质量目标

核电厂质量保证体系结构虽然复杂，但其质量目标是单一的，就是保证核电厂安全运行。对于焊工项目考试来讲，质量目标就显得不那么简单，《焊工项目考试质保要求》中提出焊工项目考试的质量目标有 3 个方面的内容：**"申请单位焊工项目考试质量保证体系的质量目标是保证焊工项目考试满足国家核安全局的管理要求、考核中心申请单位核安全设备质量保证体系的相关规定以及参考焊工所在聘用单位的其他需求。"**

2. 焊工项目考试工作

在 HAF003 及其配套的导则中，多处提到任务、活动、大纲活动和工作的概念。由于焊工项目考试的内容较为简单，在《焊工项目考试质保要求》中将与之有关的行动都称为焊工项目考试工作。

为了强化管理，落实 HAF003 中对"对要完成的任务做透彻的分析"这一要求，《焊工项目考试质保要求》定义出了"焊工项目考试重要工作"与"焊工项目考试其他工作"。"焊工项目考试重要工作"和"焊工项目考试其他工作"既包括管理性工作，也包括技术性工作。

焊工项目考试重要工作是指国家核安全局认为考核中心为使焊工项目考试作为一种服务达到质量目标所必需的工作，验证所要求的质量目标已达到所必需的工作，以及为产生上述活动的客观证据所必需的工作。申请单位项目考试质量保证体系的建立就是围绕焊工项目考试重要工作开展的。

焊工项目考试其他工作指为了保证焊工项目考试重要工作的质量，申请单位认为还应控制的活动。比如，影响重要工作完成质量的控制条件，如环境条件、设备和技能等，对质量有影响的人员的培训，对焊工项目考试质量保证体系的定期评价和调整，对《焊工项目考试质量保证分大纲》的定期修订等。

3. 焊工项目考试工作的控制

焊工项目考试质量保证体系应对焊工项目考试重要工作进行透彻的分析，确定所要求的技能，明确承担者的责任，选择和培训合适的人员，提供适当的设备和程序，创造良好的开展工作的环境等方面的工作进行控制与监督。

焊工项目考试质量保证体系也应保证焊工项目考试其他工作达到相应的质量。

（四）质量总监

根据 HAD003/02《核电厂质量保证组织》：**"在每个单位内，必须确定一个或几个关键性的岗位，对制定适当的质量保证大纲（体系）及其有效实施负计划、指导和保证的责任。"**

考虑到焊工项目考试的特殊性和我国目前管理的特点，在《焊工项目考试质保要求》里设置了质量总监的岗位。《焊工项目考试质保要求》中对质量总监的规定主要有：

（1）质量总监应为在申请单位有一定地位的人员，该人员应能向考核中心主任直接汇报工作。

（2）质量总监应由考核中心提出人选建议，国家核安全局批准后，由申请单位任命；必要时，国家核安全局可以委托质量总监完成一些具体工作。

（3）质量总监的任务是负责申请单位内核安全文化的宣传和普及工作，建立和维护焊工项目考试质量保证体系，在焊工项目考试全过程组织实施质量保证工作，向国家核安全局报送相关情况。

（4）申请单位所有向国家核安全局提交的文件都要有质量总监的签署。

对于考核中心总监这样安排的出发点是：将国家核安全局对焊工项目考试的质量管理落实在单位的人事管理中；将考核中心主任对焊工项目考试的责任进一步落实到具体人员的头上。

三、《焊工项目考试质保要求》中具体问题的说明

（一）《焊工项目考试质量保证分大纲》的生效

在核安全法规中对《焊工项目考试质量保证分大纲》的生效没有明确的要求，以往一般是在《焊工项目考试质量保证分大纲》编写后提交审查时即生效。

但在管理实践中发现，核安全审评中对《焊工项目考试质量保证分大纲》往往会提许多问题，并要求进行修改。《焊工项目考试质量保证分大纲》未经使用即频频升版，在管理上带来了许多问题。因此，《焊工项目考试质保要求》中规定：**"国家核安全局发出选定通知后，申请单位根据选定申请审查中进行的修改，对上报《焊工项目考试质量保证分大纲》（草稿）进行修订后，由考核中心主任签署生效，并报国家核安全局备案。"**

与此同时，对于考核中心主任的质量声明，也要求在将《焊工项目考试质量保证分大纲》生效后备案上报公文后附录，并给出了标准写法。

（二）程序

程序对于质量保证体系来说非常重要。但在以往核安全设备管理中，对于程序有质保程序、大纲程序、管理程序、工作程序、执行程序等多种说法，同时有些程序还以规章制度、管理办法等各种形式出现。由于焊工项目考试工作较为简单，为了规范管理，将各种提法统一规范为程序。同时，还提出了申请单位必须制定的程序清单。

（三）焊工项目考试质量保证体系文件用语

在管理实践中发现，在焊工管理领域不仅国外规范差别极大，就是我国国内原劳动部、原机械部、原电力部、原技术监督局的标准虽内容大同小异，但都是各自为政，可以说山头林立、语境混乱、管理各异、成见颇深。与此同时，核安全质保领域的语境也不十分统一。

作为进一步的要求，《焊工项目考试质保要求》里设了专门的章节规范质保文件用语。其中规定："在《焊工项目考试质量保证分大纲》中应使用本文以及国家核安全局所发相关文件的规范用语。

对于申请单位核安全设备质量保证体系内的描述用语或申请单位习惯用描述词语（简称'实际用语'），在使用前应予以说明。对于程序中使用的实际用语，应在《焊工项目考试质量保证分大纲》中集中给出实际用语与规范用语的关系。"

对于规范用语的确定，我们制定了承认差别、规范管理的策略，专门编制了《焊工项目考试名词解释》和《民用核安全设备焊工焊接操作工基本理论考试培训教材》，作为规范焊工质量保证体系文件用语的基础。在制定文件和实际管理中，我们坚持将其稳步推进，对任何事情不管别人怎么理解，我们有自洽的解释和要求；在加强包容性的前提下尽量从高位规范各项工作，拒绝门户之见。

四、焊工项目考试质量保证组织体系

HAF003 中指出："所有大纲必须确定负责计划和执行质量保证活动的组织结构，必须明确规定各有关组织和人员的责任和权力。"

（一）责任分配与组织结（机）构图

责任分配是将质量保证体系指导方针与质量保证体系组织联系起来的纽带。在《焊工项目考试质保要求》中要求申请单位至少针对焊工项目考试重要工作做出明确的责任分配，《焊工项目考试质保要求》中还给出了《申请单位焊工项目考试重要工作情况汇总表》作为责任分配的一种形式。

根据 HAD003/02《核电厂质量保证组织》，责任分配有必要给每一个参加单位分配工作，并确保所有焊工项目考试重要工作都已分配。

同时，《焊工项目考试质保要求》中指出："在《焊工项目考试质量保证分大纲》中，应根据申请单位原组织结构图，给出焊工项目考试组织结（机）构图。图中应标明所有考试部门及其下属的具体组织在申请单位内的实际名称。若图中人员承担焊工项目考试相关负责人职务的，在括号中标出，但对于质量总监应在括号中标出在申请单位内的实际职务。"

（二）焊工项目考试参加单位

对于焊工项目考试组织，《焊工项目考试质保要求》对涉及的参加单位和人员配置提出了更为具体的要求。

对于焊工项目考试的参加单位分成 3 个层次：申请单位、考试部门和具体组织。

其中考试部门是指与焊工项目考试有关的二级机构，具体分为申请单位质保部门、考核中心、焊工集中考点、专项焊工考点和焊工项目考试相关部门。

具体组织是指考试部门内进行或参与焊工项目考试的下属组织。在考试部门无下属组织的，可指考试部门；在特殊情况下可指个人。

由于焊工项目考试较为简单，工作量不大。通常参加单位不可能是专门成立的单位。因此，《焊工项目考试质保要求》中要求在组织机构图中给出各参加单位在申请单位的实际名称。

对于参加单位的控制，《焊工项目考试质保要求》要求申请单位将具体组织的职责和基本情况填入《申请单位焊工项目考试相关具体组织情况汇总表》。

根据 HAD003/02《核电厂质量保证组织》，对于焊工项目考试，申请单位一定有个部门直接负责质量保证工作，其职责是：

（1）保证建立和有效实施焊工项目考试质量保证体系。

（2）验证焊工项目考试重要工作是否正确地按规定进行。

（三）焊工项目考试人员配置

对于焊工项目考试的人员配置也分成 3 个层次。

（1）申请单位人员：考核中心主任、考核中心质量总监、考核中心主任代表。

（2）考试部门人员：考核中心常务副主任、主考人、专项理论知识考试负责人、试件制备负责人、考试监考人和检验负责人。

（3）考试相关人员：具体组织内为焊工项目考试工作的人员。

对于人员配置的控制，《焊工项目考试质保要求》将申请单位人员和考试部门人员统称为申请单位焊工项目考试相关负责人，同时要求申请单位提交《申请单位焊工项目考试相关负责人情况汇总表》。这些人员一旦发生变化，申请单位应向国家核安全局备案。

五、对申请单位核安全设备质量保证体系的借用

焊工项目考试质量保证体系的特点是实际工作简单且责任关系复杂，对申请单位核安全设备质量保证体系的借用是建立健全完善的焊工项目考试质量保证体系的一个重要手段。在《焊工项目考试质保要求》中给出了专门的章节，要求申请单位明确在《焊工项目考试质量保证分大纲》中对《申请单位核安全设备质量保证大纲》描述的借用和程序的引用。

为了便于说明，《焊工项目考试质保要求》还给出了焊工项目考试质量保证体系中对申请单位核安全设备质量保证体系借用的几个最可能的方面。比如，文件控制，采购控制，物项控制（部分），检查和试验控制（部分）以及记录。同时，《焊工项目考试质保要求》还给出了《申请单位焊工项目考试质量保证体系情况汇总表》的样表，以便申请单位捋顺两个质保体系的关系。

六、焊工项目考试用焊接工艺规程与焊接工艺评定

焊接工艺规程和焊接工艺评定是核安全设备焊接活动中最重要的技术内容。同时，这也是核安全设备各种规范和标准分歧最大的地方。为了便于使用和管理，《焊工项目考试质保要求》使用专门的章节提出了管理要求。

七、质量计划

质量计划是质量保证大纲中一种常用的管理手段，在 HAF003 的导则中有所涉及。

在 HAF601 中规定："民用核安全设备制造和安装单位应当根据具体活动编制相应的质量计划，并经民用核设施营运单位审查认可。"

但从整体上讲，核安全法规对质量计划没有较为严格的规定。

在 HAF003 及其相关导则中多次提到了质量验证的问题。如 HAF003 第 3.1.1 指出："为了管理、指导和实施质量保证大纲，必须建立一个有明文规定的组织结构并明确规定其职责、权限等级及内外联络渠道。在考虑组织结构和职能分工时，必须明确实施质量保证大纲的人员既包括活动的从事者也包括验证人员，而不是单一方面的责任范围。组织结构和职能分工必须做到：

"（1）由被指定负责该工作的人员来实现其质量目标，可以包括由完成该工作的人员所进行的检验、校核和检查。

"（2）当有必要验证是否满足规定的要求时，这种验证只能由不对该工作直接负责的人员进行。"

同时，HAF003还用了专门的章节描述各种控制和检查要求。为了对焊工项目考试的过程进行较为全面的控制，《焊工项目考试质保要求》中提出焊工项目考试质量计划是检查大纲和质量验证的一种形式，明确了对申请单位焊工项目考试质量计划的要求。

《焊工项目考试质保要求》对申请单位焊工项目考试质量计划的要求有以下几个特点：

（1）质量计划编制是以焊工项目考试重要工作和其他工作为编排基础的，《焊工项目考试质保要求》中对于质量计划的开启和关闭都有明确的要求。

（2）质量计划的签署人分成4个层次即操作人签字、质量检查人员签字、质量验证人员签字和外部监督人员签字。

其中，操作人和质量检查人员是实现质量目标的人员，其中应包括负责该工作检验、校核和检查的人员；质量验证是执行体系内部质量验证功能；外部监督是由外部体系（国家核安全局、聘用单位或营运单位）进行的监查、检查或监督。

（3）要求在《焊工项目考试质量保证分大纲》中给出典型质量计划。典型质量计划应反映申请单位认为在焊工项目考试中要进行控制的焊工项目考试重要工作或其他工作名称和编号，以及质量检查选点的最少选点要求。在实际管理中，要求在责任分配中出现的焊工项目考试负责人员都应在质量计划相应的位置上签字。

（4）将质量计划实施中所形成的以及签点所依据记录保存的完整性作为焊工项目考试受控的最基本证据。

八、纠正措施

在设置焊工项目考试重要工作时，安排了一些对质量保证体系有效性进行检验的工作，如在参考焊工评价、焊工项目考试不符合项处理、焊工项目考试无效的鉴别与上报、未合格焊工上报及其原因分析等。同时，HAF003中也规定了质量监查和管理部门审查等工作。

对于这些工作中鉴别出有损于质量的情况，《焊工项目考试质保要求》在纠正措施一章给出了明确的控制要求。

第五章

核安全设备常用焊接方法及其操作

第一节 气 焊

气焊是利用气体火焰作为热源的焊接方法。气焊的应用已有近百年的历史。最早的气焊是利用氢气和氧气的混合燃烧，由于其燃烧温度较低（2 000 ℃左右），且容易发生爆炸事故，所以，未被广泛应用于工业生产，仅用于铅的焊接。

目前，气焊是利用可燃气体与助燃气体混合燃烧生成的火焰为热源，熔化焊件和焊接材料使之达到原子间结合的一种焊接方法。

气焊的英文缩写和压力容器考规（简称容规）中的代号为 OFW；ISO 和 GB 5185—2005《焊接及相关工艺方法代号》代号为 311、312；在焊工资质管理中气焊的代号为 HQ。

气焊主要用于焊接薄钢板、有色金属、补焊铸铁件和堆焊硬质合金，以及补焊磨损零、部件等。气焊在核安全设备中使用得不多，大多只是用于在阀门密封面堆焊。由于所用储存气体的气瓶为压力容器、气体为易燃易爆气体，所以该方法是所有焊接方法中危险性最高的之一。

气焊应用的设备包括氧气瓶、乙炔发生器（或溶解乙炔瓶）以及回火保险器等，应用的工具包括焊炬、减压器以及橡皮气管等。这些设备、工具在工作时的应用情况见图 5-1。

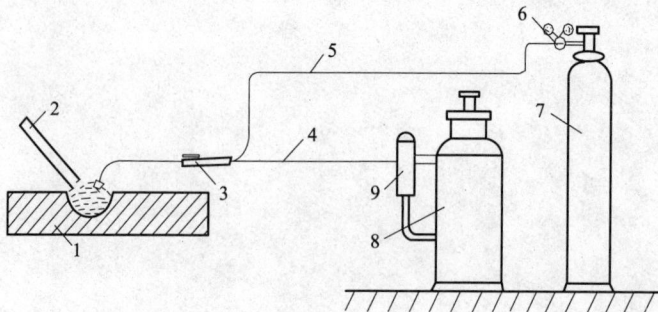

图 5-1 气焊应用的设备和工具示意图
1—焊件；2—焊丝；3—焊炬；4—乙炔橡皮气管；5—氧气橡皮气管；
6—氧气减压器；7—氧气瓶；8—乙炔发生器；9—回火保险器

气焊的优点是：设备简单、使用灵活；对铸铁及某些有色金属的焊接有较好的适应性；

在电力供应不足的地方需要焊接时，气焊可以发挥更大的作用。

气焊的缺点是：生产效率较低；焊接后工件变形和热影响区较大；较难实现自动化；加热速度低，对于加热过程中容易被氧化的材料、在高温下容易出现晶粒长大而产生脆化的材料不适于气焊。

助燃气体主要为氧气，可燃气体主要采用乙炔、液化石油气等。所使用的焊接材料主要包括可燃气体、助燃气体、焊丝、气焊熔剂等。焊接设备主要包括氧气瓶、乙炔瓶（如采用乙炔作为可燃气体）、减压器、焊枪、胶管等。

气焊时，焊丝不断地送入熔池内，并与熔化的基本金属熔合形成焊缝。焊缝的质量在很大程度上与气焊丝的化学成分和质量以及火焰成分有关。

气焊、气割或火焰加工所应用的乙炔、丙烷、氢气都是易燃易爆气体，而氧气与油脂或易燃物质接触容易引起自燃，造成火灾或爆炸。氧气瓶、溶解乙炔瓶、液化石油气瓶和乙炔发生器都属于有压力的容器。由于气焊、气割操作中需要与可燃气体和有压力的容器接触，同时又使用明火，因此，焊工必须保持焊接设备、工具完好和遵守安全操作规程，这样才能杜绝爆炸和火灾事故的发生。

第二节　焊条电弧焊

一、概述

焊条电弧焊是用手工操纵焊条进行焊接的电弧焊方法。焊接时，利用焊条和焊件之间产生的电弧将焊条和焊件局部加热到熔化状态，焊条端部熔化后的熔滴和熔化的母材融合在一起形成熔池。随着电弧向前移动，熔池液态金属逐步冷却结晶，形成焊缝。焊条电弧焊的过程如图5－2所示。

由于焊条电弧焊设备简单、操作方便、适应性强，能在空间任何位置进行焊接，可焊接碳钢、低合金钢、不锈钢和镍基合金等各种材料。因此，焊条电弧焊在核安全设备制造和安装中应用十分广泛。

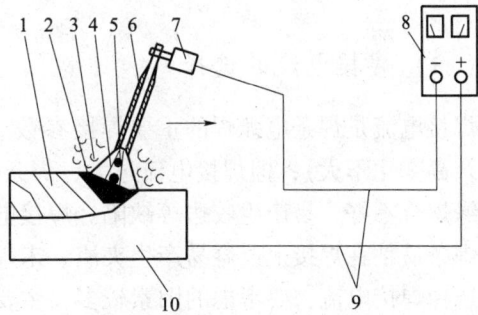

图5－2　焊条电弧焊过程示意图

1—焊缝；2—熔池；3—保护性气体；5—电弧；5—熔滴；
6—焊条；7—焊钳；8—电焊机；9—焊接电缆；10—焊接

焊条电弧焊的英文缩写和压力容器考规（简称容规）中的代号为 SMAW；ISO 和 GB 5185—2005《焊接及相关工艺方法代号》代号为 111；在焊工资质管理中代号为 HD。

二、焊接参数

选择合适的焊接参数是保证质量，提高效率的重要条件。影响焊条电弧焊焊接质量的主要焊接参数有：焊条种类、牌号和直径、焊接电源种类和极性、焊接电流、焊接电压、焊接速度及焊接层次等。

（一）焊条种类和牌号的选择

焊条的选择原则：一般的碳钢和低合金钢按等强度的原则选取；对于有特殊性能要求的重要构件应选用能保证熔敷金属的性能与母材相近的焊条。

（二）焊接电源种类和极性的选择

通常根据焊条类型选择电源种类和极性。酸性焊条一般采用交流电源，碱性焊条除低氢钠型焊条必须采用直流反接外，低氢钾型焊条可采用直流反接或交流。

（三）焊条直径的选择

在考虑焊件的厚度、所处的焊接位置以及接头形式等条件下，为了提高焊接生产率，应尽可能选用较大直径的焊条。对于厚板焊件应选用较大直径的焊条，但厚板对接接头坡口内的第一层焊道应选用较细的焊条。对于根部要求焊透的角焊缝和对接焊缝，第一道焊缝用的焊条直径一般不超过 $\phi 3.2$ mm。焊条直径和焊接厚度的关系见表 5 - 1。

表 5 - 1　焊条直径的选择　　　　　　　　　　　　　　　　　　mm

焊接厚度	焊条直径
≤4	2.5 ~ 3.2
4 ~ 12	3.2 ~ 5
>12	≥5

（四）焊接电流的选择

焊接电流是焊条电弧焊的重要焊接参数。增大焊接电流能提高生产率，增大熔深（熔宽和余高变化不大）；但焊接电流过大，焊条熔化快，药皮易发红脱落，飞溅和烟雾大，焊件边缘熔合不好，易产生咬边等缺陷。焊接电流过小，电弧燃烧不稳定，焊缝与母材熔合不良，焊条易粘在焊接上，容易产生夹渣、未焊透等缺陷。

选择焊接电流，要考虑的因素较多，主要由焊条直径、焊接位置和焊道层次决定。焊条直径越大，选择电流越大。表 5 - 2 给出了可供选用电流的参考值。

表 5 - 2　各种碳钢焊条及低合金钢焊条不同直径在平焊位置时使用电流的参考值

焊条直径/mm	1.6	2.0	2.5	3.2	4.0	5.0	5.8
焊接电流/A	25 ~ 40	40 ~ 65	50 ~ 80	100 ~ 130	160 ~ 210	200 ~ 270	260 ~ 300

横焊、立焊、仰焊位置时奥氏体不锈钢及镍基合金焊接时，焊接电流应比平焊位置小 10% ~ 20%。

对于焊道层次，打底焊道选择较小的焊接电流，便于控制、操作；填充焊道，为了提高生产率，保证熔合良好，应选择较大的电流；盖面层，为便于操作，防止咬边，获得较美观的表面成型，应选择稍小的焊接电流。

（五）电弧电压的选择

电弧电压就是电弧两端（两极）之间的电压降，包括阴极压降、阳极压降和弧柱压降。

电弧电压主要影响焊缝的宽窄，电弧电压越高，焊缝越宽。但在实际操作中，焊条电弧焊焊缝宽度主要靠焊条的横向摆动来控制，电弧电压的影响有限。

当调节好弧焊电源空载电压和等效阻抗后，电焊机的外特性曲线就决定了。因此电弧电压实际上与弧长有关。电弧越长，电弧电压越高；电弧越短，电弧电压越低。但电弧过长时，会造成电弧燃烧不稳，易摇易跳，挺度不足，飞溅大，熔深小，易产生咬边，气孔等缺陷；若电弧太短，熔化金属过渡时可能出现短路，易粘焊条。按一般规律，电弧长度不应超过焊条芯的直径。

（六）焊接速度的选择

合适的焊接速度能获得美观的焊道成型。过高的焊接速度会使熔深减小，焊缝边缘产生咬边，除渣困难。过低的焊接速度，焊道宽、熔深增大。因此，在满足焊缝所要求的尺寸，保证熔合良好的情况下，为提高生产率，应选择合理的焊接速度。

（七）焊接层次的选择

多层多道焊有利于提高焊缝金属的力学性能。多层焊的前一条焊道对后一条焊道起预热作用，而后一条焊道对前一条焊道起热处理作用。通常每层的厚度不超过 4 ~ 5 mm，否则对金属的塑性等有不利影响。在中厚板的焊条电弧焊时，通常采用多层多道焊。

三、焊接操作

（一）引弧

焊条电弧焊常见的引弧方法有两种，即划擦法和直击法。

1. 划擦法

将焊条端部对准待焊部位，然后将焊条在焊件上划擦一下，发生短路，此时接触面积很小，温度急剧上升，在焊条末端未熔化前，迅速将焊条提起，在空气中产生电弧。注意焊条提起不能太高，否则电弧将熄灭。引弧后，使弧长保持在焊条直径范围内稳定燃烧。核电焊接一般不采用此法。

2. 直击法

使焊条与焊件保持一定距离，然后垂直落下，敲击焊件，发生短路后，迅速将焊条提起，产生电弧，保持弧长在焊条直径范围内稳定燃烧。

引弧对焊缝质量有一定影响，在引弧处常常产生缺陷。因此，焊工在引弧时应注意以下几点：

（1）焊件待焊部位应彻底清理干净。

（2）焊条与焊件接触后，焊条提起时间要适中，提起的高度要合理。太快、太高，电弧可能熄灭；太慢，焊条将与焊件粘连。

（3）焊条端部要有裸露部分，且应均匀。

（4）引弧位置要适当，在焊接中断重新引弧时，应注意引弧位置。一定要在离停弧点后 10～20 mm 焊缝上引弧，然后移至始焊点，待熔池熔透后再继续向前移动，将可能产生的引弧缺陷留在焊缝表面，在下一层焊道焊接之前将前一焊道表面清理干净，去除缺陷。

（二）收弧

焊接结束或电弧中断，都会产生弧坑，若收弧不当，弧坑处常常会出现裂纹、气孔等缺陷。为了克服弧坑缺陷，可采用下述两种收弧方法。

1. 划圈收弧法

焊条在收尾处做圆圈运动，直至将收尾处弧坑填满，再拉断电弧。

2. 转移收弧法

焊条在弧坑处稍做停留，慢慢将电弧提高，同时引向边缘坡口侧。凝固后一般不会出现缺陷。适用于换焊条或临时停弧。

注意：在收弧时道与道之间收弧处要错开，焊接过程中要注意收弧位置成金字塔型或 50 mm 错开。如图 5－3 所示。

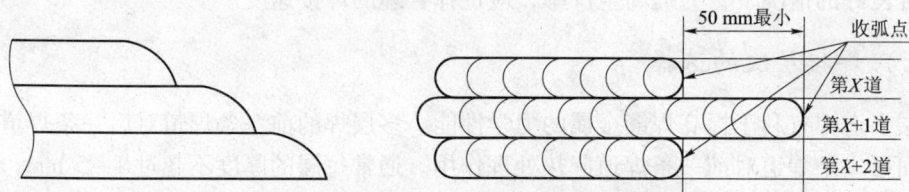

图 5－3　焊道与焊道之间收弧处错开示意

（三）运条

运条是决定焊缝质量和外形尺寸优劣的基本因素，是焊工技术水平的具体表现。

1. 基本动作

运条有 3 个基本动作，即沿焊条轴线向熔池方向的送进，沿焊缝轴线方向的纵向移动和横向摆动。

（1）沿焊条轴线向熔池方向的送进，焊条熔化，电弧逐渐变长，要保持电弧不灭，应将焊条向熔池送进，且送进速度应与焊条熔化速度相等。

（2）焊缝沿轴线方向的移动，合适的移动速度，能使焊条熔敷金属与熔化的母材金属良好熔合形成美观的焊缝。若移动速度太快，电弧来不及熔化足够的焊条金属与母材金属熔合，则易产生未熔合，未焊透等缺陷，且焊缝外形尺寸窄；若移动速度太慢，则会造成焊缝高而宽，在打底和薄板焊接时易焊穿。

（3）焊条的横向摆动，焊条的横向摆动可以获得一定宽度的焊缝。正常的摆动宽度一般不超过焊条直径的 2～5 倍。横向摆动力求均匀，才能获得美观整齐的焊道。

2. 运条方法

运条方法很多，但在核电产品中常用的有 3 种形式，即直线形运条法、锯齿形运条法和月牙形运条法。常用运条方法及适用范围见表 5－3。

表 5 – 3　常用运条方法及适用范围

运条方法	示意图	适用范围
直线形运条法		适用于平、横、仰焊位置
锯齿形运条法		适用于立焊和全位置焊接
月牙形运条法		适用于立焊和全位置焊接

备注：立焊和全位置焊接摆动幅度不能超焊条直径的 3 倍。

3. 运条规定

立焊和管水平固定或斜 45°固定位置焊接可以摆动，但摆动幅度不能超过焊条直径的 3 倍。其余位置（平、横、仰）为不摆动，多道直道焊。

（四）焊道接头

焊道接头即后焊焊缝与先焊焊缝的连接处。

1. 焊道接头的要点

（1）工件待焊部位应彻底清理干净。

（2）焊条与工件接触后，焊条提起时间要适中，提起的高度要合理。太快、太高，电弧可能熄灭；太慢，焊条将与工件粘连。

（3）需用整根焊条，端部要有裸露部分，且应均匀。

（4）引弧位置要适当，如图 5 -4 所示。在焊接中断重新引弧时，应注意引弧位置。一定要在离始焊点后 10 ~ 20 mm 焊缝上引弧，然后移至始焊点，待熔池熔透后再继续向前移动，将可能产生的引弧缺陷留在焊缝表面，在下一层焊道焊接之前将前一焊道表面清理干净，去除缺陷。

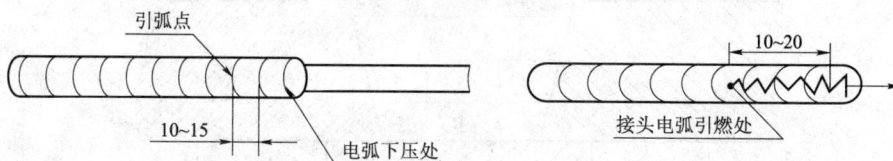

图 5 -4　焊道接头操作技术示意图

2. 焊道接头的连接方法

焊道接头的连接方法共有 4 种：中间接头、分段退焊接头、相背接头和相向接头。如图 5 -5 所示。

（1）中间接头：如图 5 -5（a）所示，即后焊焊缝 2 起焊处与先焊焊缝 1 尾部相连的接头。要求先将焊缝 1 弧坑缺陷清除干净，然后在离弧坑后 10 mm 左右的焊缝上引弧，稍拉长电弧将电弧移至弧坑后，压低电弧稍作摆动，即可向前焊接。

279

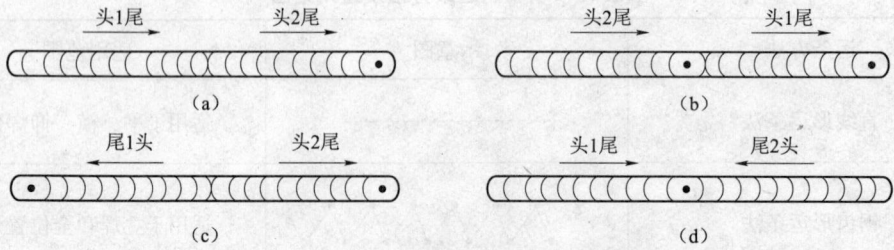

图 5 - 5　焊道接头的 4 种情况

(a) 中间接头；(b) 分段退焊接头；(c) 相背接头；(d) 相向接头

（2）分段退焊接头：如图 5 - 5（b）所示，即后焊焊缝 2 尾部与先焊焊缝 1 起焊处相接的接头。将焊缝 1 头部缺陷清除干净并打磨出斜坡，当焊缝 2 靠近焊缝 1 起头处时，改变焊条角度，使焊条指向焊缝 1 的起头处，稍作停留，待填满斜坡后，快速略向前一段，熄弧。

③相背接头：如图 5 - 5（c）所示，即后焊焊缝 2 头部与先焊焊缝 1 头部相接接头。将焊缝 1 头部缺陷清除干净并打磨出斜坡，在离斜坡处约 10 mm 的焊缝上引弧，略拉长电弧移至斜坡处，稍作摆动，再向前正常焊接。此种接头在全位置焊接时出现。

④相向接头：如图 5 - 5（d）所示，即两条焊缝的尾部相接。将焊缝 1 尾部收弧处打磨干净，当焊缝 2 靠近焊缝 1 尾部时，改变焊条角度，使焊条指向前焊缝的尾端，稍作停留，待填满弧坑后，快速略向前一段，熄弧。

（五）焊道分布

每层的最终焊道不应布置在两边，要收在中间较为合理。

07 版 RCC - M 的工艺评定提出了控制热输入（熔焊时由焊接能源输入给单位长度焊缝上的热能）的要求。所以当我们采用焊条电弧焊时要严格控制层道数量和焊接电流范围。一般每层的焊缝金属熔敷厚度不能超过 3 mm。

例如 12 mm 板对接焊，焊道分布的例子如图 5 - 6 所示。

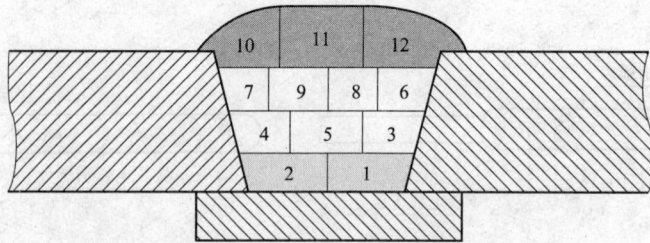

图 5 - 6　焊道分布示意图

（六）打磨

焊接活动中，使用的打磨主要集中于焊道接头、焊道与焊道、各焊层之间在焊接前表面打磨，简称三磨。三磨的主要注意事项如下：

（1）焊道接头打磨要求磨两头留中间，如图 5 - 7 所示。

280

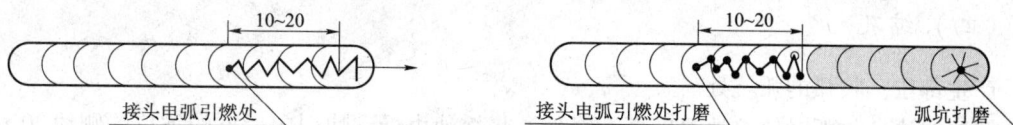

图 5 – 7　焊道接头打磨示意图

（2）焊道与焊道的搭接处打磨的示意图见图 5 – 8。

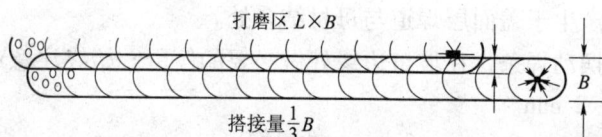

图 5 – 8　焊道与焊道之间打磨示意图

（3）层间打磨的示意图见图 5 – 9。

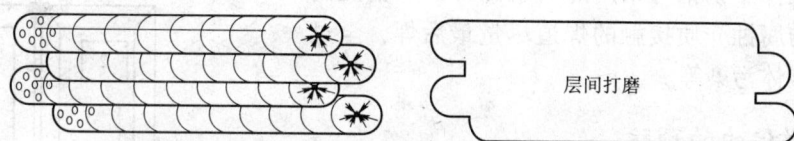

图 5 – 9　焊层与焊层之间打磨示意图

四、典型焊接缺陷及预防

（一）气孔

产生部位：主要产生在焊道接头引弧处，焊接中有时也可能出现。

解决方法：清除坡口及其周围的油、锈和其他杂质，焊条严格按要求烘干，采用短弧操作，掌握合适的焊条角度，严格按照规定的焊道接头和引弧操作技术，选择合适的焊接电流，不强行使用过大的焊接电流。

（二）夹渣

产生部位：存在于各层焊道之间或与母材的交接处。

解决方法：首先要彻底清除前焊道的熔渣，每层焊缝道与道搭接量不小于 1/2 的覆盖面，施焊时电流不宜过小，以避免熔渣上浮困难。保持正确的焊条角度，保证每层焊道与坡口两侧圆滑过渡。

（三）咬边

产生部位：产生于焊缝焊趾处。

解决方法：焊接时手要平稳，掌握好焊条角度，正确选择焊接参数。焊接电流不宜过大和电弧不能过长。

（四）缩孔

产生部位：收弧的弧坑处。

解决方法：收弧时使熔池温度渐渐降低，将熔池由慢到快引向后方的坡口一侧约 20 mm 处收弧，用角向磨光机打磨无缩孔。

（五）未熔合

产生部位：主要产生于盖面层焊道与母材结合处。

解决方法：适当摆动焊条，在坡口边缘处做必要的停留，始终注意观察熔池金属一定要将坡口的边缘熔合 1~2 mm。

（六）晶间腐蚀

解决方法：采取措施加快焊缝的冷却速度，如采取短弧焊、窄焊道、低的焊接热输入量，对纯奥氏体不锈钢可采用焊后水冷却，严格控制道间温度，与腐蚀介质接触的焊道尽量最后焊，全过程要防止铁素体污染等。

（七）磁偏吹的预防

（1）焊接的接地线位置要及时做适当调整，尽可能使电弧周围的磁力线分布均匀。一般认为接地线处离施焊处位置越近，则偏吹越小。焊接过程中各层一般做二次接地线位置的调整，如图 5-10 所示。

（2）一旦在焊接过程中出现磁偏吹，就立即压低电弧并向焊接的反方向倾斜。

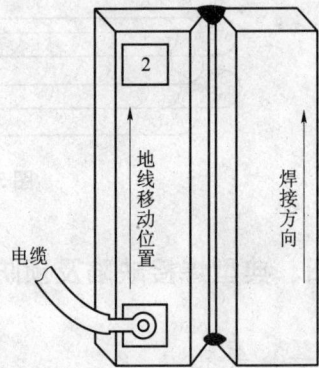

图 5-10　接地线位置的调整示意图

五、奥氏体不锈钢板对接带衬垫立焊技能操作考试

奥氏体不锈钢焊接主要需防止气孔、晶间腐蚀和热裂纹的产生。板对接立焊位置操作难度在于液态金属由于重力作用下坠，容易产生焊瘤。因此，在立焊时，要严格控制好焊条角度和进行短弧操作。

板对接 V 形坡口立焊技能操作主要参数见表 5-4。

表 5-4　板对接 V 形坡口立焊焊接参数举例

主要焊接参数：			
焊道分布	焊层	焊条规格/mm	焊接电流/A
	打底（1层）2道	φ3.2	90~115
	填充（2~4层）多道	φ4	115~155
	盖面（1层）3道	φ3.2	90~115

1. 焊接技术要求

（1）采用多层多道焊的熔敷类型，焊条要摆动。摆动幅度不能超过焊芯直径的3倍。

（2）做好三磨，即焊道接头、焊道与焊道、各焊层之间在焊接前表面打磨工作。使之金属表面干净，露出光泽，无任何缺陷。

（3）严格控制热输入和道间温度。经验告诉我们焊缝颜色不能变成蓝色或黑色。要做到每条焊缝颜色为金黄色。

（4）工具准备。钳式电流电压表，数字型接触式测温仪，低应力钢印，电动角向磨光机，不锈钢刨锤，保温桶，手持式面罩，拖线板，无铁铝基砂轮片，不锈钢刷子。

2. 试件焊接清理

必须去除表面氧化物，并且不得存在任何氧化痕迹。试件坡口面两侧及背面10～20 mm、垫板与试件接触面的油、锈、氧化皮等清理干净，能见金属光泽。PT检验过后，再装配及定位焊装配。

（1）打上材质钢印牌号和炉批号。

（2）装配及定位焊。要求有0～0.5 mm的钝边和10～20 mm的间隙。定位焊所使用的焊条和正式焊接时所使用的焊条相同。分别在试件焊接的板材与垫板背面两端进行定位焊，每处长度不小于20 mm，必须焊接牢固，防止开裂；尽量减少错边。

（3）将试件放置立焊位置，把试件固定好。

启动焊机前，检查各处的接线是否正确、牢固可靠。调好焊机推力和引弧两个旋钮的位置并用钳型电流电压表，检查电流是否准确且符合焊接工艺规程。

3. 焊接操作

1）打底焊

采用连弧焊，先焊右侧焊道，再焊左侧焊道，采用较小直径的焊条 φ3.2 mm。

用直击法将电弧引燃，并压低电弧建立第一个熔池，稍预热；然后以锯齿形或月牙形的运条横向摆动向上拖焊，焊条的下倾角为60°～80°，见图5－11；当焊条摆动到定位焊缝上边缘时，焊条角度也相应变为90°，同时尽力压低电弧送入；从下往上焊，对右角焊道直线运行焊条，使垫板和试件母材良好熔合，焊缝颜色应呈银白色或金黄色。

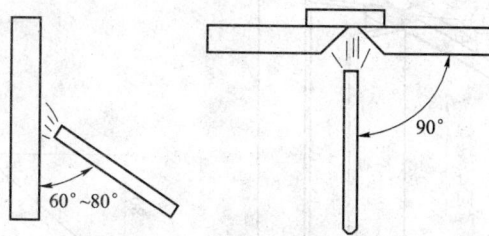

图5－11　焊条与焊件的夹角

焊道接头采用冷接法，收弧处用铝基无铁材料的砂轮片打磨，磨出圆滑过渡的斜坡状，再进行焊接；引弧点应在原弧坑下面10～20 mm的焊缝上，待电弧引燃后，立即压低电弧，短弧操作，并引向上焊缝起点，进行施焊，这样即可避免在焊缝起焊点产生气孔；焊完右面第一道，用同样的方法焊接左面焊缝，左、右焊缝焊完后，用角向磨光机把焊道中间打磨圆滑露出金属光泽再进行焊接。打底层焊妥后，应将焊道接头电弧引燃处的10～20 mm金属磨掉，熔渣清理干净，见图5－12。

当中途焊接中断收弧时，应将弧坑引到外侧焊缝上，否则会产生缩孔。重新引弧的位置

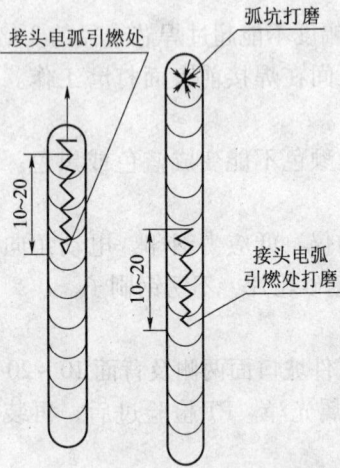

图 5-12 接头与打磨

在离收弧下方 10 mm 左右的焊缝上，然后拉至收弧处做横向摆动，稍停留后继续向上移动。

2）填充层的焊接

采用多层多道，先将每层焊道接头（道与道之间露出的小尾巴起弧焊缝）打磨干净，使其露出金属光泽，用无铁铝基砂轮把焊层表面打磨平整，无任何缺陷，进行 PT 检验合格后，再进行焊接填充。道间用 $\phi 4$ mm 的焊条焊接，先焊右侧再左焊道，左、右焊完后，中间用无铁铝基砂轮把焊层表面打磨平整，用同样的方法进行焊接。焊道与焊道应充分搭接，覆盖面不小于 1/2，边缘的第二层焊道应完全覆盖第一层边缘焊道。填充焊道焊完后，其焊缝表面应离试件表面 1.0~1.5 mm，两侧棱边不能烧损，保持原始状态。填充层形状最终略呈凹形为最好。

3）盖面层焊接操作要领

采用单层多道焊。先去掉障碍板，打磨焊缝表面露出金属光泽，盖面层的焊接采用 $\phi 3.2$ mm 焊条。先焊右侧焊道再焊左侧焊道，最后焊接中间，电流稍偏小，便于控制电弧坡口边缘熔合 1.5~2 mm，避免焊趾处产生咬边。操作时手要稳，焊接角度要正确，道与道搭接合理。盖面时焊缝的焊道至少要有一个焊道接头，焊条摆动的幅度不能大于焊条直径的 3 倍，焊接完后焊缝表面保持原始焊缝不做打磨。

板对接 V 形坡口立焊焊接装配示意图与坡口形式，如图 5-13 所示。

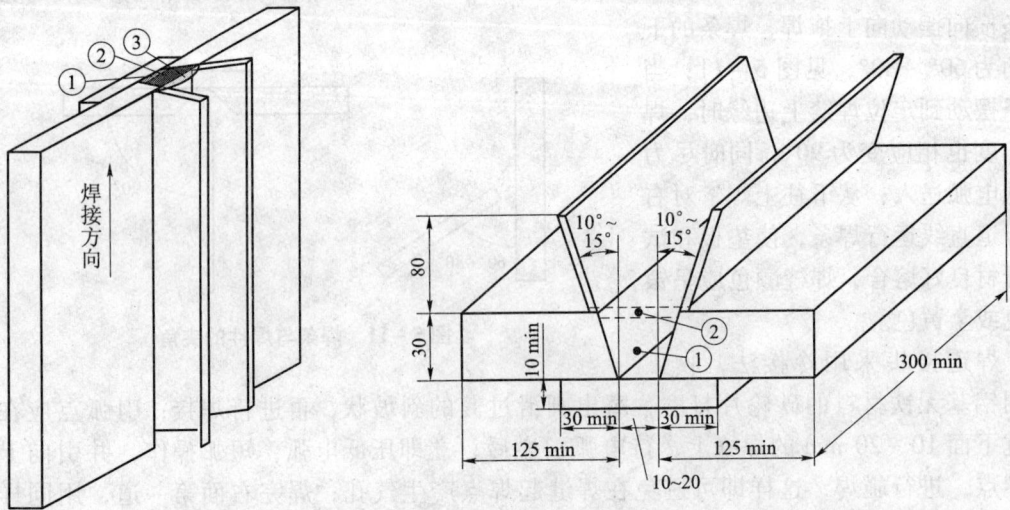

图 5-13 板对接 V 形坡口立焊焊接装配示意图与坡口形式

第三节 钨极氩弧焊

一、概述

钨极惰性气体保护焊，如图 5 – 14 所示。它是以纯钨或活化钨（钍钨、铈钨等）电极的惰性气体保护焊，也就是人们常说的 TIG 焊接。它以燃烧于非熔化电极与焊件间的电弧作为热源，电极、电弧区及熔化金属都用一层惰性气体保护，使之与空气隔离。

钨极惰性气体保护焊的英文缩写和压力容器考规代号为 GTAW；ISO 和 B5185—2005《焊接及相关工艺方法代号》代号为 141。在焊工资质管理中将钨极惰性气体保护焊分成两个代号：手工钨极氩弧焊 HWS 和自动钨极氩弧焊 HWZ。

钨极惰性保护气体焊的电极通常是用钨或钨合金棒。焊接时，填充焊丝从钨极的前方添加。当焊

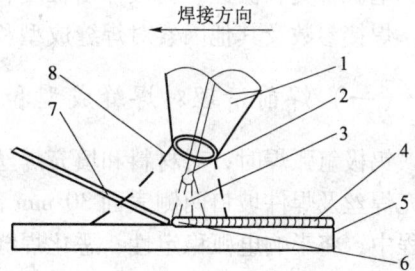

图 5 – 14 钨极惰性气体保护焊示意图
1—喷嘴；2—钨极；3—电弧；4—焊缝；
5—焊件；6—熔池；7—焊丝；8—惰性气体

件厚度小于 3 mm 时，一般不需开坡口和加填充金属。焊接过程可用手工进行，也可以自动化送丝。保护气体可采用氩气、氦气或氩氦混合气体。在特殊应用场合，可添加少量的氢。用氩气作为保护气体的称为钨极氩弧焊，用氦气的称为钨极氦弧焊。由于氦气价格昂贵，在工业上钨极氩弧焊的应用要比氦弧焊广泛得多。

国核安函［2010］148 号文附件《民用核安全设备焊工焊接操作工资格管理工作会议纪要》规定目前暂时不把保护气体作为技能变素。因此，手工钨极氩弧焊 HWS 和自动钨极氩弧焊 HWZ 的考试结果适用于相应的钨极惰性气体保护焊。

二、钨极氩弧焊的特点

（一）钨极氩弧焊优点

（1）氩气能有效地隔绝周围空气，它本身不溶于金属、不与金属反应；焊接过程中电弧还有自动清除焊件表面氧化膜的作用。因此，钨极氩弧焊可用来焊接易氧化、易氮化、化学活泼性强的有色金属、不锈钢和各种合金。

（2）钨极电弧稳定。即使在很小的焊接电流（＜10 A）下仍可稳定燃烧，特别适用于薄板、超薄板材料焊接。热源和填充焊丝可分别控制，因而热输入容易调节，可进行各种位置的焊接，也是实现单面焊双面成型的理想方法。

（3）焊缝成型美观。由于填充焊丝不通过电弧，故不会产生飞溅。

（二）钨极氩弧焊缺点

（1）熔深浅，熔敷速度小，生产率较低。

（2）钨极承载电流的能力较差，过大的电流会引起钨极熔化和蒸发，其微粒有可能进

入熔池，造成污染（夹钨）。

（3）氩气较贵，与其他电弧焊方法（如焊条电弧焊、埋弧焊、二氧化碳气体保护焊等）比较，生产成本较高。

三、钨极氩弧焊焊接参数

钨极氩弧焊的主要焊接参数有：坡口形式、钨极直径、焊接电流、电弧电压、焊接速度、电源种类和极性、钨极伸出长度、喷嘴直径及端部形状、喷嘴与焊件间距离及氩气流量等。焊接参数及其他因素对焊缝成型和质量的影响如下。

（一）焊前清理对焊缝成型和质量的影响

钨极氩弧焊时，对材料和填充焊丝的表面质量要求很高，焊前必须经过严格清理，去除填充焊丝及焊件坡口两侧表面 30 mm 范围内的油污、水分、灰尘、氧化膜等。否则在焊接过程中，将影响电弧稳定性，恶化焊缝成型，并可能导致气孔、夹渣、未熔合等缺陷。

（二）氩气对焊缝成型和质量的影响

氩气是一种惰性气体，在常温下与其他物质均不起化学反应，在高温下也不溶于液态金属中。因此可以避免焊缝金属中合金元素的烧损和由此带来的其他焊接缺陷，使焊接冶金反应变得简单和容易控制，为获得高质量焊缝提供了良好条件。

（三）焊接电流对焊缝成型和质量的影响

焊接电流大小是决定焊缝熔深的主要参数并与焊丝的熔化量基本上成正比。焊接电流越大，母材的熔化量越多，熔透深度越大。在相同的焊丝直径、电弧电压、焊接速度的条件下，焊接电流增加时，熔深增大，焊缝宽度与余高稍增加，但增加得很少。

焊接电流增大时，应相应增大电弧电压，否则，焊缝的熔深剧增，熔宽略增，形成窄而深的焊缝，即焊缝成型系数变小，容易产生气孔和热裂纹。但应注意：焊接电流过大时，容易引起烧穿、焊漏和产生裂纹等缺陷，且焊件的变形大，焊接过程中飞溅也很大；而焊接电流过小时，容易产生未焊透、未熔合和夹渣等缺陷以及焊缝成型不良。

（四）焊接速度对焊缝成型和质量的影响

焊接速度对焊缝的成型和焊接接头的性能都有着很大的影响。在其他焊接参数不变的情况下，增大焊接速度，会使电弧对单位长度焊接接头的热输入减小，导致熔深减小，熔宽变窄；同时单位长度焊接接头上焊丝熔敷量减小，焊缝宽度和余高也有所减小，容易产生咬边、未熔合、未焊透、焊缝高而窄、两侧熔合不好等缺陷，甚至由于保护变坏而产生气孔。如果焊接速度过小，导致焊缝宽度增大，易产生烧穿、焊瘤等缺陷。另外，还会降低生产率，增大焊接变形。

（五）钨极形状对焊缝成型和质量的影响

钨极直径是按焊接电流选择的，一定的钨极直径具有一定的极限电流。如果焊接电流低于极限电流，由于电流密度低，钨极端部温度不够，电弧会在钨极端部不规则地飘移，电弧很不稳定，从而破坏氩气保护区，使熔池被氧化；如果焊接电流高于极限电流，由于电流密度太高，钨极端部温度大于钨极的熔点，可看到钨极端部出现熔化迹象，端部很亮，当电流继续增大时，熔化了的钨极在端部形成一个小尖状突起，逐渐变大形成熔滴，电弧随熔滴尖端飘移，很不稳定，不仅会破坏氩气保护区，使熔池被氧化，焊缝成型不好，而且熔化的钨滴落入熔池后将产生夹钨缺陷。

钨极尖端角度对焊缝熔深和熔宽有一定的影响。减小锥角，焊缝熔深减小而焊缝熔宽增大，反之增大锥角，焊缝熔深增大则焊缝熔宽减小。

（六）气体流量对焊缝成型和质量的影响

在一定条件下，保护气体的流量和喷嘴直径有一个最佳配合范围。此时，气体保护效果最好，有效保护区也最大。

对于一定孔径的喷嘴，流量过小，气流挺度太差，排除周围空气的能力弱，轻微的侧向风也能使其偏离和散乱，保护效果不好，会产生大颗粒飞溅，电弧不稳，焊缝易产生气孔。但流量过大，喷出的气流近壁层流很薄，甚至为紊流，则易混入空气，保护效果不好。

在流量一定时，喷嘴的孔径过小，保护范围小，因气流速度过高而形成紊流；喷嘴的孔径过大，不仅妨碍焊工观察焊缝及熔池的视线，而且由于孔径过大，气流速度过低，挺度小，同样保护效果也不好。

保护气体流量合适时，熔池平稳，表面明亮没有渣，焊缝外形美观，表面没有氧化痕迹；若流量不合适，熔池表面上有渣，焊缝表面发黑或有氧化皮。

（七）喷嘴直径与氩气流量的选择

喷嘴直径（指内径）越大，保护区范围越大，要求保护气的流量也越大。

可按下式选择喷嘴内径：

$$D = (2.5 \sim 4.5)d_w$$

式中　D——喷嘴内径（mm）；

　　　d_w——钨极直径（mm）。

通常焊枪选定以后，喷嘴直径很少能改变，因此实际生产中并不把它当做独立焊接参数来选择。当喷嘴直径决定以后，决定保护效果的是氩气流量。氩气流量太小时，保护气流软弱无力，保护效果不好；氩气流量太大，容易产生紊流，保护效果也不好。带走电弧区的热量也多，不利于电弧的稳定燃烧。保护气流量合适时，喷出的气流是层流，保护效果好。

可按下式计算氩气的流量：

$$Q = (0.35 \sim 0.85)D$$

式中　Q——氩气流量（L/min）；

　　　D——喷嘴内径（mm）。

D 小时 Q 取下限；D 大时 Q 取上限。

选择氩气流量时还要考虑以下因素：

（1）外界气流和焊接速度的影响。焊接速度越大，保护气流遇到空气阻力越大，它使保护气体偏向运动的反方向；若焊接速度过大，将失去保护。因此，在增加焊接速度的同时应相应地增加气体的流量。

在有风的地方焊接时，应适当增加氩气流量。一般最好在避风的地方焊接。

（2）焊接接头形式的影响。对接接头和 T 形接头焊接时，具有良好的保护效果，在焊接这类焊件时，不必采取其他工艺措施；而进行端头焊及端头角焊时，除增加氩气流量外，还应加挡板。

（八）焊件背面保护的选择

对碳钢、低合金钢、低合金耐热钢，原则上焊件背面可以不用氩气保护，但对高合金钢（例如不锈钢）、镍及镍合金、钛及钛合金、紫铜等，焊件背面均应采用氩气保护，防止背面氧化。

四、钨极氩弧焊的电源

钨极氩弧焊通常可分为交流的和直流的两类，近些年又发展了脉冲钨极氩弧焊。

（一）直流钨极氩弧焊的特点和适用范围

直流钨极氩弧焊电弧燃烧很稳定。当采用直流正接时，钨极是阴极，钨极的熔点高，在高温时电子发射能力强，电弧燃烧稳定性更好。

1. 直流反极性

虽很少采用直流反极性，但是因为它有一种去除氧化膜的作用（一般称"阴极破碎"或"阴极雾化"作用），这种作用在交流焊的反极性半波也同样存在。它是钨极氩弧焊能焊接铝、镁及其合金的重要因素。但是，直流反极性的热作用对焊接是不利的，因为钨极氩弧焊时阳极产生热量多于阴极。反极性时电子轰击钨极，放出大量热量，很容易使钨极过热熔化；由于在焊件上放出的能量不多，焊缝熔深浅而宽，生产率低，而且只能焊接约 3 mm 厚的铝板，所以在钨极氩弧焊中直流反极性除了焊铝、镁薄板外很少应用。

2. 直流正极性

采用直流正极性时，有如下优点：

（1）焊件为阳极，焊件上接受电子轰击时放出的全部动能和位能（逸出功），产生大量的热，因此熔池深而窄，生产率高，焊件的收缩力和变形都小。

（2）钨极上接受正离子轰击时放出的能量比较小，且由于钨极在发射电子需要付出大量逸出功，总的来说，钨极上产生的热量比较少，因而不易过热，所以对于同一焊接电流可以采用直径较小的钨棒。同样通过 125 A 焊接电流选用 1.6 mm 直径的钨棒就够了，而直流反极性时需用 6 mm 直径的钨棒。

（3）钨棒的热发射能力很强，当采用小直径钨棒时，电流密度大，有利于电弧稳定，所以，电弧稳定性也比反极性好。总之，直流正极性的优点多，因此，除了焊接铝、镁极其合金外，如钢、钛、镍及高温合金时多采用直流正极性。

（二）交流钨极氩弧焊的特点和适用范围

在生产实际中，焊接铝、镁时一般都采用交流电，这样在交流负极性的半波里（铝焊件为阴极），阴极有去除氧化膜的作用，它可以清除熔池表面的氧化膜。同时发射足够的电子，有利于电弧稳定，使两者都能兼顾，焊缝过程得以顺利进行。

（三）脉冲钨极氩弧焊的特点和适用范围

1. 适用范围

脉冲钨极氩弧焊和一般钨极氩弧焊的主要区别在于它采用低频调制的直流或交流脉冲电流加热焊件。电流幅值（或交流电流的有效值）按一定频率周期地变化，脉冲电流时焊件上形成熔池，基值电流时熔池凝固。使操作更容易，成型更美观。

调节脉冲波形、脉冲电流幅值、基值电流大小、脉冲电流持续时间和基值电流持续时间，可以对焊接热输入进行控制，从而控制焊缝及热影响区的尺寸和质量。

2. 钨极脉冲氩弧焊的优点

（1）可以控制对焊件的热输入和熔池尺寸，提高焊缝抗烧穿和熔池的保持能力，易获得均匀的熔深，钨极脉冲氩弧焊的焊接参数选定后，熔池体积和熔深基本上不受焊件厚度的影响，这是区别于普通氩弧焊的一个重要特点。适用于薄板全位置焊接。

（2）每个焊点加热和冷却迅速，所以适用于焊接导热性能和厚度差别大的焊件。

（3）脉冲电弧可以用较低的焊接热输入而获得较大的熔深，故同样条件下能减小焊接热影响区和焊件变形，这对薄板、超薄板焊接尤为重要。

（4）焊接过程中熔池金属冷凝快，高温停留时间短，可减小热敏感材料焊接时产生裂纹的倾向。

五、手工钨极氩弧焊

（一）焊接设备举例

手工钨极氩弧焊设备由焊接电源、引弧及稳弧装置、焊枪、供气系统、水冷系统和焊接程序控制装置等部分组成。图 5 – 15 表示手工钨极氩弧焊设备系统示意图，其中控制箱内已包括了引弧及稳弧装置、焊接程序控制装置等。

国产 YE – 315TX3 型逆变直流脉冲手工钨极氩弧焊机，具有焊条电弧焊、直流手工钨极氩弧焊两种功能。可焊接碳钢、不锈钢、合金钢、铜等多种金属材料。用其数字型 YE – 300BZ3 即可实现焊接过程的网络监控功能。

YE – 315TX3 型逆变直流脉冲手工钨极氩弧焊机主要特点是：

（1）低频（0.5 ~ 30Hz）脉冲控制：适合各种材料的中板、厚板、管状全位置的焊接。

（2）中频（10 ~ 500 Hz）脉冲控制：电弧挺度高，集中性好，更适合各种热敏材料、热强材料、薄板的焊接。

（3）起始电流、脉冲电流、基值电流、脉冲频率、收弧电流、脉冲宽度等均可连续调节。

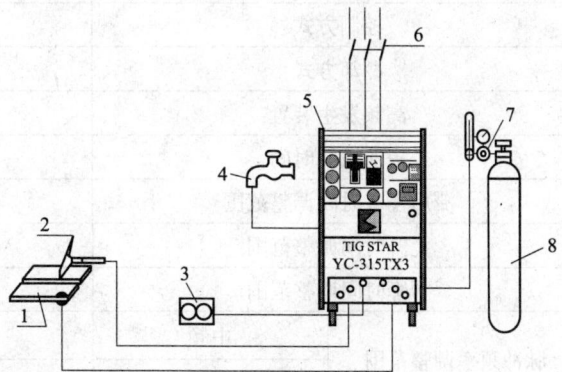

图 5 – 15　钨极氩弧焊设备的组成示意图
1—焊件；2—焊炬；3—遥控器；4—冷却水；5—焊机；
6—开关；7—氩气流量调节器；8—氩气瓶

（4）采用高频引弧，引弧成功率高。

YE-315TX3 型直流脉冲钨极氩弧焊机技术数据见表 5-5。

表 5-5　YE-315TX3 型直流脉冲钨极氩弧焊机技术数据

额定输入电压		V	380
相数		Phase	3
输入电压范围		V	380 ± 10%
电源频率		Hz	50
额定输入容量	GTAW	kVA	8.8
	SMAW		—
额定输入功率	GTAW	kW	8.3
	SMAW		—
额定空载电压		V	防触电（有）：13（无）：64
焊接电流范围	GTAW	A	4～315
	SMAW	A	20～315
初期电流		A	4～315
脉冲电流		A	4～315
收弧电流		A	4～315
额定焊接电压	GTAW	V	22.6
	SMAW	V	32.6
额定负载持续率		%	60
控制方式			IGBT 逆变控制
冷却方式			强制风冷
高频发生装置			火花发生器
提前送气时间		s	0.3
滞后停气时间调整范围		s	2～20（连续调整）
上升时间调整范围		s	0.1～5
下降时间调整范围		s	0.2～10
脉冲频率调整范围	中频	Hz	10～500
	低频	Hz	0.5～30
脉冲占空比调整范围		%	5～95
收弧控制方式			收弧"有""无""反复"3 种方式
外形尺寸（$W \times H \times D$）		mm × mm × mm	327 × 550 × 602
重量		kg	42
绝缘等级			H 级
外壳防护等级			IP23

（二）手工钨极氩弧焊焊接操作

手工钨极氩弧焊是一种需要双手同时操作的焊接方法，这一点有别于焊条电弧焊。操作时，双手要互相协调配合，才能焊出质量符合要求的优质焊缝。从这方面说，它的操作难度比焊条电弧焊大。基本操作技术主要包括引弧、焊枪运行轨迹、送丝、收弧和焊道接头等。

1. 引弧

手工钨极氩弧焊的引弧方法有两种。一种是借助引弧器的非接触引弧；另一种是短路接触引弧。

1）非接触引弧

（1）非接触引弧。利用高频振荡器产生的高频高压击穿钨极与焊件之间的根部间隙（2~4 mm）而引燃电弧或在钨极与焊件之间加一高压脉冲，使氩气电离而引燃电弧。

（2）非接触引弧特点。钨极与焊件不接触就能在施焊点直接引燃电弧，钨极端头损耗小；引弧处焊接质量高，不会产生夹钨缺陷。

缺点是焊机构造较复杂，且在焊接区域周围瞬间会产生高频电磁场，接触人体会产生感应的脉冲电流，对焊工的健康有一定的影响。但对于直流氩弧焊机，由于引弧时间较短，前后仅有几秒钟高频电磁场就消失，所以影响并不大。为了提高焊接质量，特别是核电产品的手工钨极氩弧焊必须要采用引弧器引弧。

2）短路接触引弧

（1）短路接触引弧。依靠钨极和引弧板或紫铜板接触引弧。

（2）无引弧器时的短路接触引弧。不可在焊件坡口内引弧，以免打伤金属表面或产生夹钨，有时钨极端部还会粘住基本金属，产生短路。为此可在引弧点近旁放一块紫铜板，先在其上引弧，使钨极端部加热至一定温度后，再引到坡口根部指定位置，以防钨粒进入熔池污染焊缝。

若采用短路接触引弧，钨极烧损是初学者遇到的第一个难题。原因是引弧时，划弧的动作太重造成的。正确的引弧方法是划弧的动作要轻快，比划火柴的动作还要轻。防止碰断钨极或造成电弧不稳定而产生缺陷。当钨极烧损时，应重新修磨成所需的标准几何形状。采用短路接触引弧的优点是：焊接设备简单；其缺点是引弧时产生很大的短路电流，使钨极损耗大，端部形状容易被破坏，故建议核电焊接尽量不用此种方法引弧。

2. 定位焊

为了防止焊接时焊件受热膨胀引起变形，必须保证定位焊缝的长度，定位焊缝将是焊缝的一部分，必须焊牢，不允许有缺陷，如果该焊缝要求单面焊双面成型，则定位焊缝必须焊透。

3. 填丝

手工钨极氩弧焊是一种不熔化电极的焊接方法，即钨极在焊接过程中不熔化，填充金属依靠不带电的焊丝来补充，两者分开，互不干扰。因此焊接时可以根据具体情况添加填充焊丝或不添加焊丝，这对于控制熔透程度、掌握熔池大小、防止烧穿等带来很大的方便，所以也容易实现全位置焊接。下面主要介绍焊接时添加填充焊丝的基本操作技术。

1）填丝的基本操作技术

（1）连续填丝。这种填丝操作技术使得焊接质量较好，对保护层的扰动小，但比较难掌握。连续填丝时，要求焊丝比较平直。焊接时，左手小指和无名指夹住焊丝控制方向、大拇指和食指有节奏地将焊丝送入熔池区连续填丝时手臂动作不大，待焊丝快用完时才前移。当填丝量较大，采用焊接电流等参数较大时多采用此法。

（2）断续填丝（又叫点滴送丝）。左手大拇指、食指和中指捏紧焊丝，小指和无名指夹住焊丝控制方向，焊丝末端应始终处于氩气保护区内以免被空气氧化。填丝动作要轻，不得扰动氩气保护层，禁止跳动，以防空气侵入。更不能像气焊那样在熔池中搅拌，而是靠手臂和手腕的上下往复动作，将焊丝端部的熔滴送入熔池，全位置焊时多用此法。

（3）特殊填丝法。焊丝贴紧坡口与钝边一起熔入（即将焊丝弯成弧形，紧贴在坡口根部间隙处，焊接电弧熔化坡口与钝边的同时也熔化了焊丝）。这时要求根部间隙小于焊丝直径，此法可避免焊丝遮住焊工视线，适用于困难位置的焊接。

2）填丝的要点

（1）熔透。打底焊时，必须等坡口两侧熔化后才填丝，以免造成熔合不良；当焊至打磨过的弧坑处时，应稍加焊丝使接头平整，待出现熔孔后再正常填加焊丝，以使接头处熔池铁水送入根部，保证接头处熔透。

（2）角度。外填丝时，焊丝应与焊件表面水平夹角成15°～20°，敏捷地从熔池前沿点进，随后撤回，如此反复动作。

（3）速度。填丝要均匀，快慢适当。过快，焊缝熔敷金属加厚；过慢，易产生下凹或咬边；焊丝端部始终处于氩气的保护区内。

（4）摆动。根部间隙大于焊丝直径时，焊丝应跟随电弧同步做横向摆动。无论采用哪种填丝动作，送丝速度均应与焊接速度相适应。

（5）位置。填充焊丝时，不应把焊丝直接置于电弧下面，把焊丝抬得过高也是不适宜的，不应让熔滴向熔池"滴渡"。

（6）打磨。操作过程中，如不慎使钨棒与焊丝相碰，发生瞬间短路，将产生很大的飞溅和烟雾；会造成焊缝污染和夹钨。这时应立即停止焊接，用砂轮磨掉焊件和焊缝上的被污染处，直至磨出金属光泽。被污染的钨棒应重新磨尖后，方可继续焊接。

（7）防氧化。撤回焊丝时，切记不要让焊丝端头撤出氩气的保护区，以免焊丝端头被氧化，在下次点进时，被氧化端头进入熔池，会造成氧化物夹渣或产生气孔。

4. 收弧

当焊接终止时，就要收弧，而收弧技术的好坏，将直接影响焊缝质量和成型的美观。由于收弧方法不正确，在收弧处容易发生弧坑裂纹、气孔和烧穿等缺陷。

收弧一般有4种方法：增加焊接速度法；焊缝增高法；应用熄弧板法和焊接电流衰减法。在采用增加焊接速度收弧法时，焊枪前移速度要逐渐加快，焊丝的送给量逐渐减少，直到母材不熔化为止。

使用没有熄弧板或焊接电流衰减装置的氩弧焊机，收弧时，不要突然拉断电弧，要往熔池里多加填充金属，填满弧坑，然后缓慢提起电弧。若还存在弧坑缺陷，可重复动作。

一般常用的收弧法是焊接电流衰减法。常用氩弧焊设备都配有焊接电流自动衰减装置，熄弧时，焊接电流自动减小，氩气开关延时5～10 s左右关闭，以防焊缝金属在高温下氧化。

5. 焊道接头

在焊接过程中，由于某种原因，一条焊缝没有焊完，中途停止，就叫熄弧。再引燃电弧继续焊接，就出现了焊道接头（以下简称接头）。

无论焊接打底层焊道或填充层焊道，控制接头的质量很重要，因为接头是两段焊缝交接的地方。由于温度的差别和填充金属量的变化，该处易出现未焊透、夹渣、气孔和成型不良等缺陷，所以焊接过程中应尽量避免停弧，减少接头次数。但是在实际操作时，需要更换焊丝、更换钨极、焊接位置的变化，或要求对称分段焊等，必须停弧，因此接头是不可避免的。我们能做到的就是应尽可能地控制接头质量。

接头要采取正确的方法，即先将收弧处磨出圆滑过渡的斜坡状并检查是否清除缩孔、裂纹等缺陷，然后在离弧坑斜后 10 ~ 15 mm 处引弧，等熔池基本形成后，如图 5 – 16 所示，再向后压 1 ~ 2个波纹。接头起点不加或稍加焊丝，焊接速度由快逐渐转慢并压低电弧进行焊

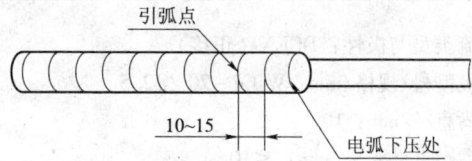

图 5 – 16　焊道接头操作技术示意图

接（此时，由起弧处到弧坑的轮廓线处出现一条由细渐粗小尾巴状焊缝），当运丝至弧坑处时，将焊丝尽量下伸，稍作停顿，焊枪也在弧坑处的地方稍作停顿、待弧坑处的铁水填满时，即可转入正常焊接。

（三）手工钨极氩弧焊技能考试举例

以奥氏体不锈钢大直径管水平固定对接焊为例。具体试件规格为 φ159 × 8 mm，材质为X2CrNi18 – 9。首先将管子固定在水平位置，定位焊缝两处如图 5 – 17 所示，分别在周长方向的 1/3 位置，每处长 10 ~ 15 mm。间隙较大的一端置于 6 点钟位置处，根部间隙为3 ~ 4 mm。焊接分为左、右两个半圈进行，焊接方向由下而上施焊，从仰焊位置起焊，在平焊位置收弧。首先焊接右半圈。

1. 焊接操作概述

手工钨极氩弧焊大直径管水平固定对接焊装配示意图与坡口形式如图 5 – 17 所示。手工钨极氩弧焊大直径管水平固定焊焊接工艺参数见表 5 – 6。其焊接操作特点是内充氩，V 形坡口。采用控制道间温度的四层焊法（打底一层、填充两层、盖面一层）。

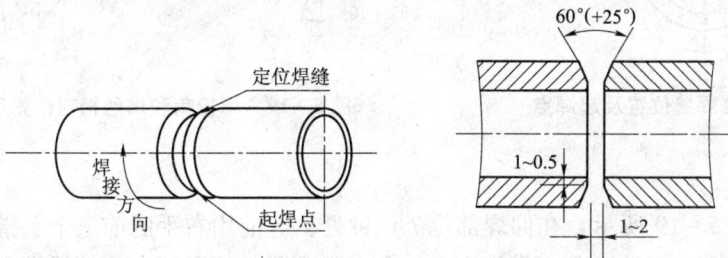

图 5 – 17　手工钨极氩弧焊大直径管水平固定对接焊装配示意图与坡口形式

293

表 5 – 6 手工钨极氩弧焊大直径管水平固定对接焊典型焊接参数

主要焊接参数：						
焊道分布	焊层	焊丝规格 /mm	焊接电流 /A	电压 /V	气体流量/(L·min⁻¹) 正面	背面
	打底（1）	1.6	65 ~ 90	12 ~ 14	4 ~ 8	焊前：10 ~ 15 焊接：2 ~ 6
	填充（2）	1.6	85 ~ 95	12 ~ 16	4 ~ 6	
	盖面（3）	1.6	95 ~ 105	12 ~ 16	4 ~ 6	

电流类型与极性：DCEN（正接）　　　　　钨极伸出长度：4 ~ 6 mm
钨极型号/规格/mm：W Ce – 20 /φ2.5　　正背面保护气体：99.99% 纯氩
喷嘴直径/mm：10　　　　　　　　　　　焊缝厚度 a/mm：8
喷嘴至试件距离/mm：≤10　　　　　　　预热温度/℃：——
填充金属分类和牌号：ER 308L　　　　　道间温度/℃：≤150

2. 打底焊

1）背面送气

为防止焊缝背面氧化，焊接过程中焊缝背面必须吹送保护气体。可在引弧前，提前 3 ~ 5 min 通入氩气，气体流量 10 ~ 15 L/min。焊接时的气体流量为 2 ~ 6 L/min。

2）相对位置

焊接打底层要严格控制钨极，喷嘴与焊缝的位置，即钨极应垂直于管子的轴线，喷嘴至两管的距离要相等。如图 5 – 18 所示。采用小的焊接热输入，快速小摆动，严格控制道间温度不大于 150 ℃。

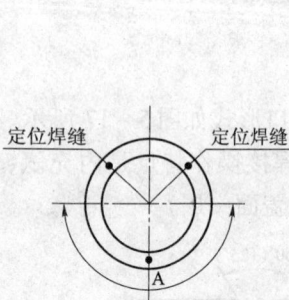

图 5 – 18　定位焊缝位置及起焊点　　　　　图 5 – 19　焊枪角和填丝相对位置示意图

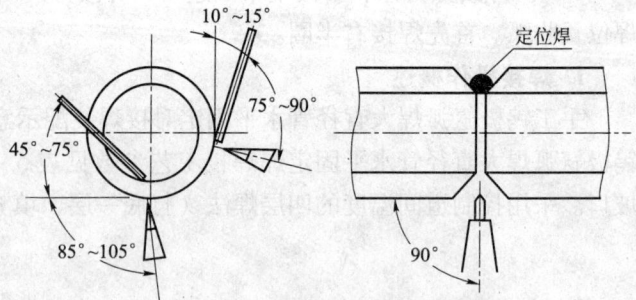

3）引弧

起焊点如图 5 – 19 所示，在仰焊部位 7 点钟处，焊前用右手的前三个手指握住焊枪，以无名指和小指支撑在管外壁上，作为支点。在未戴面罩的情况下，将钨极端部对准坡口根部待引弧的起焊点，然后戴上面罩，手腕轻轻地下压，使钨极端部逐渐接近母材约 1 ~ 2.5 mm

时，按下焊枪上的电源开关，利用高频高压装置引燃电弧。引燃电弧后，控制弧长为 2 ~ 3 mm 焊枪暂留在引弧处不动，待坡口根部两侧加热 2 ~ 3 s 并获得一定大小的明亮清晰的熔池后，才可往熔池填送焊丝焊接。

4）焊接操作要点

焊接时如图 5 - 19 所示，在仰焊位置区域用左手内填丝法，焊丝通过两管的间隙送入熔池前方。焊丝沿内部坡口的根部上方送到熔池后，要轻轻地将焊丝向熔池里推进，并向管内坡口根部摆动，使熔化金属送至坡口根部，以便得到正反面熔透、成型良好的焊缝。

在焊接过程中，采取电弧交替加热坡口根部和焊丝端头的操作方法。应随时观察和控制坡口两侧熔透均匀，以保证管内壁成型良好。在填丝的同时，焊枪逆时针方向匀速向上移动。

当焊至定位焊缝斜坡处时，应减薄填充金属量，使焊缝与接头圆滑过渡，焊至定位焊缝，不填丝，自熔摆动通过，焊至定位焊缝另一斜坡处时也应减薄填充金属量使焊缝扁平，以便后半圈接头平缓。

5）收弧

右半圈通过 12 点焊至 11 点收弧。收弧时，应连续送进 2 ~ 3 滴填充金属，以免出现缩孔，并且将焊丝抽离电弧区，但不要脱离保护区；然后切断控制开关，这时焊接电流逐渐衰减，熔池也相应减小；当电弧熄灭后，延时切断氩气，焊枪移开；然后用角向砂轮或锯条将收弧处的焊缝金属磨掉一些并呈斜坡状，以消除仍然可能存在的缩孔。

6）焊道接头

水平固定大管子焊完右半圈一侧后，转到管子的另一侧位置，焊接左半圈。起焊点应在 5 点处，以保证焊缝重叠。焊接方式同右半圈，用左手外填丝法，焊丝与通过熔池的切线成 15°送入熔池前方。焊丝沿坡口的上方送到熔池后，要轻轻地将焊丝向熔池里推一下，并向管内摆动，使熔化金属送至坡口根部，以便得到能熔透坡口正反面的焊缝，从而能提高焊缝背面高度，避免凹坑和未焊透。按顺时针方向通过 11 点焊至 12 点收弧，焊接结束时，应与右半圈焊缝重叠 10 ~ 15 mm。

打底焊焊层的熔敷厚度约为 2 ~ 2.5 mm。

3. 填充焊

焊前应将打底层和填充层的焊道接头起焊处如同动物的小尾巴形状的焊缝形打磨掉，且将整条焊缝打磨平整。将焊趾两侧熔渣清理干净且整条焊缝打磨平整。当道间温度降至 150 ℃以下时焊接，用左手送进焊丝，焊丝与通过熔池的切线成 15°送入熔池前方，采取电弧交替加热打底层及焊丝端头的操作方法。焊枪摆动应幅度稍大。注意棱边不能烧坏，焊枪与试管切线成 75° ~ 85°，夹角过大会降低氩气的保护效果。焊丝与焊枪的夹角一般为 90°，焊接过程中应注意观察和控制坡口两侧熔透均匀，在填丝的同时，焊枪逆时针方向匀速向上移动。

填充焊焊层的熔敷厚度约为 3.5 ~ 4.5 mm。

4. 盖面焊

焊前应将填充层的焊道接头起焊处如同动物的小尾巴形状的焊缝形打磨掉，且将整条焊缝打磨平整，将焊趾两侧熔渣清理干净且整条焊缝打磨平整。道间温度应控制在 150 ℃以下，即焊缝呈银白色，方能进行盖面层的焊接。焊接时，焊枪横向摆动幅度较大，焊枪摆动到两侧棱边处稍作停顿，将填充焊丝和棱边熔化，焊接速度稍慢，需保证熔池两侧与管子棱边熔合好。其他操作要求同填充层焊接。焊缝外形尺寸：控制每侧增宽 0.5~1.5 mm，焊缝余高约为 1~2 mm。

六、自动热丝钨极氩弧焊

在自动钨极氩弧焊中较为典型的是自动热丝钨极氩弧焊。热丝钨极氩弧焊在民用核安全设备制造、航天、电站锅炉、压力容器、管道、造船业等领域中已成功用于低碳钢、低合金钢、不锈钢、镍和钛等焊接，其独有的特性得以充分的发挥。

对于有色金属铝和铜，由于电阻率小，要求很大的加热电流，从而造成过大的焊接电弧偏吹和熔化不均匀，所以目前不推荐采用热丝钨极氩弧焊。

（一）自动热丝钨极氩弧焊概述

对熔化极气体保护焊的填充金属熔化特性进行研究时发现，当电流通过焊丝时，焊丝伸出长度部分的电阻热不仅能提高熔化速度，并且即使在无电弧的情况下，通过控制热能的大小，使焊丝温度达到熔点，就可在焊件上熔敷形成焊道，而无需其他辅助热源，这就是热丝熔敷系统。它的组成如图 5-20 所示，与熔化极气体保护焊非常相似，只需控制热量和送丝速度，并使其保持平衡不产生电弧。但是，由于热丝熔敷系统没有附加的外部热源，焊丝本身产生的热量只是将移动的焊丝温度提高至熔点，而没有多余的热量熔化母材，因此熔敷层会从焊件上剥离掉，要实现焊接或堆焊是不可能的。

如果填充焊丝在进入熔池之前约 10 cm 处开始由加热电源通过导电块对其通电，依靠电阻热将焊丝加热至预定温度，与钨极成 30°~60°，从电弧后面送入熔池，则可充分发挥各自的优点，这就形成了自动热丝钨极氩弧焊。可在高熔敷率的情况下得到高质量的焊缝。

自动热丝钨极氩弧焊示意图如图 5-21 所示。与普通的自动冷丝钨极氩弧焊相比，只是在焊丝与焊件之间多加了一个热丝电源，送丝系统看起来与自动冷丝自动钨极氩弧焊不一样，但其作用是相同的。焊接时，焊丝接触到焊件表面就产生了电流，形成热丝回路，填充金属在热源的作用下，经加热后以一定角度和相对焊枪固定的接触点送入焊接熔池，形成焊缝。大多数情况下，电弧在前面熔化母材，热丝从电弧后面送入熔池。

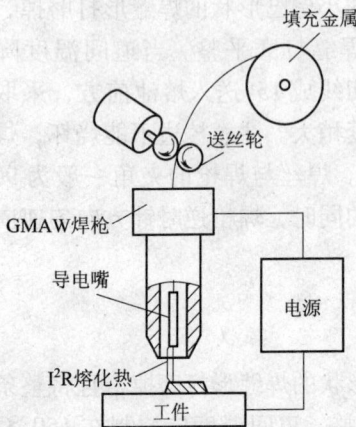

图 5-20 无电弧的热丝熔敷系统

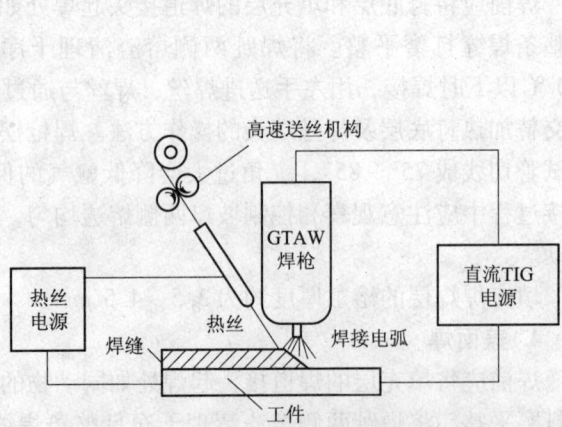

图 5-21 自动热丝钨极氩弧焊结构示意图

296

（二）自动热丝钨极氩弧焊的特点

1. 增加钨极氩弧焊的工艺灵活性

焊丝加热到一定温度后送入焊接熔池，可显著地增加钨极氩弧焊的工艺灵活性，自动热丝钨极氩弧焊的熔敷速度比冷丝自动钨极氩弧焊高得多，甚至可以与熔化极气体保护焊的熔敷速度相比。例如，当 GTAW 焊电弧能量为 4 000 W（电流 330 A、电压 12 V）时，冷丝自动钨极氩弧焊适用的最大熔敷率为 1.362 kg/h，而自动热丝钨极氩弧焊可达 3.632 kg/h，如果采用摆动的话，熔敷率还可进一步提高。当然，实际应用时无需这么大的熔敷率，但熔敷率的这一突破，无疑对提高生产率有着重要的影响。由于电弧功率和送丝速度是分别控制的，焊接参数选择范围较广，允许采用接近于零到任何焊接电流时最大的熔敷速度。

2. 具有在较宽熔敷率范围内焊接高质量焊缝的能力

当焊丝接近焊接熔池时，其伸长量部分的电阻热已将焊丝表面的易挥发物去除干净了。由于焊丝表面的水分、油锈等是造成焊缝中产生气孔的主要原因，因此自动热丝钨极氩弧焊还能有效地消除焊缝中的气孔，从而提高焊接质量。

3. 减少焊接热输入，保证焊接质量

自动热丝钨极氩弧焊能非常有效地利用焊接热输入，焊接电弧的能量主要用于熔化母材，形成熔池。而焊丝靠本身的热丝电源加热，热丝熔化所需能量的 85% 是由热丝系统提供的，其余部分则由电弧供给。因此在较低的焊接热输入下，其焊接速度已达到或超过普通的熔化极气体保护焊的水平。例如，采用 5 850 W 的能量（电流 450 A、电压 13 V），就能轻易地获得 5.45 kg/h 的熔敷率。自动热丝钨极氩弧焊的总能量大约为熔化极气体保护焊的 80%。从表 5-7 可看出，在自动热丝钨极氩弧焊 5.45 kg/h 的熔敷率下每千克熔敷金属所需能量为 1 366 W·h/kg，比 GMAW 焊少，只占冷丝自动钨极氩弧焊的一半不到。焊接过程中，熔池的热输入相对减少，因此，焊接热影响区变窄，这对某些热输入敏感的材料焊接具有较为重要的意义，有利于提高这些材料的焊接接头质量。

表 5-7 几种焊接方法的焊接热输入比较

焊接方法	GMAW	热丝 GTAW	冷丝 GTAW
熔敷率/(kg·h^{-1})	5.45	5.45	1.36
焊接电流/A	350	450	350
电弧能量/W	9 480	5 850	4 200
热丝能量/W	—	1 600	—
总能量/W	9 480	7 450	4 200
熔敷金属/[(W·h)·kg^{-1}]	1 740	1 366	3 084

通常情况下，熔敷率太高时，焊缝韧性会下降，但是，通过对焊接设备和焊接参数的调整，自动热丝钨极氩弧焊焊缝性能仍得以改善。人们发现，焊接低合金高强钢时，当熔敷率为 3.5~5.5 kg/h 时，其焊缝的性能与常规的冷丝自动钨极氩弧焊（熔敷率 1.2~1.5 kg/h）相当，甚至优于冷丝自动钨极氩弧焊焊缝性能。表 5-8 为相同焊接热输入条件下，20 钢锅炉管自动热丝钨极氩弧焊与冷丝自动钨极氩弧焊焊缝的力学性能。从表 5-8 看出，自动热

丝钨极氩弧焊焊缝的力学性能与冷丝自动钨极氩弧焊相近，但其焊接速度和熔敷率却比冷丝自动钨极氩弧焊快了数倍。

表5-8　相同焊接热输入热丝钨极氩弧焊与冷丝自动钨极氩弧焊焊缝力学性能

焊接方法	抗拉强度/MPa	延伸率/%	断面收缩率/%
热丝 GTAW	486.7	25.3	45.0
冷丝 GTAW	497.5	24.7	43.9

（三）自动热丝钨极氩弧焊焊接参数

自动热丝钨极氩弧焊的主要参数包括焊接电流、电弧电压、焊接速度、焊丝材料、焊丝直径、焊丝伸长量、送丝速度（熔敷率）、焊丝送入点和送入角等。自动热丝钨极氩弧焊的焊接电流、电弧电压对焊接过程和焊接质量的影响与一般自动冷丝自动钨极氩弧焊相似，在此不再赘述。

1. 焊接材料

在焊丝直径相同的情况下，其单位长度的电阻取决于电阻率，电阻率随温度和成分的改变而变化。相同熔敷率情况下，采用高电阻率焊丝时，焊接电流较小，电压较高。焊丝如果采用电阻率更高的焊丝替代，则应增加热丝电源空载电压以获得较高的电压和较低的电流。反之，当焊丝电阻率很低时，热丝电流要求很大。当热丝电流很大时，势必造成更大的电弧偏吹，使电弧偏摆角度过大，难以控制。同时，也易使熔化不均。

2. 焊丝直径

焊丝直径增加时，为保持相同的熔敷率，则需降低送丝速度。送丝速度越低，单位长度焊丝从导电嘴上的电流传入点到焊件之间的传送时间越长，热量损失越大，这样需要更高的热量以补偿热量的损失。随着直径的增加，单位质量焊丝表面的杂质减少，同时，因焊丝传送时间长，焊丝被加热的时间延长，故热丝表面易挥发的杂质更易去除，焊缝质量得以提高。

因此，在选择自动热丝钨极氩弧焊的焊丝直径时，要考虑到杂质清除的有利一面，同时也应顾及到增加焊丝伸长量时增加送丝系统机械复杂性的一面。经验表明，在许多应用中，根据焊件直径和厚度，一般采用$\phi 1 \sim \phi 1.6$ mm 的焊丝较为合适。

3. 焊丝伸长量

送丝速度取决于熔敷率的要求，而焊丝直径和焊接材料是预先选定的，焊接过程中不会改变。因此，除了调整热丝电源外，调整热丝系统工作状态最有效的手段是控制导电嘴端部与焊件间的焊丝伸出长度。试验表明，焊丝伸长量增加时，熔敷率略有增加，但是，不能用过分增加伸长量的办法来增加熔敷率，因为自动热丝钨极氩弧焊时，由于热丝电流的加热，焊丝会变软，挺度下降，从而影响送丝的稳定性，焊丝不易被送入熔池的固定位置。经验表明，焊丝伸长量实用调节范围为 13～51 mm。

4. 送丝速度与熔敷率的匹配

焊接过程中，如果送丝速度太快或电源功率太小，热丝将在熔池表面下熔化。电源功率非常低时，焊丝将插到熔池底部，并上翘露出焊接熔池表面，然后被焊接熔池熔化。

当电源功率太大或送丝速度太慢时，焊丝将在到达熔池前熔化，电磁收缩力将使焊丝断掉，热丝回路中断。这时，所有空载电压将加在焊丝端部与焊件间的间隙上，产生放电现象和很大的响声。

网路电压波动有时会引起送丝速度的改变，但只要其波动范围在10%以内，则自动热丝钨极氩弧焊无太大的影响。

5. 焊接速度

焊接速度较低时，焊道熔宽和增高较大，用于加热焊丝的有效长度近似等于导电嘴端部到焊道的距离。如果增加焊接速度，导电嘴到焊件的距离没有改变，焊道熔宽和增高较小，焊丝有效伸长量将增加，这种情况下，热丝伸长量实际等于导电嘴端部到焊件的距离，而不是导电嘴到焊道的距离。

（四）小直径管对接接头的自动热丝钨极氩弧焊

自动热丝钨极氩弧堆焊坡口焊缝已经在小直径管对接接头焊接中得到广泛应用。其焊枪、焊丝和管子的相对位置如图 5-22 所示，典型焊接参数列于表 5-9。

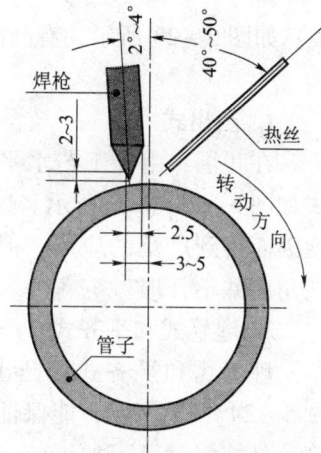

图 5-22　管子焊接时，焊枪、热丝和管子的相对位置

表 5-9　小口径管子自动热丝钨极氩弧焊典型焊接参数

牌号及规格	焊丝直径/mm	焊接电流/A	电弧电压/V	转胎速度/(r·min^{-1})	送丝速度/(cm·min^{-1})	热丝电流/A	热丝电压/V	干伸长/mm	钨极气体流量/(L·mm^{-1})	热丝气体流量/(L·mm^{-1})
SUS304HTB φ51×9	φ1.0	145~165	9.5~10	0.4~0.75	110~250	50~80	2.2~3.0	15~20	15~20	7~10
SUS304HTB+ 12Cr2MoWVTiB φ51×8	φ1.0	145~165	9.5~10	0.4~0.75	110~200	50~90	2.2~3.0	15~20	15~20	7~10

七、管子管板自动钨极氩弧焊

管子管板焊接，是蒸汽发生器或热交换器等核电、石油化工设备制造过程中的关键工序。焊接工作量大，焊接位置苛刻，对焊缝的密封及力学性能要求高。在实际中应广泛采用自动氩弧焊工艺。

管子管板自动钨极氩弧焊主要接头形式如下所述。

（一）管子管板内孔焊接

内孔角焊，其接头形式如图 5 - 22 所示，优点是没有根部间隙、没有应力集中点，抗应力腐蚀和抗疲劳强度强；缺点是对管板加工，装配以及焊接设备与技术要求较高，返修困难，成本较高。目前国内外均可对 ϕ10 mm 以上的管子与管板进行内孔焊，其应用范围为一些高温高压，强腐蚀性介质及核反应堆等特殊工作条件的热交换器。

（二）管子管板端面焊接

生产实际中常采用的端面焊接，如图 5 - 23 所示，有凸出式、埋管式、平齐式和管板开槽式 4 种形式。

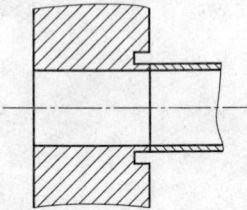

图 5 - 23　管与管板内孔
焊接接头形式

1. 凸出式

在我国，由于工艺水平的原因，采用最多的还是凸出式如图 5 - 24（a）所示。这种接头形式加工容易，装配方便因而得到广泛的应用。但这种结构从力学角度和焊接工艺角度并不合理。

2. 埋管式和平齐式

埋管式和平齐式较凸出式优越，如图 5 - 24（b）和图 5 - 24（c）所示，能保证所有熔合面均做干净的机械清理，且施焊时可不加焊丝，靠熔化面来形成热物理性能与母材熔合形成的焊缝，从而减少冲蚀、热应力及组织应力。采用该结构，通常的工艺是这样的，首先轻度地胀管，作机械胀紧定位，然后管子和管孔端直接在焊前用埋头钻作钻孔，以保证洁净的焊接表面，便可自动焊接。

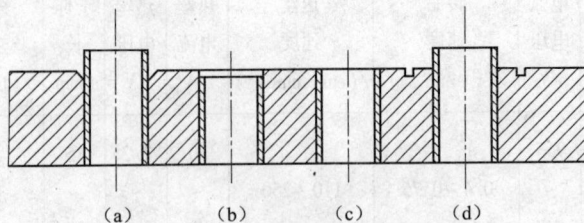

（a）　　（b）　　（c）　　（d）

图 5 - 24　管 - 管板焊接端面接头形式

（a）凸出式；（b）埋管式；（c）平齐式；（d）管板开槽式

3. 管板开槽式

管板开槽式是指在管孔附近开一个小槽，可以改善管板和管子由于厚度相差悬殊造成的导热不均匀的不利条件，减少焊缝冷却的拉应力，避免微裂纹。而且焊缝成型美观，但加工费时、成本高。采用图 5 - 24 (d) 所示的坡口形式，管子伸出管板长度 0 ~ 2 mm。坡口角度一般为 30° ~ 45°，坡口深度不宜超过 2 mm，否则易造成根部熔合不良。这种接头形式是应用较为广泛的一种形式。

（三）POLYSOUDE 全自动管子管板氩弧焊机

POLYSOUDE 是由法国 POLYSOUDE 公司为自动氩弧焊而设计的专用焊接设备，适用该公司所有标准的焊接机头，能够进行氩弧焊、热丝氩弧焊和等离子弧焊。模块设计和有效的编程模式给操作工带来了极大的方便。焊机的编程采用外接的便携式计算机进行，借助 POLYSOUDE 公司精心设计的焊接软件，利用简单的对话和命令，使操作工不需要进行特殊的培训。独特的晶体管电源能够提供带或不带脉冲的直流电，电流波动小（<1%），响应速度快（达到 200 μs/200 A）。

POLYSOUDE 焊机由机头、焊接电源、微型计算机（PC）和遥控板组成，包括可记录焊接程序和焊接循环的打印机。具体见图 5 - 25 和图 5 - 26。

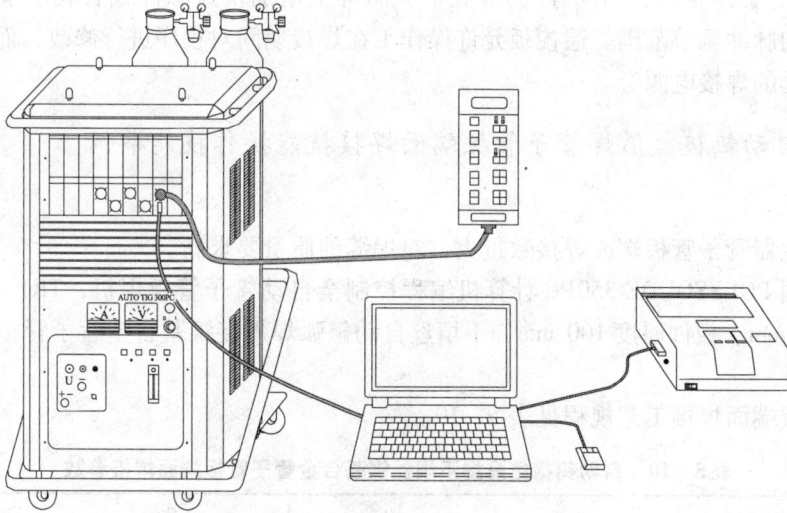

图 5 - 25　POLYSOUDE 焊机的组成

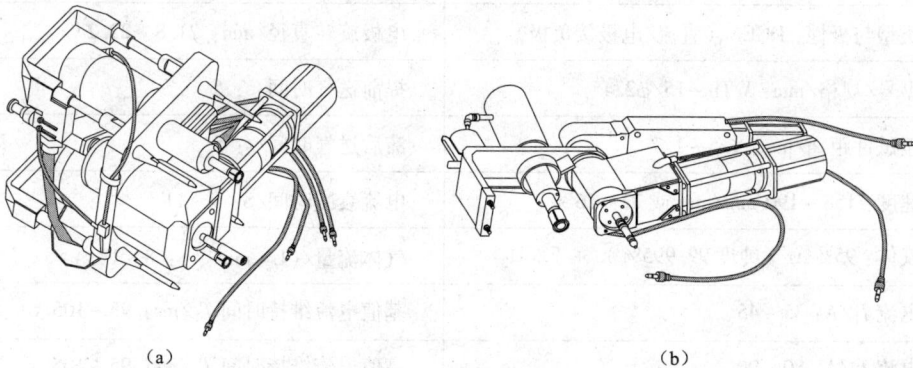

图 5 - 26　TR1 焊接机头
(a) 四脚机头；(b) 两脚机头

与普通管子管板焊机相比，POLYSOUDE 焊机具有非常优越的性能。

1. 参数设计简便、快捷

经过简单修改，以往编制的程序就可应用新的焊接参数。换句话说，操作工能够非常容易地创建一个新程序。

2. 编程能力强、可靠、灵活、简便

目前可靠的个人电脑技术保证操作工有能力灵活地决定"下线"或"上线"编制焊接工艺程序。非常优越的人机对话功能极大，能满足操作工的需要。

3. 程序存储安全

编制的程序可以自动存放在计算机的内存里，也可以下载到磁盘。因此，这些程序既可以储存在焊接工艺数据库内，又可以在其他焊机上使用。除此之外，为了质量控制，焊接参数可以打印出来以供存档。

4. 焊接操作精度高、适用性强、方便

利用高精度的石英钟测量时间，借助霍尔效应元件测量电流，密切控制所有的运动功能（旋转、送丝、弧压控制、摆动等等）。在低频脉冲上增加快速脉冲或者利用单脉冲使焊机得到了广泛的脉冲调节范围。遥控板允许操作工在焊接期间对程序进行修改，而不需要经常回到距离较远的焊接电源旁。

（四）自动钨极氩弧焊管子管板端面焊接技能操作技能举例

1. 概述

蒸汽发生器管子管板端面焊接数量大，对焊缝的质量要求高。

现以法国 POLYSOUDE 350PC 计算机编程控制全自动管子管板焊机，TR1 型焊接机头，管件 $\phi 19 \times 1$ mm、板件厚度 100 mm，不填丝自动氩弧焊焊接镍基合金管子管板焊缝为例讲解操作技能。

管子管板端面焊接工艺规程见表 5 – 10。

表 5 – 10　自动钨极氩弧焊不填丝镍基合金管子管板端面焊接参数

主要焊接参数：	
焊机：POLYSOUDE 350PC	电压/V：8 ~ 18
电流类型与极性：DCEN（直流/电极接负极）	电极旋转直径/mm：21.8 ~ 22.2
钨极型号/规格/mm：WTh – 15/$\phi 2.4$	提前送气时间/s：5
电极至试件距离/mm：1.5 ~ 1.7	滞后送气时间/s：5
焊接速度：158 ~ 190 mm/min 或 22 ~ 26 s/r	电流衰减时间/S：9 ~ 11
保护气体：95% Ar（纯度 99.995%）+ 5% H_2	气体流量/（L·min^{-1}）：8 ~ 12
基值电流 I_1/A：35 ~ 45	基值电流维持时间 T_1/ms：95 ~ 105
高值电流 I_2/A：80 ~ 90	高值电流维持时间 T_2/ms：95 ~ 105
脉冲电流 I_3/A：115 ~ 125	脉冲电流维持时间 T_3/ms：15 ~ 25

自动钨极氩弧焊不填丝镍基合金管子管板装配示意图与坡口形式如图 5 – 27 所示。

**图 5 – 27　自动钨极氩弧焊不填丝镍基合金管子管板
装配示意图与坡口形式**

2. 焊前准备

1）管子定位工作

焊接操作程序包括了管板堆焊层表面和管子的清理、穿管、定位胀和焊接。

（1）管板堆焊层表面和管子的清理。

（2）穿管。

（3）定位胀。

定位胀后，每一根管子都要用专用的通止规进行检查。确保管子的端面与管板堆焊层表面平齐，装配公差为 ±0.1 mm。如果需要调整，必须使用专用的拉拔工装。管子管板装配示意图见图 5 –28。

2）管子管板端面焊接前设备调试

（1）管子管板端面焊接示意图，见图 5 –29。

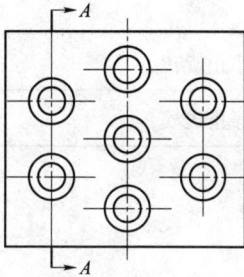

图 5 – 28　管子管板装配示意

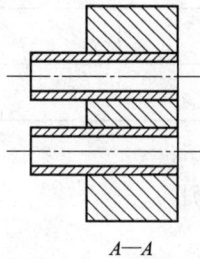

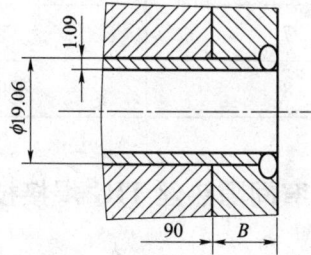

图 5 – 29　管子管板端面焊接示意

（2）焊接设备 POLYSOUDE 350PC 型全自动钨极氩弧焊机。

（3）焊前检查。

① 确认气体种类。

② 检查气瓶压力大于 20×10^5 Pa。

③ 将气体输出压力调节 $3 \times 10^5 \sim 4 \times 10^5$ Pa。

④ 联结 TR1 焊接机头。

⑤ 联结 350PC 焊接电源。

⑥ 设备供电。

⑦ 试件接地。

⑧ 调节气体流量为 8～12 L/min。

⑨ 在 TR1 机头上使用一个新的钨极，并用特殊设备调节电极距离。

⑩ 试运行（不焊接）。

⑪ 工序检查：把 TR1 机头固定在试件上，检查旋转方向（顺时针旋转）和开始位置（9 点钟位置）是否正确。

⑫ 设置焊接记录仪。

3. 焊接操作

当各种准备工作结束后，开始进行焊接。由于 POLYSOUDE 350PC 焊机的高度智能化，整个焊接过程对焊工的技能要求并不高，只需要能够熟练地操作焊机即可。

焊接总共进行两圈，从 9 点钟位置开始，不填丝，连续焊。为了避免出现弧坑裂纹，要求截止电流不得大于 5 A，这是普通氩弧焊机不能达到的。焊接程序见表 5－11。

表 5－11 管子管板端面焊接不填丝焊接程序

动作顺序	时　间	程序内容
1		送气
2	送气后 5 s	高频起弧
3	高频起弧后 2 s	电流上升
4	电流上升后 2 s	电极旋转
5	电极旋转后 1 s	焊接
6	焊接后 720 s	衰减
7	衰减后 1 s	停止旋转
8	停止旋转后 5 s	停止送气

八、窄间隙热丝 TIG 焊接技能考试举例

（一）窄间隙热丝 TIG 焊接设备

1. 简介

唐山开元特种焊接设备有限公司引进日立巴布科克－日立的先进技术，生产的窄间隙热丝 TIG 焊接装置可适合 9 mm 以上的窄坡口焊接，配以相应的行走轨道，可完成工件的全位置焊接。窄间隙热丝 TIG 焊接装置如图 5－30 所示。

2. 技术特点

（1）采用热丝焊接技术，大幅提高了焊接效率。另外，焊丝加热使用的是脉冲电流，基本不受磁偏吹影响。

（2）通过电极摇动，调整峰值电流确保融透坡口壁，并且电弧摇动中的电压变化可以自动调整焊枪左右位置与上下位置。窄间隙热丝 TIG 焊接电极摇动如图 5－31 所示。

图中标注：热丝导电嘴　焊丝　I　TIG电源　I　热丝电源　钨极　母材　e

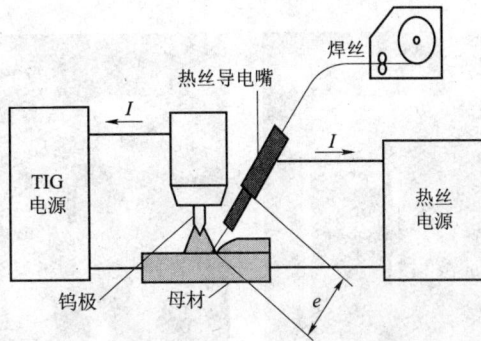

焊　丝	连续电流		脉冲加热	
电弧	连续电流		无脉冲	脉冲同步
	直流	交流	PH 法	HST 法
电流　电弧	0	0	0	0 　τ
电流　焊丝	0	0	0　100~200 Hz	0　100~200 Hz　τ

图 5 – 30　窄间隙热丝 TIG 焊接装置示意

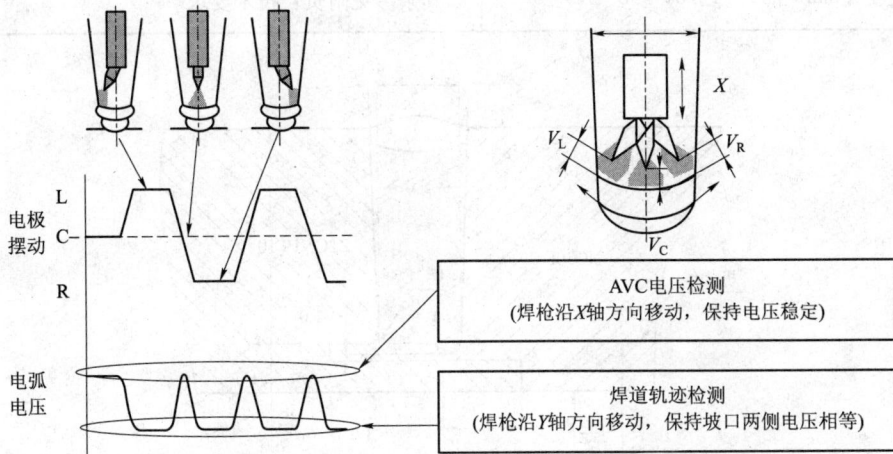

电极摆动　L　C　R

电弧电压

X　V_L　V_R　V_C

AVC电压检测
(焊枪沿X轴方向移动，保持电压稳定)

焊道轨迹检测
(焊枪沿Y轴方向移动，保持坡口两侧电压相等)

图 5 – 31　窄间隙热丝 TIG 焊接电极摇动示意

305

（3）配以相应的行走轨道，可完成工件的全位置焊接。见图5-32。

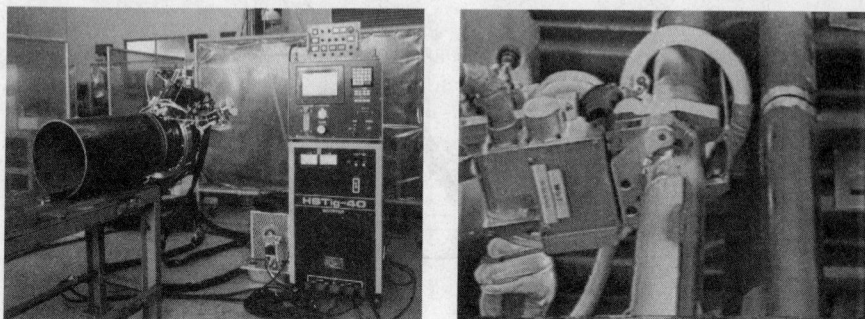

图 5-32 窄间隙热丝 TIG 全位置焊接示意

（二）窄间隙热丝 TIG 焊接技能考试举例

以反应堆顶盖 CRDM 管的焊接为例。试件规格为 $\phi115 \times 27.5$ mm，材质为不锈钢管和镍基管对接。窄间隙热丝 TIG 焊接参数举例见表5-12。窄间隙热丝 TIG 焊接装配示意图如图5-33 所示。

表 5-12 窄间隙热丝 TIG 焊接主要焊接参数

主要焊接参数	
电流类型与极性：DCEN（直流/电极接负极） 钨极型号/规格/mm：WCe20/$\phi3.2$ 焊丝型号/规格/mm：ER NiCrFe-7/$\phi0.9$ 峰值电流/A：200~285 基值电流/A：90~185 电压/V：10~16 焊接速度/(mm·min^{-1})：60~90	送丝速度/(m·min^{-1})：0.5~2.0（自熔不填丝） 保护气体：70% He（纯度99.995%）+ 　　　　　30% Ar（纯度99.995%） 气体流量/(L·min^{-1})：30~45 背面保护气体（纯度%）：Ar（纯度99.995%） 背面保护流量/(L·min^{-1})：20~30 其余参见附页：技术要求

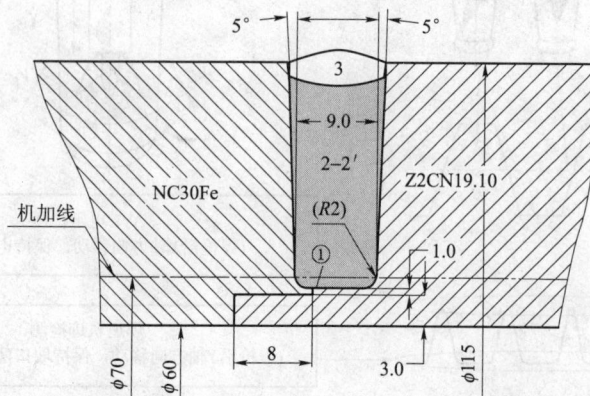

图 5-33 窄间隙热丝 TIG 焊接装配示意

焊接注意事项：

（1）操作考试前，参考焊工应将坡口表面及两侧清理干净，去除铁屑、氧化皮、油和污垢等杂物；焊后焊缝表面应保持原始状态，按图要求背面机加清根。

（2）每一焊道中间不得停弧。

（3）焊缝表面最后一层应保持原始状态，不允许修磨和返修。

九、自动热丝钨极氩弧焊管板堆焊技能考试举例

以蒸汽发生器的管板焊接为例。试件材质为：13MnNiMo54 或等效的合金钢，规格为：200 mm × 160 mm × 50 mm。

热丝钨极氩弧焊堆焊焊接参数见表 5 – 13。装配示意图见图 5 – 34。

表 5 – 13   自动热丝钨极氩弧焊管板堆焊

主要焊接规范参数：	
电流类型与极性：DCEN（直流/电极接负极） 焊丝型号/规格/mm：ER NiCrFe – 7/ϕ1. 2 焊接电流/A：335 ~ 385 焊接电压/V：12 ~ 14. 5 焊接速度/(cm · min^{-1})：8 ~ 13	保护气体：95 % Ar + 5% H$_2$ 气体流量/(L · min^{-1})：20 ~ 25 环向气体：95 % Ar + 5% H$_2$ 气体流量/(L · min^{-1})：25 ~ 30 其余参见附页：技术要求

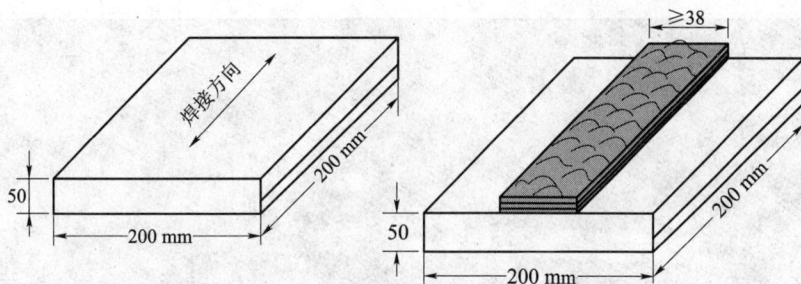

图 5 – 34   自动热丝钨极氩弧焊管板堆焊装配与焊接位置示意

焊接注意事项：

（1）考试用试件的待焊表面侧应当清理干净，去除铁屑、氧化皮、油、锈和污垢等杂物。

（2）操作技能考试前，应当在考核中心成员、监考人员与焊工共同在场确认的情况下，在试件上标注考试编号。

（3）多道（第1层至少3道），且堆焊有效尺寸不小于宽38 mm、长150 mm。

（4）焊接操作工考试时，每一焊道中间不得停弧。

（5）在每道焊缝焊接前检查温度。

十、自动钨极氩弧焊管子内壁横位堆焊操作技能考试

（一）螺旋横位堆焊机 M94

1. 简介

M94 机头是为小直径管的内壁螺旋堆焊和坡口焊接而专门设计的冷丝钨极氩弧焊。通过电弧旋转和轴向旋转的联合作用，可熔敷出连续的螺旋堆焊焊道，可用于小直径安全端、脉动管、螺纹孔修复等。可根据不同的标准和特殊的管径、管长和焊接要求选择不同的焊机机头。螺旋横位堆焊机 M94 示意图如图 5 - 35 所示。

螺旋横位堆焊机 M94 具有以下特点：

（1）管内壁堆焊。

（2）机头直径从 17 mm（焊后）到 171 mm（焊前）可调。

（3）不锈钢齿轮传动保证所有位置的速度一致。

（4）手工运行离合器允许焊枪快速的插入和抽出。

（5）无限制的机头旋转（没有电缆的限制）。

（6）自动电压控制。

（7）轴向位置可读。

（8）机头自带的感应装置能进行电压的预调。

（9）可用于堆焊和坡口焊接。

（10）可利用软件读出连续的螺纹堆焊长度。

图 5 - 35　螺旋横位堆焊机 M94 示意

（二）自动钨极氩弧焊管子内壁横位堆焊技能考试举例

以稳压器小接管内壁横位堆焊焊接为例。试件材质为：13MnNiMo54 或等效的合金钢，规格为：$\phi 151 \times 25$ mm　$L \geqslant 250$ mm。

自动钨极氩弧焊管子内壁横位堆焊焊接参数见表 5 - 14。沿内壁整圆周堆焊示意图如图 5 - 36 所示。

表 5 -14　自动钨极氩弧焊管子内壁横位堆焊主要焊接规范参数

电流类型与极性：DCEN（直流/电极接负极） 焊丝型号/规格/mm：ER309L/ ER308L /ϕ0.9 焊接速度/(mm·min^{-1})：序号 1—1'—2'：7～9	保护气体：Ar 99.995% 气体流量/(L·min^{-1})：10～12 序号 2：6～8

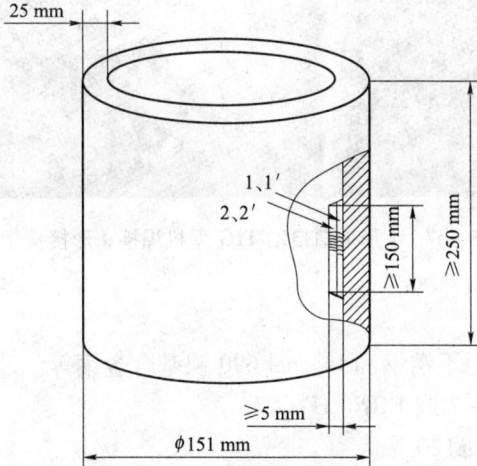

图 5 -36　沿内壁整圆周堆焊

序号 1'和 2'是自熔焊道。每层至少一道。这些焊道应该在堆焊层的中央位置且应包含在弯曲试样中。

焊接注意事项：

（1）操作考试前，参考焊工应将待堆焊表面清理干净，去除铁屑、氧化皮、油、锈和污垢等杂物。

（2）堆焊过程每一焊道中间不得停弧。

（3）堆焊焊缝表面最后一层应保持原始状态，不允许修磨和返修。

十一、J 形坡口自动 TIG 专用焊接设备的焊接

（一）设备简介

J 形坡口自动 TIG 焊机应用于 600 MW 级、1 000 MW 级和第三代核电厂一回路主设备压力容器顶盖上 CRDM 管座与封头 J 形接头的镍基合金焊接。J 形坡口自动焊机的主要功能是实现特殊位置脉冲钨极自动氩弧焊，用于贯穿件管座与封头之间特殊接头的焊接。此贯穿件管座轴线与封头轴线平行，贯穿件管座与封头之间连接为非焊透型的镍基合金焊接接头，空间形状特殊。此设备应满足核设备的焊接要求。整套焊机电器、机械、控制部件运行可靠、操作简单，适应性强。J 形坡口自动 TIG 焊机焊接 J 形接头示意图如图 5 -37 所示。

图 5 – 37　J 形坡口自动 TIG 焊机焊接 J 形接头示意

（二）基本参数

适用材料：低合金钢、不锈钢和 Inconel 690 镍基合金钢等。

焊丝材质：ERNiCrFe – 7 或 ERNiCrFe – 7A。

适用管座外径：$\phi 50 \sim \phi 120$ mm。

坡口深度：$10 \sim 48$ mm。

坡口下部宽度：$10 \sim 25$ mm。

坡口角度：$\geqslant 5°$。

（三）工艺过程

（1）通过垫铁支撑封头的凸台区将封头固定成 U 形，顶盖中心线垂直于水平面，此时封头的外表面最低点距离地面高度约为 1 500 mm。

（2）进行 J 形坡口隔离层的自动堆焊，堆高为 9 mm。

（3）隔离层堆焊完毕后，进行机加工，将隔离层加工成 J 形坡口。

（四）焊接装置构成

此设备由控制系统 1 台，遥控器 1 台，TIG 焊接电源 1 台，焊接机头 2 台，冷却水循环装置 1 台，电缆、软管类 2 套组成。

1. 焊接机头

为实现双侧上坡焊接，配有 2 套焊枪、送丝装置及焊枪动作轨迹控制轴（直径方向，上下，前进方向倾斜，直角方向倾斜，AVC）。此焊接机头附有两台摄像头，可以通过显示器监视焊接前方电弧及填丝状况。另外配置一台摄像头用以观察设备整体的运行情况。

2. 焊接控制系统多轴控制功能

焊接 J 形坡口时，不光需要调整焊枪的上下、左右（直径方向）位置，还得为避免跟工件的干涉调整焊枪的角度，控制系统具有 6 轴的控制功能。另外，此设备还具有对

310

应焊枪倾斜的 AVC 滑座，在焊枪倾斜的情况下也可以控制电弧长稳定，从而实现高质量的焊接。

3. 焊接控制系统其他功能

控制系统控制 TIG 焊接电源及焊接机头实施自动焊接。焊接时两套焊接机头共用一套控制系统和一套焊接电源，焊接切换通过转换开关完成。

控制系统的面板有显示器和键盘，焊接时需要的数据等从此键盘输入。

在此焊接设备里记忆的焊接参数可以保存到 USB 存储器。并且可以从 Windows - PC 的软件打印出来。

焊接参数实时显示（送丝速度、电弧基值电流、电弧电压、焊接速度）、输出（输出通信协议为 EIA RS232C，输出数据格式为 Char 或 128 位以内 ASCII 码）。

控制系统数字化录入和显示，操作人员可远程监控，必要时可进行远程诊断和干预。

此控制系统为保护窄间隙焊枪，在气体压力异常、冷却水量异常及电极粘连等异常情况下，具有紧急停止的功能。

第四节　熔化极气体保护电弧焊

一、熔化极气体保护电弧焊概述

熔化极气体保护电弧焊，如图 5 - 38 所示，采用连续送进的可熔化的焊丝与焊件之间的电弧作为热源来熔化焊丝和母材金属，焊丝金属不断熔化并过渡到熔池，与熔化的母材金属融合形成焊缝金属，从而使焊件相互连接起来。与此同时，向焊接区输送保护气体，使电弧、熔化的焊丝、熔池及附近的母材金属免受周围空气的有害作用。

熔化极气体保护电弧焊的英文缩写和容规代号为 GMAW；ISO 和 GB 5185—2005《焊接及相关工艺方法代号》代号分为 131（熔化极惰性气体保护电弧焊 - MIG），135（熔化极非惰性气体保护电弧焊 - MAG）。

焊工资质管理中将熔化极气体保护电弧焊分为自动熔化极气体保护电弧焊（HRZ）和半自动熔化极气体保护电弧焊（HRB）。

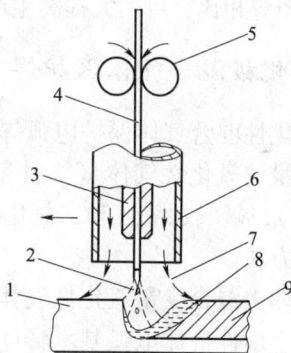

图 5 - 38　熔化极气体保护电弧焊示意
1—母材；2—电弧；3—导电嘴；4—焊丝；5—送丝轮；
6—喷嘴；7—保护气体；8—熔池；9—焊缝金属

二、熔化极气体保护电弧焊分类

由于不同的保护气体种类及焊丝类型对电弧状态、电气特性、热效应、冶金反应及焊缝成型等的影响不同，因此，通常根据保护气体种类的不同分为熔化极惰性气体保护焊、熔化极混合气体保护焊和二氧化碳气体保护焊 3 类，如图 5 - 39 所示。

熔化极气体保护焊（GMAW）

```
熔化极气体保护焊（GMAW）
        │
  ┌─────┼─────────────┐
惰性气体        混合气体        CO₂气体
保护焊          保护焊          保护焊
(MIG)          (MAG)
  │             │             │
┌─┼─┐         ┌─┴─┐         ┌─┴─┐
Ar Ar+He He   Ar+O₂  Ar+CO₂  CO₂  CO₂+O₂
              Ar+CO₂+O₂
```

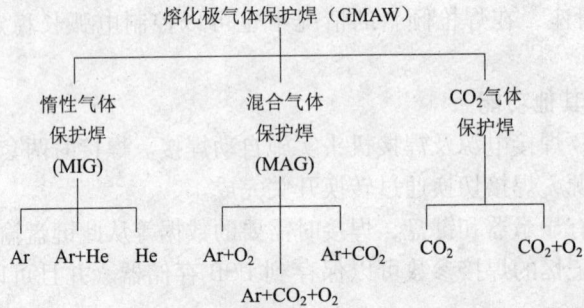

图 5 - 39　熔化极气体保护焊分类

（一）熔化极惰性气体保护焊

熔化极惰性气体保护焊焊接区通常采用惰性气体氩（Ar）、氦（He）或氩与氦的混合气体保护。这类惰性气体不与液态金属发生冶金反应，只起严密包围焊接区（电弧、焊丝端头、熔滴、熔池金属和邻近熔池母材金属），使之与空气隔离的作用。由于电弧是在惰性气氛中燃烧，焊丝端头的金属也是在惰性气体中熔化、过渡，所以电弧燃烧稳定，熔滴过渡平稳、安定，无激烈飞溅。在整个电弧燃烧过程中，焊丝连续等速送进。这种焊接方法除应用于铝、铜、钛等有色金属材料的焊接，也可用于钢材的焊接。

熔化极惰性气体保护焊特点：通常采用惰性气体氩、氦或它们的混合气体作为焊接区的保护气体。

由于焊丝外表没有涂料层，电流可大大提高，因而母材熔深大，焊丝熔化速度快，熔敷率高。与钨极氩弧焊相比，可大大提高生产效率，尤其适用于中等厚度和大厚度板材的焊接。

（二）熔化极混合气体保护焊

熔化极氧化性混合气体保护电弧焊（英文简称 MAG，ISO 代号为135）是采用在惰性气体中加入一定量的氧化性气体（活性气体），如氩气加二氧化碳气体（$Ar + CO_2$），氩气加氧气（$Ar + O_2$），氩气加氧气和二氧化碳气体（$Ar + O_2 + CO_2$）等作为保护气体的一种熔化极气体保护焊方法。

在惰性气体中混合少量氧化性气体（一般为 O_2：2% ~5%，CO_2：5% ~20%）的目的是在基本不改变惰性气体电弧基本特性的条件下，进一步提高电弧稳定性，改善焊缝成型，降低电弧辐射强度。熔化极氧化性混合气体保护焊可采用短路过渡、喷射过渡和脉冲喷射过渡进行焊接，且能获得稳定的焊接工艺性能和良好的焊接接头，可用于平焊、立焊、横焊和仰焊，以及全位置焊等。

因保护气体具有氧化性，通常该方法被用于碳钢、合金钢等黑色金属材料的焊接。

采用氧化性混合气体作为保护气体的作用可归纳为以下几点：

（1）提高熔滴过渡的稳定性。

（2）稳定阴极斑点，提高电弧燃烧的稳定性。

（3）改善焊缝熔深形状及外观成型。

（4）增大电弧的热功率。

（5）控制焊缝的冶金质量，减少焊接缺陷。

312

（6）降低焊接成本。

（三）二氧化碳气体保护焊

二氧化碳气体保护焊（ISO 代号为 135）的保护气体是二氧化碳。由于二氧化碳气体的热物理性能的特殊影响，通常需要采用短路过渡形式。此时，由于焊接过程不断发生熔滴短路和熔滴缩颈爆断，因此，与 MIG 焊自由过渡相比，飞溅较多。但如采用优质焊机，焊接参数选择合适，可以得到很稳定的焊接过程，使飞溅降低到最小的程度。由于所用保护气体价格低廉，采用短路过渡时焊缝成型良好，加上使用含脱氧剂的焊丝即可获得无内部缺陷的高质量焊接接头。因此这种焊接方法目前已成为黑色金属材料的最重要焊接方法之一。

二氧化碳气体保护焊具有成本低、抗氢气孔能力强、适合薄板焊接、易进行全位置焊等优点，广泛应用于低碳钢和低合金钢等黑色金属材料的焊接。

二氧化碳气体保护焊的主要缺点是焊接过程中产生金属飞溅。飞溅不但会降低焊丝的熔敷系数，增加焊接成本，而且飞溅金属会粘着导电嘴端面和喷嘴内壁，引起送丝不畅，使电弧燃烧不稳定，降低气体保护作用，并使劳动条件恶化。必要时需停止焊接，进行喷嘴清理工作。这对于自动化焊接是不利的。

由于高温下 CO_2 气体分解时要消耗大量热量，同时由于分解出来的 CO 气体和氧气体积增加一倍，故电弧的冷却压缩作用增强、电弧电压增高、熔深增大。因此，CO_2 电弧焊按理不适合于薄板材料的焊接。

但是采用短路过渡 CO_2 焊时，由于焊丝细、电压低、电流小且短路与燃弧过程交替出现，母材熔深主要决定于燃弧电弧的能量、调节燃弧时间便可控制母材熔深，因此，可以实现薄板或全位置焊接。

三、焊接参数

熔化极气体保护焊的主要焊接参数是：焊丝直径、焊接电流、电弧电压、回路电感、焊接速度、焊丝干伸长度、焊枪倾角及气体流量。正确地选用焊接参数是保证焊接质量和提高生产率的重要措施。

（一）焊丝直径

焊丝直径是一个重要的焊接参数。更换焊丝直径，一则涉及焊接材料的供应；二则要相应地更换导电嘴、送丝轮槽和调整压力以及改变焊接电流、电弧电压等。

焊丝直径的大小直接影响焊接状态，在相同电流时应尽量使用细焊丝。焊丝直径加粗，焊接电流相应增大，生产率提高；大的焊接电流会使飞溅增加，形成熔深大、熔宽小，即焊缝成型系数（熔宽/熔深）过小，易产生气孔和热裂纹。焊缝成型也较差。如果用同样的焊接电流、同样的焊接电压及同样的焊接速度，而焊丝直径变细，则焊缝的熔宽减小，熔深增大，余高增加及熔敷速度提高。

（二）焊接电流

焊接电流的选择依据是：母材的板厚、焊丝直径、焊缝空间位置、焊接接头、焊缝及坡口形式，而主要是焊丝直径和焊缝空间位置。

焊接电流决定着焊丝的熔化量和母材的熔化量。焊接电流与焊丝的熔化量基本上成正比；焊接电流越大，母材的熔化量越多，熔透深度越大。在相同的焊丝直径、电弧电压、焊接速度的条件下，虽然增大焊接电流母材的熔化量会增多，而熔宽增加不多，所以熔深显著增大，同时焊缝的余高也有所增高。

一般情况下，增大焊接电流的同时，必须提高电弧电压与其相匹配。通常在保护良好的条件下，满足焊接过程的稳定性和焊接质量的同时，尽可能采用大电流，以提高生产效率。

（三）电弧电压

电弧电压是重要的焊接参数之一。电弧电压就是电弧的两极（焊丝和母材）之间的电压，它也是电弧长度的标志。送丝速度不变时，调节电源外特性，此时焊接电流几乎不变，弧长将发生变化，电弧电压也会发生变化。通常焊接打底焊缝或全位置焊缝时，常采用短路过渡方式，在立焊和仰焊时，电弧电压应略低于平焊位置，以保证短路过渡过程的稳定。

在正常的短路过渡条件下，电弧电压的范围是不大的，为 17 ~ 25 V。

（四）气体流量

保护气体的流量要具有良好的保护电弧和熔池的效果。二氧化碳气体的流量，应根据对焊接区的保护效果来选取。选取时应主要考虑焊接接头和焊缝形式、焊接电流、电弧电压、焊接速度及作业条件等。

（五）焊丝干伸长度

焊丝干伸长度是指从导电嘴端部到焊丝末端的距离，它和喷嘴至焊件的距离有着密切的关系。根据生产经验，合适的焊丝干伸长度应为焊丝直径的 10 ~ 12 倍。一般在 10 ~ 20 mm 之内，200 A 以下为 10 ~ 15 mm；200 ~ 350 A 时干伸长度为 15 ~ 20 mm；350 A 以上干伸长度为 20 ~ 25 mm。但如果焊丝金属的电阻率高（如不锈钢焊丝），焊丝上的电阻热较大，这时的焊丝干伸长度应小。

其他焊接参数不变，焊丝伸出长度增加时，焊丝刚性减小，易左右摇摆，引起电弧加热宽度增大，即熔宽增大，同时焊接电流下降，熔深减小，余高也减小，焊丝上的电阻热增大，焊丝的熔化加快。当焊丝伸出长度过长时，易产生气孔、弧坑过大、引弧不好、焊接过程电弧不稳定、焊丝容易发生过热而成段熔断，飞溅严重等缺陷。

其他焊接参数不变，焊丝伸出长度过短时，会出现熔深变大、使焊工观察电弧困难，看不清熔化金属而且喷嘴易被飞溅物堵塞。

（六）送丝速度

当电源外特性不变，改变送丝速度时电弧电压几乎不变，焊接电流发生变化。送丝速度越快，焊接电流越大。在相同的送丝速度下，随着焊丝直径增加，焊接电流也增加。因此，焊接电流的选择也就决定了送丝速度的选择。

（七）焊枪倾角

熔化极气体保护焊焊接过程中焊枪的倾角是影响焊接质量的不容忽视的因素。

大多数焊工是右手握焊枪操作的，而焊接方向可以向左或向右。因此，半自动熔化极气体保护焊有两种方法操作：左焊法和右焊法。左焊法是焊枪向焊接方向相反方向倾斜一个角度，又称前倾焊法（俗称推焊法）；右焊法是焊枪向焊接方向倾斜一个角度，又称后倾焊法（俗称拉焊法）。

采用右焊法时，由于电弧吹力将弧坑内的液体金属吹开，电弧可以进一步深入熔化母材，所以熔深增加，余高增大，但焊缝窄，焊缝成型不好。药芯焊丝一般采用右焊法，这是因为电弧的吹力搅拌熔池，有利于焊剂中的合金元素能够更完全、均匀地过渡到焊缝金属中，冶金反应完善。有时为保证坡口焊透，也采用右焊法。

采用左焊法时，电弧吹力作用使液体金属流向前方，这些液体金属阻碍了电弧进一步熔化母材，所以熔深浅，焊缝宽，余高小，焊缝成型好。熔化极气体保护焊一般采用左焊法。

当焊枪倾角小于10°时，不论是左焊法还是右焊法对焊接过程和焊接质量都没有明显的影响。左焊法的倾角通常为10°～20°，倾角过大时，易产生未焊透及较大飞溅；右焊法的倾角也以10°～20°为宜，倾角过大时，会使焊道变凸，甚至产生咬边，且飞溅加剧。

（八）焊接速度

焊接速度对焊缝的成型和焊接接头的性能都有着很大的影响。在其他焊接参数不变的情况下，加快焊接速度，电弧对单位长度焊接接头的热输入减小，这使熔深减小，熔宽变窄；同时单位长度焊接接头上焊丝熔敷量减小，焊缝宽度和余高也有所减小；容易产生咬边、未熔合等缺陷，甚至由于保护变坏，还可能出现气孔。如果焊接速度太慢，除产生烧穿和焊瘤等缺陷外，还会降低生产率，增大焊接变形。

（九）电弧长度

电弧电压是电弧长度的标志。在正常的短路过渡条件下，电弧电压的范围是不大的，为17～25 V。如果在这个范围内，只增高电弧电压而焊丝直径、焊接电流、焊接速度均不变，这时电弧长度拉长，电弧活动范围增大，即熔宽显著增大。由于焊接电流不变，焊丝熔化量近似不变，熔敷金属量也不变，结果是由于熔宽增大而引起余高减小。

四、焊接设备

YM－500/350GR3 数字 IGBT 控制 CO_2/MAG/MIG 弧焊电源的构成和装备示意图见图5－40。

一套完整的手工熔化极气体保护焊设备包括焊枪、焊接电源、控制装置、离子气及保护气体供气装置、焊枪冷却循环水

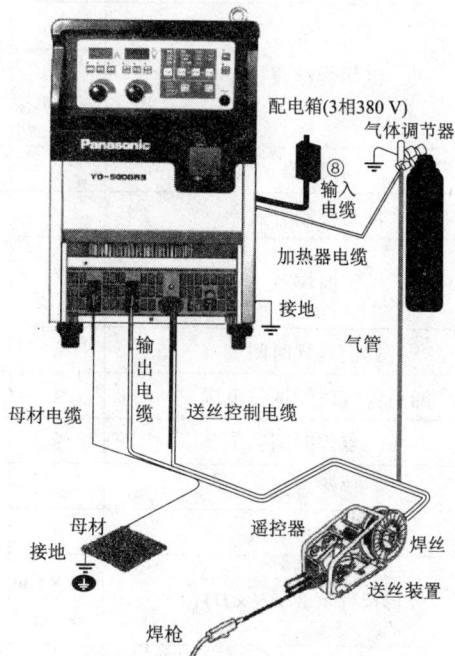

图5－40　机器的构成和装备示意

装置及附属部件如气体流量计和电流遥控盒等。

YM－500/350GR3 数字 IGBT 控制 CO_2/MAG/MIG 弧焊电源技术数据见表 5－15。

表 5－15　YM－500/350GR3 数字 IGBT 控制 CO_2/MAG/MIG 弧焊电源技术数据

型　号		YD－350GR3	YD－500GR3
额定输入电压	V	380	
相数	Phase	3	
输入电压范围	V	380±10%	
电源频率	Hz	50	
额定输入容量	kVA	14.5	23.3
额定输入功率	kW	14	22.4
额定空载电压	V	73	68
焊接电流范围	A	30～430	60～550
输出电压范围	V	12～35.5	17～41.5
收弧电流范围	A	30～430	60～550
收弧电流	A	12～35.5	17～41.5
额定负载持续率	%	60	100
控制方式		数字控制 IGBT 逆变	
焊接方式		个别/一元化	
冷却方式		强制风冷	
试用焊丝类型		实心/药芯	
试用焊丝直径	mm	实心 0.8/0.9/1.0/1.2	实心 1.2/1.4/1.6
	mm	药芯碳钢 1.2 药芯不锈钢 0.9/1.2	药芯碳钢 1.2/1.4/1.6 药芯不锈钢 1.2/1.6
存储器		9 道焊接规范存储调用	
波形控制方式		数字控制：－7～7	
时序		① 焊接；② 焊接—收弧； ③ 初期—焊接—收弧；④ 电弧点焊	
提前送气时间	s	0～5.0 连续调节	
滞后停气时间调整范围	s	0～5.0 连续调节	
点焊时间	s	0.3～10.0 连续调节	
绝缘等级		H	F
外壳防护等级		IP21S	
外形尺寸（$W \times H \times D$）	mm×mm×mm	380×550×645	380×550×815
重　量	kg	50	60

该焊接电源可实现网络监控功能，通过网络监控软件，可远程监测焊接过程中的所有焊接工艺参数变动、焊丝消耗、用电量等并进行统计；可通过"焊接数据分析器"进行数据分析。

五、焊接操作

（一）保护气体流量的选择

在焊接工艺规程规定的范围内，保护气体的流量应根据现场实际情况确定。对于一定孔径的喷嘴，流量过小，气流挺度太差，排除周围空中的能力弱，轻微的侧向风也能使其偏离和散乱，保护效果不好，会产生大颗粒飞溅，电弧不稳，焊缝易产生气孔。但流量过大，喷出的气流近壁层流很薄，甚至为紊流，则易混入空气，保护效果也不好。

造成气体保护效果差的主要原因有：① 风的影响；② 气体流量不足；③ 喷嘴和母材间的距离太大；④ 喷嘴黏附着飞溅物；⑤ 气体流量过大造成紊流而使空气侵入等。

在焊接电流较大、焊接速度较快，焊丝伸出长度较长以及在室外作业等情况下，气体流量要适当增大，以使保护气体有足够的挺度，提高其抗干扰的能力。

（二）母材表面处理

焊接母材表面的油污、铁锈会影响引弧及焊缝质量，因此施焊前应仔细将这些污物清理干净，同时采用脱氧性强的焊丝。母材表面吸附的水分会增加焊缝金属的含氢量甚至产生气孔，焊前清除水分也是至关重要的。

（三）焊枪运行轨迹方法

焊枪运行轨迹方法很多，常用的有 3 种形式，即直线形焊枪运行轨迹法，锯齿形焊枪运行轨迹法和月牙形焊枪运行轨迹法。常用焊枪运行轨迹方法及适用范围见表 5 - 16。

表 5 - 16　常用焊枪运行轨迹方法及适用范围

焊枪运行轨迹方法	示意图	适用范围
直线形焊枪运行轨迹法	← ——————	薄、厚板的打底层焊接
小摆动焊枪运行轨迹法	wwwwwwwwwww	小间隙薄、厚板的打底层焊接
锯齿形焊枪运行轨迹法	∧∧∧∧∧∧	厚板的填充和盖面层焊接
月牙形焊枪运行轨迹法	∪∪∪∪∪	大间隙的打底层焊接和 厚板的填充和盖面层焊接
8 字形焊枪运行轨迹法	∞∞∞∞	大间隙的打底层焊接和 厚板的填充和盖面层焊接
斜 0 字形焊枪运行轨迹法	⟋⟋⟋⟋⟋	打底层焊接和堆焊

（四）焊道接头

无论焊接打底层焊道或填充层焊道，控制接头的质量很重要，因为接头是两段焊缝交接的地方。由于温度的差别和填充金属量的变化，该处易出现未焊透、夹渣、气孔和成型不良等缺陷，所以焊接过程中应尽量避免停弧，减少接头次数。但是在实际操作时，需要更换焊丝、焊接位置的变化，或要求对称分段焊等，必须停弧，因此接头是不可避免的。问题是应尽可能地设法控制接头质量。接头要采取正确的方法，即先将收弧处磨出圆滑过渡的斜坡状并检查是否清除缩孔、裂纹等缺陷，然后在离弧坑斜前焊缝上 15~20 mm 处引弧，等电弧基本形成稳定后，如图 5-41 所示，再返回弧坑接点处。焊接速度由快逐渐转慢并压低电弧进行焊接，焊枪也在弧坑处的地方稍作停顿、待弧坑处的铁水填满时，即可转入正常焊接。

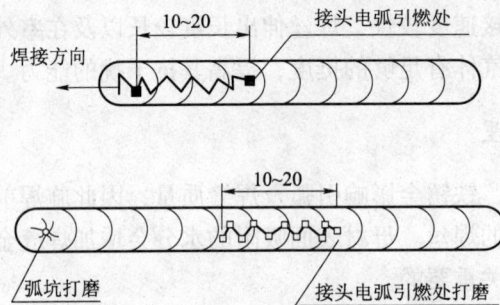

图 5-41　焊道接头操作技术示意

（五）收弧

收弧技术的好坏，将直接影响焊缝质量和成型的美观。半自动焊接由于使用焊接电流较大，突然断弧，在收弧处容易留下很大弧坑缺陷。一般要使用带收弧处理的焊机收弧法。带收弧处理的焊机的开关有 4 个程序，每个程序的功能都不一样：① 按下焊枪开关；② 松开开关，焊接开始，此时焊接电流和电弧电压均在调好规定的范围内供给；③ 再按住焊枪开关不撒手，转换成收弧状态，此时焊接电流和电弧电压逐渐减小，铁水也逐渐填满弧坑；④ 再松开开关，电源断开，电弧熄灭。

六、操作技能

下面以板厚 12 mm，材质 Q235，T 形接头角焊缝试件横焊为例，介绍二氧化碳气体保护半自动焊操作技能。

二氧化碳气体保护半自动焊板角接试件横焊焊接工艺参数见表 5-17。角焊缝有单道焊和多层多道焊。

表 5 – 17　二氧化碳气体保护半自动焊板角接试件横焊典型焊接参数

焊道分布	焊层	焊丝规格/mm	焊接电流/A	电弧电压/V	气体流量/(L·min⁻¹)	干伸长度/mm
主要焊接参数：						

焊道分布	焊层	焊丝规格 /mm	焊接电流 /A	电弧电压 /V	气体流量 /(L · min^{-1})	干伸长度 /mm
	打底（1）	$\phi1.2$	280 ~ 300	26 ~ 27	18 ~ 22	12 ~ 15
	盖面（2）	$\phi1.2$	230 ~ 250	23 ~ 24	18 ~ 22	12 ~ 15

1. 单道焊

二氧化碳单道焊的最大焊脚尺寸一般为 7 ~ 8 mm，更大的焊脚尺寸应采用多道焊。单道焊根据所要求焊脚尺寸的不同，焊枪的指向位置也不同，如图 5 – 42 所示。焊脚尺寸小于 5 mm 时，焊枪指向根部，如图 5 – 42 （a）所示；当焊脚尺寸大于 5 mm 时，焊枪指向位置如图 5 – 42 （b）所示，距离根部 1 ~ 2 mm。焊接方向为左向焊。两道焊时焊枪角度如图 5 – 43 所示。

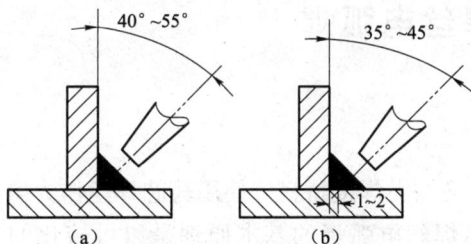

图 5 – 42　单道焊时焊枪角度

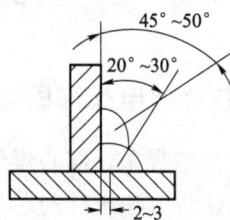

图 5 – 43　两道焊时焊枪角度

二氧化碳气体保护半自动焊板角接试件横焊焊接装配示意图与坡口形式如图 5 – 44 所示。

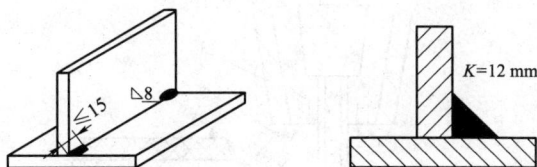

图 5 – 44　二氧化碳气体保护半自动焊板角接试件横焊焊接装配示意图与坡口形式

2. 多层多道焊

由于角焊缝使用大电流受到一定的限制，当焊脚尺寸大于 8 mm 时就应采用多层多道焊。多层多道焊时为提高生产率，应尽量使用大电流，但必须注意各层之间应该良好的熔合，最终角焊缝应等于焊脚尺寸，焊缝面应该平滑。例如在两道焊的情况下，第一道应使用较大电流，焊枪与垂直板的夹角要小，并指向距根部 2~3 mm 处，这时得不到等焊脚尺寸焊道；第二道焊道应以较小电流施焊，焊枪应指向第一道焊道的凹坑处，并采用左焊法，这种方法适于焊脚尺寸为 8~12 mm 的试件。当焊脚尺寸要求较大时，应采用三道以上的焊道。其焊接次序及焊枪角度如图 5-45 所示。

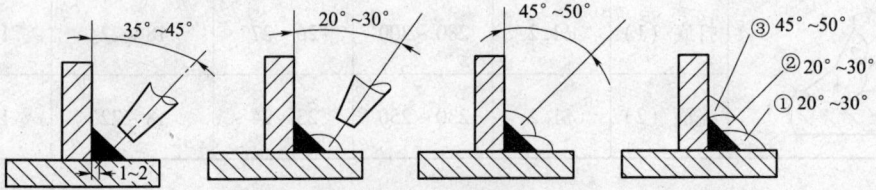

图 5-45　多道焊时焊接顺序及焊枪角度

　　T 形接头角焊缝横焊是生产上使用最多的一种接头形式和较易施焊的一种焊接位置。操作技能施焊过程中关键要掌握好焊枪的指向位置和焊枪角度，防止咬边、焊瘤和获得满足要求的焊脚尺寸。填充焊和盖面焊时应根据坡口两侧的熔合情况掌握焊枪的摆动幅度、指向位置和焊接速度。每焊完一道焊缝后要注意收弧。

第五节　药芯焊丝电弧焊

一、药芯焊丝电弧焊概述

　　药芯焊丝是继焊条、实心焊丝之后广泛应用的又一类焊接材料。使用药芯焊丝作为填充金属的各种电弧焊方法统称药芯焊丝电弧焊。药芯焊丝电弧焊的基本原理是以可熔化的金属外皮和芯部药粉两部分构成的药芯焊丝作为电极，母材作为另一极，加或不加保护气体。焊接时，在电弧热作用下，熔化焊剂材料、焊丝金属、母材金属和保护气体相互之间发生冶金作用，同时形成一层较薄的液体熔渣包覆熔滴并覆盖熔池，对熔化金属形成了又一层保护。气体保护药芯焊丝电弧焊示意如图 5-46 所示。

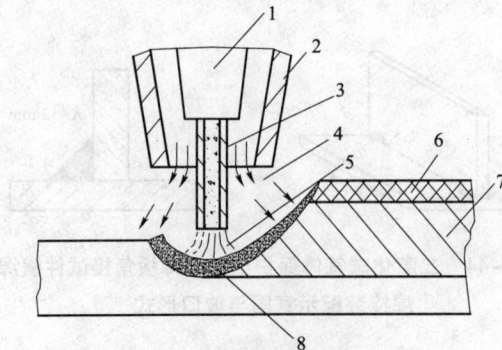

图 5-46　气体保护药芯焊丝电弧焊示意

1—导电嘴；2—喷嘴；3—管状焊丝；4—保护气体；
5—电弧；6—熔渣；7—焊缝；8—熔池

药芯焊丝电弧焊的英文缩写和压力容器考规代号为 FCAW；ISO 和 GB 5185—2005《焊接及相关工艺方法代号》代号分为 136（非惰性气体保护的药芯焊丝电弧焊），137（惰性气体保护的药芯焊丝电弧焊）。焊工资质管理中将药芯焊丝电弧焊分为自动药芯焊丝电弧焊（HYZ）和半自动药芯焊丝电弧焊（HYB）。

药芯焊丝电弧焊按焊接方法分类，还可分为：气体保护药芯焊丝电弧焊，不熔化极药芯焊丝电弧焊，自动保护药芯焊丝电弧焊，埋弧药芯焊丝电弧焊和热喷涂药芯焊丝电弧焊。

药芯焊丝电弧焊通常用于半自动焊。采用不同的焊丝和保护气体相配合，可以进行平、立、横和仰位及全位置的焊接。与普通熔化极气体保护焊（GMAW）相比，可采用较短的焊丝伸出长度和较大的焊接电流。与焊条电弧焊（SMAW）相比，焊接角焊缝时，可得到较大的焊脚尺寸。

药芯焊丝电弧焊通常用于焊接碳钢、低合金钢、不锈钢和铸铁。使用药芯焊丝活性气体保护焊这种焊接方法是焊接钢材代替 SMAW 实现自动化和半自动化焊接最有前途的一种方法。

核安全设备中反应堆压力容器支撑（RPVHS）、反应冷却管道限位装置（RHS）、蒸汽发生器水平支撑（SGHHS）等使用的焊接方法是带脉冲气体保护药芯焊丝电弧焊（136）。

二、药芯焊丝电弧焊的特点

药芯焊丝电弧焊综合了焊条电弧焊（SMAW）和普通熔化极气体保护焊（GMAW）的优点，其效率是焊条电弧焊的 2～3 倍，这对提高产品质量和生产效率，降低操作者的劳动强度具有重要意义。

（一）主要优点

（1）焊接工艺性能好。引弧容易、电弧稳定、飞溅少且细颗粒。采用气－渣联合保护，焊缝成型美观。易于清渣。

（2）熔敷速度快，熔敷效率（为 85%～90%）和生产率较高（生产率比 SMAW 高 2～3 倍）。

（3）应用范围广，焊接各种钢材的适应性强，通过调整焊剂的成分与比例，可提供所要求的焊缝金属化学成分。

（4）能耗低、综合成本低。

（二）药芯焊丝电弧焊的缺点

（1）焊丝制造过程复杂。

（2）送丝较实心焊丝困难，需要采用降低送丝压力的送丝机构等装置。

（3）焊丝外表容易锈蚀、焊剂易吸潮。因此，需要对焊丝的保存严加管理。

三、焊接参数

药芯焊丝电弧焊的焊接参数主要包括：焊接电流、电弧电压、焊接速度、保护气体流量、焊丝伸出长度、焊丝直径和焊丝与试件的相对位置等。

（一）焊接电流和电弧电压

由于药芯焊丝电弧焊使用的焊剂成分改变了电弧特性，因此，直流、交流，平特性或下降特性均可以使用。但通常采用直流平特性电源。

当其他条件不变时，焊接电流与送丝速度成正比。当电流变化时，电弧电压需要做相应的变化，以保持电弧电压与焊接电流的最佳匹配关系。采用纯二氧化碳气体保护时，通常采用长弧法焊接，焊接电流为 200 ~ 700 A，电弧电压为 25 ~ 35 V。

（二）焊丝伸出长度和焊丝位置

焊丝伸出长度对电弧的稳定性、熔深、焊丝熔敷速度、电弧能量等均有影响。对于给定的送丝速度，实测的焊丝伸出长度随焊接电流的增加而减小。焊丝伸出长度太长会使电弧不稳且飞溅过大；焊丝伸出长度太短会使电弧弧长过短，过多的飞溅物易堵塞喷嘴，使气体保护不良，焊缝中易产生气孔。通常焊丝伸出长度在 19 ~ 38 mm 范围。

平焊位置通常采用 2° ~ 15°行走角。焊接角焊缝时，工作角约为 40° ~ 50°。如果行走角太大，会降低气体保护效果。

（三）保护气体流量

保护气体流量的选择可根据焊接电流的大小、气体喷嘴的直径和保护气体的种类等因素来确定。

（四）焊接速度

焊接电流和电弧电压不仅对焊缝几何形状产生影响，而且对焊接质量也有影响。焊接速度过快会导致熔渣覆盖不均匀，焊缝成型变坏，当试件清理不干净时焊接速度过快易产生气孔。焊接速度过慢，熔融金属容易先行，易产生未熔合等焊接缺陷。半自动药芯焊丝电弧焊的焊接速度通常在 400 ~ 700 mm/min 范围内。自动药芯焊丝电弧焊的焊接速度可达 1 m/min 以上。

四、焊接设备

药芯焊丝是一种新型的焊接材料，适用于多种焊接方法。大多数使用实心焊丝的焊接设备也可用于药芯焊丝。

（一）弧焊电源

实心-药芯焊丝两用焊机，是在实心焊机的基础上添加了下面所列一种或两种功能。

1. 极性转换

正极性/反极性转换装置。

2. 电源外特性微调

在平特性的基础上，微调外特性。调节范围在微翘和缓降之间。

3. 电弧挺度调节

调节电弧挺度，可实现对熔滴过渡形态的调节，减少飞溅并可改善全位置焊接性能。

（二）送丝机

1. 两对主动轮送丝

一般实心焊丝送丝机采用一只主动轮送丝。药芯焊丝送丝机则采用两对主动轮送丝。其优越性是减少施加在药芯焊丝上的正压力，可减少药芯焊丝截面形状的变化，提高送丝的稳定性。

2. 上下轮均开 V 形槽

一般实心焊丝送丝机不开槽，而药芯焊丝送丝机上下轮均开 V 形槽，增加受力点，从而减少药芯焊丝截面形状的变化，提高送丝的稳定性。

3. 槽内压花

槽内压花处理后的送丝轮提高摩擦系数来提高送丝力。不仅提高了送丝的稳定性，同时也改善了导电性能。

五、操作技能

以下以平板对接接头平位置药芯焊丝电弧焊为例说明。

（一）操作焊接工艺规程

板对接平位置药芯焊丝电弧焊焊接工艺规程见表 5 - 18。

表 5 - 18　板对接平位置药芯焊丝电弧焊焊接工艺规程

<table>
<tr><td colspan="2">焊接方法</td><td colspan="3">药芯焊丝气体保护电弧焊</td><td>热处理</td></tr>
<tr><td rowspan="14">焊
接
规
程</td><td>序号</td><td>打底</td><td>填充</td><td>盖面</td><td rowspan="7">进出炉温度≤350 ℃

升降温度速度≤55 ℃/h

保温温度/时间
595 ℃ ～ 620 ℃/1.5 ～
2 h</td></tr>
<tr><td>层道</td><td>1 层 2 道</td><td>3 层 6 道</td><td>1 层 2 道</td></tr>
<tr><td>电源极性</td><td colspan="3">脉冲反接</td></tr>
<tr><td>焊接母材</td><td colspan="3">18MND5</td></tr>
<tr><td>焊接材料</td><td colspan="3">SAFUDAL200</td></tr>
<tr><td>规格/mm</td><td colspan="3">φ1.6</td></tr>
<tr><td>电流/A</td><td colspan="3">310 ～ 340</td></tr>
<tr><td>电压/V</td><td colspan="3">26 ～ 30</td></tr>
<tr><td>送丝速度/（m · min⁻¹）</td><td colspan="3">5.4 ～ 6.5</td></tr>
<tr><td colspan="2">保护气体</td><td>Ar80% + CO₂ 20%</td><td>气体流量/（L · min⁻¹）</td><td>18 ～ 20</td></tr>
<tr><td colspan="2">预热温度/℃　min</td><td>150</td><td>道间温度/℃　max</td><td>250</td></tr>
<tr><td colspan="2">后热温度/时间/（℃ · h⁻¹）</td><td colspan="3">250 ℃ ～ 400 ℃/2 min</td></tr>
</table>

（二）焊前准备

1. 工具

电流电压表、数字型接触式测温议，低应力钢印，电动角向磨光机，不锈钢刨锤，保温桶，手持式面罩，拖线板，砂轮片，钢刷子。

2. 试件

材质：DIWA353；板状试件数量 2 块；垫板：1 块。

3. 试件清理

板状试件坡口两侧及背面 25 mm、垫板与板状试件接触面的油、锈、氧化皮等清理干净，见金属光泽 PT 检验合格后，再进行装配及定位焊。

4. 设备焊前检查

启动焊机前，检查各处的接线是否正确、牢固可靠。用钳型电流表检查电流是否准确符合工艺规程。

（三）装配及定位焊

装配前应当在考核中心成员，监考人员与焊工共同在场确认的情况下，打上材质号，炉批号，考试项目代号或焊工钢印才能装配及定位焊。

定位焊：焊接前先将板状试件预热到 150 ℃ ~ 250 ℃。用数字型接触式测温仪检测，在规定的范围内，根据流转卡到焊材两级库领用 φ4 mm 的 ESABOK48.00 焊条。然后分别在板状试件与垫板背面两端或中间进行定位焊，每处长度不小于 20 mm 以防止开裂；尽量减少错边。必须焊接牢固，将板状试件放置平焊位置，把板状试件反变形敲 2°即可（见图 5 - 47）。

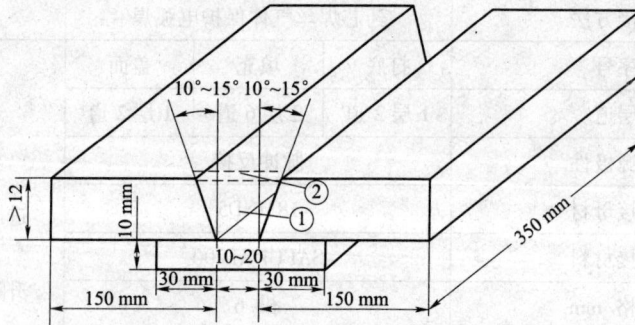

图 5 - 47 板对接装配示意

（四）操作方法

每层、每道采用直线形运条方式

1. 打底层焊接操作要领

焊接前先将气体打开，流量计电源插好，预热板状试件，用数字型接触式测温仪检测，板状试件温度达到 150 ℃ ~ 250 ℃，开始焊接，打底焊接要分道焊，先焊坡口内任一边缝道，引燃电弧，并压低电弧建立第一个熔池，从右到左直线运行不摆动，使垫板和板状试件母材良好熔合，根据 HAF603 第一层焊缝应至少有一个停弧再焊接头，做好接头标记或焊缝长度标记，经检查人员确认后继续焊接，第一层焊道焊完后，用角向磨光机将焊道清理干净，用钢刷子将粉尘刷除，再焊接另一道，最好一气呵成。板平焊层道焊接示意见图5-48。

2. 填充层焊接操作要领

填焊先第一层焊缝，道与道，层与层之间凸起的地方用角向磨光机打磨平整无任何缺陷，使焊层表面露出金属光泽，填焊前用数字型接触式测温仪，检查焊缝温度分别测3个点，并做好记录，在规定的温度范围内才能开始焊接，填焊时

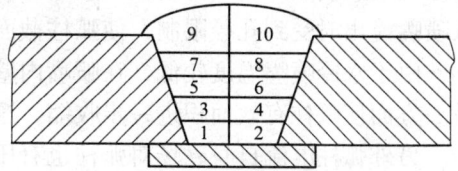

图5-48 板平焊层道焊接示意图
一层三道焊示意

要注意每层每道要搭配合理，每焊完一道用同样的方法检测温度，收弧处用衰减将弧坑填满，焊完最后一条焊道后，其焊缝表面深度为0.5~1.5 mm，两侧棱边不能烧损保持原始状态，填充焊缝层形状略呈凹形为最好，然后进行盖面层焊接。

3. 盖面层的操作要领

盖面层的焊接，先打磨焊缝表面的飞溅或凸起的地方，露出金属光泽，用钢刷子将粉尘刷除，焊前检测焊缝温度，盖面要分道焊，焊接电流稍偏小一点，便于控制电弧，操作时手要稳，焊枪角度要正确，焊枪轻微摆动使焊缝坡口边缘熔合1.5~2 mm，压低电弧，避免焊趾处产生咬边，盖面时焊缝至少要有一个焊道接头，盖面最后一道，焊接速度稍快一点，避免焊缝超宽，焊缝道与道搭接要合理，焊缝要圆滑过渡，焊缝表面保持原始焊缝，不做打磨。

第六节　等离子弧焊

一、等离子弧焊接概述

等离子弧焊是一种不熔化极电弧焊。等离子弧焊是利用等离子枪将阴极（如钨极）和阳极之间的自由电弧压缩成高温、高电离度、高能量密度及高焰流速的电弧，利用等离子弧来熔化金属进行焊接的方法称为等离子弧焊接。

等离子弧焊英文缩写为PAW；ISO和GB 5185—2005《焊接及相关工艺方法代号》的代号为15，又分为151（等离子弧焊）和152（等离子粉末堆焊）；在焊工资质管理中HLS指手工等离子弧焊和HLZ指自动等离子弧焊。

等离子弧焊接几乎可以焊接电弧焊所能焊接的所有材料和多种难熔金属及特种金属材料，并具有很多优越性。在极薄金属的焊接方面，它能进行氩弧焊所不能进行的材料和焊件的焊接。

二、等离子弧的特性与类型

普通的等离子弧焊与钨极氩弧焊一样，都使用钨极作为不熔化电极。不同的是焊枪内的离子气在喷嘴内电离，由于电离后的离子气仍具有流体的性质，在收缩效应的作用下从喷嘴孔径喷射出的电弧带电质点的运动速度明显提高（可达到300 m/s），所以等离子弧具有较小的扩散角及较大的电弧挺度，这也是等离子弧最突出的优点。

收缩效应是等离子弧所特有的效应：

等离子弧焊枪有压缩喷嘴，其电极缩进喷嘴里面，如图5-49所示。中性的离子气在喷

嘴内电离后使喷嘴内压力增加，因此喷嘴内壁与电极之间的空间称增压室。电离了的离子气从喷嘴流出时受到孔径限制，使弧柱截面变小，该孔径对弧柱的压缩作用称为机械压缩。

由于水冷喷嘴温度较低，在喷嘴内壁形成一层冷气膜，一方面使喷嘴与弧柱相对绝缘，另一方面使弧柱有效面积进一步收缩，这种收缩称为热收缩。

另外弧柱电流自身磁场对弧柱也有压缩作用，称为磁收缩。电流密度越大，磁收缩作用越强。

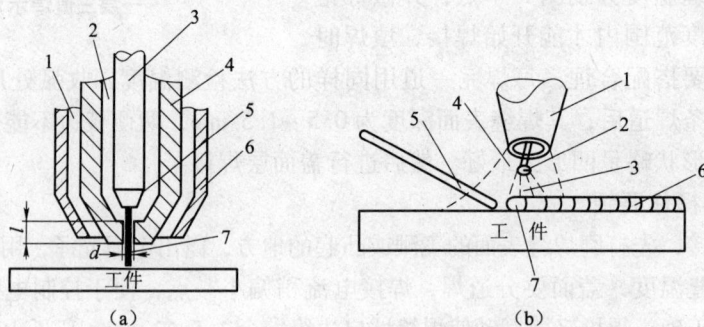

图 5-49 等离子弧焊与钨极氩弧焊对比

（a）等离子弧焊示意　　　　　　　　（b）钨极氩弧焊示意

1—保护气；2—离子气；3—钨极；5—压缩喷嘴；　　1—喷嘴；2—钨极；3—电弧；

5—增压室；6—保护气罩；7—等离子弧　　　　　　5—惰性气体；5—填充焊丝；

d—喷嘴孔径；l—喷嘴孔道长度　　　　　　　　　　6—焊缝；7—熔池

根据等离子弧电源的供电方式可将其分为非转移型、转移型及联合型 3 种形式，其中非转移弧和转移弧是基本的等离子弧形式。

1. 非转移型等离子弧

非转移型等离子弧如图 5-50（a）所示。电极接负，喷嘴接正，等离子弧建立在电极与喷嘴之间，连续送入的离子气穿过电弧空间后，成为从喷嘴内喷出的等离子焰来加热熔化金属，非转移弧主要用于非金属材料的焊接。由于其加热能量和温度较低，故不宜用于较厚材料的焊接。

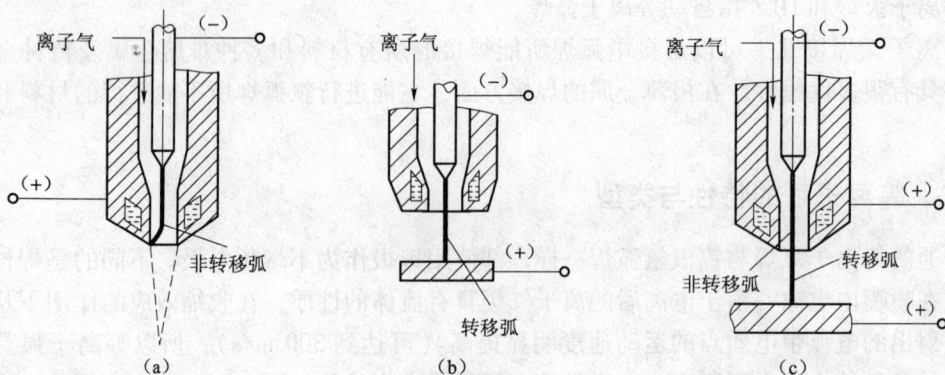

图 5-50 等离子弧的类型

（a）非转移型；（b）转移型；（c）联合型

2. 转移型等离子弧

转移型等离子弧如图 5 - 50（b）所示。电极接负，焊件接正，等离子弧首先在电极与喷嘴之间产生，即先引燃非转移弧，然后再将电弧转移至电极与焊件之间，此时电极与喷嘴间的电弧熄灭。当焊件成为另一个电极，高温的阳极斑点在焊件上，把较多的能量传递给焊件，金属材料的焊接一般都采用转移弧。

3. 联合型等离子弧

联合型等离子弧如图 5 - 50（c）所示。非转移弧和转移弧同时存在的等离子弧称为联合型弧。联合型弧需用两个独立电源供电，主要用于电流小于 30 A 的微束等离子弧焊接。

三、等离子弧焊接的分类

等离子弧焊接焊根据焊缝成型原理可分为两种：小孔型等离子弧焊和熔透型离子弧焊，30 A 以下的熔透型离子弧焊又称为微束等离子弧焊。

（一）小孔型等离子弧焊

利用小孔效应实现等离子弧焊的方法称为小孔型等离子弧焊，亦称穿透性焊接法。焊缝成型原理如图 5 - 51 所示。小孔型等离子弧焊是利用等离子弧的高温及能量集中的特点，迅速将焊件焊缝处的金属加热到熔化状态。对一定厚度范围内的金属进行焊接时，焊接参数（电流、离子气流及焊接速度）选择适当，电弧挺度适中，等离子弧将穿透整个焊件厚度，形成一个贯穿焊件的小孔，小孔周围的液态金属在电弧吹力、液体金属重力与表面张力作用下保持平衡，随着等离子弧的向前移动，在小孔前沿的熔化金属沿着等离子弧柱流动到小孔后面并逐渐凝固形成焊缝。可在不开坡口和背面不用衬垫的情况下进行单面焊接双面成型。

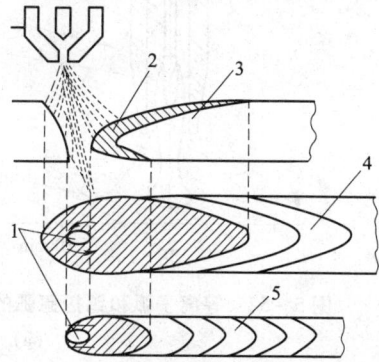

图 5 - 51　小孔型等离子弧焊焊缝成型原理
1—小孔；2—熔池；3—焊缝；
4—正面焊缝；5—背面焊缝

小孔型等离子弧焊采用的焊接电流较大（为 100 ~ 300 A），随着板厚增加所需能量密度也增加。由于等离子弧能量密度的提高有一定限制，因此小孔型等离子弧焊只能在有限板厚内进行，板厚范围为 1.6 ~ 9 mm。

（二）熔透型等离子弧焊

焊接过程中，只熔透焊件但不产生小孔效应的等离子弧焊方法称为熔透型焊接法。

熔透法原理：当离子气流量较小，弧柱受压缩程度较弱时，这种等离子弧在焊接过程中只熔化焊件而不产生小孔效应，焊缝成型原理与氩弧焊类似。主要用于薄板焊接及厚板多层焊。

（三）微束等离子弧焊

利用小电流（通常小于 30 A）进行焊接的等离子弧焊。微束等离子弧焊通常采用联合弧，由于非转移弧的存在，焊接电流小至 1 A 以下电弧仍具有较好的稳定性，能够焊接厚度在 0.01 ~ 2 mm 的薄板及金属丝网。加在钨极与喷嘴间产生的非转移弧称维持电弧（维弧），其作用是维持气体电离，引燃和稳定主弧；另外加在钨极和焊件间产生的转移弧称为主弧，其作用是提供焊接热源。

四、等离子弧焊接的特点

与钨极氩弧焊相比，熔透法等离子弧焊具有很多优点。

（一）熔透法等离子弧焊优点

（1）温度高、电弧能量集中。等离子弧的导电性高，承受电流密度大，因此温度高（16 000 ℃ ~ 33 000 ℃），又因其截面很小，则能量密度高度集中。因此焊接工艺具有焊接速度快、焊缝深宽比大，截面积小、薄板焊接变形小，厚板焊接缩孔倾向小及热影响区窄等优点。等离子弧与钨极氩弧的温度分布，见图 5 – 52。

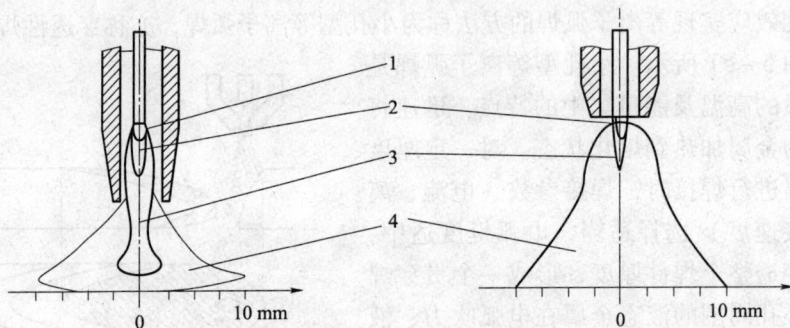

图 5 – 52　等离子弧和钨极氩弧的温度分布（焊接电流 200 A；氩气流量 19 L/min）

（a）等离子弧；（b）钨极氩弧

（电弧电压 = 30 V；喷嘴孔径 4.8 mm）　（电弧电压 = 15 V）

1—24 000 K 以上；2—18 000 ~ 24 000 K；3—14 000 ~ 18 000 K；5—10 000 ~ 14 000 K；

（2）电弧挺直性好。一般的电弧未受到外界的压缩，弧柱截面随着功率的增加而增加，因而弧柱中的电流密度近乎常数，其温度也就被限制在 5 730 ℃ ~ 7 730 ℃，这种电弧称为自由电弧，自由电弧的扩散角约为 45°。如在提高电弧功率的同时，依靠压缩效应限制弧柱截面的扩大或减小弧柱直径，就能够获得导电截面小、能量集中、弧柱中气体电离程度高，放电过程稳定的等离子弧。

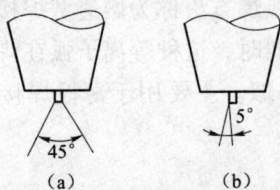

图 5 – 53　自由电弧与等离子弧的扩散角

（a）自由电弧；（b）等离子弧

等离子弧的扩散角为 5° 左右（见图 5 – 53），基本上是圆柱形，所以挺直性好。

（3）焊缝没有夹钨。由于等离子弧焊焊枪的钨极内缩在喷嘴之内，电极不可能与焊件接触，因而没有焊缝夹钨的问题。

（4）焊接速度比钨极氩弧焊快（特别是厚度大于 3.2 mm 的材料）。

（5）能够焊接更细更薄的零件。目前低至

0.1 A 电流的等离子弧焊接设备已在生产上应用。

（二）等离子弧焊的主要缺点

（1）喷嘴要求准确对中焊缝。由于电弧直径小，要求焊枪喷嘴轴线更准确地对中焊缝。

（2）焊枪结构、电源及电气控制线路复杂，加工精度高。设备费用一般是氩弧焊的 2～5 倍。

（3）喷嘴对焊接质量有着直接影响，寿命较短，必须定期检查、维修，及时更换。

五、焊接设备

（一）等离子弧焊接设备组成

与钨极氩弧焊一样，按操作方式的不同，等离子弧焊接设备可分为手工焊和自动焊两类，一个完整的手工等离子弧焊设备包括焊枪、焊接电源、控制装置、离子气及保护气体供气装置、焊枪冷却循环水装置及附属部件如气体流量计和电流遥控盒等。自动焊设备与手工焊设备的主要区别在于焊枪不是人工操作而是将其固定在焊枪支架或行走小车之上，由机械系统传动。如果焊缝有填丝要求，则相应增加送丝机构。

按焊接电流大小，等离子弧焊设备又可分为大电流等离子弧焊设备和微束等离子弧焊设备。大电流等离子弧焊设备常采用转移弧，设备中只有一套电源供电（如图 5-54）；而微束等离子弧焊设备常采用联合弧，由于在焊接过程中需同时保持非转移弧和转移弧，因此要采用两套电源供电（如图 5-55）。

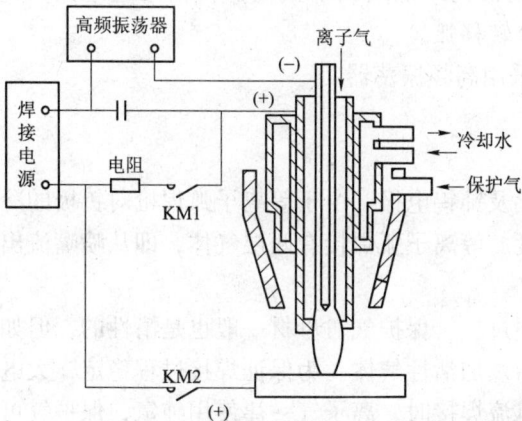

图 5-54 大电流等离子弧焊设备系统   图 5-55 微束等离子弧焊设备系统

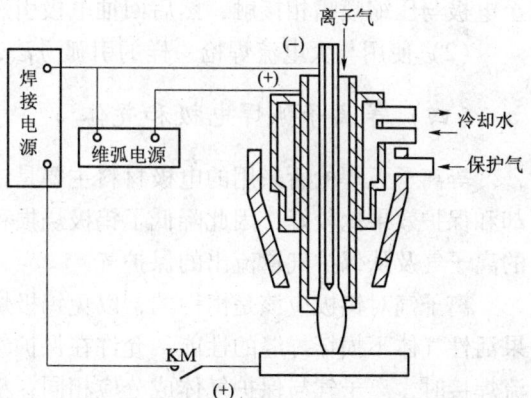

（二）等离子弧焊枪

等离子弧焊接时产生等离子弧并用以进行焊接的工具称为等离子弧焊枪。图 5-56 是大电流等离子弧焊用的焊枪典型结构。等离子弧焊枪比钨极氩弧焊枪复杂，焊枪在结构上应达到以下要求：

（1）钨极与喷嘴之间的相对位置固定且同心；

329

（2）钨极与喷嘴彼此绝缘，以便在钨极与喷嘴之间产生非转移弧；

（3）采用单独的气路分别导入离子气与保护气；

（4）能水冷钨极、喷嘴和保护气罩。

压缩喷嘴是等离子弧焊枪中产生等离子弧的关键零件之一，它对电弧直径起压缩作用。压缩喷嘴的结构、类型和尺寸对等离子弧性能起决定性作用，特别是喷嘴孔径及孔道长度两个主要尺寸，见图5-56。

（三）等离子弧焊引弧装置

使用大电流焊枪时，如图5-54所示，可在焊接回路中叠加一个高频高压振荡器（或高压脉冲装置）。引弧时，依靠高频高压火花（或高压脉冲）在钨极

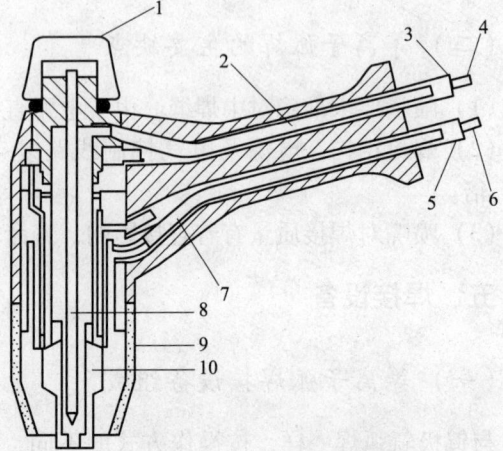

图5-56 等离子弧焊枪结构示意
1—绝缘帽；2—离子气进口；3—冷却水出口；4—非转移弧
或转移弧导线（负端）；5—非转移弧导线（正端）；
6—冷却水出口；7—保护气体进口；8—钨极；
9—保护气罩；10—压缩喷嘴

与喷嘴之间引燃非转移弧。焊接时，等离子弧转移至钨极与焊件之间。串联电阻就是为了获得非转移弧需要的低电压。

使用微束等离子弧焊枪有两种引燃非转移弧的方法：

（1）借助焊枪上的电极移动机构（弹簧移动机构或螺纹调节机构）向前推进电极，直至电极与压缩喷嘴相接触，然后回抽电极引燃非转移弧。

（2）使用与大电流焊枪一样的引弧方法，采用高频振荡器。

（四）等离子弧焊电极和气体

等离子弧焊枪所采用的电极材料主要是钍钨及铈钨电极。由于等离子弧焊枪对钨极的冷却和保护效果比较好，因此降低了钨极烧损程度。等离子弧焊接有两层气体，即从喷嘴流出的离子气及从保护气罩流出的保护气。

离子气对钨极应该是惰性的，以免钨极烧损过快。保护气对母材一般也是惰性的，但如果活性气体不损坏焊缝的性能，允许在保护气中填加活性气体。为保证焊接过程稳定，大电流焊接时，离子气与保护气体成分应相同；小电流焊接时，离子气一律使用纯氩，保护气可以用纯氩也可以选择其他气体成分。等离子弧焊所用的气体种类应当根据被焊金属来进行选择。

六、焊接参数

（一）小孔型等离子弧焊的焊接参数

确保在焊接过程中形成稳定的穿透小孔是获得优良焊缝成型的前提。影响小孔形成的焊接参数主要有喷嘴孔径、焊接电流、离子气成分及流量、焊接速度、喷嘴到焊件距离和保护

气体成分及流量等。

1. 喷嘴孔径

在焊接生产中，根据焊件厚度初步确定焊接电流的大致范围，然后再根据焊接电流来选择喷嘴孔径，见表 5－19。

表 5－19　小孔型等离子弧焊电流与喷嘴孔径的关系

焊接电流/A	1~25	20~75	40~100	100~200	150~300	200~500
喷嘴孔径/mm	0.8	1.6	2.1	2.5	3.2	4.8

2. 焊接电流

随着电流的增加，等离子弧穿透能力增大，电流的大小应根据焊件厚度确定，电流过小不能形成小孔，电流过大会使熔池金属流淌。另外，电流过大还可能引起双弧现象。

3. 离子气成分及流量

为了避免钨极烧损过快，离子气必须是具有较高纯度的惰性气体。应用最广的是氩气，引弧比较容易且适合于所有金属。

离子气流量增加，可使离子流力和熔透能力增大，在其他条件不变时，为了形成小孔，必须有足够的等离子气流量，但离子气过大会使缩孔直径增大而不能保证焊缝成型。当喷嘴孔径确定后，根据焊接电流和焊接速度确定其离子气流量的大小，它们之间要匹配恰当。

4. 焊接速度

焊接速度也是影响小孔效应的一个重要因素，其他条件一定时，焊接速度增加，焊接热输入减少，小孔直径随着减少，最后消失。相反，如果焊接速度太慢，母材过热，焊缝会出现下陷，甚至熔池淌漏等。焊接速度取决于离子气流量和焊接电流。

5. 喷嘴到焊件距离

喷嘴高度一般为 3~8 mm，喷嘴到焊件的距离过大，熔透能力降低；距离过小则造成喷嘴被飞溅物粘污。

6. 保护气体成分及流量

大电流等离子弧焊时，保护气体通常与离子气相同，否则电弧稳定性会受到影响。小电流等离子弧焊时，所用的保护气体只要对接头性能不起有害作用，不一定要与离子气相同。但是保护气体流量应与离子气流量适当匹配，否则会导致气流紊乱，影响电弧稳定性和保护效果。

（二）熔透型等离子弧焊的焊接参数

影响熔透型等离子弧焊的焊接参数与小孔型等离子弧焊相同，由于熔透型等离子弧焊的焊缝成型过程与钨极氩弧焊相似，因此其焊接参数的选定原则大体上与钨极氩弧焊相同，只需考虑保证熔深和熔宽。但要注意维弧电流不能选太大，维弧的作用是引燃和稳定主弧，一般取 3 A 左右，避免喷嘴过热烧损。

七、等离子弧焊常出现的焊接缺陷

等离子弧焊常见的特征缺陷有：咬边、气孔等。

（一）咬边

产生原因：

（1）离子气流量过大，电流过大及焊速过高。

（2）焊枪向一侧倾斜。

（3）装配错边，坡口两侧边缘高低不平，则高位置一边咬边。

（4）电极与压缩喷嘴不同心。

（5）采用多孔喷嘴时，两侧辅助孔位置倾斜。

（6）焊接磁性材料时，电缆连接位置不当，导致磁偏吹，造成单边咬边。

（二）气孔

产生原因：

（1）焊速过高，在一定的焊接电流、电压下，焊接速度过高会引起气孔，小孔焊接时甚至产生贯穿焊缝方向的长气孔。

（2）其他条件一定，电弧电压过高。

（3）填充丝送进速度太快。

（4）起弧和收弧处焊接参数配合不当。

第七节 埋 弧 焊

一、埋弧焊概述

埋弧焊是一种利用于焊剂层下电极与焊件之间燃烧的电弧产生的热量熔化电极、焊剂和母材金属的焊接方法。埋弧焊的英文缩写是 SAW，ISOO 和 GB 5185—2005《焊接及相关工艺方法代号》的代号为 121（单丝埋弧焊），122（带极埋弧焊），123 多丝埋弧焊；焊工资质管理中埋弧焊也分为 HM 埋弧焊和 HJM 带极埋弧堆焊。

埋弧焊原理如图 5-57 所示，电极和焊件分别与焊接电源的输出端相接，电极由送进机构连续向覆盖焊剂的焊接区送给；连续送进的电极在一层可熔化的颗粒状焊剂覆盖下引燃电弧；电弧引燃后，焊剂、电极和母材在电弧热的作用下立即熔化并形成熔池；熔渣和由焊剂

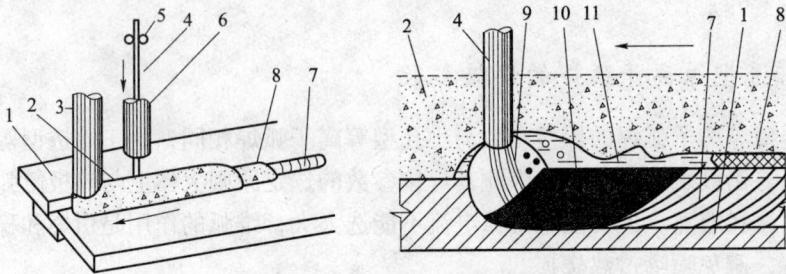

图 5-57　埋弧焊原理示意

1—焊件；2—焊剂；3—焊剂漏斗；4—焊丝；5—送丝滚轮；6—导电嘴；7—焊缝；
8—渣壳；9—电弧；10—熔池金属；11—熔渣

熔化所产生的气体共同保护熔池金属不与空气接触。随着电弧的移动，电弧力将液态金属推向后方并逐渐冷却凝固成焊缝。未熔化的焊剂具有隔离空气、屏蔽电弧光和热的作用。

埋弧焊熔深大、生产率高、机械化操作的程度高，因而适于焊接中厚板结构的长焊缝。在造船、锅炉与压力容器、桥梁、起重机械、铁路车辆、工程机械、重型机械和冶金机械、管道、核电厂、海洋结构等制造部门有着广泛的应用，是当今焊接生产中最普遍使用的焊接方法之一。

随着焊接冶金技术与焊接材料生产技术的发展，埋弧焊能焊的材料已从碳素结构钢发展到低合金结构钢、不锈钢、耐热钢等以及某些有色金属，如镍基合金、钛合金、铜合金等。

二、焊接参数

埋弧焊主要焊接参数是焊接电流、电弧电压、焊接速度、焊丝伸出长度等。

其中，板对接和管纵缝焊接的焊接速度由焊接小车的行走速度决定；管对接水平转动焊的焊接速度是由支撑焊件的焊接滚轮架的转速决定的，焊件旋转的线速度就是焊接速度。这就要求滚轮架不但能够无极调速来满足焊接时对焊速的不同要求，还应具有自动的轴向防窜动装置，保证焊接过程中焊丝始终处于正确的位置。

除此之外，起弧前焊丝相对筒体中心的偏移量也对焊缝的质量有着重要的影响，偏移量的选择应使得内、外环缝焊接时，焊接熔池能基本上保持在水平位置凝固，使得环缝成型良好。

三、埋弧焊焊接设备

（一）埋弧焊设备的一般要求

埋弧焊是一种靠电弧在焊剂层下燃烧，使焊件局部熔化的焊接方法。埋弧焊设备是将焊接过程中的引弧、送丝、移丝和灭弧4个动作全部由机械完成，操作者只须通过操纵盘上的按钮来进行控制。由于焊工看不见电弧，焊丝的移动轨迹只能靠焊接小车上的导向针来间接控制，没有直观性，容易产生焊缝焊偏的现象，一般先进的埋弧焊设备均有精确定位的焊缝自动跟踪系统。

由于埋弧焊设备的自动化特性，其操作技能主要表现在，焊工会选择合理的焊接参数来焊接不同厚度的钢板，能分析缺陷产生的原因并提出预防的措施，并且能够正确的操作焊机。由于诸多因素的作用，埋弧焊过程中不能像焊条电弧焊那样直接观察到熔池形态、电弧变化等状况，因此，埋弧焊机除了要正确选择焊接参数外，为了在焊接过程中保持焊接参数的稳定不变，采用了电弧自身调节系统和电弧电压自动调节系统。

（二）电弧调节特性

1. 埋弧焊电弧自动调节的要求

埋弧焊时，不仅要求引弧可靠，而且要求焊接参数在焊接过程中始终保持稳定，以保证焊缝都能获得优良的焊接质量。埋弧焊的主要焊接参数是焊接电流和电弧电压。外界很多因素都会干扰焊接电流和电弧电压，其中主要的干扰因素有：

（1）弧长方面的干扰。焊件表面不平，坡口加工不规则，焊件装配不良，筒体的圆度、棱角度等都影响电弧的长度。

（2）网路电压波动的干扰。网路电压的变化，焊机外特性产生相应的变化。如网路中有大型设备启动，网路电压突然下降，则影响焊机的输出电压和电流。

2. 电弧自动调节方法

埋弧焊机有两种调节系统可以保证焊接的正常进行。一种是等速送丝系统，另一种是均匀调节系统。

1）等速送丝系统

任何一种熔化极焊接的电弧都存在一种自调节作用，即焊丝熔化速度随电弧长度而变化。弧长增加时，焊丝熔化速度下降，弧长缩短时，焊丝熔化速度增大。在一定条件下，可以利用电弧的这种自调节作用进行埋弧焊。电弧的自调节作用与焊丝直径和焊接电流大小有关，随着焊丝直径的增大或焊接电流的减小，电弧的自调节作用减弱，要较长时间才能恢复到原来状态。对任一焊丝直径，都存在一个极限电流值，电流小于此极限值时，电弧的自调节作用很弱，无法保证焊接过程正常进行。埋弧焊时不同直径焊丝的极限电流值见表5-20。埋弧焊等速送丝方式是依靠电弧自身调节作用维持电弧稳定燃烧。它的特点是在焊接过程中焊丝送进速度保持不变，而焊丝熔化速度发生变化。当电弧缩短时，焊接电流增加，焊丝熔化速度加快，电弧自动拉长。反之则电弧缩短。电弧稳定后，送丝速度与熔化速度就相等。这种焊机送丝速度是预先给定的，当给定送丝速度增加时，焊接电流增大，焊丝熔化速度加快。相反，电流减小，焊丝熔化速度降低。

表5-20 电弧自调节必需的极限电流

焊丝直径/mm	2	3	4	5
极限电流/A	280	400	530	700

一般来说，采用焊接电流大于表5-20值时，采用等速送丝系统就可以保证埋弧焊的正常进行。在焊接过程中电弧能自动调节长度，排除外界因素对弧长的干扰，当焊丝直径不超过4 mm时，极限电流值不很大，与保证电弧稳定燃烧所必需的电流值相近，采用等速送丝系统是比较合适的。焊丝直径超过4 mm时，极限电流值较大，等速送丝系统的使用受到一定限制。此外，等速送丝埋弧焊时，为减小网路电压波动对电弧电压的影响，同时为了提高电弧自身调节作用的速度，最好采用缓降外特性电源。

2）均匀调节系统

均匀调节系统也称电弧电压调节系统，它是利用电弧电压的变化来改变焊丝的送进速度，从而保证弧长相对不变，实现自动调节。它的特点是焊丝送进速度变化，而焊丝熔化速度保持不变。当受外界干扰使弧长增加时，电弧电压增高，控制系统根据电弧电压增高的反馈信号，自动提高焊丝送进速度，使弧长恢复到原来长度。反之根据电弧电压降低的反馈信号，自动降低焊丝送进速度，使弧长恢复正常。所以，均匀调节系统是靠改变送丝速度保证焊接过程正常进行的，特别适用于较粗焊丝的埋弧焊，焊接电流的选择余地较大。但是，均匀调节系统也不能排除网路电压波动的影响，需选用陡降外特性电源，以减小网路电压波动对焊接电流的影响。

（三）埋弧焊机组成

常用的埋弧焊机有等速送丝和变速送丝两种。它们一般都由机头、控制箱、导轨（或支架）以及焊接电源组成。等速送丝埋弧焊机采用电弧自身调节系统；变速送丝埋弧焊机采用电弧电压自动调节系统。

埋弧焊机按照工作需要，做成不同的形式。常见的有：焊车式、悬挂式、机床式、悬臂式、门架式等。MZT - 1000 型焊车结构如图 5 - 58 所示，表 5 - 21 列出国产埋弧焊机主要技术数据。

表 5 - 21 国产埋弧焊机主要技术数据

型号技术规格	NZA - 1000	MZ - 1000	MZ1 - 1000	MZ2 - 1500	MZ3 - 500	MZ6 - 2 - 500
送丝方式	变速送丝	变速送丝	等速送丝	等速送丝	等速送丝	等速送丝
焊机结构特点	埋弧、明弧两用焊车	焊车	焊车	悬挂式自动机头	电磁爬行小车	焊车
焊接电流/A	200 ~ 1 200	400 ~ 1 200	200 ~ 1 000	400 ~ 1 500	180 ~ 600	200 ~ 600
焊丝直径/mm	3 ~ 5	3 ~ 6	1.6 ~ 5	3 ~ 6	1.6 ~ 2	1.6 ~ 2
送丝速度/(cm·min⁻¹)	50 ~ 600（弧压反馈控制）	50 ~ 200（弧压 35 V）	87 ~ 672	47.5 ~ 375	180 ~ 700	250 ~ 1 000
焊接速度/(cm·min⁻¹)	3.5 ~ 130	25 ~ 117	26.7 ~ 210	22.5 ~ 187	16.7 ~ 108	13.3 ~ 100
焊接电流种类	直流	直流或交流	直流或交流	直流或交流	直流或交流	交流
送丝速度调整方法	用电位器无极调速（用改变晶闸管导通角来改变电动机转速）	用电位器调整直流电动机转速	调换齿轮	调换齿轮	用自耦变压器无极调节直流电动机转速	用自耦变压器无极调节直流电动机转速

所列埋弧焊机中，使用最普遍的是 MZ - 1000 焊机，如图 5 - 58 所示。焊车的机头可以根据需要进行调节。机头可左右旋转 90°，向后倾斜最大可达 45°。侧面倾斜角 ±45°，垂直方向位移 85 mm，横向位移为 ±30 mm。可用于各种有坡口或无坡口的对接焊缝、搭接焊缝和角焊缝，这些焊缝可位于水平面或与水平面倾斜角不大于 15°的斜面上。

（四）辅助设备

埋弧焊时，为了调整焊接机头与焊件的相对位置，使焊缝处于最佳的施焊位置或为达到预期的工艺目的，一般都需有相应的辅助设备与焊机相配合，埋弧焊的辅助设备大致有以下几种类型。

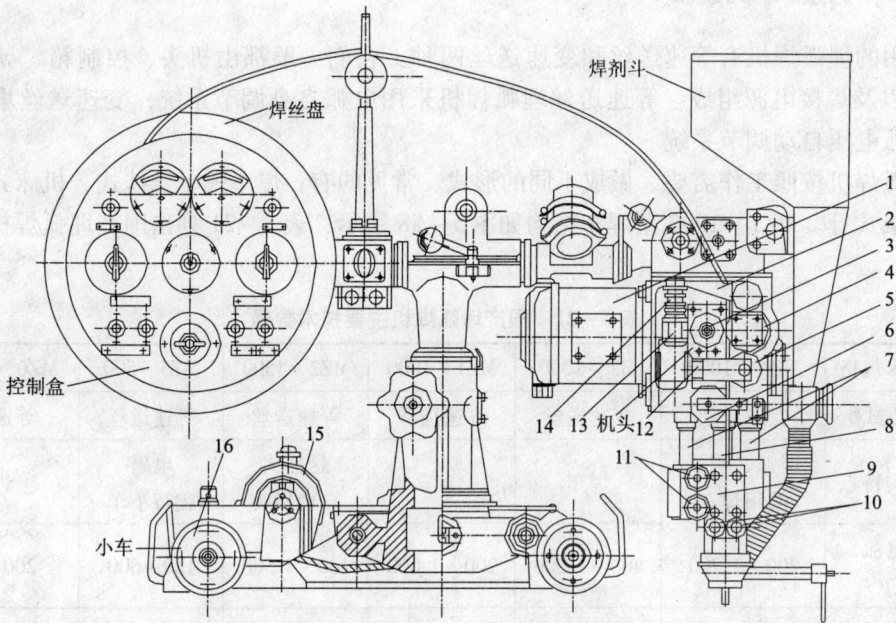

图 5-58　MZT-1000 型焊车

1—送丝电机；2—摇杆；3，4—送丝滚轮；5，6—矫直滚轮；7—圆柱导轨；8—螺杆；9—导电嘴；
10—螺丝（压紧导电块用）；11—螺丝（接电极用）；12—螺钉；13—调节螺母；
14—弹簧；15—小车电机；16—小车车轮

1. 焊接夹具

使用焊接夹具的目的在于使焊件准确定位并夹紧，以便于焊接。这样可以减少或免除定位焊缝并且可以减少焊接变形。有时为了达到其他工艺目的，焊接夹具往往与其他辅助设备联用，如单面焊双面成型装置等。

2. 焊件变位设备

这种设备的主要功能是使焊件旋转、倾斜、翻转，以便把待焊的接缝置于最佳的焊接位置，达到提高生产率、改善焊接质量、减轻劳动强度的目的。焊件变位设备的形式、结构及尺寸因焊接焊件而异。埋弧焊中常用的焊件变位设备有滚轮架、翻转机等。

3. 焊机变位设备

这种设备的主要功能是将焊接机头准确地送到待焊位置，焊接时可在该位置操作；或是以一定速度沿规定的轨迹移动焊接机头进行焊接。这种设备也叫做焊接操作机。它们大多与焊件变位机、焊接滚轮架等配合使用，完成各种焊件的焊接。基本形式有平台式、悬臂式、伸缩式、龙门式等几种。

4. 焊缝成型设备

埋弧焊的电弧功率较大，钢板对接时为防止熔化金属的流失和烧穿并促使焊缝背面成型，往往需要在焊缝背面加衬垫。最常用的焊缝成型设备有铜垫板和焊剂垫。焊剂垫有用于纵缝的和用于环缝的两种基本形式。

筒体环缝先焊内环缝，后焊外环缝。焊接内环缝时，为防止焊剂和熔渣从根部间隙中流

336

失，在筒体外侧下部装设焊剂垫。常用的焊剂垫有连续带式和圆盘式两种。

1）连续带式焊剂垫

焊剂垫的构造见图 5 - 59。带宽 200 mm，绕在两只带轮上，一只带轮固定，另一只带轮通过丝杠调节机构作横向移动，以放松或拉紧带。使用前，在带的表面撒上焊剂，将筒体压在带上，拉紧可移带轮，使焊剂垫对筒体产生承托力。焊接时，由于筒体的转动带动带旋转，使熔池外侧始终有焊剂承托。焊剂垫上焊剂在焊接过程中会部分洒落，这时应再添加一些焊剂，以保证焊剂垫上始终有一层焊剂存在。连续带式焊剂垫结构简单，使用方便，以得到大量推广。

2）圆盘式焊剂垫

焊剂垫的构造见图 5 - 60。工作时，将焊剂垫装在圆盘内，圆盘与水平面成 45°。摇动手柄，即可转动丝杠，使圆盘上、下升降。焊剂垫应压在待焊筒体环缝的下面（容器环缝位于圆盘最高部位，略偏里些），焊接时，由于筒体的旋转带动圆盘随之转动，焊剂便不断进到焊接部位。由于圆盘倾角较小，焊剂一般不会流失，但焊接时仍应注意经常在圆盘上保持有足够的焊剂，升降丝杠必须有足够的行程，以适应不同直径筒体的需要。圆盘式焊剂垫的主要优点是焊剂能始终可靠地压向焊缝，本身体积较小，使用时比较方便灵活。

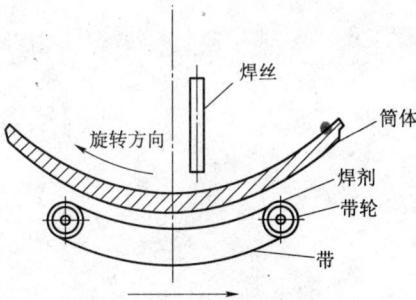

图 5 - 59　连续带式焊剂垫

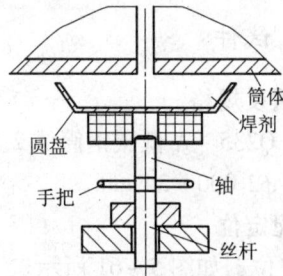

图 5 - 60　圆盘式焊剂垫

5. 焊剂回收输送设备

用来在焊接中自动回收并输送焊剂，以提高焊接自动化的程度。

四、埋弧焊焊接操作

埋弧焊中操作难度较大的是管对接水平转动焊焊接。大直径管对接水平转动焊一般是圆柱形筒体的环缝焊接。环缝焊接与直缝焊接最大的不同点是焊接时必须将焊件置于滚轮架上，由滚轮架带动焊件旋转，焊机固定在操作机上不动，仅有焊丝向下输送的动作。因此，焊件旋转的线速度就是焊接速度。如果是焊接筒体内环缝，则需将焊机置于操作机上，操作机伸入筒体内部进行焊接。环缝对接焊的焊接位置属于平焊位置。

环缝焊接时一个重要的技术关键是焊丝相对于筒体的位置。环缝焊接虽属平焊，但当筒体旋转时，常常因焊丝位置不当而造成焊缝成型不良。例如，焊接外环缝时，如将焊丝对准环缝的最高点，焊接过程中，随着筒体转动，熔池便处于电弧的右下方，所以相当于上坡焊，结果使焊缝厚度和余高增加，宽度减小。同样，焊接内环缝时，如将焊丝对准环缝的最低点，熔池便处于电弧的左上方，所以相当于下坡焊，结果使焊缝厚度变浅，宽度和余高减小，严重时将造成焊缝中部下凹。筒体直径越小，上述现象越突出。

解决的方法是在进行环缝埋弧焊时，将焊丝逆筒体旋转方向相对于筒体中心有一个偏移量 α，使内、外环缝焊接时，焊接熔池能基本上保持在水平位置凝固，因此能得到良好的环缝成型。但是，应严格控制焊丝的偏移量，太大或太小的偏移均将恶化焊缝的外表成型，在外环缝上偏移太小或在内环缝上偏移太大，均会造成深熔、狭窄、凸度相当大的焊缝形状，并且还可能产生咬边。如果外环缝上偏移太大或内环缝上偏移太小、会形成浅熔而凹形的焊缝。

环缝对接焊根据焊件的厚度，也可分成不开坡口和开坡口两种形式，其焊接方法基本相同。由于环缝对接焊焊后焊件不产生角变形，所以内、外环缝不必交替焊接。为了便于焊后清根，所以总是先焊内环缝，后焊外环缝。

直径小于 500 mm 的小直径筒体进行外环缝焊接时，由于筒体表面的曲率较大，焊剂往往不能停留在焊接区域周围，容易向两侧散失，使焊接过程无法进行。在生产中通常采用一种保留盒，将焊接区域周围的焊剂保护起来。焊接时，保留盒轻轻靠在筒体上，不随筒体转动。待焊接结束后，再将保留盒去掉。

五、V 形坡口大直径管对接水平转动焊技能操作

（一）试件

1. 材质及规格

材质：Q235 – A 低碳钢筒体 2 节。

规格：ϕ2 000 × 24 mm。

2. 装配定位

装配定位，如图 5 – 61 所示。

焊前首先将焊口及边缘两侧的铁锈、油污等用角向磨光机打磨干净至露出金属光泽，再进行装配定位。装配时要保证对接处的错边量在 2 mm 以内，以保证焊缝质量。根部间隙不大于 2.5 mm。定位焊采用直径 4 mm，型号为 E5015 的焊条，定位焊缝长 20 ~ 30 mm，间隔为 300 ~ 400 mm，直接焊在筒体外表，不装引弧板和引出板（无法装）。定位焊结束后，清除定位焊缝表面渣壳，用钢丝刷清除定位焊缝两侧飞溅物。

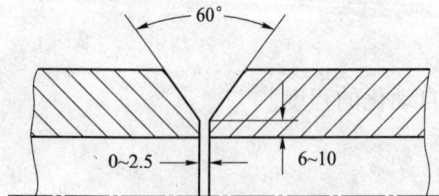

图 5 – 61 装配定位示意

3. 辅助装置

焊接内、外环缝的操作机，焊接滚轮架，内环缝焊接用焊剂垫。

4. 辅助工具

碳弧气刨枪一把、直径 8 mm 的碳棒、角向磨光机、风动扁铲、钢丝钳、扳手、钢丝刷、焊缝万能量规等。

（二）焊接材料

1. 焊接材料牌号及规格的选择

牌号：H08A；规格：$\phi 5$ mm

2. 焊剂烘干、保温与使用

牌号：HJ431；烘干温度：250 ℃ ~ 300 ℃，保温时间：1.5 ~ 2 h 随用随取，放置于保温箱内，烘干过程中防止骤冷骤热。

（三）焊接设备

采用 MZ – 1000 型埋弧焊机（均匀调节式），采用直流反接法。

（四）焊前设备检查及调试

（1）所有的螺母、螺帽和固定螺丝应旋紧、各传动部件灵活、离合器合离自如。调节焊丝送进压紧轮，使焊丝均匀下送 200 mm，平直不弯；调节两片导电嘴松紧度合适（导电嘴调节过松，焊丝在导电嘴内晃动将导致焊接电流不稳定、导电嘴调节过紧焊丝下送困难又会造成焊丝下送速度不均匀）；焊车导轨平直，车轮下无杂物，焊车行走畅通无阻。

（2）对埋弧焊设备应检查各处接触是否良好，接线是否正确，在废板上启动焊机看它是否正常安全地进行运行，并选调合适的焊接电流、焊接电压、焊接速度（包括导电嘴是否合适及焊丝干伸长为 25 ~ 40 mm，焊道覆盖宽度适当，一般以 30 ~ 40 mm 为宜）。

焊接参数见表 5 – 22。

表 5 – 22　V 形坡口大直径管对接水平转动焊接参数

焊接方法	焊接电流 /A		焊接电压 /V	焊接速度 /(cm·min⁻¹)	焊接层数		焊丝直径 /mm	焊丝干伸长 /mm	偏移量 /mm
埋弧焊	正	700 ~ 720	38 ~ 40	47 ~ 50	正	3	5	25 ~ 40	35
	反	700 ~ 720			反	3			

（五）技能操作

将焊剂垫安放在待焊部位，检查操作机、滚轮架的运转情况，全部正常后，将装配好的筒体吊运至滚轮架上，使筒体环缝对准焊剂垫并压在上面。驱动内环缝操作机，使悬臂伸入筒体内部，调整焊机的送丝机构，使焊丝对准环缝的拼接处。为了使焊机启动和筒体旋转同步，事先应将滚轮架驱动电动机的开关接在焊机的启动按钮上。这样当焊工按下启动按钮时，焊丝引弧和筒体旋转同时进行，可立即进入正常的焊接过程。焊接收尾时，焊缝必须首尾相接，重叠长度至少要达到一个熔池的长度。

内环缝焊毕后，将筒体仍置于滚轮架上，然后在筒体外面对接口处用碳弧气刨清根。碳弧气刨清根的焊接参数为直径 8 mm 的圆形实心碳棒，刨削电流 320 ~ 360 A，压缩空气压力 0.4 ~ 0.6 MPa，刨削速度控制在 54 ~ 67 cm/min 以内。气刨后的刨槽深度要求 6 ~ 7 mm，宽度 10~12 mm。气刨时可随时转动滚轮架，以达到气刨的合适位置。刨槽应力求深浅、宽窄均匀。气刨结束后，应彻底清除刨槽内及两侧的熔渣，用钢丝刷刷干净。

最后焊接外环缝。将操作机置于筒体上方，调节焊丝对准环缝的拼接处，焊丝偏移量为 35 mm，操作方法及焊接参数不变。焊前应松开焊剂垫，使其脱离筒体，让筒体在焊接外环缝时能自由灵活转动。

全部焊接工作结束后，清除环缝表面渣壳，检查焊缝外表质量。

六、接管焊接的埋弧焊

（一）马鞍形焊缝与埋弧焊横角焊

马鞍形焊缝是管与管的 T 形焊接接头所产生的焊缝，就是焊工资质管理中的为接管焊接中的 GW 焊缝。与普通的纵、环缝不同，马鞍形焊缝不是一条直线，也不在一个平面上。一般可以用焊条电弧焊进行焊接，但这种焊接效率太低，强度大，焊工工作环境恶劣。

在实际中往往采用自动埋弧焊进行马鞍形焊缝的焊接，由于马鞍形焊缝的焊接轨迹不是一条直线，若采用普通埋弧焊机焊接则很难维持稳定的电弧，满足焊接质量。

马鞍形焊缝埋弧焊采用的是埋弧焊横角焊。

一般情况下，角焊缝的埋弧焊采用船形焊位置，此时熔池处于水平位置，容易保证焊缝质量。但当根部间隙大于 1.5 mm 后，则易产生焊穿或流溢熔池金属的现象，故船形焊要求严格装配质量。由于焊件太大不易翻转或别的原因，焊件不能在船形位置进行焊接时，才采用横角焊。

其优点是对根部间隙的敏感性小，即使根部间隙过大，也不至于产生流渣或熔池金属流溢现象；其缺点是单道焊焊脚最大不能超过 8 mm，否则会产生金属流溢和咬边，所以当焊脚大于 8 mm 时，只能使用多道焊。此外，焊缝的成型与焊丝及焊件的相对位置关系很大。当焊丝位置不当时，易产生咬边或未熔合。为保证焊缝的良好成型，焊丝偏角应保持在 15°~45° 范围内（一般为 20°~30°）。实际焊丝位置应视接头具体情况确定，操作工必须在焊接过程中随时注意焊丝的位置并不断调整。

（二）焊接工艺

马鞍形埋弧焊横角焊的主要焊接参数与坡口对接焊相同：焊接电流、电弧电压、焊接速度、焊丝伸出长度。其对焊接的影响也与坡口对接焊大致相同。

通常容器的纵、环缝埋弧焊接，为了提高生产率，一般都用较大的焊接参数，焊丝直径为 $\phi4$~$\phi5$ mm，焊接电流一般为 600~750 A。但马鞍形焊缝的焊接处于坡度连续变化的上坡或下坡位置，上坡焊时，熔深增加，熔宽减小，焊缝成型恶化，易于产生咬边现象；下坡焊时，熔深减小，熔宽增大，坡度较大时焊缝成型同样恶化，易于产生未焊透。这些特点随着焊接电流的提高和熔池的增大，表现得尤为明显。因此，马鞍形埋弧焊的焊接电流一般在 550 A 左右。同时，马鞍形埋弧焊横角焊的电弧电压不宜太高，这样可使熔渣减少，防止熔渣流溢。使用细焊丝可以减小熔池体积，以防止熔池金属的流溢，并能保持电弧燃烧的稳定。

340

此外，焊丝偏角和马鞍落差量等参数的调节也是十分重要的，决定了焊接质量的好坏。因为即使采用较小的焊接参数，由于上坡、下坡的关系，马鞍形焊缝经过多层焊接之后，会有逐渐"拉平"的倾向。即马鞍形的最高点下降，最低点上升，使马鞍形的落差缩小。例如焊了 8~10 层，落差减小 10 mm 左右。这一现象对焊缝的质量没有多大影响。但焊到最后，这种情况使一圈焊缝中低的两部分已经焊满，而其余部分还剩下很多未焊的坡口。这使以后的焊缝无法整圈连续焊接，而必须将未焊满的部分分段焊满。这样的分段焊接，既麻烦又费时，在相当程度上影响了整个马鞍形焊缝的焊接效率。因此，在一个管座的焊接过程中特别在焊了一半以后，应注意采取适当措施，保持马鞍形原落差数值，以使整圈焊缝基本上同时焊满坡口。具体措施可考虑适当调节焊接速度，即在马鞍高的部分适当减慢焊速，在马鞍低的部分适当加快焊速。另外，在实际焊缝的马鞍形落差已经减小较多的情况下，应相应调整马鞍形跟踪机构的标尺，以免焊丝干伸长发生过大的变化。

（三）焊接设备与操作

由于马鞍形焊缝的特点，马鞍形埋弧焊有自己的专用焊机。马鞍形埋弧焊机焊接厚壁材料马鞍形焊缝，焊接电弧稳定，焊接质量好，效率高。

马鞍形埋弧焊还需要辅助装置如马鞍形埋弧焊操作机，接管焊机固定工装，接管起吊工装，焊接接管操作平台，偏心滚轮架等。

在实际焊接过程中，底层焊道为了避免烧穿，一般选用 $\phi 3.0$ mm 的焊丝并使用较小的焊接电流和较大的焊接速度，选用焊接参数：电流 400 A；电压 30 V；焊速 44 cm/min。中间焊道选用焊接参数：电流 550 A；电压 30 V；焊速 42 cm/min。盖面焊道选用焊接参数：电流 550 A；电压 30 V；焊速 44 cm/min。操作工应根据焊接过程中的实际情况随时调整焊接速度和焊丝偏角，保证焊缝成型良好，避免出现咬边或焊缝金属流溢。

（四）马鞍形焊接操作技能举例

1. 焊件材质及规格

（1）材质：13MnNiMo54。

（2）规格：筒身厚度 273 mm。

（3）装配定位，接头形式如图 5 - 62 所示。焊前清理，坡口及坡口两侧 15 mm 范围内不得有油、锈、水和灰尘，以及有任何影响焊接质量的缺陷。利用专门的接管装配调整工装，定位装配接管。

（4）辅助工具：自动清根机、角向磨光机、风动扁铲、钢丝钳、扳手、钢丝刷、焊缝万能量规等。

2. 焊接材料

（1）焊接材料牌号及规格的选择。牌号：SAF AS 62；规格：$\phi 4.0$ mm。

（2）焊剂烘干、保温与使用。焊剂牌号：SAF AS 89；烘干温度：200 ℃ ~ 600 ℃；保温时间：2 h30 min - 3 h 随用随取，放置于保温箱内，烘干过程中防止骤冷骤热。

3. 焊接设备

采用 GZH - 1 马鞍形旋转埋弧焊机，焊接参数见表 5 - 23。

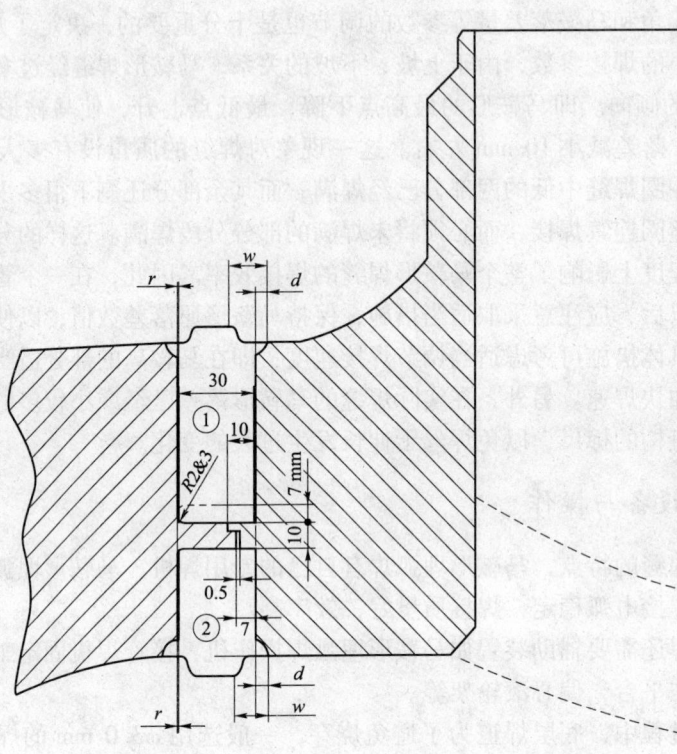

图 5 – 62　接头形式

表 5 – 23　GZH – 1 马鞍形旋转埋弧焊机焊接参数

马鞍落差量可调范围	0 ~ 90 mm	回转直径	300 ~ 1 000 mm
转速	0.07 ~ 0.41 r/min	最大焊接厚度	210 mm
焊炬垂直行程	300 mm	最大焊接电流	800 A
焊丝直径	3 mm，4 mm	送丝速度	0.5 ~ 0.9 m/min

4. 焊前设备检查及调试

马鞍形埋弧焊机的焊前检查及调试与普通埋弧焊机基本相同，主要检查各种零件是否完好，各种接线是否正确，焊接过程是否能得到保证。

焊前马鞍形埋弧焊机最重要的是根据焊件的实际情况选择一个适当的马鞍量，使焊机能够在焊接过程中自动调节机头的位置，保证焊接过程中不同位置弧长的稳定，使焊接得以顺利进行。调节马鞍量后，应使焊机沿焊缝空转几圈，观察焊接轨迹是否正确以及是否能保证稳定的弧长。

马鞍形坡口埋弧焊的焊接参数见表 5 – 24。

表 5 – 24　马鞍形坡口埋弧焊的焊接参数

焊接方法	焊接电流 /A	焊接电压 /V	焊接速度 /(cm · min⁻¹)	焊接层数	焊丝直径 /mm	干伸长 /mm
马鞍形埋弧焊	500 ~ 650	28 ~ 32	40 ~ 45	30	4	30 ~ 50

5. 技能操作

检查焊机运转情况，全部正常后，将操作机调至预先设定的马鞍量，并调整焊机的送丝机构，使焊丝对准焊缝的拼接处，并有合适的干伸长和焊丝偏角。试转几圈，调整焊丝位置和偏角，以保证焊接过程的稳定。在水平位置启动焊机，开始正常焊接。焊接过程中操作工必须密切注意焊丝位置和焊缝成型，随时调整焊丝的位置和焊接速度，避免出现咬边和焊缝金属流溢。每道焊接前都必须调整焊丝的位置，并进行试转。如果焊接中断，必须打磨熄弧处，待完全清除弧坑等缺陷后方可继续进行焊接操作。

全部焊接工作结束后，清除焊缝表面渣壳，检查焊缝表面质量。焊后焊缝进行 100% 超声波检验。

七、窄间隙埋弧焊

窄间隙埋弧焊可以大幅度地减少坡口截面积，在不太大的焊接热输入下，提高生产效率，由于熔敷金属的减少，接头中有害氢含量下降，接头的应力水平和变形量也都所下降，因而被作为一种经济的、能够得到优良机械性能的、变形小的优质焊接接头的焊接方法，广泛应用于各种大型重要结构。

在国外，窄间隙埋弧焊得到了广泛的使用，具有相当成熟的工艺和各种辅助工装、工具。例如日本，使用窄间隙埋弧焊最多的领域同样是核安全设备、压力容器、锅炉制造，其次是大型产业机械和建筑，再次是压力水管、海洋构造、造船和桥梁等。

现阶段国内基本使用的仍是进口的窄间隙埋弧焊机。由于投资较高，这种高效焊接方法的运用还不够广泛，目前仅在几家大型的锅炉压力容器厂家获得了应用。在国产化 1 000 MW 核一级设备蒸发器、稳压器、反应堆压力容器和二级设备硼注射器的制造中，其纵、环缝均采用了窄间隙埋弧焊。

窄间隙埋弧焊方法可使用普通的埋弧焊机，除了使用由耐热绝缘胶带包裹的长导电嘴或矩形截面的焊嘴以外无须特殊装置，能够方便地采用纵列多丝焊接，且具有效率高，经济性好，焊接参数范围宽，不易产生缺陷，焊接区质量好，性能高等特点。

（一）窄间隙埋弧焊的特点

1. 提高效益和效率

在窄间隙埋弧焊厚板焊接时，采用 I 形坡口，间隙 15 ~ 25 mm，其中尤其以 18 ~ 24 mm 用得更多。避免了厚板接头通常采用的 U 形或双 U 形大坡口（坡口角度 60° ~ 70°），因而大大节省了填充金属。但在实际生产中，有时为了脱渣和清渣的便利，以及坡口两侧的熔合良好，一般采用 U 形窄坡口（坡口角度 2° ~ 3°）代替 I 形坡口。与普通埋弧焊所用的坡口形状相比，其坡口截面积仅有普通坡口的 50%。以厚 600 mm 的接头为例，分别采用窄间隙、双 U 形及单 U 形 3 种坡口进行埋弧焊，它们的填充金属量之比为 1:1.6:2.9。可见窄间隙埋弧焊是一种高效、省时、节能的焊接方法。

2. 提高焊接接头质量

由于窄间隙坡口面积小，热输入量小，使得材料性能变化非常小，尤其是大大提高了焊接接头的韧性；变形也比一般埋弧焊小，容易达到产品要求。而且核安全设备压力容器的窄间隙埋弧焊多采用多层双道焊，焊道多而薄，焊缝金属受到热处理的部分大，也能得到高而稳定的韧性。

3. 坡口跟踪装置要求高

在窄而深的坡口中，需要保证每层焊道与根部间隙侧壁的良好焊透和稳定的电弧。因此焊丝端部与侧壁的距离以及与坡口底部的距离需要保持稳定。采用普通埋弧焊机的手动调节方法显然不适应难于目视观察的窄间隙焊接，这就要求焊机应具备横向及高度方向的自动跟踪系统，以保证焊丝的精确定位。目前生产中使用的窄间隙焊机采用光电传感器对坡口及弧压进行跟踪，比普通的接触式传感器更为灵敏和精确。

4. 坡口加工要求高

窄间隙坡口需要采用机械加工方式进行制备，以保证坡口没有大的凸凹不平和适宜的坡口宽度和角度。过大的凸凹不平容易产生夹渣和咬边等焊接缺陷。而且尽管装备了先进的跟踪装置，但由于从传感器探测到信息到机头动作需要一定的时间，机头很容易撞上坡口并打弧，造成焊接机头的损坏。坡口宽度和角度过大，失去了窄间隙焊的意义，不能提高效益和效率；坡口宽度和角度过小，机头无法伸入坡口底部，或者造成坡口两侧的未熔合。一般核安全设备压力容器的窄间隙焊接坡口底部宽度大约 20 mm，单边坡口角度为 1°。

5. 焊剂脱渣性要求高

由于焊缝窄，焊渣不易脱落，难于清理，尤其是焊接厚板的焊接底层时。这就要研究改进焊剂，使形成的焊渣易脱落除去。

一般在单层单道焊或宽坡口内焊接时脱渣性良好的焊剂，当被用于窄间隙埋弧焊时，其脱渣性也变坏。窄坡口时脱渣性变坏的主要原因是渣的侧面紧密黏附于坡口内表面，使得坡口内表面对渣产生拘束。因此，对窄间隙埋弧所用的焊剂来说，必须有很好的焊道成型和脱渣性，特别要求渣的形状使得渣侧面和坡口内表面的接触面积小。另外，为改善焊道成型和坡口内表面的脱渣性，渣凝固后的收缩量要大。

6. 需要配备专用的工装、工具

窄间隙埋弧焊的工装、工具与普通埋弧焊相似，如焊接滚轮架、变位器等。但考虑窄坡口的实际情况，对滚轮架的轴向防窜有较高的要求，避免机头撞坏。除此之外，特殊的焊剂回收装置不但可以清除多余的焊剂和焊渣，而且能够对焊剂进行再利用。当然，如果没有特殊的焊剂焊渣分离装置，在核安全设备制造中，不允许回收焊剂再利用。为了对窄间隙焊缝进行清根，需要配备专用的自动磨挫机。一些小工装、工具也需要适应厚板，窄坡口的需要。如用直径 6~8 mm 的钢棒制成扁錾用来清渣，其长度应比一般的稍长一些。

（二）窄间隙埋弧焊焊接设备

1. 弧焊电源

对于单丝焊，应选用平特性等速送丝的弧焊电源。这种弧焊电源具有抗网路电压波动能力强、电弧自动调节作用强以及引弧性能好等优点。焊丝直径为 $\phi3.0$ mm 或 $\phi4.0$ mm。对于双丝埋弧焊来说，通常一台选用直流平特性电源配等速送丝系统，另一台选用交流方波式电源配变速送丝系统即电弧电压自动反馈系统。直流电源可作为前导电弧电源，用于打底焊增加熔深。交流电源作为接续电弧电源。双丝焊焊丝直径一般为 $\phi3.0$ mm。

2. 焊机

HNG-T 窄间隙埋弧焊机是瑞典 ESAB 焊接设备公司的先进产品之一，采用计算机编程控制，具有先进的光电跟踪系统和焊剂回收系统，焊接电流和弧压稳定，焊接质量好。

HNG-T 窄间隙埋弧焊机的技术性能见表 5-25。

表 5-25　HNG-T 窄间隙埋弧焊机技术性能

接头类型	对　接
焊丝规格	3~4 mm
送丝马达	A6-VEC156 14 000 rpm
送丝速度	≤4 m/min
焊接电流	最大 DC800 A/AC800 A；暂载率 100%
每层焊道数量	2 道
熔敷率	约 14kg/h
导电嘴倾转角度	±3.5°
焊接厚度	≤350 mm
焊缝宽度	18~24 mm
焊剂回收装置	先进的 OPC 型特殊装置
焊剂温度	最高 250 ℃
适用范围	直径大于 1 000 mm 的容器筒体

3. 辅助设备

与 HNG-T 窄间隙埋弧焊机配套的辅助设备主要是 ESAB 100 t 变位器和 500 t 防窜滚轮架。目的是将焊缝始终处于水平位置，以适应埋弧焊焊接方法。

此外，DSA3235/300 自动磨锉机，适用于筒节打磨，封头内部打磨，外表面纵、环缝清根、去除余高。它具有效率高，尺寸精度好等特点，适合窄间隙埋弧焊坡口加工要求。

（三）窄间隙埋弧焊焊接工艺

窄间隙埋弧焊充分应用在核安全设备压力容器的制造中，现以反应堆压力容器主环缝的窄间隙焊为例对其焊接工艺进行说明。

1. 母材

低合金钢 16MND5（法国牌号）。

2. 焊接方法

自带垫板的窄间隙埋弧焊。

3. 坡口形式

窄间隙坡口采用机械方式加工而成，对坡口的角度和坡口底部的宽度要求严格。一般为垫板边缘焊条电弧焊序号完成后，外侧继续进行窄间隙埋弧焊，采用自动磨挫机进行清根。坡口示意及焊接顺序图见图 5－63。

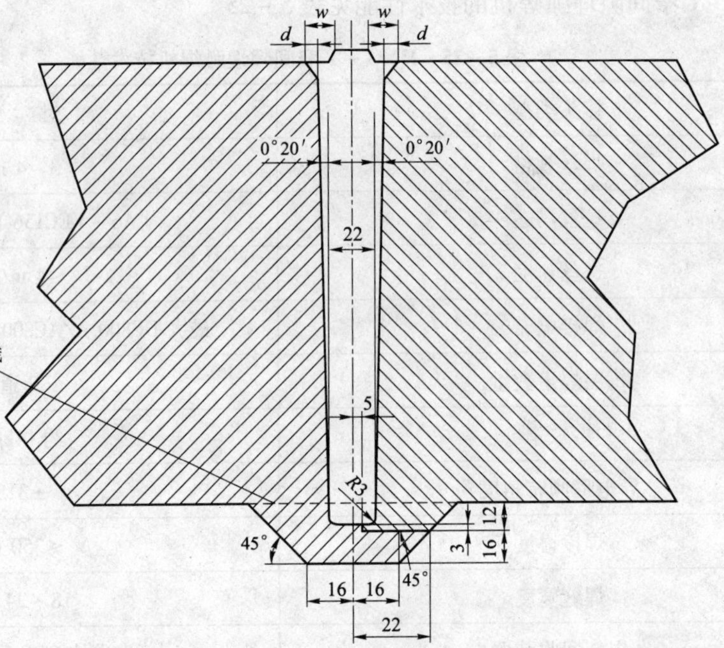

图 5－63　窄间隙坡口示意及焊接顺序图

4. 焊接材料

采用低合金钢焊丝、焊剂进行焊接。国外牌号：焊丝，SAF AS 62；焊剂，SAF AS 89。

在核安全设备的焊接中，国外通常将焊丝与焊剂作为一组配合使用，并按相同的验收规程进行验收合格。使用一种焊丝，必须使用与之相配的焊剂。SAF AS 62/SAF AS 89 的组合不但能够满足对熔敷金属成分的要求，也能满足焊缝的各种性能。同时，SAF AS 89 具有良好的脱渣性，除渣容易，尤其适合低合金钢的窄间隙埋弧焊。

5. 焊接顺序

焊接过程由 3 个焊接顺序组成。序号 1 内侧四轴线外区域进行间断焊条电弧焊，焊高为 10 mm 便于装配定位。序号 1 完成后进行序号 2 外侧窄间隙埋弧焊，每层焊两道或三道。序号 3 继续窄间隙埋弧焊，其最小厚度不得低于 6 mm 或最后两层。最后使用自动磨锉机打磨内部根部背板，要求当打磨接近母材时，可采取手工打磨、抛光，保证内环缝和母材的平滑过渡。焊接顺序见图 5－64。

6. 焊接参数

焊接序号 1 采用低合金钢焊条进行焊条电弧焊的焊接。序号 2、3 窄间隙埋弧焊的焊接参数包括：焊材规格、焊接电流、焊接电压和焊接速度。序号 2、3 焊接参数见表 5－26。

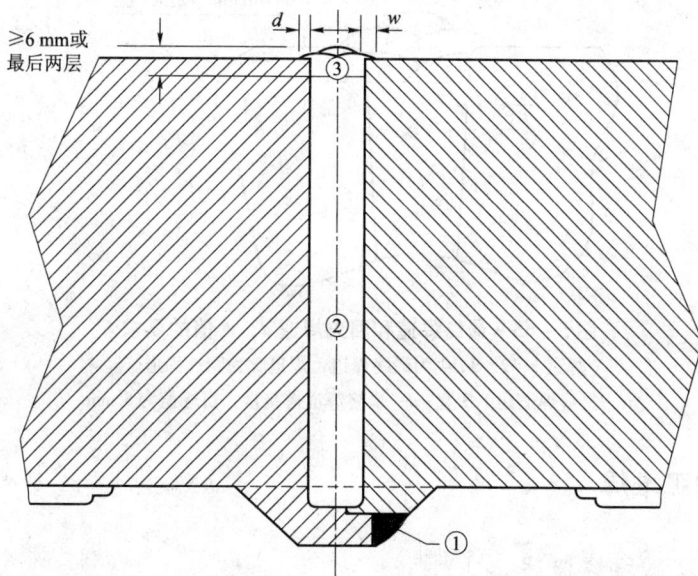

图 5 – 64　焊接顺序图

表 5 – 26　序号 2、3 焊接参数表

工序	焊材牌号	规格/mm	电流/A	电压/V	焊速/(cm·min^{-1})
2	SAF AS 62 / SAF AS 89	$\phi 4$	500 ~ 650	28 ~ 32	40 ~ 45
3	SAF AS 62 / SAF AS 89	$\phi 4$	500 ~ 550	28 ~ 32	40 ~ 45

　　与普通埋弧焊 $\phi 4$ mm 焊丝相比，电流为 550 ~ 700 A，电压为 32 ~ 40 V，焊接速度为 20 ~ 30 m/h，窄间隙焊接使用的电流、电压较小，焊接速度基本上与普通埋弧焊相当，焊接热输入较小，焊缝性能得到明显改善。

（四）窄间隙埋弧焊焊接操作

　　由于在核安全设备的窄间隙埋弧焊中采用了多层双道焊，焊道多而薄，后一层的焊道对前一层的焊道有一个重复回火的作用，改善了焊缝的性能，减少了气孔、裂纹等缺陷的发生。但由于窄坡口的特点，容易在坡口两侧形成咬边，造成夹渣或未熔合。这就要求操作工能够恰当地调节焊丝的位置，使得每一层焊道在坡口两侧都成型良好。此外，为了进一步改善焊缝的性能，对焊接序号 3 有特殊的要求。

　　焊接序号 3 要求焊接操作工在焊缝剩余厚度至少 6 mm 或最少能焊两层时焊接最终焊道，而且采用了稍小一点的焊接电流，并附加焊接回火焊道（最后应打磨去除），保证了焊缝表面焊道也能得到自回火作用，提高韧性。同时，规定具体的焊道搭接量（ d 值）和回火焊道位置（ w 值），也使得焊缝热影响区的性能得到极大的改善。对最终焊道和回火焊道 d、w 值的要求见图 5 – 65。

347

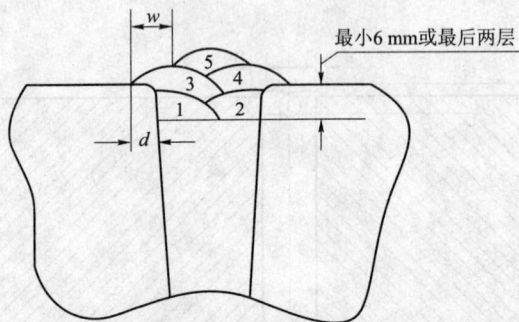

图 5 - 65　最终焊道和回火焊道 d, w 值的要求

焊道 1, 2, 3, 4 为最终焊道，焊道 5 为回火焊道。

w—最终焊道约 1/3 宽；d—最终焊道搭接量，目标值为 5 mm

八、带极埋弧堆焊

(一) 带极埋弧堆焊概述

埋弧焊除了用于金属结构中构件的连接外，还可在基体金属表面堆焊耐磨或耐腐蚀的合金层。随着核能源、石油化学工业的发展，容器种类日益繁多，要求也不断提高，对耐高温、高压和腐蚀的各种容器的要求不断增加。越来越多的容器要求进行内壁大面积的堆焊。对于大面积堆焊而言，焊条电弧焊和丝极自动堆焊不但效率低，而且在堆焊层与基层母材结合处往往易产生缺陷，因此带极埋弧堆焊技术应运而生，被广泛地用于容器内壁大而积堆焊之中。

目前，带极埋弧堆焊以其显著的优越性在核电产品的生产中将成为国内各厂家优先选用的焊接工艺方法，而得到广泛运用。例如已经在我国 300 MW、600 MW 和 1 000 MW 核岛的关键设备稳压器、硼注射器及反应堆压力容器的筒节、封头内壁耐腐蚀堆焊以及蒸汽发生器管板堆焊中得到广泛运用。

带极埋弧堆焊主要用长方形断面的带状电极取代圆截面的丝状电极，利用带极与母材之间产生的电弧熔化带极、焊剂和母材，在母材表面形成堆焊层的一种焊接方法。带极埋弧堆焊的原理见图 5 - 66。在焊接过程中，电弧热分布在整个电极宽度上，带极熔化形成熔滴过渡到熔池，冷凝形成焊道。与丝极不同，带极埋弧堆焊可进一步提高熔敷速度。焊道宽而平整，熔深浅而均匀，稀释率比普通熔化极气体保护焊、丝极埋弧焊、焊条电弧焊低，最低可达 10%。一般带极厚约为 0.4 ~ 0.8 mm，宽约 60 mm，如果借助外加磁场来控制电弧减少磁偏吹，则可用 210 mm 宽的带极进行堆焊。

(二) 带极埋弧堆焊的特点

1. 稀释率低，熔敷效率高，焊缝成型美观，质量可靠

带极埋弧堆焊时，电弧在带极端部局部点燃，并沿带极迅速移动，这就类似于不断摆动的焊丝，因此熔深浅而宽，稀释率较低，堆焊层成分稳定，性能良好，光滑平整外形美观，熔敷率高，经济合理。而且由于焊带的截面积较大，可以采用更大的焊接电流。用圆焊丝

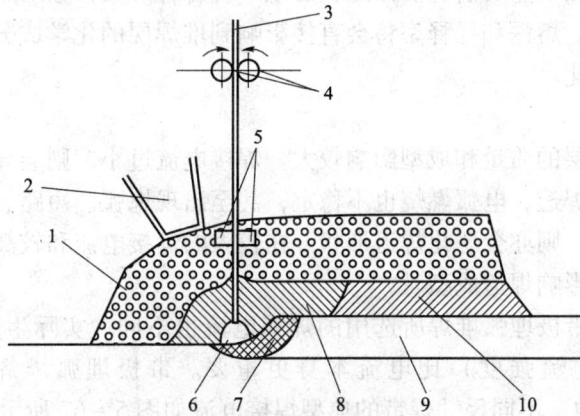

图 5-66 带极堆焊原理
1—焊剂；2—焊剂斗；3—焊带；4—驱动轮；5—导电块；6—电弧；
7—液态熔敷金属；8—液态焊渣；9—熔敷金属；10—焊渣

时，如果使用大电流则焊缝熔深增加，焊道变窄，及焊缝的形状系数减小，容易产生裂纹。用带状电极时，电弧在电极端面上往返快速移动，使热量分散，焊缝的形状系数得以提高，焊缝抗裂纹能力较强。

对核安全容器类设备，如反应堆压力容器、稳压器和硼注射器的内壁堆焊层都是为了抵抗含硼冷却剂的腐蚀。对于这种抗腐蚀的堆焊层，必须保证完整无缺。因为裂纹、针眼孔、夹渣等小缺陷都可能产生快速的局部腐蚀而引起灾难性的破坏。与此同时，堆焊层成分的变化对腐蚀性能影响也很大，所以必须严格控制稀释率。鉴于带极埋弧堆焊稀释率低，效率高，质量稳定，在核安全设备压力容器的堆焊中基本都采用了这种焊接方法。

2. 焊接辅助要求高

带极埋弧堆焊对焊接操作工技能要求不高，只需要能够熟练地操作焊机即可。但在焊接前后及焊接过程中有一些特殊的要求。焊前，由于带极堆焊复杂的热循环和较大的温度梯度，一般要求对堆焊层进行预热处理，为了预热均匀，要求将预热装置均匀分布。为了防止焊后的开裂，还需要缓慢冷却。为了避免焊道搭接出现错边，对滚轮架应进行防窜处理，或调整至与变位器旋转中心同心。焊接过程中，必须控制道间温度。焊后及时进行后热处理。

3. 焊接过程中要求焊道位置和搭接量

堆焊过程中，为了减小稀释率，减少缺陷的发生，得到稳定的焊接质量，对每一层每一焊道的位置及其搭接量都有明确的要求。合理的焊道位置和稳定的搭接量，使得焊缝的化学成分相对恒定，焊接热影响区也十分均匀，焊缝抗腐蚀能力强。

4. 焊接过程中要求仔细修磨

每一条焊道完成后，应当对整个焊道凸起边缘和弧坑处修磨，消除所有可能"粘在"焊道边缘的焊渣颗粒。如果出现意外情况熄弧，重新起弧前，必须打磨弧坑，起弧位置应该按照特殊的规定。

（三）带极埋弧堆焊焊接参数

带极埋弧堆焊过程中，堆焊参数对堆焊层表面质量和性能影响最大。正确选择焊接参

349

数，是获得优质堆焊层的重要前提。因此，必须掌握各种焊接参数对熔深、稀释率、焊道厚度、焊道宽度的影响。熔深和稀释率将会直接影响到堆焊层的化学成分，使熔合线和热影响区的组织性能发生变化。

1. 焊接电流

焊接电流对堆焊层的质量和成型影响较大。焊接电流过小，则会导致焊道过窄，边缘不均匀，还可能出现未焊透，电弧燃烧也不稳定，甚至出现熄弧、短路、焊带顶出导电块等现象。如焊接电流过大，则亦会恶化焊道形状。在较大的焊接电流和较高的堆焊速度下，熔渣会流到带极前面，而影响焊道成型。

带极尺寸不同，带极埋弧堆焊所选用的焊接电流也不同。实际生产中电流密度（单位面积的焊带通过的电流强度）比电流本身更重要。带极埋弧堆焊的典型电流密度在20~25 A/mm² 范围内。不同尺寸焊带的典型焊接电流如图 5-67 所示。其他条件一定的情况下，焊接电流的高低将影响焊缝金属的熔深，焊接电流对焊缝尺寸和稀释率（速度恒定）的影响如图 5-68 所示。焊接电流值增大，熔深加深，且母材的熔化量增加，从而导致稀释率增大，而稀释率在一定程度上又决定了堆焊层的化学成分及组织，特别是 C、Cr、Ni 的含量，C、Cr、Ni 的含量又将直接影响堆焊层抗腐蚀的能力。因此，选取合适的电流值进行堆焊是保证焊接层质量的关键。

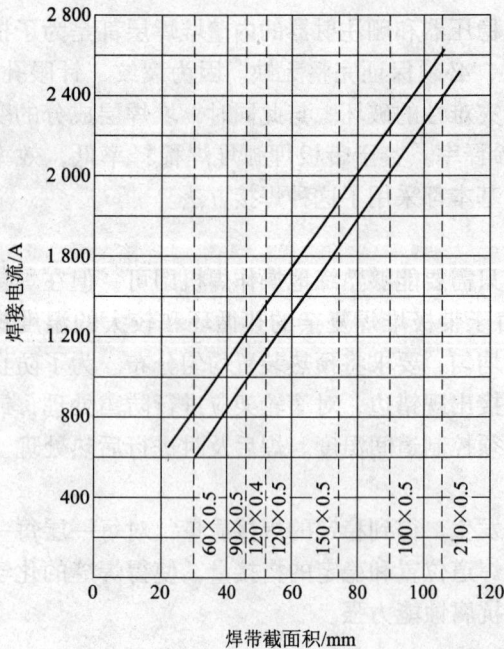

图 5-67 不同尺寸焊带的典型焊接电流

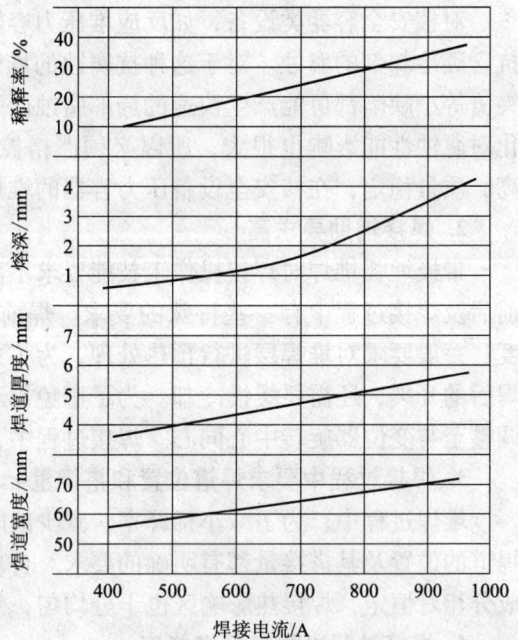

图 5-68 焊接电流对焊缝尺寸和稀释率的影响

2. 电弧电压

焊接过程中电弧燃烧是否稳定与电弧电压有直接的关系，电弧电压对堆焊层的质量，特别是堆焊焊缝的表面形状和光滑程度有较大的影响，但对带极的熔化率和母材的熔透深度影响较小。电弧电压的选取取决于带极的材料和焊剂的类型。对于耐蚀合金的堆焊，电弧电压可在 26 ~ 32 V 范围内选定。对于耐磨合金堆焊，适用的电弧电压范围为 32 ~ 35 V。对一于碳素钢堆焊，合适的电弧电压范围为 28 ~ 31 V。

过高的电弧电压会引起咬边，在小直径圆柱体焊件表面堆焊时，则会导致熔池金属的流失。过低的电压则难以引弧，且电弧燃烧不稳定，焊缝宽度变窄。

3. 焊接速度

带极堆焊速度的快慢决定着堆焊层熔敷金属的厚度，也影响着堆焊层的化学成分及组织。它取决于带极的规格，带极材料的种类，焊剂的类型和焊件结构形状等，堆焊速度也应与所选定的焊接电流和电弧电压相匹配。

选择恰当的堆焊速度，可以达到必需的母材熔透深度和较高的堆焊效率。焊接速度太快，焊缝的中间部位趋向于变凹。同样，如果焊接速度太慢，将促使熔透深度减小，堆焊金属层厚度增加，焊缝表面变得粗糙且不均匀，并可能会引起飞边，焊下一道焊缝时，可能产生焊接缺陷。焊接速度对焊缝形状的影响如图 5 - 69 所示。因此，在焊接操作过程中，应随时测量焊缝高度，调整焊缝的高度在 4 ~ 5 mm 范围内。

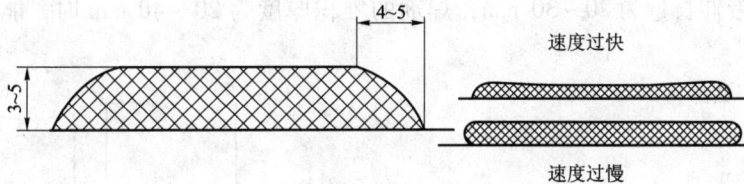

图 5 - 69   焊接速度对焊道成型的影响

4. 焊道搭接量

焊缝的搭接为了使两焊道间平滑过渡，焊道间不产生夹渣、咬边和凹陷，同时也为了焊道间避免产生应力集中，更好地控制稀释率，得到平滑的焊缝。

搭接量是指焊带边缘到前一个焊缝边缘的重叠距离，焊缝的搭接量必须严格控制。搭接量由熔敷金属类型和焊缝厚度决定，通常搭接范围在 5 ~ 10 mm 范围内，如图 5 - 70 所示。堆焊时，若后续焊道对先前焊道的搭接量太小，易在焊道搭接处产生咬边或凹陷，前焊道与后焊道的焊接热影响区之间形成尖角，产生应力集中。搭接量过大，则焊道搭接不平整或产生夹渣。

实践中，对每一焊道的起弧、收弧、搭接量及中断后重新起弧都有特殊的要求。对起弧、收弧及中断后重新起弧的要求保证了焊缝成型美观，消除弧坑缺陷和焊缝凹陷，保证了焊缝质量。见图 5 - 71 所示。

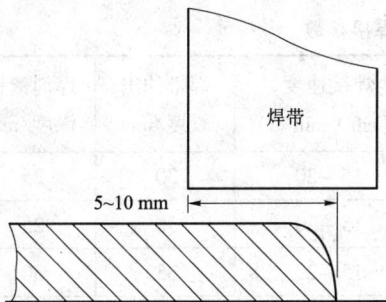

图 5 - 70   焊道间搭接量

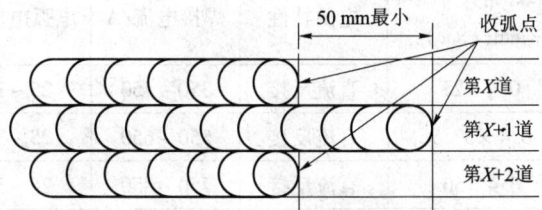

图 5 - 71   焊道间起弧、收弧间距

5. 焊剂覆盖高度

当焊剂层覆盖深度过浅时将会产生电弧不稳，飞溅大，同时更容易产生缺陷。当焊剂层覆盖深度过深时，压在熔敷金属上的焊剂过重而留下痕迹。焊缝边缘不能形成较好的圆滑过渡，而且熔池内的气体不易排出，容易产生缺陷。焊剂的覆盖深度通常为 25 ~ 35 mm。

6. 焊缝的接头

由于某些情况而必须进行焊缝的接头时，用砂轮把收弧处 20 ~ 25 mm 的范围打磨平滑，再重新开始施焊，如图 5 - 72 所示。

7. 焊接电压、焊带伸长量及焊剂的堆积厚度

焊带伸出长度决定着焊带的电阻热，伸出长度增加，电阻热增加，熔敷效率增加，稀释率减少，通常焊带伸出长度以 30 ~ 40 mm 为宜。为了方便起弧，焊带的引弧端应剪成 45° ~ 60°或 90° ~ 120°的夹角，如图 5 - 73 所示。在堆焊中，电弧电压、焊带伸长量及焊剂的堆积厚度之间存在一种优化组合关系，这种优化组合不仅决定熔池的保护效果，而且与焊道的宽度，外观成型以及熔深大小，焊道间是否产生夹渣等都有影响。实践中，当电弧电压为 25 ~ 29 V，焊带伸长量为 20 ~ 30 mm，焊剂的堆积厚度为 20 ~ 40 mm 时，能获得满意的焊缝质量。

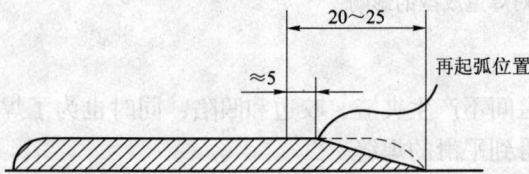

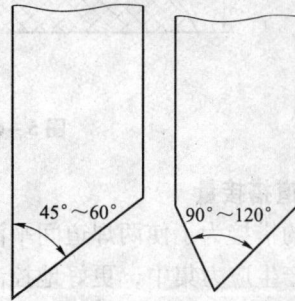

图 5 - 72　焊缝接头　　　　　　图 5 - 73　焊带引弧端形状

8. 焊带的位置

堆焊时注意控制好焊带与焊件的相对位置。对于圆筒形焊件内外壁堆焊时，偏离中心的距离取决于圆筒的直径，直径越大，偏离中心的距离越大。通常情况下偏离中心的距离为 17 ~ 60 mm。

在实际生产中，带极埋弧堆焊的焊接参数见表 5 - 27。

表 5 - 27　带极埋弧堆焊典型的焊接参数

焊带尺寸 /mm($t \times w$)	电源特性	焊接电流/A	电弧电压/V	焊接速度 /(cm · min^{-1})	焊带伸出 长度/mm	焊剂覆盖 深度/mm
0.4 × 25	直流反接	350 ~ 450	25 ~ 30	15 ~ 20	30	25
0.4 × 37.5	直流反接	550 ~ 650	25 ~ 30	15 ~ 20	30	25
0.4 × 50	直流反接	750 ~ 850	25 ~ 30	15 ~ 20	35	30
0.4 × 75	直流反接	1 100 ~ 1 300	25 ~ 30	15 ~ 18	40	30

（四）焊接设备

1. 弧焊电源

为了得到稳定的带极埋弧堆焊过程，应该选用平特性的直流焊接电源，匹配等速的送丝机构。采用平特性电源，当网路电压波动时电源的电弧电压变化较下降特性小。送带速度波动时，平特性电源的电压变化很小而电流变化较大，致使焊接过程自调节性能好，电弧电压稳定。

带极埋弧堆焊，一般采用直流反极性接法（焊带接正）。直流正接时熔深更浅，熔敷效率更高，焊缝更厚，但容易在焊缝的搭接处产生缺陷。

带极堆焊的电源必须要有足够大的容量，电源的容量应根据焊带的规格来选择。对于 60×0.5 mm 的焊带来说，至少应选择负载率为 100% 时，容量为 1 000 A 以上的电源。

2. 焊机

带极堆焊用机头既要保证焊带按给定的速度均匀、稳定、准确地送到指定的位置，又要保证焊接电流在整个焊带宽度上均匀的分布。由于在焊接过程中机头要承受熔池长时间的高温辐射，为防止机头过热，机头应具有良好的散热和冷却功能。

带极埋弧堆焊设备可用一般埋弧焊机改装，也可使用专用设备。

国产常用设备如表 5 – 28 所示：如 MU1 – 1000 – 1 带极埋弧堆焊机用于堆焊高合金钢和不锈钢，其带极宽度为 30 ~ 80 mm，堆焊速度可达 13.3 ~ 16.7 cm/min。如果用添加冷带极的双带堆焊法，可将生产率提高 2.5 倍，而且稀释率能进一步降低。

表 5 – 28　国产带极埋弧堆焊机主要技术数据

型号技术规格	MU – 2 × 300	MU1 – 1000
送丝方式	等速送丝	变速送丝
焊机结构特点	堆焊专用焊机	堆焊专用焊机
焊接电流/A	160 ~ 300	400 ~ 1 000
焊丝直径/mm	1.6 ~ 2	焊带宽 30 ~ 80，厚 0.5 ~ 1
送丝速度/(cm · min^{-1})	160 ~ 540	25 ~ 100
焊接速度/(cm · min^{-1})	32.5 ~ 58.3	12.5 ~ 58.3
焊接电流种类	直流	直流
送丝速度调整方法	调换齿轮	用电位器无极调节直流电动机转速

HC – 2 带极埋弧堆焊机也是瑞典 ESAB 焊接设备公司的先进产品，与 HNG – T 窄间隙埋弧焊机配套使用，实现厚板的窄间隙焊和内壁堆焊。HC – 2 焊机采用与 HNG – T 相同的焊接电源和配套设备，利用可控硅整流，直流反接。带极堆焊或窄间隙焊的选用只需要更换机头即可实现。带极堆焊效率高、质量好。HC – 2 带极埋弧堆焊机与窄间隙焊机一样，采用计算机编程控制，焊接电流和弧压稳定，焊接质量好。HC – 2 带极埋弧堆焊机的技术性能见表 5 – 29。

表 5 - 29 HC - 2 带极埋弧堆焊机技术性能

焊接接头类型	堆 焊
带极规格	宽 30 ~ 100 mm；厚 0.5 ~ 0.7 mm
带极进给马达	A6 - VEC312 18 000 rpm
送带速度	最大 3.9 m/min
焊接电流	最大 1 500 A
焊剂回收装置	先进的 OPC 型特殊装置
角度调整（圆周/纵向）	90°
定位精确度	±0.3 mm
适用范围	内径大于 850 mm 的筒体 半径不大于 2 500 mm 的球形封头

3. 辅助设备

与 HNG - T 窄间隙埋弧焊机配套的辅助设备相同，主要是 ESAB 100 t 变位器、500 t 防窜滚轮架和 DSA3235/300 自动磨挫机，以及一些小的工装、工具，如调整焊件倾斜或偏移量的水平仪，调整焊道搭接量的模板、尺子等焊带定位装置以及打磨用的铝基无铁砂轮等。

（五）反应堆压力容器下封头带极堆焊

现以核一级设备反应堆压力容器下封头带极堆焊为例对埋弧堆焊焊接工艺进行说明。

1. 母材及其规格

母材为法国产 16MND5 低合金调质钢，交货状态为"淬火 + 回火"。规格：ϕ3 758 × 132 mm。

2. 焊接材料

（1）最少堆焊 5 mm，名义值 7 mm。先堆焊一层 Cr、Ni 含量高的过渡层。

① 过渡层（24Cr - 12Ni）。过渡层材料为 309L，其带极规格为 60 × 0.5 mm，配焊剂为 RECORD 9V 308T1Q5。

② 耐蚀层（20Cr - 10Ni）。耐蚀层材料为 308L，其带极规格为 60 × 0.5 mm，配焊剂为 RECORD 8B 308T2Q5。

（2）焊剂烘干、保温与使用。烘干温度：350 ℃ ~ 450 ℃；保温时间：1 h30 min ~ 2 h，烘干过程中防止骤冷骤热。

3. 装配定位

装配定位如图 5 - 74 所示。通过专门的工装连接小裙座，将下底圆连接在空气加热炉上，空气加热炉通过螺栓和变位器连接。装配时要保证变位器与加热炉的同轴度和平面度。

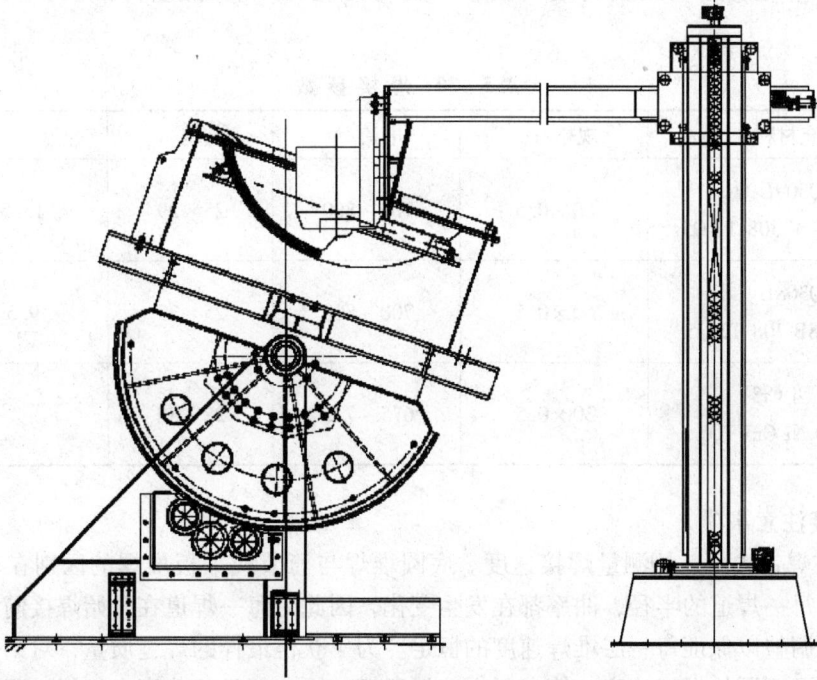

图 5 - 74 下底圆堆焊装配定位图

4. 辅助工具

力矩扳手、水平仪、模板、不锈钢钢丝刷、铝基无铁砂轮、焊缝万能量规等。

5. 焊接设备

DEUMA 6×8 带极堆焊机。

6. 焊前准备及设备检查、调试

(1) 焊件堆焊面在堆焊前应认真清理，保证表面整齐、光洁、无毛刺、无铁锈、油污及积渣。

(2) 地线应完全展开，无线圈；检查地线连接处表面的洁净度；网路电压低于 340V 时不易焊接。

(3) 操作机就位后，检查操作机的立柱是否固定锁死；检查系统控制板，在变位器上校核检验焊接速度。

(4) 焊前按图纸等技术要求规定检查堆焊面，堆焊面上不得存在任何裂纹、较大凹坑（≥2 mm）、分层等缺陷。

(5) 导电嘴和导电嘴上的导电块的状况是否良好，必要时应对它们进行清洗或更换；检查焊带的完好性，不得有任何掉皮、缺口、分层等缺陷，否则应及时剪除；焊带的送带状况应确保焊带在机头中能够自由滑动。

(6) 熔剂漏斗及其出口的位置状况，必要时对它们进行更换并校正他们的位置。应注意到如果铺在焊道上的熔剂过厚会影响焊缝的表面成型。

(7) 焊接前应先在试件上调节好焊接规范参数（见表 5 - 30），判断参数的可靠性、设备、工装是否存在故障；正式堆焊前先空转焊件检查其定位（含带极与焊件的垂直度，

355

偏移角度）等是否正确以及转动时偏移、震动情况，并及时进行合理调整到最佳焊接要求。

表 5－30　焊接参数

填充材料	规格/mm	电流/A	电压/V	速度/(cm·min⁻¹)
EQ309L RECORD 9 V 308 T1 Q5	60×0.5	700~800	25~29	13.5~14.5
EQ308L RECORD 8B 308 T2 Q5	60×0.5	700~800	25~29	9.5~10.5
EQ Ni Cr3 RECORD Ni Cr3 TQ5	30×0.5	675~725	28~32	25~32

7. 焊接注意事项

（1）在焊带内部一侧测量焊接速度。底圆堆焊与筒节或平板堆焊的区别在于：实施底圆堆焊时，每一焊道的半径，曲率都在发生变化，因此对每一焊道在开始焊接前都要对变位器转速进行调整以保证每一层堆焊速度的恒定。为了获得最佳的焊缝质量，对第一层和第二层分别采用了不同的焊接速度，第二层焊速低于第一层，并且该速度在堆焊过程中必须全程均匀，这样保证了耐蚀层的厚度。当采用规格为 60 mm 的焊带进行堆焊时，焊接速度还应该根据焊带的投影宽度来确定，见图 5－75 和表 5－31 所示。

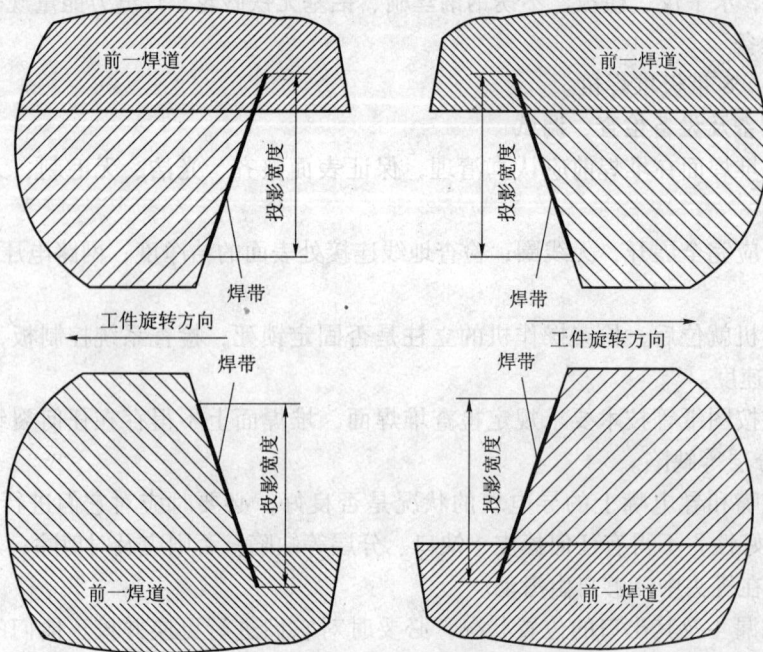

图 5－75　投影宽度的确定

投影宽度/mm	速度/（cm·min⁻¹）	
	第一层　25~12	第二层　20~10
60	13.5~14.5	9.5~10.5
55	14.5~15.5	10.5~11.5
50	16.5~17.5	11.5~12.5
45	18.5~19.5	12.5~13.5

（2）底圆堆焊中不可忽略的另一个问题是焊接位置。为了保证焊缝成型良好，熔敷金属厚薄均匀，焊道边缘不出现咬边，缩孔并与母材过渡圆滑，在每一焊道开始前都要对起弧点的位置进行调整。具体调节方法：用水平仪找准底圆最低点。（沿焊道方向和垂直于焊道方向的交点）是使水平仪的气泡位于中央，然后沿与旋转方向相反方向偏移 30~50 mm，即为焊接起弧点，此偏移量一般随焊道半径减小而减小。如图 5－76 所示。

（3）使用模板或尺子来调整焊带的伸出长度，见图 5－77。焊件与导电块之间的距离，即焊带的伸出长度，干伸长过长，带极的电阻热增加，熔化速度加快，熔化时焊带末端的形状不好，有大熔滴挂于末端，使焊道成型较差。反之，干伸长过短，容易烧损导电嘴。

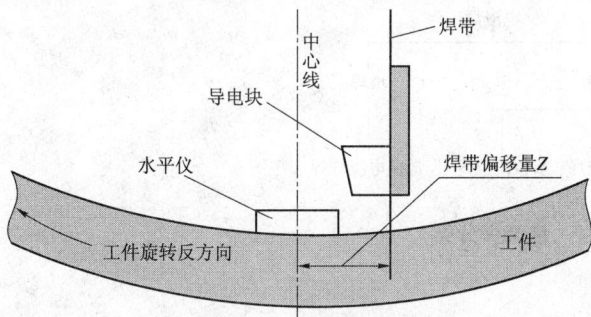

图 5－76　焊带偏移量

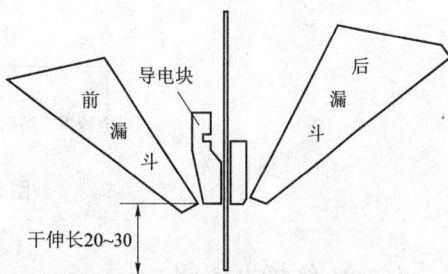

图 5－77　焊带伸出长度图

（4）使用适当的卡块来测量焊道的厚度，如图 5－78 所示。如果焊道的厚度过薄或过厚，应检查焊件的倾斜程度及旋转速度。

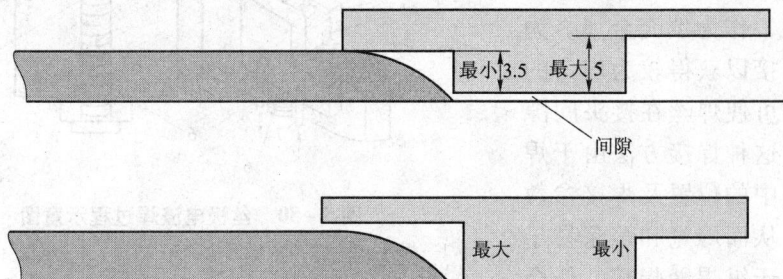

图 5－78　焊道厚度检测图

（5）焊接纪录：记录所有发现的问题和所有使用的参数。

（6）焊后检验：焊后要进行核一级设备的渗透检查和超声波探伤。

第八节　带极电渣堆焊

一、电渣焊概述

电渣焊（英文简称 ESW，ISO 和 GB 5185—2005《焊接及相关工艺方法代号》代号为 72）是利用电流通过液体熔渣产生的电阻热作为热源，将焊件和填充金属熔合成焊缝的焊接方法。在焊工资质管理中使用 HDZ 专指带极电渣堆焊。

电渣焊中电流先经过电极，然后通过渣池，最后再到焊件。由于渣池中熔化焊剂的电阻较大，焊接电流通过渣池产生大量的电阻热，使渣池温度可达到（1 600 ℃～2 000 ℃）。高温的熔渣使电极及焊件与渣池接触的部位熔化，熔化的液态金属在渣池中因其密度较熔渣大，故下沉到渣池下部形成金属熔池，而渣池始终浮于金属熔池上部。随着焊接过程的连续进行，金属熔池和其上部的渣池逐渐上升，金属熔池下部远离热源的熔池金属在水冷成型滑块的作用下，逐渐凝固形成焊缝。电渣焊分类，见图 5－79。

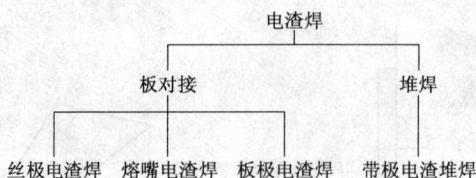

图 5－79　电渣焊分类

（一）丝极电渣焊

丝极电渣焊（图 5－80）使用焊丝作为熔化电极，焊丝（根据焊件的厚度不同可以用一根焊丝或多根焊丝）通过不熔化的导电嘴不断送入渣池熔化，作为填充金属。为了适应厚板焊接以获得较为均匀的熔宽和熔深，可使焊丝在接头间隙中往复摆动。这种焊接方法由于焊丝在接头间隙中的位置及焊接参数都容易调节，从而熔宽和熔深易于控制，故适合于纵焊缝焊接、低合金钢对接以及丁字接头的焊接。

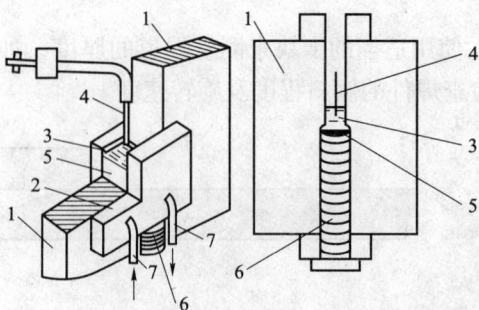

图 5－80　丝极电渣焊过程示意图
1—焊件；2—水冷成型滑块；3—渣池；4—电极（焊丝）；
5—金属熔池；6—焊缝；7—进出冷却水管

（二）熔嘴电渣焊

熔嘴电渣焊（图 5 – 81）电极由固定在接头间隙中的熔嘴和由送丝机构不断向熔池中送进的焊丝构成。熔嘴起着导电、填充金属和送丝的导向作用。根据焊接厚度的不同，熔嘴可以是单个的也可以是多个的，根据焊件形状，熔嘴电极可以做成各种曲线或曲面形状，以适用于曲线及曲面焊缝的焊接。

熔嘴电渣焊的特点是设备简单，操作方便，很适合于焊接大截面的长焊缝和变断面的焊缝。此外由于焊机体积小，焊接时，焊机位于焊缝上方，故适用于梁体等复杂结构的焊接。

当被焊焊件较薄时，熔嘴可简化为一根或两根管子，在管子外面涂上涂料，因此也可称为管极电渣焊，它是熔嘴电渣焊的一个特例。

（三）板极电渣焊

板极电渣焊（图 5 – 82）的电极为板状，通过送进机构将板极不断向熔池中送进。其特点是设备简单，生产率高，但需要大功率焊接电源。板极电渣焊要求板极长度约为焊缝长度的 4～5 倍，因此送进设备高大，焊接过程中板极在接头间隙中晃动，易于和焊件短路，操作较复杂，因此一般不用于普通材料的焊接。

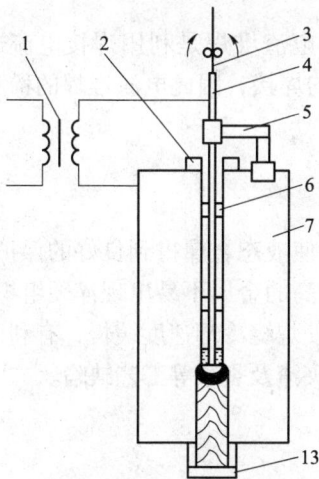

图 5 –81　熔嘴电渣焊过程示意图
1—焊接电源；2—引出板；3—焊丝；4—熔嘴钢管；5—支承架；
6—绝缘块；7—工件；8—熔嘴钢板；9—成型装置；10—渣池；
11—金属熔池；12—焊缝；13—引弧板

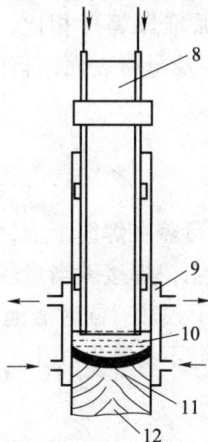

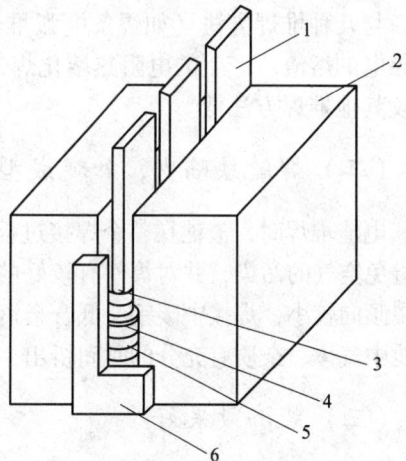

图 5 –82　板极电渣焊过程示意图
1—板极；2—工件；3—渣池；
4—金属熔池；5—焊缝；6—成型装置

二、带极电渣堆焊

在核电厂反应堆压力容器、蒸汽发生器以及加氢反应器等化工容器的内壁堆焊，电站锅炉高压加热器的管板堆焊等常采用带极电渣堆焊。HAF603 的焊接方法代号是 HDZ。带极电渣堆焊是电渣焊的一种特殊运用，它利用焊接电流通过导电的熔渣所产生的电阻热熔化焊带、焊剂及母材表面进行的焊接，带极电渣堆焊过程如图 5 –83 所示。

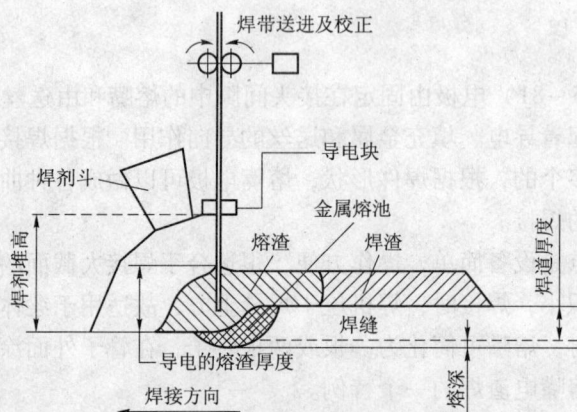

图 5-83 带极电渣堆焊示意图

三、带极电渣堆焊的优缺点

带极电渣堆焊的主要优点如下。

（一）稀释率低

与几种堆焊方法（如焊条电弧堆焊、埋弧堆焊等）相比，电渣堆焊是利用焊接电流通过导电的熔渣所产生的电阻热熔化焊带、焊剂及母材表面进行的焊接，因此电渣堆焊的稀释率较其他堆焊方法低。

（二）焊缝缺陷少，外观成型好

电渣堆焊时，渣池在整个焊接过程中总是覆盖在焊缝上面，使液态金属得到良好的保护，以避免空气的污染，并对焊件有较好的预热作用，焊接碳当量较高的金属不易出现淬硬组织，冷裂倾向较小，焊接中碳钢、低合金钢时均可不预热。同时渣池使焊缝冷却速度缓慢，有利于熔池中气体、杂质有充分的时间析出，所以焊缝不易产生气孔、夹渣及裂纹等工艺缺陷。

（三）经济效果好

由于在加热过程中，几乎全部电能都经渣池转换成热能，因此电能的损耗最小。且焊剂消耗量小，焊剂消耗量只有埋弧焊的 1/15~1/20，经济效果好。

电渣焊的主要缺点：

焊缝和热影响区晶粒粗大，这是电渣堆焊的主要缺点。由于电渣堆焊热过程的特点，焊缝和热影响区在高温停留时间长，易造成晶粒粗大和过热组织，使焊接接头的塑性和冲击韧性降低。但是通过焊后正火和回火热处理，能够细化晶粒，满足对力学性能的要求。

四、带极电渣堆焊焊接工艺

（一）焊接电流

带极电渣堆焊的焊接电流应根据焊带尺寸来进行选择，密度一般为 40~50 A/mm²，焊接电流越大熔敷效率越高，焊缝宽度越宽，厚度越大。

（二）焊接电压

带极电渣堆焊渣池深度较浅，必须严格控制焊接电压，焊接电压的偏差应控制在 ±1 V 范围内。对于不同种类的焊剂，其最佳电压也不同。

如果焊接电压太低，容易出现短路，使焊带与母材金属粘连。如果焊接电压太高，则有明显的飞溅，同时熔池形状不规则。在焊接电流和焊接速度一定的情况下，焊接电压越大，焊缝越宽，厚度越大。

（三）焊接速度

焊接速度取决于焊接电流。对于 60×0.5 mm 的焊带来说，通过焊接电流和速度的匹配，堆焊层厚度在 $3 \sim 5.5$ mm 比较合适。当堆焊层厚度小于 3 mm 时，将会引起咬边、增加熔深和产生电弧。堆焊层厚度大于 5.5 mm 时，将会在焊缝的搭接处产生未熔合。

（四）焊带的伸出长度

焊带的伸出长度是指从焊带的端部到导电嘴间的长度。焊带的伸出长度一般为 $25 \sim 40$ mm，通常为 35 mm。

（五）焊缝的搭接量

搭接量可以通过焊带边缘到前一个焊缝边缘之间的距离来调节。搭接量与焊缝厚度有关，通常为 $5 \sim 10$ mm。一般来说焊缝越厚则搭接范围越大。实际焊缝厚度为 4.5 mm 时，搭接量为 $8 \sim 10$ mm。磁控设备能使焊缝高度均匀，从而获得均匀的搭接。

（六）焊剂覆盖高度

焊剂的覆盖深度一般为 $30 \sim 40$ mm。焊剂的覆盖量越大，焊剂的消耗量也越多。另外焊剂的覆盖量大时，会使大量的焊剂盖住焊带后面的渣池，这将导致熔渣的排气性降低，最终在焊接表面形成气孔。带极越宽，焊接电流越大，则焊剂堆散高度越高。

（七）焊接位置

平焊、立向上焊和立向下焊等不同的焊接位置对于稀释率有一定的影响。立向下焊其焊缝更薄、更宽、下凹更大。立向上焊与平焊相比，焊缝更厚、更凸、更窄。为了保证熔深、稀释率满足要求、焊缝成型好，建议采用轻微的立向上焊。对于圆形筒体内外表面堆焊时，电极的位置如图 5-84 所示。

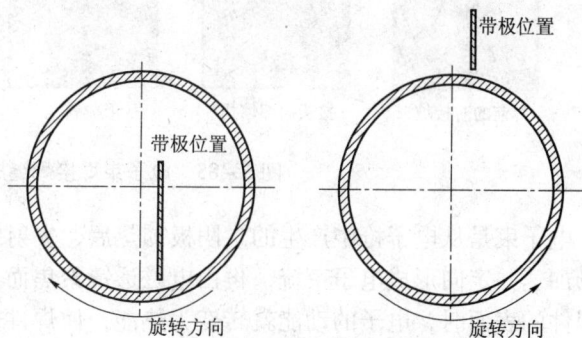

图 5-84　圆形筒体内外壁堆焊电极位置示意图

（八）磁控设备

电渣堆焊渣池是导电的，因此熔池在电磁力的作用下，使得熔池两边的熔敷金属向中心流动，导致焊缝变窄，堆焊焊缝边缘与母材表面的夹角变小，清渣困难，甚至可能出现咬边。而磁控设备可产生与熔池的电磁力方向相反的外部电磁力，以抵消熔池本身电磁力的影响。

五、电渣焊应用

电渣焊不仅可焊碳钢、合金钢、也能焊铸铁以及铜铝等有色金属，同时可以焊接筒体纵缝、一些曲面和圆筒形结构部件。

第九节　电子束焊

一、电子束焊接概述

电子束焊接是20世纪中期发展起来的一种新的、高能量密度的熔化焊接方法。电子束焊接最早就是应用在核工业上的。1954年，法国的斯托哥博士利用自己设计制造的电子束焊接装置，为法国原子能委员会焊接了核反应堆的燃料罐外壳，其材料是锆和铍等。真空电子束焊接技术的成功应用，为活性金属和难熔金属及其合金的焊接开辟了一条新的途径，因此引起了世界各国的极大注意。1958年美国的西屋公司试制成功了150千伏的高压真空电子束焊机。

电子束焊接是利用加速和聚焦的电子束轰击焊件，将部分动能转化为热能，从而使焊件熔化，形成焊缝。图5-85为电子束焊接焊缝成型的原理图。

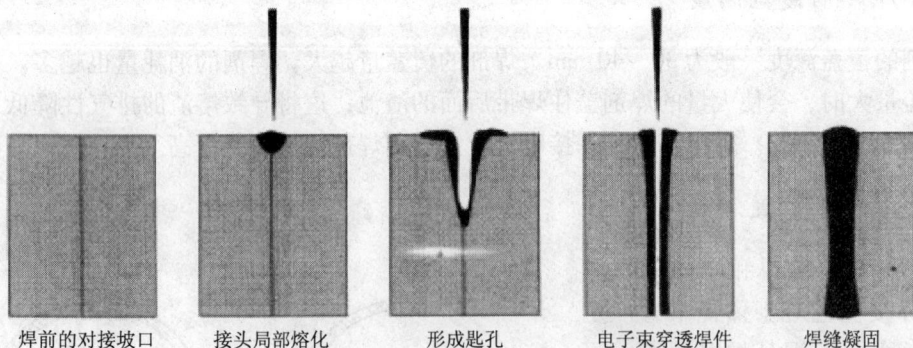

| 焊前的对接坡口 | 接头局部熔化 | 形成匙孔 | 电子束穿透焊件 | 焊缝凝固 |

图 5 - 85　电子束焊接焊缝成型的原理

电子束是从电子枪中产生的。阴极加热后，发射的电子通过聚束极，经阴极－阳极间强电场加速并定向形成电子束流，再由电磁透镜聚焦而会聚成高能量密度的束流。电子束撞击到焊件的表面时，电子的动能就转变为热能，使焊件金属迅速发生熔化和强烈的蒸发，在高压金属蒸汽的作用下熔化的金属被排开，电子束就能继续撞击深处的固态金属，很快在被焊焊件上钻出一个锁形小孔（俗称"匙孔"），小孔的周围被液态金属包围。随着电子束与焊件的相对移动，液态金属沿小孔周围流向熔池后部，逐渐冷却、凝固形成焊缝。匙孔的存在从根本上改变了焊接熔池的传质、传热规律，由一般的熔焊方法的热导焊转变为穿孔焊，这是所有高能束流焊接的共同特点。

在焊工资质管理中电子束焊代号为 HE。

目前，在核安全机械设备制造领域，电子束焊接主要用于控制棒驱动机构中控制棒导向筒组件的制造。控制棒驱动机构是确保核反应堆安全可控的重要动作部件，用以带动各种用途的控制棒组件在堆芯内上下抽插，实现反应堆的启动、调节和停闭。控制棒导向筒组件是其重要的组成部分。控制棒导向筒组件按所处位置可分为上部导向筒组件与下部导向筒组件。其中上部导向筒为圆柱形，下部导向筒横截面为方形。上部导向筒组件中上法兰与上部导向筒的环形焊缝及下部导向筒的半方管纵焊缝均采用电子束焊接。电子束焊接之所以应用在导向筒焊接中主要有以下原因：

（1）在导向管半方管纵缝对接焊时不允许焊透以防止背面余高阻碍控制棒的上下抽插。电子束焊接可以通过调节相关焊接工艺参数以达到部分焊透，因此满足控制棒导向管的制造要求。

（2）电子束焊接时深宽比大，速度快，热影响区小，可以减小焊后变形。

因导向筒母材为奥氏体不锈钢，采用电子束在真空室焊接时不会引起氧化，无需进行背面保护。

（3）对电子束焊缝的焊接质量要求比较严格，对半方管焊缝每一个反应堆一般设定两个见证件，焊接见证件应在熔合线边界取样。焊工必须按照 HAF603 进行考试，要有合格的焊接工艺评定，焊后要进行超声波检验，以验证焊缝熔深是否满足相关图纸提出的要求。

此外在核安全电气设备部分仪器仪表的制造中也采用电子束焊接。

一般来说，电子束焊接的分类方法有两种。一种是按加速电压的高低来分，即在电子枪中，按照加速电子运动的阴极和阳极之间的电压高低，将其分为高压、中压和低压电子束焊；另一种是按工作室的真空度来分，将其分为高真空、低真空和非真空电子束焊，具体见表 5 - 32。

表 5 - 32　电子束焊接分类

依据	加速电压/kV			工作室真空度/Pa		
类别	高压	中压	低压	高真空	低真空	非真空
	$\geqslant 120$	$60 \sim 120$	$\leqslant 60$	$10-4 \sim 10-1$	$10-1 \sim 10$	大气压

目前，高真空电子束焊接应用最多。其良好的真空防止了金属元素的氧化和烧损，适于焊接活性金属，难熔金属和质量要求高的焊件。但由于其真空系统相对复杂，抽真空时间长，降低了生产率且增加了焊接的成本。对于低真空电子束焊接来说，工作室抽真空时间显著缩短，因而生产率较高，适用于批量大的零件焊接以及在生产线上使用。对于非真空电子束焊接来说，它是将高真空条件下产生的电子束，引入到大气压力的工作环境中对焊件进行施焊。此法主要优点在于不需要真空室，生产率高，成本较低，可焊接尺寸大的焊件，扩大了电子束焊接的应用范围。

二、电子束焊接的特点

(一) 能量密度高

电子束焊接能量密度很高（106～108 W/cm²），比焊条电弧焊电弧功率密度高 100～1 000 倍，对于绝大多数材料，包括高熔点钨、钼等材料，其母材都能快速熔化。一般不用填充金属，靠零件自身材料熔接而成。

(二) 焊缝气孔少，强度大

电子束焊接多在真空中进行，可防止材料氧化及其他有害气体侵入，适于焊接活性金属如钛等。并且由于熔池与真空气氛压差的存在，有利于焊缝熔池中所含气体排出，减少焊缝气孔，提高焊缝强度。

(三) 宽深比大，工件变形小

电子束焊接时焊缝深宽比很大（即熔深与熔宽之比，图 5 - 86 为典型的电子束焊缝断面），焊缝又深又窄，因而零件变形小。对于大厚度钢板可采用 I 形坡口单面焊，而采用普通焊接方法就需多次填充。

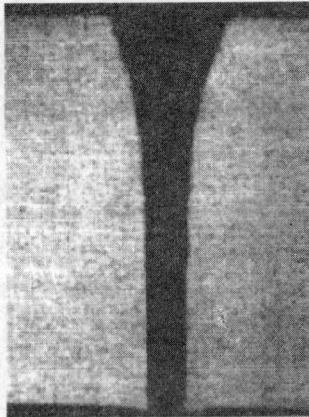

AlMg₅板EB焊缝截面   AlCuMg₂板EB焊缝截面

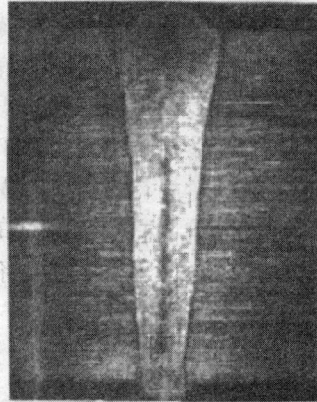

图 5 - 86　典型的电子束焊缝断面

(四) 适应性强

可焊最薄小于 0.1 mm、最厚一次焊透 300 mm 的焊件；焊接两种物理性质差异大（如热传导或热容量）的材料所构成的零件时，两种材料可同时瞬间熔化再快速凝固，如铜与钢。

(五) 电子束焊接可控性较好

电子束焊接可以通过电磁场对电子束进行快速而精确的控制。电子束可以聚得很细，偏转方便，所以可焊很精细零件。可焊难以达到的焊接点，对特殊结构和特别精细的零件用电子束焊接是非常适宜的。

（六）焊接速度快

能量密度高，焊接速度快，热影响区范围很小，不会对临近半导体器件或其他热敏器件产生不良影响。

这种焊接方法的主要缺点是设备复杂、造价高、维修困难并且费用很高；焊接时对接头的加工装配要求严格，在空气中会产生 X 射线等。

三、电子束焊接设备

电子束焊接设备通常是由电子枪、高压电源、工作室（也称真空室）、真空系统、电源、电气控制系统及运动系统等组成。图 5-87 为某用于核工业中的电子束焊接设备实物图。

图 5-87　用于核工业中的真空电子束焊机

（一）电子枪

电子枪是电子束焊接设备中用以产生和控制电子束的电子光学系统，是电子束焊接设备的核心部分。电子枪有二极枪和三极枪两种。现代电子束焊机多采用三极电子枪，由阴极、偏压电极和阳极组成。阴极处接负高压，它与接地的阳极之间形成电子束的加速电场。偏压电极相对于阴极呈负电位，通过调节其负电位的大小和改变偏压电极形状及位置可以调节电子束流的大小和改变电子束的形状。

二极枪是由阴极、聚束极和阳极组成的电极系统（聚束极与阴极等电位）。在一定的加速电压下，通过调节阴极温度来改变阴极发射的电子流，从而调节电子束流的大小。图 5-88 为二极枪电子束焊接系统示意。

电子束中的阴极多采用热电子发射能力强而且不易"中毒"的材料制成，常用的材料有钨、钽、六硼化镧（LaB_6 下）等。阴极的加热方式有两种：直接加热和间接加热。对直热式阴极，加热电流的类型（直流或交流）和大小是影响阴极寿命和电子束参数稳定的主要因素，一般采用直流加热，电流的脉动系数应小于3%，而交流加热电流产生的磁场会引

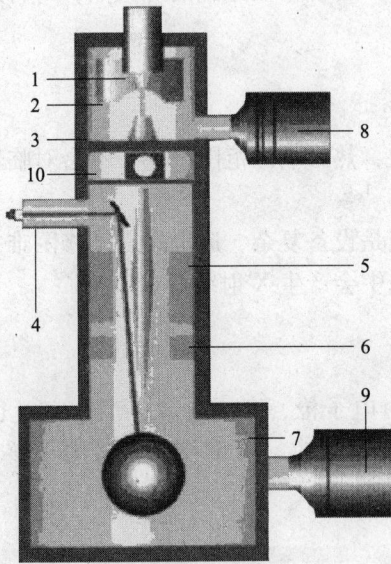

图 5-88 二极电子枪电子束焊接系统示意

1—阴极；2—聚束极；3—阳极；4—光学观察系统；5—聚焦磁透镜；6—偏转磁透镜；
7—焊接焊件；8—枪室真空系统；9—焊室真空系统；10—隔离阀

起电子束周期性摆动。间热式阴极在加热灯丝和阴极之间应加几千伏特的电压，以使阴极受到热电子的撞击而升温。这种电极的热惯性大，寿命长，形状稳定。

电子枪的电极系统还构成电子束的静电透镜，它使阴极发射的电子会聚在阳极附近，形成交叉点。电子束穿过阳极孔后，逐渐发散，然后通过聚焦磁透镜使电子束再次会聚在待焊焊件表面而形成斑点。电子束会聚角越大，其斑点就越小。对于焊接用的电子枪，一般采用小会聚角电子束，不追求过小的电子束斑点。电子枪的静电透镜和电磁透镜的各部件应保持同心，否则电子束轨迹将发生畸变。偏转磁透镜用来使电子束作重复性摆动或偏移。

（二）供电电源

供电电源是指电子枪所需要的供电系统，通常包括高压电源、阴极加热电源和偏压电源。这些电源装在充油的箱体中，称为高压油箱。纯净的变压器油既可作绝缘介质，又可作为传热介质将热量从电器元件传送到箱体外壁。

1. 高压电源

直流高压电源是用来建立阴极-阳极之间的高压电场，它的稳定性对于保证电子束焦点的质量、参数的稳定、聚焦和偏转都是至关重要的。

2. 阴极加热电源

直热式阴极加热电源推荐采用具有良好滤波的直流电源，在要求不高的某些专用焊机可采用交流供电。电源的输出电压和电流取决于所用阴极形状和尺寸。对于带状钨极，加热电压为 $5 \sim 10$ V，加热电流为 $10 \sim 70$ A。

间热式阴极通常为电子轰击式，除加热灯丝的电源外，轰击电压为若干千伏特，轰击电子流为 $100 \sim 200$ mA。

366

3. 偏压电源

三极枪的偏压电源应能使电子束流从零至额定值连续可调。一般偏压应能在 100~2 000 V 调节。为了使电子束流稳定在允许的范围内（一般应为 ±1%），偏压电源及其控制回路应有良好的调节特性。常用的偏压电源是调节偏压变压器低压输入端电压的整流电源。为了改善偏压电源的动态特性，可以采用逆变电源，也可以直接控制偏压电源的高压输出端电压。

（三）真空系统

真空系统是对电子枪室和真空工作室抽真空用的，通常使用 3 种类型的真空泵。一种是活塞式或叶片式机械泵，也称为低真空泵，用以将电子枪和工作室从大气压抽到压强为 10 Pa 左右。另一种是油扩散泵，用于将电子枪和工作室压强降到 10^{-2} Pa 以下。油扩散泵不能直接在大气压下启动，必须与低真空泵配合组成高真空抽气机组。还有一种是涡轮分子泵，它是抽速极高的高真空泵，又不像油扩散泵那样需要预热，同时也避免了油的污染，多用于电子枪的真空系统。

为了达到抽真空的要求和保证真空泵的安全工作，采用相应的管道和阀门将真空泵与工作室连接起来，并按一定的程序用人工操作或自动控制。真空度测量仪器主要有旋转式压缩真空计、电阻真空计、热偶真空计及热阴极电离真空计，此外真空系统检漏方法有放电管法、热真空计法、电离真空计法、质谱仪法等，其中以质谱仪检漏器的灵敏度最高。

（四）工作室（真空室）

工作室的尺寸、形状应根据焊机的用途和被加工的零件来确定。工作室一般采用低碳钢板制成，以屏蔽外部磁场对电子束轨迹的干扰。工作室内表面应镀镍或作其他处理，以减少表面吸附气体、飞溅及油污等，这样可以缩短抽真空时间和便于工作室的清洁工作。

工作室的设计应满足承受大气压所必需的刚性、强度指标和 X 射线防护的要求。低压型电子束焊机可以靠工作室钢板的厚度和合理设计工作室结构来防止 X 射线的泄漏。高压型电子束焊机的电子枪和工作室必须设置严密的铅板防护层，铅防护层应粘接在真空室外壁上，在外壁形状复杂的情况下，也允许在其内壁粘接铅板。

为了便于观察电子束与接头的相对位置、电子束焦点状态、焊件移动和焊接过程，在电子枪和焊件室上装置光学观察设施、工业电视和观察窗口等。

（五）运动系统

运动系统使电子束与被焊零件产生相对移动，实现焊接轨迹，并在焊接过程中保持电子束与接缝的位置准确和焊接速度的稳定，一般由工作台、转台及夹具组成。电子束焊机大多将电子枪固定在真空室顶部，运动系统使焊件运动来实现接缝的焊接。高压电子束焊机一般采用定枪结构，而对于大型真空室的中低压电子束焊机，则大多使电子枪运动进行焊接。

四、电子束焊接工艺

（一）焊接接头设计

电子束焊接接头多为对接、角接、T 形接或端接、搭接，应根据板厚、材料、接头受力情况不同设计不同的接头形式。电子束直径细，能量集中，焊接时一般不加焊丝，设计接头时应注意这些特点。

对接接头是最常用的接头形式，绝大多数采用I形坡口，其准备工作相对简单，且便于焊件自行对中或至少可以部分自行定位。也有不少接头采用嵌接式，这可以提高装配效率。

角接接头是仅次于对接的常用接头，但其接头强度较差。搭接接头多用于板厚在1.5 mm以下的场合。厚板端接接头常采用大功率深熔透焊接，薄板及不等厚度的端接接头常用小功率或散焦电子束进行焊接。

（二）操作过程

真空电子束焊接的典型操作过程如下：

（1）焊前准备，包括清洗、去磁、预热和定位焊。

（2）按设计要求装卡焊件。

（3）关好真空室，接通电源，开始对真空室抽真空。

（4）待真空度达到电子枪所要求的安全操作程度时，采用低功率电子束在焊件表面聚焦，将散焦束对中待焊接头，并沿焊接路径进行目视扫描，并调节偏差，一般偏差系由接头设计和焊缝宽度决定。

（5）在真空度达到预定值后，进行聚焦，确定电子束焊的工艺参数。

（6）调整接头与电子束焦点位置使之最后对中。

（7）开始焊接。

（8）结束焊接循环。

（9）待焊件冷却到一定程度后，向真空室内放进空气，打开真空室门将焊好的焊件卸下；重复工作时，为提高效率应将焊件装卸、对中时间尽量缩短。

非真空电子束焊时，焊件的准备组装和焊后焊件的拆卸均在大气中进行，每次装料后不需要在抽真空上花费时间，在批量生产时其生产效率高，成本较低。

（三）焊接参数对焊缝成型的影响

电子束焊接参数主要有加速电压、电子束流、电子束功率、聚焦电流和焊接速度等。

（1）加速电压（kV）：随着电压的增加熔深增大，而熔宽的增大幅度小于熔深，因此在保持其他参数不变的条件下，焊缝横断面深宽比与加速电压成正比例。

（2）电子束流（mA）：在一定的加速电压下，束流取决于轰击偏压和灯丝电流，一般随着束流的增加，熔深和熔宽都会增加。

（3）电子束功率（kW）：它是加速电压和束流的乘积，它的大小决定了熔化金属的数量。

（4）聚焦电流：聚焦电流控制着电子束的焦长，在一定的加速电压下，它是影响熔深的主要因素之一。聚焦电流有一个最佳范围，当聚焦电流与最佳值相差过大时，电子束焦点变大，能量密度降低。一般聚焦的质量是以焊缝的深宽比来衡量的。在最佳聚焦电流下，随着加速电压和束流的增加，焊缝的深宽比也相应增加。

（5）焊接速度：其他焊接参数不变时，增大焊接速度，熔深几乎成正比的减小，熔宽也有所减小。

此外，非真空电子束焊时选用的保护气体种类及流量对焊缝熔深影响较大。选用氦气保护的电子束焊缝熔深为空气中的两倍，而用氩气保护时的熔深仅为空气中的 0.5 倍。

五、电子束焊接缺陷及质量检验

（一）焊接缺陷及其防止

电子束焊接接头会出现裂纹、未熔合、焊缝下陷、气孔等常见熔化焊的缺陷。此外，电子束焊缝特有的缺陷有冷隔、钉尖缺陷等。

（1）裂纹：用电子束焊接易淬火钢和难熔金属时，在焊缝金属和熔合线附近会出现结晶裂纹。主要的防止措施应从改善母材的性能着手。从工艺角度方面，用改变焊接参数来调节焊缝截面形状，对防止结晶裂纹的产生也有一定的效果。

（2）气孔：在焊接厚板时，气孔是容易出现的缺陷之一。焊件表面清理不净、接头设计不合理以及焊接参数选择不当均会产生气孔。防止方法除了认真清理表面，改进接头设计外，还应降低焊接速度。对于整体或分离式衬垫接头，焊后可采用机械加工方法将根部去掉，以消除根部气孔。

（3）未熔合：产生未熔合的主要原因是电子束轴线与坡口轴线错位或倾斜、母材和夹具等材料的剩磁或外界磁场的影响。防止措施是电子束对中应准确、退磁要彻底、重新设计接头形式及正确选择焊接参数等。

（4）焊缝下陷：应用电子束进行单面焊时，由于金属蒸发的反作用力和熔化金属的自重，易于造成焊缝金属上表面下陷缺陷，严重时出现烧漏。最有效的防止方法是采用留底或锁底的接头形式。

（5）冷隔：厚板电子束焊在未焊透的情况下，往往在焊缝根部或稍高处会出现较大的空洞，这样把熔化金属隔开了，所以称这种缺陷为冷隔。造成冷隔的原因与电子束焊缝的成型特征有关。当采用深熔焊时，焊缝金属中气体逸出时，受到电子束排开的液体金属的阻碍所致。所以冷隔在厚板焊接时易于出现。防止的办法是减少气体的来源、用降低焊接速度或旋转偏转电子束来增加熔宽而改善焊缝的截面形状。

（6）钉尖缺陷：常发生在部分焊透的焊缝根部。产生的原因可能是电子束功率的脉动。当液态金属表面张力和冷却速度均过大而液相金属来不及流入所致。由于它密集，且呈钉尖状，容易造成应力集中而导致使用时的破坏。加垫板或采用锁底接头，可将此缺陷引出受力部位，防止发生破坏。如允许采用全熔透工艺，也能消除这种缺陷。

（二）质量检验

电子束焊焊前准备情况的检查十分重要。焊前准备情况的检验包括设备是否完善，特别是安全措施方面；焊件和夹具的退磁是否达到规定指标；焊件是否严格按产品图样要求进行加工、装配等。焊接完成后一般先用肉眼检查焊接接头的外部质量，也可采用磁粉探伤。内在质量检查主要用射线和超声波探伤仪器，有些还要求做密封性检验、耐压检验等。

要根据产品规程或产品标准来确定焊缝是否满足质量要求，对于不合格的焊接接头可以返修或补焊。

六、电子束焊接的安全防护

在电子束焊接时要防止高压电击、X 射线以及烟气等。

高压电源和电子枪应保证有足够的绝缘和良好的接地。电子束焊接设备应装置专用地线，设备外壳应用粗铜线接地，公用间地面要铺绝缘胶板。操作人员要戴耐高压的绝缘手套和穿绝缘鞋。更换阴极组件和维修时应切断高压电源，并用放电棒接触准备更换的零件，以防电击。

电子束焊接时将有不超过 1% 的电子束能量转变为 X 射线，可以在电子束焊机的设计上考虑使 X 射线对外辐射的强度降低到不至于危害人体健康的程度，如加速电压在 60 kV 以下的焊机一般靠钢板厚度来防护，加速电压高于 60 kV 以上的焊机外壳应附加 4 ~ 6 mm 铅防护层，真空室观察窗用普通玻璃、铅玻璃和钢化玻璃三层作保护。此外，在新焊机使用前要请专门部门来检测 X 射线的放射剂量并检查防护措施。焊机操作人员每年所受 X 射线的最大剂量应在规定范围内。

应采用抽气装置将真空室排出的油气、烟尘等及时排出，设备周围应易于通风。焊接过程中不允许用肉眼观察熔池。

第十节　螺　柱　焊

一、螺柱焊概述

在核安全设备制造和安装中，经常需要将金属螺柱或类似的紧固件（栓、钉）焊到焊件上，螺柱焊就是完成此类工作的焊接方法。螺柱焊是一种压力熔焊方法，是将螺柱或形状相似的紧固件利用电弧热熔化其端面，并立即向焊件挤压形成接头。螺柱焊最常用的方法是电弧法螺柱焊。

螺柱焊的英文缩写和容规代号为 SW；ISO 和 GB 5185—2005《焊接及相关工艺方法代号》代号分为 78。焊工资质管理中焊接方法代号为 HS。

螺柱焊具有效率高、质量可靠、生产成本低和易于实现自动化等优点，它可在安装螺柱或类似的紧固件方面取代铆接、钻孔、焊条电弧焊、电阻焊或钎焊，已在核电设备安全壳钢衬里、压力容器、电站锅炉、冶金设备、造船、车辆和建筑等行业得到普遍的应用。

二、螺柱焊的分类

在核工业中一般是用电弧法螺柱焊，其是利用电弧加热和熔化螺柱（或类似紧固件）与焊件间的接触面，使螺柱快速插入焊件而形成焊缝的焊接方法。焊接过程中电弧引燃、燃弧时间和快速插入动作均采用自动控制。

根据所用焊接电源不同，电弧法螺柱焊可分为稳定电弧螺柱焊、不稳定电弧螺柱焊和短周期螺柱焊 3 种。

（一）稳定电弧螺柱焊

稳定电弧螺柱焊又称电弧螺柱焊。螺柱端部与焊件表面之间产生稳定的电弧过程，电弧作为热源在焊件上形成熔池，螺柱端被加热形成熔化层，在压力（弹簧等机械压力）作用下将螺柱端部浸入熔池，并将液态金属全部或部分挤出接头之外，从而形成连接。

这种螺柱焊的电源一般是弧焊整流器、焊接逆变器或直流弧焊发电机，即普通弧焊电源就可以。电弧螺柱焊的电弧放电是持续而稳定的电弧过程，焊接电流不经过调整，焊接过程中基本上是恒定的。

黑色金属电弧螺柱焊，通常采用直流正接（螺柱负极、焊件正极），有色金属电弧螺柱焊则采用直流反接。电弧螺柱焊通常采用陶质护圈来屏蔽电弧并挡住熔化的焊缝金属。

（二）不稳定电弧螺柱焊

不稳定电弧螺柱焊又称电容放电螺柱焊或电容储能螺柱焊。电容放电螺柱焊由电容器存储电能，电弧由所储电能瞬时放电产生。电容器在螺柱端部与焊件表面间的放电过程是不稳定的电弧过程，即电弧电压与焊接电流在瞬时变化着，焊接过程是不可控的。

除与镀锌或电镀表面焊接外，电容放电螺柱焊一般采用直流正接。由于电容放电螺柱焊焊接时间（即电弧燃烧时间）极短，只有 $2 \sim 3$ s，空气来不及侵入焊接区，接头就已形成了，所以电容放电螺柱焊一般不用保护措施。

电容放电螺柱焊根据引燃电弧的方式不同，可分为预接触式、预留间隙式和拉弧式 3 种。预接触式电容放电螺柱焊的特征是先接触后通电，加压在通电之前，再完成焊接；预留间隙式电容放电螺柱焊是留间隙，先通电后接触放电加压，完成焊接；拉弧式电容放电螺柱焊的特征是接触后拉起引弧，再电容放电完成焊接。

（三）短周期螺柱焊

短周期螺柱焊是焊接电流经过波形控制的电弧螺柱焊。这种螺柱焊的电源，一般情况下是用两个并联的电源先后给电弧供电，可以是两个弧焊接整流器，也可以是整流器加电容器组，只有采用逆变器作电源时可以不用双电源。短周期螺柱焊采用逆变器或双整流器作电源时的电弧过程是阶段稳定的电弧过程。当双电源中含有电容器组时，电容放电产生的电弧过程仍然是不稳定的。

短周期螺柱焊是普通电弧螺柱焊的一种特殊形式。焊接时间只有电弧螺柱焊的十分之一到几十分之一，所以叫短周期或短时间螺柱焊。短周期螺柱焊与电容放电螺柱焊一样，焊接过程不用采取像普通电弧螺柱焊所用的陶瓷环及保护气体等保护措施。

电弧螺柱焊及不稳定电弧螺柱焊、短周期螺柱焊 3 类焊接方法，既有共同的技术特点又有各自最佳的应用范围。生产实践中，应根据不同产品被焊焊件材料不同的技术要求及焊件的不同厚度、螺柱的不同尺寸规格等具体情况进行科学合理的选择和应用。

三、螺柱焊焊接设备

螺柱焊的设备主要由电源、焊枪及控制装置等部分组成，如图 5 - 89 所示。专用焊机常把电源和控制器做成一体。

（一）电源

一般焊条电弧焊焊接用的直流电源都可以用于电弧螺柱焊，但必须配备一个控制箱，以进行电源的通断及引弧和燃弧时间的控制。由于螺柱焊焊接电流比焊条电弧焊的焊接电流大得多，对大直径螺柱的焊接可以用两台以上普通弧焊电源并联使用。螺柱焊电源的负载持续率很低，相当于焊条电弧焊的1/3～1/5，若有可能宜选购专为电弧螺柱焊设计的电源。

（二）焊枪

螺柱焊枪有手持式和固定式两种，其工作原理相同。手持式焊枪应用较普遍，图5－90为手持式电弧螺柱焊焊枪的典型结构。

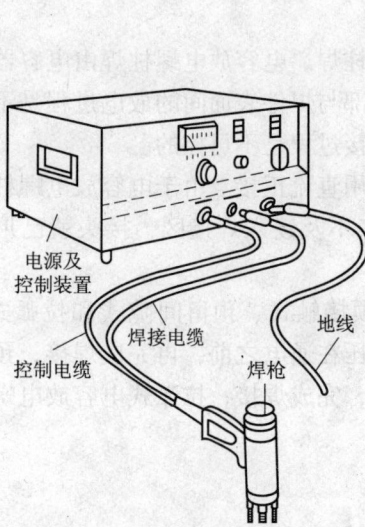

图5－89　螺柱焊设备组成

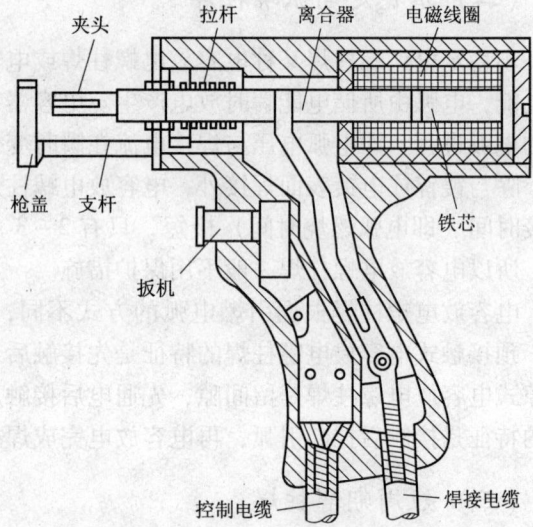

图5－90　电弧螺柱焊焊枪结构图

预接触式焊枪结构简单，由螺柱夹持机构和将螺柱压入熔池的弹簧压下机构组成；预留间隙式焊枪则需增加提升螺柱的机构，通常是采用电磁线圈，施焊前线圈起作用使螺柱悬在焊件上方，施焊时，线圈断电，由弹簧使螺柱移向焊件；拉弧式焊枪的结构与电弧螺柱焊枪相类似。

四、螺柱焊焊接工艺

（一）焊件

螺柱焊中的焊件是指将焊接螺柱的设备部件，用其他弧焊方法容易焊接的金属材料制成的焊件，都适于进行螺柱焊。其中应用最多的是碳钢、高强度钢、不锈钢和铝合金。

可焊焊件的最小壁厚与螺柱端部直径有关。为了防止焊穿和减少变形，对于电弧螺柱焊，建议焊件的厚度不要小于螺柱端部直径的1/3，当强度不作为主要要求时，焊件的厚度最薄也不能小于螺柱端部直径的1/5。

（二）螺柱

工业上最常用的螺柱是低碳钢、高强度钢、不锈钢和铝合金。螺柱的外形必须使焊枪能

372

夹持并顺利地进行焊接。

钢的螺柱焊时，为了脱氧和稳弧，常在螺柱端部中心处（约在焊接点 2.5 mm 范围内）放一定量的焊剂。图 5 - 91 给出将焊剂固定于柱端的 4 种方法，其中镶嵌固体焊剂方法较为常用。对于直径小于 6 mm 以下的螺柱，一般不需要焊剂。

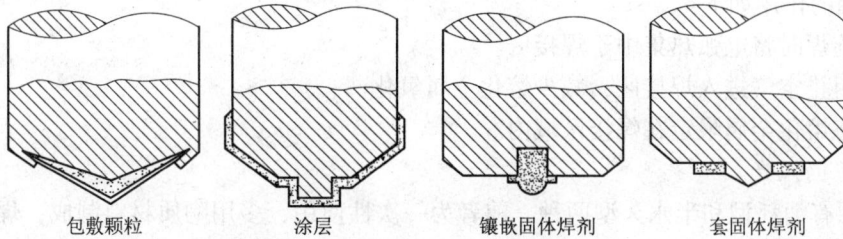

包敷颗粒   涂层   镶嵌固体焊剂   套固体焊剂

图 5 - 91   螺柱焊柱端焊剂固定方法

铝的螺柱焊时，螺柱端部不需加焊剂，为了便于引弧，端部可做成尖状，焊接时需用惰性气体保护，以防止焊缝金属氧化并稳定电弧。

螺柱待焊底端多为圆形，也可以是方形或矩形。矩形的宽度不应大于 5 mm。螺柱的长度必须考虑焊接过程产生的缩短量。因为焊接时螺柱和焊件金属溶化，随后熔化金属从接头处被挤出，所以螺柱总长度要缩短。电弧螺柱焊时，螺柱缩短量的典型值见表 5 - 33。与电弧螺柱焊相比，电容放电螺柱焊的螺柱熔耗量很小，通常在 0.2 ~ 0.4 mm 范围。熔化所产生的缩短量几乎可以忽略不计。

表 5 - 33   电弧螺柱焊螺柱缩短量的典型值   mm

螺柱直径	5 ~ 12	6 ~ 22	≥25
长度缩短量	3	5	5 ~ 6

螺柱的长度由夹持段长度、保护圈高度和熔化量（3 ~ 5 mm）组成，螺柱的最短长度为 20 mm。电弧螺柱焊的操作程序如图 5 - 92 所示。

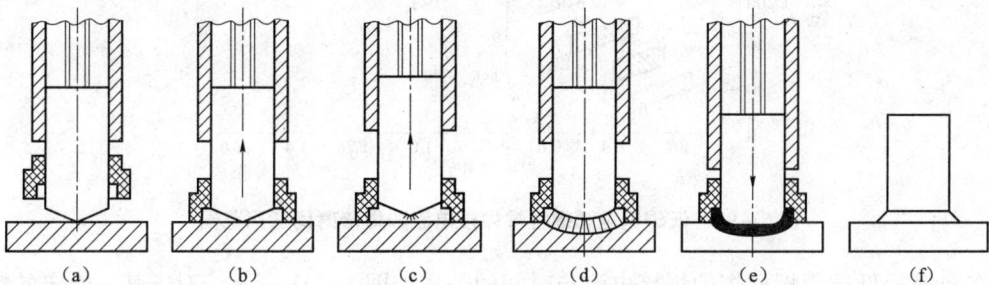

(a)   (b)   (c)   (d)   (e)   (f)

图中箭头表示螺栓运动方向

图 5 - 92   电弧螺柱焊的操作程序

（三）保护圈

电弧螺柱焊一般都使用保护圈，保护圈为圆柱形；焊前将保护圈套在螺柱待焊端面，由焊枪上的卡钳保持适当位置；保护圈底面与焊件的待焊端表面相配并做成锯齿形，以使气体从焊接区排出。

保护圈的作用如下：

（1）施焊时将电弧热集中于焊接区。

（2）阻止空气进入焊接区，减少熔化金属氧化。

（3）将熔化金属限定在焊接区域内。

（4）遮挡弧光。

保护圈有消耗型和半永久型两种，前者为一次性使用，多用陶质材料制成，焊后易于碎除。陶瓷保护圈上设计有排气孔和成型孔腔，以控制焊脚形状。半永久性保护圈采用高强度耐火材料压制而成，使用寿命为 2 500 ~ 7 500 次。

（四）焊接参数

电弧螺柱焊接头的质量主要取决于焊接热输入。热输入是焊接电流、焊接时间和电弧电压的函数。螺柱焊时，电弧电压基本保持不变，故热输入由焊接电流和焊接时间所决定，如螺柱的材料不变，焊接电流和焊接时间主要按螺柱截面来选定。图 5-93 示出各种直径的低碳钢电弧螺柱焊适用的焊接电流和焊接时间范围。

获得优质的螺柱焊焊接头的基本条件是需要输入足够的能量，该能量的大小取决于螺柱的横截面积。输入焊接区的总能量与焊接电流、电弧电压及燃弧时间有关。电弧电压决定于电弧长度或螺柱焊枪调节的提升高度。当提升高度确定后，电弧能量就由焊接电流与焊接时间决定。

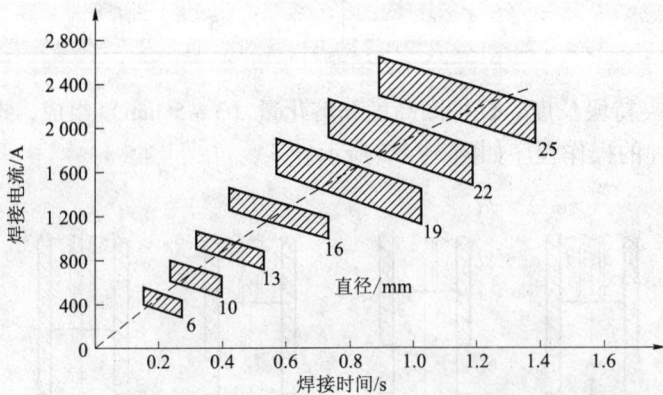

图 5-93 低碳钢电弧螺柱焊焊接电流和焊接时间适用范围

各种直径低碳钢螺柱焊的焊接电流与时间的关系如图 5-93 所示，对于某一给定的螺柱尺寸，均存在一个参考范围，通常须在此范围内选定最适合的焊接电流和焊接时间。常用螺柱材料螺柱焊推荐焊接参数的选择见表 5-34。

表 5-34　20、1Cr18Ni9Ti 等常用螺柱材料螺柱焊推荐焊接参数的选择

螺柱材料	被焊材料	电源种类/极性	保护类型	螺柱直径/mm	电流值/A	焊接时间/ms	提弧高度/mm
20	碳钢 耐热钢	直流正接	陶瓷圈	φ10	550~800	300~450	2~3.5
				φ6	400~600	200~350	1.5~2.5
1Cr18Ni9Ti 1Cr25Ni20	碳钢 耐热钢 不锈钢	直流反接	陶瓷圈或惰性气体	φ10	600~750	300~400	1.5~3
				φ6	350~550	200~350	1.5~2.5
X10CrAl18 1Cr25Ni20Si2	碳钢 耐热钢	直流反接	惰性气体	φ10	600~750	300~400	1.5~3

五、螺柱焊焊接操作

焊接前，应对所选用的焊接工艺进行焊接工艺评定，按焊接工艺评定合格的焊接工艺进行施焊。

焊接中要注意以下几点。

1. 清理

螺柱端部和焊件待焊处应具有清洁表面，无漆层、轧鳞和油水污垢等。

2. 连接

检查焊接电缆、导电夹头是否正常，导电回路是否牢固连接。

3. 调整

将螺柱装入夹头，检查螺柱对中及伸出长度，并通过三脚架及伸缩杆进行相应的调整。

4. 防止磁偏吹

焊接时将螺柱插入夹头底部，并调整夹持松紧度。长焊件的焊接时为防止磁偏吹，应采用两根地线，对称与焊件相接，焊接过程中可随时调整地线位置。

5. 气体流量与夹持

采用惰性气体保护时，按要求调整好气体流量。采用陶瓷圈保护时，将瓷圈套入，用瓷圈保持架夹持牢靠。

6. 极性

钢螺柱焊采用直流正接，铝及其合金螺柱焊采用直流反接。调节好焊枪提升量、螺柱超出保护圈外长度、焊接电流和燃弧时间。保证焊枪与焊件垂直，压紧固定后再按扳机引弧、焊接，焊接过程中不能移动或摇晃焊枪，熄弧后再抬枪，以防拔起螺柱（脱焊）。

六、螺柱焊接方法的选择及应用

在核电设备生产制造过程中，螺柱焊焊接方法的选用应根据被焊焊件的厚度、材质和螺柱规格的具体情况进行科学的选择及合理的应用。

螺柱直径大于 8 mm 的一般是受力接头，适合采用电弧螺柱焊方法（大型管屏通常采用电弧螺柱焊）。虽然电弧螺柱焊可以焊直径为 3~25 mm 的螺柱，但 8 mm 以下的螺柱，采

用其他方法如电容放电螺柱焊或短周期螺柱焊更为合适。

焊件厚度 δ 和螺柱直径 d 有个比例关系，对电弧螺柱焊 $d/\delta = 3 \sim 4$，对电容放电螺柱焊和短周期螺柱焊，这个比值可以达 8 左右，所以焊件厚度在 3 mm 以下时最好采用电容放电螺柱焊或短周期螺柱焊，而不要采用电弧螺柱焊。

对于碳钢、不锈钢及铝合金，电弧螺柱焊、电容放电螺柱焊及短周期螺柱焊都可以选用，但对铝合金、铜及涂层钢板薄板或异种金属材料螺柱焊最好选用电容放电螺柱焊。

常见螺柱焊接方法的主要特点见表 5 – 35。

表 5 – 35　常见螺柱焊接方法的主要特点

焊接方法　项目	电弧螺柱焊	电容放电螺柱焊			短周期螺柱焊
		预测接触式	预留间隙式	拉弧式	
焊接时间/ms	100 ~ 2 000	1 ~ 3	1 ~ 3	4 ~ 10	20 ~ 100
可焊螺柱直径/mm	3 ~ 25	3 ~ 10	3 ~ 10	3 ~ 10	3 ~ 10
可焊焊件厚度/mm	3 ~ 30	0.3 ~ 3.0	0.3 ~ 3.0	0.3 ~ 3.0	0.4 ~ 3.0
熔池深度/mm	2.5 ~ 5	<0.2	<0.2	<0.2	<0.2
d/δ	3 ~ 4	≤8	≤8	≤8	≤8
生产率/(个·min^{-1})	2 ~ 15	2 ~ 15	2 ~ 15	2 ~ 15（手动）40 ~ 60（自动）	2 ~ 15（手动）40 ~ 60（自动）
螺柱端部形状	圆、方、异形等可加工成锥形的螺柱	圆法兰和凸台	圆法兰和凸台	圆法兰、平头钉	圆法兰、平头钉

七、螺柱焊焊接接头的质量检验

螺柱焊焊接接头的质量检验方法包括：外观检验、金相检验和力学检验。

（一）外观检验

一般钢制螺柱的电弧螺柱焊的接头可以进行外观检验其螺柱端部焊缝的连续性、均匀性与熔合情况以判断焊缝是否有缺陷。电弧螺柱焊容易出现的问题是：磁偏吹、过热、热量不足、螺柱不垂直焊件和螺柱未插入熔池而悬空。

对于电弧螺柱焊，现场生产用肉眼检查可按照如图 5 – 94 所示来判断焊接质量。

对于电容放电螺柱焊、短周期螺柱焊的焊接头外观检验几乎没有意义，因为熔池浅，接头是塑性连接，没有重结晶的焊缝。这种方法的使用要求需特殊提出的要求进行外观检查，这些特殊要求是：不锈钢薄板螺柱焊时不锈钢的烧痕是否明显，影响其装饰性能，低碳钢不锈钢及铝合金薄板焊点背后凸痕是否符合使用条件，通过调整规范来解决，无非是减少焊接时间，增大焊接电流强金相度。

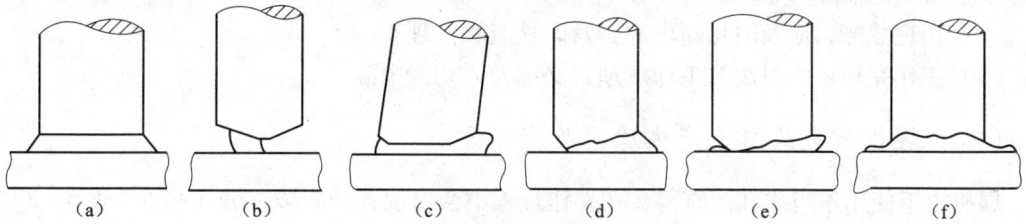

图 5 - 94　电弧螺柱焊接头外观缺陷

（a）焊缝形状良好；（b）未插入；（c）不垂直；（d）压入不足；（e）热量不足；（f）热量过大

（二）金相

只有电弧螺柱焊接的接头有必要进行宏观焊接的接头金相组织分析，以检查熔合情况及裂纹等缺陷。对于电容放电及短周期螺柱焊则没有必要进行金相组织分析。

（三）力学性能试验

是否需要进行焊接接头力学性能试验，要看使用条件以及技术条件和使用标准而定。力学性能试验应当在焊接生产前的工艺评定试样上进行，以确定最佳焊接工艺；同时也在生产现场随机抽查进行。力学性能试验方法，有现场锤击、现场弯曲试验及接头拉伸与扭矩试验，对于不承载接头，电容放电螺柱焊一般可以不做接头拉伸试验和扭矩试验，只进行锤击试验与弯曲试验。一般弯曲试验是用自制套筒插头插到接头的螺柱上进行弯曲，钢螺柱弯曲75°。铝合金螺柱弯曲15°，肉眼观察无开裂为合格。锤击也是以未出现可见开裂为合格。扭矩试验用扭矩扳手加预定载荷，可测定是否达到了强度要求。

第十一节　焊接设备维护与常见故障

一、弧焊电源

（一）使用维护及保养

焊条电弧焊焊机其实就是一个弧焊电源。因此，对焊条电弧焊焊机的维护和保养基本适用于其他焊接方法的弧焊电源。

正确的使用和合理的维护，能有效地保证焊机工作的稳定性及延长使用寿命。为此，在使用焊机时，应注意以下要点：

（1）焊机应尽可能摆放在通风良好、干燥、避开高温及粉尘多的地方。

（2）启动焊机时，焊钳与焊件不能接触，以防短路，因为短路电流过大，会烧坏焊机。

（3）调节焊接电流和变换极性接法时，应在空载下进行。

（4）按照焊机的额定电流和负载持续率来使用，以免使焊机过载而损坏。

（5）经常保持焊接电缆与焊机接线柱的接触良好。

（6）保持焊机清洁，露天使用时，防止灰尘和雨水侵入焊机内部。焊机搬动时，特别是焊条电弧焊整流器，不应剧烈震动。

（7）出现故障，应及时切断电源，及时检查和修理。

（8）工作完毕或临时离开工作场地，必须及时切断电源。

（二）焊机常见故障、产生原因及消除方法

焊机由于使用不当或其他原因，在操作过程中会出现各种故障，表5－36、表5－37分别是弧焊变压器和弧焊整流器的常见故障、产生原因及消除方法。

表5－36　弧焊变压器常见故障及消除方法

故障特征	产生原因	排除方法
变压器过热	（1）焊机过载； （2）变压器线圈短路	（1）降低焊接电流，按规定的负载持续率下的电流值使用； （2）消除短路现象
熔断器经常烧坏	（1）电源线短路或接地； （2）初、次级线圈之间短路	（1）消除短路； （2）更换绝缘材料或重新绕线圈
焊机外壳带电	（1）电源线或焊接电缆碰到外壳； （2）线圈碰外壳； （3）焊机外壳未接地或接触不良	（1）检查电源引线和电缆与接线板的连接情况； （2）检查线圈绝缘，消除碰壳； （3）焊机外壳良好接地、紧固接地线螺丝
焊机震动和响声过大	可动铁芯的制动螺丝或弹簧太松	紧固螺丝，调整弹簧
焊接电流过小	（1）焊接电缆过长，压降太大； （2）焊接电缆盘成盘形，电感大； （3）焊接电缆线与焊件接触不良	（1）减小电缆长度或加大电缆直径； （2）散开电缆，不成盘形； （3）使接头处接触良好
焊接电流忽大忽小	（1）焊接回路接触不良； （2）可动铁芯随焊机震动而移动	（1）检查焊接回路，使之接触良好； （2）加固可动铁芯或动铁芯调节手柄

表5－37　弧焊整流器常见故障及消除方法

故障特征	产生原因	消除方法
焊机外壳带电	（1）电源线碰壳； （2）变压器、电抗器、风扇及控制线路元件等碰机壳； （3）未接地线或接触不良	（1）消除碰壳； （2）消除碰壳； （3）使地线接触良好
空载电压过低	（1）网路电压过低； （2）变压器一次线圈匝间短路； （3）磁力启动器接触不良； （4）整流元件击穿	（1）调整网路电压； （2）消除短路； （3）使磁力启动器接触良好； （4）更换整流元件

故障特征	产生原因	消除方法
焊接电流调节不灵	(1) 控制线圈匝间短路; (2) 电流控制器接触不良; (3) 控制整流器元件击穿	(1) 消除短路; (2) 使接触良好; (3) 更换元件
焊接电流不稳定	(1) 主回路接触器触点抖动; (2) 控制回路接触不良; (3) 风压开关抖动	(1) 修检接触器触,消除抖动; (2) 使接触良好; (3) 修检风压开关,消除抖动
焊接过程中; 电压突然降低	(1) 主回路部分或全部短路; (2) 整流元件击穿或短路; (3) 控制回路断路	(1) 修检回路,消除短路; (2) 更换元件; (3) 修检控制回路
风扇电机不动	(1) 熔断器烧断; (2) 电动机线圈断线; (3) 开关接触不良	(1) 更换熔断器; (2) 修复断线; (3) 使接触良好

二、埋弧焊焊机

埋弧焊主要用于大型结构的焊接,一般的焊接工况条件较差,为此,对焊机的维护和保养是保证焊接过程顺利进行的重要措施之一,也是提高焊接生产率的有效措施。埋弧焊机常见的故障和排除方法见表5-38。针对这些常见的故障对焊机进行维护和保养,保证焊机的良好状态,也是保证焊接质量的重要因素。

表5-38 埋弧焊机常见故障和排除方法

故障特征	可能产生的原因	排除方法
当按下焊丝"向下""向上"按钮时,焊丝动作不对或不动作	(1) 控制线路中有故障(如辅助变压器、整流器损坏,按钮接触不良); (2) 感应电动机方向接反; (3) 发电机或电动机电刷接触不好	(1) 检查上述部件并修复; (2) 改换三相感应电动机的输入接线
按下"启动"按钮,线路正常工作,但引不起弧	(1) 焊接电源未接通; (2) 电源接触器接触不良; (3) 焊丝与焊件接触不良; (4) 焊接回路无电压	(1) 接通焊接电源; (2) 检查修复接触器; (3) 清理焊丝与焊件的接触点
"启动"后,焊丝一直向上反抽	电弧反馈线未接或断开	将电弧反馈线接好

故障特征	可能产生的原因	排除方法
线路工作正常，焊接规范正确，而焊丝给送不均匀、电弧不稳	（1）焊丝给送压紧滚轮太松或已磨损； （2）焊丝被卡住； （3）焊丝给送机构有故障； （4）网路电压波动太大	（1）调整或调换焊丝给送滚轮； （2）清理焊丝； （3）检查焊丝给送机构； （4）焊机可使用专用线路
焊接过程中焊剂停止输送或输送量很小	（1）焊剂已用完； （2）焊剂斗阀门处被渣壳或杂物堵塞	（1）添加焊剂； （2）清理并疏通焊剂斗
焊接过程中一切正常，而焊车突然停止行走	（1）焊车离合器已脱开； （2）焊车轮被电缆等物阻挡	（1）关紧离合器； （2）排除车轮的阻挡物
按下"启动"按钮后，继电器作用，接触器不能正常作用	（1）中间继电器失常； （2）接触器线圈有问题； （3）接触器磁铁接触面生锈或污垢太多	（1）检修中间继电器； （2）检修接触器
焊丝没有与焊件接触，焊接回路有电	焊车与焊件之间绝缘被破坏	（1）检查焊车车轮绝缘情况； （2）检查焊车下面是否有金属与焊件短路
焊接过程中，机头或导电嘴的位置不时改变	焊车有关部件有游隙	检查消除游隙或更换磨损零件
焊机"启动"后，焊丝末端周期地与焊件"粘住"或常常断弧	（1）电弧电压太低，焊接电流太小或网路电压太低； （2）常常断弧是因为电弧电压太高，焊接电流太大或网路电压太高	（1）增加电弧电压或焊接电流； （2）减小电弧电压或焊接电流； （3）改善网路负荷状态
焊丝在导电嘴中摆动，导电嘴以下的焊丝不时变红	（1）导电嘴磨损； （2）导电不良	更换新导电嘴
导电嘴末端随焊丝一起熔化	（1）电弧太长； （2）焊丝伸出太短； （3）焊丝给送和焊车皆已停止，； （4）电弧仍在燃烧； （5）焊接电流太大	（1）增加焊丝给送速度和焊丝伸出长度； （2）检查焊丝和焊车停止原因； （3）减小焊接电流

故障特征	可能产生的原因	排除方法
焊接电路接通，电弧未引燃，而焊丝黏结在焊件上	焊丝与焊件之间接触太紧	使焊丝与焊件轻微接触
焊接停止后，焊丝与焊件粘住	"停止"按钮按下速度太快	慢慢按下"停止"按钮

三、钨极氩弧焊焊机

（一）维护和保养

为了保证氩弧焊设备的安全正确使用，希望做到定期维护保养，这是保证焊接设备具有良好的工作性能和延长使用寿命的重要条件之一。

（1）有无异常震动、声音、气味。

（2）使用前要检查各部分接线是否正确，特别是焊接电缆的接头应拧紧，以防过热及烧损。

（3）打开电源开关，焊机空载运转时，检查冷却风扇是否正常。

（4）开关有无接触不良。

（5）电缆连接及绝缘方法有无错误；电缆有无断线。

（6）使用前检查电气仪表，应保持完好并指示准确。

（7）检查供气系统各部分，若焊机或焊枪需用水冷却，则接好水冷系统，冷却水的流量和水压必须符合要求，它们工作应正常。氩气管路应良好，无老化和破损。

（二）氩弧焊设备的维护与保养

必须建立健全氩弧焊设备的一、二级设备保养制度并定期进行保养。其内容如下：

（1）电气连接处。焊机输入侧，输出电缆连接处的紧固螺钉是否松动，有无因生锈接触不良现象，绝缘有无问题。

（2）接地线。焊机机壳是否完全接地。

（3）机内要保持清洁。集成电路板或晶闸管冷却板积有灰尘会造成散热不良，给集成电路板或晶闸管带来不利影响。变压器等绕组处积有灰尘会造成绝缘有问题。因此应半年检查一次，卸下侧板、顶盖，用干燥压缩空气对有关部位吹扫灰尘。如果焊机使用频繁，应每月清理一次。

（4）水压开关。沾有水垢、异物等，会造成冷却水压不足，应定期检查。

（三）调整高频

正常情况下请勿触摸火花电极，当电极表面不清洁，污物显著时，应打磨表面并用塞规将电极间距调整到 $0.7 \sim 0.9$ mm。

（四）操作注意事项

1. 关闭焊机电源

焊接结束后，不能立即切断焊机电源，待 2~3 分钟后再切断，因为立即关闭电源开关，冷却风扇骤停，而变压器却保留原有温度。这样就会加快变压器等部件的老化，缩短焊机的使用寿命。

2. 负载持续率

氩弧焊机避免过载使用。过载会缩短使用寿命乃至烧毁焊机。因此，应使用与氩弧焊机的焊接电流相适应的负载持续率。负载持续率为 40% 的含义为：以 10 分钟为一个周期时，在额定焊接电流下（例如 300 型氩弧焊机的额定焊接电流为 300 A）只能工作 4 分钟，休息 6 分钟。

3. 保养检修后的注意事项

保养或检修因需拆卸的侧板、顶盖和后面板，工作完毕后应安装复位。

（五）水压开关、水箱及防冻液的注意事项

1. 使用水压开关注意事项

使用水压开关是防止焊炬烧毁。当冷却水压不大于 11.76 N/cm^3，焊机"水压不足"指示灯会亮，告诉你不能再继续工作。此时需从高处取水或设置水箱，以确保水压正常。

2. 使用水箱的注意事项

水箱出现水垢时，将会导致水泵电机不运转、焊炬及水压开关水路堵塞等故障，所以，必须每六个月更换冷却水 1~2 次。

3. 使用防冻液的注意事项

建议使用甘醇类防冻液。另外，有一点提醒焊工注意：当增加防冻液的混合比例时，冷却水的黏度也随之增加，进而导致冷却水的流通不畅，水压开关不动作，因此防冻液的比例应控制在 20% 以下。

（六）钨极氩弧焊机常见故障的消除

氩弧焊焊机在正常的情况下，也会发生一些故障，这也是影响提高生产率和保证焊接质量重要原因之一。焊工应该了解常见故障的产生原因，以及排除故障的方法，有利于焊接生产工作，掌握这些内容是焊工应有的技术素质。钨极氩弧焊设备常见故障有水、气路堵塞或泄漏；钨极不洁不起弧，焊枪钨极夹头未旋紧，引起电流不稳；焊枪开关接触不良使焊接设备不能启动等。这些应由焊工排除。另一部分故障如焊接设备内部电子元件损坏或其他机械故障，焊工不能随便自行拆修，应由电工、钳工进行检修。钨极氩弧焊机常见故障特征及可能产生的原因见表 5-39。

表 5-39 钨极氩弧焊机常见故障特征及可能产生的原因

故障特征	现　　象	可能产生的原因
不引弧	无高频	电源保险丝（3 A）熔断
		火花间隙过宽或过短
		焊炬开关电缆断线
		焊接方法切换开关设定在"焊条电弧焊"

故障特征	现　　象	可能产生的原因
不引弧	有高频，但不引弧	忘接母材侧电缆或接触不良
		焊炬开关电缆断线
		钨电极——母材间距离过大
		电源电压过低（380 V±10% 为好）
电弧不稳	引弧困难，断弧	钨电极过粗（相对于电流值）
		纯钨电极（使用钍钨电极）
		气体流量过大
		使用纯氩以外的保护气体
		母材侧电缆连接不良（1 台焊机安装 1 根母材侧电缆）
送气不良	气体不流通	气管中途弯折
		焊炬被灰尘堵塞
		气阀不动作
		气管接头漏气
	气体畅流不止	气体检查开关持续 ON
		气阀故障
电弧自停	"异常"指示灯不灭	冷却水压不足

四、二氧化碳气体保护焊焊机

（一）焊机的安装

1. 焊机安装注意事项

（1）电网、电源功率是否符合焊机的额定容量，开关，熔断器和电缆的选择要正确。

（2）每台设备应都有一个专用的开关供电，设备与墙的距离应大于 0.3 m，保证通风良好。

（3）焊机的机壳必须用 14 mm² 的电缆接地或接零。三相四线制的电网电源，将外壳接到中性线上。配电箱上应装有防漏电的自动断电安全装置。

（4）动力线和焊接电缆的导线截面和长度要合适，以保证在额定负载时动力线的电压降不大于电网电压的 5%、焊接回路电缆总压降不大于 4 V。

（5）凡需用水冷却的焊接电源或焊枪，应备有充足、符合要求的冷却水。使用循环水箱的焊机，在冬季时应注意防冻。

（6）注意采取防潮措施，安装在通风良好的干燥场所。

2. 安装步骤

焊机安装前必须认真地阅读设备说明书，了解清楚基本要求后，按下述步骤安装。

（1）查清电源电压、开关和保险丝的容量。如有不合适的地方，应及时更正。

（2）将焊机的地线接地。

（3）连接焊件的电缆一端和焊接电源和输出的负极相连接，另一端和焊件相连接，用螺栓固定好，保证良好的接触。

（4）连接送丝机的电缆一端和焊接电源输出端正极相连接，另一端和送丝机供电部分相连接。

（5）将遥控盒电缆插头、控制电缆的插头分别接在焊机上标明的螺纹插座上。

（6）将从气瓶、流量计至焊接电源及焊接电源至送丝机处的送气管接好。将减压器预热器上的电缆插头，插在焊机的相应插座上并拧紧。

（7）将焊枪与送丝机接好。

（8）若焊机或焊枪需用水冷却，则接好水冷系统，冷却水的流量和水压必须符合要求。

（9）接好焊接电源至供电电源开关之间的电缆，若焊机固定不动，这段电缆应从埋在地下的钢管中穿过；若焊机经常移动，最好采用截面合适、绝缘良好的四芯橡套电缆。

（二）焊机的使用注意事项

（1）使用前必须按产品说明书或有关国家标准对弧焊电源进行检查，尽可能详细地了解基本原理，为正确使用建立一定的知识基础。

（2）焊机使用前要检查各部分的接线是否正确，特别是焊接电缆的接头是否拧紧，以防过热及烧损。

（3）电源接入电网后进行焊接时，不得随意移动和打开机壳的顶盖。

（4）焊机空载运转时，首先听其声音是否正常，再检查冷却风扇是否正常鼓风，旋转方向是否正确。

（5）使用前检查电气仪表，应保持完好并指示准确。

（6）检查送丝机构及供气系统各部分，它们工作应正常。二氧化碳管路应良好，无老化和破损。

（三）焊机的维护和保养

（1）焊机的外部要经常擦拭，机内要保持清洁，定期用压缩空气吹净灰尘。长期不用要定期通电和检查。

（2）定期用压缩空气清理弹簧软管，以清除软管中的杂物，防止送丝不畅。

（3）及时、彻底地清除喷嘴上的飞溅物，以防保护不良及喷嘴和导电嘴发生短路现象。

（4）如检查时发现有损坏或失效的零部件，应及时予以更换。

（5）要建立必要的严格的管理、使用制度。

（四）焊机常见的故障

二氧化碳气体保护半自动电弧焊焊机在正常的情况下，也会发生一些故障，焊工应该了解常见故障的产生原因，以及排除故障的方法，有利于焊接生产工作。表 5-40 为二氧化碳气体保护半自动电弧焊焊机常见故障的产生原因及排除方法。

表5-40 二氧化碳气体保护半自动电弧焊焊机常见故障的产生原因及排除方法

序号	故障现象	产生原因	排除方法
1	按下焊枪开关,没有电压,不送丝	(1) 焊枪开关损坏; (2) 焊枪开关控制线断开; (3) 三相电源缺相	(1) 更换开关; (2) 接通开关控制线; (3) 更换保险丝
2	无保护气体	(1) 气路皮管断开; (2) 气路被压或堵塞; (3) 电磁气阀不动作; (4) 预热器未工作,气路被冻结	(1) 接通气路; (2) 检查气路,使之畅通; (3) 更换或修理电磁气阀; (4) 排除预热器故障
3	送丝电机不运转	(1) 电动机回路的保险丝被烧断; (2) 控制送丝电机的电线断开或插头接触不良	(1) 更换保险丝; (2) 接通控制电路
4	送丝不畅通	(1) 加压滚轮对焊丝压力不足; (2) 送丝轮的槽沟和焊丝直径不相符; (3) 软管电缆弯曲过度; (4) 送丝弹簧软管被堵塞; (5) 导电嘴内表面粗糙或局部被堵	(1) 调整压力; (2) 调换槽沟; (3) 拉直软管电缆; (4) 清理或更换弹簧软管; (5) 更换导电嘴
5	不引弧	(1) 接焊件电缆断路; (2) 焊件上污垢太多; (3) 接通焊接电源的接触器不动作	(1) 接通电缆; (2) 清除污垢; (3) 检查修理接触器
6	焊接电流失调	(1) 电流调节变阻器坏; (2) 遥控盒控制电缆断; (3) 遥控电缆插头接触不良; (4) 控制线路板有故障	(1) 更换变阻器; (2) 接通控制电缆; (3) 旋紧插头; (4) 更换线路板
7	电弧电压失调	(1) 电压调节变阻器坏; (2) 遥控盒控制电缆断; (3) 遥控电缆插头接触不良; (4) 控制线路板有故障	(1) 更换变阻器; (2) 接通控制电缆; (3) 旋紧插头; (4) 更换线路板
8	电弧不稳,且飞溅大	(1) 主电路晶闸管坏; (2) 焊接工艺参数选用不当; (3) 焊丝伸出长度太长; (4) 导电嘴磨损严重; (5) 焊接回路中电感不合适	(1) 更换晶闸管; (2) 调整合适的工艺参数; (3) 调整焊丝伸出长度; (4) 更换导电嘴; (5) 选择较佳的电感参数

第十二节 焊接活动常用工具

一、焊接活动常用工具

核安全设备焊接活动常用工具包括电焊钳、面罩及护目玻璃、焊接电缆快速接头、地线夹等。

（一）电焊钳

电焊钳是焊条电弧焊的专用工具，它起夹持焊条和传导电流的作用。焊钳质量的好坏，直接影响焊接质量及安全操作。因此，电焊钳应具有良好的导电性、重量轻、装换焊条方便、夹持焊条牢固及安全可靠。选用焊钳规格应充分考虑能安全通过的最大的使用焊接电流，以免焊钳发热，降低使用寿命。

（二）面罩及护目玻璃

面罩及护目玻璃是用来保护焊工的面部及眼睛免受强烈弧光及金属飞溅物的灼伤。面罩有头盔式和手拿式两种，根据不同的焊接要求等进行选择。安装在面罩上的护目玻璃有减弱弧光强度、过滤红外线和紫外线的作用。护目玻璃有各种色泽，目前以墨绿色的为多，颜色有深有浅，选用时应根据焊接电流大小、焊接方法及焊工的视力情况来确定。护目玻璃的规格见表 5-41。在安装护目玻璃时，应在其外侧安装一块同尺寸的一般玻璃，以防金属飞溅物污染。

表 5-41 护目玻璃的规格

护目玻璃色号	颜色深浅	适用焊接电流范围/A
7~8	较浅	<100
9~10	中等	100~350
11~12	较深	>350

（三）焊接电缆快速接头

快速接头是用来快速连接焊接电缆的接头装置。采用导电性能良好，有一定强度的黄铜加工而成，外套采用氯丁橡胶。安装时操作简单，连接快，拆卸方便，安全可靠。焊接电缆快速接头如图 5-95 所示。

（四）地线夹

地线夹的作用是将焊机输出导线与焊件安全可靠的连接，应具有导电性良好，夹持方便等优点。常见地线夹外形如图 5-96 所示。

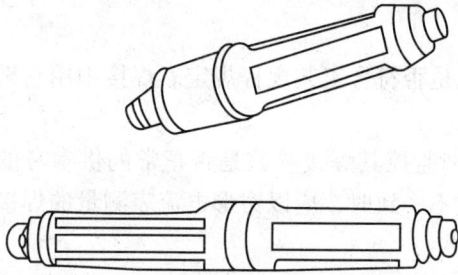

图5-95　焊接电缆快速接头

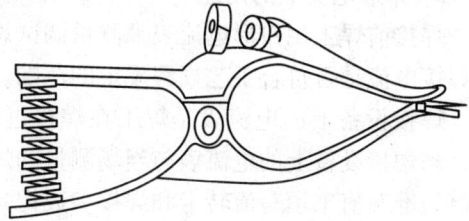

图5-96　地线夹

（五）砂轮机

砂轮机有电动和风动两种。其中焊接常用的砂轮机根据砂轮片的直径分，型号有ϕ100 mm、ϕ125 mm、ϕ150 mm、ϕ180 mm四种，角向磨光机是一种小型电动砂轮，外形如图5-97所示。它的作用是用来打磨坡口和焊缝，去除缺陷，保证焊缝质量。当打磨不锈钢和镍基合金时，应采用无铁铝基砂轮片，以免污染不锈钢和镍基合金焊缝。

（六）电动磨头

电动磨头是用来打磨坡口和焊缝表面的，外形如图5-98所示。由于电动磨头刀具硬度高，外形小巧，转速很高，若掌握不好，压力过大时，易将刀具折断且铁屑呈针状飞出，极易伤人。另外打磨效率也较低，因此，常用于打磨其他砂轮打磨不到的坡口及焊缝部位。

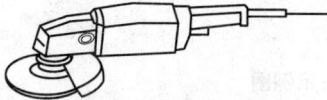

图5-97　角向磨光机

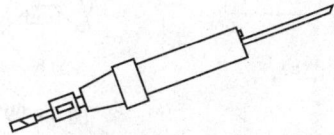

图5-98　电动磨头

（七）焊条保温桶

焊条保温桶是焊工的必备用具。将已烘干的焊条置于保温桶内，减少了焊条与空气接触时间，避免了焊条受潮，焊条质量得到了保证。

二、焊接活动常用检测仪表

核安全设备焊接活动常用检测仪表包括钳形电流表、接触式测温仪、焊接检测尺、千分尺、100 mm钢板尺等。

（一）钳形电流表

1. 钳形电流表的分类

核电常用电流表是直流钳形电流表，直流钳形电流表又分为瞬时值测量和平均值测量两类。

2. 钳形电流表的用途

焊接前焊工用钳形电流表来测量调试焊接电流是否符合工艺规程规定。焊接中用它来检查焊接电流是否符合工艺规程规定的范围。

焊接设备上的电流表是焊工在焊接过程中用来监控其焊接参数是否正常的供参考的仪表，当焊接设备上的电流表与当场测量的焊接电流不一致时，应以钳形电流表测量的焊接电流值为准确值来填写流转卡和焊接参数记录表。

（二）测温仪

测温仪是指用来测量母材及焊缝温度的仪器，主要有接触式温度计、测温笔及热电偶3种。核电焊接常用的是接触式温度计。在焊接奥氏体不锈钢和镍基合金时，为防止带入低熔点物质，禁止使用测温笔进行温度的测量。

（三）焊接检测尺

焊缝检测尺小巧玲珑，使用方便，功能较多，可测量焊件坡口角度及间隙，测量焊缝高度、宽度及错边量大小等。使用方法见图5-99。

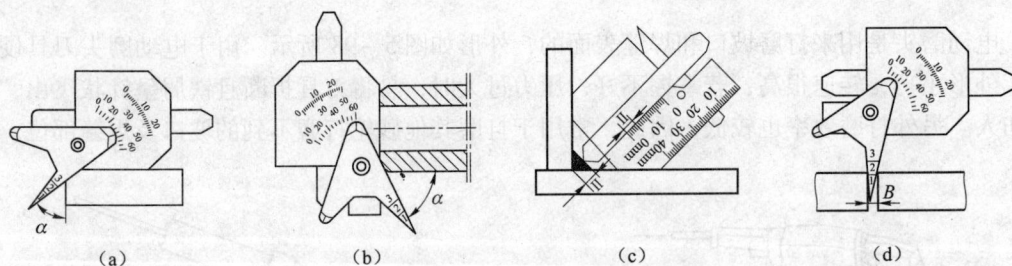

图5-99 焊接测量器使用方法示例图
（a）测量钢板坡口角度；（b）测量管子坡口角度；（c）测量角焊缝焊角尺寸；（d）测量装配间隙

第十三节 焊接活动的操作安全技术

一、焊接安全及环境的一般要求

在核安全设备活动中，焊接是一个重要加工工艺，在焊接施工中应贯彻"安全第一"的方针，确保焊接活动的操作安全是保证顺利完成核电厂建设任务的一个重要环节。

焊接的工作场所可能是高空、密闭容器、管道或狭小的有限空间，在高温和弥漫的烟雾中工作，可能涉及压力容器及燃料容器、电机电器等。由于操作中产生的电弧热与明火可能导致火灾、触电、爆炸、烫伤及高空坠落等工伤事故，有时因为多工种交叉作业，就更加大了事故发生的可能性。焊接过程产生的有害烟尘、弧光辐射、噪声、电磁场、射线等容易导致焊工尘肺、中毒、电光性眼疾等职业病，事故可能导致对设备的损坏。为了确保人身安全和设备财产的安全，在核电厂建造中应对焊接安全卫生给予充分的重视。

焊接施工中，应加强焊工安全教育和技术培训，焊工必须经过安全操作考核合格才能上岗，在编制焊接工艺措施的同时应制订安全操作要求。通常以下几个方面是焊接安全技术必须注意的。

（一）焊接的防火与防爆

焊接作业环境应清理易燃易爆物质，操作现场应保持一定的通道，应根据要求配置灭火器具。

（二）焊接安全用电

安全用电是焊接安全技术的主要内容之一，它主要包括焊机绝缘良好、焊机的机壳必须可靠接地，保证电缆绝缘和人体绝缘良好。

（三）焊接的职业危害与防治

工作场所的烟尘、有毒气体等有害物质的含量应符合焊接卫生标准。

（四）焊接的作业环境安全

对于不同的焊接方法，焊接活动安全有不同的要求和侧重。

二、焊条电弧焊的操作安全

焊条电弧焊的安全特点决定了在焊条电弧焊操作时，安全与防护技术主要有防止触电、弧光辐射、火灾、爆炸和有毒气体与烟尘中毒等。

（一）防止触电

焊条电弧焊接设备的空载电压一般为 50~90 V，而人体所能承受的电压为 30~45 V。由此可见，手工电弧焊焊接设备的空载电压高于人体承受的安全电压，所以当焊工在更换焊条时，有可能发生触电事故。尤其是在金属容器和大直径规格的管道内焊接操作，触电的可能性更大。

因此，要采取防止触电措施，或接零。焊接电缆和焊钳绝缘要良好，如有损坏，要及时修理。焊条电弧焊时，要穿绝缘鞋，戴电焊手套。在锅炉、压力容器、管道、狭小潮湿的地沟内焊接时，要有绝缘垫，并有人在外监护。

焊条电弧焊时，电网电压、焊机输出电压和手提照明灯的电压等都会有触电危险。使用手提照明灯时，电压不超过安全电压 36 V，高空作业时不超过 12 V。

（二）防止弧光辐射

焊接电弧强烈的弧光和紫外线对眼睛和皮肤有损害。焊条电弧焊时，必须使用带弧焊护目镜片的面罩，并穿工作服，戴电焊手套。多人焊接操作时，要注意避免相互影响，宜设置弧光防护屏或采取其他措施，避免弧光辐射的交叉影响。

（三）防止火灾

（1）在焊接作业点火源 10 m 以内、高空作业下方和焊接火星所及范围内，应彻底清除木材、木屑、棉纱棉丝、草垫干草、石油、汽油、油漆等易燃物品。如有不能撤离的易燃物品，诸如木材、未拆除的隔热保温的可燃材料等，应采取可靠的安全措施，如用水喷湿，覆盖湿麻袋、石棉布等。

（2）隔绝火星。6级以上大风时，没有采取有效的安全措施不能进行露天焊接作业和高空作业，焊接作业现场附近应有消防设施。电焊作业完毕应拉闸，并及时清理现场，彻底消除火种。

（四）防止爆炸

在焊接作业点 10 m 以内，不得有易爆物品，在油库、油品室、乙炔站、喷漆室等有爆炸性混合气体的室内，严禁焊接作业。没有特殊措施时，不得在内有压力的压力容器和管道上焊接。在进行装过易燃易爆物品的容器焊补前，要将盛装的物品放尽，并用水、水蒸气或氮气置换，清洗干净：用测爆仪等仪器检验分析气体介质的浓度；焊接作业时，要打开盖口，操作人员要躲离容器孔口。

（五）防止有毒气体和烟尘中毒

焊条电弧焊时会产生可溶性氟、氟化氢、锰、氮氧化物等有毒气体和粉尘，会导致氟中毒、锰中毒、电焊尘肺等，尤其是碱性焊条在容器、管道内部焊接更甚。因此，要根据具体情况采取全面通风换气、局部通风、小型电焊排烟机组等通风排烟尘措施。

三、焊条电弧焊的设备安全使用

（一）电焊机

（1）电焊机必须符合现行有关焊机标准规定的安全要求。

（2）电焊机的工作环境应与焊机技术说明书上的规定相符。特殊环境条件下，如在气温过低或过高、湿度过大、气压过低以及在腐蚀性或爆炸性等特殊环境中作业，应使用适合特殊环境条件性能的电焊机，或采取必要的防护措施。

（3）防止电焊机受到碰撞或剧烈振动（特别是整流式焊机）。室外使用的电焊机必须有防雨雪的防护设施。

（4）电焊机必须装有独立的专用电源开关，其容量应符合要求。当焊机超负荷时，应能自动切断电源。禁止多台焊机共用一个电源开关。

- 电源控制装置应装在电焊机附近人手便于操作的地方，周围留有安全通道。
- 采用启动器启动的焊机，必须先合上电源开关，再启动焊机。
- 焊机的一次电源线，长度一般不宜超过 2～3 m，当有临时任务需要较长的电源线时，应沿墙或立柱用瓷瓶隔离布设，其高度必须距地面 2.5 m 以上，不允许将电源线拖在地面上。

（5）电焊机外露的带电部分应设有完好的防护（隔离）装置，电焊机裸露接线柱必须设有防护罩。

（6）使用插头插座连接的焊机，插销孔的接线端应用绝缘板隔离，并装在绝缘板平面内。

（7）禁止用连接建筑物金属构架和设备等作为焊接电源回路。

（8）电弧焊机的安全使用和维护。

● 接入电源网路的电焊机不允许超负荷使用。焊机运行时的温升，不应超过标准规定的温升限值。

● 必须将电焊机平稳地安放在通风良好、干燥的地方，不准靠近高热及易燃易爆危险的环境。

● 要特别注意对整流式弧焊机硅整流器的保护和冷却。

● 禁止在焊机上放置任何物件和工具。启动电焊机前，焊钳与焊件不能短路。

● 采用连接片改变焊接电流的焊机，调节焊接电流前应先切断电源。

● 电焊机必须经常保持清洁。清扫尘埃时必须断电进行。焊接现场有腐蚀性、导电性气体或粉尘时，必须对电焊机进行隔离防护。

● 电焊机受潮，应当用人工方法进行干燥。受潮严重的，必须进行检修。

● 每半年应进行一次电焊机维修保养。当发生故障时，应立即切断焊机电源，及时进行检修。

● 经常检查和保持焊机电缆与电焊机的接线柱接触良好，保持螺帽紧固。

● 工作完毕或临时离开工作场地时，必须及时切断焊机电源。

（9）电焊机的接地。

● 各种电焊机（交流、直流）、电阻焊机等设备或外壳、电气控制箱、焊机组等，都应按要求接地，防止触电事故。

● 焊机的接地装置必须经常保持连接良好，定期检测接地系统的电气性能。

● 禁用氧气管道和乙炔管道等易燃易爆气体管道作为接地装置的自然接地极，防止由于产生电阻热或引弧时冲击电流的作用，产生火花而引爆。

● 电焊机组或集装箱式电焊设备都应安装接地装置。

● 专用的焊接工作台架应与接地装置连接。

（10）为保护设备安全，又能在一定程度上保护人身安全，应装设熔断器、断路器（又称过载保护开关）、触电保护器（也叫漏电开关）。当电焊机的空载电压较高，而又在有触电危险的场所作业时，则对焊机必须采用空载自动断电装置。当焊接引弧时电源开关自动闭合，停止焊接、更换焊条时，电源开关自动断开。这种装置不仅能避免空载时的触电，也减少了设备空载时的电能损耗。

（11）不倚靠带电焊件。身体出汗而衣服潮湿时，不得靠在带电的焊件上施焊。

（二）焊接电缆

（1）焊机用的软电缆线应采用多股细铜线电缆，其截面要求应根据焊接需要载流量和长度，按焊机配用电缆标准的规定选用。电缆应轻便柔软，能任意弯曲或扭转，便于操作。

（2）电缆外皮必须完整、绝缘良好、柔软，绝缘电阻不得小于 1 MΩ，电缆外皮破损时应及时修补完好。

（3）连接焊机与焊钳必须使用软电缆线，长度一般不宜超过 20～30 m。截面积应根据焊接电流的大小来选取，以保证电缆不致过热而损伤绝缘层。

（4）焊机的电缆线应使用整根导线，中间不应有连接接头。当工作需要接长导线时，应使用接头连接器牢固连接，连接处应保持绝缘良好，而且接头不要超过两个。

（5）焊接电缆线要横过马路或通道时，必须采取保护套等保护措施，严禁搭在气瓶、乙炔发生器或其他易燃物品容器的材料上。

（6）禁止利用厂房的金属结构、轨道、管道、暖气设施或其他金属物体搭接起来作电焊导线电缆。

（7）禁止焊接电缆与油脂等易燃物料接触。

（三）电焊钳

（1）电焊钳必须有良好的绝缘性与隔热能力，手柄要有良好的绝缘层。

（2）焊钳的导电部分应采用紫铜材料制成。焊钳与电焊电缆的连接应简便牢靠，接触良好。

（3）焊条在位于水平 45°、90° 等方向时焊钳应都能夹紧焊条，并保证更换焊条安全方便。

（4）电焊钳应保证操作灵便、焊钳重量不得超过 600 g。

（5）禁止将过热的焊钳浸在水中冷却后立即继续使用。

四、气体保护焊的安全技术

（一）钨极氩弧焊的安全特点

1. 钨极氩弧焊影响人体的有害因素

钨极氩弧焊影响人体的有害因素有以下 4 方面：

（1）弧光：气体保护焊电流密度大、弧光强、温度高。

（2）放射性：钍钨极中的钍是放射性元素，但钨极氩弧焊时钍钨极的放射剂量很小，在允许范围之内，危害不大。如果放射性气体或微粒进入人体作为内放射源，则会严重影响身体健康。

（3）高频电磁场：采用高频引弧时，产生的高频电磁场强度在 60～110 V/m 范围内，超过参考卫生标准（20 V/m）数倍。但由于时间很短，对人体影响不大。如果频繁起弧，或者把高频振荡器作为稳弧装置在焊接过程中持续使用，则高频电磁场可成为有害因素之一。

（4）有害气体——臭氧和氮氧化物：氩弧焊时，弧柱温度高。紫外线辐射强度远大于一般电弧焊，因此在焊接过程中会产生大量的臭氧和氮氧化物，产生高浓度的有害气体可高达焊条电弧焊的 4～7 倍；尤其臭氧其浓度远远超出参考卫生标准。如不采取有效通风措施，这些气体对人体健康影响很大，是氩弧焊最主要的有害因素。

2. 安全防护措施

通风措施：氩弧焊工作现场要有良好的通风装置，以排出有害气体及烟尘。除厂房通风外，可在焊接工作量大，焊机集中的地方，安装几台轴流风机向外排风。

此外，还可采用局部通风的措施将电弧周围的有害气体抽走，例如采用明弧排烟罩、排烟焊枪、轻便小风机等。

射线防护措施：尽可能采用放射剂量极低的铈钨极。钍钨极和铈钨极加工时，应采用密封式或抽风式砂轮磨削，操作者应配戴口罩、手套等个人防护用品，加工后要洗净手脸。钍钨极和铈钨极应放在铅盒内保存。

防护高频的措施：为了防备和削弱高频电磁场的影响，采取的措施有：

（1）工件良好接地，焊枪电缆和地线要用金属编织线屏蔽。

（2）适当降低频率。

（3）尽量不要使用高频振荡器作为稳弧装置，减小高频电作用时间。

其他个人防护措施：氩弧焊时，由于臭氧和紫外线作用强烈，宜穿戴非棉布工作服（如耐酸呢、柞丝绸等）。在容器内焊接又不能采用局部通风的情况下，可以采用送风式头盔、送风口罩或防毒口罩等个人防护措施。

（二）二氧化碳气体保护焊和药芯焊丝电弧焊安全特点

二氧化碳气体保护焊和药芯焊丝电弧焊除遵守焊条电弧焊、气体保护焊的有关规定外，还应注意以下几点：

（1）二氧化碳气体保护焊时，电弧温度为 6 000 ℃ ~ 10 000 ℃，电弧光辐射比手工电弧焊强，因此应加强防护。

（2）二氧化碳气体保护焊接时，飞溅较多，尤其是粗丝焊接（直径大于 1.6 mm），更产生大颗粒飞溅，焊工应有完善的防护用具，防止人体灼伤。

（3）二氧化碳气体在焊接电弧高温下会分解生成对人体有害的一氧化碳气体，焊接时还排出其他有害气体和烟尘，应加强通风。特别是在容器内施焊，要使用能供给新鲜空气的特殊面罩，容器外应有人监护。

（三）气瓶的防护

气体保护焊一般都采用压缩气瓶供气，压缩气瓶的安全技术要点如下：

（1）不能靠近火源。

（2）勿曝晒。

（3）要有防震胶圈，且不使气瓶跌落或受到撞击。

（4）带有安全帽，防止摔断瓶阀造成事故。

（5）瓶内气体不可全部用尽，应留有余压。

（6）打开阀门时不应操作过快。

装有液态二氧化碳的气瓶，满瓶压力为 0.5 ~ 0.7 MPa。当接触外加的热源时，液体便能迅速地蒸发为气体，使瓶内压力升高。吸收的热量越大时，压力的增高越大，这样就有造成爆炸的危险。因此，装有二氧化碳的钢瓶，不能接近热源。同时采取防高温等安全措施，避免气瓶爆炸事故发生。

五、埋弧焊的安全技术

埋弧自动焊机的小车轮子要有良好绝缘，导线应绝缘良好，工作过程中应理顺导线，防止扭转及被熔渣烧坏。

控制箱和焊机外壳应可靠的接地（零）和防止漏电。接线板罩壳必须盖好。

焊接过程中应注意防止焊剂突然停止供给而发生强烈弧光裸露灼伤眼睛。所以焊工作业时应戴普通防护眼镜。

半自动埋弧焊的焊把应有固定放置处，以防短路。

埋弧自动焊熔剂的成分里含有氧化锰等对人体有害的物质。焊接时虽不像焊条电弧焊那样产生可见烟雾，但将产生一定量的有害气体和蒸汽。所以，在工作地点最好有局部的抽气通风设备。

六、特殊环境下的焊接安全技术

在核安全设备制造和安装过程中，特殊环境下的焊接安全技术是一个非常值得关注的问题，特殊环境主要包括以下两个方面：在狭窄空间中焊接和辐射防护条件下的焊接；

（一）在狭窄空间中的焊接

按照有关安全标准规定，"狭窄空间"是指：空间无自然通风，同时空间小于100 m³或者其尺寸（长、宽、高、直径）小于2 m。狭窄空间主要指：无窗户地下室、封闭管道、锅炉压力容器等条件下的焊接环境，如图5-100所示。

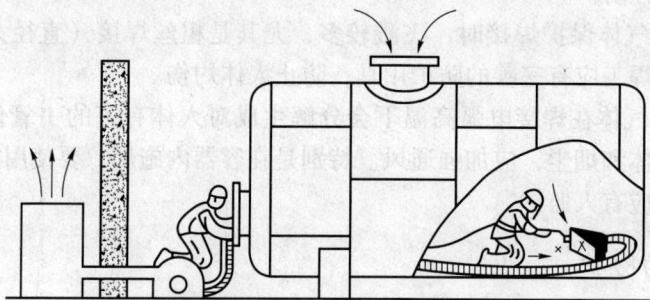

图5-100　焊工在狭窄空间作业示意

为了保证焊工在狭窄空间环境下的自身安全，主要采取以下防护措施：
（1）狭窄空间的分离（关闭阀门、法兰连接断开）。
（2）排空和清理。
（3）通过容器内部结构部分对危险物质实施防护措施。
（4）气体措施（过滤或通风）。
（5）人身保护措施（呼吸保护罩、重型火焰加工点火装置）。
（6）安全哨位（必须时刻与工作者保持接触、监护，不得擅自离岗）。

如果工作长时间中断时，应将火焰加工焊炬和软管从狭窄空间中取出，在较高电器危险性条件下，应采取绝缘措施，同时焊接电源应带有"S"的安全标记。

（二）核辐射防护条件下的焊接

核电厂长期运行，在其部分设备中积存了一定数量的放射性物质和放射性活化部件。因此在役核安全设备的维修工作，就有了特殊环境与困难。

从目前世界各国核电厂焊接维修工程的实际情况看，常规的焊接设备还起着重要的作用，在相当一段时间内还无法被代替，完全没有焊工直接参与的核电厂维修焊接工作还需要

394

相当一段时间才能实现。因此，在辐射条件下的焊工的保护及其焊接质量就显得十分重要。

1. 尽量不用手工焊接方法

在役核电厂结构的维修焊接工作，目前主要用的仍是电弧焊方法。现在，机械化及自动化的钨极惰性气体保护焊和熔化极惰性气体保护焊焊接方法，与机械手或机器人技术相结合，得到了迅速的发展。

2. 重视焊接可操作性

修理部位有时难以达到；有时修理部位可能非常靠近其他构件，要使焊接设备或焊炬接近并达到焊接位置可能受到限制；有时焊接部位的可视性也很差，在修理焊接时需要微型摄像系统直接观察熔池，必要时还需要精确测定修理部位构件的位置和几何关系。

就目前来看，用于核电厂维修焊接的弧焊机器人基本上仍属于示范式，例如用激光测距对焊缝及焊接轨迹进行扫描，通过计算机系统、控制系统及执行系统，转化为焊炬的运动，从而实施焊接。近年来发展起来的具有一定智能功能的弧焊机器人也开始在美英等国的核电厂焊接维修中得到应用，其突出优点是具有相当强的视觉功能。

3. 采取措施处理复杂的焊接条件

有时反应堆构件表面常覆盖有氧化物层，这些氧化物在焊前并非总能清除掉；辐射剂量对修理人员的安全和健康是决定性的，并且有时辐射也影响设备的正常工作，特别是对放在反应堆中的光学设备。

4. 可靠性考虑

由于焊后遥控无损检测的困难，为了评价修理的可靠性，有时只能在反应堆外做模拟修理并进行无损检测来代替。

（三）在辐射条件下焊接的最优化防护

在核电厂检修期间，焊接人员所受的辐射，主要为外照射。针对外照射的特点而采取必要的防护措施，其目的在于防止有害的确定性效应，并限制随机性效应的发生率，使之达到被认为可以接受的水平。

对在役的核电厂，辐射防护的基本原则是最优化。

最优化防护主要体现在运行和维修过程中，对于压水堆型核电厂，又以每一次的换料大修为重点。据 ISOE（职业照射信息系统）第 11 次年度报告的信息显示（不完全统计），在已加入 ISOE 国家的所有商用核电厂中，换料大修期间产生的集体剂量份额占一个换料周期所有集体剂量的 65% ~ 97%。所以，辐射防护最优化的实施，特别是在大修期间的实施，将有利于降低集体剂量，减小职业辐射工作人员所受到的伤害。

与辐射相关的活动，必须在实施之前进行辐射防护最优化的考虑，而集体剂量是其重要的业绩目标。一项作业的集体剂量与参加该项活动的所有作业人数、作业人员所处位置的辐射场剂量率以及作业人员在具体辐射场中停留的时间有关。要想降低集体剂量，有以下 3 种方法：即减少参加作业的人数、降低作业人员所处环境的剂量水平和减少作业人员在辐射场中的停留时间。

因此，要做好辐射防护最优化，就必须找到能够影响以上 3 个方面的因素。下面分析一下可以影响这 3 个方面的因素。

1. 减少参加作业的人数

（1）准确地评估该项作业的工作量。

（2）认真做好同类作业的经验交流。

（3）采用合适的、先进的作业器具。

（4）合理地考虑那些必须在辐射现场才能实施的项目。

（5）不要考虑人员的现场培训，即使用那些技术熟练的人员。

2. 减小作业人员所处环境的剂量水平

（1）去除或减少源项。

（2）考虑屏蔽效应，即降低源项的影响。

（3）增加操作距离，即采用合适的、先进的作业器具。

（4）采用合理的防护用品，以降低表面污染或内照射的几率。

3. 减小作业人员在辐射场中的停留时间

（1）合理地安排作业计划。

（2）科学地编制作业程序，必要时建立行动单。

（3）使用技术熟练的作业人员。

（4）作业实施前考虑专门培训和模拟演练。

（5）采用合适的、先进的作业器具。

（6）良好的信息沟通渠道。

在所有这些因素中，最彻底的是去除、减少或降低源项；其次是采用合适的、先进的作业器具以及使用技术熟练的作业人员。所以，一些良好的实践往往是屏蔽、合理的技术改造、合理的作业器具的使用以及培训方法、培训设施的改进。

（四）焊接活动中具体的辐射防护措施

1. 距离防护

在可能的情况下，尽量增加人体与放射源之间的距离以降低人体接受剂量。实验证明，对较高能量的 X、γ 射线点源，（点源一般是指源本身的线度小于源到参考人点之间距离的 1/5，即如源的线度为 1 cm，则 5 cm 以外区域即可将此源视为点源。）离点源距离 d 处的照射量率反比于 d 的平方，即距离增大一倍，照射量率降低到原来的 1/4。

增大与源的距离，方法很多，例如采用远距离遥控自动焊技术，可以有效地增加人与放射源之间的距离，从而减少对人体的辐射伤害。但实际工作中不允许任意加大操作人员与放射源的距离，只能尽可能加大距离并考虑操作时间的综合影响。在防护区的设置上也应考虑距离的影响。对低能和极低能 X、γ 线，因为空气散射及吸收减弱，距离反平方规律并不适用。对中子，防护距离反平方规律也不适用。

2. 时间防护

操作或接触放射源和放射线时间越长，接受剂量越大，所以应尽量减少接触放射线的时间以减少人体接受剂量。为缩短受照时间，在进行有关操作之前，应做好充分准备，操作时务求熟练、迅速。某些场合下，例如抢修设备和排除事故，工作人员不得不在强辐射场内进行工作，且可能持续一段时间，此时应采用轮流、替换办法，限制每个人的操作时间，将每人所受的剂量控制在拟定的限值以下。当然，这样安排并不能减少集体剂量，因此，整个工作过程要事先做好周密的计划，使得与完成该项工作相关的集体剂量当量保持在最低水平。

3. 屏蔽防护

在实际工作中，由于条件所限，往往单靠缩短接触时间和增大距离并不能达到安全操作的目的。例如室内安装一大型钴－60辐照源，离工作人员的最大距离也只有几米。在工作人员处的剂量当量可能达1希/秒以上，这时即使在那里停留一秒钟也是很危险的。因此上述两种方法都不适用，而必须采用屏蔽防护。屏蔽防护就是根据辐射通过物质时被减弱的原理，在人与辐射源之间加一层足够厚的屏蔽物（减弱材料），把外照射剂量减少到控制标准以下，以保护人体安全。

屏蔽所用材料根据射线不同的性质、类型、输出量大小等决定，其厚度根据控制水平来确定。外照射防护中，须根据实际情况，合理应用上述基本措施。在解决具体的防护问题时，这些措施常常是结合使用的。外照射防护，除了上述基本措施外，还应做好工作人员的防护培训，进行工作环境和个人剂量的监测，及时屏蔽或移走暂时无用或多余的放射性物质等。

此外，任何电离辐射与空气相互作用，会产生某些有害的气体，例如臭氧、氮氧化物。同时，受到高能带电粒子束、中子束或高能光子束照射的物质（包括空气和灰尘），还可能被诱发产生放射性。因此，在应用外部电离辐射源的时候，除了注意外照射的辐射防护，还须采取相应的其他措施（如通风），用以防止内照射、有害气体及其他有害因素对人体的损害。